FACETAS

Nivel intermedio | Curso breve

THIRD EDITION

Blanco | Colbert

Instructor's Annotated Edition

FACETAS

Nivel intermedio | Curso breve

THIRD EDITION

Blanco | Colbert

VISTA HIGHER LEARNING

Boston, Massachusetts

Publisher: José A. Blanco

Executive Editor: Sarah Kenney

Managing Editors: Eugenia Corbo, Paola Rios Schaaf (Technology)

Project Manager: Raquel Rodríguez Muñoz

Editors: Lauren Krolick, Anne Wagner (Technology), Carolina Zapata Pérez

Production and Design Director: Marta Kimball

Senior Designer: Sarah Cole

Design and Production Team: Manuela Arango, Aracelly Arredondo Palacio, Oscar Díez, Natalia González Peña, Mauricio Henao, Jhoany Jiménez, Susan Prentiss, Nick Ventullo

Student Edition ISBN: 978-1-60576-875-5

Instructor's Annotated Edition ISBN: 978-1-60576-884-7

Library of Congress Card Number: 2010934549

1 2 3 4 5 6 7 8 9 RM 16 15 14 13 12 11 10

Instructor's Annotated Edition

Table of Contents

The Vista Higher Learning Story

Your Specialized Foreign Language Publisher

Independent, specialized, and privately owned, Vista Higher Learning was founded in 2000 with one mission: to raise the teaching and learning of world languages to a higher level. This mission is based on the following beliefs:

- It is essential to prepare students for a world in which learning another language is a necessity, not a luxury.
- Language learning should be fun and rewarding, and all students should have the tools necessary for achieving success.
- Students who experience success learning a language will be more likely to continue their language studies both inside and outside the classroom.

With this in mind, we decided to take a fresh look at all aspects of language instructional materials. Because we are specialized, we dedicate 100 percent of our resources to this goal and base every decision on how well it supports language learning.

That is where you come in. Since our founding, we have relied on the continuous and invaluable feedback from language instructors and students nationwide. This partnership has proved to be the cornerstone of our success by allowing us to constantly improve our programs to meet your instructional needs.

The result? Programs that make language learning exciting, relevant, and effective through:

- an unprecedented access to resources
- a wide variety of contemporary, authentic materials
- the integration of text, technology, and media, and
- a bold and engaging textbook design

By focusing on our singular passion, we let you focus on yours.

The Vista Higher Learning Team

VISTA
HIGHER LEARNING

31 St. James Avenue Boston, MA 02116-4104 TOLLFREE: 800-618-7375
TELEPHONE: 617-426-4910 FAX: 617-426-5209 www.vistahigherlearning.com

Getting to Know FACETAS

FACETAS, Third Edition, is an intermediate Spanish program designed to provide students with an active and rewarding learning experience to strengthen their language skills and develop their cultural competency. **FACETAS** takes an interactive, communicative approach. It focuses on real communication as it develops and consolidates students' speaking, listening, reading, and writing skills in meaningful contexts. **FACETAS** also stresses cultural competency, which plays an integral role in language learning. Here are just some of the key features of **FACETAS**.

- **a unique video program** The **FACETAS Fotonovela Video** provides engaging input through a specially shot sitcom video; the **FACETAS Film Collection** provides authentic contemporary short films by Hispanic filmmakers; the **Flash Cultura** cultural video provides authentic footage from throughout the Spanish-speaking world. Each lesson of the book has one sitcom episode, one short film, and one cultural segment.
- **innovative video integration** The **Fotonovela Video** episodes are cohesively integrated with the student textbook in each lesson's four-page **Fotonovela** section and in captioned video stills in the **Estructura** sections. **Cinemateca** sections integrate the feature films, offering pre- and post-viewing activities. The **Enfoques** section presents the theme-based **Flash Cultura** episode and provides pre- and post-viewing support.
- **recycling of major grammatical structures** The textbook focuses on structures key to basic communication, such as narrating past events, talking about the future, and expressing emotions and opinions. The **Manual de gramática** in the appendix offers additional practice for every grammar point, as well as additional explanations.
- **robust cultural presentation** The entire Spanish-speaking world is covered in the **Enfoques** and **Cultura** readings, with additional coverage in the **Flash Cultura** video.
- **communicative practice** The two-part practice sequence for every grammar point progresses from directed, meaningful **Práctica** exercises to open-ended, interactive **Comunicación** activities.
- **development of reading skills** Literary and cultural readings in each lesson expose students to a wide range of text types by classical and contemporary male and female writers from all over the Spanish-speaking world. Each is supported by a full page of pre- and post-reading activities.
- **development of oral and written skills** The **Comunicación** and **Atando cabos** sections provide abundant opportunities for students to hone their oral and written communication skills.
- **student-friendly design** A highly-structured, color-coded design based on spreads of two facing pages serves to eliminate "bad breaks" and makes each lesson easy to navigate.
- **ties to other disciplines** Language learning connects with other disciplines through vibrant works of fine art, award-winning films, classic and contemporary works of literature, and much more.

To get the most out of pages IAE-7–IAE-16 in your **FACETAS** Instructor's Annotated Edition, you should familiarize yourself with the front matter to the **FACETAS** Student Text, especially the Introduction (p. iii) and the Ancillaries (pp. xxiv–xxv).

Getting to Know Your *Instructor's Annotated Edition*

The *Instructor's Annotated Edition* (IAE) of **FACETAS** includes various teaching resources. For your convenience, answers to all discrete exercises have been overprinted on the student text pages. In addition, marginal annotations complement and support varied teaching styles, extend the rich contents of the student text, and save you time in class preparation and course management. The annotations are suggestions; they are not meant to be prescriptive or limiting. Here are some examples of the types of annotations you will find in **FACETAS.**

- **Preview** Suggestions for introducing a reading, film, or theme, introducing new vocabulary, recycling old vocabulary, etc.
- **Named or numbered annotations** Ideas for presenting, varying, expanding, or altering activities to suit your students' needs
- **Variación léxica** Alternate words and expressions used in the Spanish-speaking world or additional information related to specific vocabulary items
- **Teaching option** Ideas for supplemental games, drills, activities, and projects to reinforce or expand upon core material, along with cultural information and resources, reading and writing strategies, and suggestions for outside research and projects
- **Conexión personal, Contexto cultural,** and **Análisis literario** Teaching suggestions and expansion activities keyed to the subsections in **Antes de leer**
- **Synopsis** Summaries in the **Fotonovela** and **Cinemateca** sections that recap the video modules
- **National Standards Icons** Special icons that indicate when a lesson section or subsection is closely linked to one or more of the Five C's of the *Standards for Foreign Language Learning:* Communication, Cultures, Connections, Comparisons, and Communities
- **Instructional Resources** A correlation to student and instructor supplements available to reinforce each lesson section or subsection. These abbreviations appear in the listings:

WB	Workbook in the Student Activities Manual/WebSAM
LM	Lab Manual in the Student Activities Manual/WebSAM
VM	Video Manual in the Student Activities Manual/WebSAM
SAM Answer Key	Student Activities Manual Answer Key
DVD	Video Program on DVD
Supersite	**FACETAS** Supersite (**facetas.vhlcentral.com**)

Please access the FACETAS Supersite at facetas.vhlcentral.com for additional instructional resources.

FACETAS and the *Standards for Foreign Language Learning*

Since 1982, when the *ACTFL Proficiency Guidelines* was first published, that seminal document and its subsequent revisions have influenced the teaching of modern languages in the United States. **FACETAS** was written with the concerns and philosophy of the *ACTFL Proficiency Guidelines* in mind. It emphasizes an interactive, proficiency-oriented approach to the teaching of language and culture.

The pedagogy behind **FACETAS** was also informed from its inception by the *Standards for Foreign Language Learning in the 21st Century.* First published under the auspices of the *National Standards in Foreign Language Education Project*, the Standards are organized into five goal areas, often called the Five C's: Communication, Cultures, Connections, Comparisons, and Communities.

Since **FACETAS** takes a communicative approach to the teaching of Spanish, the Communications goal is an integral part of the student text. For example, the diverse formats in **Comunicación, Atando cabos, Después de ver,** and **Después de leer** engage students in communicative exchanges; providing, obtaining, or interpreting information; and expressing feelings, emotions, or opinions. Activity types include discussion topics, role-plays, interviews, oral presentations, and much more. The two **Atando cabos** sections teach strategies for effective oral and written communication and guide students in presenting information, concepts, and ideas to their classmates on a wide range of topics. **¡A conversar!** develops students' interpreting skills through problem-solving tasks. **¡A escribir!** focuses on written interpersonal communication through various types of practical and creative writing tasks, such as letters, e-mail messages, and brief anecdotes.

The Cultures goal is most evident in the literary and cultural readings, the **Enfoques** sections, the **Cinemateca** sections, the **Contexto cultural** subsections in **Antes de leer,** and the fine art pieces and quotes on the opening pages of the **Lecturas** sections. All of these sections expose students to multiple facets of practices, products, and perspectives of the Spanish-speaking world. These sections also fulfill the Connections goal because students acquire information and learn to recognize distinctive cultural viewpoints through them.

Students can work toward the Connections and Communities goals when they use the **Conexión Internet** references in the **Enfoques** sections and when they access the information or activities on the **FACETAS** Supersite. Finally, the **Estructura** sections, with their clear, comprehensive explanations, reflect the Comparisons goal. In addition, special Standards icons appear on the pages of your IAE to call out sections that have a particularly strong relationship with the Standards. You will find many more connections to the Standards as you work with the student textbook and the **FACETAS** video-based sections.

General Teaching Considerations

Orienting Students to the Student Textbook

You may want to spend some time orienting students to the **FACETAS** textbook on the first day. Have students flip through **Lección 1**. Explain that all lessons are organized in the same manner so they will always know "where they are" in the textbook. Emphasize that all sections are self-contained, occupying either a full page or spreads of two facing pages. Call students' attention to the use of color and/or boxes to highlight important information in charts, word lists, and activities. Also point out how the major sections of each lesson are color-coded for easy navigation: red for **Contextos**, blue for **Fotonovela**, light green for **Enfoques**, purple for **Estructura**, green for **Cinemateca**, and magenta for **Lecturas**. Then point out the **¡Atención!** sidebars and explain that these boxes provide useful lexical and grammatical information related to the material they are studying.

Flexible Lesson Organization

To meet the needs of diverse teaching styles, institutions, and instructional objectives, **FACETAS** has a flexible lesson organization. You can begin with the lesson opening page and progress sequentially through the lesson. If you do not want to devote class time to teaching grammar or reading the literary and cultural selections, you can assign them for outside study, freeing up class time for other purposes like developing listening, speaking, or writing skills, and working with the video. Similarly, all **¡A escribir!** activities can be assigned as homework. You might even prefer to skip some sections entirely or use them only periodically, depending on students' interests and time constraints. If you plan on using the **FACETAS** Testing Program, however, be aware that the quizzes and exams contain sections based on language presented in **Contextos, Estructura,** and **Fotonovela**.

Identifying Active Vocabulary

All boldfaced words and expressions appearing with the photos and thematic lists in the **Contextos** section are considered active vocabulary. In addition, the words and expressions in the **Expresiones útiles** boxes in the **Fotonovela** section, as well as words in charts, word lists, and sample sentences in the **Estructura** section are also part of the active vocabulary load. All words and expressions in the **Vocabulario** boxes in the **Cinemateca, Literatura,** and **Cultura** sections are also considered active vocabulary. Note that regional variations presented in the **Enfoques** section and marginal glosses from the readings and film captions are presented for recognition only. They are not included in testing materials, although you may wish to make them active vocabulary for your course. The additional terms and lexical variations provided in the annotations of the Instructor's Annotated Edition are considered optional, as well.

Maintaining a Writing Portfolio

Since students are building their writing skills at this level, you might want to have them maintain a portfolio of the written work they produce so they can periodically review their progress. You might also suggest that they keep a running list of the most common grammatical or spelling errors they make when writing. They can then refer to that list when editing and revising each assignment before handing it in for grading.

Suggestions for Using *Contextos*

Lesson Vocabulary

- Introduce the lesson theme by having students describe and discuss the photos or other visuals.
- Introduce the lesson theme by having students brainstorm a list of possible topics, themes, or situations related to the lesson title.
- To prepare students for new material, have them review what they already know about each theme by brainstorming related vocabulary words they have already learned.
- Introduce the new vocabulary by providing comprehensible input in the form of a description or narration or through the use of audiovisual materials or readings.
- Introduce the new vocabulary using interactive class games such as Charades or Twenty Questions.

Práctica

- The **Práctica** exercises can be done orally as class, pair, or group activities. They may also be assigned as written homework.

Comunicación

- Insist on using only Spanish with these activities. Encourage students to use language creatively.
- Have students form pairs or groups quickly, or assign students to pairs and groups.
- Assign or rotate partners and group members as necessary to ensure a greater variety of communicative exchanges.
- Allow sufficient time for pairs or groups to complete the **Comunicación** activities (between five and fifteen minutes, depending on the activity), but do not give them too much time or they may lapse into English and socialize. Always give students a time limit for each activity before they begin.
- Circulate around the room and monitor students to make sure they are on task. Provide guidance as needed and note common errors for future review.
- Remind students to jot down information during pair and group discussion activities so they can refer to them when they report the results to the class.

Suggestions for Using *Fotonovela*

The **Fotonovela** section in the student text and the episodes of the **FACETAS Fotonovela Video** were created as interlocking pieces. All photos in the **Fotonovela** section are actual video stills from the corresponding **Fotonovela Video** episode. The printed conversations are shortened versions of the **Fotonovela** episode. Both the **Fotonovela** conversations and their expanded video versions represent comprehensible input at the discourse level; they were purposely written to use language from the corresponding lesson's **Contextos** and **Estructura** sections. Thus, as of **Lección 2,** they recycle known language, preview grammar points students will study later in the lesson, and, in keeping with the concept of "i + 1," contain a small amount of unknown language.

Since the **Fotonovela** section in the text and the **FACETAS Fotonovela Video** are so closely connected, you may use them in different ways. For instance, you can use the **Fotonovela** section as an advance organizer, presenting it before showing the video. You can also show the **Fotonovela Video** episode first and follow up with the **Fotonovela** section in the text, or you can show the video at the end of the lesson as a culminating activity. You can even use the **Fotonovela** text section as a stand-alone, video-independent section.

Begin by showing the first one or two episodes in class to familiarize students with the characters, story line, and style. After that, you might show the video in class or assign them for viewing outside the classroom. For each episode, there are **Comprensión** and **Ampliación** activities in the **Fotonovela** section of the corresponding textbook lesson and additional activities in the Video Manual section of the Student Activities Manual.

You might also want to use the **FACETAS Fotonovela Video** in class when working with the **Estructura** sections. You could play the sections of the video that correspond to the video stills in the grammar explanations or show parts of the video and ask students to identify certain grammar points.

Suggestions for Using *Enfoques*

- Focus students' attention on the photographs and other visual aids, asking questions about them or having students describe them. You could also have them search for more information about the people, places, or things in each photograph online.

- Check student comprehension of the cultural readings by asking comprehension questions as they read and by completing the activities in the **¿Qué aprendiste?** section.

- Assign the readings for homework and have students create their own comprehension questions or activities. During the next class, put students in pairs or small groups to check each other's comprehension of the readings as you monitor their work.

- Have students work in small groups in order to answer the questions or discuss the observations on the **¿Qué aprendiste?** page. Ask each group to appoint a spokesperson for each item and have that person report the results of the group to the whole class.

- Watch the **Flash Cultura** episode in class and check comprehension by completing the corresponding activities. You may also assign this video and its Supersite practice as homework, and go over the printed activities in class the following day.

Suggestions for Using *Estructura*

Grammar Explanations

- Explain the grammar in Spanish and try to keep explanations to a minimum, about three to five minutes for each point. Grammar explanations can be assigned as homework so that class time can be devoted to the **Práctica** and **Comunicación** activities.
- Have students locate examples of the grammar points in the **Fotonovela** or **Lecturas** sections.
- Use the additional practice and/or explanations in the **Manual de gramática** to address any additional needs your students may have.

Práctica and *Comunicación*

- The **Práctica** exercises can be done orally as a class or in pairs and groups. They may also be assigned as written homework.
- For suggestions on using the **Comunicación** activities, see page IAE-11.
- Assign the activities in the **Manual de gramática** for additional practice as needed.

Suggestions for Using *Cinemateca*

The **Cinemateca** sections and the six films of the **FACETAS Film Collection** were created as interlocking pieces. The short feature films provide comprehensible input and offer rich and unique opportunities to build students' listening skills and cultural awareness. The **Cinemateca** sections provide activities designed to help students have successful viewing experiences.

Depending on your teaching preferences and school facilities, you might show the films in class or assign them for viewing outside the classroom. You could begin by showing the first one in class to teach students how to approach viewing a film and listening to natural speech. After that, you could work in class only with the **Cinemateca** section and have students view the films outside of class. No matter which approach you choose, students have the support they need to view the films independently and process them in a meaningful way.

For each film, there are **Antes de ver** (pre-viewing) and **Después de ver** (post-viewing) activities, as well as vocabulary support, in the **Cinemateca** section of the corresponding textbook lesson. In addition, the photos and abbreviated dialogues on the **Escenas** page provide helpful visual and comprehension references. Here are some strategies for viewing the films in class:

- Before showing the film, preview the vocabulary and have students complete the **Antes de ver** section. Then have them read through the **Escenas** dialogues and look at the stills.
- Tell students that they are not expected to understand every word as they watch the film. Emphasize that they should concentrate on listening for the gist of what is being said.
- Play the film and have them complete the **Después de ver** activities.
- If students have difficulty understanding the film, replay one or more key segments. Alternatively, you could pause the film at key points and ask students to recap what they saw.

Suggestions for Using *Lecturas*

Fine Art Pieces and Quotes

- Have students share their opinions on the fine art and explain how it relates to the lesson theme. They could also describe the style (realistic, abstract, impressionistic, traditional, etc.) and other elements of the work.
- Have students discuss the quote and how it relates to the lesson theme and fine art piece. Also ask them whether they agree or disagree with the quote and to explain their answers.
- Have students comment on the fine art piece on the first page of **Lecturas** with respect to subject matter, theme, style, use of color, and perspective. They could also compare it to other works of art in the lesson or other lessons.

Antes de leer

- The **Antes de leer** activities can be done orally as class, pair, or group activities. This section may also be assigned as homework.
- Provide additional examples for **Análisis literario** or ask students to come up with examples.
- Ask students personalized questions using the words and expressions in **Vocabulario** or have students create sentences with them.

Literary and Cultural Readings

- Talk to students about how to become effective readers in Spanish. Point out the importance of using reading strategies. Encourage them to read every selection more than once. Explain that they should read the entire text through first to gain a general understanding of the plot or main ideas and the theme(s), without stopping to look up words. Then, they should read the text again for a more in-depth understanding of the material, interrelationships, and some details. At this point, they should try to complete the **Después de leer** activities. If they have difficulty completing an activity, suggest that they reread the text to find specific information that will help them complete the activity.
- Discourage students from translating the readings into English or relying on a dictionary. Tell them that reading directly in the language will help them grasp the meaning better and improve their ability to discuss the reading in Spanish.
- Always ask students how the reading relates to the lesson theme, and have them summarize the reading orally or in writing.

Después de leer

- The **Después de leer** activities can be assigned as written homework unless they involve pair or group work. They may also be done orally as class, pair, or group activities. For example, **Escribir** activities may be done in class as pair or group compositions.
- Insist on the use of only Spanish during these activities. Encourage students to use language creatively.
- Have students form pairs or groups quickly, or assign students to pairs and groups. Allow sufficient time for students to complete the activities (between five and fifteen minutes, depending on the activity), but do not give them too much time or they may lapse into English and socialize. Always give students a time limit for an activity before they begin.
- Circulate around the room and monitor students to make sure they are on task. Provide guidance as needed and note common errors for future review.
- Remind students to jot down information during the pair activities and group discussions. Have students report the results of these activities to the class.
- If you wish to evaluate students' performance in speaking activities like role-plays or interviews, you could assign grades of 0–3: 3 = well done, 2 = satisfactory, 1 = needs improvement, and 0 = no credit or absence.

Suggestions for Using *Atando cabos*

¡A conversar!

- Allow sufficient class time for oral presentations. Encourage students to be creative and to use visuals. For variety, you could ask them to videotape their presentations.
- Have each group create a comprehension exercise (true/false statements, questions, matching, or fill-in-the-blank sentences) to give the class after their presentation.
- Explain to students how you will grade their presentations. For example, the following rubric could be used or adapted to suit your needs.

Evaluation

Criteria	Scale		Scoring
Appropriate details	1 2 3 4	Excellent	26–28 points
Organization	1 2 3 4	Good	21–25 points
Control of vocabulary	1 2 3 4	Satisfactory	16–20 points
Grammatical accuracy	1 2 3 4	Unsatisfactory	<15 points
Mechanics	1 2 3 4		
Fluency/Pronunciation	1 2 3 4		
Level of interest/Use of visuals	1 2 3 4		

¡A escribir!

- The **¡A escribir!** activities can be assigned as written homework unless they involve pair or group work. They may also be done orally as class, pair, or group activities.
- Encourage students to be creative in their writing, but remind them to use vocabulary they know, rather than relying on a dictionary.
- Allow class time for peer review of drafts; remind students to be tactful in their comments.
- Make a list of frequent errors and review the material with the class or have students correct the errors in groups.
- Explain to students the criteria that you will use to grade their writing. For example, this rubric could be used or adapted to suit your needs.

Evaluation

Criteria	**Scale**		**Scoring**
Appropriate details	1 2 3 4	Excellent	18–20 points
Organization	1 2 3 4	Good	14–17 points
Use of vocabulary	1 2 3 4	Satisfactory	10–13 points
Grammatical accuracy	1 2 3 4	Unsatisfactory	<10 points
Mechanics	1 2 3 4		

FACETAS

Nivel intermedio | Curso breve

THIRD EDITION

Blanco | Colbert

FACETAS

Nivel intermedio | Curso breve

THIRD EDITION

Blanco | Colbert

Boston, Massachusetts

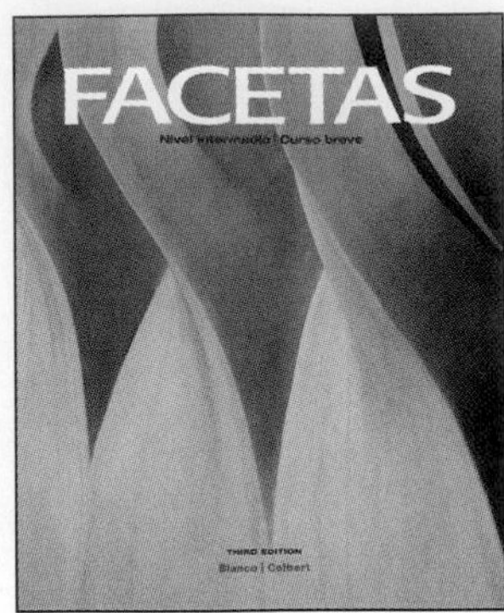

Publisher: José A. Blanco
Executive Editor: Sarah Kenney
Managing Editors: Eugenia Corbo, Paola Rios Schaaf (Technology)
Project Manager: Raquel Rodríguez Muñoz
Editors: Lauren Krolick, Anne Wagner (Technology), Carolina Zapata Pérez
Production and Design Director: Marta Kimball
Senior Designer: Sarah Cole
Design and Production Team: Manuela Arango, Aracelly Arredondo Palacio, Oscar Díez, Natalia González Peña, Mauricio Henao, Jhoany Jiménez, Susan Prentiss, Nick Ventullo

Student Edition ISBN: 978-1-60576-875-5

Instructor's Annotated Edition ISBN: 978-1-60576-884-7

Library of Congress Card Number: 2010934549

1 2 3 4 5 6 7 8 9 RM 16 15 14 13 12 11 10

Introduction

Bienvenido a FACETAS, Third Edition, an intermediate Spanish program designed to provide you with an active and rewarding learning experience as you continue to strengthen your language skills and develop your cultural competency.

Here are some of the features you will encounter in **FACETAS, Third Edition.**

- An emphasis on authentic language and practical vocabulary for you to use in communicating in real-life situations
- Clear, comprehensive grammar explanations that graphically highlight important concepts
- Abundant guided and communicative activities that will help you develop confidence in your ability to communicate in Spanish
- Three video-based sections—one directly connected to the **FACETAS Fotonovela Video,** one based on the **Flash Cultura** cultural segments, and one featuring the **FACETAS Film Collection**
- Literary and cultural readings that recognize and celebrate the diversity of the Spanish-speaking world and its people
- Ongoing development of your reading, speaking, writing, and listening skills
- Consistent integration of important cultural concepts and insights into the daily lives of native Spanish speakers
- A complete set of print and technology ancillaries to make learning Spanish easier for you

New to the Third Edition

FACETAS, Third Edition, offers many new features to students and instructors that make this edition even better than the last.

- **NEW!** Due to overwhelming popularity, each lesson's **Flash Cultura** video episode now has in-text pre-, while-, and post-viewing support in the **Enfoques** textbook section.
- **Revised!** The **Estructura** grammar presentation offers three grammar points in lessons 1 to 4 and four grammar points in lessons 5 and 6.
- **Refreshed!** Based on user feedback, the **Lecturas** and **Cinemateca** sections have new selections for the Third Edition. A new film and cultural reading in Lesson 1 and a new literary reading in Lesson 3 update and enhance these popular sections.
- **Updated!** The **FACETAS** Supersite now has even more features to make language learning easier, including audio record-and-compare activities, VoiceBoard for threaded discussions, a powerful bilingual dictionary, and more. See page xxvi for more information.

FACETAS has six lessons organized in exactly the same way. To familiarize yourself with the textbook's organization, turn to page x and take the **FACETAS** at-a-glance tour.

Table of Contents

	CONTEXTOS	FOTONOVELA	ENFOQUES

LECCIÓN 5

Los viajes

LECCIÓN 6

La naturaleza

Consulta (*Reference*)

CONTEXTOS

introduces the lesson theme and vocabulary.

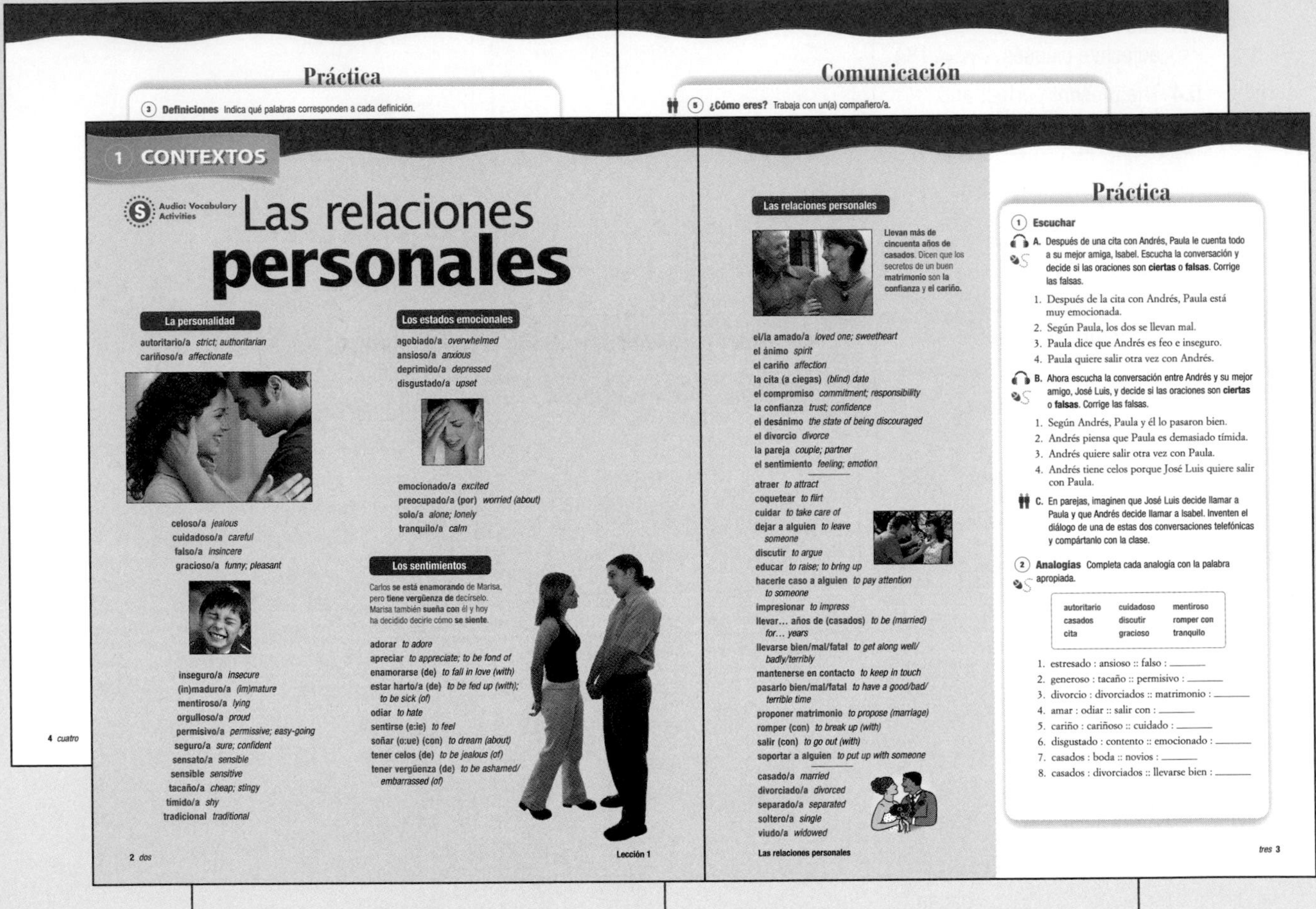

Práctica

3 **Definiciones** Indica qué palabras corresponden a cada definición.

Comunicación

5 **¿Cómo eres?** Trabaja con un(a) compañero/a.

4 cuatro

1 CONTEXTOS

Audio: Vocabulary Activities

Las relaciones personales

La personalidad

autoritario/a *strict; authoritarian*
cariñoso/a *affectionate*
celoso/a *jealous*
cuidadoso/a *careful*
falso/a *insincere*
gracioso/a *funny; pleasant*
inseguro/a *insecure*
(in)maduro/a *(im)mature*
mentiroso/a *lying*
orgulloso/a *proud*
permisivo/a *permissive; easy-going*
seguro/a *sure; confident*
sensato/a *sensible*
sensible *sensitive*
tacaño/a *cheap; stingy*
tímido/a *shy*
tradicional *traditional*

Los estados emocionales

agobiado/a *overwhelmed*
ansioso/a *anxious*
deprimido/a *depressed*
disgustado/a *upset*
emocionado/a *excited*
preocupado/a (por) *worried (about)*
solo/a *alone; lonely*
tranquilo/a *calm*

Los sentimientos

Carlos **se está enamorando** de Marisa, pero **tiene vergüenza de** decírselo. Marisa también **sueña con** él y hoy ha decidido decirle cómo **se siente**.

adorar *to adore*
apreciar *to appreciate; to be fond of*
enamorarse (de) *to fall in love (with)*
estar harto/a (de) *to be fed up (with); to be sick (of)*
odiar *to hate*
sentirse (e:ie) *to feel*
soñar (o:ue) (con) *to dream (about)*
tener celos (de) *to be jealous (of)*
tener vergüenza (de) *to be ashamed/embarrassed (of)*

2 dos — Lección 1

Las relaciones personales

Llevan más de cincuenta años de casados. Dicen que los secretos de un buen **matrimonio** son la **confianza** y el **cariño**.

el/la amado/a *loved one; sweetheart*
el ánimo *spirit*
el cariño *affection*
la cita (a ciegas) *(blind) date*
el compromiso *commitment; responsibility*
la confianza *trust; confidence*
el desánimo *the state of being discouraged*
el divorcio *divorce*
la pareja *couple; partner*
el sentimiento *feeling; emotion*

atraer *to attract*
coquetear *to flirt*
cuidar *to take care of*
dejar a alguien *to leave someone*
discutir *to argue*
educar *to raise; to bring up*
hacerle caso a alguien *to pay attention to someone*
impresionar *to impress*
llevar... años de (casados) *to be (married) for... years*
llevarse bien/mal/fatal *to get along well/badly/terribly*
mantenerse en contacto *to keep in touch*
pasarlo bien/mal/fatal *to have a good/bad/terrible time*
proponer matrimonio *to propose (marriage)*
romper (con) *to break up (with)*
salir (con) *to go out (with)*
soportar a alguien *to put up with someone*

casado/a *married*
divorciado/a *divorced*
separado/a *separated*
soltero/a *single*
viudo/a *widowed*

Las relaciones personales

Práctica

1 **Escuchar**

A. Después de una cita con Andrés, Paula le cuenta todo a su mejor amiga, Isabel. Escucha la conversación y decide si las oraciones son **ciertas** o **falsas**. Corrige las falsas.

1. Después de la cita con Andrés, Paula está muy emocionada.
2. Según Paula, los dos se llevan mal.
3. Paula dice que Andrés es feo e inseguro.
4. Paula quiere salir otra vez con Andrés.

B. Ahora escucha la conversación entre Andrés y su mejor amigo, José Luis, y decide si las oraciones son **ciertas** o **falsas**. Corrige las falsas.

1. Según Andrés, Paula y él lo pasaron bien.
2. Andrés piensa que Paula es demasiado tímida.
3. Andrés quiere salir otra vez con Paula.
4. Andrés tiene celos porque José Luis quiere salir con Paula.

C. En parejas, imaginen que José Luis decide llamar a Paula y que Andrés decide llamar a Isabel. Inventen el diálogo de una de estas dos conversaciones telefónicas y compártanlo con la clase.

2 **Analogías** Completa cada analogía con la palabra apropiada.

autoritario	cuidadoso	mentiroso
casados	discutir	romper con
cita	gracioso	tranquilo

1. estresado : ansioso :: falso : ______
2. generoso : tacaño :: permisivo : ______
3. divorcio : divorciados :: matrimonio : ______
4. amar : odiar :: salir con : ______
5. cariño : cariñoso :: cuidado : ______
6. disgustado : contento :: emocionado : ______
7. casados : boda :: novios : ______
8. casados : divorciados :: llevarse bien : ______

tres 3

Art Dynamic, full-color photos and illustrations visually illustrate each category.

Vocabulary Relevant theme-related vocabulary appears in easy-to-study thematic lists.

Icons Icons let you know which activities are listening, pair, or group activities.

Práctica This set of guided exercises uses a variety of formats to reinforce the new vocabulary.

Comunicación These open-ended activities have you use the words and expressions for personalized communication as you interact with a partner, a small group, or the entire class.

Supersite Supersite icons at the top and bottom of the page alert you to the resources and additional practice available online.

FOTONOVELA

is a situational comedy about the everyday adventures of a magazine staff.

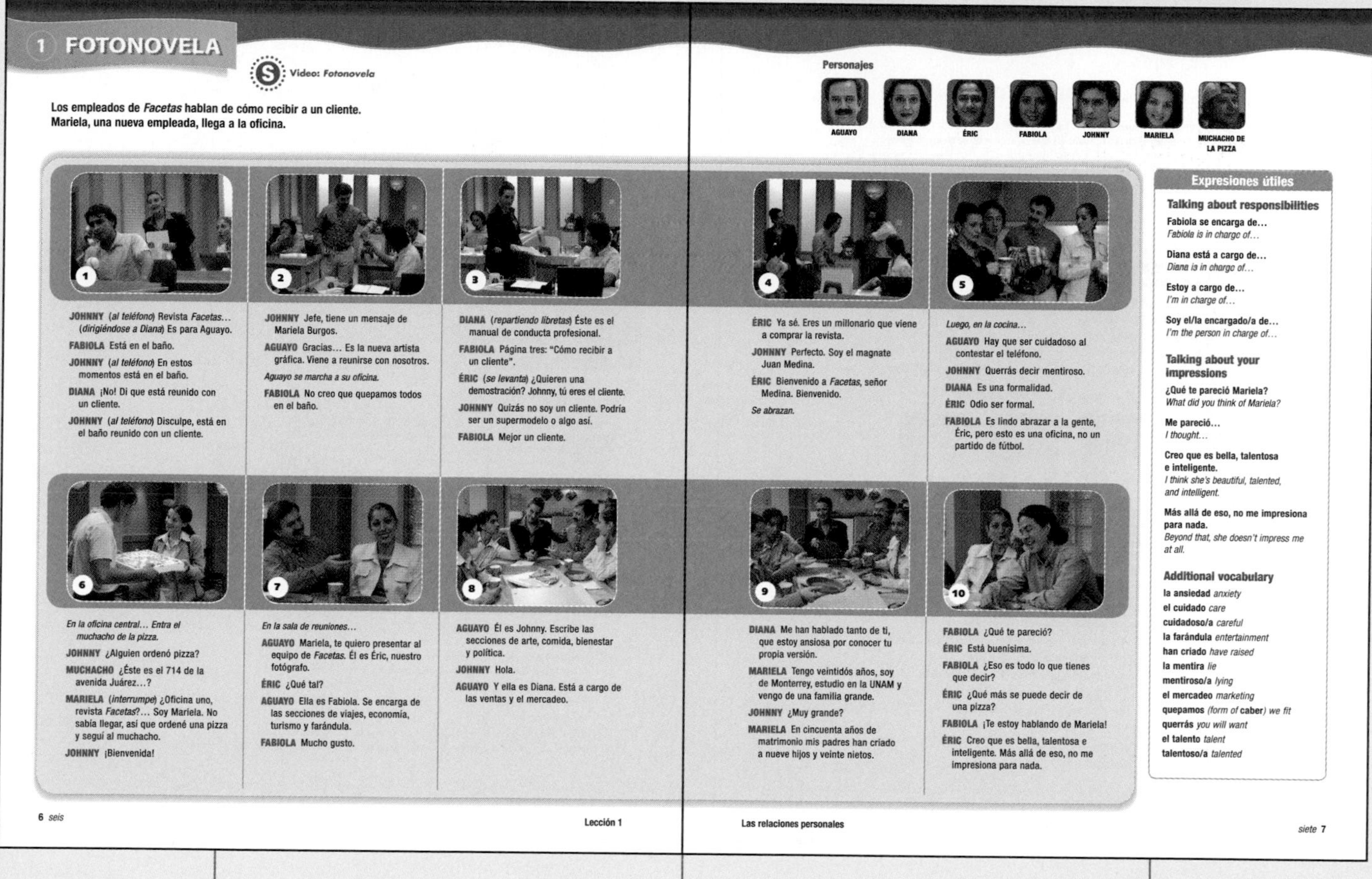

1 FOTONOVELA

Video: *Fotonovela*

Los empleados de *Facetas* hablan de cómo recibir a un cliente. Mariela, una nueva empleada, llega a la oficina.

Personajes

AGUAYO · DIANA · ÉRIC · FABIOLA · JOHNNY · MARIELA · MUCHACHO DE LA PIZZA

1

JOHNNY (*al teléfono*) Revista *Facetas*… (*dirigiéndose a Diana*) Es para Aguayo.

FABIOLA Está en el baño.

JOHNNY (*al teléfono*) En estos momentos está en el baño.

DIANA ¡No! Di que está reunido con un cliente.

JOHNNY (*al teléfono*) Disculpe, está en el baño reunido con un cliente.

2

JOHNNY Jefe, tiene un mensaje de Mariela Burgos.

AGUAYO Gracias… Es la nueva artista gráfica. Viene a reunirse con nosotros.

Aguayo se marcha a su oficina.

FABIOLA No creo que quepamos todos en el baño.

3

DIANA (*repartiendo libretas*) Éste es el manual de conducta profesional.

FABIOLA Página tres: "Cómo recibir a un cliente".

ÉRIC (*se levanta*) ¿Quieren una demostración? Johnny, tú eres el cliente.

JOHNNY Quizás no soy un cliente. Podría ser un supermodelo o algo así.

FABIOLA Mejor un cliente.

4

ÉRIC Ya sé. Eres un millonario que viene a comprar la revista.

JOHNNY Perfecto. Soy el magnate Juan Medina.

ÉRIC Bienvenido a *Facetas*, señor Medina. Bienvenido.

Se abrazan.

5

Luego, en la cocina…

AGUAYO Hay que ser cuidadoso al contestar el teléfono.

JOHNNY Querrás decir mentiroso.

DIANA Es una formalidad.

ÉRIC Odio ser formal.

FABIOLA Es lindo abrazar a la gente, Éric, pero esto es una oficina, no un partido de fútbol.

6

En la oficina central… Entra el muchacho de la pizza.

JOHNNY ¿Alguien ordenó pizza?

MUCHACHO ¿Éste es el 714 de la avenida Juárez…?

MARIELA (*interrumpe*) ¿Oficina uno, revista *Facetas*?… Soy Mariela. No sabía llegar, así que ordené una pizza y seguí al muchacho.

JOHNNY ¡Bienvenida!

7

En la sala de reuniones…

AGUAYO Mariela, te quiero presentar al equipo de *Facetas*. Él es Éric, nuestro fotógrafo.

ÉRIC ¿Qué tal?

AGUAYO Ella es Fabiola. Se encarga de las secciones de viajes, economía, turismo y farándula.

FABIOLA Mucho gusto.

8

AGUAYO Él es Johnny. Escribe las secciones de arte, comida, bienestar y política.

JOHNNY Hola.

AGUAYO Y ella es Diana. Está a cargo de las ventas y el mercadeo.

9

DIANA Me han hablado tanto de ti, que estoy ansiosa por conocer tu propia versión.

MARIELA Tengo veintidós años, soy de Monterrey, estudio en la UNAM y vengo de una familia grande.

JOHNNY ¿Muy grande?

MARIELA En cincuenta años de matrimonio mis padres han criado a nueve hijos y veinte nietos.

10

FABIOLA ¿Qué te pareció?

ÉRIC Está buenísima.

FABIOLA ¿Eso es todo lo que tienes que decir?

ÉRIC ¿Qué más se puede decir de una pizza?

FABIOLA ¡Te estoy hablando de Mariela!

ÉRIC Creo que es bella, talentosa e inteligente. Más allá de eso, no me impresiona para nada.

Expresiones útiles

Talking about responsibilities

Fabiola se encarga de…
Fabiola is in charge of…

Diana está a cargo de…
Diana is in charge of…

Estoy a cargo de…
I'm in charge of…

Soy el/la encargado/a de…
I'm the person in charge of…

Talking about your impressions

¿Qué te pareció Mariela?
What did you think of Mariela?

Me pareció…
I thought…

Creo que es bella, talentosa e inteligente.
I think she's beautiful, talented, and intelligent.

Más allá de eso, no me impresiona para nada.
Beyond that, she doesn't impress me at all.

Additional vocabulary

la ansiedad *anxiety*
el cuidado *care*
cuidadoso/a *careful*
la farándula *entertainment*
han criado *have raised*
la mentira *lie*
mentiroso/a *lying*
el mercadeo *marketing*
quepamos *(form of* **caber***) we fit*
querrás *you will want*
el talento *talent*
talentoso/a *talented*

6 *seis* Lección 1

Las relaciones personales *siete* 7

Personajes The photo-based conversations take place among a cast of recurring characters—six people who work for a magazine called *Facetas* in Mexico City.

Fotonovela Video The **Fotonovela** episodes appear in the textbook's video program. To learn more about the video, turn to page xxii.

Conversations The engaging conversations incorporate vocabulary from the **Contextos** section and preview grammar structures you will study in the **Estructura** section, all within a comprehensible context.

Expresiones útiles New, active words and expressions are organized by function, so you can concentrate on using them for real-life, practical purposes.

Comprensión & Ampliación

reinforce and expand upon the *Fotonovela.*

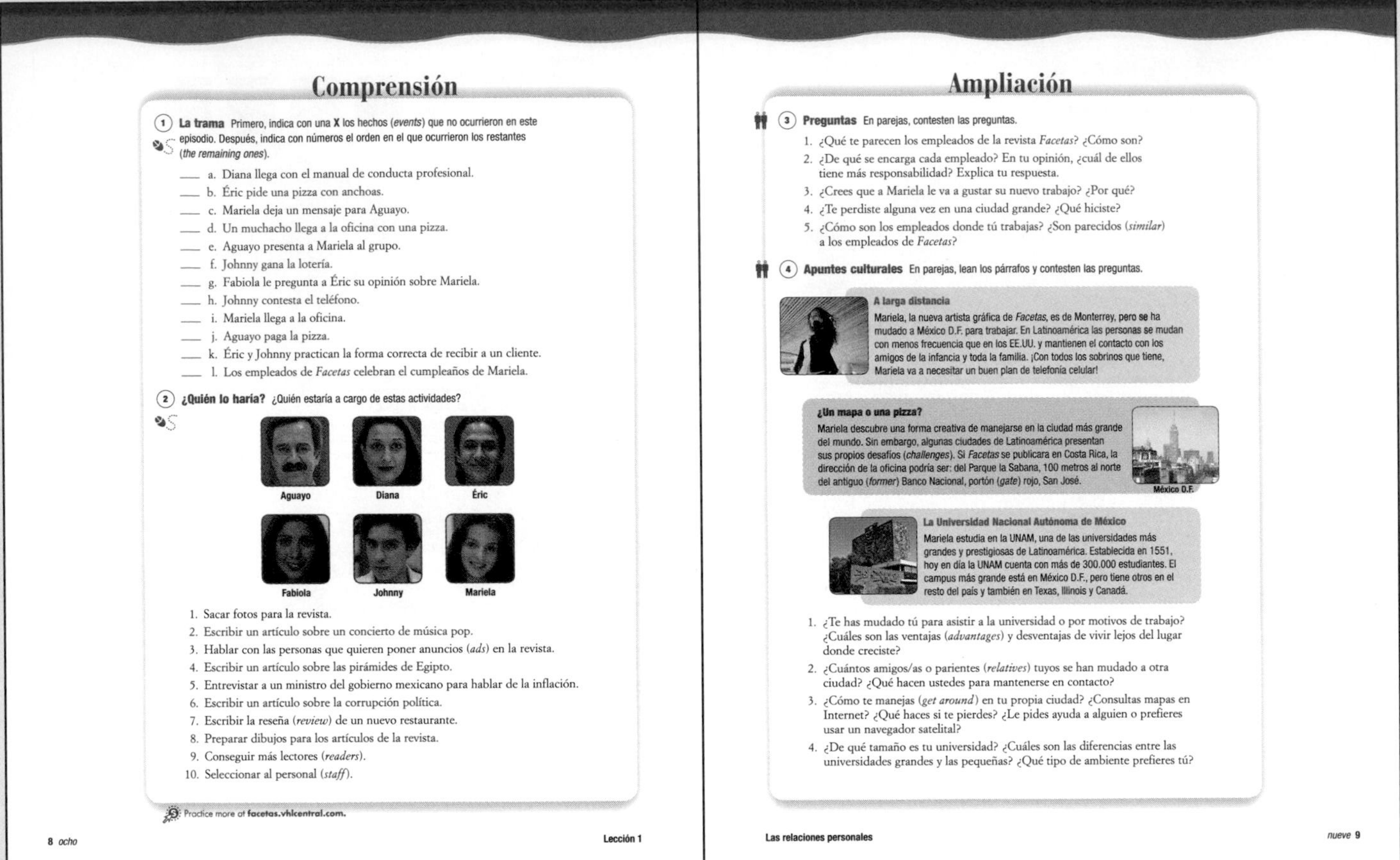

Comprensión

1 **La trama** Primero, indica con una **X** los hechos (*events*) que no ocurrieron en este episodio. Después, indica con números el orden en el que ocurrieron los restantes (*the remaining ones*).

___ a. Diana llega con el manual de conducta profesional.
___ b. Éric pide una pizza con anchoas.
___ c. Mariela deja un mensaje para Aguayo.
___ d. Un muchacho llega a la oficina con una pizza.
___ e. Aguayo presenta a Mariela al grupo.
___ f. Johnny gana la lotería.
___ g. Fabiola le pregunta a Éric su opinión sobre Mariela.
___ h. Johnny contesta el teléfono.
___ i. Mariela llega a la oficina.
___ j. Aguayo paga la pizza.
___ k. Éric y Johnny practican la forma correcta de recibir a un cliente.
___ l. Los empleados de *Facetas* celebran el cumpleaños de Mariela.

2 **¿Quién lo haría?** ¿Quién estaría a cargo de estas actividades?

Aguayo, Diana, Éric, Fabiola, Johnny, Mariela

1. Sacar fotos para la revista.
2. Escribir un artículo sobre un concierto de música pop.
3. Hablar con las personas que quieren poner anuncios (*ads*) en la revista.
4. Escribir un artículo sobre las pirámides de Egipto.
5. Entrevistar a un ministro del gobierno mexicano para hablar de la inflación.
6. Escribir un artículo sobre la corrupción política.
7. Escribir la reseña (*review*) de un nuevo restaurante.
8. Preparar dibujos para los artículos de la revista.
9. Conseguir más lectores (*readers*).
10. Seleccionar al personal (*staff*).

Practice more at **facetas.vhlcentral.com.**

8 *ocho* Lección 1

Ampliación

3 **Preguntas** En parejas, contesten las preguntas.

1. ¿Qué te parecen los empleados de la revista *Facetas*? ¿Cómo son?
2. ¿De qué se encarga cada empleado? En tu opinión, ¿cuál de ellos tiene más responsabilidad? Explica tu respuesta.
3. ¿Crees que a Mariela le va a gustar su nuevo trabajo? ¿Por qué?
4. ¿Te perdiste alguna vez en una ciudad grande? ¿Qué hiciste?
5. ¿Cómo son los empleados donde tú trabajas? ¿Son parecidos (*similar*) a los empleados de *Facetas*?

4 **Apuntes culturales** En parejas, lean los párrafos y contesten las preguntas.

A larga distancia
Mariela, la nueva artista gráfica de *Facetas*, es de Monterrey, pero se ha mudado a México D.F. para trabajar. En Latinoamérica las personas se mudan con menos frecuencia que en los EE.UU. y mantienen el contacto con los amigos de la infancia y toda la familia. ¡Con todos los sobrinos que tiene, Mariela va a necesitar un buen plan de telefonía celular!

¿Un mapa o una pizza?
Mariela descubre una forma creativa de manejarse en la ciudad más grande del mundo. Sin embargo, algunas ciudades de Latinoamérica presentan sus propios desafíos (*challenges*). Si *Facetas* se publicara en Costa Rica, la dirección de la oficina podría ser: del Parque la Sabana, 100 metros al norte del antiguo (*former*) Banco Nacional, portón (*gate*) rojo, San José.

México D.F.

La Universidad Nacional Autónoma de México
Mariela estudia en la UNAM, una de las universidades más grandes y prestigiosas de Latinoamérica. Establecida en 1551, hoy en día la UNAM cuenta con más de 300.000 estudiantes. El campus más grande está en México D.F., pero tiene otros en el resto del país y también en Texas, Illinois y Canadá.

1. ¿Te has mudado tú para asistir a la universidad o por motivos de trabajo? ¿Cuáles son las ventajas (*advantages*) y desventajas de vivir lejos del lugar donde creciste?
2. ¿Cuántos amigos/as o parientes (*relatives*) tuyos se han mudado a otra ciudad? ¿Qué hacen ustedes para mantenerse en contacto?
3. ¿Cómo te manejas (*get around*) en tu propia ciudad? ¿Consultas mapas en Internet? ¿Qué haces si te pierdes? ¿Le pides ayuda a alguien o prefieres usar un navegador satelital?
4. ¿De qué tamaño es tu universidad? ¿Cuáles son las diferencias entre las universidades grandes y las pequeñas? ¿Qué tipo de ambiente prefieres tú?

Las relaciones personales *nueve* 9

Comprensión These exercises check your basic understanding of the **Fotonovela** conversations.

Ampliación Communicative activities take a step further, asking you to apply or react to the content in a personalized way.

Apuntes culturales Cultural notes illustrated with photographs provide additional reading practice and important cultural information related to **Fotonovela**. Follow-up questions check comprehension and expand on the topics.

ENFOQUES

explores cultural topics related to the lesson theme, focused by region.

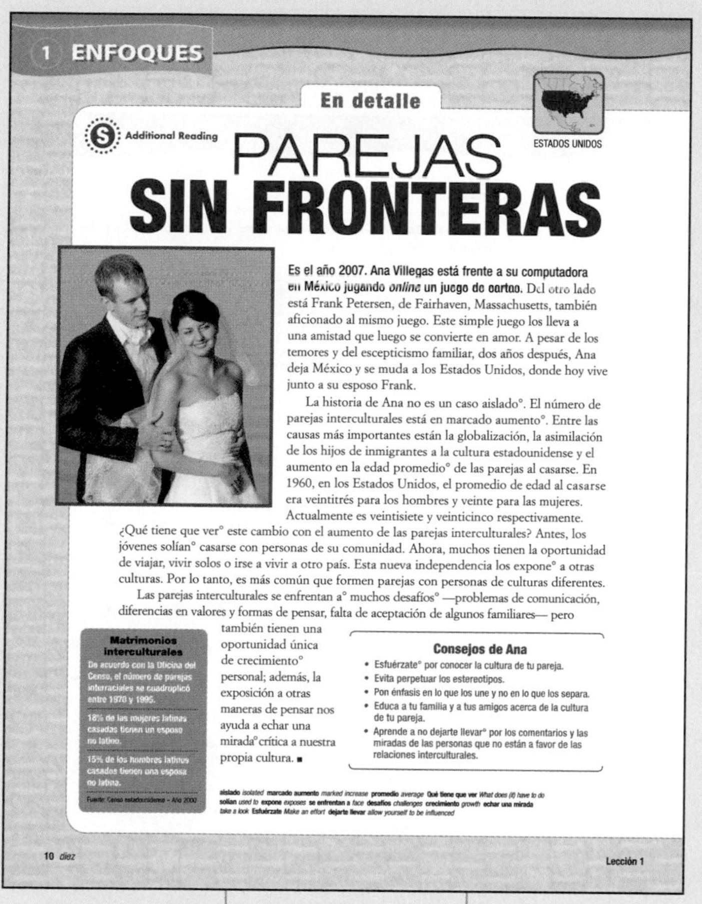

1 ENFOQUES

En detalle

Additional Reading

ESTADOS UNIDOS

PAREJAS SIN FRONTERAS

Es el año 2007. Ana Villegas está frente a su computadora en México jugando *online* un juego de cartas. Del otro lado está Frank Petersen, de Fairhaven, Massachusetts, también aficionado al mismo juego. Este simple juego los lleva a una amistad que luego se convierte en amor. A pesar de los temores y del escepticismo familiar, dos años después, Ana deja México y se muda a los Estados Unidos, donde hoy vive junto a su esposo Frank.

La historia de Ana no es un caso aislado°. El número de parejas interculturales está en marcado aumento°. Entre las causas más importantes están la globalización, la asimilación de los hijos de inmigrantes a la cultura estadounidense y el aumento en la edad promedio° de las parejas al casarse. En 1960, en los Estados Unidos, el promedio de edad al casarse era veintitrés para los hombres y veinte para las mujeres. Actualmente es veintisiete y veinticinco respectivamente. ¿Qué tiene que ver° este cambio con el aumento de las parejas interculturales? Antes, los jóvenes solían° casarse con personas de su comunidad. Ahora, muchos tienen la oportunidad de viajar, vivir solos o irse a vivir a otro país. Esta nueva independencia los expone° a otras culturas. Por lo tanto, es más común que formen parejas con personas de culturas diferentes.

Las parejas interculturales se enfrentan a° muchos desafíos° —problemas de comunicación, diferencias en valores y formas de pensar, falta de aceptación de algunos familiares— pero también tienen una oportunidad única de crecimiento° personal; además, la exposición a otras maneras de pensar nos ayuda a echar una mirada° crítica a nuestra propia cultura. ■

Matrimonios interculturales

De acuerdo con la Oficina del Censo, el número de parejas interraciales se cuadruplicó entre 1970 y 1995.

18% de las mujeres latinas casadas tienen un esposo no latino.

15% de los hombres latinos casados tienen una esposa no latina.

Fuente: Censo estadounidense – Año 2000

Consejos de Ana

- Esfuérzate° por conocer la cultura de tu pareja.
- Evita perpetuar los estereotipos.
- Pon énfasis en lo que los une y no en lo que los separa.
- Educa a tu familia y a tus amigos acerca de la cultura de tu pareja.
- Aprende a no dejarte llevar° por los comentarios y las miradas de las personas que no están a favor de las relaciones interculturales.

aislado *isolated* **marcado aumento** *marked increase* **promedio** *average* **Qué tiene que ver** *What does (it) have to do* **solían** *used to* **expone** *exposes* **se enfrentan a** *face* **desafíos** *challenges* **crecimiento** *growth* **echar una mirada** *take a look* **Esfuérzate** *Make an effort* **dejarte llevar** *allow yourself to be influenced*

10 *diez* Lección 1

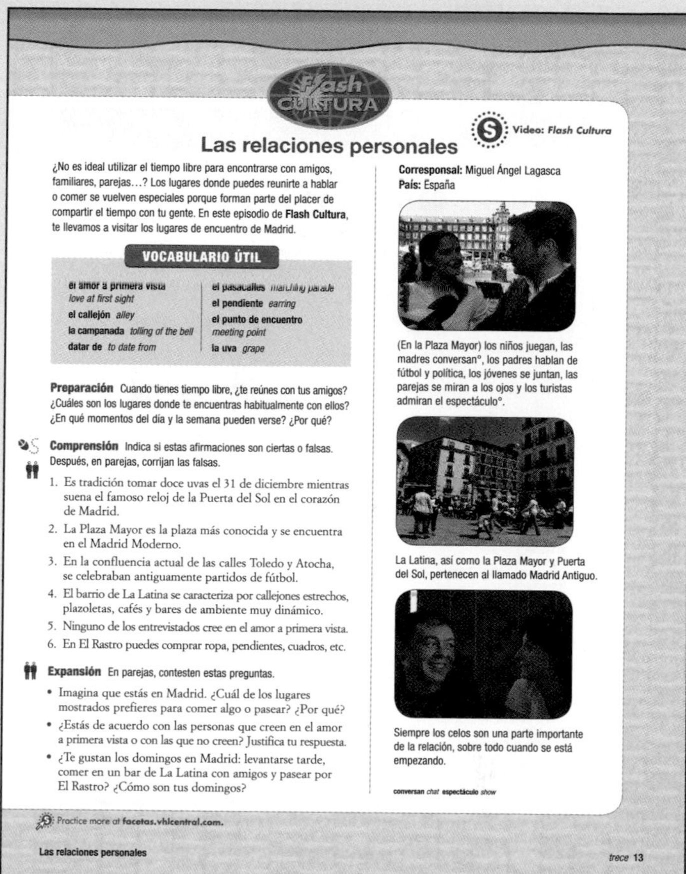

Flash Cultura

Video: *Flash Cultura*

Las relaciones personales

¿No es ideal utilizar el tiempo libre para encontrarse con amigos, familiares, parejas…? Los lugares donde puedes reunirte a hablar o comer se vuelven especiales porque forman parte del placer de compartir el tiempo con tu gente. En este episodio de **Flash Cultura**, te llevamos a visitar los lugares de encuentro de Madrid.

VOCABULARIO ÚTIL

el amor a primera vista *love at first sight*	**el pasacalles** *marching parade*
el callejón *alley*	**el pendiente** *earring*
la campanada *tolling of the bell*	**el punto de encuentro** *meeting point*
datar de *to date from*	**la uva** *grape*

Preparación Cuando tienes tiempo libre, ¿te reúnes con tus amigos? ¿Cuáles son los lugares donde te encuentras habitualmente con ellos? ¿En qué momentos del día y la semana pueden verse? ¿Por qué?

Comprensión Indica si estas afirmaciones son ciertas o falsas. Después, en parejas, corrijan las falsas.

1. Es tradición tomar doce uvas el 31 de diciembre mientras suena el famoso reloj de la Puerta del Sol en el corazón de Madrid.
2. La Plaza Mayor es la plaza más conocida y se encuentra en el Madrid Moderno.
3. En la confluencia actual de las calles Toledo y Atocha, se celebraban antiguamente partidos de fútbol.
4. El barrio de La Latina se caracteriza por callejones estrechos, plazoletas, cafés y bares de ambiente muy dinámico.
5. Ninguno de los entrevistados cree en el amor a primera vista.
6. En El Rastro puedes comprar ropa, pendientes, cuadros, etc.

Expansión En parejas, contesten estas preguntas.

- Imagina que estás en Madrid. ¿Cuál de los lugares mostrados prefieres para comer algo o pasear? ¿Por qué?
- ¿Estás de acuerdo con las personas que creen en el amor a primera vista o con las que no creen? Justifica tu respuesta.
- ¿Te gustan los domingos en Madrid: levantarse tarde, comer en un bar de La Latina con amigos y pasear por El Rastro? ¿Cómo son tus domingos?

Corresponsal: Miguel Ángel Lagasca
País: España

(En la Plaza Mayor) los niños juegan, las madres conversan°, los padres hablan de fútbol y política, los jóvenes se juntan, las parejas se miran a los ojos y los turistas admiran el espectáculo°.

La Latina, así como la Plaza Mayor y Puerta del Sol, pertenecen al llamado Madrid Antiguo.

Siempre los celos son una parte importante de la relación, sobre todo cuando se está empezando.

conversan *chat* **espectáculo** *show*

Practice more at **facetas.vhlcentral.com.**

Las relaciones personales *trece* 13

En detalle & Perfil Feature articles expand on topics related to the lesson theme, supported by photos, maps, and graphical features.

Flash Cultura This specially-shot video in the form of a news broadcast expands on the themes and topics of the feature articles. In-text pre- and post-viewing practice supports your comprehension.

El mundo hispanohablante & Así lo decimos Lexical and comparative features highlight traditions, customs, and trends throughout the Spanish-speaking world.

Activities Comprehension, open-ended, and project-based activities in **¿Qué aprendiste?** check your understanding of the material and lead to further exploration.

Supersite An icon indicates that additional content is available on the **FACETAS** Supersite (**facetas.vhlcentral.com**).

ESTRUCTURA

uses graphic design to facilitate learning Spanish grammar.

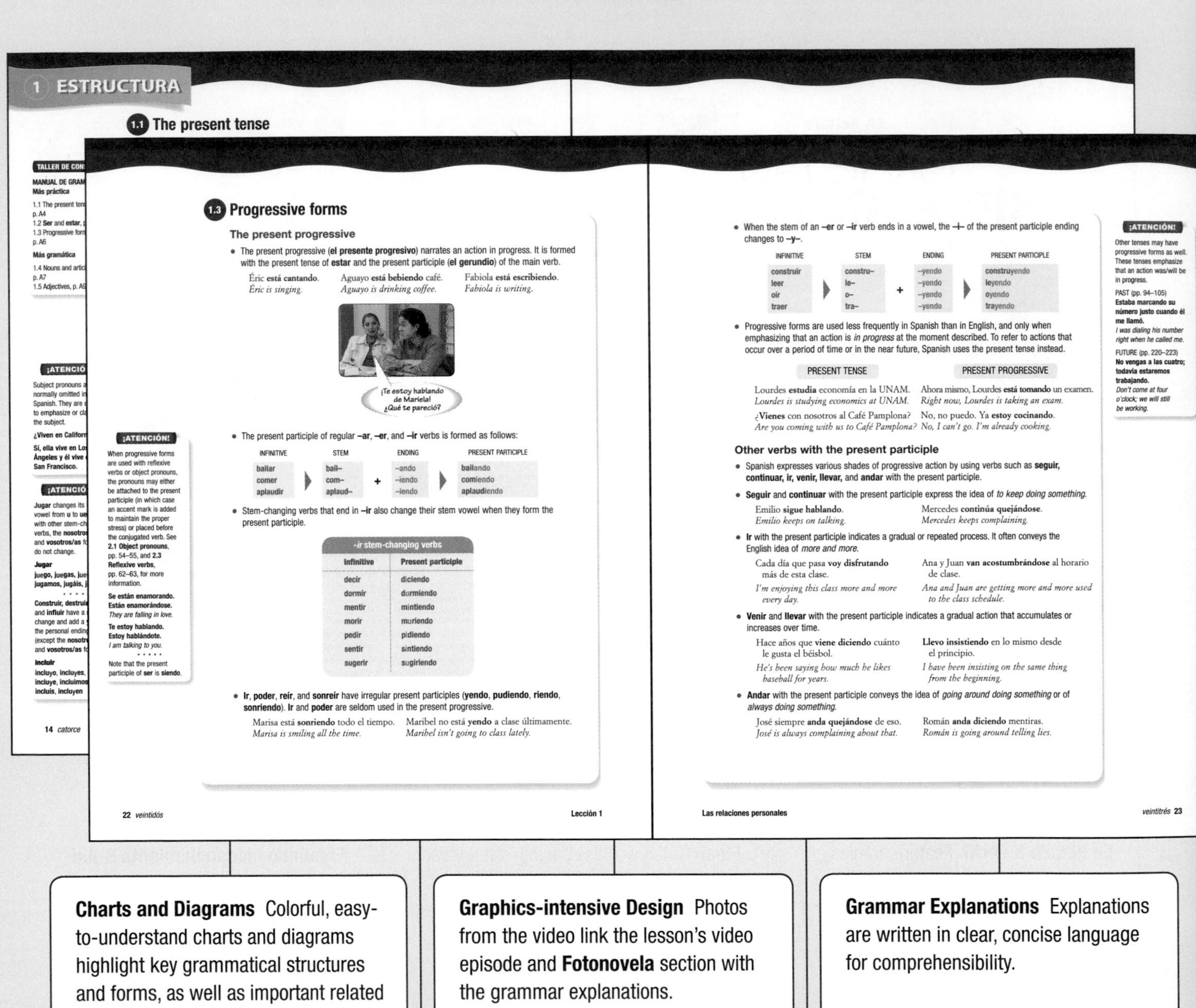

1 ESTRUCTURA

1.1 The present tense

1.3 Progressive forms

The present progressive

- The present progressive (**el presente progresivo**) narrates an action in progress. It is formed with the present tense of **estar** and the present participle (**el gerundio**) of the main verb.

Éric **está cantando**. *Éric is singing.* Aguayo **está bebiendo** café. *Aguayo is drinking coffee.* Fabiola **está escribiendo**. *Fabiola is writing.*

- The present participle of regular **–ar**, **–er**, and **–ir** verbs is formed as follows:

INFINITIVE	STEM	ENDING	PRESENT PARTICIPLE
bailar	bail–	–ando	bailando
comer	com–	–iendo	comiendo
aplaudir	aplaud–	–iendo	aplaudiendo

- Stem-changing verbs that end in **–ir** also change their stem vowel when they form the present participle.

-ir stem-changing verbs

Infinitive	Present participle
decir	diciendo
dormir	durmiendo
mentir	mintiendo
morir	muriendo
pedir	pidiendo
sentir	sintiendo
sugerir	sugiriendo

- **Ir**, **poder**, **reír**, and **sonreír** have irregular present participles (**yendo**, **pudiendo**, **riendo**, **sonriendo**). **Ir** and **poder** are seldom used in the present progressive.

Marisa está **sonriendo** todo el tiempo. *Marisa is smiling all the time.* Maribel no está **yendo** a clase últimamente. *Maribel isn't going to class lately.*

¡ATENCIÓN!

When progressive forms are used with reflexive verbs or object pronouns, the pronouns may either be attached to the present participle (in which case an accent mark is added to maintain the proper stress) or placed before the conjugated verb. See **2.1 Object pronouns**, pp. 54–55, and **2.3 Reflexive verbs**, pp. 62–63, for more information.

Se están enamorando.
Están enamorándose.
They are falling in love.

Te estoy hablando.
Estoy hablándote.
I am talking to you.

Note that the present participle of **ser** is **siendo**.

22 *veintidós* Lección 1

- When the stem of an **–er** or **–ir** verb ends in a vowel, the **–i–** of the present participle ending changes to **–y–**.

INFINITIVE	STEM	ENDING	PRESENT PARTICIPLE
construir	constru–	–yendo	construyendo
leer	le–	–yendo	leyendo
oír	o–	–yendo	oyendo
traer	tra–	–yendo	trayendo

- Progressive forms are used less frequently in Spanish than in English, and only when emphasizing that an action is *in progress* at the moment described. To refer to actions that occur over a period of time or in the near future, Spanish uses the present tense instead.

PRESENT TENSE	PRESENT PROGRESSIVE
Lourdes **estudia** economía en la UNAM. *Lourdes is studying economics at UNAM.*	Ahora mismo, Lourdes **está tomando** un examen. *Right now, Lourdes is taking an exam.*
¿**Vienes** con nosotros al Café Pamplona? *Are you coming with us to Café Pamplona?*	No, no puedo. Ya **estoy cocinando**. *No, I can't go. I'm already cooking.*

Other verbs with the present participle

- Spanish expresses various shades of progressive action by using verbs such as **seguir**, **continuar**, **ir**, **venir**, **llevar**, and **andar** with the present participle.
- **Seguir** and **continuar** with the present participle express the idea of *to keep doing something.*

Emilio **sigue hablando**. *Emilio keeps on talking.* Mercedes **continúa quejándose**. *Mercedes keeps complaining.*

- **Ir** with the present participle indicates a gradual or repeated process. It often conveys the English idea of *more and more.*

Cada día que pasa **voy disfrutando** más de esta clase. *I'm enjoying this class more and more every day.* Ana y Juan **van acostumbrándose** al horario de clase. *Ana and Juan are getting more and more used to the class schedule.*

- **Venir** and **llevar** with the present participle indicates a gradual action that accumulates or increases over time.

Hace años que **viene diciendo** cuánto le gusta el béisbol. *He's been saying how much he likes baseball for years.* **Llevo insistiendo** en lo mismo desde el principio. *I have been insisting on the same thing from the beginning.*

- **Andar** with the present participle conveys the idea of *going around doing something* or of *always doing something.*

José siempre **anda quejándose** de eso. *José is always complaining about that.* Román **anda diciendo** mentiras. *Román is going around telling lies.*

¡ATENCIÓN!

Other tenses may have progressive forms as well. These tenses emphasize that an action was/will be in progress.

PAST (pp. 94–105)
Estaba marcando su número justo cuando él me llamó.
I was dialing his number right when he called me.

FUTURE (pp. 220–223)
No vengas a las cuatro; todavía estaremos trabajando.
Don't come at four o'clock; we will still be working.

Las relaciones personales *veintitrés* 23

Charts and Diagrams Colorful, easy-to-understand charts and diagrams highlight key grammatical structures and forms, as well as important related vocabulary.

Graphics-intensive Design Photos from the video link the lesson's video episode and **Fotonovela** section with the grammar explanations.

Grammar Explanations Explanations are written in clear, concise language for comprehensibility.

Scope and Sequence A balanced grammar scope and sequence presents three grammar points per lesson.

Manual de gramática References to pages in the appendix lead you to **Más gramática.** Here, passive grammar points provide you with more practice for review and/or expansion purposes.

ESTRUCTURA

provides activities for controlled practice and communication.

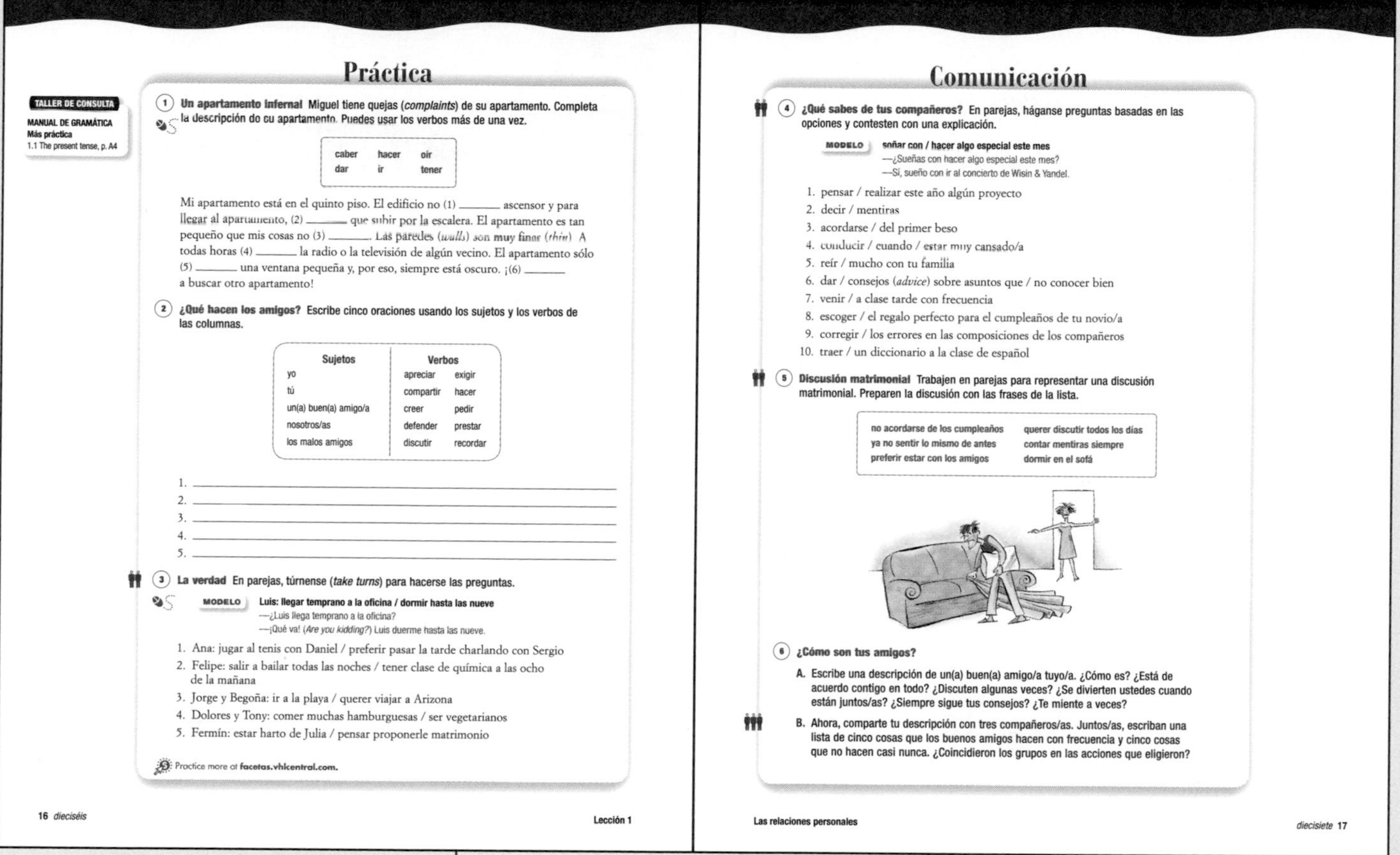

Práctica

TALLER DE CONSULTA
MANUAL DE GRAMÁTICA
Más práctica
1.1 The present tense, p. A4

1. **Un apartamento infernal** Miguel tiene quejas (*complaints*) de su apartamento. Completa la descripción de su apartamento. Puedes usar los verbos más de una vez.

caber hacer oír
dar ir tener

Mi apartamento está en el quinto piso. El edificio no (1) ______ ascensor y para llegar al apartamento, (2) ______ que subir por la escalera. El apartamento es tan pequeño que mis cosas no (3) ______. Las paredes (*walls*) son muy finas (*thin*). A todas horas (4) ______ la radio o la televisión de algún vecino. El apartamento sólo (5) ______ una ventana pequeña y, por eso, siempre está oscuro. ¡(6) ______ a buscar otro apartamento!

2. **¿Qué hacen los amigos?** Escribe cinco oraciones usando los sujetos y los verbos de las columnas.

Sujetos	Verbos	
yo	apreciar	exigir
tú	compartir	hacer
un(a) buen(a) amigo/a	creer	pedir
nosotros/as	defender	prestar
los malos amigos	discutir	recordar

1. ______
2. ______
3. ______
4. ______
5. ______

3. **La verdad** En parejas, túrnense (*take turns*) para hacerse las preguntas.

MODELO **Luis: llegar temprano a la oficina / dormir hasta las nueve**
—¿Luis llega temprano a la oficina?
—¡Qué va! (*Are you kidding?*) Luis duerme hasta las nueve.

1. Ana: jugar al tenis con Daniel / preferir pasar la tarde charlando con Sergio
2. Felipe: salir a bailar todas las noches / tener clase de química a las ocho de la mañana
3. Jorge y Begoña: ir a la playa / querer viajar a Arizona
4. Dolores y Tony: comer muchas hamburguesas / ser vegetarianos
5. Fermín: estar harto de Julia / pensar proponerle matrimonio

Practice more at **facetas.vhlcentral.com.**

16 *dieciséis* Lección 1

Comunicación

4. **¿Qué sabes de tus compañeros?** En parejas, háganse preguntas basadas en las opciones y contesten con una explicación.

MODELO **soñar con / hacer algo especial este mes**
—¿Sueñas con hacer algo especial este mes?
—Sí, sueño con ir al concierto de Wisin & Yandel.

1. pensar / realizar este año algún proyecto
2. decir / mentiras
3. acordarse / del primer beso
4. conducir / cuando / estar muy cansado/a
5. reír / mucho con tu familia
6. dar / consejos (*advice*) sobre asuntos que / no conocer bien
7. venir / a clase tarde con frecuencia
8. escoger / el regalo perfecto para el cumpleaños de tu novio/a
9. corregir / los errores en las composiciones de los compañeros
10. traer / un diccionario a la clase de español

5. **Discusión matrimonial** Trabajen en parejas para representar una discusión matrimonial. Preparen la discusión con las frases de la lista.

no acordarse de los cumpleaños
ya no sentir lo mismo de antes
preferir estar con los amigos
querer discutir todos los días
contar mentiras siempre
dormir en el sofá

6. **¿Cómo son tus amigos?**

A. Escribe una descripción de un(a) buen(a) amigo/a tuyo/a. ¿Cómo es? ¿Está de acuerdo contigo en todo? ¿Discuten algunas veces? ¿Se divierten ustedes cuando están juntos/as? ¿Siempre sigue tus consejos? ¿Te miente a veces?

B. Ahora, comparte tu descripción con tres compañeros/as. Juntos/as, escriban una lista de cinco cosas que los buenos amigos hacen con frecuencia y cinco cosas que no hacen casi nunca. ¿Coincidieron los grupos en las acciones que eligieron?

Las relaciones personales *diecisiete* 17

Práctica The first set of activities provides directed exercises in contexts that combine current and previously learned vocabulary with the grammar point you are studying.

Comunicación The second set of activities prompts personalized communication using the lesson's grammar and vocabulary. These activities take place with a partner, in small groups, or with the entire class.

Supersite Icons let you know exactly what material is available online: activities from the book, additional resources, and extra practice. See page xxvi for more information.

Manual de gramática References to pages in the appendix lead you to **Más práctica,** additional directed and open-ended practice for every grammar point in the book.

CINEMATECA

appears in every lesson, integrating pre-, while-, and post-viewing activities for an authentic short film.

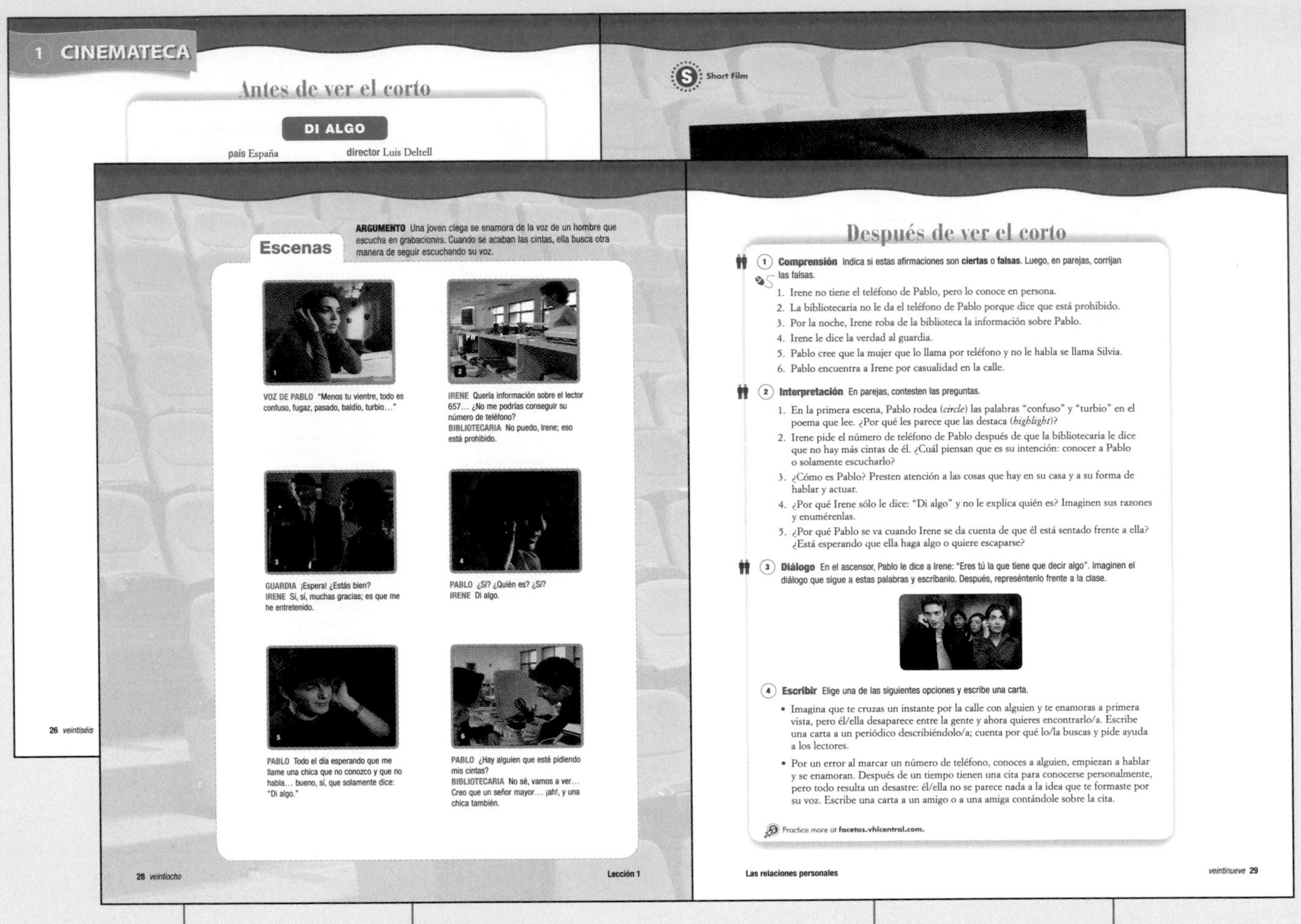

1 CINEMATECA

Antes de ver el corto

DI ALGO

país España director Luis Deltell

Short Film

Escenas

ARGUMENTO Una joven ciega se enamora de la voz de un hombre que escucha en grabaciones. Cuando se acaban las cintas, ella busca otra manera de seguir escuchando su voz.

1 VOZ DE PABLO "Menos tu vientre, todo es confuso, fugaz, pasado, baldío, turbio..."

2 IRENE Quería información sobre el lector 657... ¿No me podrías conseguir su número de teléfono?
BIBLIOTECARIA No puedo, Irene; eso está prohibido.

3 GUARDIA ¡Espera! ¿Estás bien?
IRENE Sí, sí, muchas gracias; es que me he entretenido.

4 PABLO ¿Sí? ¿Quién es? ¿Sí?
IRENE Di algo.

5 PABLO Todo el día esperando que me llame una chica que no conozco y que no habla... bueno, sí, que solamente dice: "Di algo."

6 PABLO ¿Hay alguien que esté pidiendo mis cintas?
BIBLIOTECARIA No sé, vamos a ver... Creo que un señor mayor... ¡ah!, y una chica también.

26 veintiséis

28 veintiocho Lección 1

Después de ver el corto

1 **Comprensión** Indica si estas afirmaciones son **ciertas** o **falsas**. Luego, en parejas, corrijan las falsas.

1. Irene no tiene el teléfono de Pablo, pero lo conoce en persona.
2. La bibliotecaria no le da el teléfono de Pablo porque dice que está prohibido.
3. Por la noche, Irene roba de la biblioteca la información sobre Pablo.
4. Irene le dice la verdad al guardia.
5. Pablo cree que la mujer que lo llama por teléfono y no le habla se llama Silvia.
6. Pablo encuentra a Irene por casualidad en la calle.

2 **Interpretación** En parejas, contesten las preguntas.

1. En la primera escena, Pablo rodea (*circle*) las palabras "confuso" y "turbio" en el poema que lee. ¿Por qué les parece que las destaca (*highlight*)?
2. Irene pide el número de teléfono de Pablo después de que la bibliotecaria le dice que no hay más cintas de él. ¿Cuál piensan que es su intención: conocer a Pablo o solamente escucharlo?
3. ¿Cómo es Pablo? Presten atención a las cosas que hay en su casa y a su forma de hablar y actuar.
4. ¿Por qué Irene sólo le dice: "Di algo" y no le explica quién es? Imaginen sus razones y enumérenlas.
5. ¿Por qué Pablo se va cuando Irene se da cuenta de que él está sentado frente a ella? ¿Está esperando que ella haga algo o quiere escaparse?

3 **Diálogo** En el ascensor, Pablo le dice a Irene: "Eres tú la que tiene que decir algo". Imaginen el diálogo que sigue a estas palabras y escríbanlo. Después, represéntenlo frente a la clase.

4 **Escribir** Elige una de las siguientes opciones y escribe una carta.

- Imagina que te cruzas un instante por la calle con alguien y te enamoras a primera vista, pero él/ella desaparece entre la gente y ahora quieres encontrarlo/a. Escribe una carta a un periódico describiéndolo/a; cuenta por qué lo/la buscas y pide ayuda a los lectores.
- Por un error al marcar un número de teléfono, conoces a alguien, empiezan a hablar y se enamoran. Después de un tiempo tienen una cita para conocerse personalmente, pero todo resulta un desastre: él/ella no se parece nada a la idea que te formaste por su voz. Escribe una carta a un amigo o a una amiga contándole sobre la cita.

Practice more at **facetas.vhlcentral.com.**

Las relaciones personales veintinueve 29

Escenas Video stills with excerpts of the dialogue help you to focus on key events and ideas as you watch the film.

Cortometrajes Six dramatic short films from the Spanish-speaking world provide authentic language input with four pages of support. All films are available for viewing on the Supersite.

Antes de ver... Pre-viewing activities prepare you to view the film. **Vocabulario** calls out vocabulary key to understanding the film.

Después de ver... Post-viewing activities check your comprehension and guide you through interpreting the film and reacting to it.

LECTURAS

opens in a visually dramatic way.

1 LECTURAS
Los enamorados, 1923
Pablo Picasso, España
"La única fuerza y la única verdad que hay en esta vida es el amor."
— José Martí
30 treinta
Lección 1

Fine Art A fine art piece by a Spanish-speaking artist illustrates an aspect of the lesson's theme and exposes you to a broad spectrum of works created by male and female artists from different areas of the Spanish-speaking world.

Quotation Quotations by Spanish speakers from around the world and across the ages provide thought-provoking insights into the lesson's theme.

LECTURAS

presents a literary selection that expands on the lesson's theme.

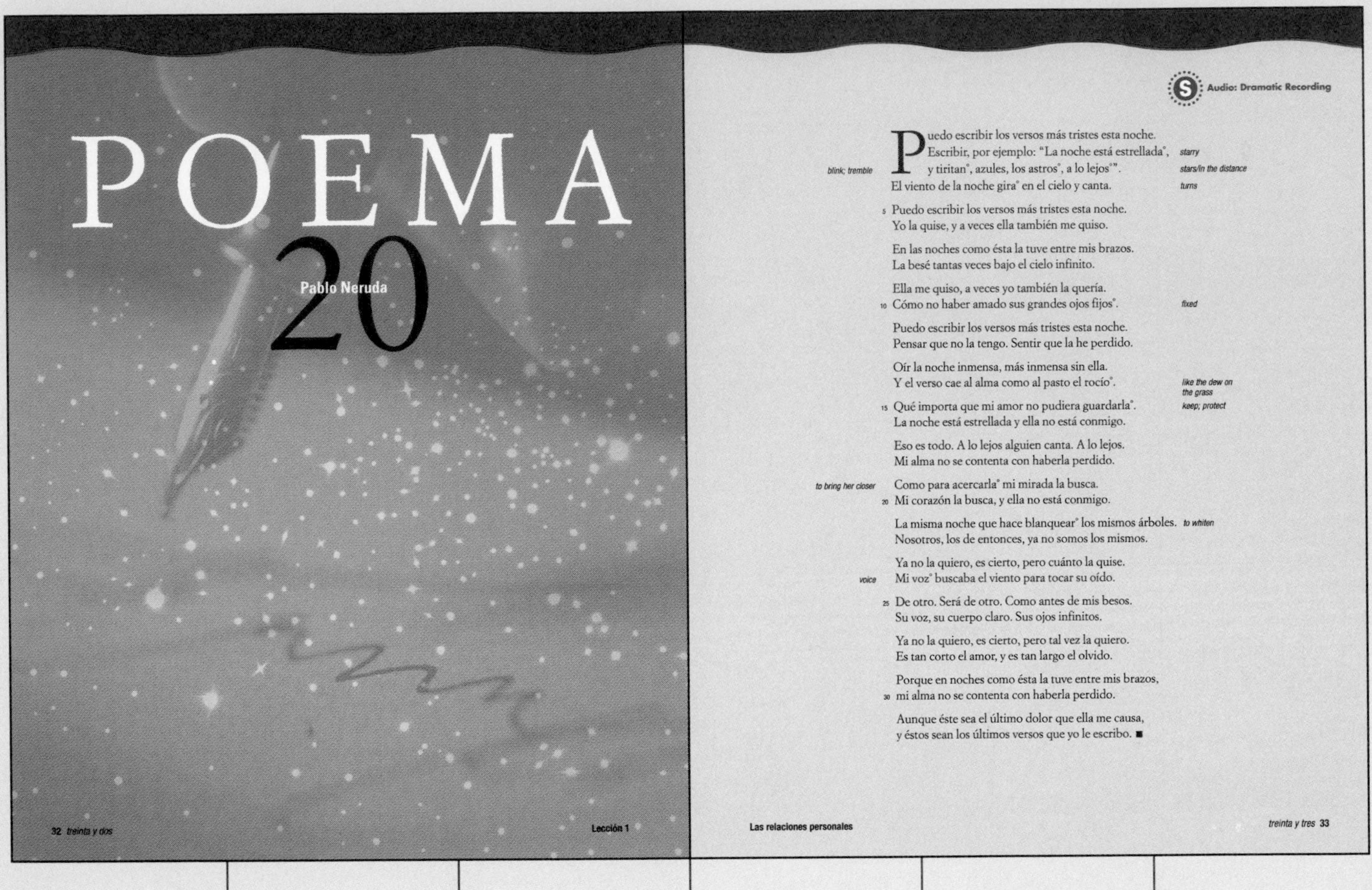

POEMA 20

Pablo Neruda

32 treinta y dos — Lección 1

Audio: Dramatic Recording

Puedo escribir los versos más tristes esta noche.
Escribir, por ejemplo: "La noche está estrellada°,
y tiritan°, azules, los astros°, a lo lejos°".
El viento de la noche gira° en el cielo y canta.

Puedo escribir los versos más tristes esta noche.
Yo la quise, y a veces ella también me quiso.

En las noches como ésta la tuve entre mis brazos.
La besé tantas veces bajo el cielo infinito.

Ella me quiso, a veces yo también la quería.
Cómo no haber amado sus grandes ojos fijos°.

Puedo escribir los versos más tristes esta noche.
Pensar que no la tengo. Sentir que la he perdido.

Oír la noche inmensa, más inmensa sin ella.
Y el verso cae al alma como al pasto el rocío°.

Qué importa que mi amor no pudiera guardarla°.
La noche está estrellada y ella no está conmigo.

Eso es todo. A lo lejos alguien canta. A lo lejos.
Mi alma no se contenta con haberla perdido.

Como para acercarla° mi mirada la busca.
Mi corazón la busca, y ella no está conmigo.

La misma noche que hace blanquear° los mismos árboles.
Nosotros, los de entonces, ya no somos los mismos.

Ya no la quiero, es cierto, pero cuánto la quise.
Mi voz° buscaba el viento para tocar su oído.

De otro. Será de otro. Como antes de mis besos.
Su voz, su cuerpo claro. Sus ojos infinitos.

Ya no la quiero, es cierto, pero tal vez la quiero.
Es tan corto el amor, y es tan largo el olvido.

Porque en noches como ésta la tuve entre mis brazos,
mi alma no se contenta con haberla perdido.

Aunque éste sea el último dolor que ella me causa,
y éstos sean los últimos versos que yo le escribo. ■

starry · blink; tremble · stars/in the distance · turns · fixed · like the dew on the grass · keep; protect · to bring her closer · to whiten · voice

Las relaciones personales — treinta y tres 33

Sobre el autor Biographical information focuses your attention on important information about the authors and their works.

Diverse Texts Theme-related texts from high-profile male and female authors from all over the Spanish-speaking world expose you to a variety of genres, such as poetry, short stories, and novels.

Open Design The type size, open space, numbered lines, and marginal glosses were specially designed to make the readings inviting and highly accessible to you.

Análisis literario Explanations and practice of literary techniques central to the reading give you the support you need to analyze literature in Spanish.

Conexión personal Personalized questions prompt you to think about the theme of the reading as it relates to your own life and experiences.

LECTURAS

also features an article on cultural topics related to the lesson theme.

Sonia Sotomayor: la niña que soñaba

Sonia Sotomayor era una niña que soñaba. Y, según cuenta, lo que soñaba era convertirse en detective, igual que su heroína favorita, Nancy Drew. Sin embargo, a los ocho años, tras un diagnóstico de diabetes, sus médicos le recomendaron que pensara en una carrera menos agitada. Entonces, sin recortar sus aspiraciones ni resignarse a menos, encontró un nuevo modelo en otro héroe de ficción: Perry Mason, el abogado encarnado° en televisión por Raymond Burr. "Iba a ir a la universidad e iba a convertirme en abogada: y supe esto cuando tenía diez años. Y no es una broma", declaró ella en 1998.

Robin Kar, secretario de Sonia Sotomayor en 1988–1989, afirma que la jueza no sólo tiene una historia asombrosa°, sino que además es una persona asombrosa. Y cuenta que, en la corte, ella no solamente conocía a sus pares°, como los otros jueces y políticos, sino que también se preocupaba por conocer a todos los porteros, los empleados de la cafetería y los conserjes°, y todos la apreciaban mucho.

En su discurso de aceptación de la nominación a la Corte Suprema, Sonia Sotomayor explicó su propia visión de sí misma: "Soy una persona nada extraordinaria que ha tenido la dicha de tener oportunidades y experiencias extraordinarias." Pero ni siquiera sus sueños más descabellados° podían prepararla para lo que ocurrió en mayo de 2009, cuando Barack Obama la nominó como candidata a la Corte Suprema de Justicia de Estados Unidos. En su discurso, el presidente destacó el "viaje extraordinario" de la jueza, desde sus modestos comienzos hasta la cima° del sistema judicial. Para él, los sueños son importantes y Sonia Sotomayor es la encarnación del sueño americano.

Nació en el Bronx, en Nueva York, el 25 de junio de 1954, y creció en un barrio de viviendas subsidiadas°. Sus padres, puertorriqueños, habían llegado a Estados Unidos durante la Segunda Guerra Mundial. Su padre, que había estudiado sólo hasta tercer grado y no hablaba inglés, murió cuando Sonia tenía nueve años, y su madre, Celina, tuvo que trabajar seis días a la semana como enfermera para criarlos° a ella y a su hermano menor. Como la señora Sotomayor consideraba que una buena educación era fundamental, les compró a sus hijos la Enciclopedia Británica y los envió a una escuela católica para que recibieran la mejor instrucción posible. Seguramente los resultados superaron también sus expectativas: Sonia estudió en las universidades de Princeton y Yale, y su hermano Juan estudió en la Universidad de Nueva York, y ahora es médico y profesor en la Universidad de Siracusa.

Audio: Reading

Sonia Sotomayor trabajó durante cinco años como asistente del fiscal de Manhattan, Robert Morgenthau (quien inspiró el personaje del fiscal del distrito Adam Schiff en la serie de televisión *Law and Order*). Luego se dedicó al derecho corporativo y más tarde fue jueza de primera instancia de la Corte Federal de Distrito antes de ser nombrada jueza de Distrito de la Corte Federal de Apelaciones. En 2009 se convirtió en la primera hispana —y la tercera mujer en toda la historia— en llegar a la Corte Suprema de Justicia de Estados Unidos, donde suelen tratarse cuestiones tan controvertidas como el aborto, la pena de muerte, el derecho a la posesión de armas, etc.

Cuando el presidente Obama nominó a la jueza Sotomayor para su nuevo cargo, Celina Sotomayor escuchaba desde la primera fila° con los ojos llenos de lágrimas. En su discurso de aceptación, Sonia la señaló como "la inspiración de toda mi vida". Tal vez, en el fondo, lo que soñaba realmente la niña del Bronx era ser, como su madre, una "sabia mujer latina". ■

encarnado° *played by*; asombrosa° *amazing*; pares° *peers*; conserjes° *janitors*; descabellados° *wildest*; cima° *height*; viviendas subsidiadas° *housing project*; criarlos° *raise them*; primera fila° *front row*

Cómo Sotomayor salvó al béisbol

En 1994, de manera unilateral, los propietarios de los equipos de las Grandes Ligas de béisbol implantaron un tope (*limit*) salarial; esto fue rechazado por los jugadores y su sindicato, que declararon una huelga (*strike*). El caso llegó a Sonia Sotomayor, en ese entonces la jueza más joven del Distrito Sur de Nueva York, en 1995. Ella escuchó los argumentos de las dos partes y anunció su dictamen (*ruling*) a favor de los jugadores. Logró acabar así con la huelga que llevaba ya 232 días y, además, ganarse el título de "salvadora del béisbol".

36 treinta y seis — Lección 1 — Las relaciones personales — treinta y siete 37

Appealing Topics The **Cultura** readings present a unique range of topics that expose you to the people, traditions, and accomplishments of the different cultures of the Spanish-speaking world.

Open Design The same open design used in the first selection, including numbered lines and marginal glosses, helps make the **Cultura** readings accessible to you.

Vocabulario A vocabulary box lists words and expressions key to the reading.

Contexto cultural The selection is introduced by culturally relevant background information about the theme of the reading.

Post-reading Activities These exercises check your understanding of key ideas and guide you in analyzing, interpreting, and reacting to the content.

Atando cabos
develops your speaking and writing skills.

Atando cabos

¡A conversar!

Citas rápidas Usa la técnica de las "citas rápidas" (*speed dating*) para conocer a tus compañeros/as de clase, hacer nuevos amigos y buscar compañeros para proyectos. Comparte los resultados con la clase.

Cómo funcionan las "citas rápidas"

- Reúnete con un(a) compañero/a durante cinco minutos. Hablen sobre quiénes son, cómo son, qué buscan, etc.
- Toma notas acerca del encuentro.
- Repite la actividad con otros compañeros.

	Nombre	Nombre
¿De dónde eres?		
¿Cómo eres?		
¿Qué cualidades buscas en un(a) amigo/a?		
¿Qué tipo de proyectos te gusta hacer?		

¡A escribir!

Consejos Lee la carta que envió Alonso a la sección de consejos sentimentales de una revista y usa las frases del recuadro para responderla.

Expresar tu opinión

Estas frases pueden ayudarte a presentar tu opinión:

- En mi opinión,...
- Creo que...
- Me parece que...

Me llamo Alonso. Tengo 23 años y soy de Colombia. Vine a Boston para estudiar en la universidad. Allí conocí a mi novia Kristen, quien tomaba clases de español. Todo iba muy bien mientras estábamos en la universidad: teníamos amigos estadounidenses y latinoamericanos, a mí me interesaba mucho aprender sobre su país y a ella sobre el mío.

El problema comenzó después de la universidad. Cuando salimos con los compañeros de trabajo de Kristen, siento que a nadie le interesa charlar conmigo, y a mí tampoco me interesa hablar con ellos de béisbol y esas cosas. Cuando vamos a visitar a la familia de Kristen en Chicago y decido cocinar, siempre miran con desconfianza los platos tradicionales que preparo. Además, Kristen está muy ocupada con su trabajo para seguir estudiando español. Cuando quiere practicar comete unos errores horribles y entonces yo prefiero hablar inglés con ella. Discutimos mucho por todas estas cosas. A veces pienso que sería más fácil estar con alguien de mi cultura… pero quiero mucho a Kristen. ¿Qué puedo hacer para que mi relación funcione?

Las relaciones personales *treinta y nueve* 39

¡A conversar! Step-by-step tasks and problem-solving situations engage you in discussion in pairs, small groups, or with the entire class.

Thematic Readings and Realia These texts serve as springboards for discussion and writing while providing frameworks to help you use language creatively.

¡A escribir! This section provides an engaging, real-life writing task—letters, e-mails, anecdotes, etc.—spun off from the lesson theme.

VOCABULARIO

summarizes the active vocabulary in each lesson.

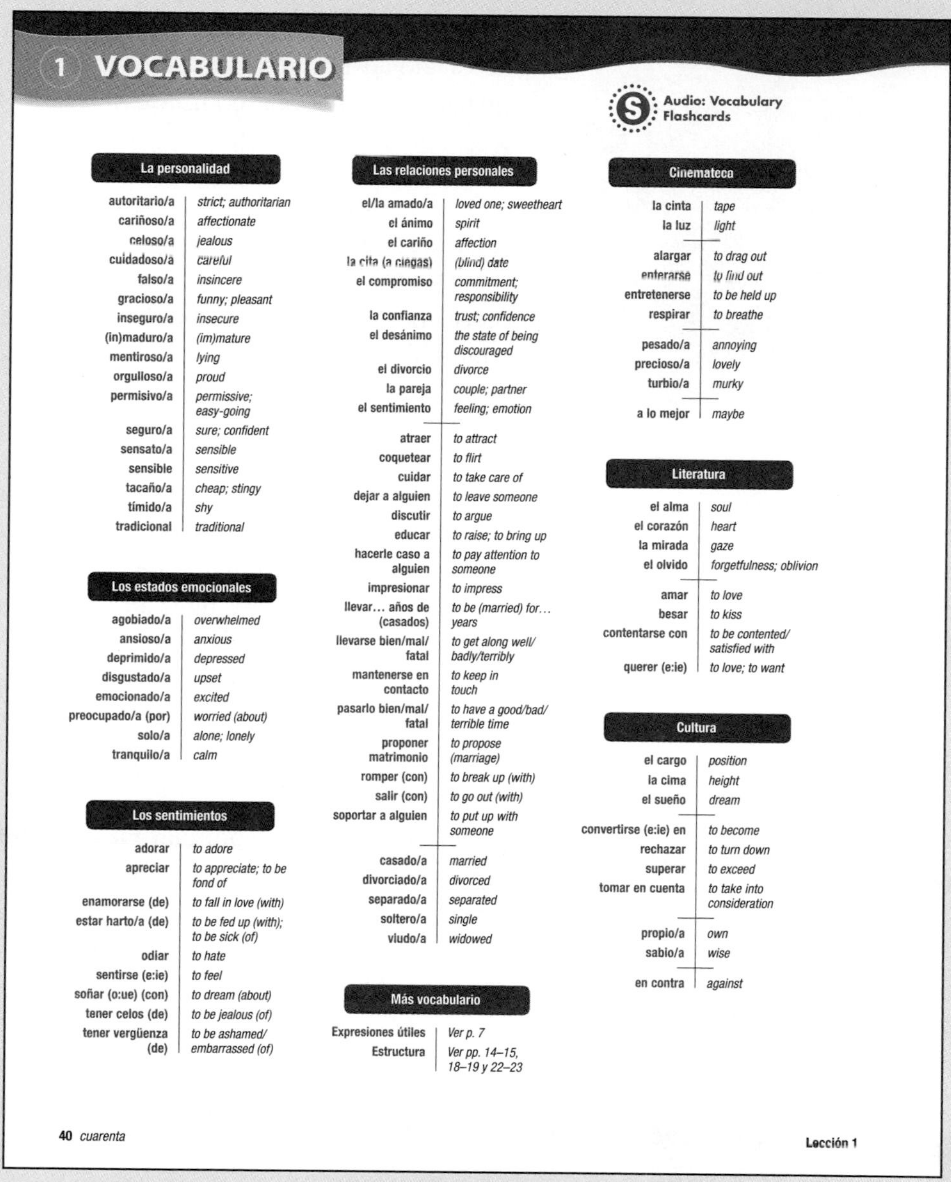

1 VOCABULARIO

Audio: Vocabulary Flashcards

La personalidad

autoritario/a	*strict; authoritarian*
cariñoso/a	*affectionate*
celoso/a	*jealous*
cuidadoso/a	*careful*
falso/a	*insincere*
gracioso/a	*funny; pleasant*
inseguro/a	*insecure*
(in)maduro/a	*(im)mature*
mentiroso/a	*lying*
orgulloso/a	*proud*
permisivo/a	*permissive; easy-going*
seguro/a	*sure; confident*
sensato/a	*sensible*
sensible	*sensitive*
tacaño/a	*cheap; stingy*
tímido/a	*shy*
tradicional	*traditional*

Los estados emocionales

agobiado/a	*overwhelmed*
ansioso/a	*anxious*
deprimido/a	*depressed*
disgustado/a	*upset*
emocionado/a	*excited*
preocupado/a (por)	*worried (about)*
solo/a	*alone; lonely*
tranquilo/a	*calm*

Los sentimientos

adorar	*to adore*
apreciar	*to appreciate; to be fond of*
enamorarse (de)	*to fall in love (with)*
estar harto/a (de)	*to be fed up (with); to be sick (of)*
odiar	*to hate*
sentirse (e:ie)	*to feel*
soñar (o:ue) (con)	*to dream (about)*
tener celos (de)	*to be jealous (of)*
tener vergüenza (de)	*to be ashamed/ embarrassed (of)*

Las relaciones personales

el/la amado/a	*loved one; sweetheart*
el ánimo	*spirit*
el cariño	*affection*
la cita (a ciegas)	*(blind) date*
el compromiso	*commitment; responsibility*
la confianza	*trust; confidence*
el desánimo	*the state of being discouraged*
el divorcio	*divorce*
la pareja	*couple; partner*
el sentimiento	*feeling; emotion*
atraer	*to attract*
coquetear	*to flirt*
cuidar	*to take care of*
dejar a alguien	*to leave someone*
discutir	*to argue*
educar	*to raise; to bring up*
hacerle caso a alguien	*to pay attention to someone*
impresionar	*to impress*
llevar... años de (casados)	*to be (married) for... years*
llevarse bien/mal/fatal	*to get along well/ badly/terribly*
mantenerse en contacto	*to keep in touch*
pasarlo bien/mal/fatal	*to have a good/bad/ terrible time*
proponer matrimonio	*to propose (marriage)*
romper (con)	*to break up (with)*
salir (con)	*to go out (with)*
soportar a alguien	*to put up with someone*
casado/a	*married*
divorciado/a	*divorced*
separado/a	*separated*
soltero/a	*single*
viudo/a	*widowed*

Más vocabulario

Expresiones útiles	*Ver p. 7*
Estructura	*Ver pp. 14–15, 18–19 y 22–23*

Cinemateca

la cinta	*tape*
la luz	*light*
alargar	*to drag out*
enterarse	*to find out*
entretenerse	*to be held up*
respirar	*to breathe*
pesado/a	*annoying*
precioso/a	*lovely*
turbio/a	*murky*
a lo mejor	*maybe*

Literatura

el alma	*soul*
el corazón	*heart*
la mirada	*gaze*
el olvido	*forgetfulness; oblivion*
amar	*to love*
besar	*to kiss*
contentarse con	*to be contented/ satisfied with*
querer (e:ie)	*to love; to want*

Cultura

el cargo	*position*
la cima	*height*
el sueño	*dream*
convertirse (e:ie) en	*to become*
rechazar	*to turn down*
superar	*to exceed*
tomar en cuenta	*to take into consideration*
propio/a	*own*
sabio/a	*wise*
en contra	*against*

40 *cuarenta* Lección 1

FACETAS, Third Edition, Video Programs

Fotonovela Video

An episode in the format of a sitcom accompanies each lesson in **FACETAS**. These episodes portray the everyday lives and adventures of the staff working at the lifestyle magazine *Facetas,* based in Mexico City.

The **Fotonovela** section in each textbook lesson is actually an abbreviated version of the dramatic episode featured in the video. Therefore, each **Fotonovela** section can be done before you see the corresponding video episode, after it, or as a stand-alone section.

Besides providing entertainment, the video serves as a useful learning tool. As you watch the episodes, you will observe the characters interacting in various situations and using real-world language that reflects the vocabulary and grammar you are studying. In addition, because language learning is an ongoing, cumulative process, you will find that the dramatic segments carefully combine new vocabulary and grammar with previously taught language as the video progresses.

The Cast

Here are the main characters you will meet when you watch the **Fotonovela Video**:

Mariela Burgos

José Raúl Aguayo

Diana González

Éric Vargas

Juan (Johnny) Medina

Fabiola Ledesma

Flash Cultura

The overwhelmingly popular **Flash Cultura** video provides an entertaining and authentic complement to the **Enfoques** section of each lesson. Correspondents from various Spanish-speaking countries report on aspects of life in their countries, conducting street interviews with residents along the way. These episodes draw attention to similarities and differences between Spanish-speaking countries and the U.S., while highlighting fascinating aspects of the target culture.

Film Collection

The **FACETAS** Film Collection contains the short films by Hispanic filmmakers that are the basis for the **Cinemateca** section of every lesson. These award-winning films offer entertaining and thought-provoking opportunities to build your listening comprehension skills and your cultural knowledge of the Spanish-speaking world.

Film Synopses

NEW! Lección 1 *Di algo* (Spain) A young blind woman falls in love with a man based on his voice. The only problem is that she has never heard him in person... just on a recording.

Lección 2 *Espíritu deportivo* (México) At the funeral of a deceased soccer star, his teammates argue the lineup of their famous match against Brazil.

Lección 3 *Adiós mamá* (México) A man is grocery shopping alone on an ordinary day when a chance meeting makes him the focus of an elderly woman's existential conflict, with a surprising result.

Lección 4 *Éramos pocos* (España) **Oscar nominated!** After being abandoned by his wife, a father and son enlist the help of her mother to keep house.

Lección 5 *El anillo* (Puerto Rico) Every object has its own story to tell.

Lección 6 *El día menos pensado* (México) A city ends up without potable water; people must decide whether to flee or stand and guard what little water they have left.

Icons

Familiarize yourself with these icons that appear throughout **FACETAS.**

Supersite content available — Pair activity

Activity available on Supersite — Group activity

Audio activity

Text next to the Supersite icon will let you know exactly what type of content is available online. Additional practice on the Supersite, not included in the textbook, is indicated with this icon feature: Practice more at **facetas.vhlcentral.com.**

Student Ancillaries

Student Activities Manual
The Student Activities Manual consists of the Workbook, the Lab Manual, and the Video Manual. The Workbook activities provide additional practice of the vocabulary and grammar for each textbook lesson. The Lab Manual activities for each textbook lesson focus on building your listening comprehension skills in Spanish. The Video Manual includes pre-, while-, and post-viewing activities for the **FACETAS Fotonovela Video.**

Lab Audio Program
The Lab Audio Program, available as MP3 files on the **FACETAS** Supersite, contains the recordings to be used with the activities of the Lab Manual.

Textbook Audio Program
The Textbook Audio Program comprises all of the audio recordings that correspond to the audio icons and activities in your text. These MP3 files are available on the **FACETAS** Supersite.

FACETAS Fotonovela Video DVD
This DVD includes the complete **Fotonovela** Video in six dramatic episodes done in the style of a situational comedy.

Supersite (facetas.vhlcentral.com) 
Free with each purchase of a new student text, the **FACETAS, Third Edition,** Supersite Access Code delivers a wide range of online resources to you. Audio, video, and auto-graded practice directly correlate to your textbook and go beyond it. See page xxvi for more information.

Supersite Plus
In addition to the resources on the **FACETAS** Supersite, this option offers a WebSAM and Wimba Pronto. See p. xxvi.

Instructor Ancillaries

In addition to the student ancillaries, all of which are available to the instructor, these supplements are also available.

Instructor's Annotated Edition

The Instructor's Annotated Edition (IAE) provides a wealth of information designed to support classroom teaching. The IAE contains answers to exercises overprinted on the page, cultural information, suggestions for implementing and extending student activities, supplemental activities, and cross-references to student and instructor ancillaries.

Supersite (facetas.vhlcentral.com) 

The **FACETAS, Third Edition** Supersite provides a wealth of instructional resources, including a powerful gradebook and course management system. Here are some of the resources available for instructors on the Supersite.

- **Instructor's Resource Manual**
  The Instructor's Resource Manual contains teaching suggestions, textbook and lab audioscripts, scripts and translations for all three video programs, plus textbook and SAM answer keys.
- **Testing Program with Audio**
  The Testing Program contains four quizzes for each of the textbook's six lessons and exams for Lessons 1–3 and 4–6. All assessments include sections on listening comprehension, vocabulary, grammar, and communication. Optional reading sections are also provided. Listening scripts, answer keys, and audio files are also included. The Testing Program is available in three formats: ready-to-print PDFs, editable word-processing files, and in a powerful Test Generator.
- **Overheads**
  Overhead materials include selected illustrations and **Estructura** charts from the textbook, as well as maps of all Spanish-speaking countries.
- **Student Activities Manual Answer Key**
  This component includes answer keys for all discrete-answer activities in the Student Activities Manual. A print version is available to students upon instructor request.

Supersite Plus

In addition to the resources on the **FACETAS** Supersite, this option offers a WebSAM and Wimba Pronto. See p. xxvi.

Instructor's DVD Set

This DVD set contains the **Fotonovela** DVD, the Film Collection DVD, and the **Flash Cultura** DVD. All video content has subtitles and is also available online.

Supersite

The **FACETAS** Supersite provides a wealth of resources for both students and instructors. Icons indicate exactly which resources are available on the Supersite for each strand of every lesson.

For Students

Student resources, available through a Supersite code, are provided free-of-charge with the purchase of a new student text. Here is an example of what you will find at **facetas.vhlcentral.com:**

- Activities from the student text, with auto-grading
- Additional practice for each and every textbook section — Practice more at **facetas.vhlcentral.com.**
- Record & Submit oral assessment activities
- Three video programs—**Fotonovela, Flash Cultura**, and the **FACETAS Film Collection**—in streaming video
- MP3 files for the complete **FACETAS** Textbook, Lab, and Testing Programs
- **NEW!** Oxford Spanish Mini Dictionary
- **NEW!** Flashcards with audio
- **NEW!** Wimba Voice Board

For Instructors

Instructors have access to the entire student site, as well as these key resources:

- The entire Instructor Ancillary package, Testing Program, and Instructor Resources, in downloadable and printable formats
- A robust course management system
- Voice Board capabilities for you to create additional activities
- And much, much more…

Supersiteplus

In addition to the resources already listed, Supersite Plus offers:

- **WebSAM** The online, interactive Student Activities Manual includes audio record-submit activities, auto grading for select activities, and a single gradebook for Supersite and WebSAM activities.
- **Wimba Pronto** Extend communication beyond the classroom with this powerful tool that features synchronous chat, online tutoring, online office hour capabilities, and more.

Reviewers

On behalf of its writers and editors, Vista Higher Learning expresses its sincere appreciation to the many professors nationwide who reviewed **FACETAS, Second Edition**. Their insights, ideas, and detailed comments were invaluable to the final product.

Carmen Albaladejo
Michigan State University, MI

Jose Alonzo
East Texas Baptist University, TX

Priscilla Archibald
Roosevelt University, IL

Wendy Bennett-Turner
Pellissippi State Community College, TN

Amanda Boomershine
University of North Carolina Wilmington, NC

James Buckwalter
Hanover College, IN

Fernando Burgos
University of Memphis, TN

Deborah Cutler
Pima Community College, AZ

Alice Edwards
Mercyhurst College, PA

Margaret Eomurian
Houston Community College, TX

Enrique Fernandez
University of Manitoba, Canada

Amy George-Hirons
Tulane University, LA

Gordon Hinners
Mars Hill College, NC

Cheryll Javaherian
Southeastern Louisiana University, LA

Richard Keenan
University of Idaho, Canada

Frauke Loewensen
California State University Monterey Bay, CA

Leonor Lundy
Pellissippi State Technical Community College, TN

Maria Ines Martinez
University of Manitoba, Canada

Verónica Méndez
Western State College of Colorado, CO

William Miller
University of Akron, OH

Jayne Reino
University of Massachusetts, MA

Caterina Reitano
University of Manitoba, Canada

Catherine Scholer
Alexandria Technical College, MN

Iñigo Serna
Washington State University, WA

James Sutherland
Assumption High School, KY

Matthew A. Wyszynski
University of Akron, OH

Fernanda Zullo
Hanover College, IN

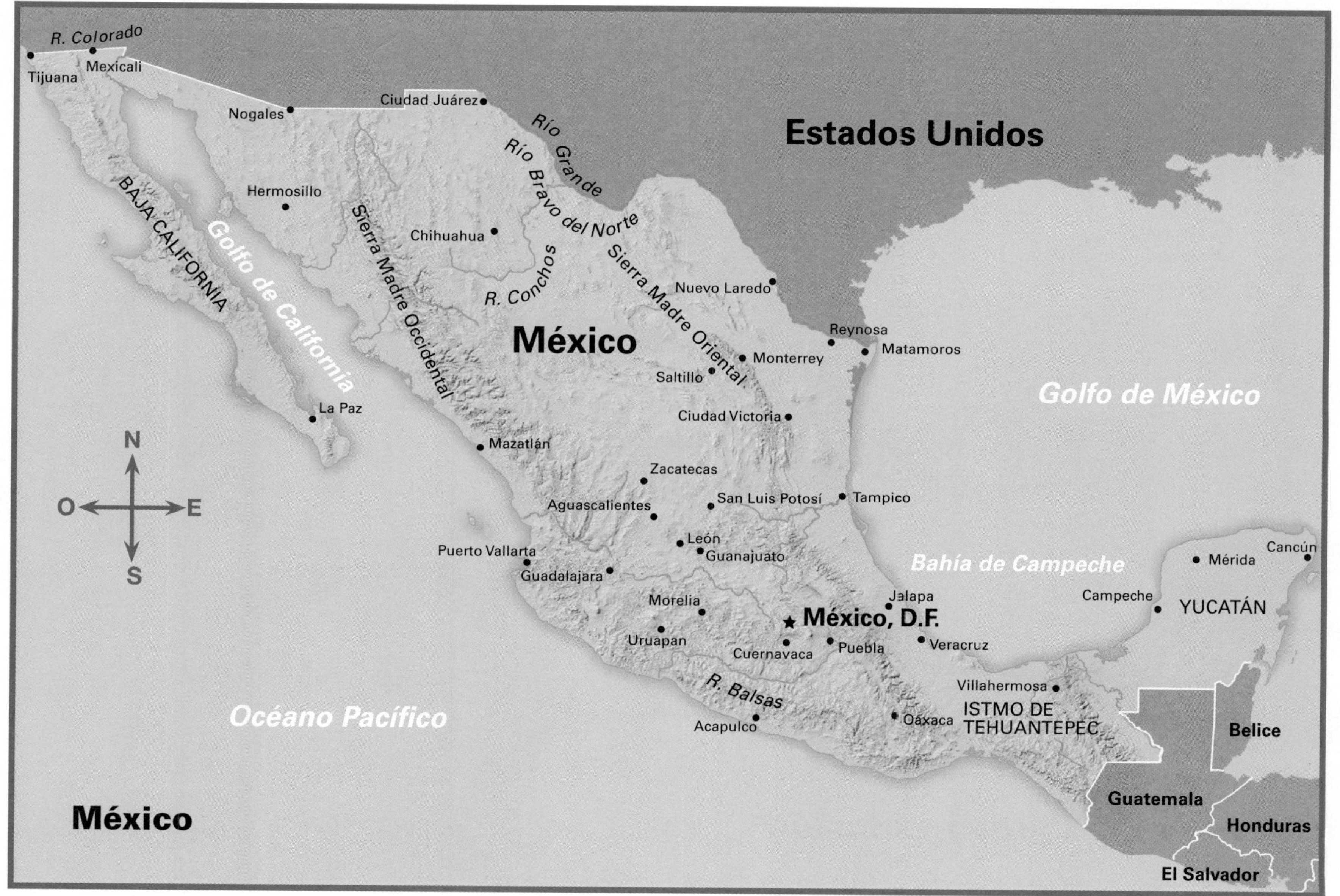

México
Estados Unidos
Golfo de México
Bahía de Campeche
Océano Pacífico
Golfo de California
BAJA CALIFORNIA
YUCATÁN
ISTMO DE TEHUANTEPEC
Belice
Guatemala
Honduras
El Salvador
R. Colorado
Río Grande
Río Bravo del Norte
R. Conchos
R. Balsas
Sierra Madre Oriental
Sierra Madre Occidental
México
México, D.F.
Tijuana
Mexicali
Nogales
Ciudad Juárez
Hermosillo
Chihuahua
La Paz
Mazatlán
Nuevo Laredo
Reynosa
Matamoros
Monterrey
Saltillo
Ciudad Victoria
Zacatecas
San Luis Potosí
Tampico
Aguascalientes
León
Guanajuato
Puerto Vallarta
Guadalajara
Morelia
Uruapan
Jalapa
Cuernavaca
Puebla
Veracruz
Acapulco
Oaxaca
Villahermosa
Campeche
Mérida
Cancún
N
O
E
S

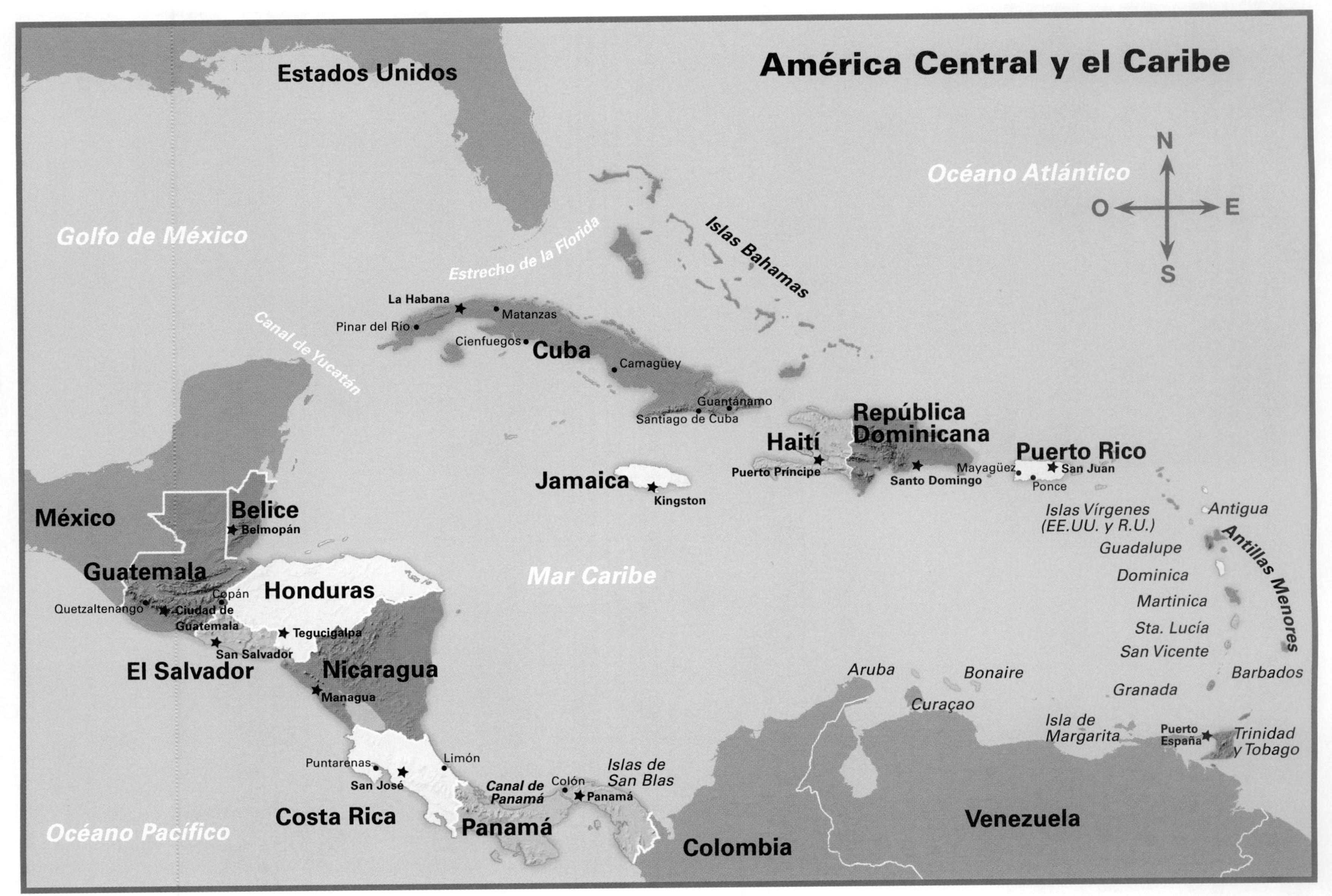

América Central y el Caribe
N
O
E
S
Estados Unidos
Golfo de México
Océano Atlántico
Estrecho de la Florida
Canal de Yucatán
Islas Bahamas
La Habana
Matanzas
Pinar del Río
Cienfuegos
Cuba
Camagüey
Guantánamo
Santiago de Cuba
Haití
Puerto Príncipe
República Dominicana
Santo Domingo
Puerto Rico
Mayagüez
San Juan
Ponce
Jamaica
Kingston
México
Belice
Belmopán
Guatemala
Copán
Quetzaltenango
Ciudad de Guatemala
Honduras
Tegucigalpa
San Salvador
El Salvador
Nicaragua
Managua
Mar Caribe
Islas Vírgenes (EE.UU. y R.U.)
Antigua
Antillas Menores
Guadalupe
Dominica
Martinica
Sta. Lucía
San Vicente
Barbados
Granada
Aruba
Bonaire
Curaçao
Isla de Margarita
Puerto España
Trinidad y Tobago
Limón
Puntarenas
San José
Canal de Panamá
Colón
Panamá
Islas de San Blas
Costa Rica
Panamá
Océano Pacífico
Colombia
Venezuela

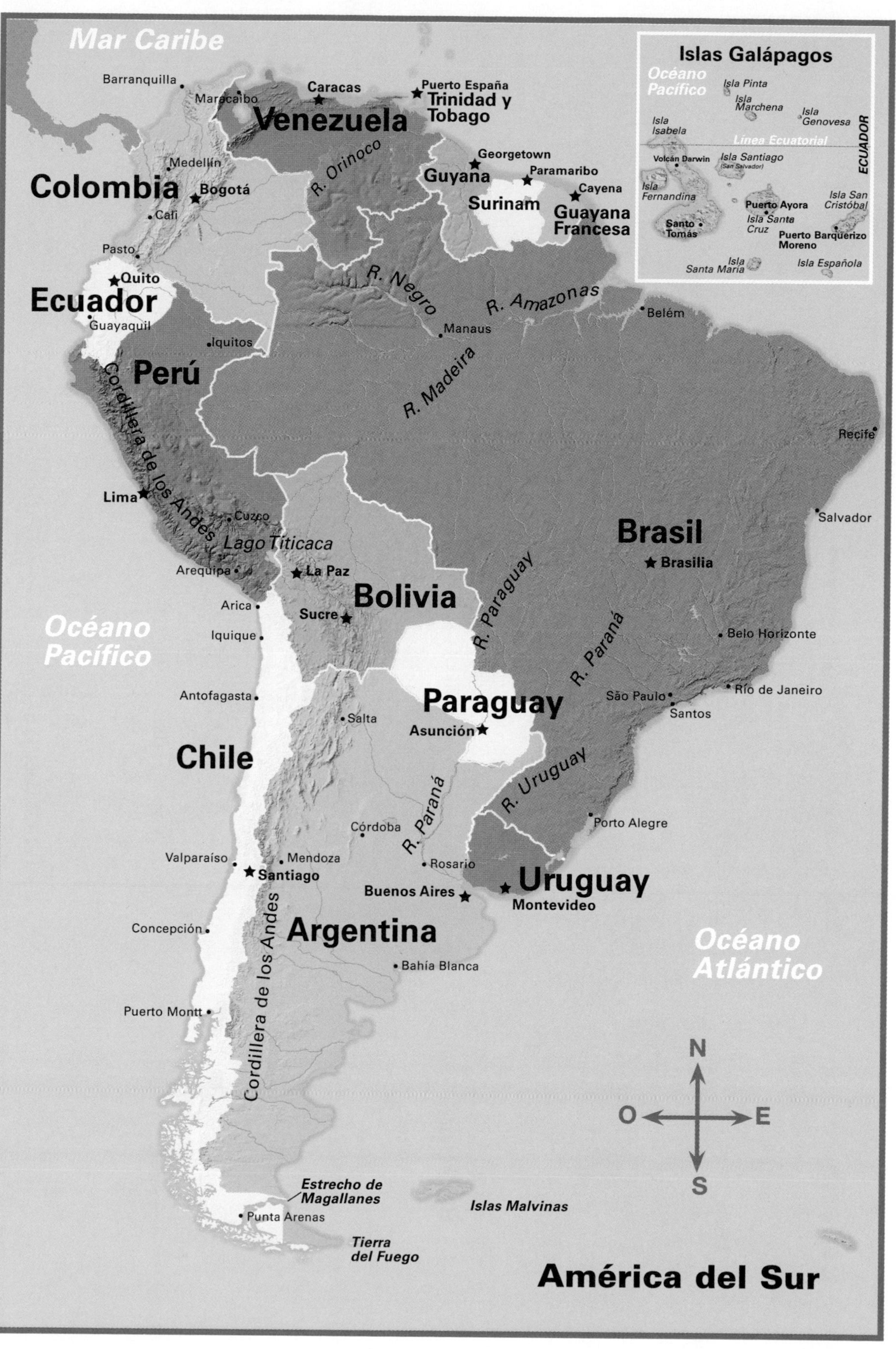

Mar Caribe
Barranquilla
Maracaibo
Caracas
Puerto España
Trinidad y Tobago
Venezuela
Colombia
Medellín
Bogotá
Cali
Pasto
R. Orinoco
Georgetown
Guyana
Paramaribo
Surinam
Cayena
Guayana Francesa
Islas Galápagos
Océano Pacífico
Isla Pinta
Isla Marchena
Isla Genovesa
Isla Isabela
Línea Ecuatorial
ECUADOR
Volcán Darwin
Isla Santiago
(San Salvador)
Isla Fernandina
Puerto Ayora
Isla San Cristóbal
Santo Tomás
Isla Santa Cruz
Puerto Barquerizo Moreno
Isla Santa María
Isla Española
Quito
Ecuador
Guayaquil
R. Negro
R. Amazonas
Belém
Manaus
Iquitos
Perú
R. Madeira
Cordillera de los Andes
Recife
Lima
Cuzco
Lago Titicaca
Salvador
Brasil
Brasilia
Arequipa
La Paz
Bolivia
Arica
Sucre
R. Paraguay
R. Paraná
Belo Horizonte
Océano Pacífico
Iquique
Antofagasta
Paraguay
São Paulo
Río de Janeiro
Santos
Salta
Asunción
Chile
R. Uruguay
R. Paraná
Córdoba
Porto Alegre
Valparaíso
Mendoza
Rosario
Santiago
Buenos Aires
Uruguay
Montevideo
Concepción
Argentina
Océano Atlántico
Bahía Blanca
Puerto Montt
Cordillera de los Andes
N
O
E
S
Estrecho de Magallanes
Islas Malvinas
Punta Arenas
Tierra del Fuego
América del Sur

España
Mar Cantábrico
Océano Atlántico
La Coruña
Avilés
Gijón
Oviedo
Santander
CANTABRIA
San Sebastián
Bilbao
GALICIA
ASTURIAS
PAÍS VASCO
Pamplona
Pirineos
Andorra
NAVARRA
Pontevedra
Vigo
Burgos
LA RIOJA
Palencia
Soria
CATALUÑA
Gerona
Zamora
Valladolid
Lérida
Braga
Zaragoza
Barcelona
CASTILLA-LEÓN
Oporto
Tarragona
Salamanca
Segovia
España
ARAGÓN
Ávila
Madrid
Coimbra
COMUNIDAD VALENCIANA
Serra da Estrela
Toledo
Islas Baleares
Menorca
Valencia
Cáceres
Palma
Mallorca
Portugal
EXTREMADURA
CASTILLA-LA MANCHA
Mérida
Ibiza
Lisboa
Badajoz
Ciudad Real
Mar Mediterráneo
Albacete
Formentera
Setúbal
Sierra Morena
Alicante
Córdoba
Murcia
Jaén
Sevilla
ANDALUCÍA
Cartagena
Huelva
Granada
Sierra Nevada
Almería
N
O
E
S
Cádiz
Málaga
Algeciras
Gibraltar (R.U.)
Estrecho de Gibraltar
Ceuta (Esp.)
Melilla (Esp.)
Marruecos
Islas Canarias
La Palma
Santa Cruz de la Palma
Tenerife
Santa Cruz de Tenerife
Lanzarote
Arrecife
Gomera
Hierro
Puerto del Rosario
Fuerteventura
Las Palmas
Gran Canaria
Océano Atlántico
Marruecos

Las relaciones personales

Communicative Goals

You will expand your ability to…

- describe in the present
- narrate in the present
- express personal relationships

Las relaciones personales

INSTRUCTIONAL RESOURCES
Supersite: Audioscripts, Textbook/SAM AK, Textbook/Lab MP3s
SAM/WebSAM: WB, LM

Note: SAM: Student Activities Manual AK: Answer Key WB: Workbook LM: Lab Manual VM: Video Manual

Preview Read and discuss the photos and captions on pp. 2–3. Have students point out vocabulary words they already know from **Contextos**, as well as related vocabulary from introductory Spanish. Ask heritage speakers if they know any other terms for the words presented.

La personalidad

autoritario/a *strict; authoritarian*
cariñoso/a *affectionate*

celoso/a *jealous*
cuidadoso/a *careful*
falso/a *insincere*
gracioso/a *funny; pleasant*

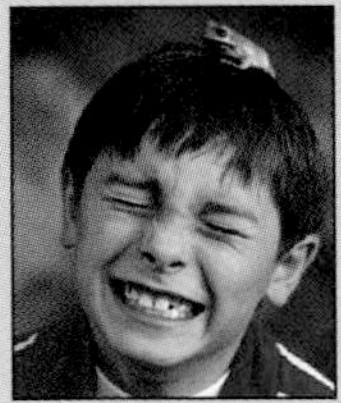

inseguro/a *insecure*
(in)maduro/a *(im)mature*
mentiroso/a *lying*
orgulloso/a *proud*
permisivo/a *permissive; easy-going*
seguro/a *sure; confident*
sensato/a *sensible*
sensible *sensitive*
tacaño/a *cheap; stingy*
tímido/a *shy*
tradicional *traditional*

Los estados emocionales

agobiado/a *overwhelmed*
ansioso/a *anxious*
deprimido/a *depressed*
disgustado/a *upset*

emocionado/a *excited*
preocupado/a (por) *worried (about)*
solo/a *alone; lonely*
tranquilo/a *calm*

Los sentimientos

Carlos **se está enamorando** de Marisa, pero **tiene vergüenza de** decírselo. Marisa también **sueña con** él y hoy ha decidido decirle cómo **se siente**.

adorar *to adore*
apreciar *to appreciate; to be fond of*
enamorarse (de) *to fall in love (with)*
estar harto/a (de) *to be fed up (with); to be sick (of)*
odiar *to hate*
sentirse (e:ie) *to feel*
soñar (o:ue) (con) *to dream (about)*
tener celos (de) *to be jealous (of)*
tener vergüenza (de) *to be ashamed/embarrassed (of)*

Variación léxica
cariñoso/a ⟷ afectuoso/a
disgustado/a ⟷ enfadado/a
coquetear ⟷ flirtear
Point out that **coquetear/flirtear** are not as widely used in the Spanish-speaking world as *to flirt* is in English.

Las relaciones personales

Llevan más de cincuenta años de casados. Dicen que los secretos de un buen **matrimonio** son **la confianza** y **el cariño.**

el/la amado/a *loved one; sweetheart*
el ánimo *spirit*
el cariño *affection*
la cita (a ciegas) *(blind) date*
el compromiso *commitment; responsibility*
la confianza *trust; confidence*
el desánimo *the state of being discouraged*
el divorcio *divorce*
la pareja *couple; partner*
el sentimiento *feeling; emotion*

atraer *to attract*
coquetear *to flirt*
cuidar *to take care of*
dejar a alguien *to leave someone*
discutir *to argue*
educar *to raise; to bring up*
hacerle caso a alguien *to pay attention to someone*
impresionar *to impress*
llevar... años de (casados) *to be (married) for... years*
llevarse bien/mal/fatal *to get along well/badly/terribly*
mantenerse en contacto *to keep in touch*
pasarlo bien/mal/fatal *to have a good/bad/terrible time*
proponer matrimonio *to propose (marriage)*
romper (con) *to break up (with)*
salir (con) *to go out (with)*
soportar a alguien *to put up with someone*

casado/a *married*
divorciado/a *divorced*
separado/a *separated*
soltero/a *single*
viudo/a *widowed*

① Have students read the statements before listening to the dialogues. Play each dialogue twice and go over the answers as a class.

Práctica

1 Escuchar

A. Después de una cita con Andrés, Paula le cuenta todo a su mejor amiga, Isabel. Escucha la conversación y decide si las oraciones son **ciertas** o **falsas**. Corrige las falsas.

1. Después de la cita con Andrés, Paula está muy emocionada. Cierto.
2. Según Paula, los dos se llevan mal. Falso. Según Paula, los dos se llevan muy bien.
3. Paula dice que Andrés es feo e inseguro. Falso. Paula dice que Andrés es guapo y seguro.
4. Paula quiere salir otra vez con Andrés. Cierto.

B. Ahora escucha la conversación entre Andrés y su mejor amigo, José Luis, y decide si las oraciones son **ciertas** o **falsas**. Corrige las falsas.

1. Según Andrés, Paula y él lo pasaron bien. Falso. Según Andrés, lo pasaron fatal.
2. Andrés piensa que Paula es demasiado tímida. Cierto.
3. Andrés quiere salir otra vez con Paula. Falso. Andrés no quiere salir otra vez con Paula.
4. Andrés tiene celos porque José Luis quiere salir con Paula. Falso. Andrés no tiene nada de celos.

C. En parejas, imaginen que José Luis decide llamar a Paula y que Andrés decide llamar a Isabel. Inventen el diálogo de una de estas dos conversaciones telefónicas y compártanlo con la clase.

2 Analogías

Completa cada analogía con la palabra apropiada.

autoritario	**cuidadoso**	**mentiroso**
casados	**discutir**	**romper con**
cita	**gracioso**	**tranquilo**

1. estresado : ansioso :: falso : ___mentiroso___
2. generoso : tacaño :: permisivo : ___autoritario___
3. divorcio : divorciados :: matrimonio : ___casados___
4. amar : odiar :: salir con : ___romper con___
5. cariño : cariñoso :: cuidado : ___cuidadoso___
6. disgustado : contento :: emocionado : ___tranquilo___
7. casados : boda :: novios : ___cita___
8. casados : divorciados :: llevarse bien : ___discutir___

② Ask a volunteer to model the first item.

Teaching option Ask students to write five adjectives or characteristics that describe the ideal friend or parent. Then, in pairs, have students explain which characteristics the person should have and why.

Práctica

③ Additional examples: **Tiene un buen sentido del humor. (gracioso/a) Aún no se ha casado. (soltero/a) No quiere que su novio/a sea amigo/a de otros/as hombres/mujeres. (celoso/a)**

3 Definiciones Indica qué palabras corresponden a cada definición.

__b__ 1. Compromiso entre dos o más personas sobre el lugar, la fecha y la hora para encontrarse.	a. apreciar
__d__ 2. Que sufre de tristeza o desánimo.	b. cita
__f__ 3. Enseñar a una persona a comportarse según ciertas normas.	c. cuidar
__g__ 4. Prestarle atención a alguien.	d. deprimido/a
__h__ 5. Conjunto formado por dos personas o cosas que se complementan o son semejantes, como, por ejemplo, hombre y mujer.	e. discutir
__a__ 6. Estimar o reconocer el valor de algo o de alguien.	f. educar
	g. hacerle caso
	h. pareja
	i. viudo/a

④ To check students' comprehension, have them identify the twins by asking questions. Ex: **¿Quién es sincero? (Mauricio) ¿Quién es tradicional? (Lucía)**

4 Contrarios Mauricio y Lucía son gemelos (*twins*), pero tienen personalidades muy distintas. Completa las descripciones con los adjetivos adecuados.

MODELO **Mauricio siempre es muy seguro, pero Lucía es...** insegura.

1. Mauricio es un hombre sincero, pero Lucía es... falsa/mentirosa.
2. Mauricio es muy generoso con su dinero, pero Lucía es... tacaña.
3. No sabes lo sociable que es Mauricio, pero Lucía es muy... tímida.
4. Mauricio es permisivo con sus hijos, pero Lucía es... autoritaria.
5. A Mauricio le gusta estar con gente, pero Lucía prefiere estar... sola.
6. Todos piensan que Mauricio es moderno, pero que Lucía es... tradicional.
7. Mauricio se porta (*behaves*) como un adulto, pero Lucía es muy... inmadura.
8. Mauricio es muy modesto, pero Lucía es muy... orgullosa.
9. Mauricio es muy..., pero Lucía es muy... Answers will vary.
10. A Mauricio le gusta..., pero Lucía prefiere... Answers will vary.

 Practice more at **facetas.vhlcentral.com.**

Comunicación

5 **¿Cómo eres?** Trabaja con un(a) compañero/a.

A. Contesta las preguntas del test.

Sí	A veces	No	
☐	☐	☐	1. ¿Te pones ansioso/a cuando estás con gente?
☐	☐	☐	2. ¿Te molesta mostrar tus emociones?
☐	☐	☐	3. ¿Tienes miedo de iniciar una conversación?
☐	☐	☐	4. ¿Te pone nervioso/a la idea de tener una cita a ciegas?
☐	☐	☐	5. ¿Te intimida coquetear con una persona que no conoces?
☐	☐	☐	6. ¿Tienes vergüenza de hablar en público?
☐	☐	☐	7. ¿Piensas mucho antes de tomar una decisión?
☐	☐	☐	8. ¿Te gusta estar solo/a?
☐	☐	☐	9. ¿Piensas que tus sentimientos están bien controlados?
☐	☐	☐	10. ¿Te llevas bien con personas muy tímidas?

Clave

Sí	= 0 puntos
A veces	= 1 punto
No	= 2 puntos

Resultados

0 a 3	Eres muy introvertido/a.
4 a 7	Tiendes a ser introvertido/a.
8 a 11	No eres ni introvertido/a ni extrovertido/a.
12 a 16	Tiendes a ser extrovertido/a.
17 a 20	Eres muy extrovertido/a.

B. Ahora suma (*add up*) los puntos. ¿Cuál es el resultado del test? ¿Estás de acuerdo? Comenta tu resultado y tu opinión con tu compañero/a.

6 **Problemas y consejos**

A. En grupos de cuatro, elijan una de estas situaciones. Inventen más detalles para describir la situación. Básense en estas preguntas.

> ¿Quiénes son los personajes?
> ¿Cuánto tiempo llevan juntos?
> ¿Cuál es su relación?
> ¿Cómo empezó la situación?

1. Intercambian miradas (*glances*). Él se pregunta si ella está coqueteando con él.
2. Quiere mucho a su esposo/a, pero él/ella tiene celos de todo el mundo. Él/Ella no soporta que su pareja sea tan celosa.
3. Hacen una buena pareja, pero él nunca le va a proponer matrimonio.
4. Se conocieron en una cita a ciegas y se llevaron fatal.
5. Se quieren, pero siempre están discutiendo por cualquier cosa.

B. Ahora, escriban un breve correo electrónico en el que uno de los personajes describe su problema y le pide consejos a un(a) amigo/a. Lean el mensaje a la clase para que sus compañeros ofrezcan sus consejos. Después, decidan quién tiene los mejores consejos para cada situación.

5 Have students do this exercise in pairs as an interview and report the final results to the class.

5 Have students add at least two of their own questions using the lesson vocabulary, and revise the scoring.

6 Part B: If class time is limited, have students exchange and discuss their e-mails with another group.

1 FOTONOVELA

Los empleados de *Facetas* hablan de cómo recibir a un cliente. Mariela, una nueva empleada, llega a la oficina.

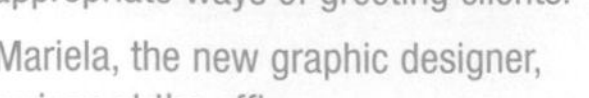

Synopsis
- The *Facetas* magazine employees discuss appropriate ways of greeting clients.
- Mariela, the new graphic designer, arrives at the office.
- Éric gives Fabiola his impression of Mariela.

JOHNNY (*al teléfono*) Revista *Facetas*... (*dirigiéndose a Diana*) Es para Aguayo.

FABIOLA Está en el baño.

JOHNNY (*al teléfono*) En estos momentos está en el baño.

DIANA ¡No! Di que está reunido con un cliente.

JOHNNY (*al teléfono*) Disculpe, está en el baño reunido con un cliente.

JOHNNY Jefe, tiene un mensaje de Mariela Burgos.

AGUAYO Gracias... Es la nueva artista gráfica. Viene a reunirse con nosotros.

Aguayo se marcha a su oficina.

FABIOLA No creo que quepamos todos en el baño.

DIANA (*repartiendo libretas*) Éste es el manual de conducta profesional.

FABIOLA Página tres: "Cómo recibir a un cliente".

ÉRIC (*se levanta*) ¿Quieren una demostración? Johnny, tú eres el cliente.

JOHNNY Quizás no soy un cliente. Podría ser un supermodelo o algo así.

FABIOLA Mejor un cliente.

En la oficina central... Entra el muchacho de la pizza.

JOHNNY ¿Alguien ordenó pizza?

MUCHACHO ¿Éste es el 714 de la avenida Juárez...?

MARIELA (*Interrumpe*) ¿Oficina uno, revista *Facetas*?... Soy Mariela. No sabía llegar, así que ordené una pizza y seguí al muchacho.

JOHNNY ¡Bienvenida!

En la sala de reuniones...

AGUAYO Mariela, te quiero presentar al equipo de *Facetas*. Él es Éric, nuestro fotógrafo.

ÉRIC ¿Qué tal?

AGUAYO Ella es Fabiola. Se encarga de las secciones de viajes, economía, turismo y farándula.

FABIOLA Mucho gusto.

AGUAYO Él es Johnny. Escribe las secciones de arte, comida, bienestar y política.

JOHNNY Hola.

AGUAYO Y ella es Diana. Está a cargo de las ventas y el mercadeo.

Preview Have students quickly scan the **Fotonovela** and make a list of the cognates they find. Ask them to predict what this episode is about based on the visuals and the cognates.

INSTRUCTIONAL RESOURCES Supersite/DVD: Fotonovela; **Supersite:** Script & Translation, SAM AK; **SAM/WebSAM:** VM

Personajes

AGUAYO

DIANA

ÉRIC

FABIOLA

JOHNNY

MARIELA

MUCHACHO DE LA PIZZA

4

ÉRIC Ya sé. Eres un millonario que viene a comprar la revista.

JOHNNY Perfecto. Soy el magnate Juan Medina.

ÉRIC Bienvenido a *Facetas*, señor Medina. Bienvenido.

Se abrazan.

5

Luego, en la cocina...

AGUAYO Hay que ser cuidadoso al contestar el teléfono.

JOHNNY Querrás decir mentiroso.

DIANA Es una formalidad.

ÉRIC Odio ser formal.

FABIOLA Es lindo abrazar a la gente, Éric, pero esto es una oficina, no un partido de fútbol.

9

DIANA Me han hablado tanto de ti, que estoy ansiosa por conocer tu propia versión.

MARIELA Tengo veintidós años, soy de Monterrey, estudio en la UNAM y vengo de una familia grande.

JOHNNY ¿Muy grande?

MARIELA En cincuenta años de matrimonio mis padres han criado a nueve hijos y veinte nietos.

10

FABIOLA ¿Qué te pareció?

ÉRIC Está buenísima.

FABIOLA ¿Eso es todo lo que tienes que decir?

ÉRIC ¿Qué más se puede decir de una pizza?

FABIOLA ¡Te estoy hablando de Mariela!

ÉRIC Creo que es bella, talentosa e inteligente. Más allá de eso, no me impresiona para nada.

Teaching option Play the first half of this video module and ask the class to describe what they saw and to predict what will happen in the second half. Then play the entire video module and have the class summarize the plot.

Expresiones útiles

Talking about responsibilities

Fabiola se encarga de...
Fabiola is in charge of...

Diana está a cargo de...
Diana is in charge of...

Estoy a cargo de...
I'm in charge of...

Soy el/la encargado/a de...
I'm the person in charge of...

Talking about your impressions

¿Qué te pareció Mariela?
What did you think of Mariela?

Me pareció...
I thought...

Creo que es bella, talentosa e inteligente.
I think she's beautiful, talented, and intelligent.

Más allá de eso, no me impresiona para nada.
Beyond that, she doesn't impress me at all.

Additional vocabulary

la ansiedad *anxiety*
el cuidado *care*
cuidadoso/a *careful*
la farándula *entertainment*
han criado *have raised*
la mentira *lie*
mentiroso/a *lying*
el mercadeo *marketing*
quepamos *(form of* **caber***) we fit*
querrás *you will want*
el talento *talent*
talentoso/a *talented*

Teaching option Point out that words and expressions in **Expresiones útiles** are considered active vocabulary.

Comprensión

① Have students invent one or two events that might precede or follow those listed.

1 La trama Primero, indica con una **X** los hechos (*events*) que no ocurrieron en este episodio. Después, indica con números el orden en el que ocurrieron los restantes (*the remaining ones*).

__3__ a. Diana llega con el manual de conducta profesional.
__x__ b. Éric pide una pizza con anchoas.
__2__ c. Mariela deja un mensaje para Aguayo.
__5__ d. Un muchacho llega a la oficina con una pizza.
__7__ e. Aguayo presenta a Mariela al grupo.
__x__ f. Johnny gana la lotería.
__8__ g. Fabiola le pregunta a Éric su opinión sobre Mariela.
__1__ h. Johnny contesta el teléfono.
__6__ i. Mariela llega a la oficina.
__x__ j. Aguayo paga la pizza.
__4__ k. Éric y Johnny practican la forma correcta de recibir a un cliente.
__x__ l. Los empleados de *Facetas* celebran el cumpleaños de Mariela.

② To give students more practice in using the present tense, ask them to respond in complete sentences.

2 ¿Quién lo haría? ¿Quién estaría a cargo de estas actividades?

Aguayo

Diana

Éric

Fabiola

Johnny

Mariela

1. Sacar fotos para la revista. Éric.
2. Escribir un artículo sobre un concierto de música pop. Fabiola
3. Hablar con las personas que quieren poner anuncios (*ads*) en la revista. Diana
4. Escribir un artículo sobre las pirámides de Egipto. Fabiola
5. Entrevistar a un ministro del gobierno mexicano para hablar de la inflación. Fabiola
6. Escribir un artículo sobre la corrupción política. Johnny
7. Escribir la reseña (*review*) de un nuevo restaurante. Johnny
8. Preparar dibujos para los artículos de la revista. Mariela
9. Conseguir más lectores (*readers*). Diana
10. Seleccionar al personal (*staff*). Aguayo

 Practice more at **facetas.vhlcentral.com.**

Ampliación

3 Preguntas En parejas, contesten las preguntas.

1. ¿Qué te parecen los empleados de la revista *Facetas*? ¿Cómo son?
2. ¿De qué se encarga cada empleado? En tu opinión, ¿cuál de ellos tiene más responsabilidad? Explica tu respuesta.
3. ¿Crees que a Mariela le va a gustar su nuevo trabajo? ¿Por qué?
4. ¿Te perdiste alguna vez en una ciudad grande? ¿Qué hiciste?
5. ¿Cómo son los empleados donde tú trabajas? ¿Son parecidos (*similar*) a los empleados de *Facetas*?

4 Apuntes culturales En parejas, lean los párrafos y contesten las preguntas.

A larga distancia

Mariela, la nueva artista gráfica de *Facetas*, es de Monterrey, pero se ha mudado a México D.F. para trabajar. En Latinoamérica las personas se mudan con menos frecuencia que en los EE.UU. y mantienen el contacto con los amigos de la infancia y toda la familia. ¡Con todos los sobrinos que tiene, Mariela va a necesitar un buen plan de telefonía celular!

¿Un mapa o una pizza?

Mariela descubre una forma creativa de manejarse en la ciudad más grande del mundo. Sin embargo, algunas ciudades de Latinoamérica presentan sus propios desafíos (*challenges*). Si *Facetas* se publicara en Costa Rica, la dirección de la oficina podría ser: del Parque la Sabana, 100 metros al norte del antiguo (*former*) Banco Nacional, portón (*gate*) rojo, San José.

México D.F.

La Universidad Nacional Autónoma de México

Mariela estudia en la UNAM, una de las universidades más grandes y prestigiosas de Latinoamérica. Establecida en 1551, hoy en día la UNAM cuenta con más de 300.000 estudiantes. El campus más grande está en México D.F., pero tiene otros en el resto del país y también en Texas, Illinois y Canadá.

1. ¿Te has mudado tú para asistir a la universidad o por motivos de trabajo? ¿Cuáles son las ventajas (*advantages*) y desventajas de vivir lejos del lugar donde creciste?
2. ¿Cuántos amigos/as o parientes (*relatives*) tuyos se han mudado a otra ciudad? ¿Qué hacen ustedes para mantenerse en contacto?
3. ¿Cómo te manejas (*get around*) en tu propia ciudad? ¿Consultas mapas en Internet? ¿Qué haces si te pierdes? ¿Le pides ayuda a alguien o prefieres usar un navegador satelital?
4. ¿De qué tamaño es tu universidad? ¿Cuáles son las diferencias entre las universidades grandes y las pequeñas? ¿Qué tipo de ambiente prefieres tú?

3 Have students use the Internet to research some popular magazines in the Spanish-speaking world and take notes about each magazine to share with the class.

4 Have volunteers read the paragraphs aloud. Follow up with comprehension questions. Ex: **¿De dónde es Mariela? ¿En qué se diferencian las direcciones de los edificios en San José de las direcciones en los EE.UU.? ¿Dónde están algunos de los campus de la UNAM?**

4 Ask volunteers to share their partners' responses with the class. Follow up with additional discussion questions. Ex: **¿Te mudarías a otro país por motivos de trabajo? ¿Cuál es la ciudad más grande que conoces?**

INSTRUCTIONAL RESOURCES
Supersite/DVD: Flash Cultura; **Supersite:** Script & Translation

En detalle

ESTADOS UNIDOS

Additional Reading

PAREJAS SIN FRONTERAS

Es el año 2007. Ana Villegas está frente a su computadora en México jugando *online* un juego de cartas. Del otro lado está Frank Petersen, de Fairhaven, Massachusetts, también aficionado al mismo juego. Este simple juego los lleva a una amistad que luego se convierte en amor. A pesar de los temores y del escepticismo familiar, dos años después, Ana deja México y se muda a los Estados Unidos, donde hoy vive junto a su esposo Frank.

La historia de Ana no es un caso aislado°. El número de parejas interculturales está en marcado aumento°. Entre las causas más importantes están la globalización, la asimilación de los hijos de inmigrantes a la cultura estadounidense y el aumento en la edad promedio° de las parejas al casarse. En 1960, en los Estados Unidos, el promedio de edad al casarse era veintitrés para los hombres y veinte para las mujeres. Actualmente es veintisiete y veinticinco respectivamente. ¿Qué tiene que ver° este cambio con el aumento de las parejas interculturales? Antes, los jóvenes solían° casarse con personas de su comunidad. Ahora, muchos tienen la oportunidad de viajar, vivir solos o irse a vivir a otro país. Esta nueva independencia los expone° a otras culturas. Por lo tanto, es más común que formen parejas con personas de culturas diferentes.

Las parejas interculturales se enfrentan a° muchos desafíos° —problemas de comunicación, diferencias en valores y formas de pensar, falta de aceptación de algunos familiares— pero también tienen una oportunidad única de crecimiento° personal; además, la exposición a otras maneras de pensar nos ayuda a echar una mirada° crítica a nuestra propia cultura. ■

Matrimonios interculturales

De acuerdo con la Oficina del Censo, el número de parejas interraciales se cuadruplicó entre 1970 y 1995.

18% de las mujeres latinas casadas tienen un esposo no latino.

15% de los hombres latinos casados tienen una esposa no latina.

Fuente: Censo estadounidense – Año 2000

Consejos de Ana

- Esfuérzate° por conocer la cultura de tu pareja.
- Evita perpetuar los estereotipos.
- Pon énfasis en lo que los une y no en lo que los separa.
- Educa a tu familia y a tus amigos acerca de la cultura de tu pareja.
- Aprende a no dejarte llevar° por los comentarios y las miradas de las personas que no están a favor de las relaciones interculturales.

aislado *isolated* **marcado aumento** *marked increase* **promedio** *average* **Qué tiene que ver** *What does (it) have to do* **solían** *used to* **expone** *exposes* **se enfrentan a** *face* **desafíos** *challenges* **crecimiento** *growth* **echar una mirada** *take a look* **Esfuérzate** *Make an effort* **dejarte llevar** *allow yourself to be influenced*

Perfil Assign groups to research other famous intercultural couples. Have them write a short profile.

ASÍ LO DECIMOS

Las relaciones

chavo/a (Méx.) *boyfriend/girlfriend*
enamorado/a (Pe.) *boyfriend/girlfriend*

amorcito *dear, honey*
cariño *dear, honey*
cielo *dear, honey*

estar de novio(s) *to be dating someone*
estar en pareja con (Esp.) *to be dating someone*
ponerse de novio/a (con) *to start dating someone*

estar bueno/a *to be attractive*
estar padre (Méx.) *to be attractive*

EL MUNDO HISPANOHABLANTE

Las relaciones

Tendencias

Aunque en la mayoría de los países hispanos ya no hay reglas fijas, es costumbre que el hombre invite° en los primeros encuentros.

En los Estados Unidos, cada vez más latinos participan en citas rápidas° para encontrar pareja.

Costumbres

Cada 23 de abril se celebra en Cataluña y otras comunidades de España el Día de San Jorge, en conmemoración a la leyenda del héroe que mató a un dragón para rescatar a una princesa. En este día el hombre regala una rosa a su persona querida, y ésta le regala un libro.

En algunos pueblos de México, como Zacatecas, es costumbre que las mujeres y los hombres solteros vayan a caminar solos o en grupos alrededor de la plaza los domingos. Las mujeres y los hombres caminan en dirección contraria para poder observarse mutuamente.

PERFIL

ISABEL Y WILLIE

La escritora chilena Isabel Allende y el abogado estadounidense Willie Gordon comparten el amor por el arte y la compañía de buenos amigos. Allende conoció a su esposo durante la presentación de su novela *De amor y de sombra* en California en 1988. Gordon admiraba la obra y el talento de esta escritora latinoamericana, y Allende no tardó° en enamorarse de él. Una vez, Gordon hizo un chiste° sobre el matrimonio en una cena con un grupo de personas. Dijo que nunca se volvería a casar a menos que no le quedara otro remedio. Allende se enojó y le dijo que ella había dejado todo por él —su cultura y su gente—, y que éste no le ofrecía ningún compromiso. Así, al día siguiente, Gordon le respondió: "Vale°, me caso." Isabel Allende y Willie Gordon se casaron ese mismo año y, desde entonces, viven en un tranquilo barrio californiano.

> "Echo de menos la familia y el idioma, el sentido del humor, porque nadie me tiene que explicar un chiste en Chile, mientras que acá no los entiendo." (Isabel Allende)

Conexión Internet

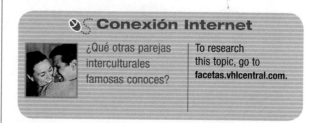

¿Qué otras parejas interculturales famosas conoces?

To research this topic, go to **facetas.vhlcentral.com.**

no tardó *didn't take long* **chiste** *joke* **Vale** *OK* **invite** *pays* **citas rápidas** *speed dating*

Así lo decimos and **El mundo hispanohablante** Ask heritage speakers to expand the **Así lo decimos** list to include words and expressions that are commonly used in their culture or country of origin. Ask volunteers to describe dating traditions they have learned from their parents or grandparents.

¿Qué aprendiste?

1 ¿Cierto o falso? Indica si estas afirmaciones son **ciertas** o **falsas**. Corrige las falsas.

1. Al principio, las familias de Ana y Frank no confiaban en el éxito de la relación. Cierto.
2. El número de parejas interculturales está aumentando poco a poco. Falso. Está en marcado aumento.
3. Actualmente, la edad promedio al casarse es veinticinco para los hombres y veintisiete para las mujeres. Falso. La edad promedio al casarse es veintisiete para los hombres y veinticinco para las mujeres.
4. En el pasado, era común entre los jóvenes casarse con gente de otras culturas. Falso. En el pasado, los jóvenes solían casarse con personas de su comunidad.
5. Oportunidades como viajar, vivir solos, estudiar o vivir lejos de casa permiten que los jóvenes expandan su círculo y conozcan a gente de otras culturas. Cierto.
6. La exposición a otras culturas puede afectar nuestra forma de pensar sobre nuestra propia cultura. Cierto.
7. El número de parejas interraciales se triplicó entre 1970 y 1995. Falso. El número de parejas interraciales se cuadruplicó.
8. Ana aconseja prestar mucha atención a las diferencias en la pareja. Falso. Aconseja poner énfasis en lo que los une y no en lo que los separa.
9. Según Ana, es importante que tu familia y tus amigos aprendan acerca de la cultura de tu pareja. Cierto.
10. Ana recomienda no dejarse llevar por las opiniones de las personas con prejuicios (*prejudiced*). Cierto.

2 Completar Completa las oraciones.

1. Willie Gordon sentía __fascinación__ por las obras de Isabel Allende.
   a. cariño b. indiferencia c. fascinación
2. Allende __se enojó__ por una broma que Gordon hizo sobre el casamiento.
   a. se sintió feliz b. se enojó c. se rio
3. En México, también se utiliza la palabra __chava__ para decir *novia*.
   a. enamorada b. chiquilla c. chava
4. Actualmente, es popular para los latinos en los EE.UU. participar en __citas rápidas__.
   a. citas rápidas b. citas a ciegas
   c. citas en Internet

3 Preguntas Contesta las preguntas.

1. ¿Crees que el Día de San Valentín es importante para celebrar la amistad y el amor o es una excusa para gastar dinero?
2. ¿Es fácil conocer gente *online*? ¿Por qué?
3. ¿Cuáles son otros de los desafíos a los que se enfrentan las parejas interculturales?
4. ¿Cuál es el consejo más importante que da Ana? ¿Por qué?

4 Opiniones En parejas, escriban cuatro beneficios y cuatro desafíos (*challenges*) de las relaciones interculturales. Traten de no repetir los del artículo.

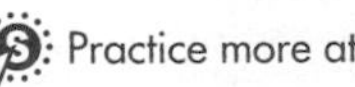
Practice more at **facetas.vhlcentral.com.**

PROYECTO

Buscar pareja en Internet

Imagina que decides buscar pareja por Internet. Siempre te interesó salir con alguien de otra cultura. Escribe tu perfil para un sitio de citas por Internet. En tus descripciones, usa el vocabulario de la sección **Contextos** y el vocabulario aprendido en esta sección. Tu perfil debe incluir como mínimo:

- una descripción de cómo eres
- una descripción de lo que buscas
- una explicación de por qué te interesa conocer a alguien de otra cultura
- otra información que consideres importante

Proyecto Have students use at least five new vocabulary words in their profiles.

Video: *Flash Cultura*

Las relaciones personales

¿No es ideal utilizar el tiempo libre para encontrarse con amigos, familiares, parejas…? Los lugares donde puedes reunirte a hablar o comer se vuelven especiales porque forman parte del placer de compartir el tiempo con tu gente. En este episodio de **Flash Cultura**, te llevamos a visitar los lugares de encuentro de Madrid.

VOCABULARIO ÚTIL

el amor a primera vista *love at first sight*
el callejón *alley*
la campanada *tolling of the bell*
datar de *to date from*
el pasacalles *marching parade*
el pendiente *earring*
el punto de encuentro *meeting point*
la uva *grape*

Preparación Cuando tienes tiempo libre, ¿te reúnes con tus amigos? ¿Cuáles son los lugares donde te encuentras habitualmente con ellos? ¿En qué momentos del día y la semana pueden verse? ¿Por qué?

Comprensión Indica si estas afirmaciones son ciertas o falsas. Después, en parejas, corrijan las falsas.

1. Es tradición tomar doce uvas el 31 de diciembre mientras suena el famoso reloj de la Puerta del Sol en el corazón de Madrid. Cierto.
2. La Plaza Mayor es la plaza más conocida y se encuentra en el Madrid Moderno. Falso. La Plaza Mayor se encuentra en el Madrid Antiguo.
3. En la confluencia actual de las calles Toledo y Atocha, se celebraban antiguamente partidos de fútbol. Falso. En la confluencia de las calles Toledo y Atocha, se celebraba el mercado principal de Madrid.
4. El barrio de La Latina se caracteriza por callejones estrechos, plazoletas, cafés y bares de ambiente muy dinámico. Cierto.
5. Ninguno de los entrevistados cree en el amor a primera vista. Falso. Algunos de ellos creen en el amor a primera vista.
6. En El Rastro puedes comprar ropa, pendientes, cuadros, etc. Cierto.

Expansión En parejas, contesten estas preguntas.

- Imagina que estás en Madrid. ¿Cuál de los lugares mostrados prefieres para comer algo o pasear? ¿Por qué?
- ¿Estás de acuerdo con las personas que creen en el amor a primera vista o con las que no creen? Justifica tu respuesta.
- ¿Te gustan los domingos en Madrid: levantarse tarde, comer en un bar de La Latina con amigos y pasear por El Rastro? ¿Cómo son tus domingos?

Corresponsal: Miguel Ángel Lagasca
País: España

(En la Plaza Mayor) los niños juegan, las madres conversan°, los padres hablan de fútbol y política, los jóvenes se juntan, las parejas se miran a los ojos y los turistas admiran el espectáculo°.

La Latina, así como la Plaza Mayor y Puerta del Sol, pertenecen al llamado Madrid Antiguo.

Siempre los celos son una parte importante de la relación, sobre todo cuando se está empezando.

conversan *chat* **espectáculo** *show*

 Practice more at **facetas.vhlcentral.com.**

1 ESTRUCTURA

INSTRUCTIONAL RESOURCES
Supersite: Textbook/SAM AK, Lab MP3s, Audioscripts
SAM/WebSAM: WB, LM

TALLER DE CONSULTA

MANUAL DE GRAMÁTICA
Más práctica

Más gramática

Point out that all active verbs from **FACETAS** are listed in the appendix.

Review the difference between verb stems and verb endings.

¡ATENCIÓN!

Subject pronouns are normally omitted in Spanish. They are used to emphasize or clarify the subject.

¿Viven en California?

Sí, ella vive en Los Ángeles y él vive en San Francisco.

¡ATENCIÓN!

Jugar changes its stem vowel from **u** to **ue**. As with other stem-changing verbs, the **nosotros/as** and **vosotros/as** forms do not change.

Jugar
juego, juegas, juega, jugamos, jugáis, juegan

• • • •

Construir, destruir, incluir, and **influir** have a spelling change and add a **y** before the personal endings (except the **nosotros/as** and **vosotros/as** forms).

incluir
incluyo, incluyes, incluye, incluimos, incluís, incluyen

1.1 The present tense

NATIONAL STANDARDS comparisons

Regular *–ar*, *–er*, and *–ir* verbs

- The present tense (**el presente**) of regular verbs is formed by dropping the infinitive ending (**–ar, –er**, or **–ir**) and adding personal endings.

The present tense of regular verbs

	hablar *to speak*	**beber** *to drink*	**vivir** *to live*
yo	hablo	bebo	vivo
tú	hablas	bebes	vives
Ud./él/ella	habla	bebe	vive
nosotros/as	hablamos	bebemos	vivimos
vosotros/as	habláis	bebéis	vivís
Uds./ellos/ellas	hablan	beben	viven

- The present tense is used to express actions or situations that are going on at the present time and to express general truths.

¿Por qué **rompes** conmigo?
Why are you breaking up with me?

Porque no te **amo**.
Because I don't love you.

- The present tense is also used to express habitual actions or actions that will take place in the near future.

Mis padres me **escriben** con frecuencia.
My parents write to me often.

Mañana les **mando** una carta larga.
Tomorrow I'm sending them a long letter.

Stem-changing verbs

- Some verbs have stem changes in the present tense. In many **–ar** and **–er** verbs, **e** changes to **ie**, and **o** changes to **ue**. In some **–ir** verbs, **e** changes to **i**. The **nosotros/as** and **vosotros/as** forms never have a stem change in the present tense.

Stem-changing verbs

e:ie	**o:ue**	**e:i**
pensar *to think*	**poder** *to be able to; can*	**pedir** *to ask for*
pienso	puedo	pido
piensas	puedes	pides
piensa	puede	pide
pensamos	podemos	pedimos
pensáis	podéis	pedís
piensan	pueden	piden

Irregular *yo* forms

- Many **–er** and **–ir** verbs have irregular **yo** forms in the present tense. Verbs ending in **–cer** or **–cir** change to **–zco** in the **yo** form; those ending in **–ger** or **–gir** change to **–jo**. Several verbs have irregular **–go** endings, and a few have individual irregularities.

Ending in -go		Ending in -zco	
caer *to fall*	**yo caigo**	**conducir** *to drive*	**yo conduzco**
distinguir *to distinguish*	**yo distingo**	**conocer** *to know*	**yo conozco**
hacer *to do; to make*	**yo hago**	**crecer** *to grow*	**yo crezco**
poner *to put; to place*	**yo pongo**	**obedecer** *to obey*	**yo obedezco**
salir *to leave; to go out*	**yo salgo**	**parecer** *to seem*	**yo parezco**
traer *to bring*	**yo traigo**	**producir** *to produce*	**yo produzco**
valer *to be worth*	**yo valgo**	**traducir** *to translate*	**yo traduzco**
Ending in -jo		**Other verbs**	
dirigir *to direct; to manage*	**yo dirijo**	**caber** *to fit*	**yo quepo**
escoger *to choose*	**yo escojo**	**saber** *to know*	**yo sé**
exigir *to demand*	**yo exijo**	**ver** *to see*	**yo veo**
proteger *to protect*	**yo protejo**		

- Verbs with prefixes follow these same patterns.

reconocer *to recognize*	**yo reconozco**	**oponer** *to oppose*	**yo opongo**
deshacer *to undo*	**yo deshago**	**proponer** *to propose*	**yo propongo**
rehacer *to re-make; to re-do*	**yo rehago**	**suponer** *to suppose*	**yo supongo**
aparecer *to appear*	**yo aparezco**	**atraer** *to attract*	**yo atraigo**
desaparecer *to disappear*	**yo desaparezco**	**contraer** *to contract*	**yo contraigo**
componer *to make up*	**yo compongo**	**distraer** *to distract*	**yo distraigo**

Irregular verbs

- Other commonly used verbs in Spanish are irregular in the present tense or combine a stem change with an irregular **yo** form or other spelling change.

dar *to give*	**decir** *to say*	**estar** *to be*	**ir** *to go*	**oír** *to hear*	**ser** *to be*	**tener** *to have*	**venir** *to come*
doy	digo	estoy	voy	oigo	soy	tengo	vengo
das	dices	estás	vas	oyes	eres	tienes	vienes
da	dice	está	va	oye	es	tiene	viene
damos	decimos	estamos	vamos	oímos	somos	tenemos	venimos
dais	decís	estáis	vais	oís	sois	tenéis	venís
dan	dicen	están	van	oyen	son	tienen	vienen

¡ATENCIÓN!

Some verbs with irregular **yo** forms have stem changes as well.

conseguir (e:i) → consigo *to obtain*

corregir (e:i) → corrijo *to correct*

elegir (e:i) → elijo *to choose*

seguir (e:i) → sigo *to follow*

torcer (o:ue) → tuerzo *to twist*

Explain that verbs ending in **–ger** and **–gir** change to **–jo** in order to preserve the hard **g** sound of the infinitive. Likewise, **distinguir** drops the **u** in the **yo** form in order to maintain correct pronunciation with the soft **g** sound.

Práctica

TALLER DE CONSULTA

MANUAL DE GRAMÁTICA
Más práctica
1.1 The present tense, p. A4

① Ask students to describe their own apartments, dorm rooms, or bedrooms.

② Model one or two sentences with the class.

② In pairs, have students check each other's work.

② Encourage students who finish early to write a sentence using each verb.

1 **Un apartamento infernal** Miguel tiene quejas (*complaints*) de su apartamento. Completa la descripción de su apartamento. Puedes usar los verbos más de una vez.

caber	hacer	oír
dar	ir	tener

Mi apartamento está en el quinto piso. El edificio no (1) ___tiene___ ascensor y para llegar al apartamento, (2) ___tengo___ que subir por la escalera. El apartamento es tan pequeño que mis cosas no (3) ___caben___. Las paredes (*walls*) son muy finas (*thin*). A todas horas (4) ___oigo___ la radio o la televisión de algún vecino. El apartamento sólo (5) ___tiene___ una ventana pequeña y, por eso, siempre está oscuro. ¡(6) ___Voy___ a buscar otro apartamento!

2 **¿Qué hacen los amigos?** Escribe cinco oraciones usando los sujetos y los verbos de las columnas.

Sujetos	Verbos	
yo	apreciar	exigir
tú	compartir	hacer
un(a) buen(a) amigo/a	creer	pedir
nosotros/as	defender	prestar
los malos amigos	discutir	recordar

1. ______________________________
2. ______________________________
3. ______________________________
4. ______________________________
5. ______________________________

3 **La verdad** En parejas, túrnense (*take turns*) para hacerse las preguntas.

MODELO **Luis: llegar temprano a la oficina / dormir hasta las nueve**
—¿Luis llega temprano a la oficina?
—¡Qué va! (*Are you kidding?*) Luis duerme hasta las nueve.

1. Ana: jugar al tenis con Daniel / preferir pasar la tarde charlando con Sergio
2. Felipe: salir a bailar todas las noches / tener clase de química a las ocho de la mañana
3. Jorge y Begoña: ir a la playa / querer viajar a Arizona
4. Dolores y Tony: comer muchas hamburguesas / ser vegetarianos
5. Fermín: estar harto de Julia / pensar proponerle matrimonio

Practice more at **facetas.vhlcentral.com.**

Comunicación

(4) **¿Qué sabes de tus compañeros?** En parejas, háganse preguntas basadas en las opciones y contesten con una explicación.

MODELO **soñar con / hacer algo especial este mes**
—¿Sueñas con hacer algo especial este mes?
—Sí, sueño con ir al concierto de Wisin & Yandel.

1. pensar / realizar este año algún proyecto
2. decir / mentiras
3. acordarse / del primer beso
4. conducir / cuando / estar muy cansado/a
5. reír / mucho con tu familia
6. dar / consejos (*advice*) sobre asuntos que / no conocer bien
7. venir / a clase tarde con frecuencia
8. escoger / el regalo perfecto para el cumpleaños de tu novio/a
9. corregir / los errores en las composiciones de los compañeros
10. traer / un diccionario a la clase de español

(4) Encourage students to add at least one topic to the list. Ask them to share their partner's statements with the class.

(5) **Discusión matrimonial** Trabajen en parejas para representar una discusión matrimonial. Preparen la discusión con las frases de la lista.

no acordarse de los cumpleaños	**querer discutir todos los días**
ya no sentir lo mismo de antes	**contar mentiras siempre**
preferir estar con los amigos	**dormir en el sofá**

(5) Ask volunteers to perform their role-plays for the class.

(6) **¿Cómo son tus amigos?**

A. Escribe una descripción de un(a) buen(a) amigo/a tuyo/a. ¿Cómo es? ¿Está de acuerdo contigo en todo? ¿Discuten algunas veces? ¿Se divierten ustedes cuando están juntos/as? ¿Siempre sigue tus consejos? ¿Te miente a veces?

B. Ahora, comparte tu descripción con tres compañeros/as. Juntos/as, escriban una lista de cinco cosas que los buenos amigos hacen con frecuencia y cinco cosas que no hacen casi nunca. ¿Coincidieron los grupos en las acciones que eligieron?

(6) Part B: Ask each group to share its list with the class. Write their answers on the board and discuss.

1.2 *Ser* and *estar*

INSTRUCTIONAL RESOURCES
Supersite: Textbook/SAM AK, Lab MP3s, Audioscripts
SAM/WebSAM: WB, LM

¡ATENCIÓN!

Ser and **estar** both mean *to be*, but they are not interchangeable. **Ser** is used to express the idea of permanence, such as inherent or unchanging qualities and characteristics. **Estar** is used to express temporality, including qualities or conditions that change with time.

Ask if students remember the different uses of **ser** and **estar** before presenting the grammar explanation.

Have volunteers offer sentences using the two verbs, or ask questions that prompt the use of **ser** and **estar** in their responses. Use the students' examples to help them deduce the general uses of each verb.

Uses of *ser*

Nationality and place of origin	Mis padres **son** argentinos, pero yo **soy** de Florida.
Profession or occupation	El señor López **es** periodista.
Characteristics of people, animals, and things	El clima de Miami **es** caluroso.
Generalizations	Las relaciones personales **son** complejas.
Possession	La guitarra **es** del tío Guillermo.
Material of composition	El suéter **es** de pura lana.
Time, date, or season	**Son** las doce de la mañana.
Where or when an event takes place	La fiesta **es** en el apartamento de Carlos; **es** el sábado a las nueve de la noche.

Uses of *estar*

Location or spatial relationships	La clínica **está** en la próxima calle.
Health	Hoy **estoy** enfermo. ¿Cómo **estás** tú?
Physical states and conditions	Todas las ventanas **están** limpias.
Emotional states	¿Marisa **está** contenta con Javier?
Certain weather expressions	¿**Está** nublado o **está** despejado hoy en Toronto?
Ongoing actions (progressive tenses)	Paula **está** escribiendo invitaciones para su boda.
Results of actions (past participles)	La tienda **está** cerrada.

Ser and *estar* with adjectives

- **Ser** is used with adjectives to describe inherent, expected qualities. **Estar** is used to describe temporary or variable qualities, or a change in appearance or condition.

¿Cómo **son** tus padres?
What are your parents like?

La casa **es** muy pequeña.
The house is very small.

¿Cómo **estás**, Miguel?
How are you, Miguel?

¡**Están** tan enojados!
They're so angry!

- With most descriptive adjectives, either **ser** or **estar** can be used, but the meaning of each statement is different.

Julio **es alto.**
Julio is tall. (that is, a tall person)

Dolores **es alegre.**
Dolores is cheerful. (that is, a cheerful person)

Juan Carlos **es** un hombre **guapo.**
Juan Carlos is a handsome man.

¡Ay, qué **alta estás**, Adriana!
How tall you're getting, Adriana!

El jefe **está alegre** hoy. ¿Qué le pasa?
The boss is cheerful today. What's up with him?

¡Manuel, **estás** tan **guapo**!
Manuel, you look so handsome!

- Some adjectives have two different meanings depending on whether they are used with **ser** or **estar**.

ser + [*adjective*]	**estar** + [*adjective*]
La clase de contabilidad **es aburrida**. *The accounting class is **boring**.*	**Estoy aburrida** con la clase. *I am **bored** with the class.*
Ese chico **es listo**. *That boy is **smart**.*	**Estoy listo** para todo. *I'm **ready** for anything.*
No **soy rico**, pero vivo bien. *I'm not **rich**, but I live well.*	¡El pan **está** tan **rico**! *The bread is **delicious**!*
La actriz **es buena**. *The actress is **good**.*	La actriz **está buena**. *The actress is **good-looking.***
El coche **es seguro**. *The car is **safe**.*	Juan no **está seguro** de la noticia. *Juan isn't **sure** of the news.*
Los aguacates **son verdes**. *Avocados are **green**.*	Esta banana **está verde**. *This banana is **not ripe**.*
Javier **es** muy **vivo**. *Javier is very **sharp**.*	¿Todavía **está vivo** el autor? *Is the author still **living**?*
Pedro **es** un hombre **libre**. *Pedro is a **free** man.*	Esta noche no **estoy libre**. ¡Lo siento! *Tonight I am not **available**. Sorry!*

TALLER DE CONSULTA

Remember that adjectives must agree in gender and number with the person(s) or thing(s) that they modify. See the **Manual de gramática, 1.4**, p. A7, and **1.5**, p. A9.

¡ATENCIÓN!

Estar, not **ser**, is used with **muerto/a**.

Bécquer, el autor de las *Rimas*, está muerto.

Bécquer, the author of Rimas, *is dead.*

To help students remember the different meanings of these adjectives, remind them that when used with **ser** they describe inherent qualities, while the meanings associated with **estar** describe temporary or variable qualities. Point out that **muerto/a** is an exception to this general rule. Also, point out that in Spain **estar malo/a** is used to mean *to be ill.*

Práctica

TALLER DE CONSULTA

MANUAL DE GRAMÁTICA
Más práctica
1.2 **Ser** and **estar**, p. A5

① Go over students' answers as a class to check comprehension. Ask students to explain why **ser** or **estar** is used in each case.

② As a follow-up, have students write a different story about Emilio and Jimena using **ser** and **estar**.

1 La boda de Emilio y Jimena **Completa cada oración de la primera columna con la terminación más lógica de la segunda columna.** Suggested answers:

f 1. La boda es	a. de San Antonio, Texas.
c 2. La iglesia está	b. deprimido por los gastos.
h 3. El cielo está	c. en la calle Zarzamora.
e 4. La madre de Emilio está	d. esperando a que entren la novia (*bride*) y su padre.
b 5. El padre de Jimena está	e. contenta con la novia.
d 6. Todos los invitados están	f. a las tres de la tarde.
a 7. El mariachi que toca en la boda es	g. muy divertidas.
g 8. En mi opinión, las bodas son	h. totalmente despejado.

2 La luna de miel **Completa el párrafo en el que se describe la luna de miel (*honeymoon*) que van a pasar Jimena y Emilio. Usa formas de ser y estar.**

Emilio y Jimena van a pasar su luna de miel en Miami, Florida. Miami (1) __es__ una ciudad preciosa. (2) __Está__ en la costa este de Florida y tiene playas muy bonitas. El clima (3) __es__ tropical. Jimena y Emilio (4) __están__ interesados en visitar la Pequeña Habana. Jimena (5) __es__ fanática de la música cubana. Y Emilio (6) __está__ muy entusiasmado por conocer el parque Máximo Gómez, donde las personas van a jugar dominó. Los dos (7) __son__ aficionados a la comida caribeña. Quieren ir a todos los restaurantes que (8) __están__ en la Calle Ocho. Cada día van a probar un plato diferente. Algunos de los platos que piensan probar (9) __son__ el congrí, los tostones y el bistec palomilla. Después de pasar una semana en Miami, la pareja va a (10) __estar__ cansada pero muy contenta.

 Practice more at **facetas.vhlcentral.com.**

Comunicación

3 **Entrevistas**

A. En parejas, usen la lista como guía para entrevistarse. Usen **ser** o **estar** en las preguntas y respuestas.

origen	estudios actuales
nacionalidad	sentimientos actuales
personalidad	lugar donde vive/trabaja
personalidad de los padres	actividades actuales
salud	

B. Cambien de pareja y cuéntenle a su compañero/a lo que descubrieron (*found out*) sobre el/la compañero/a entrevistado/a.

4 **¿Dónde estamos?** En grupos de cuatro, elijan una ciudad en la que supuestamente están de viaje. Sus compañeros deberán adivinar de qué ciudad se trata. Pueden elegir una de las ciudades de las fotos u otra ciudad.

Buenos Aires, Argentina

Quito, Ecuador

Madrid, España

Lima, Perú

San José, Costa Rica

México, D.F., México

- Hagan cinco afirmaciones sobre la ciudad elegida usando **ser** o **estar** para dar pistas (*clues*) a sus compañeros.
- Si las pistas no son suficientes, sus compañeros pueden hacer preguntas con **ser** o **estar** cuya respuesta sea **sí** o **no**.
- Algunos temas para las afirmaciones o para las preguntas pueden ser: características generales de la ciudad, ubicación, comidas típicas, actividades que se pueden hacer, historia, arquitectura, etc.

INSTRUCTIONAL RESOURCES
Supersite: Textbook/SAM AK, Lab MP3s, Audioscripts
SAM/WebSAM: WB, LM

Remind students that the present participle in English is [*verb*] + *-ing*.

1.3 Progressive forms

The present progressive

- The present progressive (**el presente progresivo**) narrates an action in progress. It is formed with the present tense of **estar** and the present participle (**el gerundio**) of the main verb.

Éric **está cantando**.
Éric is singing.

Aguayo **está bebiendo** café.
Aguayo is drinking coffee.

Fabiola **está escribiendo**.
Fabiola is writing.

¡Te estoy hablando de Mariela! ¿Qué te pareció?

- The present participle of regular **–ar**, **–er**, and **–ir** verbs is formed as follows:

INFINITIVE		STEM		ENDING		PRESENT PARTICIPLE
bailar	▶	**bail–**	+	**–ando**	▶	**bailando**
comer	▶	**com–**	+	**–iendo**	▶	**comiendo**
aplaudir	▶	**aplaud–**	+	**–iendo**	▶	**aplaudiendo**

- Stem-changing verbs that end in **–ir** also change their stem vowel when they form the present participle.

***-ir* stem-changing verbs**

Infinitive	Present participle
decir	diciendo
dormir	durmiendo
mentir	mintiendo
morir	muriendo
pedir	pidiendo
sentir	sintiendo
sugerir	sugiriendo

¡ATENCIÓN!

When progressive forms are used with reflexive verbs or object pronouns, the pronouns may either be attached to the present participle (in which case an accent mark is added to maintain the proper stress) or placed before the conjugated verb. See **2.1 Object pronouns**, pp. 54–55, and **2.3 Reflexive verbs**, pp. 62–63, for more information.

Se están enamorando.
Están enamorándose.
They are falling in love.

Te estoy hablando.
Estoy hablándote.
I am talking to you.

• • • • •

Note that the present participle of **ser** is **siendo**.

- **Ir**, **poder**, **reír**, and **sonreír** have irregular present participles (**yendo**, **pudiendo**, **riendo**, **sonriendo**). **Ir** and **poder** are seldom used in the present progressive.

Marisa está **sonriendo** todo el tiempo.
Marisa is smiling all the time.

Maribel no está **yendo** a clase últimamente.
Maribel isn't going to class lately.

- When the stem of an **–er** or **–ir** verb ends in a vowel, the **–i–** of the present participle ending changes to **–y–**.

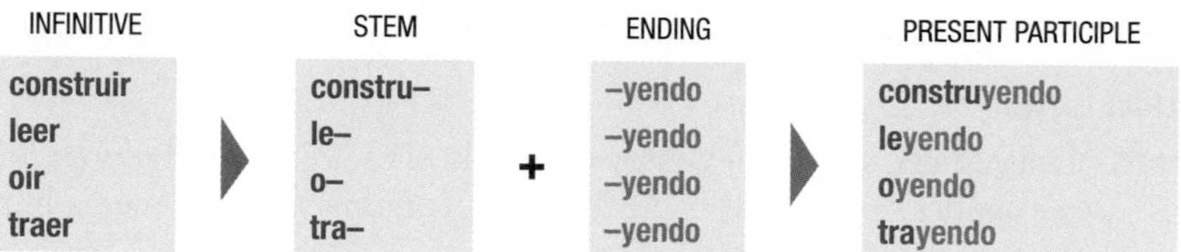

INFINITIVE	STEM		ENDING	PRESENT PARTICIPLE
construir	**constru–**	+	**–yendo**	**construyendo**
leer	**le–**	+	**–yendo**	**leyendo**
oír	**o–**	+	**–yendo**	**oyendo**
traer	**tra–**	+	**–yendo**	**trayendo**

- Progressive forms are used less frequently in Spanish than in English, and only when emphasizing that an action is *in progress* at the moment described. To refer to actions that occur over a period of time or in the near future, Spanish uses the present tense instead.

PRESENT TENSE	PRESENT PROGRESSIVE
Lourdes **estudia** economía en la UNAM. *Lourdes is studying economics at UNAM.*	Ahora mismo, Lourdes **está tomando** un examen. *Right now, Lourdes is taking an exam.*
¿**Vienes** con nosotros al Café Pamplona? *Are you coming with us to Café Pamplona?*	No, no puedo. Ya **estoy cocinando**. *No, I can't go. I'm already cooking.*

Other verbs with the present participle

- Spanish expresses various shades of progressive action by using verbs such as **seguir, continuar, ir, venir, llevar,** and **andar** with the present participle.
- **Seguir** and **continuar** with the present participle express the idea of *to keep doing something.*

Emilio **sigue hablando**.
Emilio keeps on talking.

Mercedes **continúa quejándose**.
Mercedes keeps complaining.

- **Ir** with the present participle indicates a gradual or repeated process. It often conveys the English idea of *more and more.*

Cada día que pasa **voy disfrutando** más de esta clase.
I'm enjoying this class more and more every day.

Ana y Juan **van acostumbrándose** al horario de clase.
Ana and Juan are getting more and more used to the class schedule.

- **Venir** and **llevar** with the present participle indicates a gradual action that accumulates or increases over time.

Hace años que **viene diciendo** cuánto le gusta el béisbol.
He's been saying how much he likes baseball for years.

Llevo insistiendo en lo mismo desde el principio.
I have been insisting on the same thing from the beginning.

- **Andar** with the present participle conveys the idea of *going around doing something* or of *always doing something.*

José siempre **anda quejándose** de eso.
José is always complaining about that.

Román **anda diciendo** mentiras.
Román is going around telling lies.

¡ATENCIÓN!

Other tenses may have progressive forms as well. These tenses emphasize that an action was/will be in progress.

PAST (pp. 94–105)
Estaba marcando su número justo cuando él me llamó.
I was dialing his number right when he called me.

FUTURE (pp. 220–223)
No vengas a las cuatro; todavía estaremos trabajando.
Don't come at four o'clock; we will still be working.

Write **seguir**, **continuar**, **ir**, **venir**, **llevar**, and **andar** and subject pronouns on cards. Divide the class in groups. Have students take turns to represent their team. Pick a card with a subject pronoun and a card with a verb. The representative from each group should write the correct conjugated form on the board. The team that writes it correctly first gets a point. The team with the most points wins the game.

Práctica

TALLER DE CONSULTA

MANUAL DE GRAMÁTICA
Más práctica

1.3 Progressive forms, p. A6

① Model the activity by having a volunteer complete the first sentence.

1 **Una conversación telefónica** Daniel es nuevo en la ciudad y no sabe cómo llegar al estadio de fútbol. Decide llamar a su ex novia Alicia para que le explique cómo encontrarlo. Completa la conversación con la forma correcta del gerundio (*present participle*).

ALICIA ¿Aló?

DANIEL Hola Alicia, soy Daniel; estoy buscando el estadio de fútbol y necesito que me ayudes… Llevo (1) ___caminando___ (caminar) más de media hora por el centro y sigo perdido.

ALICIA ¿Dónde estás?

DANIEL No estoy muy seguro, no encuentro el nombre de la calle. Pero estoy (2) ___viendo___ (ver) un centro comercial a mi izquierda y más allá parece que están (3) ___construyendo___ (construir) un estadio de fútbol. (4) ___Hablando___ (hablar) de fútbol, ¿dónde tengo mis boletos? ¡He perdido mis entradas!

ALICIA Madre mía, ¡sigues (5) ___siendo___ (ser) un desastre! Algún día te va a pasar algo serio.

DANIEL ¡Siempre andas (6) ___pensando___ (pensar) lo peor!

ALICIA ¡Y tú siempre estás (7) ___olvidándote___ (olvidarse) de todo!

DANIEL ¡Ya estamos (8) ___discutiendo___ (discutir) otra vez!

② Use the present progressive to ask open-ended questions about the pictures. Ex: **¿Con quién se está casando el Sr. Soto?**

2 **Organizar un festival** El señor Ramírez quiere organizar un festival, pero todos los artistas que quiere contratar están ocupados. Su asistente le cuenta lo que están haciendo. En parejas, dramaticen la situación utilizando el presente progresivo.

MODELO **Elga Navarro / descansar**
—¿Qué está haciendo Elga Navarro?
—Elga Navarro está descansando en una clínica.

1. Juliana Paredes / bailar

2. Emilio Soto / casarse

3. Aurora Gris / recoger un premio

4. Héctor Rojas / jugar a las cartas

 Practice more at **facetas.vhlcentral.com.**

Comunicación

③ **Una cita** En parejas, representen una conversación en la que Alexa y Guille intentan buscar una hora del día para reunirse.

MODELO **ALEXA** ¿Nos vemos a las diez de la mañana para estudiar?
GUILLE No puedo, voy a estar durmiendo. ¿Qué te parece a las 12?

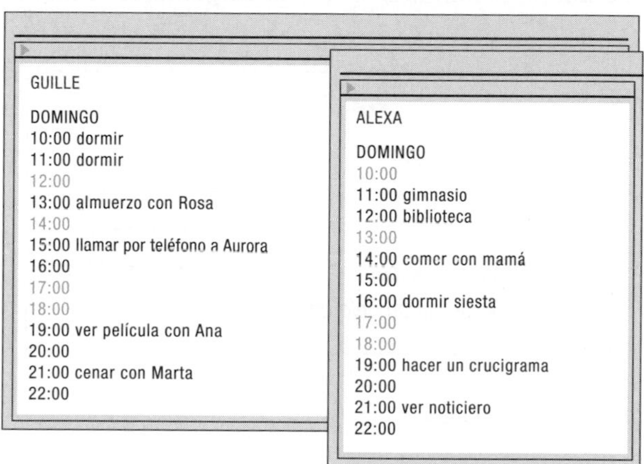

GUILLE

DOMINGO
10:00 dormir
11:00 dormir
12:00
13:00 almuerzo con Rosa
14:00
15:00 llamar por teléfono a Aurora
16:00
17:00
18:00
19:00 ver película con Ana
20:00
21:00 cenar con Marta
22:00

ALEXA

DOMINGO
10:00
11:00 gimnasio
12:00 biblioteca
13:00
14:00 comer con mamá
15:00
16:00 dormir siesta
17:00
18:00
19:00 hacer un crucigrama
20:00
21:00 ver noticiero
22:00

③ If students finish early, have them write down their own schedules for the next two days and repeat the activity with their partners.

④ **Síntesis** Tu psicólogo utiliza la hipnosis para hacerte recordar los momentos más importantes de tu pasado. En parejas, dramaticen la conversación entre el doctor Felipe y su paciente, utilizando verbos en el presente y el presente progresivo. Elijan una situación de la lista o inventen otro tema. Sean creativos/as.

MODELO **DR. FELIPE** Estás volviendo al momento de conocer a tu primer amor. ¿Qué están haciendo?
PACIENTE Estoy caminando por la calle… una mujer preciosa me está saludando…
DR. FELIPE Muy bien, muy bien. ¿Y qué estás pensando? ¿Cómo te sientes?
PACIENTE Estoy pensando que esto es el amor a primera vista. Me siento… ¡Ay, no! Me estoy cayendo en medio de la calle, ¡enfrente de ella!

tu primer amor	**el nacimiento de un(a) hermano/a**
un viaje importante	**el mejor/peor momento de tu vida**

④ For each situation listed, call on one or two pairs to perform their role-plays for the class.

INSTRUCTIONAL RESOURCES
Supersite/DVD: Film Collection
Supersite: Script & Translation

Antes de ver el corto

DI ALGO

país España
duración 15 minutos
director Luis Deltell
protagonistas Irene, Pablo, bibliotecaria

Vocabulario

a lo mejor *maybe*
alargar *to drag out*
la cinta *tape*
enterarse *to find out*
entretenerse *to be held up*
la luz *light*
pesado/a *annoying*
precioso/a *lovely*
respirar *to breathe*
turbio/a *murky*

1 Vocabulario Completa las oraciones.

1. Cuando hay tormenta, parece que la noche se ___alarga___ infinitamente.
2. Mucha gente le teme a la oscuridad y no puede ___respirar___ tranquila hasta que enciende la ___luz___.
3. Finalmente hoy ___nos enteramos___ de que fue la bibliotecaria quien se llevó las ___cintas___ con las grabaciones de las entrevistas.
4. Cerca del bosque hay un lago que antes era ___precioso___, pero ahora el agua está muy ___turbia___ porque está contaminada.

2 Tú y las citas

A. Completa el test sobre el mundo de las citas.

Tú y las citas

1. Si acabas de conocer a una persona que te gusta:
- **a.** La invitas a salir.
- **b.** La sigues secretamente durante varios días para ver cómo se comporta.
- **c.** Te escondes en un rincón y la admiras desde lejos.

2. Un amigo te propone presentarte a alguien que conoce:
- **a.** Aceptas enseguida.
- **b.** Haces muchas preguntas sobre la persona antes de decidir.
- **c.** Dices que no: las citas con extraños te ponen nervioso/a.

3. Antes de una cita:
- **a.** Vas a comprar ropa nueva y te arreglas bien para causar una buena impresión.
- **b.** Le pides a un par de amigos/as que vayan al mismo restaurante, por si acaso.
- **c.** Te da un ataque de nervios y casi llamas para cancelar.

4. En la conversación:
- **a.** Muestras interés por la otra persona, le cuentas acerca de ti y actúas tal como eres.
- **b.** Haces más preguntas de las que tú contestas.
- **c.** Evitas contar mucho sobre ti. Prefieres guardar información para una segunda cita.

B. En parejas, comparen sus respuestas. ¿Tienen actitudes similares o son muy diferentes? ¿Por qué?

Teaching option
Ask students about love stories they know in real life that started in amazing or curious ways; they may also tell about disastrous dates, and finally vote for the best first meeting in a love story and the worst date ever.

 Practice more at **facetas.vhlcentral.com.**

1er Premio
Tiflos de Cine
Corto Audesc
ONCE

Di algo

Una producción de ENIGMA FILMS/EL MEDANO PRODUCCIONES/LORELEI
Guión y Dirección LUIS DELTELL Jefe de Producción RAFAEL LINARES
Dirección de Fotografía JAVIER BILBAO Montaje JUANMA NOGALES
Dirección de Arte DAVID TEMPRANO Sonido MIGUEL ÁNGEL GALÁN
Actores VÍCTOR CLAVIJO/MARÍA BALLESTEROS/BLANCA NICOLÁS/ÁLVARO GARCÍA

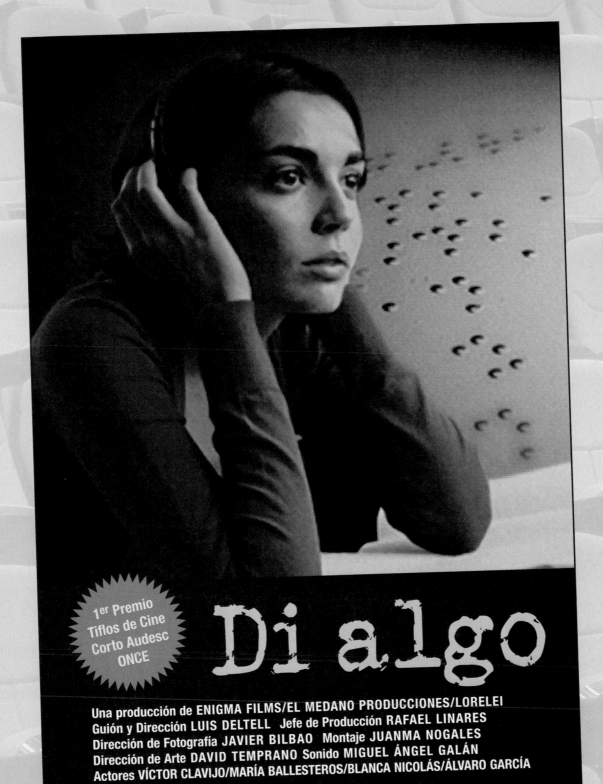

Synopsis A blind girl falls in love with the voice of an audio book reader. She finds out his telephone number and starts calling him without saying anything other than: "Say something." When he begins to fall for this unknown woman, he will set out to find her too.

Escenas

ARGUMENTO Una joven ciega se enamora de la voz de un hombre que escucha en grabaciones. Cuando se acaban las cintas, ella busca otra manera de seguir escuchando su voz.

1

VOZ DE PABLO "Menos tu vientre, todo es confuso, fugaz, pasado, baldío, turbio..."

2

IRENE Quería información sobre el lector 657... ¿No me podrías conseguir su número de teléfono?
BIBLIOTECARIA No puedo, Irene; eso está prohibido.

3

GUARDIA ¡Espera! ¿Estás bien?
IRENE Sí, sí, muchas gracias; es que me he entretenido.

4

PABLO ¿Sí? ¿Quién es? ¿Sí?
IRENE Di algo.

5

PABLO Todo el día esperando que me llame una chica que no conozco y que no habla... bueno, sí, que solamente dice: "Di algo."

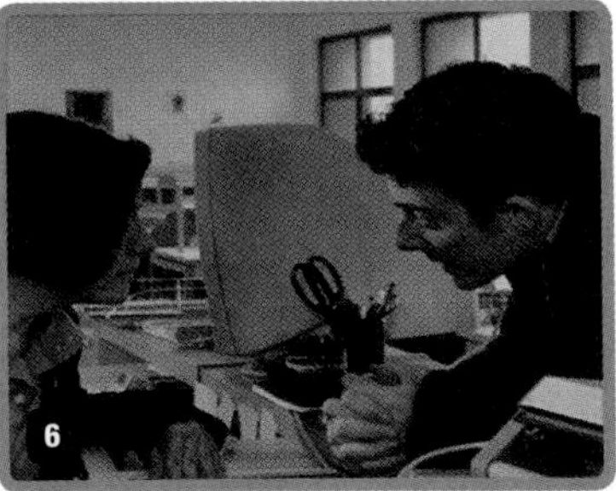

6

PABLO ¿Hay alguien que esté pidiendo mis cintas?
BIBLIOTECARIA No sé, vamos a ver... Creo que un señor mayor... ¡ah!, y una chica también.

Preview Have students imagine what the story of the short film is and what happens right after the sixth scene; ask them to suggest different endings. **¿Conocen alguna película donde la pareja protagonista no se conoce hasta el final?**

Teaching option Have students read the poems "**Menos tu vientre todo es confuso**" by Miguel Hernández, "**Te beberé el cabello**" by Antonio Gamoneda, and "**Compañera de hoy**" by Alfonso Costafreda. Ask them to highlight the main words and analyze the theme of the poems. Then, they may explain their poem to the rest of the class and find whether there is a connection between the three of them.

Después de ver el corto

1 Comprensión Indica si estas afirmaciones son **ciertas** o **falsas**. Luego, en parejas, corrijan las falsas.

1. Irene no tiene el teléfono de Pablo, pero lo conoce en persona.
   Falso. Irene no conoce a Pablo en persona.
2. La bibliotecaria no le da el teléfono de Pablo porque dice que está prohibido.
   Cierto.
3. Por la noche, Irene roba de la biblioteca la información sobre Pablo.
   Cierto.
4. Irene le dice la verdad al guardia.
   Falso. Le miente.
5. Pablo cree que la mujer que lo llama por teléfono y no le habla se llama Silvia.
   Cierto.
6. Pablo encuentra a Irene por casualidad en la calle.
   Falso. Pablo va a buscar a Irene a la biblioteca y allí la encuentra.

2 Interpretación En parejas, contesten las preguntas.

1. En la primera escena, Pablo rodea (*circle*) las palabras "confuso" y "turbio" en el poema que lee. ¿Por qué les parece que las destaca (*highlight*)?
2. Irene pide el número de teléfono de Pablo después de que la bibliotecaria le dice que no hay más cintas de él. ¿Cuál piensan que es su intención: conocer a Pablo o solamente escucharlo?
3. ¿Cómo es Pablo? Presten atención a las cosas que hay en su casa y a su forma de hablar y actuar.
4. ¿Por qué Irene sólo le dice: "Di algo" y no le explica quién es? Imaginen sus razones y enumérenlas.
5. ¿Por qué Pablo se va cuando Irene se da cuenta de que él está sentado frente a ella? ¿Está esperando que ella haga algo o quiere escaparse?

3 Diálogo En el ascensor, Pablo le dice a Irene: "Eres tú la que tiene que decir algo". Imaginen el diálogo que sigue a estas palabras y escríbanlo. Después, represéntenlo frente a la clase.

4 Escribir Elige una de las siguientes opciones y escribe una carta.

- Imagina que te cruzas un instante por la calle con alguien y te enamoras a primera vista, pero él/ella desaparece entre la gente y ahora quieres encontrarlo/a. Escribe una carta a un periódico describiéndolo/a; cuenta por qué lo/la buscas y pide ayuda a los lectores.
- Por un error al marcar un número de teléfono, conoces a alguien, empiezan a hablar y se enamoran. Después de un tiempo tienen una cita para conocerse personalmente, pero todo resulta un desastre: él/ella no se parece nada a la idea que te formaste por su voz. Escribe una carta a un amigo o a una amiga contándole sobre la cita.

Practice more at **facetas.vhlcentral.com.**

1 Ask students: **¿Cómo pueden averiguar el teléfono o el correo electrónico de una persona?** Have them suggest different ways of searching (asking around, Facebook, ads in the papers, etc.)

Have students discuss the importance of names for our identities, and also for communication and relationships. You may refer them to the famous line from *Romeo and Juliet* that begins "What's in a name?" **¿El nombre de una persona es especial? ¿En qué situación prefieres dar un nombre falso? ¿Por qué?**

2 Have students reflect on how we express love (in our families, in friendships, in relationships): **¿Cómo decimos "Te quiero"?** They may make a list of gestures or words that communicate our feeling to others.

3 Have students tell whether they prefer tragic love stories or love stories with a happy ending, and why (if some students say they don't like love stories, ask them to elaborate the reasons). Then they may talk about their favorite love story (in film or books). What was the best part?

3 As a follow-up, ask students: **¿Por qué las historias de amor son tan populares? ¿*Di algo* es una historia de amor eficaz? ¿Por qué?** You can ask students to list the characteristics of a good romantic story, and try to find some of them in the short.

Los enamorados, 1923
Pablo Picasso, España

"La única fuerza y la única verdad que hay en esta vida es el amor."

— José Martí

connections cultures NATIONAL STANDARDS

Antes de leer

Poema 20

Sobre el autor

Ya de muy joven, el chileno Ricardo Eliecer Neftalí Reyes Basoalto —tal fue el nombre que sus padres dieron a **Pablo Neruda** (1904–1973) al nacer— mostraba inclinación por la poesía. En 1924, con tan sólo veinte años, publicó el libro que lo lanzó (*launched*) a la fama: *Veinte poemas de amor y una canción desesperada*. Además de poeta, fue diplomático y político. El amor fue sólo uno de los temas de su extensa obra: también escribió poesía surrealista y poesía con fuerte contenido histórico y político. Su *Canto general* lleva a los lectores en un viaje por la historia de América Latina desde los tiempos precolombinos hasta el siglo XX. En 1971, recibió el Premio Nobel de Literatura.

Vocabulario

el alma *soul*	**el corazón** *heart*
amar *to love*	**la mirada** *gaze*
besar *to kiss*	**el olvido** *forgetfulness; oblivion*
contentarse con *to be contented/satisfied with*	**querer (e:ie)** *to love; to want*

Vocabulario
As a variant, show students famous paintings or photographs related to the **Literatura** theme and have them describe the images using the new vocabulary.

Poema Completa este poema con las opciones correctas.

Quiero (1) ___besarte___ (besarte/amarte) porque te (2) ___quiero___ (quiero/olvido),
pero tú te alejas y desde lejos me miras.

Mi (3) ___corazón___ (corazón/olvido) no (4) ___se contenta___ (quiere/se contenta)
con una (5) ___mirada___ (alma/mirada) triste.

Entonces me voy y sólo espero el (6) ___olvido___ (corazón/olvido).

Conexión personal ¿Has estado enamorado/a alguna vez? ¿Te gusta leer poesía? ¿Has escrito alguna vez una carta o un poema de amor?

Conexión personal
Ask volunteers to answer these questions. If they cannot or are unwilling to answer these questions about themselves, ask them to talk about people they know, or even about similar situations in films, television, music, etc.

Análisis literario: la personificación

La personificación es una figura retórica (*figure of speech*) que consiste en atribuir cualidades propias de los seres humanos a objetos inanimados (cosas, conceptos abstractos) o a la naturaleza. Observa estos ejemplos de personificación: *me despertó el llanto* (crying) *del violín; tu silencio habla de dolores pasados; las estrellas nos miraban mientras la ciudad sonreía.* En *Poema 20*, Pablo Neruda utiliza este recurso en varias ocasiones. Mientras lees el poema, prepara una lista de las personificaciones. ¿Qué cualidad humana atribuye el poeta al objeto?

Análisis literario
Supply other examples of personification with which students might be familiar, such as "the **angry** storm subsided."

 Practice more at **facetas.vhlcentral.com.**

POEMA 20

Pablo Neruda

Preview Before discussing the poem, give students a few minutes to read the poem aloud to a partner. Remind them that it is not necessary to understand every single word, especially during the first read-through.

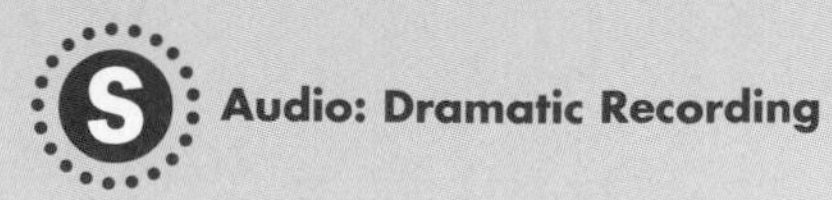

Puedo escribir los versos más tristes esta noche.
Escribir, por ejemplo: "La noche está estrellada°,
y tiritan°, azules, los astros°, a lo lejos°".
El viento de la noche gira° en el cielo y canta.

starry / *blink; tremble* / *stars/in the distance* / *turns*

Puedo escribir los versos más tristes esta noche.
Yo la quise, y a veces ella también me quiso.

En las noches como ésta la tuve entre mis brazos.
La besé tantas veces bajo el cielo infinito.

Ella me quiso, a veces yo también la quería.
Cómo no haber amado sus grandes ojos fijos°.

fixed

Puedo escribir los versos más tristes esta noche.
Pensar que no la tengo. Sentir que la he perdido.

Oír la noche inmensa, más inmensa sin ella.
Y el verso cae al alma como al pasto el rocío°.

like the dew on the grass

Qué importa que mi amor no pudiera guardarla°.
La noche está estrellada y ella no está conmigo.

keep; protect

Eso es todo. A lo lejos alguien canta. A lo lejos.
Mi alma no se contenta con haberla perdido.

Como para acercarla° mi mirada la busca.
Mi corazón la busca, y ella no está conmigo.

to bring her closer

La misma noche que hace blanquear° los mismos árboles.
Nosotros, los de entonces, ya no somos los mismos.

to whiten

Ya no la quiero, es cierto, pero cuánto la quise.
Mi voz° buscaba el viento para tocar su oído.

voice

De otro. Será de otro. Como antes de mis besos.
Su voz, su cuerpo claro. Sus ojos infinitos.

Ya no la quiero, es cierto, pero tal vez la quiero.
Es tan corto el amor, y es tan largo el olvido.

Porque en noches como ésta la tuve entre mis brazos,
mi alma no se contenta con haberla perdido.

Aunque éste sea el último dolor que ella me causa,
y éstos sean los últimos versos que yo le escribo. ■

Teaching option
Have students work in groups to answer these questions. Then have them share their answers with the class.

1. **¿Qué palabras y frases usa el poeta para describir la noche?**
2. **¿Qué palabras y frases usa el poeta para describir a su amada?**
3. **¿Qué palabras y frases usa el poeta para describir cómo se siente?**

Después de leer

Poema 20

Pablo Neruda

(1) Have students work in pairs to write two more questions about the poem. They should exchange papers with another pair, and answer the questions. Then have pairs switch papers again to check the answers.

1 Comprensión Contesta las preguntas con oraciones completas.

1. ¿Quién habla en este poema? Un hombre enamorado. / Un poeta habla en este poema.
2. ¿De quién habla el poeta? El poeta habla de su amada. / El poeta habla de su antigua/ex novia.
3. ¿Cuál es el tema del poema? El tema del poema es el amor.
4. ¿Qué momento del día es? Es de noche.
5. ¿Sigue el poeta enamorado? Da un ejemplo del poema.
El poeta no lo sabe. Ejemplo: "Ya no la quiero, es cierto, pero tal vez la quiero."

2 Analizar Lee el poema otra vez para contestar las preguntas con oraciones completas.

1. ¿Qué personificaciones hay en el poema y qué efecto transmiten? Explica tu respuesta.
2. ¿Tienen importancia las repeticiones en el poema? Explica por qué.
3. La voz poética habla sobre su amada, pero no le habla directamente a ella. ¿A quién crees que le habla la voz poética en este caso?
4. ¿Qué sentimientos provoca el poema en los lectores?

(3) Ask students to work in small groups to discuss the answers to these questions. One student from each group will be responsible for summarizing the group's ideas for each question for the rest of the class.

3 Interpretar Contesta las preguntas con oraciones completas.

1. ¿Cómo se siente el poeta? Da un ejemplo del poema.
2. ¿Es importante que sea de noche? Razona tu respuesta.
3. Explica con tus propias palabras este verso: "Es tan corto el amor, y es tan largo el olvido".
4. Explica el significado de estos versos y su importancia en el poema. ¿Por qué el poeta escribe una oración "entre comillas"?

Puedo escribir los versos más tristes esta noche.
Escribir, por ejemplo: "La noche está estrellada,
y tiritan, azules, los astros, a lo lejos".

(4) Ask students if they know other examples of metafiction.

(5) Have a few groups of students act out their dialogues in front of the class.

(5) Give students the option of writing a story from the point of view of the woman in the poem, explaining what happened in her own words. Was it an unrequited love, a fading love, or a case of opposites attracting?

4 Metaficción En grupos de tres, lean esta definición y busquen ejemplos de metaficción en el poema de Neruda. ¿Qué efecto tiene este recurso en el poema?

> **"La metaficción consiste en reflexionar dentro de una obra de ficción sobre la misma obra."**

5 Imaginar En parejas, imaginen la historia de amor entre el poeta y su amada. Preparen una conversación en la que se despiden para siempre. Inspírense en algunos de los versos del poema.

6 Personificar Escribe un párrafo en el que atribuyes cualidades humanas a un objeto.

MODELO Tengo en mi cuarto una estrella de mar. Me cuenta historias de piratas…

Practice more at **facetas.vhlcentral.com.**

Antes de leer

Vocabulario

el cargo *position*	**rechazar** *to turn down*
la cima *height*	**sabio/a** *wise*
convertirse (e:ie) en *to become*	**el sueño** *dream*
	superar *to exceed*
en contra *against*	**tomar en cuenta** *to take into consideration*
propio/a *own*	

 **Oraciones incompletas** Completa este párrafo con las palabras del vocabulario.

El (1) __sueño__ de muchas jóvenes es encontrar a su príncipe azul y (2) __convertirse__ en heroínas de historias románticas. Otras mujeres buscan una profesión y un (3) __cargo__ que les permitan beneficiar a toda la sociedad. Lo importante es no (4) __tomar en cuenta__ las opiniones y las circunstancias (5) __en contra__ de ese proyecto. Tal vez, un día, ninguna mujer tendrá que sacrificar su vida personal para llegar a la (6) __cima__ de su carrera.

Conexión personal ¿Con qué soñabas cuando eras pequeño/a? ¿Qué querías ser de grande? ¿Tienes todavía las mismas metas que tenías de niño/a o has cambiado? ¿Crees que vas a alcanzar tus metas?

Contexto cultural

Una frase pronunciada por Sonia Sotomayor en 2001 causó gran revuelo (*commotion*) y despertó posiciones en contra y a favor. Sus provocadoras palabras fueron: "Quiero pensar que una sabia mujer latina, con su riqueza de experiencias, puede tomar mejores decisiones que un sabio hombre blanco que no ha vivido esa vida." Sotomayor después se excusó diciendo que se había expresado mal. Pero esta declaración generó los cuestionamientos más importantes a su nominación a la Corte Suprema y, paralelamente, grupos en Facebook, camisetas y carteles la tomaron como una reafirmación de la identidad femenina latina. ¿Qué opinas tú? ¿Influyen nuestro origen, género y experiencias en las decisiones que tomamos? Si así lo crees, ¿piensas que este hecho es positivo o negativo? ¿Crees que es posible dejar de lado los sentimientos y el pasado para tomar en cuenta solamente la ley? ¿O crees que la subjetividad puede tener lugar en la justicia?

Ask students whether they have had a bad experience due to something they said backfiring or being misinterpreted. Did they stand by their words and try to explain them better, or did they withdraw? Why?

As a follow-up you might write this saying on the board and ask the class to discuss its meaning. **"Las palabras están vivas Si las cortas, sangran."** Ralph Waldo Emerson

Preview Ask the class to discuss political correctness, and if it might make us more hesitant to express ourselves.

 Practice more at **facetas.vhlcentral.com.**

Sonia Sotomayor:

la niña que soñaba

Sonia Sotomayor era una niña que soñaba. Y, según cuenta, lo que soñaba era convertirse en detective, igual que su heroína favorita, Nancy Drew. Sin embargo, a los ocho años, tras un diagnóstico de diabetes, sus médicos le recomendaron que pensara en una carrera menos agitada. Entonces, sin recortar sus aspiraciones ni resignarse a menos, encontró un nuevo modelo en otro héroe de ficción: Perry Mason, el abogado encarnado° en televisión por Raymond Burr. "Iba a ir a la universidad e iba a convertirme en abogada: y supe esto cuando tenía diez años. Y no es una broma", declaró ella en 1998.

played by

Audio: Reading

Robin Kar, secretario de Sonia Sotomayor en 1988–1989, afirma que la jueza no sólo tiene una historia asombrosa°, sino que además es una persona asombrosa. Y cuenta que, en la corte, ella no solamente conocía a sus pares°, como los otros jueces y políticos, sino que también se preocupaba por conocer a todos los porteros, los empleados de la cafetería y los conserjes°, y todos la apreciaban mucho.

amazing · *peers* · *janitors*

En su discurso de aceptación de la nominación a la Corte Suprema, Sonia Sotomayor explicó su propia visión de sí misma: "Soy una persona nada extraordinaria que ha tenido la dicha de tener oportunidades y experiencias extraordinarias." Pero ni siquiera sus sueños más descabellados° podían prepararla para lo que ocurrió en mayo de 2009, cuando Barack Obama la nominó como candidata a la Corte Suprema de Justicia de Estados Unidos. En su discurso, el presidente destacó el "viaje extraordinario" de la jueza, desde sus modestos comienzos hasta la cima° del sistema judicial. Para él, los sueños son importantes y Sonia Sotomayor es la encarnación del sueño americano.

wildest · *height*

Nació en el Bronx, en Nueva York, el 25 de junio de 1954, y creció en un barrio de viviendas subsidiadas°. Sus padres, puertorriqueños, habían llegado a Estados Unidos durante la Segunda Guerra Mundial. Su padre, que había estudiado sólo hasta tercer grado y no hablaba inglés, murió cuando Sonia tenía nueve años, y su madre, Celina, tuvo que trabajar seis días a la semana como enfermera para criarlos° a ella y a su hermano menor. Como la señora Sotomayor consideraba que una buena educación era fundamental, les compró a sus hijos la Enciclopedia Británica y los envió a una escuela católica para que recibieran la mejor instrucción posible. Seguramente los resultados superaron también sus expectativas: Sonia estudió en las universidades de Princeton y Yale, y su hermano Juan estudió en la Universidad de Nueva York, y ahora es médico y profesor en la Universidad de Siracusa.

housing project · *raise them*

Sonia Sotomayor trabajó durante cinco años como asistente del fiscal de Manhattan, Robert Morgenthau (quien inspiró el personaje del fiscal del distrito Adam Schiff en la serie de televisión *Law and Order*). Luego se dedicó al derecho corporativo y más tarde fue jueza de primera instancia de la Corte Federal de Distrito antes de ser nombrada jueza de Distrito de la Corte Federal de Apelaciones. En 2009 se convirtió en la primera hispana —y la tercera mujer en toda la historia— en llegar a la Corte Suprema de Justicia de Estados Unidos, donde suelen tratarse cuestiones tan controvertidas como el aborto, la pena de muerte, el derecho a la posesión de armas, etc.

Cuando el presidente Obama nominó a la jueza Sotomayor para su nuevo cargo, Celina Sotomayor escuchaba desde la primera fila° con los ojos llenos de lágrimas. En su discurso de aceptación, Sonia la señaló como "la inspiración de toda mi vida". Tal vez, en el fondo, lo que soñaba realmente la niña del Bronx era ser, como su madre, una "sabia mujer latina". ■

front row

Cómo Sotomayor salvó al béisbol

En 1994, de manera unilateral, los propietarios de los equipos de las Grandes Ligas de béisbol implantaron un tope (*limit*) salarial; esto fue rechazado por los jugadores y su sindicato, que declararon una huelga (*strike*). El caso llegó a Sonia Sotomayor, en ese entonces la jueza más joven del Distrito Sur de Nueva York, en 1995. Ella escuchó los argumentos de las dos partes y anunció su dictamen (*ruling*) a favor de los jugadores. Logró acabar así con la huelga que llevaba ya 232 días y, además, ganarse el título de "salvadora del béisbol".

Después de leer

① Ask students: **¿Creen que algunas personas tienen más posibilidades que otras para alcanzar sus sueños (debido a su género, educación, situación económica, raza, etc.)?**

② For an expansion activity, assign small groups to research and write brief profiles of other famous women holding positions of responsibility and power in the U.S. (Hillary Clinton, Nancy Pelosi, Condoleezza Rice, Elena Kagan, etc.). Ask: **¿El hecho de que sean mujeres las ayuda o las perjudica?**

③ Have students discuss the influence parents have in shaping their children's goals and behaviors. Tell them that Abraham Lincoln also said: "All that I am or hope to be, I owe to my mother." Ask them to find other examples of famous people that give all the credit to their parents.

1 **Comprensión** Indica si las siguientes oraciones son **ciertas** o **falsas**. Luego, en parejas, corrijan las falsas.

1. Sonia Sotomayor se considera una persona extraordinaria. Falso. Sonia Sotomayor se considera una persona nada extraordinaria que tuvo oportunidades y experiencias extraordinarias.
2. Ella conocía a todos los empleados de la corte, desde los jueces hasta los conserjes. Cierto.
3. De pequeña, Sonia quería ser detective como Nancy Drew. Cierto.
4. Sus padres eran neoyorquinos. Falso. Sus padres eran puertorriqueños.
5. Celina Sotomayor trabajaba como vendedora de enciclopedias para mantener a sus hijos. Falso. Celina Sotomayor trabajaba como enfermera.
6. Sonia fue la inspiración de un personaje de la serie de televisión *Law and Order*. Falso. Su jefe, Robert Morgenthau, inspiró un personaje de la serie *Law and Order*.

2 **Interpretación** En parejas, contesten las preguntas con oraciones completas y justifiquen sus respuestas.

1. ¿Les parece que la historia de Sonia Sotomayor es extraordinaria? ¿Por qué?
2. ¿En qué sentido piensan que su madre es "la inspiración de su vida"?
3. ¿Creen que su carrera es una prueba de que el sueño americano existe?
4. ¿Piensas que ella, como mujer y como hispana, y con la historia de su vida, puede asegurar un mejor debate en la Corte Suprema? ¿Por qué?
5. ¿Les parece que la experiencia de vida es más importante, menos importante o igualmente importante para las personas que los estudios que tengan? ¿Por qué?

3 **Retrato**

A. En las elecciones presidenciales de Estados Unidos en 2008, los dos candidatos también señalaron a sus madres como una inspiración fundamental de sus vidas. En parejas, lean y comenten las citas.

"Sé que (mi madre) fue el espíritu más bondadoso y generoso que jamás he conocido y que lo mejor de mí se lo debo a ella." Barack Obama, *Los sueños de mi padre*

"Roberta McCain nos inculcó su amor a la vida, su profundo interés en el mundo, su fortaleza y su creencia de que todos tenemos que usar nuestras oportunidades para hacernos útiles a nuestro país. No estaría esta noche aquí si no fuera por la fortaleza de su carácter." John McCain, Discurso de aceptación en la Convención Republicana

B. Escriban al menos cuatro oraciones sobre cómo imaginan que es Celina Sotomayor. ¿Qué dirían de ella sus hijos? Luego, compartan sus oraciones con la clase y comparen sus descripciones.

MODELO Celina es una mujer trabajadora. Ella no está de acuerdo con perder el tiempo y quiere que sus hijos estudien y mejoren. Es paciente, pero está llena de energía...

4 **Modelos de vida** Escribe una entrada de blog en la que hablas sobre una persona sabia a la que admiras. Describe su personalidad y su historia y explica por qué es importante para ti.

 Practice more at **facetas.vhlcentral.com.**

Atando cabos

¡A conversar!

Citas rápidas Usa la técnica de las "citas rápidas" (*speed dating*) para conocer a tus compañeros/as de clase, hacer nuevos amigos y buscar compañeros para proyectos. Comparte los resultados con la clase.

Cómo funcionan las "citas rápidas"

- Reúnete con un(a) compañero/a durante cinco minutos. Hablen sobre quiénes son, cómo son, qué buscan, etc.
- Toma notas acerca del encuentro.
- Repite la actividad con otros compañeros.

	Nombre	Nombre
¿De dónde eres?		
¿Cómo eres?		
¿Qué cualidades buscas en un(a) amigo/a?		
¿Qué tipo de proyectos te gusta hacer?		

¡A escribir!

Consejos Lee la carta que envió Alonso a la sección de consejos sentimentales de una revista y usa las frases del recuadro para responderla.

Expresar tu opinión

Estas frases pueden ayudarte a presentar tu opinión:

- En mi opinión,...
- Creo que...
- Me parece que...

Me llamo Alonso. Tengo 23 años y soy de Colombia. Vine a Boston para estudiar en la universidad. Allí conocí a mi novia Kristen, quien tomaba clases de español. Todo iba muy bien mientras estábamos en la universidad: teníamos amigos estadounidenses y latinoamericanos, a mí me interesaba mucho aprender sobre su país y a ella sobre el mío.

El problema comenzó después de la universidad. Cuando salimos con los compañeros de trabajo de Kristen, siento que a nadie le interesa charlar conmigo, y a mí tampoco me interesa hablar con ellos de béisbol y esas cosas. Cuando vamos a visitar a la familia de Kristen en Chicago y decido cocinar, siempre miran con desconfianza los platos tradicionales que preparo. Además, Kristen está muy ocupada con su trabajo para seguir estudiando español. Cuando quiere practicar comete unos errores horribles y entonces yo prefiero hablar inglés con ella. Discutimos mucho por todas estas cosas. A veces pienso que sería más fácil estar con alguien de mi cultura... pero quiero mucho a Kristen. ¿Qué puedo hacer para que mi relación funcione?

¡A conversar!
As a follow-up activity, have students answer these discussion questions in small groups.

1. **¿Participarían (o participaron alguna vez) en un evento de "citas rápidas" para conocer gente?**
2. **¿Qué oportunidades ofrece la universidad/escuela para conocer gente de otras culturas?**
3. **¿Qué buscan cuando conocen a personas nuevas? ¿Les importa más que la personalidad sea compatible o que tengan pasatiempos similares?**
4. **¿Qué consejos le darían a un(a) estudiante a quien le resulta difícil conocer a gente nueva?**

¡A escribir!
Before students begin writing, have them organize the information in two lists: things that Alonso should improve or change, and things that his girlfriend should improve or change.

1 VOCABULARIO

La personalidad

autoritario/a	*strict; authoritarian*
cariñoso/a	*affectionate*
celoso/a	*jealous*
cuidadoso/a	*careful*
falso/a	*insincere*
gracioso/a	*funny; pleasant*
inseguro/a	*insecure*
(in)maduro/a	*(im)mature*
mentiroso/a	*lying*
orgulloso/a	*proud*
permisivo/a	*permissive; easy-going*
seguro/a	*sure; confident*
sensato/a	*sensible*
sensible	*sensitive*
tacaño/a	*cheap; stingy*
tímido/a	*shy*
tradicional	*traditional*

Los estados emocionales

agobiado/a	*overwhelmed*
ansioso/a	*anxious*
deprimido/a	*depressed*
disgustado/a	*upset*
emocionado/a	*excited*
preocupado/a (por)	*worried (about)*
solo/a	*alone; lonely*
tranquilo/a	*calm*

Los sentimientos

adorar	*to adore*
apreciar	*to appreciate; to be fond of*
enamorarse (de)	*to fall in love (with)*
estar harto/a (de)	*to be fed up (with); to be sick (of)*
odiar	*to hate*
sentirse (e:ie)	*to feel*
soñar (o:ue) (con)	*to dream (about)*
tener celos (de)	*to be jealous (of)*
tener vergüenza (de)	*to be ashamed/ embarrassed (of)*

INSTRUCTIONAL RESOURCES
Supersite: Testing Program

Las relaciones personales

el/la amado/a	*loved one; sweetheart*
el ánimo	*spirit*
el cariño	*affection*
la cita (a ciegas)	*(blind) date*
el compromiso	*commitment; responsibility*
la confianza	*trust; confidence*
el desánimo	*the state of being discouraged*
el divorcio	*divorce*
la pareja	*couple; partner*
el sentimiento	*feeling; emotion*
atraer	*to attract*
coquetear	*to flirt*
cuidar	*to take care of*
dejar a alguien	*to leave someone*
discutir	*to argue*
educar	*to raise; to bring up*
hacerle caso a alguien	*to pay attention to someone*
impresionar	*to impress*
llevar... años de (casados)	*to be (married) for... years*
llevarse bien/mal/ fatal	*to get along well/ badly/terribly*
mantenerse en contacto	*to keep in touch*
pasarlo bien/mal/ fatal	*to have a good/bad/ terrible time*
proponer matrimonio	*to propose (marriage)*
romper (con)	*to break up (with)*
salir (con)	*to go out (with)*
soportar a alguien	*to put up with someone*
casado/a	*married*
divorciado/a	*divorced*
separado/a	*separated*
soltero/a	*single*
viudo/a	*widowed*

Más vocabulario

Expresiones útiles	*Ver p. 7*
Estructura	*Ver pp. 14–15, 18–19 y 22–23*

Cinemateca

la cinta	*tape*
la luz	*light*
alargar	*to drag out*
enterarse	*to find out*
entretenerse	*to be held up*
respirar	*to breathe*
pesado/a	*annoying*
precioso/a	*lovely*
turbio/a	*murky*
a lo mejor	*maybe*

Literatura

el alma	*soul*
el corazón	*heart*
la mirada	*gaze*
el olvido	*forgetfulness; oblivion*
amar	*to love*
besar	*to kiss*
contentarse con	*to be contented/ satisfied with*
querer (e:ie)	*to love; to want*

Cultura

el cargo	*position*
la cima	*height*
el sueño	*dream*
convertirse (e:ie) en	*to become*
rechazar	*to turn down*
superar	*to exceed*
tomar en cuenta	*to take into consideration*
propio/a	*own*
sabio/a	*wise*
en contra	*against*

Las diversiones

2

Communicative Goals

You will expand your ability to...
- avoid redundancy
- express personal likes and dislikes
- describe your daily routine and activities

Preview Ask students about their extracurricular activities: **¿Qué les gusta hacer en su tiempo libre? ¿Salen entre semana o sólo los fines de semana? ¿Con quiénes salen?** Review names of sports in Spanish: **el béisbol, el tenis,** etc.

Audio: Vocabulary
Activities

Las diversiones

INSTRUCTIONAL RESOURCES
Supersite: Audioscripts, Textbook/SAM AK, Textbook/Lab MP3s
SAM/WebSAM: WB, LM

La música y el teatro

Mis amigos y yo tenemos un **grupo musical.** Yo soy el cantante. Ayer fue nuestro segundo **concierto.** Esperamos grabar pronto nuestro primer **álbum.**

el álbum *album*
el asiento *seat*
el/la cantante *singer*
el concierto *concert*
el conjunto/grupo musical *musical group; band*
el escenario *scenery; stage*
el espectáculo *show*
el estreno *premiere; debut*
la función *performance (theater; movie)*
el/la músico/a *musician*
la obra de teatro *play*
la taquilla *box office*

aplaudir *to applaud*
conseguir (e:i) boletos/entradas *to get tickets*
hacer cola *to wait in line*
poner un disco compacto *to play a CD*

Tell students that sports clubs are very popular in the Spanish-speaking world. Sports clubs are institutions or organizations oriented to several sports for both professionals and amateurs. Some also organize other events, such as dinners, summer camp for young members, etc.

Los lugares de recreo

el cine *movie theater; cinema*
el circo *circus*
la discoteca *discotheque; dance club*

la feria *fair*
el festival *festival*
el parque de atracciones *amusement park*
el zoológico *zoo*

Los deportes

el/la árbitro/a *referee*
el campeón/la campeona *champion*
el campeonato *championship*
el club deportivo *sports club*
el/la deportista *athlete*
el empate *tie (game)*
el/la entrenador(a) *coach; trainer*
el equipo *team*
el/la espectador(a) *spectator*
el torneo *tournament*

anotar/marcar (un gol/un punto) *to score (a goal/a point)*
desafiar *to challenge*
empatar *to tie (games)*
ganar/perder (e:ie) un partido *to win/lose a game*
vencer *to defeat*

Variación léxica
hacer cola ⟷ hacer fila
anotar/marcar un gol ⟷ meter un gol
vencer ⟷ derrotar
la televisión ⟷ la tele

Las diversiones

Ricardo y sus amigos **se reúnen** todos los sábados. Les **gustan el billar** y **el boliche**, y son verdaderos **aficionados** a **las cartas**.

el ajedrez *chess*
el billar *billiards*
el boliche *bowling*
las cartas/los naipes *(playing) cards*
los dardos *darts*
el juego de mesa *board game*
el pasatiempo *pastime*
la televisión *television*
el tiempo libre/los ratos libres *free time*
el videojuego *video game*

---

aburrirse *to get bored*
alquilar una película *to get/rent a movie*
brindar *to make a toast*
celebrar/festejar *to celebrate*
dar un paseo *to take a stroll/walk*
disfrutar (de) *to enjoy*
divertirse (e:ie) *to have fun*

Teaching option Have students work with a partner to write a movie advertisement for a recent film. Then have students read their ads to the class. Students should vote on whether they would see the film or not based on the ad.

entretener(se) (e:ie) *to entertain, amuse (oneself)*
gustar *to like*
reunirse (con) *to get together (with)*
salir (a comer) *to go out (to eat)*

---

aficionado/a (a) *fond of; a fan (of)*
animado/a *lively*
divertido/a *fun*
entretenido/a *entertaining*

(1) Part A: Have volunteers read the questions aloud before listening to the conversation.

Práctica

1 Escuchar

A. Mauricio y Joaquín están haciendo planes para el fin de semana. Quieren ir al cine, pero no logran ponerse de acuerdo. Escucha la conversación y contesta las preguntas con oraciones completas.

1. ¿Cuándo planean ir al cine Mauricio y Joaquín? Planean ir al cine el sábado.
2. ¿Qué película quiere ver Joaquín? Joaquín quiere ver *Los invasores de la galaxia*.
3. ¿Por qué Mauricio no quiere verla? Porque hay que hacer cola para los estrenos y no le gusta la ciencia ficción.
4. ¿Qué alternativa sugiere Mauricio? Mauricio sugiere ver un documental sobre el campeonato nacional de fútbol.
5. ¿Qué le pasa a Joaquín cuando mira documentales? Joaquín se aburre cuando mira documentales.

B. Ahora escucha el anuncio radial de *Los invasores de la galaxia* y decide si las oraciones son **ciertas** o **falsas**. Corrige las falsas.

1. Este fin de semana, estrenan una película de ciencia ficción. Cierto.
2. *Los invasores de la galaxia* ya se estrenó en otros lugares. Cierto.
3. La película tuvo poco éxito en Europa. Falso. Ganó tres premios en varios festivales europeos.
4. Si compras cuatro boletos, te regalan la banda sonora (*soundtrack*). Falso. Te regalan la banda sonora si compras cinco boletos.
5. Si te vistes de extraterrestre, te regalan un boleto para una fiesta exclusiva. Cierto.
6. El estreno de la película es a las nueve de la mañana. Falso. La taquilla abre a las nueve de la mañana.

C. En parejas, imaginen que, después de escuchar el anuncio radial, Joaquín trata de convencer a Mauricio para ir a ver *Los invasores de la galaxia*. Inventen la conversación entre Mauricio y Joaquín, y compártanla con la clase.

2 Relaciones

Escoge la palabra que no está relacionada.

1. película (estrenar / dirigir / (empatar))
2. obra de teatro (boleto / (campeonato) / taquilla)
3. concierto ((vencer) / aplaudir / hacer cola)
4. juego de mesa (ajedrez / naipes / (videojuego))
5. celebrar (divertirse / (aburrirse) / disfrutar)
6. partido (deportista / árbitro / (circo))

(2) To check comprehension, ask students to create sentences linking the related words. Ex: **1. La película se estrena este viernes. No sé quién la dirige.**

Práctica

③ In pairs, have students add three more items to the activity for **circo, feria,** and **festival.**

3 **¿Dónde están?** Indica dónde están estas personas.

<u>e</u> 1. Llegamos muy temprano, pero hay una cola enorme. El hombre que vende los boletos parece estar de muy mal humor.

<u>g</u> 2. Hoy es el cumpleaños de mi hermana menor. En lugar de celebrarlo en casa, quiere pasar el día acá, con los tigres y los elefantes.

<u>a</u> 3. Una red (*net*), una pelota amarilla y dos deportistas. ¿Quién será la campeona?

<u>b</u> 4. Hay máquinas que suben, bajan, dan vueltas hacia la derecha y hacia la izquierda. La más espectacular dibuja un laberinto de líneas en el aire.

<u>h</u> 5. ¿Cómo puede ser que cuatro personas hagan tanto ruido en un campo de fútbol lleno de gente? Mi novia se está divirtiendo mucho, pero ¡yo no entiendo nada de lo que cantan!

<u>d</u> 6. ¡Qué nervios! ¿Qué pasa si se abre el telón y me olvido de lo que tengo que decir?

a. un torneo de tenis
b. un parque de atracciones
c. un cine
d. un escenario
e. una taquilla
f. una discoteca
g. un zoológico
h. un concierto de rock

④ After completing the activity, have students act out the dialogue with a partner.

4 **Goles y fiestas** Completa la conversación.

aburrirte	**celebrar**	**equipo**
animadas	**disfruten**	**espectadores**
árbitro	**divertidos**	**ganar**
campeonato	**empate**	**televisión**

PEDRO Mario, ¿todavía estás mirando (1) <u>televisión</u>? ¿No ves que vamos a llegar tarde?

MARIO Lo siento, pero no puedo ir a la fiesta de tu novia. Pasan un partido de fútbol.

PEDRO Pero las fiestas de mi novia son más (2) <u>animadas</u> y más entretenidas que cualquier partido de fútbol. Todos los partidos son iguales… Veintidós tontos corriendo detrás de una pelota, los (3) <u>espectadores</u> gritando (*shouting*) como locos y el (4) <u>árbitro</u> pitando (*whistling*) sin parar.

MARIO Hoy no me puedes convencer. Es la final del (5) <u>campeonato</u> y estoy seguro de que mi (6) <u>equipo</u> favorito va a (7) <u>ganar</u>.

PEDRO ¿Y no vas a (8) <u>aburrirte</u>, aquí solito, mientras todos tus amigos bailan?

MARIO ¡Jamás! ¡Todos vienen a ver el partido conmigo! Y después vamos a (9) <u>celebrar</u> la victoria.

PEDRO Que (10) <u>disfruten</u> del partido. Ya me voy… Espera, mi novia me está llamando al celular… ¿Qué me dices, amor? ¿Que la fiesta es aquí en mi casa? ¿Que tú también quieres ver el partido? ¡Ay, yo me rindo (*give up*)!

Practice more at **facetas.vhlcentral.com.**

Comunicación

5 Diversiones

A. Sin consultar con tu compañero/a, prepara una lista de cinco actividades que crees que le gustan a él/ella. Escoge actividades del recuadro y añade otras.

jugar al ajedrez	**ir a la feria**
practicar deportes en un club	**jugar videojuegos**
ir al estreno de una película	**bailar en una discoteca**
mirar televisión	**jugar al boliche**
escuchar música clásica	**salir a cenar con amigos**

B. Ahora habla con tu compañero/a para confirmar tus predicciones. Sigue el modelo.

MODELO —Creo que te gusta jugar al ajedrez.
—Es verdad, juego siempre que puedo. / —Te equivocas, me aburre. ¿Y a ti?

⑤ As an expansion activity, ask students at random about their partners' favorite activities. Then ask if their initial guesses were correct.

6 Lo mejor

En grupos de cuatro, imaginen que son editores/as de un periódico local y quieren publicar la lista anual de *Lo mejor de la ciudad*.

A. Primero, escojan las categorías que quieren premiar (*to award*).

Lo mejor de la ciudad

Mejor cine ______	Mejor festival de arte ______
Mejor discoteca ______	Mejor restaurante para celebrar un cumpleaños ______
Mejor espectáculo sobre hielo ______	Mejor grupo musical en vivo (*live*) ______
Mejor equipo deportivo ______	Mejor ... ______
Mejor parque para pasear ______	

B. Luego preparen una encuesta (*survey*) y entrevisten a sus compañeros/as de clase. Anoten las respuestas.

C. Ahora compartan los resultados con la clase y decidan qué lugares y eventos recibirán el premio *Lo mejor*.

⑥ As an outside project, have students pick a city in the Spanish-speaking world and research the highlights of that city. They should prepare a similar list and present it to the class.

7 Un fin de semana extraordinario

Dos amigos/as con personalidades muy diferentes tienen que pasar un fin de semana juntos/as en una ciudad que nunca han visitado. Hacen muchas sugerencias interesantes, pero todo lo que una persona propone, la otra lo rechaza con alguna explicación absurda, y viceversa. En parejas, improvisen una conversación utilizando las palabras del vocabulario.

MODELO —¿Vamos al parque de atracciones? Es muy divertido.
—No, me mareo (*get dizzy*) en la montaña rusa (*roller coaster*)...

⑦ For a cultural expansion activity, bring in travel brochures from cities in the Spanish-speaking world (or have students print out travel information in Spanish from the Internet). Have pairs choose a city and base their conversation on the information they have read.

2 FOTONOVELA

Synopsis
- Johnny cheers Éric up by suggesting he use humor to attract women.
- Mariela is thrilled because she obtained tickets to a rock concert.
- Mariela intends to remove the guitarist's shirt.
- Mariela rips open Éric's shirt and scatters buttons all over the floor.

NATIONAL STANDARDS communication cultures

Los empleados de *Facetas* hablan de las diversiones. Johnny trata de ayudar a Éric. Mariela habla de sus planes.

JOHNNY ¿Y a ti? ¿Qué te pasa?

ÉRIC Estoy deprimido.

JOHNNY Anímate, es fin de semana.

ÉRIC A veces me siento solo e inútil.

JOHNNY ¿Solo? No, hombre, yo estoy aquí; pero inútil...

JOHNNY Necesitas divertirte.

ÉRIC Lo que necesito es una chica. No tienes idea de lo que es vivir solo.

JOHNNY No, pero me lo estoy imaginando. El problema de vivir solo es que siempre te toca lavar los platos.

ÉRIC Las chicas piensan que soy aburrido.

JOHNNY No seas pesimista.

ÉRIC Soy un optimista con experiencia. Lo he intentado todo: el cine, la discoteca, el teatro... Nada funciona.

JOHNNY Tienes que contarles chistes. Si las haces reír, ¡*boom*! Se enamoran.

ÉRIC ¿De veras?

JOHNNY Seguro.

Mariela viene a hablar con ellos.

MARIELA ¡Los conseguí! ¡Los conseguí!

FABIOLA ¿Conseguiste qué?

MARIELA Los últimos boletos para el concierto de rock de esta noche.

FABIOLA ¿Cómo se llama el grupo?

MARIELA Distorsión. Aquí tengo el disco compacto. ¿Lo quieren oír?

FABIOLA (*mirando el reloj*) Uy, ¡qué tarde es!

Luego, en el escritorio de Diana...

ÉRIC Diana, ¿te puedo contar un chiste?

DIANA Estoy algo ocupada.

ÉRIC Es que se lo tengo que contar a una mujer.

DIANA Hay dos mujeres más en la oficina.

ÉRIC Temo que se rían cuando se lo cuente.

DIANA ¡Es un chiste!

ÉRIC Temo que se rían de mí y no del chiste.

DIANA ¿Qué te hace pensar que yo me voy a reír del chiste y no de ti?

ÉRIC No sé. Tú eres una persona seria.

DIANA ¿Y por qué se lo tienes que contar a una mujer?

ÉRIC Es un truco para conquistarlas.

Diana se ríe muchísimo.

INSTRUCTIONAL RESOURCES **Supersite/DVD:** Fotonovela; **Supersite:** Script & Translation, SAM AK; **SAM/WebSAM:** VM

Preview Have students predict what will happen based on the video stills.

Personajes

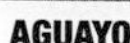
AGUAYO

DIANA

ÉRIC

FABIOLA

JOHNNY

MARIELA

Johnny dibuja muchos puntos en la pizarra.

JOHNNY ¿Te sabes el chiste de la fiesta de puntos? Es un clásico... Hay una fiesta de puntos... Todos están divirtiéndose y pasándola bien. Y entonces entra un asterisco... y todos lo miran asombrados. Y el asterisco les dice: "¿Qué? ¿Nunca han visto un punto despeinado?"

Mariela entra con dos boletos en la mano y comienza a besarlos.

MARIELA Sí, sí. Me encanta, me encanta...

FABIOLA Te lo dije.

AGUAYO ¿Me dijiste qué?

FABIOLA Que ella no parecía muy normal.

MARIELA Deséenme suerte.

AGUAYO ¿Suerte? ¿En qué?

MARIELA Esta noche le voy a quitar la camisa al guitarrista de Distorsión.

JOHNNY No, no lo harás.

MARIELA Voy a intentarlo.

ÉRIC Si crees que es tan fácil quitarle la camisa a un tipo, ¿por qué no practicas conmigo?

Mariela intenta quitarle la camisa a Éric.

Al final del día, en la cocina...

AGUAYO ¿Alguien quiere café?

JOHNNY ¿Lo hiciste tú o sólo lo estás sirviendo?

AGUAYO Sólo lo estoy sirviendo.

JOHNNY Yo quiero una taza.

ÉRIC Yo quiero una taza.

Expresiones útiles

Talking about whose turn it is

Siempre te toca lavar los platos.
It's always your turn to wash the dishes.

A Johnny le toca hacer el café.
It's Johnny's turn to make coffee.

¿A quién le toca pagar la cuenta?
Whose turn is it to pay the bill?

¿Todavía no me toca?
Is it my turn yet?

Encouraging other people

¡Anímate! *Cheer up! (sing.)*
¡Anímense! *Cheer up! (pl.)*

No seas pesimista.
Don't be pessimistic. (sing.)

No sean pesimistas.
Don't be pessimistic. (pl.)

Wishing someone well

¡Buen fin de semana!
Have a nice weekend!

¡Pásalo bien!
Have a good time! (sing.)

¡Pásenlo bien!
Have a good time! (pl.)

¡Que te diviertas!
Have fun! (sing.)

¡Que se diviertan!
Have fun! (pl.)

Additional vocabulary

contar *to tell*
inútil *useless*
el punto *period; point*
el tipo *guy*
el truco *trick*

Teaching option Play the entire video. Have students take notes as they watch and then work in groups to create a plot summary.

Comprensión

① Have students create questions that correspond to each item. Ex: **¿Es verdad que Éric está deprimido?**

① Ask students to create two more items and exchange them with a partner.

1 ¿Cierto o falso? Decide si estas oraciones son **ciertas** o **falsas**. Corrige las falsas.

Cierto	Falso	
☑	☐	1. Éric está deprimido.
☐	☑	2. A Éric le gusta vivir solo. A Éric no le gusta vivir solo.
☐	☑	3. Según Johnny, hay que ser serio para enamorar a las mujeres. Según Johnny, hay que contarles chistes.
☐	☑	4. Diana se ríe del chiste de Éric. Éric no logra contarle el chiste.
☐	☑	5. Fabiola quiere escuchar la música de Distorsión. Fabiola no la quiere escuchar.
☑	☐	6. Mariela quiere quitarle la camisa al guitarrista de Distorsión.
☐	☑	7. Aguayo preparó el café. Sólo lo sirve, no lo preparó él.
☑	☐	8. Johnny quiere beber café porque no lo preparó Aguayo.

② Model the activity by doing the first sentence as a group. Ask volunteers to explain why choices **a** and **b** are incorrect.

2 Seleccionar Selecciona la respuesta que especifica de qué hablan Johnny y Éric.

1. ¿Qué te pasa? → ¿Qué te pasa __c__?
   a. a Johnny b. al fin de semana c. a ti
2. Tienes que contarles chistes. → Les tienes que contar chistes __b__.
   a. a los amigos b. a todas las chicas c. a Mariela y a Diana
3. Tengo que contárselo a una mujer. → Tengo que contarle a una mujer __a__.
   a. el chiste b. el concierto de rock c. el cuento
4. Temo que se rían cuando se lo cuente. → Temo que __b__ se rían cuando se lo cuente.
   a. Mariela y Aguayo b. las mujeres c. Diana, Fabiola y Mariela
5. No, pero me lo estoy imaginando. → No, pero me estoy imaginando __b__.
   a. el fin de semana b. lo que es vivir solo c. lavar los platos
6. ¿Lo hiciste tú o lo hizo Aguayo? → ¿Hiciste tú __c__ o lo hizo Aguayo?
   a. el boleto b. la taza c. el café

③ Part A: Ask students to make up different **respuestas** for Éric.

3 Consejos

A. Un amigo le da consejos a Éric para salir con una chica, pero él no acepta ninguno. Lee los consejos y empáréjalos (*match them*) con las respuestas de Éric.

Consejos del amigo	Respuestas de Éric
__d__ 1. ¡Ve con ella al concierto de rock!	a. Siempre me duermo viendo películas.
__c__ 2. Pregúntale si quiere ver el partido.	b. No conozco ninguna discoteca.
__a__ 3. Llévala al cine.	c. No me gustan los deportes.
__e__ 4. Invítala al parque de atracciones.	d. Va a mirar al guitarrista y no a mí.
__b__ 5. Puedes invitarla a bailar.	e. Las alturas (*heights*) me dan miedo.

B. En parejas, preparen cinco recomendaciones más para Éric y dramaticen la situación: uno/a de ustedes es Éric y la otra persona es su amigo/a. Luego intercambien los papeles.

Practice more at **facetas.vhlcentral.com.**

Ampliación

4 Tu turno

A. Ahora te toca a ti darle consejos a Éric para conquistar a una chica. Escríbele un email con consejos útiles.

De:
Para: Éric <eric@facetas.mx >
Asunto: Consejos

Hola, Éric:
¿Cómo estás?
Me he enterado de que estás teniendo problemas para conquistar a las chicas. Bueno, eso tiene solución: lo primero que tienes que hacer es…

B. Ahora, presenten sus consejos a la clase y decidan cuáles son los mejores.

5 Apuntes culturales En parejas, lean los párrafos y contesten las preguntas.

Piropos para enamorar

Johnny le asegura a Éric que para enamorar a las chicas hay que hacerlas reír. En el mundo hispano, los hombres suelen decirles a las mujeres piropos (*compliments*) graciosos. ¿Piensas que Éric tendrá éxito con este piropo?: *"Si la belleza fuera pecado (*sin*), tú ya estarías en el infierno."* ¿Y qué tal con éste?: *"¿Empezó la primavera? Acabo de ver la primera flor."*

La mejor taza de café

A Éric y a Johnny no les gusta el café que prepara Aguayo. Ellos lo prefieren más intenso… ¡a lo cubano! En Cuba, el café se toma fuerte, con mucha azúcar y se sirve en pequeñas tacitas (*little cups*). No puede faltar en el desayuno ni después de las comidas. No le vendría nada mal al jefe una receta de **café cubano**, ¿verdad?

Café Tacvba

El rock mexicano

Mariela está contenta porque consiguió boletos para un concierto de rock. El rock mexicano se caracteriza por la riqueza de estilos, producida por la fusión con otros ritmos como boleros, rancheras, reggae y jazz. **Maná, Maldita Vecindad** y **Café Tacvba** (pronunciado Café Tacuba) son algunas de las bandas más populares.

1. ¿Existen expresiones similares a los piropos en tu cultura? Da ejemplos.
2. En tu país, ¿cómo se toma el café? ¿Cuándo se toma? ¿Cómo te gusta a ti?
3. ¿Conoces a otros músicos mexicanos y del mundo hispano? ¿A qué género pertenece su música?
4. ¿Fuiste alguna vez a un concierto de rock? ¿A qué banda o cantante viste?

(5) Have students work in pairs to create a dialogue in which Éric tries to use **piropos** to pick up a girl he does not know. Have volunteers share their dialogues with the class. Here are other examples: **¿De qué juguetería te escapaste, muñeca?; ¡Quién fuera reloj para ser dueño de tu tiempo!**

(5) Students will learn more about the coffee industry in Latin America in **Lección 5**. (See *La Ruta del Café*, p. 172.)

Teaching option Play a song or music video from a popular Mexican rock band. Encourage students to share their impressions of the music. Ex: **¿Les gustaría ir a un concierto de este grupo? ¿Dónde se tocaría este tipo de música? ¿Es parecido al rock de tu país? ¿Por qué?**

NATIONAL STANDARDS communities cultures connections

INSTRUCTIONAL RESOURCES
Supersite/DVD: Flash Cultura; **Supersite:** Script & Translation

En detalle

MÉXICO

Additional Reading

El nuevo CINE MEXICANO

México vivió la época dorada de su cine en los años cuarenta. Pasada esa etapa°, la industria cinematográfica mexicana perdió fuerza. Ha tardado casi medio siglo en volver a brillar, pero ahora ha vuelto al panorama internacional con gran vigor°. Este resurgir°, en parte, se debe al apoyo que las instituciones gubernamentales han dado al mundo del cine. En gran medida, también se debe al trabajo de una nueva generación de creadores que ha logrado triunfar en las pantallas de todo el mundo.

Salma Hayek

En 1992, *Como agua para chocolate* de Alfonso Arau batió° récords de taquilla. Esta película, que puso en imágenes el realismo mágico que tanto éxito tenía en la literatura, despertó el interés por el cine mexicano. Las películas empezaron a disfrutar de una mayor distribución, y muchos directores y actores se convirtieron en estrellas internacionales.

Alejandro González Iñárritu

El éxito también se vio reflejado en el dinero recaudado° y en las nominaciones y los premios° recibidos. Hoy día, los rostros° de Salma Hayek, Gael García Bernal y Diego Luna, entre otros, pueden verse no sólo en el cine, sino también en revistas y programas de televisión de todo el mundo. Muchos artistas alternan su trabajo entre Estados Unidos y México. En el año 2000, el enorme éxito de *Amores perros* impulsó la carrera de su director, Alejandro González Iñárritu, que poco tiempo después dirigió *21 Grams* en tierras estadounidenses. Otros directores que trabajan en los dos países son Guillermo del Toro (*Blade II*, *El laberinto del fauno*, *Hellboy* y *Hellboy II: The Golden Army*) y Alfonso Cuarón. Después del éxito alcanzado° con *Y tu mamá también*, Cuarón dirigió la tercera película de *Harry Potter*. La nueva generación de artistas mexicanos está demostrando que está preparada para reclamar su puesto en el cine mundial. ■

Algunas películas premiadas

Año	Película	Premio
1992	**Como agua para chocolate**	Premio Ariel
1996	**El callejón de los milagros**	Premio Goya
2000	**La ley de Herodes**	Sundance – Premio al Cine Latinoamericano
2000	**Amores perros**	Chicago – Hugo de Oro a la Mejor Película
2001	**Y tu mamá también**	Venecia – Mejor Guión
2007	**El laberinto del fauno**	Tres premios Oscar

etapa *era* **vigor** *energy* **resurgir** *revival* **batió** *broke* **recaudado** *collected* **premios** *awards* **rostros** *faces* **alcanzado** *reached*

Teaching option If there are heritage speakers in the class, ask them if they are familiar with Mexican cinema and if they have any recommendations.

El mundo hispanohablante Ask students: **¿A quién le gusta ver los premios Oscar? ¿A quién no le gusta? ¿Por qué? ¿Qué otros premios y festivales de cine conocen?**

Perfil Have students create a time line of Gael García Bernal's career based on the article.

ASÍ LO DECIMOS

Las diversiones

chido/a (Méx.) *cool*
copado/a (Arg.) *cool*
mola (Esp.) *cool*
guay (Esp.) *cool*
bacanal (Nic.) *cool*

salir de parranda *to go out and have fun*
rumbear (Col. y Ven.) *to go out and have fun*
ir/salir de juerga *to go out and have fun*

la rola (Nic. y Méx.) *song*
el tema *song*
temazo *hit*

EL MUNDO HISPANOHABLANTE

Los premios de cine

Cada año, distintos países hispanoamericanos premian las mejores películas nacionales y extranjeras.

En México, el Premio **Ariel** es la máxima distinción otorgada° a los mejores trabajos cinematográficos mexicanos. La estatuilla° representa el triunfo del espíritu y el deseo de ascensión.

En España, los premios más prestigiosos son los **Goya**. La Academia de Artes y Ciencias Cinematográficas de España entrega estos premios a producciones nacionales en un festival en Madrid. Las estatuillas reciben ese nombre por el pintor Francisco de Goya.

Penélope Cruz recibe el Premio Goya

En Argentina, el Festival de Cine Internacional de Mar del Plata premia películas nacionales e internacionales. El galardón° se llama **Astor** en homenaje al compositor de tango Astor Piazzolla, quien nació en la ciudad de Mar del Plata.

En Cuba, el Festival Internacional de La Habana entrega los Premios **Coral**. Aunque predomina el cine latinoamericano, el festival también convoca a producciones de todas partes del mundo.

PERFIL

GAEL GARCÍA BERNAL

Gael García Bernal es una de las figuras más representativas del cine mexicano contemporáneo. Empieza a actuar en el teatro con tan sólo cinco años, de la mano de sus padres, también actores. Pasa pronto a trabajar en telenovelas°. Siendo adolescente, Gael entra en el mundo del cine. Su intuición y su talento lo llevan a renunciar a la fama fácil y, a los diecisiete años, se va a Londres para estudiar arte dramático. Tres años después, regresa a México lleno de confianza y no se asusta° a la hora de representar ningún papel, por controvertido o difícil que sea. A partir de ese momento, participa en algunas de las películas más emblemáticas del cine en español de los últimos años: *Amores perros*, *Y tu mamá también* y *Diarios de motocicleta*. Actualmente, Gael trabaja también del otro lado de las cámaras como director y productor, y participa activamente en la promoción del cine mexicano.

“Es muy importante que el cine latino se mantenga muy específico, pero que al mismo tiempo sus temas sean universales.” (Alfonso Cuarón)

Conexión Internet

¿Qué función tiene el Instituto Mexicano de Cinematografía?

To research this topic, go to **facetas.vhlcentral.com.**

telenovelas *soap operas* **no se asusta** *doesn't get scared* **otorgada** *given* **estatuilla** *statuette* **galardón** *award*

¿Qué aprendiste?

1 ¿Cierto o falso? Indica si estas afirmaciones son **ciertas** o **falsas**. Corrige las falsas.

1. La época dorada del cine mexicano fue en los años cincuenta. Falso. La época dorada del cine mexicano fue en los años cuarenta.
2. El gobierno mexicano ha apoyado los nuevos proyectos de cine. Cierto.
3. El director de *Como agua para chocolate* es Diego Luna. Falso. El director de *Como agua para chocolate* es Alfonso Arau.
4. El éxito de *Como agua para chocolate* despertó el interés por el cine mexicano. Cierto.
5. Los artistas mexicanos van a Estados Unidos y no vuelven a trabajar en su país. Falso. Normalmente alternan su trabajo entre los dos países.
6. La película *Amores perros* es del año 2002. Falso. La película *Amores perros* es del año 2000.
7. Alfonso Cuarón dirigió *21 Grams*. Falso. Alejandro González Iñárritu dirigió *21 Grams*.
8. Guillermo del Toro actuó en *El laberinto del fauno*. Falso. Guillermo del Toro dirigió *El laberinto del fauno*.

2 Completar Completa las oraciones.

1. Los premios del Festival Internacional de La Habana se llaman __Coral__.
2. Los Premios Astor se entregan en la ciudad argentina de __Mar del Plata__.
3. Los premios cinematográficos más prestigiosos de España son los __Goya__.
4. A los jóvenes venezolanos les gusta salir a __rumbear__.
5. Cuando una canción tiene mucho éxito, se dice que es un __temazo__.

3 Preguntas Contesta las preguntas con oraciones completas. Some answers will vary.

1. ¿A qué se dedican los padres de Gael García Bernal? Los padres de Gael García Bernal también son actores.
2. ¿A qué edad comenzó a trabajar como actor Gael García Bernal? Comenzó a trabajar como actor cuando tenía cinco años.
3. ¿Qué hizo en Londres Gael García Bernal? Estudió arte dramático.
4. ¿Gael García Bernal evita los papeles controvertidos? No, no teme actuar en papeles controvertidos o difíciles.
5. ¿Qué otras actividades relacionadas con el cine realiza Gael García Bernal además de actuar? También es director y productor, y trabaja para promover el cine mexicano.
6. Según Alfonso Cuarón, ¿cómo deben ser los temas del cine latino? Los temas deben ser específicos y al mismo tiempo universales.
7. ¿Crees que es positivo que directores y actores de habla hispana se muden (*move*) a Hollywood? ¿Por qué?
8. Cuando decides ver una película, ¿qué factores tienes en cuenta? ¿Por qué?

4 Opiniones En parejas, escriban en qué se diferencian y en qué se parecen el cine de Hollywood y el cine internacional. Usen estas preguntas como guía.

- ¿Cuáles son las carecterísticas de cada tipo de cine?
- ¿En qué tipo de cine se invierte más dinero?
- ¿Qué diferencias hay entre el perfil de los actores de Hollywoood y el perfil de los actores internacionales? ¿En qué se parecen?

Practice more at **facetas.vhlcentral.com.**

PROYECTO

María Félix

La época de oro

Durante la época de oro del cine mexicano, actores como María Félix o Pedro Infante, y directores como Emilio Fernández e Ismael Rodríguez llevaron el acento mexicano más allá de sus fronteras.

Investiga sobre uno de estos artistas y escribe una biografía de tres párrafos.

Debes incluir:

- datos biográficos
- trabajos principales del/de la artista
- contribución al cine mexicano

Siguiendo el estilo usado en el perfil de Gael García Bernal, escribe tu texto usando el tiempo presente.

(2) For an additional comprehension check, ask related questions about each activity item. Ex: **1. ¿En qué país se dan los Premios Goya? ¿Y el Ariel? 2. ¿Qué premio de cine se da en Madrid? ¿Y en Argentina?**

(4) Before completing the activity, ask volunteers to name foreign films they have seen. Encourage heritage speakers to describe films from their families' home countries.
Proyecto Have students use at least five new vocabulary words in their biographies.

El cine mexicano

Ya has leído sobre el cine mexicano, su época dorada y su resurgimiento en los últimos años. Ahora mira este episodio de **Flash Cultura** para conocer cómo se promueve actualmente el cine en ese país.

VOCABULARIO ÚTIL

el auge *boom, peak*
el ciclo *series*
difundir *to spread*
fomentar *to promote*
el guión *script*
la muestra *festival*
la sala *movie theater*
tener un papel *to play a role*

Preparación ¿Te gusta ir al cine? ¿Qué clase de películas prefieres ver? ¿Eres aficionado/a a algún género en especial?

Comprensión Indica si estas afirmaciones son ciertas o falsas. Después, en parejas, corrijan las falsas.

1. A los mexicanos no les gustan las películas nacionales, sino solamente las norteamericanas. Falso. A los mexicanos les gustan las películas nacionales y también las norteamericanas.
2. La Cineteca es una cadena de cines con salas en todo el país. Falso. La Cineteca es una espacio específico para los amantes del Séptimo Arte.
3. Cuando van al cine, los mexicanos comen palomitas. Cierto.
4. En los ciclos, se presentan películas de un solo tema o un solo director. Cierto.
5. El Instituto Mexicano de Cinematografía tiene como objetivo hacer famosos a los actores mexicanos. Falso. Tiene como objetivo fomentar la producción de películas mexicanas, realizar coproducciones con otros países y apoyar la promoción del cine de México en todo el mundo.
6. En el año 1989, el cine mexicano no tenía salas ni público en México. Cierto.

Expansión En parejas, contesten estas preguntas.

- ¿Te molesta tener que leer subtítulos en la pantalla cuando miras películas extranjeras?
- ¿Te sorprende que una película pueda ser un "hijo creativo", como dice la actriz Vanesa Bauche? Justifica tu respuesta.
- ¿Es importante para el cine de un país tener identidad propia? ¿Cómo se logra eso? Piensen en películas estadounidenses que cumplan con esas características y hagan una lista.

Practice more at **facetas.vhlcentral.com.**

Corresponsal: Carlos López
País: México

En la Muestra Internacional de Cine que se lleva a cabo° en otoño, se presentan películas de todo el mundo.

La Cineteca cuenta con° el Centro de Documentación e Investigación, donde puedes encontrar 9 mil libros, 5 mil guiones inéditos° y 20 años de notas de prensa.

Las películas de este país se han vuelto realmente importantes gracias al trabajo de... actores y actrices como Salma Hayek, Gael García Bernal y Diego Luna, entre muchos otros.

se lleva a cabo *takes place* **cuenta con** *has* **guiones inéditos** *unpublished scripts*

2 ESTRUCTURA

INSTRUCTIONAL RESOURCES
Supersite: Textbook/SAM AK, Lab MP3s, Audioscripts
SAM/WebSAM: WB, LM

TALLER DE CONSULTA

MANUAL DE GRAMÁTICA
Más práctica

2.1 Object pronouns, p. A11
2.2 **Gustar** and similar verbs, p. A12
2.3 Refexive verbs, p. A13

Más gramática

2.4 Demonstrative adjectives and pronouns, p. A14
2.5 Possessive adjectives and pronouns, p. A16

¡ATENCIÓN!

Lo can be used to refer to a thing or idea that has no gender.

—¿Vas a aceptar la oferta?
—Lo voy a pensar.

—Are you going to accept the offer?
—I'll think about it.

¡ATENCIÓN!

It is standard usage in Spanish to repeat the indirect object.

Esta noche **le** voy a quitar la camisa **al guitarrista**.

Les regalé boletos **a mis amigos.**

Point out that direct and indirect object pronouns differ only in the **Ud./él/ella** and **Uds./ellos/ellas** forms.

2.1 Object pronouns

- Pronouns are words that take the place of nouns. Direct object pronouns replace the noun that directly receives the action of the verb. Indirect object pronouns identify *to whom/what* or *for whom* an action is done.

Indirect object pronouns		Direct object pronouns	
me	nos	me	nos
te	os	te	os
le	les	lo/la	los/las

Position of object pronouns

- Direct and indirect object pronouns (**los pronombres de complemento directo e indirecto**) precede the conjugated verb.

INDIRECT OBJECT	DIRECT OBJECT
Carla siempre **me** da entradas para el teatro. *Carla always gives me tickets to the theater.*	Ella **las** consigue gratis. *She gets them for free.*
No **le** compro más juegos de mesa. *I'm not buying him any more board games.*	Nunca **los** juega. *He never plays them.*

- When the verb is an infinitive construction, object pronouns may either be attached to the infinitive or placed before the conjugated verb.

INDIRECT OBJECT	DIRECT OBJECT
Vamos a dar**le** un regalo. **Le** vamos a dar un regalo.	Voy a hacer**lo** enseguida. **Lo** voy a hacer enseguida.
Tienes que hablar**nos** de la película. **Nos** tienes que hablar de la película.	Van a ver**la** mañana. **La** van a ver mañana.

- When the verb is progressive form, object pronouns may either be attached to the present participle or placed before the conjugated verb.

INDIRECT OBJECT	DIRECT OBJECT
Pedro está cantándo**me** una canción. Pedro **me** está cantando una canción.	Está cantándo**la** muy mal. **La** está cantando muy mal.

Double object pronouns

- The indirect object pronoun precedes the direct object pronoun when they are used together in a sentence.

Me mandaron **los boletos** por correo.  **Me los** mandaron por correo.
Te exijo **una respuesta** ahora mismo. **Te la** exijo ahora mismo.

- **Le** and **les** change to **se** when they are used with **lo**, **la**, **los**, or **las**.

Le da **los libros** a Ricardo.  **Se los** da.
Le enseña **las invitaciones** a Elena. **Se las** enseña.

Prepositional pronouns

Prepositional pronouns			
mí *me; myself*	**él** *him; it*	**nosotros/as** *us; ourselves*	**ellos** *them*
ti *you; yourself*	**ella** *her; it*	**vosotros/as** *you; yourselves*	**ellas** *them*
Ud. *you; yourself*	**sí** *himself; herself; itself*	**Uds.** *you; yourselves*	**sí** *themselves*
sí *yourself (formal)*		**sí** *yourselves (formal)*	

- Prepositional pronouns function as the objects of prepositions. Except for **mí**, **ti**, and **sí**, these pronouns are the same as the subject pronouns.

¿Qué piensas de **ella**? ¡Ay, mi amor, sólo pienso en **ti**!
¿Lo compraron para **mí** o para Javier? Lo compramos para **él**.

- The indirect object can be repeated with the construction **a** + *[prepositional pronoun]* to provide clarity or emphasis.

¿Te gusta aquel cantante? ¡**A mí** me fascina!
¿A quién se lo dieron? Se lo dieron **a ella**.

- The adjective **mismo(s)/a(s)** is usually added to clarify or emphasize the relationship between the subject and the object.

José se lo regaló a **él**. José se lo regaló a **sí mismo**.
José gave it to him (someone else). *José gave it to himself.*

- When **mí**, **ti**, and **sí** are used with **con**, they become **conmigo**, **contigo**, and **consigo**.

¿Quieres ir **conmigo** al parque de atracciones?
Do you want to go to the amusement park with me?

Laura siempre lleva su computadora portátil **consigo**.
Laura always brings her laptop with her.

- These prepositions are used with **tú** and **yo** instead of **mí** and **ti**: **entre**, **excepto**, **incluso**, **menos**, **salvo**, **según**.

Todos están de acuerdo **menos tú** y **yo**. **Entre tú** y **yo**, Juan me cae mal.
Everyone is in agreement except you and me. *Between you and me, I can't stand Juan.*

¡ATENCIÓN!

When object pronouns are attached to infinitives, participles, or commands, a written accent is often required to maintain proper word stress.

Infinitive
cantármela

Present participle
escribiéndole

Command
acompáñeme

For more information on using object pronouns with commands, see **4.2**, pp. 140–141.

Teach students the mnemonic device "ID" in order to remember that indirect object pronouns always precede direct object pronouns.

Point out that **mismo/a(s)** may be used with any prepositional pronoun, not just the third person.
Ex: **Hablo de mí misma.**

When **excepto, incluso, menos,** and **salvo** are followed by another preposition, use **mí** and **ti.**

Todos comen pizza excepto tú. but
Voy a comprar pizza para todos excepto para ti.

Práctica

TALLER DE CONSULTA

MANUAL DE GRAMÁTICA
Más práctica

2.1 Object pronouns, p. A11

(1) Model the exercise by commenting on different students. Ex: **Siempre veo a Joe en el café estudiantil. Lo veo a él y a su novia.**

(2) Have the students rewrite the dialogue as a narrative.

(3) Pair up the students. Have them write a list of five suggestions they would make about you to future students. Then ask different students to read their suggestions aloud.

(1) **Dos buenas amigas** Dos amigas, Rosa y Marina, están en un café hablando de unos conocidos. Selecciona las personas de la lista que corresponden a los pronombres subrayados (*underlined*).

a Antoñito	a mí
a Antoñito y a Maite	a nosotras
a Maite	a ti
a ustedes	

ROSA Siempre lo (1) veo bailando en la discoteca Club 49. — 1. a Antoñito

MARINA ¿Te (2) saluda? — 2. a ti

ROSA Nunca. Yo creo que no me (3) saluda porque tiene miedo de que se lo diga a su novia. — 3. a mí

MARINA ¿Su novia? Hace siglos que no sé nada de ella. Un día de éstos la (4) tengo que llamar. — 4. a Maite

ROSA ¿Quieres que los (5) invitemos a ir con nosotras a la fiesta del viernes? — 5. a Antoñito y a Maite

MARINA Sí. Es una buena idea. A ver qué nos (6) dice Antoñito de su afición a las discotecas. — 6. a nosotras

(2) **Una pareja menos** Completa las oraciones con una de estas expresiones: **conmigo, contigo, consigo.**

ANTOÑITO Ya estamos otra vez. (1) Contigo siempre tengo problemas.

MAITE ¿Qué te crees tú? ¿Que yo siempre me divierto (2) contigo?

ANTOÑITO Tú eres la que siempre quiere ir (3) conmigo a la discoteca.

MAITE Eso no es verdad. A mí no me gusta salir (4) contigo. ¡Ni loca!

ANTOÑITO No te preocupes. Muchas chicas quieren estar (5) conmigo. Siempre veo a Rosa en el Club 49. A ella seguro que le gusta.

MAITE ¿A Rosa? A ella no le gusta ni estar (6) consigo misma. ¡Es una falsa!

(3) **Una fiesta muy ruidosa** Martín y Luisa han organizado una fiesta muy ruidosa (*noisy*) en su casa y un vecino ha llamado a la policía. El policía les aconseja lo que deben hacer para evitar más problemas. Reescribe los consejos cambiando las palabras subrayadas por los pronombres de complemento directo e indirecto correctos.

1. Traten amablemente a la policía. Trátenla amablemente.
2. Tienen que pedirle perdón a sus vecinos. Tienen que pedírselo./Se lo tienen que pedir.
3. No pueden contratar a un grupo musical sin permiso. No pueden contratarlo sin permiso./No lo pueden contratar sin permiso.
4. Tienen que poner la música muy baja. Tienen que ponerla muy baja./La tienen que poner muy baja.
5. No deben servirles bebidas alcohólicas a los menores de edad. No deben servírselas./No se las deben servir.
6. No pueden organizar fiestas nunca más. No pueden organizarlas nunca más./No las pueden organizar nunca más.

 Practice more at **facetas.vhlcentral.com.**

Comunicación

④ **La fiesta** En parejas, túrnense para contestar las preguntas usando pronombres de complemento directo o indirecto según sea necesario.

1. ¿Te gusta organizar fiestas? ¿Cuándo fue la última vez que organizaste una? ¿Por qué la organizaste?
2. ¿Invitaste a muchas personas? ¿A quiénes invitaste?
3. ¿Qué tipo de música escucharon? ¿Bailaron también?
4. ¿Qué les ofreciste de comer a los invitados en tu fiesta?
5. ¿Trajeron algo? ¿Qué trajeron? ¿Para quién?

⑤ **¿En qué piensas?** Piensa en algunos de los objetos típicos que ves en la clase o en tu casa (un cuadro, una maleta, un mapa, etc.). Tu compañero/a debe adivinar el objeto que tienes en mente haciéndote preguntas con pronombres.

MODELO **Tú piensas en: un libro**
—Estoy pensando en algo que uso para estudiar.
—¿Lo usas mucho?
—Sí, lo uso para aprender español.
—¿Lo compraste?
—Sí, lo compré en una librería.

⑥ **Una persona famosa** En parejas, escriban una entrevista con una persona famosa. Utilicen estas cinco preguntas y escriban cuatro más. Incluyan pronombres en las respuestas. Después, representen la entrevista ante la clase.

MODELO **—¿Quién prepara la comida en tu casa?**
—Mi cocinero la prepara.

1. ¿Visitas frecuentemente a tus amigos/as?
2. ¿Ves mucho la televisión?
3. ¿Quién conduce tu carro?
4. ¿Preparas tus maletas cuando viajas?
5. ¿Evitas a los fotógrafos?

⑦ **Fama** María Estela Pérez es una actriz de cine que debe encontrarse con sus *fans,* pero, como no sabe dónde dejó su agenda, no recuerda a qué hora es el encuentro. En grupos de cuatro, miren la ilustración e inventen una historia inspirándose en ella. Utilicen por lo menos cinco pronombres de complemento directo e indirecto.

④ Call on students to summarize their partners' responses.

④ Have students work in pairs to create three more questions with direct and indirect pronouns. Then have them trade questions with another pair and answer them.

⑤ As a variant, divide the class into two teams and play the same game. You may wish to have them draw from a bag of names to ensure that both masculine and feminine, singular and plural object pronouns are used.

⑥ Preview the exercise by asking students similar questions about their own lives.

2.2 *Gustar* and similar verbs

INSTRUCTIONAL RESOURCES
Supersite: Textbook/SAM AK, Lab MP3s, Audioscripts
SAM/WebSAM: WB, LM

Me encanta el grupo Distorsión.

No me gusta nada la música rock.

To preview the material, ask students questions using **gustar**, **encantar**, and **molestar**. Emphasize the use of the indirect object pronoun in the questions.

Briefly review indirect object pronouns and remind students that they describe to whom or for whom an action is performed. See **2.1**, pp. 54–55.

Explain that subject pronouns like **yo** are not usually used with verbs like **gustar**. Point out that **Yo me gusta** is never correct.

- Though **gustar** is translated as *to like* in English, its literal meaning is *to please*. **Gustar** is preceded by an indirect object pronoun indicating *the person who is pleased*. It is followed by a noun indicating *the thing or person that pleases*.

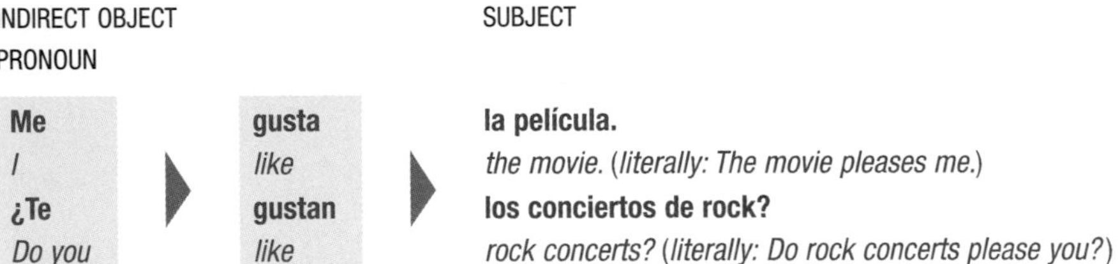

INDIRECT OBJECT PRONOUN		SUBJECT
Me	**gusta**	**la película.**
I	*like*	*the movie.* (*literally: The movie pleases me.*)
¿Te	**gustan**	**los conciertos de rock?**
Do you	*like*	*rock concerts?* (*literally: Do rock concerts please you?*)

- Because *the thing or person that pleases* is the subject, **gustar** agrees in person and number with it. Most commonly the subject is third person singular or plural.

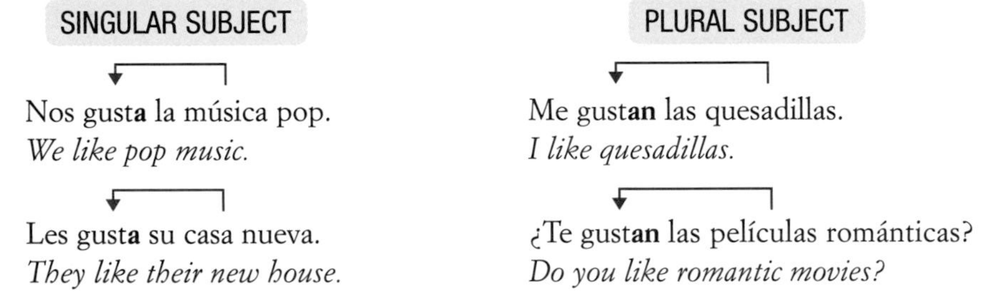

SINGULAR SUBJECT	PLURAL SUBJECT
Nos gust**a** la música pop. *We like pop music.*	Me gust**an** las quesadillas. *I like quesadillas.*
Les gust**a** su casa nueva. *They like their new house.*	¿Te gust**an** las películas románticas? *Do you like romantic movies?*

- When **gustar** is followed by one or more verbs in the infinitive, the singular form of **gustar** is always used.

No nos **gusta** llegar tarde.
We don't like to arrive late.

Les **gusta** cantar y bailar.
They like to sing and dance.

- **Gustar** is often used in the conditional (**me gustaría**, etc.) to soften a request.

Me **gustaría** un refresco con hielo, por favor.
I would like a soda with ice, please.

¿Te **gustaría** salir a cenar esta noche conmigo?
Would you like to go out to dinner with me tonight?

Verbs like *gustar*

- Many verbs follow the same pattern as **gustar**.

aburrir *to bore*	**hacer falta** *to miss*
caer bien/mal *to get along well/badly with*	**importar** *to be important to; to matter*
disgustar *to upset*	**interesar** *to be interesting to; to interest*
doler *to hurt; to ache*	**molestar** *to bother; to annoy*
encantar *to like very much*	**preocupar** *to worry*
faltar *to lack; to need*	**quedar** *to be left over; to fit (clothing)*
fascinar *to fascinate; to like very much*	**sorprender** *to surprise*

¡**Me fascina** el álbum!
I love the album!

A Sandra **le disgusta** esa situación.
That situation upsets Sandra.

¿**Te molesta** si voy contigo?
Will it bother you if I come along?

Le duelen las rodillas.
Her knees hurt.

- The indirect object can be repeated using the construction **a** + [*prepositional pronoun*] or **a** + [*noun*]. This construction allows the speaker to emphasize or clarify who is pleased, bothered, etc.

A ella no le gusta bailar, pero **a él** sí.
She doesn't like to dance, but he does.

A Felipe le molesta ir de compras.
Shopping bothers Felipe.

- **Faltar** expresses what someone or something lacks and **quedar** what someone or something has left. **Quedar** is also used to talk about how clothing fits or looks on someone.

Le falta dinero.
He's short of money.

A la impresora no **le queda** papel.
The printer is out of paper.

Me faltan dos pesos.
I need two pesos.

Esa falda **te queda** bien.
That skirt fits you well.

¿Qué te hace falta en la vida?
Discoteca Paladio

To introduce verbs like **gustar**, ask students questions. Ex: **¿Les importan mucho sus calificaciones en esta clase? ¿Cuántas semanas quedan para el final del semestre?**

Point out that the reflexive verb **quedarse** (*to stay*) has a different meaning than **quedar** (*to fit; to arrange; to meet*).

Práctica

TALLER DE CONSULTA

MANUAL DE GRAMÁTICA
Más práctica

2.2 **Gustar** and similar verbs, p. A12

① For additional practice, call on volunteers to describe Miguel and César's problems. Ex: **A Miguel le encanta vivir con César, pero le preocupan algunas cosas.**

① For additional practice, write a list of verbs like **gustar** on the board. Have students use at least three of the verbs to add to the dialogue, describing more problems between Miguel and César.

② Call on volunteers to give their partners' response. Ex: **Según tu compañero/a, ¿qué le preocupa al presidente?** Ask the class: **¿Están ustedes de acuerdo?**

③ Remind students that the conditional is often used with verbs like **gustar** to soften a request. Ex: **¿Te interesaría ir al gimnasio?** *Would you be interested in going to the gym?*

1 **Completar** Miguel y César son compañeros de cuarto y tienen algunos problemas. Hoy se han reunido para discutirlos. Completa su conversación con la forma correcta de los verbos entre paréntesis.

MIGUEL Mira, César, a mí (1) ___me encanta___ (encantar) vivir contigo, pero la verdad es que (2) ___me preocupan___ (preocupar) algunas cosas.

CÉSAR De acuerdo. A mí también (3) ___me disgustan___ (disgustar) algunas cosas de ti.

MIGUEL Bueno, para empezar no (4) ___me gusta___ (gustar) que pongas la música tan alta cuando vienen tus amigos. Tus amigos (5) ___me caen___ (caer) muy bien, pero, a veces, hacen mucho ruido y no me dejan dormir.

CÉSAR Sí, claro, lo entiendo. Pues mira, Miguel, a mí (6) ___me molesta___ (molestar) que no laves los platos después de comer. Además, tampoco sacas la basura.

MIGUEL Es verdad. Pues... vamos a intentar cambiar estas cosas. ¿Te parece?

CÉSAR ¡(7) ___Me fascina___ (fascinar) la idea! Yo bajo la música cuando vengan mis amigos y tú lavas los platos y sacas la basura más a menudo. ¿De acuerdo?

2 **Preguntar** Túrnense para hacerse preguntas sobre estos temas siguiendo el modelo.

MODELO **a tu padre / fascinar**
—¿Qué crees que le fascina a tu padre?
—Pues, no sé. Creo que le fascina dormir.

1. al presidente / preocupar
2. a tu hermano/a / encantar
3. a ti / fascinar
4. a tus padres / gustar
5. a tu profesor(a) de español / disgustar
6. a ustedes / importar
7. a tu novio/a / molestar
8. a tu compañero/a de clase / faltar

3 **Conversar** En parejas, pregúntense si les gustaría hacer las actividades relacionadas con las fotos. Utilicen los verbos **aburrir, disgustar, encantar, fascinar, interesar** y **molestar**. Sigan el modelo.

MODELO —¿Te molestaría ir al parque de atracciones?
—No, me encantaría.

 Practice more at **facetas.vhlcentral.com.**

Comunicación

④ **Extrañas aficiones** Trabajen en grupos de cuatro. Miren las ilustraciones e imaginen qué les gusta, interesa o molesta a estas personas.

1. 

2. 

3. 

4. 

⑤ **¿Qué te gusta?** En parejas, pregúntense si les gustan o no las personas, cosas y actividades de la lista. Utilicen verbos similares a **gustar** y contesten las preguntas.

Penélope Cruz	**dormir los fines de semana**
salir con tus amigos	**hacer bromas**
las películas de misterio	**los discos de Christina Aguilera**
practicar algún deporte	**ir a discotecas**
Javier Bardem	**las películas extranjeras**

⑥ **¿A quién le gusta?** Trabajen en grupos de cuatro.

A. Preparen una lista de cinco pasatiempos y cinco lugares de recreo. Luego circulen por la clase para ver a quiénes les gustan los lugares y las actividades de la lista.

B. Ahora escriban un párrafo breve para describir los gustos de sus compañeros. Utilicen **gustar** y otros verbos similares. Compartan su párrafo con la clase.

MODELO A Luisa y a Simón les fascina el restaurante Acapulco, pero a Celia no le gusta.
A todos nos gusta ir al cine, menos a Carlos, porque...

④ Model the activity by doing the first illustration as a class. Ex: **A mi abuela Clotilde le fascina salir a pasear en su motocicleta, pero a ella le molesta cuando...**

④ For additional practice, have students repeat the activity with pictures from magazines or newspapers.

⑤ Take a survey of students' answers and write the results on the board.

⑥ Part B: Have groups do a peer-edit of each other's paragraphs before sharing them with the class.

INSTRUCTIONAL RESOURCES
Supersite: Textbook/SAM AK, Lab MP3s, Audioscripts
SAM/WebSAM: WB, LM

Remind students that most reflexive verbs in Spanish do not require reflexive pronouns (*myself, yourself,* etc.) in English. Ex: **Jaime se despertó.** *Jaime woke up.* However, English does make frequent use of possessive adjectives, where in Spanish a definite article would be used. Ex: **Me pongo los zapatos.** *I'm putting on my shoes.*

2.3 Reflexive verbs

- In a reflexive construction, the subject of the verb both performs and receives the action. Reflexive verbs (**verbos reflexivos**) always use reflexive pronouns (**me**, **te**, **se**, **nos**, **os**, **se**).

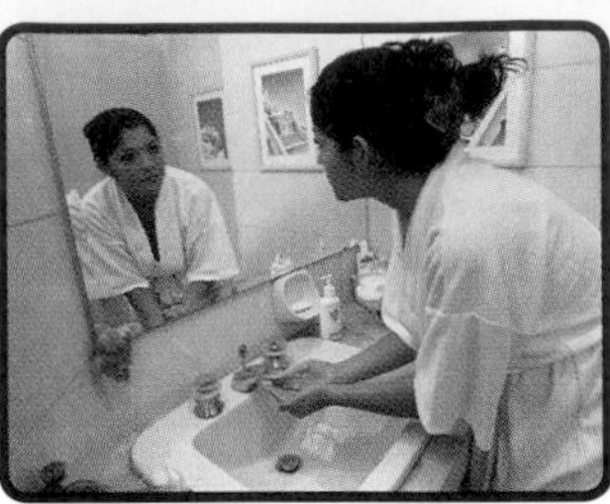

Reflexive verbs

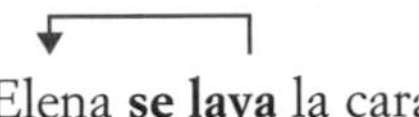

Elena **se lava** la cara.

Non-reflexive verb

Elena **lava** los platos.

Reflexive verbs	
lavarse *to wash (oneself)*	
yo	**me lavo**
tú	**te lavas**
Ud./él/ella	**se lava**
nosotros/as	**nos lavamos**
vosotros/as	**os laváis**
Uds./ellos/ellas	**se lavan**

- Many of the verbs used to describe daily routines and personal care are reflexive.

acostarse (o:ue) *to go to bed*	**dormirse (o:ue)** *to fall sleep*	**peinarse** *to comb (one's hair)*
afeitarse *to shave*	**ducharse** *to take a shower*	**ponerse** *to put on (clothing)*
bañarse *to take a bath*	**lavarse** *to wash (oneself)*	**secarse** *to dry off*
cepillarse *to brush (hair/teeth)*	**levantarse** *to get up*	**quitarse** *to take off (clothing)*
despertarse (e:ie) *to wake up*	**maquillarse** *to put on make-up*	**vestirse (e:i)** *to get dressed*

¡ATENCIÓN!

A transitive verb is one that takes a direct object.

Mariela compró dos boletos.
Mariela bought two tickets.

Johnny contó un chiste.
Johnny told a joke.

- In Spanish, most transitive verbs can also be used as reflexive verbs to indicate that the subject performs the action to or for himself or herself.

Félix **divirtió** a los invitados con sus chistes.
Félix amused the guests with his jokes.

Félix **se divirtió** en la fiesta.
Félix had fun at the party.

Ana **acostó** a los gemelos antes de las nueve.
Ana put the twins to bed before nine.

Ana **se acostó** muy tarde.
Ana went to bed very late.

- Many verbs change meaning when they are used with a reflexive pronoun.

aburrir *to bore*	**aburrirse** *to get bored*
acordar (o:ue) *to agree*	**acordarse (de) (o:ue)** *to remember*
comer *to eat*	**comerse** *to eat up*
dormir (o:ue) *to sleep*	**dormirse (o:ue)** *to fall asleep*
ir *to go*	**irse (de)** *to go away (from)*
llevar *to carry*	**llevarse** *to carry away*
mudar *to change*	**mudarse** *to move (change residence)*
parecer *to seem*	**parecerse (a)** *to resemble; to look like*
poner *to put*	**ponerse** *to put on (clothing, make-up)*
quitar *to take away*	**quitarse** *to take off (clothing)*

Write several sentence pairs on the board to illustrate the differences in meaning. Ex: **Pareces cansado.** *You seem tired.* **Te pareces a tu madre.** *You look like your mother.*

- Some Spanish verbs and expressions are used in the reflexive even though their English equivalents may not be. Many of these are followed by the prepositions **a**, **de**, and **en**.

Have the class play charades using the reflexive verbs listed on pp. 62–63.

acercarse (a) *to approach*	**fijarse (en)** *to take notice (of)*
arrepentirse (de) (e:ie) *to regret*	**morirse (de) (o:ue)** *to die (of)*
atreverse (a) *to dare (to)*	**olvidarse (de)** *to forget (about)*
convertirse (en) (e:ie) *to become*	**preocuparse (por)** *to worry (about)*
darse cuenta (de) *to realize*	**quejarse (de)** *to complain (about)*
enterarse (de) *to find out (about)*	**sorprenderse (de)** *to be surprised (about)*

- *To get* or *to become* is frequently expressed in Spanish by the reflexive verb **ponerse** + [*adjective*].

  Pilar **se pone** muy nerviosa antes del torneo.
  Pilar gets very nervous before the tournament.

  Si no duermo bien, **me pongo insoportable**.
  If I don't sleep well, I become unbearable.

¡ATENCIÓN!

Hacerse and **volverse** can also mean *to become*.

Se ha hecho cantante.
He has become a singer.

¿**Te has vuelto** loco/a?
Have you gone mad?

- In the plural, reflexive verbs can express reciprocal actions done *to one another*.

  Los dos equipos **se saludan** antes de comenzar el partido.
  The two teams greet each other at the start of the game.

  ¡Los entrenadores **se están peleando** otra vez!
  The coaches are fighting again!

- The reflexive pronoun precedes the direct object pronoun when they are used together in a sentence.

  ¿**Te** comiste el pastel?
  Did you eat the whole cake?

  Sí, **me lo** comí.
  Yes, I ate it all up.

¡ATENCIÓN!

When used with infinitives and present participles, reflexive pronouns follow the same rules of placement as object pronouns. See **2.1**, pp. 54–55.

Práctica

TALLER DE CONSULTA

MANUAL DE GRAMÁTICA
Más práctica
2.3 Reflexive verbs, p. A13

① For additional practice, ask students about their own schedules. Ex: **¿A qué hora te levantas? ¿Quién se maquilla?**

① **Los lunes por la mañana** Completa el párrafo sobre lo que hacen Carlos y su esposa Elena los lunes por la mañana. Utiliza la forma correcta de los verbos reflexivos correspondientes.

acostarse	irse	ponerse
afeitarse	lavarse	quitarse
cepillarse	levantarse	secarse
ducharse	maquillarse	vestirse

Los domingos por la noche, Carlos y Elena (1) se acuestan tarde y por la mañana tardan mucho en despertarse. Carlos es el que (2) se levanta primero, (3) se quita el pijama y (4) se ducha con agua fría. Después, Carlos (5) se afeita la barba. Cuando Carlos termina, Elena entra al baño. Mientras ella termina de ducharse, de (6) secarse el pelo y de (7) maquillarse, Carlos prepara el desayuno. Cuando Elena está lista, Carlos y ella desayunan, luego (8) se cepillan los dientes y (9) se lavan las manos. Después, los dos (10) se visten con ropa elegante y (11) se van al trabajo. Carlos (12) se pone la corbata en el carro; Elena maneja.

② Tell students to imagine that Silvia's grandfather is 103 years old. Have them describe his Saturday schedule.

② **Todos los sábados**

A. En parejas, describan la rutina que sigue Silvia todos los sábados, según los dibujos.
Sample answers.

1. 

Se levanta/despierta a las nueve.

2. 

Se baña a las diez.

3. 

Se viste a las once menos cuarto.

4. 

Se maquilla a las doce menos diez.

B. ¿Qué hacen los sábados por la mañana los amigos y familiares de Silvia? Imaginen sus rutinas. Utilicen verbos reflexivos y sean creativos.

 Practice more at **facetas.vhlcentral.com.**

Comunicación

NATIONAL communication STANDARDS

(3) **¿Y tú?** En parejas, túrnense para hacerse las preguntas. Contesten con oraciones completas y expliquen sus respuestas.

> (3) Call on students to report their partners' responses.

1. ¿A qué hora te despiertas normalmente los sábados por la mañana? ¿Por qué?
2. ¿Te duermes en las clases?
3. ¿A qué hora te acuestas normalmente los fines de semana?
4. ¿A qué hora te duchas durante la semana?
5. ¿Te levantas siempre a la misma hora que te despiertas? ¿Por qué?
6. ¿Qué te pones para salir los fines de semana? ¿Y tus amigos/as?
7. ¿Cuándo te vistes elegantemente?
8. ¿Te diviertes cuando vas a una fiesta? ¿Y cuando vas a una reunión familiar?
9. ¿Te fijas en la ropa que lleva la gente?
10. ¿Te preocupas por tu imagen?

11. ¿De qué se quejan tus amigos/as normalmente? ¿Y tus padres u otros miembros de la familia?
12. ¿Conoces a alguien que se preocupe constantemente por todo?
13. ¿Te arrepientes a menudo de las cosas que haces?
14. ¿Te peleas con tus amigos/as? ¿Y con tu novio/a?
15. ¿Te sorprende alguna costumbre o hábito de tus amigos/as?

(4) **Síntesis** Imagina que estás en un café y que ves a tu antiguo/a novio/a coqueteando con alguien. ¿Qué haces? Trabajen en grupos para representar la escena. Utilicen por lo menos cinco verbos de la lista y cinco pronombres de complemento directo e indirecto.

> (4) As a follow-up writing assignment, have students write an e-mail to send to their ex.

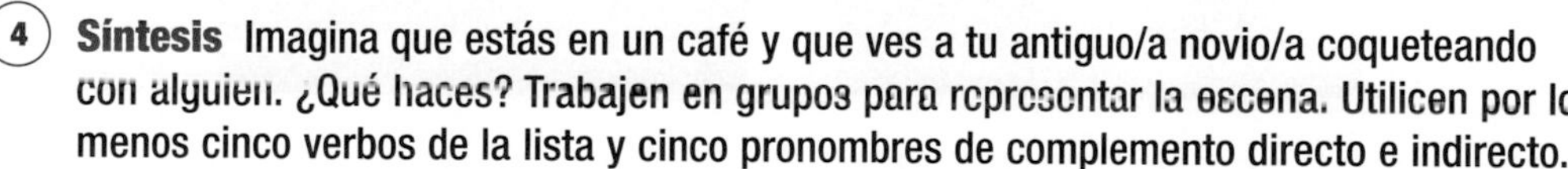

acercarse	darse cuenta	hacer falta	olvidarse
arrepentirse	disgustar	interesar	preocuparse
caer bien/mal	gustar	irse	sorprender

Antes de ver el corto

INSTRUCTIONAL RESOURCES
Supersite/DVD: Film Collection
Supersite: Script & Translation

Tell students that they are about to watch an example of **el nuevo cine mexicano** that they learned about on pp. 50–51.

Variación léxica
el Mundial ⟷ la Copa Mundial
el balón ⟷ la pelota

ESPÍRITU DEPORTIVO

país México
duración 11 minutos
director Javier Bourges
protagonistas futbolista muerto, esposa, amigos, grupo de jóvenes

Vocabulario

¡Aguas! *Watch out! (Mex.)*
el ataúd *casket*
el balón *ball*
el campeonato *championship*
la cancha *field*
deber (dinero) *to owe (money)*
deshecho/a *devastated*
enterrado/a *buried*
la misa *mass*
mujeriego *womanizer*
el Mundial *World Cup*
patear *to kick*
la prueba *proof*
la señal *sign*

① Have different volunteers read the commentaries aloud as if they were sports radio announcers. Then have the class vote on the best announcers.

1 **Comentaristas deportivos** Completa la conversación entre los comentaristas deportivos.

 **COMENTARISTA 1** Emocionante comienzo del (1) ___Mundial___ de Fútbol. La (2) ___cancha___ está llena. El capitán patea el (3) ___balón___, el arquero (*goalie*) no logra frenarlo (*stop it*) y… ¡gooooool!

COMENTARISTA 2 ¡Muy emocionante el debut de Sánchez como capitán! Debemos contar al público que sólo hace siete días murió el abuelo de Sánchez. El jugador casi no llega a tiempo para el primer partido porque no quiso dejar de ir a una (4) ___misa___ en el cementerio donde ahora está (5) ___enterrado___ su abuelo.

② Before beginning the activity, survey the class on their favorite sports to play and/or watch.

2 **Comentar** En parejas, túrnense para hacerse las preguntas.

1. ¿Qué papel tiene el deporte en tu vida?
2. ¿Qué deporte practicabas cuando eras niño/a?
3. ¿Quién es tu deportista favorito/a? ¿Por qué?
4. Observa los fotogramas. ¿Qué está sucediendo en cada uno?
5. Piensa en el título del cortometraje. ¿Qué es para ti el "espíritu deportivo"?
6. Observa el afiche del cortometraje. ¿Crees que la historia será una comedia o un drama?

 Practice more at **facetas.vhlcentral.com.**

Short Film

GANADOR DEL 3er CONCURSO NACIONAL DE PROYECTOS DE CORTOMETRAJE, MÉXICO 2004

espíritu deportivo

Una Producción de CONACULTA/INSTITUTO MEXICANO DE CINEMATOGRAFÍA Guión y Dirección JAVIER BOURGES
Fotografía SERGEI SALDÍVAR TANAKA Edición JAVIER BOURGES Diseño Sonoro AURORA OJEDA
Música EDUARDO GAMBOA Dirección de Arte ÁLVARO CHÁVEZ
Actores MAX KERLOW/MA. ELENA OLIVARES/PEPE URCELAY/FAMESIO DE BERNAL/JOSÉ L. AVENDAÑO/
RAFAEL G. MIYAGUI/VÍCTOR H. ARANA/JOSÉ L. HUERTA/BALTIMORE BELTRÁN/LUIS ÁVILA/RENÉ CAMPERO/
GEORGINA GONZÁLEZ/MA. FERNANDA GARCÍA

Have students look at the movie poster. Ask: **En su opinión, ¿qué puede significar el dibujo del balón con alas de ángel y cuernos de diablo? ¿Tiene que ver con el título de este cortometraje?**

Escenas

ARGUMENTO El futbolista Efrén "El Corsario" Moreno ha muerto de un ataque al corazón. Su familia y amigos lo están velando°.

Synopsis At the funeral of a Mexican former soccer star, the teammates of the deceased argue over the lineup of the team that defeated Brazil. The proof is on the soccer ball signed by the players, which is about to be buried with the deceased.

Preview Divide the class into groups of five and assign a role to each student. Have students read the dialogue aloud, then ask them to characterize "El Tacho." Ask: **¿Creen que es un hablador, como dice Maraca, o que realmente jugó en el famoso partido contra Brasil?** Keep a tally of students' opinions on the board, both before and after viewing the film.

1

REPORTERA Sin duda, extrañaremos al autor de aquel gran gol de chilena° con el que eliminamos a Brasil del Mundial de Honduras de 1957.

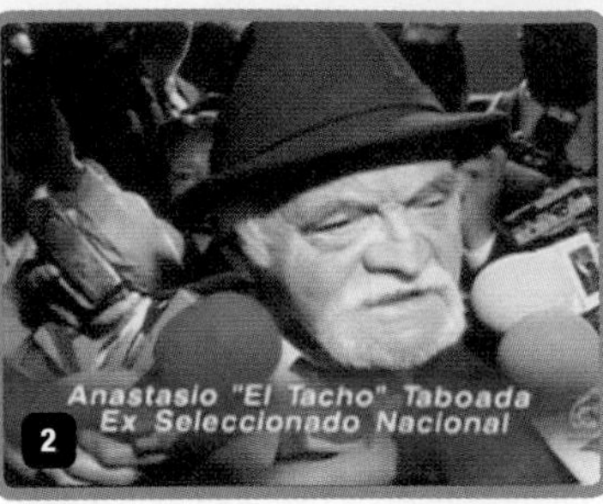

2

REPORTERA Don Tacho, ¿es cierto que usted dio el pase para aquel famoso gol?
TACHO Claro que sí, yo le mandé como veinte pases al área penal, pero él nada más anotó esa sola vez.

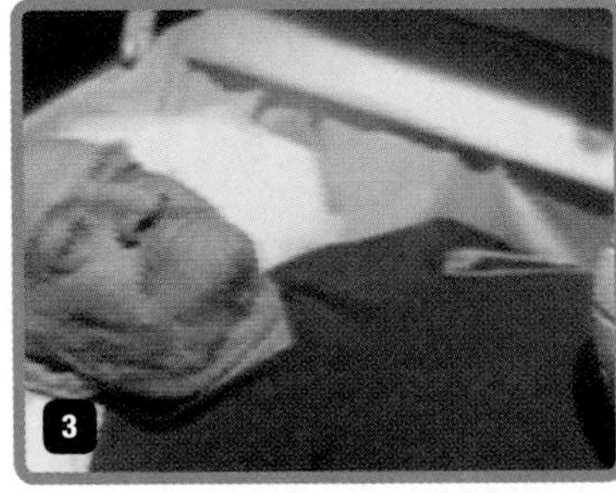

3

JUANITA Quiso ser enterrado con el balón de fútbol con las firmas de todos los que jugaron con él en aquel partido con Uru... con... con Brasil. Se irá a la tumba° con sus trofeos° y con su uniforme, como un gran héroe.

4

MARACA Tacho, eres un hablador. Estás mal. Tú ni siquiera fuiste a ese Mundial. Es más, cien pesos a que te lo compruebo.
TACHO Y cien pesos más que estuve en el juego.

5

MARACA A ver, ¿dónde está tu firma?
TACHO Aquí debe estar... ¡Ya la borraron! *(Molesto porque no encuentra su firma y patea el balón.)*

6

(El balón cae sobre la guitarra de un grupo de jóvenes y la rompe.)
HUGO Si no le pagan la guitarra aquí a mi carnal°, no les regresamos° su balón. ¿Cómo ven?

velando *holding a wake* **de chilena** *scissor kick* **tumba** *grave* **trofeos** *trophies* **carnal** *buddy* **regresamos** *give back*

Después de ver el corto

1 Oraciones Indica si estas oraciones son **ciertas** o **falsas**. Luego, en parejas, corrijan las falsas.

1. El Corsario Moreno es un jugador famoso del fútbol mexicano de los años 50. Cierto.
2. El Corsario Moreno murió en un accidente de tráfico. Falso. El Corsario Moreno murió de un ataque al corazón.
3. México ganó contra Brasil en el Mundial de 1957 con un gol que metió El Tacho. Falso. El gol lo metió El Corsario.
4. Según El Tacho, él pasó muchas veces el balón a El Corsario, pero El Corsario anotó sólo una vez. Cierto.
5. El balón de El Corsario tiene las firmas de los que jugaron contra Brasil. Cierto.
6. La misa le cuesta a Juanita doscientos pesos. Falso. No le cuesta nada.
7. Cuando El Tacho patea el balón, el balón cae sobre la guitarra y la rompe. Cierto.
8. El Tacho jugaba como portero en la selección nacional. Falso. El Tacho jugaba como delantero.
9. El Tacho y sus amigos pierden el partido en el parque. Falso. El Tacho y sus amigos ganan el partido.
10. El Corsario ayuda a El Tacho y a sus amigos a ganar el partido. Cierto.

① To check comprehension, call on volunteers to answer the questions.

2 Interpretar En parejas, contesten las preguntas.

1. ¿Crees que El Tacho jugó en el partido contra Brasil?
2. ¿Piensas que el sacerdote admira a El Corsario Moreno? ¿Cómo lo sabes?
3. ¿Quién se queda con el balón al final?
4. ¿Por qué crees que El Corsario regresa voluntariamente al ataúd?
5. ¿Crees que el cortometraje tiene un final feliz?

② Have students write two additional questions and exchange papers with another pair.

3 Eres médium En parejas, imaginen que uno/a de ustedes es médium. El/La otro/a es una de las personas de la lista. Escriban una entrevista. Luego, compártanla con la clase.

- Lucille Ball
- Mohandas "Mahatma" Gandhi
- Frida Kahlo
- Martin Luther King, Jr.
- Abraham Lincoln
- Paul Newman
- Eva Perón
- Babe Ruth
- William Shakespeare

③ Model the activity by selecting a well-known Hispanic figure from the past and moving back and forth as you act out both roles. Ex. 1: **Sr. Diego Rivera, ¿qué otras profesiones, además de la de pintor, le interesan? DR: Me interesa la política. ¡Tal vez debo presentarme como candidato para la presidencia de México! (Se ríe.)** Ex. 2: **Sr. Miguel de Cervantes, ¿cómo se le ocurrió la idea de Don Quijote? MC: Era un personaje que aparecía constantemente en mis sueños y un día decidí escribir sobre él. Así fue como conseguí no soñar nunca más con él.** Ex. 3: **Sr. Miguel de Cervantes, ¿quién es más sabio, don Quijote o Sancho Panza? MC: Los dos son sabios a su manera. Sancho Panza es iletrado y no tiene muy buenos modales, pero dice verdades universales y ve la realidad tal como es; don Quijote ha leído muchos libros y posee muchos conocimientos de los sabios, pero en la vida diaria vive en las nubes.**

4 El fantasma En grupos de cuatro, escriban un diálogo; luego, dos miembros del grupo deben representarlo frente a la clase.

- Imaginen que el fantasma de un(a) deportista famoso/a regresa de la tumba para darle consejos a un(a) joven aspirante.
- Le cuenta de qué se arrepiente, qué cosas volvería a hacer o qué cambiaría, le explica su filosofía de vida y cuál fue su mayor triunfo.
- Finalmente, le entrega un amuleto relacionado con su carrera deportiva.

Practice more at **facetas.vhlcentral.com.**

Calesita en la plaza, 1999
Aldo Severi, Argentina

"No está la felicidad en vivir, sino en saber vivir."

— Diego de Saavedra Fajardo

NATIONAL STANDARDS connections cultures

Antes de leer

Idilio

Sobre el autor

Mario Benedetti (1920–2009) nació en Tacuarembó, Uruguay. Su volumen de cuentos publicado en 1959, *Montevideanos*, lo consagró como escritor, y dos años más tarde alcanzó fama internacional con su segunda novela, *La tregua*, con un fuerte contenido sociopolítico. Tras diez años de exilio en Argentina, Perú, Cuba y España, regresó a Uruguay en 1983. El exilio que lo alejó de su patria y de su familia dejó una profunda huella (*mark*) tanto en su vida personal como en su obra literaria. Benedetti incursionó en todos los géneros (*genres*): poesía, cuento, novela y ensayo. El amor, lo cotidiano, la ausencia, el retorno y el recuerdo son temas constantes en la obra de este prolífico escritor. En 1999, ganó el Premio Reina Sofía de Poesía Iberoamericana.

Teaching option Discuss the quote on p. 70. Ask the class: **¿Qué significa "saber vivir" para ustedes?**

Vocabulario

colocar *to place (an object)*	**por primera/última vez** *for the first/last time*
hondo/a *deep*	**redondo/a** *round*
la imagen *image; picture*	**señalar** *to point to; to signal*
la pantalla *(television) screen*	**el televisor** *television set*

 **Practicar** Completa las oraciones con palabras o frases del vocabulario.

1. Voy a __colocar__ el televisor sobre la mesa.
2. Julio me __señaló__ la calle que debo tomar, pero no quiso ir conmigo.
3. En lo más __hondo__ de mi corazón, guardo el recuerdo de mi primera novela.
4. Ayer salí __por primera vez__ en la televisión y me invitaron a participar en otro programa la semana que viene.

Conexión personal ¿Cómo te entretenías cuando eras niño/a? ¿A qué jugabas? ¿Mirabas mucha televisión? ¿Tus padres establecían límites y horarios? ¿Qué harás tú cuando tengas hijos?

Conexión personal Ask: **¿Qué importancia tiene la televisión en la vida diaria? ¿Cuáles son las ventajas y desventajas que tiene la televisión para los niños? ¿Es realista prohibir que la vean?**

Análisis literario: las formas verbales

Las formas verbales son un factor muy importante para tener en cuenta al analizar obras literarias. La elección de formas verbales es una decisión deliberada del autor y afecta al tono del texto. El uso de un registro formal o informal puede hacer el texto más o menos cercano al lector. La elección de tiempos verbales también puede tener efectos como involucrar o distanciar al lector, dar o quitar formalidad, hacer que la narración parezca más oral, etc. A medida que lees *Idilio*, presta atención a los tiempos verbales que usa Benedetti. ¿Qué tono dan a la historia estas elecciones deliberadas del autor?

Análisis literario Have students recall a work of fiction they have recently read. Ask: **¿Qué tono utiliza el autor en su obra de ficción? ¿Les parece formal o informal? ¿Por qué? ¿Cómo afecta el tono al lector?**

 Practice more at **facetas.vhlcentral.com.**

IDILIO

Mario Benedetti

Preview Ask students to think about this question before reading the text: **¿Creen que es posible confundir la ficción con la realidad al ver la televisión?**

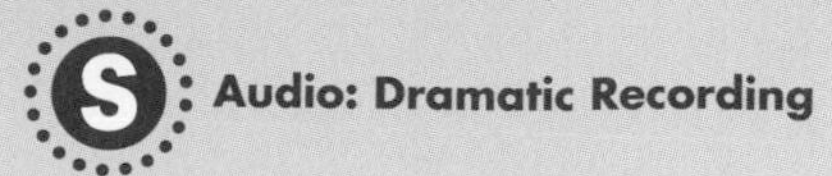

La noche en que colocan a Osvaldo (tres años recién cumplidos) por primera vez frente a un televisor (se exhibe un drama británico de hondas resonancias), queda hipnotizado, la boca entreabierta°, los ojos redondos de estupor.

La madre lo ve tan entregado al sortilegio° de las imágencs que se va tranquilamente a la cocina. Allí, mientras friega ollas y sartenes°, se olvida del niño. Horas más tarde se acuerda, pero piensa: "Se habrá dormido". Se seca las manos y va a buscarlo al living.

La pantalla está vacía°, pero Osvaldo se mantiene en la misma postura y con igual mirada extática.

—Vamos. A dormir —conmina° la madre.

—No —dice Osvaldo con determinación.

—¿Ah, no? ¿Se puede saber por qué?

—Estoy esperando.

—¿A quién?

—A ella.

Y señaló el televisor.

—Ah. ¿Quién es ella?

—Ella.

Y Osvaldo vuelve a señalar la pantalla. Luego sonríe, candoroso°, esperanzado, exultante.

—Me dijo: "querido". ■

half-opened
surrendered to the magic
washes pots and pans
empty; blank
orders
innocent; naïve

Teaching option Before reading the selection, have students underline all verbs and identify the most common verb tense (present tense). After reading the text, ask how the author's use of present tense affects the tone of the story.

Después de leer

Idilio

Mario Benedetti

① Ask additional comprehension questions. Ex: **¿Por qué dice Osvaldo que no quiere irse a dormir? ¿Qué expresión tiene Osvaldo antes de decir "querido"?**

1 Comprensión Contesta las preguntas con oraciones completas.

1. ¿Cómo se llama el protagonista de esta historia?
   El protagonista se llama Osvaldo.
2. ¿Cómo se queda el niño cuando está por primera vez delante del televisor? El niño se queda hipnotizado, con la boca entreabierta y los ojos redondos de estupor.
3. ¿Qué hace la madre mientras Osvaldo mira la televisión?
   La madre va tranquilamente a la cocina y friega (lava) ollas y sartenes.
4. Cuando la madre va a buscarlo horas más tarde, ¿cómo está la pantalla?
   Cuando la madre vuelve, la pantalla está vacía.
5. ¿Qué piensa Osvaldo que le dice la televisión?
   Osvaldo piensa que la televisión le dice "querido".

2 Interpretar Contesta las preguntas.

1. Según Osvaldo, ¿quién le dijo "querido"? ¿Qué explicación lógica le puedes dar a esta situación?
2. En el cuento, la madre se olvida del hijo por varias horas. ¿Crees que este hecho es importante en la historia? ¿Crees que el final sería distinto si se tratara sólo de unos minutos frente al televisor?
3. ¿Crees que la televisión puede ser adictiva para los niños? ¿Y para los adultos? ¿Qué consecuencias crees que tiene la adicción a la televisión?

③ Before completing the activity, have students list several popular children's programs.

3 Imaginar En grupos, imaginen que un grupo de padres solicita una audiencia con el/la director(a) de programación infantil de una popular cadena de televisión. Los padres quieren sugerir cambios en la programación del canal. Miren la programación y, después, contesten las preguntas.

CANAL 7

6:00	6:30	7:00	8:00	9:15	10:00
Trucos para la escuela Cómo causar una buena impresión con poco esfuerzo	**Naturaleza viva** Documentales	**Mi familia latina** Divertida comedia sobre un joven estadounidense que va a México como estudiante de intercambio	**Historias policiales** Ladrones, crímenes y accidentes	**Buenas y curiosas** Noticiero alternativo que presenta noticias buenas y divertidas de todo el mundo	**Dibujos animados clásicos** Conoce los dibujos animados que miraban tus padres

- ¿Qué programas quieren pedir que cambien? ¿Por qué?
- ¿Qué programas deben seguir en la programación?
- ¿Qué otros tipos de programas se pueden incluir?
- ¿Harían cambios en los horarios? ¿Qué cambios harían?

④ If students have trouble coming up with ideas, suggest that they think of a time when they might have believed something they saw on TV.

④ Have students read their anecdotes aloud to the class. Encourage classmates to ask detailed questions.

4 Escribir Piensa en alguna anécdota divertida de cuando eras niño/a. Cuenta la anécdota en un párrafo usando el tiempo presente.

MODELO Un día estoy con mi hermano en el patio de mi casa jugando a la pelota. De repente, ...

 Practice more at **facetas.vhlcentral.com.**

Antes de leer

Vocabulario

la corrida *bullfight*
lidiar *to fight bulls*
el/la matador(a) *bullfighter who kills the bull*
la plaza de toros *bullfighting stadium*
el ruedo *bullring*
torear *to fight bulls in the bullring*
el toreo *bullfighting*
el/la torero/a *bullfighter*
el traje de luces *bullfighter's outfit (lit. costume of lights)*

 **El toreo** Completa las oraciones con palabras y frases del vocabulario.

1. Ernest Hemingway era un aficionado al __toreo__. Asistió a muchas __corridas__ y las describió en detalle en sus obras.
2. El __matador__ es la persona que mata al toro al final. Siempre lleva un __traje de luces__ de colores brillantes.
3. Manolete fue un __torero__ español muy famoso que fue herido por un toro y que murió al poco tiempo.
4. No se permite que el público baje al __ruedo__ porque los toros pueden ser muy peligrosos.

Conexión personal ¿Conoces alguna costumbre local o alguna tradición estadounidense que cause mucha controversia? ¿Hay deportes que resultan muy problemáticos o controvertidos para algunas personas? ¿Por qué? ¿Cuál es tu opinión al respecto?

Contexto cultural

En Fresnillo, México, en 1940 una mujer tomó una espada y se puso un traje de luces —una blusa y falda bordadas de adornos brillantes— para promover la causa de la igualdad en un terreno casi completamente dominado por los hombres: el toreo. **Juanita Cruz** había nacido en Madrid en 1917, cuando aún no se permitía a las mujeres torear a pie en el ruedo. En batalla constante contra obstáculos legales, Cruz consiguió lidiar en múltiples novilladas (*bullfights with young bulls*) en su país. Pero cuando terminó la guerra civil, al ver que Franco imponía estrictamente las leyes de prohibición del toreo a las mujeres, Cruz dejó España con rumbo a (*headed for*) México y se convirtió en torera oficial. Fue todo un fenómeno, la primera gran matadora de la historia, y en el proceso abrió camino para otras mujeres, como las españolas Cristina Sánchez y Mari Paz Vega. Hoy día la presencia de toreras añade sólo un nivel más a la controversia constante y a veces apasionada que marca el toreo. ¿Cuál es tu impresión? ¿Cambia la imagen del toreo con toreras lidiando junto a toreros?

 Practice more at **facetas.vhlcentral.com.**

Preview Invite students to answer the question: **¿Qué controversia presenta el toreo en general? ¿Les parece un acto cultural o de maltrato?**

El toreo To generate discussion using the vocabulary, ask students: **¿Qué saben acerca de los toros en la cultura hispana a través del cine o la literatura?**

Contexto cultural Ask students questions to spark discussion: **¿Les sorprende que haya mujeres que también se dediquen al toreo? En su opinión, ¿qué tipo de mujer se dedicaría al toreo?**

Contexto cultural Provide information about other famous female bullfighters, such as **La Reverte** and Conchita Cintrón. In 1908, the Spanish **La Reverte,** María Salomé Rodríguez, pretended to be a man in order to bullfight. In Perú, Cintrón was only allowed to bullfight on horseback since the laws of the time prohibited women from bullfighting on foot.

Teaching option Have students research and write a brief profile about a female bullfighter mentioned in **Contexto cultural** or in another source.

El toreo: ¿Cultura o tortura?

Hay pocas cosas tan emblemáticas en el mundo hispano, y a la vez tan polémicas, como el toreo. Los días de corrida, hasta cuarenta mil aficionados se sientan en la Plaza Monumental de México, la plaza de toros más grande del mundo. Sin embargo, la opinión pública está profundamente dividida: algunos defienden con orgullo esta tradición que sobrevive desde tiempos antiguos y otros se levantan en protesta antes del final.

Point out that in countries where bullfighting is popular, bullfighters constitute an elite class. They enjoy celebrity status alongside movie stars, models, musicians, etc.

Las raíces° del toreo son diversas. Los celtibéricos dejaron en España restos de templos circulares, precursores de las plazas actuales, donde sacrificaban animales. Los griegos y romanos practicaban la matanza° ritual de toros en ceremonias públicas sagradas. Sin embargo, fue en la España del siglo XVIII donde se desarrolló° la corrida que conocemos y se introdujeron la muleta, una capa muy fácil de manejar, y el estoque, la espada del matador.

origins · *slaughter* · *developed*

El aficionado de hoy considera que el toreo es más un rito° que un espectáculo, ciertamente no un deporte. Es una lucha desigual, a muerte, entre una persona —armada con sólo la capa la mayor parte del tiempo— y el toro, bestia que pesa° hasta más de media tonelada. El torero se prepara para el duelo como para una ceremonia: se viste con el traje de luces tradicional y actúa dirigido por el ritmo de la música. Se enfrenta al animal con su arte y su inteligencia, y generalmente gana, aunque no siempre. El riesgo° de una cornada° grave forma parte de la realidad del torero, que en su baile peligroso muestra su talento y su belleza. Para el defensor de las corridas, no matar al toro al final es como jugar con él, una falta de respeto al animal, al público y a la tradición.

rite, ceremony · *weighs* · *risk* · *goring*

> **“El toreo es cabeza y plasticidad, porque a fuerza siempre gana el toro.”**

Quienes se oponen a las corridas dicen que es una lucha injusta y cruel. Hay gente que piensa que el toreo es una barbarie° similar a la de los juegos de los romanos, una costumbre primitiva que no tiene sentido en una sociedad moderna y civilizada. Protestan contra la crueldad de una muerte lenta y prolongada, dedicada al entretenimiento. En respuesta a las protestas, en algunos países ha aparecido una alternativa, la “corrida sin sangre°”, donde no se permite hacer daño físico° al toro. Pero otros sostienen que esta corrida tortura igualmente a la bestia y, por tanto, han prohibido el toreo por completo. En julio de 2010, el Parlamento catalán abolió las corridas de toros en Cataluña, España, con 68 votos a favor de la prohibición y 55 en contra.

savagery · *bloodless bullfight* · *to hurt*

Por último, a algunas personas les indigna la idea machista de que sólo un hombre tiene la fuerza y el coraje para lidiar. Las toreras pioneras como Juanita Cruz tuvieron que coserse° su propio traje de luces, con falda en vez de pantalón, y cruzar océanos para poder ejercer su profesión. Incluso en tiempos recientes, algunos toreros célebres como el español Jesulín de Ubrique se han negado° a lidiar junto a una mujer.

to sew · *have refused*

La torera más famosa de nuestra época, Cristina Sánchez, sostiene que no es necesario ser hombre para lidiar con éxito: “El toreo es cabeza y plasticidad°, porque a fuerza siempre gana el toro.” En su opinión, el derecho de torear es incuestionable, una parte de la cultura hispana. No obstante, su profesión provoca tanta división que a veces el duelo entre la bestia y la persona es empequeñecido° por la batalla entre las personas. ■

agility · *dwarfed*

¿Dónde hay corridas?

Toreo legalizado: España (excepto en Cataluña), México, Colombia, Ecuador, Perú, Venezuela

Corridas sin sangre: Bolivia, Nicaragua, Estados Unidos

Toreo ilegalizado: Argentina, Chile, Cuba, Uruguay

¡Olé! ¡Olé!

El público también tiene su papel en las corridas: evalúa el talento del torero. La interjección “¡olé!” se oye frecuentemente para celebrar una acción particularmente brillante y expresar admiración. De origen árabe, contiene la palabra “alá” (Dios) y significa literalmente “¡por Dios!”.

Teaching option Write this quote from the article on the board: **El toreo es cabeza y plasticidad, porque a fuerza siempre gana el toro**. Ask students to write a paragraph explaining their interpretation of the quote as it relates to women's role in bullfighting.

① Ask additional comprehension questions. Ex: **¿Por qué la gente compara el toreo con los juegos romanos? ¿Qué torero español se negó a lidiar junto a una mujer?**

② For item 2, divide the class into two groups to debate the cultural merits of bullfighting. One group should defend traditional bullfighting as a necessary component of Hispanic culture. The other group should criticize it and propose the **corridas sin sangre** as an alternative.

④ Review related vocabulary with the class before assigning the writing activity.

④ Have students exchange their postcards and write responses to their classmates.

Después de leer

El toreo: ¿cultura o tortura?

1 Comprensión Responde a las preguntas con oraciones completas.

1. ¿En qué país se encuentra la plaza de toros más grande del mundo?
   Se encuentra en México.
2. ¿Qué hacían los celtibéricos en sus templos circulares?
   Sacrificaban animales.
3. ¿Qué es el toreo según un aficionado?
   Es un rito, una lucha a muerte entre la bestia y el torero.
4. ¿Cómo se prepara el torero para la corrida?
   Se pone el traje de luces y actúa dirigido por el ritmo de la música.
5. Para quienes se oponen al toreo, ¿cuáles son algunos de los problemas?
   Es una lucha injusta y cruel. Se prolonga la muerte del toro para el entretenimiento de las personas.
6. ¿Qué es una "corrida sin sangre"?
   Es una corrida en que no se hace daño físico al toro.
7. ¿Qué sucedió en Cataluña en julio de 2010?
   El Parlamento catalán abolió las corridas de toros en Cataluña.
8. Según Cristina Sánchez, ¿sólo los hombres pueden lidiar bien?
   No, no es necesario ser hombre para lidiar con éxito.

2 Opinión Responde a las preguntas con oraciones completas.

1. ¿Te gustaría asistir a una corrida? ¿Por qué?
2. ¿Qué opinas del duelo entre toro y torero/a? ¿Hay algún aspecto especialmente problemático para ti?
3. ¿Qué piensas de las alternativas al toreo tradicional como la "corrida sin sangre"? ¿Es una solución adecuada para proteger a los animales?
4. En tu opinión, ¿es más cruel la vida de un toro destinado al toreo o la de una vaca destinada a una carnicería?

3 ¿Qué piensan? Trabajen en parejas para contestar las preguntas. Luego compartan sus respuestas con la clase.

1. Un eslogan conocido en las protestas antitaurinas es: "Tortura no es arte ni cultura". ¿Qué significa esta frase?
2. ¿Hay acciones cuestionables que se justifiquen porque son parte de una costumbre o tradición? ¿Cuál es la postura de ustedes en el debate? ¿Por qué?
3. ¿Es apropiado tener una opinión sobre las tradiciones de culturas diferentes a la tuya o es necesario aceptar sin criticar?
4. ¿Creen que el gobierno tiene derecho a reglamentar (*regulate*) o prohibir tradiciones o costumbres? Den ejemplos.

4 Postales Imagina que viajaste a algún país donde son legales las corridas de toros y tus amigos te invitaron a una corrida. Escribe una postal a tu familia para contarles qué sucedió. Usa estas preguntas como guía: ¿Aceptaste la invitación o no? ¿Por qué? Si fuiste a la corrida, ¿qué te pareció? ¿Te sentiste obligado/a a asistir por respeto a la cultura local?

MODELO Querida familia: Les escribo desde Guadalajara, una ciudad al noroeste de México. No saben dónde me llevaron mis amigos este fin de semana...

5 Animales En parejas, hagan una lista de tradiciones, costumbres o deportes en los que las personas utilizan a los animales como entretenimiento. Después, compartan su lista con el resto de la clase y debatan sobre qué actividades son perjudiciales para los animales y cuáles no. Justifiquen sus respuestas.

Practice more at **facetas.vhlcentral.com.**

Atando cabos

¡A conversar!

La música y el deporte Trabajen en grupos de cuatro o cinco para preparar una presentación sobre un(a) cantante o deportista latino/a famoso/a.

Presentaciones

Tema: Pueden preparar una presentación sobre un(a) cantante o deportista famoso/a que les guste.

Investigación: Busquen información en Internet o en la biblioteca. Una vez reunida la información necesaria, elijan los puntos más importantes y seleccionen material audiovisual. Informen a su profesor(a) acerca de estos materiales para contar con los medios necesarios el día de la presentación.

Organización: Hagan un esquema (*outline*) que los ayude a planear la presentación.

Presentación: Traten de promover la participación a través de preguntas y alternen la charla con los materiales audiovisuales. Recuerden tener a mano los materiales de la investigación para responder preguntas adicionales de sus compañeros.

¡A conversar!
- Brainstorm a list of famous singers and sports players from the Spanish-speaking world. Encourage heritage speakers to add to the list.
- As a class, discuss the major components that should be covered in the presentation.

¡A escribir!

Correo electrónico Imagina que tus padres vienen a visitarte por un fin de semana. Llevas varios días haciendo planes para que el fin de semana sea perfecto y tienes miedo de que tu novio/a se olvide de los planes y meta la pata (*put one's foot in one's mouth*). Mándale un mensaje por correo electrónico para recordarle los planes y lo que debe hacer.

¡A escribir!
- Review the use of verbs like **gustar** before assigning the activity. Help students create a list on the board of common phrases to open and close informal letters and e-mails.

Plan de redacción

Un saludo informal: Comienza tu mensaje con un saludo informal, como: **Hola**, **Qué tal**, **Qué onda**, etc.

Contenido: Organiza tus ideas para no olvidarte de nada.

1. Escribe una breve introducción para recordarle a tu novio/a qué cosas les gustan a tus padres y qué cosas no. Puedes usar estas expresiones: **(no) les gusta**, **les fascina**, **les encanta**, **les aburre**, **(no) les interesa**, **(no) les molesta**.
2. Recuérdale que tus padres son formales y elegantes, y explícale que tiene que arreglarse un poco para la ocasión. Usa expresiones como: **quitarse el arete**, **afeitarse**, **vestirse mejor**, **peinarse**, etc.
3. Recuérdale dónde van a encontrarse.

Despedida: Termina el mensaje con un saludo informal de despedida.

2 VOCABULARIO

Audio: Vocabulary Flashcards

La música y el teatro

el álbum	*album*
el asiento	*seat*
el/la cantante	*singer*
el concierto	*concert*
el conjunto/grupo musical	*musical group; band*
el escenario	*scenery; stage*
el espectáculo	*show*
el estreno	*premiere; debut*
la función	*performance (theater; movie)*
el/la músico/a	*musician*
la obra de teatro	*play*
la taquilla	*box office*
aplaudir	*to applaud*
conseguir (e:i) boletos/entradas	*to get tickets*
hacer cola	*to wait in line*
poner un disco compacto	*to play a CD*

Los lugares de recreo

el cine	*movie theater; cinema*
el circo	*circus*
la discoteca	*discotheque; dance club*
la feria	*fair*
el festival	*festival*
el parque de atracciones	*amusement park*
el zoológico	*zoo*

Los deportes

el/la árbitro/a	*referee*
el campeón/la campeona	*champion*
el campeonato	*championship*
el club deportivo	*sports club*
el/la deportista	*athlete*
el empate	*tie (game)*
el/la entrenador(a)	*coach; trainer*
el equipo	*team*
el/la espectador(a)	*spectator*
el torneo	*tournament*
anotar/marcar (un gol/un punto)	*to score (a goal/ a point)*
desafiar	*to challenge*
empatar	*to tie (games)*
ganar/perder (e:ie) un partido	*to win/lose a game*
vencer	*to defeat*

INSTRUCTIONAL RESOURCES
Supersite: Testing Program

Las diversiones

el ajedrez	*chess*
el billar	*billiards*
el boliche	*bowling*
las cartas/los naipes	*(playing) cards*
los dardos	*darts*
el juego de mesa	*board game*
el pasatiempo	*pastime*
la televisión	*television*
el tiempo libre/los ratos libres	*free time*
el videojuego	*video game*
aburrirse	*to get bored*
alquilar una película	*to get/rent a movie*
brindar	*to make a toast*
celebrar/festejar	*to celebrate*
dar un paseo	*to take a stroll/walk*
disfrutar (de)	*to enjoy*
divertirse (e:ie)	*to have fun*
entretener(se) (e:ie)	*to entertain, amuse (oneself)*
gustar	*to like*
reunirse (con)	*to get together (with)*
salir (a comer)	*to go out (to eat)*
aficionado/a (a)	*fond of; a fan (of)*
animado/a	*lively*
divertido/a	*fun*
entretenido/a	*entertaining*

Más vocabulario

Expresiones útiles	*Ver p. 47*
Estructura	*Ver pp. 54–55, 58–59 y 62–63*

Cinemateca

el ataúd	*casket*
el balón	*ball*
el campeonato	*championship*
la cancha	*field*
la misa	*mass*
el Mundial	*World Cup*
la prueba	*proof*
la señal	*sign*
deber (dinero)	*to owe (money)*
patear	*to kick*
deshecho/a	*devastated*
enterrado/a	*buried*
mujeriego	*womanizer*
¡Aguas!	*Watch out! (Mex.)*

Literatura

la imagen	*image; picture*
la pantalla	*(television) screen*
el televisor	*television set*
colocar	*to place (an object)*
señalar	*to point to; to signal*
hondo/a	*deep*
redondo/a	*round*
por primera/última vez	*for the first/last time*

Cultura

la corrida	*bullfight*
el/la matador(a)	*bullfighter who kills the bull*
la plaza de toros	*bullfighting stadium*
el ruedo	*bullring*
el toreo	*bullfighting*
el/la torero/a	*bullfighter*
el traje de luces	*bullfighter's outfit (lit. costume of lights)*
lidiar	*to fight bulls*
torear	*to fight bulls in the bullring*

La vida diaria

3

Communicative Goals

You will expand your ability to...

- narrate in the past
- express completed past actions
- express habitual or ongoing past events and conditions

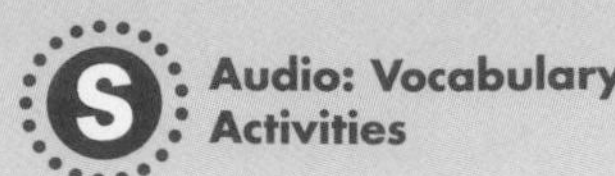

INSTRUCTIONAL RESOURCES
SUPERSITE: Audioscripts, Textbook/SAM AK, Textbook/Lab MP3s
SAM/WEBSAM: WB, LM

La vida diaria

Preview Ask students to talk about their daily agendas and how they keep track of their personal lives. Ex: **¿Tienen muchas responsabilidades en la escuela? ¿En el trabajo? ¿Cómo se organizan en la vida personal?** Recycle previously learned vocabulary, such as rooms of the house and clothing.

En casa

el balcón *balcony*

la escalera *staircase*
el hogar *home; fireplace*
la limpieza *cleaning*
los muebles *furniture*
los quehaceres *chores*

---

apagar *to turn off*
barrer *to sweep*
calentar (e:ie) *to warm up*
cocinar *to cook*
encender (e:ie) *to turn on*
freír (e:i) *to fry*
hervir (e:ie) *to boil*
lavar *to wash*
limpiar *to clean*
pasar la aspiradora *to vacuum*
poner/quitar la mesa *to set/clear the table*
quitar el polvo *to dust*
tocar el timbre *to ring the doorbell*

Teaching option Have students create a survey with adverbs from the **Expresiones** list. Ex: **¿Con qué frecuencia vas al cine?**
a) a menudo
b) a veces
c) casi nunca

De compras

el centro comercial *mall*
el dinero en efectivo *cash*
la ganga *bargain*
el probador *dressing room*
el reembolso *refund*
el supermercado *supermarket*
la tarjeta de crédito/débito *credit/debit card*

---

devolver (o:ue) *to return (items)*
hacer mandados *to run errands*
ir de compras *to go shopping*
probarse (o:ue) *to try on*
seleccionar *to select; to pick out*

---

auténtico/a *real; genuine*
barato/a *cheap; inexpensive*
caro/a *expensive*

Camila **fue de compras** al **supermercado**, decidida a gastar lo menos posible. **Seleccionó** los productos más **baratos** y pagó con **dinero en efectivo**.

Expresiones

a menudo *frequently; often*
a propósito *on purpose*
a tiempo *on time*
a veces *sometimes*
apenas *hardly; scarcely*
así *like this; so*
bastante *quite; enough*
casi *almost*
casi nunca *rarely*
de repente *suddenly*
de vez en cuando *now and then; once in a while*
en aquel entonces *at that time*
en el acto *immediately; on the spot*
enseguida *right away*
por casualidad *by chance*

Point out that **bastante** can be used as an adjective or adverb. Ex: **Tenemos bastante trabajo.** (adjective) **Tenemos que trabajar bastante.** (adverb)

Variación léxica
barato/a ⟷ económico/a
caro/a ⟷ costoso/a
hacer mandados ⟷ hacer recados

La vida diaria

Desde que comenzó a trabajar en un restaurante, Emilia ha tenido que **acostumbrarse** al **horario** de chef. ¡La nueva **rutina** no es tan fácil! **Suele** volver a la casa después de la medianoche.

la agenda *datebook*
la costumbre *custom; habit*
el horario *schedule*
la rutina *routine*
la soledad *solitude; loneliness*

acostumbrarse (a) *to get used to; to grow accustomed (to)*
arreglarse *to get ready*
averiguar *to find out; to check*
probar (o:ue) (a) *to try*
soler (o:ue) *to be in the habit of; to be used to*

atrasado/a *late*
cotidiano/a *everyday*
diario/a *daily*
inesperado/a *unexpected*

Práctica

1 Escuchar

A. Escucha lo que dice Julián y luego decide si las oraciones son **ciertas** o **falsas**. Corrige las falsas.

1. Julián tiene muchas cosas que hacer. Cierto.
2. Julián está en un supermercado. Falso. Julián está en su casa.
3. Julián tiene que quitar el polvo de los muebles y pasar la aspiradora. Cierto.
4. Él siempre sabe dónde está todo. Falso. Él nunca sabe dónde deja las cosas.
5. Él encuentra su tarjeta de crédito debajo de la escalera. Cierto.
6. Julián recibe una visita inesperada. Cierto.

B. Escucha la conversación entre Julián y la visita inesperada y después contesta las preguntas con oraciones completas.

1. ¿Quién está tocando el timbre? María está tocando el timbre.
2. ¿Qué tiene que hacer ella? Tiene que ir al centro comercial.
3. ¿Qué quiere devolver? Quiere devolver unos pantalones.
4. ¿Eran caros los pantalones? No. Los pantalones eran una ganga.
5. ¿Qué hace Julián antes de ir al centro comercial con ella? Julián se arregla.
6. ¿Es seguro que María puede devolver los pantalones? ¿Por qué? No, porque a veces no dan reembolsos.

2 No pertenece

Indica qué palabra no pertenece a cada grupo.

1. limpiar–pasar la aspiradora–barrer–(calentar)
2. de repente–(auténtico)–casi nunca–enseguida
3. balcón–escalera–muebles–(soler)
4. hacer mandados–(a tiempo)–ir de compras–probarse
5. costumbre–rutina–cotidiano–(apagar)
6. (quitar el polvo)–barato–caro–ganga
7. quehaceres–hogar–(soledad)–limpieza
8. (barrer)–acostumbrarse–soler–cotidiano

(2) For an extra challenge, have volunteers explain what the other words have in common.

Práctica

③ To preview this activity, ask questions using words from the box. Ex: **¿Qué haces a diario? ¿Llegas a tiempo a clase? ¿Sueles comer en clase?**

3 Julián y María Completa el párrafo con las palabras o expresiones de la lista.

a diario	**cotidiano**	**horario**	**soledad**
a tiempo	**en aquel entonces**	**por casualidad**	**soler**

Julián y María se conocieron un día (1) ___por casualidad___ en el supermercado. Julián estaba muy contento por haber conocido a María porque, (2) ___en aquel entonces___, él era nuevo en el barrio y no conocía a nadie. A él no le gusta la (3) ___soledad___. Desde aquel día, se ven casi (4) ___a diario___. Durante la semana, ellos (5) ___suelen___ quedar para tomar un café después del trabajo, pues los dos tienen (6) ___horarios___ similares.

4 Una agenda muy ocupada Sara tiene mucho que hacer antes de su cita con Carlos esta noche. Ha apuntado todo en su agenda, pero está muy atrasada.

A. En parejas, comparen el horario de Sara con la hora en que realmente logra hacer (*accomplishes*) cada actividad.

VIERNES, 15 DE OCTUBRE

1:00 *¡Hacer mandados!*	5:00 *Hacer la limpieza*
2:00 *Banco: nueva tarjeta de débito*	6:00 *Cocinar, poner la mesa*
3:00 *Centro comercial: comprar vestido*	7:00 *Arreglarme*
4:00 *Supermercado: pollo, arroz, verduras*	8:00 *Cita con Carlos* ♡

④ Review the phrase **lograr** + [*infinitive*] used in the model. Encourage students to use this phrase in their answers.

MODELO

—¿A qué hora recoge (*does she pick*) la nueva tarjeta de débito?

—Sara quiere recogerla a las dos, pero no logra hacerlo hasta las dos y media.

2:30

1. 4:00

2. 5:30

3. 6:45

4. 7:30

5. 7:45

6. 8:00

B. Ahora improvisen una conversación entre Carlos y Sara. ¿Creen que los dos lo pasan bien? ¿Creen que van a tener otra cita?

Practice more at **facetas.vhlcentral.com.**

Comunicación

5 Los quehaceres

A. En grupos de cuatro, túrnense para preguntar con qué frecuencia sus compañeros hacen los quehaceres de la lista. Combinen palabras de cada columna en sus respuestas y añadan sus propias ideas.

barrer	almuerzo	todos los días
cocinar	aspiradora	a menudo
lavar	balcón	a veces
limpiar	cuarto	de vez en cuando
pasar	polvo	casi nunca
quitar	ropa	nunca

MODELO —¿Con qué frecuencia barres el balcón?
—Lo barro de vez en cuando, especialmente si vienen invitados.

B. Ahora compartan la información con la clase y decidan quién es la persona más ordenada y la más desordenada.

6 Agendas personales

A. Primero, escribe tu horario para esta semana. Incluye algunas costumbres de tu rutina diaria y también actividades inesperadas de esta semana.

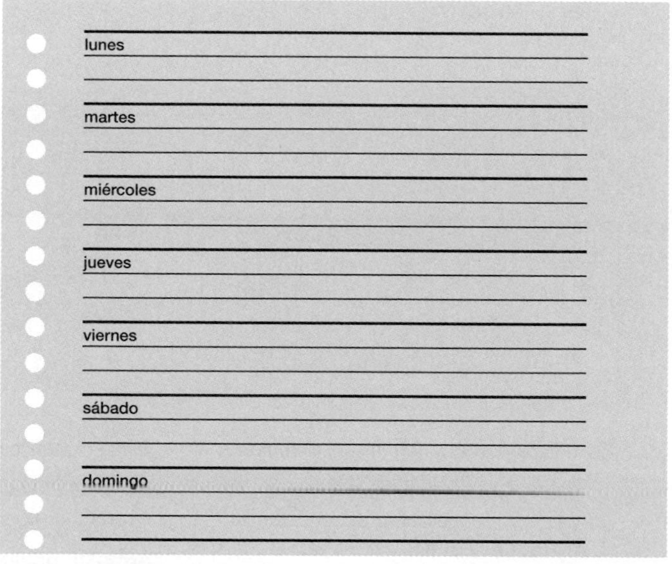

B. En parejas, pregúntense sobre sus horarios. Comparen sus rutinas diarias y los eventos de esta semana. ¿Tienen costumbres parecidas? ¿Tienen algunas actividades en común? ¿Cuáles?

C. Utiliza la información para escribir un párrafo breve sobre la vida cotidiana de tu compañero/a. ¿Le gusta la rutina? ¿Disfruta de lo inesperado? ¿Llena su agenda con actividades sociales o prefiere estar en casa? Comparte tu párrafo con la clase.

5 Have students pretend they disagree with their classmates. Have them refute the sentences using opposite adverbs. Ex: **¡Qué va! Casi nunca barres el balcón.**

6 Part B: Have pairs create two columns called **similitudes** and **diferencias** in order to help them organize their comparisons of the two schedules.

6 For an expansion activity, bring in a school social calendar. Using the schedules created in Part A, have students discuss which events they could attend and which they could not. Point out that students should use **asistir a** for *to attend.*

3 FOTONOVELA

Synopsis
- Aguayo's vacuum cleaner does not work until Mariela kicks it.
- Aguayo tries in vain to recruit everyone to help him clean the office.
- Fabiola and Johnny fight over pastries.
- Éric finds a mound of dust on his desk, stashed there by Mariela.

Diana y Fabiola conversan sobre la vida diaria. Aguayo pide ayuda con la limpieza, pero casi todos tienen excusas.

FABIOLA Odio los lunes.

DIANA Cuando tengas tres hijos, un marido y una suegra, odiarás los fines de semana.

FABIOLA ¿Discutes a menudo con tu familia?

DIANA Siempre tenemos discusiones. La mitad las ganan mis hijos y mi esposo. Mi suegra gana la otra mitad.

FABIOLA ¿Te ayudan en las tareas del hogar?

DIANA Ayudan, pero casi no hay tiempo para nada. Hoy tengo que ir de compras con la mayor de mis hijas.

FABIOLA ¿Y por qué no va ella sola?

DIANA Hay tres grupos que gastan el dinero ajeno, Fabiola: los políticos, los ladrones y los hijos... Los tres necesitan supervisión.

FABIOLA Tengan cuidado en las tiendas. Hace dos meses andaba de compras y me robaron la tarjeta de crédito.

DIANA ¿Y fuiste a la policía?

FABIOLA No.

DIANA ¿Lo dices así, tranquilamente? Te van a arruinar.

FABIOLA No creas. El que me la robó la usa menos que yo.

Más tarde en la cocina...

AGUAYO El señor de la limpieza dejó un recado diciendo que estaba enfermo. Voy a pasar la aspiradora a la hora del almuerzo. Si alguien desea ayudar...

FABIOLA Tengo una agenda muy llena para el almuerzo.

DIANA Yo tengo una reunión con un cliente.

ÉRIC Tengo que... Tengo que ir al banco. Sí. Voy a pedir un préstamo.

JOHNNY Yo tengo que ir al dentista. No voy desde la última vez... Necesito una limpieza.

Aguayo y Mariela se quedan solos.

Diana regresa del almuerzo con unos dulces.

DIANA Les traje unos dulces para premiar su esfuerzo.

AGUAYO Gracias. Los probaría todos, pero estoy a dieta.

DIANA ¡Qué bien! Yo también estoy a dieta.

MARIELA ¡Pero si estás comiendo!

DIANA Sí, pero sin ganas.

INSTRUCTIONAL RESOURCES
Supersite/DVD: Fotonovela; **Supersite:** Script & Translation, SAM AK; **SAM/WebSAM:** VM

Preview Ask: **¿Cómo son los lunes para ustedes? ¿Han trabajado alguna vez en una oficina? ¿Qué les parece la rutina de la oficina?**

Personajes

AGUAYO

DIANA

ÉRIC

FABIOLA

JOHNNY

MARIELA

En la oficina de Aguayo...

MARIELA ¿Necesita ayuda?

AGUAYO No logro hacer que funcione.

MARIELA Creo que Diana tiene una pequeña caja de herramientas.

AGUAYO ¡Cierto!

Aguayo sale de la oficina. Mariela le da una patada a la aspiradora.

AGUAYO ¡Aceite lubricante y cinta adhesiva! ¿Son todas las herramientas que tienes?

DIANA ¡Claro! Es todo lo que necesito. La cinta para lo que se mueva y el aceite para lo que no se mueva.

Se escucha el ruido de la aspiradora encendida.

AGUAYO Oye... ¿Cómo lo lograste?

MARIELA Fácil... Me acordé de mi ex.

Fabiola y Johnny llegan a la oficina. Mariela está terminando de limpiar.

JOHNNY ¡Qué pena que no llegué a tiempo para ayudarte!

FABIOLA Lo mismo digo yo. Y eso que almorcé tan deprisa que no comí postre.

MARIELA Si gustan, quedan dos dulces en la cocina. Están riquísimos... (*habla sola mirando el aerosol*) Y no hubiera sido mala idea echarles un poco de esto.

Johnny y Fabiola vuelven de la cocina.

JOHNNY Qué descortés eres, Fabiola. Si yo hubiera llegado primero, te habría dejado el dulce grande a ti.

FABIOLA ¿De qué te quejas, entonces? Tienes lo que querías y yo también. Por cierto, ¿no estuviste en el dentista?

JOHNNY Los dulces son la mejor anestesia.

Expresiones útiles

Talking about the past

No llegué a tiempo para ayudarte.
I didn't get here on time to help you.

¿Y fuiste a la policía?
And did you go to the police?

El señor de la limpieza dejó un recado.
The janitor left a message.

Tienes lo que querías.
You have what you wanted.

Estaba enfermo.
He was sick.

Expressing strong dislikes

¡Odio... !
I hate...!

¡No me gusta nada... !
I don't like... at all!

Detesto...
I detest...

No soporto...
I can't stand...

Estoy harto/a de...
I am fed up with...

Additional vocabulary

acordarse *to remember*
ajeno/a *somebody else's*
andar *to be (doing something); to walk*
la caja de herramientas *toolbox*
el ladrón/la ladrona *thief*
lograr *to manage to; to achieve*
la mitad *half*
la patada *kick*
premiar *to give a prize*
¡Qué pena! *What a shame!*

Variación léxica
acordarse ⟷ recordar
¡Claro! ⟷ ¡Claro que sí!
No soporto... ⟷ No aguanto...
¡Qué pena! ⟷ ¡Qué lástima!

Teaching option Play the entire video. Have students take notes on the characters and describe their attitudes and personalities.

Comprensión

① Have students write three sentences using **tengo que.**

1 ¿Quién lo dijo? Indica quién dijo estas oraciones.

Aguayo

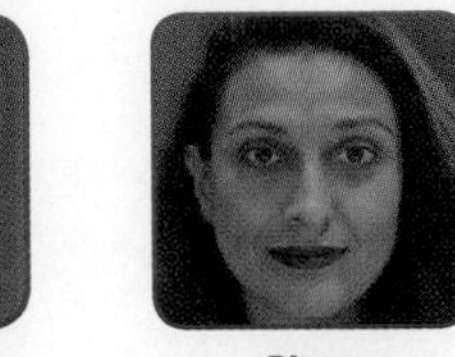
Diana

Éric

Fabiola

Johnny

Mariela

Mariela 1. ¿Necesita ayuda?
Aguayo 2. Si alguien desea ayudar…
Fabiola 3. Tengo una agenda muy llena.
Diana 4. Tengo una reunión con un cliente.
Éric 5. Tengo que ir al banco.
Johnny 6. Tengo que ir al dentista.

② For further practice, have students create questions based on the exercise. Point out the written difference between **¿por qué?** and **porque.** Ex: **¿Por qué Diana odia los fines de semana? Porque Diana discute con su familia.**

2 Relacionar Escribe oraciones que conecten las frases de las dos columnas usando **porque**.

f 1. Diana odia los fines de semana…
e 2. Diana quiere ir de compras con su hija…
c 3. Fabiola dice que tengan cuidado en las tiendas…
b 4. Fabiola no fue a la policía…
d 5. Aguayo pasará la aspiradora…
a 6. Aguayo no prueba los dulces…

a. está a dieta.
b. el ladrón usa la tarjeta de crédito menos que ella.
c. hace dos meses le robaron la tarjeta de crédito.
d. el señor que limpia está enfermo.
e. no quiere que gaste mucho dinero.
f. discute mucho con su familia.

③ To spark discussion, ask questions such as: **¿A quién le gustan los lunes? ¿Con quién sueles almorzar?**

Teaching option Have students role-play a situation between an employer and employee in which they must negotiate a work schedule. The company is understaffed and the employee is involved in many extracurricular activities.

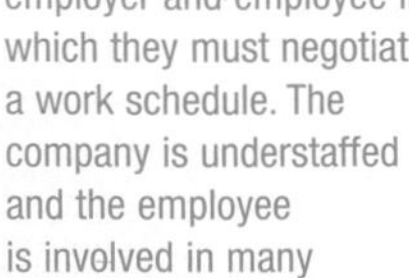

3 Seleccionar Selecciona la opción que expresa la misma idea.

1. Odio los lunes.
   (a.) No soporto los lunes. b. No detesto los lunes. c. Me gustan los lunes.
2. Tengo una agenda muy llena para el almuerzo.
   a. Tengo planeado un almuerzo. (b.) Tengo muchas tareas a la hora del almuerzo. c. No tengo mi agenda aquí.
3. Tienes lo que quieres.
   (a.) Tu deseo se cumplió. b. Tienes razón. c. Te quiero.
4. Lo mismo digo yo.
   a. ¡Ni modo! b. No creas. (c.) Estoy de acuerdo.

Practice more at **facetas.vhlcentral.com.**

Ampliación

4 **Excusas falsas** Aguayo pide ayuda para limpiar la oficina, pero sus compañeros le dan excusas. Escribe qué preguntas puede hacer Aguayo para descubrir sus mentiras. Después, en grupos de cinco, representen a los personajes y dramaticen la situación.

4 To model the activity, have students invent other situations in which they might need to make excuses. Ex: **Me mudo a otro apartamento este fin de semana. ¿Quién me puede ayudar?**

5 **Opiniones** En grupos de tres, contesten las preguntas. Si es posible, den ejemplos de la vida cotidiana.

1. ¿Es necesario a veces dar excusas falsas? ¿Por qué?
2. Describe una situación reciente en la que usaste una excusa falsa. ¿Por qué lo hiciste? ¿Se enteraron los demás?
3. ¿Es mejor decir la verdad siempre? ¿Por qué?

6 **Apuntes culturales** En parejas, lean los párrafos y contesten las preguntas.

6 Expand the discussion with additional questions. Ex: **¿Es importante tomar un descanso al mediodía? ¿Qué opinan de la siesta española? ¿Utilizan Internet para pagar las cuentas? ¿Creen que hacerlo les ahorra tiempo?**

La agenda diaria

¡Diana se queja de que no hay tiempo para nada! En muchos países hispanos, las horas del día se expresan utilizando números del 0 al 23. Muchas agendas en español usan este horario modelo, es decir que **10 p.m.** se indica **22:00** ó **22h.** ¡Pobre Diana! ¡Con tanto trabajo, necesita que el día tenga más horas!

La hora del almuerzo

Fabiola tiene una agenda muy ocupada para el almuerzo. En España y pueblos de Latinoamérica, este descanso suele ser de 13:00 a 16:00. Los que trabajan cerca vuelven a sus casas pero, en las grandes ciudades españolas, algunas personas lo aprovechan además para hacer mandados, compras o ir al gimnasio. ¿Qué tendrá que hacer Fabiola que sea más importante que limpiar la oficina?

¿Servicios bancarios en el supermercado?

Éric tiene que ir al banco a pedir un préstamo. En Hispanoamérica, la mayoría de los préstamos y los pagos de servicios se realizan en el banco. No obstante, en países como Argentina, Costa Rica y Perú, las cuentas de gas, electricidad y teléfono también se pueden pagar en el supermercado.

1. ¿Cómo se puede expresar *2 p.m.* y *8 p.m.* en español?
2. En tu país, ¿cuántas horas se toman normalmente los empleados para almorzar? ¿Qué hacen durante ese descanso?
3. ¿Cuáles son los horarios comerciales de la ciudad donde vives? ¿Te parecen suficientes?
4. ¿A qué hora sueles almorzar? ¿Dónde?
5. ¿Cómo pagas los servicios como electricidad y teléfono? ¿Te resulta conveniente tu método de pago? ¿Te gustaría poder pagarlos en el supermercado?

INSTRUCTIONAL RESOURCES
Supersite/DVD: Flash Cultura; **Supersite:** Script & Translation

En detalle

ESPAÑA

LA FAMILIA REAL

El Rey Juan Carlos I y la Reina Sofía salen de la Misa de Domingo de Ramos en Mallorca.

En 1948, el general Francisco Franco tomó bajo su tutela° al niño Juan Carlos de Borbón, que entonces tenía sólo diez años. Su plan era formarlo ideológicamente para que fuera su sucesor. En 1975, tras la muerte del dictador y en contra de todas las predicciones, lo primero que hizo Juan Carlos I fue trabajar para establecer la democracia en España.

La Familia Real española es una de las más queridas de las diez que todavía quedan en Europa. Juan Carlos I es famoso por su simpatía y su facilidad para complacer° a los ciudadanos españoles. Don Juan Carlos y doña Sofía llevan una vida sencilla, sin excesivos protocolos. Su vida diaria está llena de compromisos° sociales y políticos, pero siempre tienen un poco de tiempo para dedicarse a sus pasatiempos. La gran pasión del Rey son los deportes, especialmente el esquí y la vela, y participa en competiciones anuales, donde se destaca° por su destreza°. La Reina, por su parte, colabora en muchos proyectos de ayuda social y cultural.

Infanta Cristina

Sus tres hijos, las Infantas° Elena y Cristina y el Príncipe Felipe, se casaron y formaron sus propias familias. Mantienen las mismas costumbres sencillas de los Reyes. No es raro verlos de compras en los centros comerciales que están cerca de sus viviendas. Apasionados del deporte, como su padre, han participado en las más importantes competiciones y llevan una vida relativamente discreta. Don Juan Carlos y doña Sofía van de vacaciones todos los veranos a la isla de Mallorca y se los puede ver, como si se tratara de una familia más, comiendo en las terrazas de la isla junto a sus hijos y nietos. En esas ocasiones, los paseantes° no dudan en acercarse y saludarlos. Esta cercanía de los monarcas con los ciudadanos ha conseguido que la Corona° sea una de las instituciones más valoradas por los españoles. ■

Regatas reales
El Rey Juan Carlos da nombre a la regata **Copa del Rey**, que tiene lugar todos los años en Palma de Mallorca. Su esposa da nombre a la **Regata Princesa Sofía**. La realeza no sólo presta su nombre para estas competencias: el Rey Juan Carlos participa de ambas con su yate llamado *Bribón*.

tutela *protection* **complacer** *to please* **compromisos** *engagements* **se destaca** *he stands out* **destreza** *skill* **Infantas** *Princesses* **paseantes** *passers-by* **Corona** *Crown*

Teaching option Preview the reading by asking students what they already know about royal families. What kind of attitude would they expect from royalty? After reading the text, ask students to compare what they learned with their original expectations. **¿Qué les sorprende de la Familia Real española? ¿Es como la esperaban?**

ASÍ LO DECIMOS

La familia

mima (Cu.) *mom*
pipo (Cu.) *dad*
amá (Col.) *mom*
apá (Col.) *dad*
tata (Arg. y Chi.) *grandpa*
carnal (Méx.) *brother; friend*
carnala (Méx.) *sister*
carnalita (Méx.) *little sister*
m'hijo/a (Amér. L.) *exp. to address a son or daughter*
chavalo/a (Amér. C.) *boy/girl*
chaval(a) (Esp.) *boy/girl*

EL MUNDO HISPANOHABLANTE

Las compras diarias

En España, las grandes tiendas y también muchas tiendas pequeñas cierran los domingos. Por eso, los españoles realizan todas sus compras durante el resto de la semana. En algunos casos, las grandes tiendas, como El Corte Inglés, abren un domingo al mes. Las panaderías abren todos los días de la semana, ya que el pan es un producto imprescindible para los españoles.

En la región salvadoreña de Colonia la Sultana, el señor del pan pasa todos los días a las siete de la mañana con una canasta en la cabeza, repleta de pan fresco. Cuando las personas lo escuchan llegar, salen a la calle para comprarle pan. Los que se quedan dormidos, si quieren pan fresco, tienen que ir al pueblo de al lado.

En Argentina es muy común tomar soda (agua carbonatada). El sodero pasa una o dos veces por semana por las casas que solicitan entrega a domicilio. Se lleva los sifones° vacíos y deja sifones llenos.

PERFIL

LETIZIA ORTIZ

Letizia Ortiz nació en Oviedo el 15 de septiembre de 1972 en el seno de una familia trabajadora. Si alguien les hubiera dicho a sus padres que su hija iba a ser princesa, seguramente lo habrían tomado por loco. Esta joven inteligente y emprendedora° estudió periodismo y ejerció su profesión en algunos de los mejores medios españoles: el periódico *ABC*, y los canales CNN plus y TVE. Cuando se formalizó el compromiso° con el Príncipe Felipe, Letizia tuvo que dejar de trabajar y empezó un entrenamiento particular para ser princesa, ya que al casarse se convertiría en Princesa de Asturias. Su relación con el Príncipe se distingue por no haber respondido a la formalidad que se espera en estos casos. Poco antes de la boda, un periodista le preguntó: "¿Y cómo se declara un príncipe?", a lo que Letizia contestó: "Como cualquier hombre que quiere a una mujer".

"... a partir de ahora y de forma progresiva voy a integrarme y a dedicarme a esta nueva vida con las responsabilidades y obligaciones que conlleva." (Letizia Ortiz)

Conexión Internet

¿Qué tareas oficiales realiza Juan Carlos I como autoridad del gobierno español?

To research this topic, go to **facetas.vhlcentral.com.**

emprendedora *enterprising* **compromiso** *engagement* **sifones** *siphons*

El mundo hispanohablante Ask students: **¿Qué ventajas y desventajas presenta el hecho de que las tiendas no abran los domingos?**

① For additional practice, have students answer questions about their own leader. Ex: **¿La vida del Presidente/Primer Ministro se caracteriza por la formalidad? ¿Él es aficionado al deporte? ¿Dónde pasa las vacaciones de verano?**

¿Qué aprendiste?

1 ¿Cierto o falso? Indica si las oraciones son **ciertas** o **falsas**. Corrige las falsas.

1. El general Francisco Franco quería que Juan Carlos de Borbón fuera su sucesor. Cierto.
2. El general Franco trabajó mucho para establecer la democracia en España. Falso. El Rey Juan Carlos I trabajó mucho para establecer la democracia.
3. La vida de los Reyes se caracteriza por la formalidad y el protocolo. Falso. Los Reyes llevan una vida sencilla, sin excesivos protocolos.
4. El Rey Juan Carlos es muy aficionado a los deportes. Cierto.
5. La Reina participa en competiciones de esquí. Falso. La Reina colabora en muchos proyectos de ayuda social y cultural.
6. La Infanta Cristina es soltera. Falso. La Infanta Cristina está casada.
7. La Familia Real pasa las vacaciones de verano en Mallorca. Cierto.
8. A muchos españoles les gusta la Familia Real. Cierto.

2 Oraciones incompletas Completa las oraciones.

1. Los padres de Letizia Ortiz son de clase trabajadora.
2. Letizia estudió periodismo.
3. La Infanta Cristina es la hermana del Príncipe Felipe.
4. Felipe es el Príncipe de Asturias.
5. En España, las grandes tiendas abren un domingo al mes.
6. En México, usan la palabra *carnala* para referirse a una hermana.

3 Preguntas Contesta las preguntas. Some answers may vary.

1. ¿Cuál es una forma cariñosa de referirse al padre en Cuba? Una forma cariñosa de referirse al padre en Cuba es *pipo*.
2. ¿Por qué crees que Letizia Ortiz tuvo que dejar de trabajar como periodista al convertirse en princesa?
3. ¿A qué eventos deportivos dan nombre el Rey Juan Carlos y la Reina Sofía? Dan nombre a la Copa del Rey y a la Regata Princesa Sofía.
4. ¿Crees que es positivo o frívolo que el Rey de España participe en eventos deportivos? ¿Por qué?
5. Vuelve a leer la cita de Letizia Ortiz. ¿A qué responsabilidades y obligaciones crees que se refiere?
6. Muchos supermercados abren las 24 horas. ¿Crees que esto es necesario o crees que la gente está muy "malcriada" (*spoiled*)?

4 Opiniones En parejas, preparen dos listas. En una lista, anoten los elementos positivos de ser príncipe o princesa heredero/a y, en la otra, los elementos negativos que creen que puede tener. Guíense por estos planteamientos y otros.

- ¿Vale la pena ser rico y famoso si pierdes la vida privada?
- ¿Estarías dispuesto/a a guardar los modales las 24 horas del día?
- ¿Serías capaz de cumplir con todas las responsabilidades que conlleva este cargo?

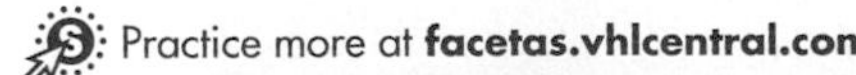

PROYECTO

A domicilio

Existen muchos servicios a domicilio que facilitan la vida diaria. Además del ejemplo del sodero en Argentina, están los paseadores de perros, los supermercados con entrega a domicilio y las empresas que nos permiten recibir libros o ropa por correo en casa.

Imagina que vas a crear una empresa para ofrecer un servicio a domicilio.

Usa esta guía para preparar un folleto (*brochure*) sobre tu empresa. Describe:

- el servicio que vas a ofrecer y cómo se llama
- las principales características de tu servicio
- cómo va a facilitar la vida diaria de tus clientes

② For additional practice with the readings, have students create three more sentences with missing words or phrases. Then have them exchange their sentences with a partner for completion.

Proyecto Have students do short presentations about their service.

Video: *Flash Cultura*

De compras por Barcelona

Hacer las compras tal vez te parezca una actividad aburrida y poco glamorosa, pero ¡te equivocas! En este episodio de **Flash Cultura** podrás pasear por el antiguo mercado de Barcelona y descubrir una manera distinta de elegir los mejores productos en tiendas especializadas.

VOCABULARIO ÚTIL

amplio/a *broad, wide*
el buñuelo *fritter*
el carrito *shopping cart*
la charcutería *delicatessen*
la gamba ***(Esp.)*** *shrimp*
los mariscos *seafood*
las patas traseras *hind legs*
el puesto *market stand*

Preparación ¿Qué productos españoles típicos conoces? ¿Cuál te gustaría más probar?

Comprensión Indica si estas afirmaciones son ciertas o falsas. Después, en parejas, corrijan las falsas.

1. Las Ramblas de Barcelona son amplias avenidas. Cierto.
2. En La Boquería debes elegir un carrito a la entrada y pagar toda la compra al final. Falso. En La Boquería no hay carritos y en cada parada se debe pagar la compra.
3. Hay distintos tipos de jamón serrano según la curación y la región. Cierto.
4. Barcelona ofrece una gran variedad de marisco y pescado fresco porque es un puerto marítimo. Cierto.
5. En España, la mayoría de las tiendas cierra al mediodía durante media hora. Falso. Las tiendas cierran durante tres horas.
6. Las panaderías abren todos los días menos los domingos. Falso. Las panaderías están abiertas también los domingos.

Expansión En parejas, contesten estas preguntas.

- ¿Prefieres hacer las compras en tiendas pequeñas y mercados tradicionales o en un supermercado normal? ¿Por qué?
- ¿Te levantas temprano para comprar el pan o algún otro producto los domingos? ¿Qué producto es tan esencial para la gente de tu país como el pan para los españoles?
- ¿Te parece bien que las tiendas cierren a la hora de la siesta? ¿Para qué usarías tú todo ese tiempo?

Practice more at **facetas.vhlcentral.com.**

Corresponsal: Mari Carmen Ortiz
País: España

La Boquería es un paraíso para los sentidos: olores de comida, el bullicio° de la gente, colores vivos se abren a tu paso mientras haces tus compras.

Hay tiendas que nunca cierran a la hora de comer: las tiendas de moda y los grandes almacenes°. Pero aún éstas tienen que cerrar tres domingos al mes.

El jamón serrano es una comida típica española y es servido con frecuencia en los bares de tapas°.

bullicio *hubbub* **almacenes** *department stores* **tapas** *Spanish appetizers*

INSTRUCTIONAL RESOURCES
Supersite: Textbook/SAM AK, Lab MP3s, Audioscripts
SAM/WebSAM: WB, LM

TALLER DE CONSULTA

MANUAL DE GRAMÁTICA
Más práctica

3.1 The preterite, p. A18
3.2 The imperfect, p. A19
3.3 The preterite vs. the imperfect, p. A20

Más gramática

3.4 Telling time, p. A21

¡ATENCIÓN!

In Spain, the present perfect (p. 188) is more commonly used to describe recent events.

Remind students that **c** changes to **qu** to maintain the hard consonant sound. Similarly, **g** changes to **gu** to maintain the soft consonant sound.

Note the need for written accents in order to avoid diphthongs. Ask students how these verbs would be pronounced if the accent marks were missing.

Point out that **–uir** verbs require written accents only in the **yo** and **Ud./él/ella** forms.

3.1 The preterite

- Spanish has two simple tenses to indicate actions in the past: the preterite (**el pretérito**) and the imperfect (**el imperfecto**). The preterite is used to describe actions or states that began or were completed at a definite time in the past.

The preterite of regular *-ar*, *-er*, and *-ir* verbs

comprar	vender	abrir
compré	vendí	abrí
compraste	vendiste	abriste
compró	vendió	abrió
compramos	vendimos	abrimos
comprasteis	vendisteis	abristeis
compraron	vendieron	abrieron

- The preterite tense of regular verbs is formed by dropping the infinitive ending (**-ar**, **-er**, **-ir**) and adding the preterite endings. Note that the endings of regular **-er** and **-ir** verbs are identical in the preterite tense.
- The preterite of all regular and some irregular verbs requires a written accent on the preterite endings in the **yo, usted, él,** and **ella** forms.

Ayer **empecé** un nuevo trabajo.
Yesterday I started a new job.

Mi mamá **preparó** una cena deliciosa.
My mom prepared a delicious dinner.

- Verbs that end in **-car, -gar**, and **-zar** have a spelling change in the **yo** form of the preterite. All other forms are regular.

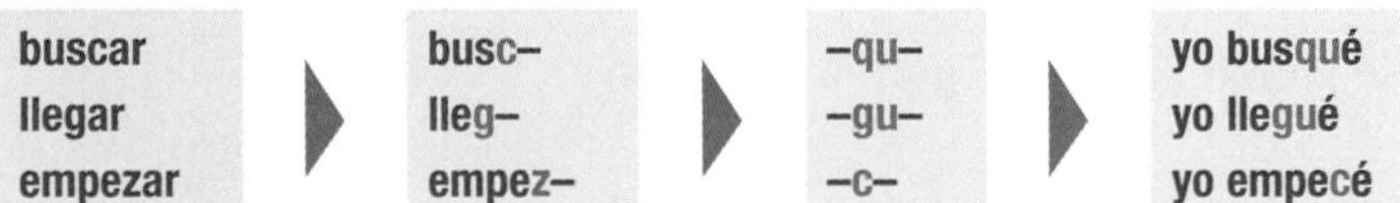

buscar	busc–	–qu–	yo busqué
llegar	lleg–	–gu–	yo llegué
empezar	empez–	–c–	yo empecé

- **Caer, creer, leer**, and **oír** change **-i-** to **-y-** in the third-person forms (**usted, él,** and **ella** forms and **ustedes, ellos,** and **ellas** forms) of the preterite. They also require a written accent on the **-i-** in all other forms.

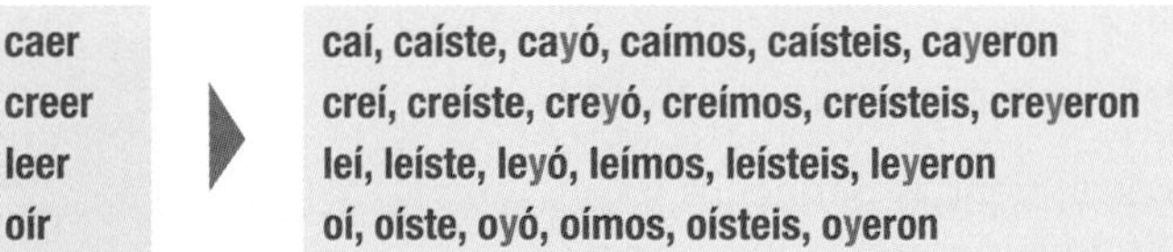

caer	caí, caíste, cayó, caímos, caísteis, cayeron
creer	creí, creíste, creyó, creímos, creísteis, creyeron
leer	leí, leíste, leyó, leímos, leísteis, leyeron
oír	oí, oíste, oyó, oímos, oísteis, oyeron

- Verbs with infinitives ending in **-uir** change **-i-** to **-y-** in the third-person forms of the preterite.

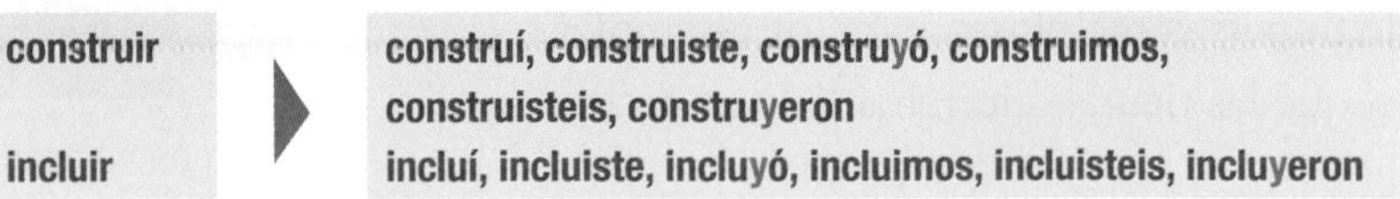

construir	construí, construiste, construyó, construimos, construisteis, construyeron
incluir	incluí, incluiste, incluyó, incluimos, incluisteis, incluyeron

- Stem-changing **-ir** verbs also have a stem change in the third-person forms of the preterite. Stem-changing **-ar** and **-er** verbs do not have a stem change in the preterite.

Preterite of *-ir* stem-changing verbs

pedir		dormir	
pedí	pedimos	dormí	dormimos
pediste	pedisteis	dormiste	dormisteis
pidió	pidieron	durmió	durmieron

- A number of **-er** and **-ir** verbs have irregular preterite stems. Note that none of these verbs takes a written accent on the preterite endings.

Les traje unos dulces para premiar su esfuerzo.

Por cierto, ¿no estuviste en el dentista?

Preterite of irregular verbs

Infinitive	u-stem	preterite forms
andar	anduv-	anduve, anduviste, anduvo, anduvimos, anduvisteis, anduvieron
estar	estuv-	estuve, estuviste, estuvo, estuvimos, estuvisteis, estuvieron
poder	pud-	pude, pudiste, pudo, pudimos, pudisteis, pudieron
poner	pus-	puse, pusiste, puso, pusimos, pusisteis, pusieron
saber	sup-	supe, supiste, supo, supimos, supisteis, supieron
tener	tuv-	tuve, tuviste, tuvo, tuvimos, tuvisteis, tuvieron
Infinitive	**i-stem**	**preterite forms**
hacer	hic-	hice, hiciste, hizo, hicimos, hicisteis, hicieron
querer	quis-	quise, quisiste, quiso, quisimos, quisisteis, quisieron
venir	vin-	vine, viniste, vino, vinimos, vinisteis, vinieron
Infinitive	**j-stem**	**preterite forms**
conducir	conduj-	conduje, condujiste, condujo, condujimos, condujisteis, condujeron
decir	dij-	dije, dijiste, dijo, dijimos, dijisteis, dijeron
traer	traj-	traje, trajiste, trajo, trajimos, trajisteis, trajeron

- Note that the stem of **decir (dij-)** not only ends in **j**, but the stem vowel **e** changes to **i**. In the **usted, él**, and **ella** form of **hacer (hizo)**, **c** changes to **z** to maintain the pronunciation. Most verbs that end in **-cir** have **j**-stems in the preterite.

¡ATENCIÓN!

Other **-ir** stem-changing verbs include:

conseguir	**repetir**
consentir	**seguir**
hervir	**sentir**
morir	**servir**
preferir	

¡ATENCIÓN!

Ser, ir, dar, and **ver** also have irregular preterites. The preterite forms of **ser** and **ir** are identical.

ser/ir
fui, fuiste, fue, fuimos, fuisteis, fueron

dar
di, diste, dio, dimos, disteis, dieron

ver
vi, viste, vio, vimos, visteis, vieron

The preterite of **hay** is **hubo**.

Hubo dos conciertos el viernes.
There were two concerts on Friday.

Have students conjugate **deshacer, oponer**, and **atraer**. Note that all verbs ending in **hacer, poner**, and **traer** are also irregular in the preterite.

Ask a volunteer to conjugate **producir** and **traducir**.

Teaching option In order to practice verbs in the preterite, throw a ball to one student in the room and shout out a verb and subject. The student must conjugate the verb in the preterite and then throw the ball to a classmate, calling out a different verb and subject.

Práctica

TALLER DE CONSULTA

MANUAL DE GRAMÁTICA
Más práctica

3.1 The preterite, p. A18

① Students can exchange papers and correct each other's work. They should refer to the verb lists on previous pages.

① For a drill, have students orally conjugate the verbs from the activity.

1 **Quehaceres** Escribe la forma correcta del pretérito de los verbos indicados.

1. El sábado pasado, mis compañeros de apartamento y yo __hicimos__ (hacer) la limpieza semanal.
2. Jorge __barrió__ (barrer) el suelo de la cocina.
3. Yo __pasé__ (pasar) la aspiradora por el salón.
4. Martín y Felipe __quitaron__ (quitar) los sillones para limpiarlos y después los __volvieron__ (volver) a poner en su lugar.
5. Yo __lavé__ (lavar) toda la ropa sucia y la __puse__ (poner) en el armario.
6. Nosotros __terminamos__ (terminar) con todo en menos de una hora.
7. Luego, Martín __abrió__ (abrir) el refrigerador.
8. Él __vio__ (ver) que no había nada de comer.
9. Felipe __dijo__ (decir) que iría al supermercado. Todos nosotros __decidimos__ (decidir) acompañarlo.
10. Yo __apagué__ (apagar) las luces y nosotros __fuimos__ (ir) al mercado.

② Remind students that **tener que** is always followed by an infinitive.

② Brainstorm three more words or phrases that indicate the past, such as **hace ____ años que, el mes pasado, en el año ____**, etc.

2 **¿Qué hicieron?** Combina elementos de cada columna para narrar lo que hicieron las personas.

MODELO Una vez, mis amigos y yo tuvimos que cocinar para cincuenta invitados.

anoche	**yo**	**conversar**	**¿?**
anteayer	**mi compañero/a de cuarto**	**dar**	**¿?**
ayer	**mis amigos/as**	**decir**	**¿?**
la semana pasada	**el/la profesor(a) de español**	**ir**	**¿?**
una vez	**mi novio/a**	**leer**	**¿?**
dos veces		**pedir**	**¿?**
		tener que	**¿?**

3 **La última vez** Con oraciones completas, indica cuándo fue la última vez que hiciste cada una de estas actividades. Da detalles en tus respuestas. Después comparte la información con la clase.

MODELO **ir al cine**
La última vez que fui al cine fue en abril. La película que vi fue *Alicia en el país de las maravillas*...

1. hacer mandados
2. decir una mentira
3. andar atrasado/a
4. olvidar algo importante
5. devolver un regalo
6. ir de compras
7. oír una buena/mala noticia
8. encontrar una ganga increíble
9. probarse ropa en una tienda
10. comprar algo muy caro

Teaching option For additional verb drills, divide the class into two groups. Give an infinitive to the class and have one student from each group go to the board and conjugate it in the preterite. Each team receives a point for a correct conjugation. The group with the most points wins.

Practice more at **facetas.vhlcentral.com.**

Comunicación

4 **La semana pasada** Recorre el salón de clase y averigua lo que hicieron tus compañeros durante la semana pasada. Anota el nombre de la primera persona que conteste que sí a cada una de las preguntas.

MODELO **ir al cine**
—¿Fuiste al cine durante la semana pasada?
—Sí, fui al cine y vi la última película de Almodóvar./No, no fui al cine.

Actividades	Nombre
1. asistir a un partido de fútbol	______
2. cocinar para los amigos	______
3. conseguir una buena nota en una prueba	______
4. dar un consejo (*advice*) a un(a) amigo/a	______
5. dormirse en clase o en el laboratorio	______
6. estudiar toda la noche para un examen	______
7. enojarse con un(a) amigo/a	______
8. incluir un álbum de fotos en Facebook	______
9. ir a la oficina de un(a) profesor(a)	______
10. ir al centro comercial	______
11. pedir dinero prestado	______
12. perder algo importante	______
13. probarse un vestido/un traje elegante	______

5 **Una fiesta** En parejas, túrnense para comentar la última fiesta que dieron o a la que asistieron.

- ocasión
- fecha y lugar
- organizador(a)
- invitados
- comida
- música
- actividades

6 **Anécdotas**

A. Escribe dos anécdodas divertidas o curiosas que te ocurrieron en el pasado.

MODELO Una vez fui a una entrevista muy importante con un zapato de cada color...

B. Presenta una de tus historias ante la clase. Después, la clase votará por la anéctoda más divertida e interesante.

(4) Have students report their own activities during the past week. They can start by saying **Pues yo...**

(4) Ask students which errands they usually run every month using the verb **soler**. Ex: **¿Suelen ir de compras?** Then preview the imperfect tense with **soler** to express habitual actions in the past. Ex: **Solía ir de compras todos los meses.**

(5) Ask students what they like to do when hosting a party.

INSTRUCTIONAL RESOURCES
Supersite: Textbook/SAM AK, Lab MP3s, Audioscripts
SAM/WebSAM: WB, LM

3.2 The imperfect

- The imperfect tense in Spanish is used to narrate past events without focusing on their beginning, end, or completion.

El recado decía que él estaba enfermo.

Siempre tenía problemas con la aspiradora.

- The imperfect tense of regular verbs is formed by dropping the infinitive ending (**-ar, -er, -ir**) and adding personal endings. **-Ar** verbs take the endings **-aba, -abas, -aba, -ábamos, -abais, -aban. -Er** and **-ir** verbs take **-ía, -ías, -ía, -íamos, -íais, -ían**.

The imperfect of regular *-ar*, *-er*, and *-ir* verbs

caminar	deber	abrir
caminaba	debía	abría
caminabas	debías	abrías
caminaba	debía	abría
caminábamos	debíamos	abríamos
caminabais	debíais	abríais
caminaban	debían	abrían

Remind students that progressive forms are less common in Spanish than in English. Ex: **Camino al banco.** *I am walking to the bank.* **Caminaba al banco.** *I was walking to the bank.*

- **Ir, ser,** and **ver** are the only verbs that are irregular in the imperfect.

The imperfect of irregular verbs

ir	ser	ver
iba	era	veía
ibas	eras	veías
iba	era	veía
íbamos	éramos	veíamos
ibais	erais	veíais
iban	eran	veían

- The imperfect tense narrates what was going on at a certain time in the past. It often indicates what was happening in the background.

  Cuando yo **era** joven, **vivía** en una ciudad muy grande. Todas las semanas, mis padres y yo **íbamos** al centro comercial.
  When I was young, I lived in a big city. Each week, my parents and I went to the mall.

- The imperfect of **hay** is **había**.

  Había tres cajeros en el supermercado.
  There were three cashiers in the supermarket.

  Sólo **había** un mesero en el café.
  There was only one waiter in the café.

- These words and expressions are often used with the imperfect because they express habitual or repeated actions: **de niño/a** (*as a child*), **todos los días** (*every day*), **mientras** (*while*), **siempre** (*always*).

  De niño, vivía en un barrio de Madrid.
  As a child, I lived in a Madrid neighborhood.

  Todos los días iba a la casa de mi abuela.
  Every day I went to my grandmother's house.

  Siempre escuchaba música **mientras corría** en el parque.
  I always listened to music while I ran in the park.

Siempre dormía muy mal.
Nunca podía relajarme.
Estaba desesperado; no sabía qué hacer.
Ahora, mis problemas están
resueltos con mi nueva cama.
DORMALUX
LA CAMA DE TUS SUEÑOS

Teaching option Have students search the Internet for a biography of a famous person and find out what his/her life was like in the past. Have them report results to the class.

Práctica

TALLER DE CONSULTA

MANUAL DE GRAMÁTICA
Más práctica

3.2 The imperfect, p. A19

① Point out that the imperfect is usually used to give someone's age in the past.

① Ask students: **De niños/as, ¿vivían en otra ciudad? ¿Cómo era su vida diaria allá?**

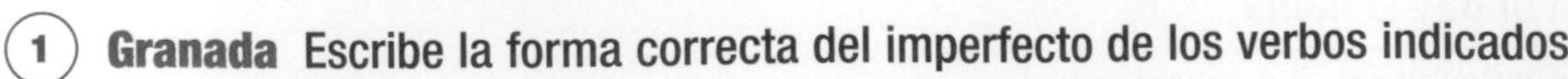

① **Granada** **Escribe la forma correcta del imperfecto de los verbos indicados.**

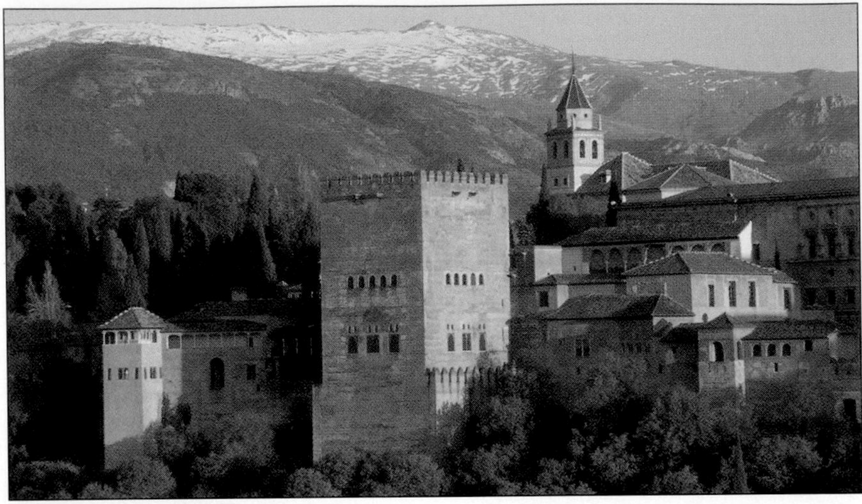

Granada, en el sur de España

Cuando yo (1) ___tenía___ (tener) veinte años, estuve en España por seis meses. (2) ___Vivía___ (vivir) en Granada, una ciudad de Andalucía. (3) ___Era___ (ser) estudiante en un programa de español para extranjeros. Entre semana, mis amigos y yo (4) ___estudiábamos___ (estudiar) español por las mañanas. Por las tardes, (5) ___visitábamos___ (visitar) los lugares más interesantes de la ciudad para conocerla mejor. Los fines de semana, nosotros (6) ___íbamos___ (ir) de excursión. (Nosotros) (7) ___Visitábamos___ (visitar) ciudades y pueblos nuevos. Los paisajes (8) ___eran___ (ser) maravillosos. Quiero volver pronto.

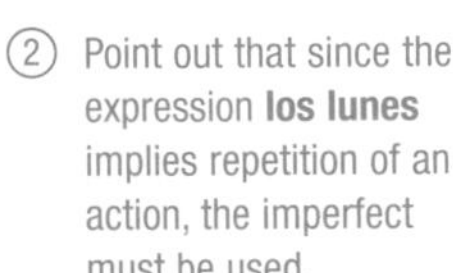

② Point out that since the expression **los lunes** implies repetition of an action, the imperfect must be used.

② **Antes** **En parejas, túrnense para hacerse preguntas usando estas frases. Sigan el modelo.**

MODELO **levantarse tarde los lunes**
—¿Te levantas tarde los lunes?
—Ahora sí, pero antes nunca me levantaba tarde los lunes./Ahora no, pero antes siempre me levantaba tarde los lunes.

1. hacer los quehaceres del hogar
2. usar una agenda
3. ir de compras al centro comercial
4. pagar con tarjeta de crédito
5. trabajar por las tardes
6. preocuparse por el futuro

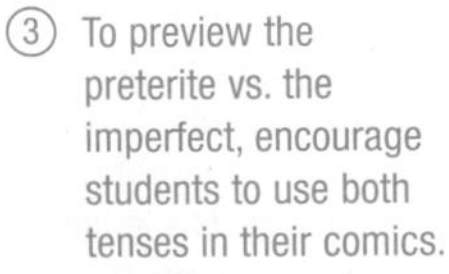

③ To preview the preterite vs. the imperfect, encourage students to use both tenses in their comics.

③ **Una historieta** **En grupos de tres, creen una pequeña historieta (*comic*) explicando cómo era la vida diaria de un héroe o una heroína. Después, presenten sus historietas a la clase.**

MODELO Superchica era una niña con un poder muy peculiar: podía volar...

Practice more at **facetas.vhlcentral.com.**

Comunicación

4 De niños

A. Busca en la clase compañeros/as que hacían estas cosas cuando eran niños/as. Escribe el nombre de la primera persona que conteste afirmativamente cada pregunta.

MODELO **ir mucho al parque**
—¿Ibas mucho al parque?
—Sí, iba mucho al parque.

¿Qué hacían?	Nombre
1. tener miedo de los monstruos	__________
2. llorar todo el tiempo	__________
3. siempre hacer su cama	__________
4. ser muy travieso/a (*mischievous*)	__________
5. romper los juguetes (*toys*)	__________
6. darles muchos regalos a sus padres	__________
7. comer muchos dulces	__________
8. creer en fantasmas	__________

B. Ahora, comparte con la clase los resultados de tu búsqueda.

④ Have students also state how old they were at the time. Ex: **Cuando tenía cinco años, iba mucho al parque.**

5 Antes y ahora En parejas, comparen cómo ha cambiado la vida de Andrés en los últimos años. ¿Cómo era antes? ¿Cómo es ahora? Preparen una lista de por lo menos seis diferencias.

antes

ahora

⑤ Ask volunteers to bring "then and now" photos of themselves (or celebrities). Have them use the imperfect and the present tense to describe themselves in the past and present.

6 En aquel entonces

A. Utiliza el imperfecto para escribir un párrafo sobre la vida diaria de un(a) pariente tuyo/a que creció (*grew up*) en otra época. ¿Cómo era su vida cotidiana? ¿Qué solía hacer para divertirse?

B. Ahora comparte tu párrafo con un(a) compañero/a. Pregúntense sobre los personajes y comparen la vida diaria de aquel entonces con la de hoy. ¿En qué aspectos era mejor la vida diaria hace veinte años? ¿Hace cincuenta años? ¿Hace dos siglos (*centuries*)? ¿En qué aspectos era peor?

⑥ Ask heritage speakers to include details about their families' countries of origin.

Teaching option Find news articles in Spanish on the Internet. Have students work in pairs to identify the preterite and imperfect tenses.

INSTRUCTIONAL RESOURCES
Supersite: Textbook/SAM AK, Lab MP3s, Audioscripts
SAM/WebSAM: WB, LM

3.3 The preterite vs. the imperfect

- Although the preterite and imperfect both express past actions or states, the two tenses have different uses and, therefore, are not interchangeable.

¿Cómo lograste encender la aspiradora? Antes no funcionaba.

Uses of the preterite

- To express actions or states viewed by the speaker as completed

  Compraste los muebles hace un mes.
  You bought the furniture a month ago.

  Mis amigas **fueron** al centro comercial ayer.
  My friends went to the mall yesterday.

- To express the beginning or end of a past action

  La telenovela **empezó** a las ocho.
  The soap opera began at eight o'clock.

  El café **se acabó** enseguida.
  The coffee ran out right away.

- To narrate a series of past actions

  Me levanté, **me arreglé** y **fui** a clase.
  I got up, got ready, and went to class.

  Se sentó, **tomó** el bolígrafo y **escribió**.
  He sat down, grabbed the pen, and wrote.

Uses of the imperfect

Point out that, when referring to a person's age in the past, the imperfect is almost always used. Ex: **Tenía treinta años cuando llegó a este país.**

Remind students that **soler** means *to usually do something.* Point out that **soler** is used in the imperfect because its meaning implies repetition. Ask personalized questions to practice the use of **soler** with infinitives.

- To describe an ongoing past action without reference to beginning or end

  Se acostaba muy temprano.
  He went to bed very early.

  Juan **tenía** pesadillas constantemente.
  Juan constantly had nightmares.

- To express habitual past actions

  Me **gustaba** jugar al fútbol los domingos por la mañana.
  I used to like to play soccer on Sunday mornings.

  Solían comprar las verduras en el mercado.
  They used to shop for vegetables in the market.

- To describe mental, physical, and emotional states or conditions

  José Miguel sólo **tenía** quince años en aquel entonces.
  José Miguel was only fifteen years old at that time.

  Estaba tan hambriento que quería comerme un pollo entero.
  I was so hungry that I wanted to eat a whole chicken.

- To tell time

  Eran las ocho y media de la mañana.
  It was eight thirty a.m.

  Era la una en punto.
  It was exactly one o'clock.

TALLER DE CONSULTA

To review telling time, see **Manual de gramática**, **3.4**, p. A21.

Uses of the preterite and imperfect together

- When narrating in the past, the imperfect describes what *was happening*, while the preterite describes the action that *interrupts* the ongoing activity. The imperfect provides background information, while the preterite indicates specific events that advance the plot.

Había una vez un lobo que **era** muy pacífico y bueno. Un día, el lobo **caminaba** por el bosque cuando, de repente, una niña muy malvada que **se llamaba** Caperucita Roja **apareció** de entre los árboles. El lobo, asustado, **comenzó** a correr, pero Caperucita **corría** tan rápido que, al final, **atrapó** al lobo y se lo **comió**. La abuela de Caperucita no **sabía** lo malvada que **era** su nieta. Nunca nadie **supo** qué le **pasó** al pobre lobito.

*Once upon a time, there **was** a wolf that **was** very peaceful and kind. One day, the wolf **was walking** through the forest when, all of a sudden, a very wicked little girl, who **was called** Little Red Riding Hood, **appeared** amongst the trees. The wolf, frightened, **started** to run, but Little Red Riding Hood **was running** so fast that, in the end, she **caught** the wolf and **ate** him up. Little Red Riding Hood's grandmother **didn't know** how wicked her granddaughter **was**. No one ever **found out** what **happened** to the poor little wolf.*

Different meanings in the imperfect and preterite

Quise encender
la aspiradora, pero
no pude.

- The verbs **querer, poder, saber,** and **conocer** have different meanings when they are used in the preterite. Notice also the meanings of **no querer** and **no poder** in the preterite.

INFINITIVE	IMPERFECT	PRETERITE
querer	**Quería acompañarte.** *I wanted to go with you.*	**Quise acompañarte.** *I tried to go with you (but failed).* **No quise acompañarte.** *I refused to go with you.*
poder	**Ana podía hacerlo.** *Ana could do it.*	**Ana pudo hacerlo.** *Ana succeeded in doing it.* **Ana no pudo hacerlo.** *Ana could not do it.*
saber	**Ernesto sabía la verdad.** *Ernesto knew the truth.*	**Por fin Ernesto supo la verdad.** *Ernesto finally discovered the truth.*
conocer	**Yo ya conocía a Andrés.** *I already knew Andrés.*	**Yo conocí a Andrés en la fiesta.** *I met Andrés at the party.*

¡ATENCIÓN!

Here are some useful sequencing expressions.

primero *first*
al principio *in the beginning*
antes (de) *before*
después (de) *after*
mientras *while*
entonces *then*
luego *then; next*
siempre *always*
al final *finally*
la última vez *the last time*

¡ATENCIÓN!

The imperfect progressive is also used to describe a past action that was in progress, but was interrupted by an event. Both **el lobo caminaba por el bosque** and **el lobo estaba caminando por el bosque** are correct.

For visual learners, draw a time line on the board. Read the model and make marks in one color to show completed actions in the past. Then shade the areas in between with a different color and point out that the imperfect describes ongoing action in the past.

Stress that the imperfect of **poder** describes what a person *was capable of*, whether or not he/she tried. The preterite of **poder** describes what someone *did (not) manage* or *succeed to do.*

Teaching option Ask students to bring in Spanish newspaper or magazine articles that narrate past events. In pairs, have them highlight verbs in the preterite and imperfect, and match them to the uses described in this grammar point.

Práctica

TALLER DE CONSULTA

MANUAL DE GRAMÁTICA
Más práctica

3.3 The preterite vs. the imperfect, p. A20

(1) Model by having a volunteer complete the first sentence.

(1) If appropriate, discuss why each sentence takes the preterite or imperfect. Discuss how changing the past tense from preterite to imperfect, and vice versa, changes the meaning of the sentence.

(2) Have students ask questions of their classmates based on the exercise. Ex: **¿Qué hacías cuando el médico llamó?**

(3) Remind students how to write dates in Spanish.

Teaching option On the board, write **Iba a ____, pero al final ____.** Have volunteers create sentences about what they were going to do and what really happened. Ex: **Iba a llamar a mis padres, pero al final decidí salir con mis amigos.**

1 Una cena especial Elena y Francisca tenían invitados para cenar y lo estaban preparando todo. Completa las oraciones con el imperfecto o el pretérito de estos verbos. Puedes usar los verbos más de una vez.

averiguar	**haber**	**ofrecerse**	**salir**
decir	**levantarse**	**pasar**	**ser**
estar	**limpiar**	**preparar**	**terminar**
freír	**llamar**	**quitar**	**tocar**

1. __Eran__ las ocho cuando Francisca y Elena __se levantaron__ para preparar todo.
2. Elena __pasaba__ la aspiradora cuando Felipe la __llamó__ para preguntar la hora de la cena. Le __dijo__ que __era__ a las diez y media.
3. Francisca __preparaba__ las tapas en la cocina. Todavía __era__ temprano.
4. Mientras Francisca __freía__ las papas en aceite, Elena __limpiaba__ la sala.
5. Elena __quitaba__ el polvo de los muebles cuando su madre __tocó__ el timbre. ¡__Fue__ una visita sorpresa!
6. Su madre __se ofreció__ a ayudar. Elena __dijo__ que sí.
7. Cuando Francisca __terminó__ de hacer las tapas, __averiguó__ que no __había__ suficientes refrescos. Francisca __salió__ al supermercado.
8. Cuando por fin __terminaron__, ya __eran__ las nueve. Todo __estaba__ listo.

2 Interrupciones Combina palabras y frases de cada columna para contar lo que hicieron estas personas. Usa el pretérito y el imperfecto.

MODELO Ustedes miraban la tele cuando el médico llamó.

yo	**dormir**	**usted**	**llamar por teléfono**
tú	**comer**	**el/la médico/a**	**salir**
Marta y Miguel	**escuchar música**	**la policía**	**sonar**
nosotros	**mirar la tele**	**la alarma**	**recibir el mensaje**
Paco	**conducir**	**los amigos**	**ver el accidente**
ustedes	**ir a...**	**Juan Carlos**	**tocar el timbre**

3 Las fechas importantes

A. Escribe cuatro fechas importantes en tu vida y explica qué pasó.

MODELO

Fecha	¿Qué pasó?	¿Dónde y con quién estabas?	¿Qué tiempo hacía?
el 6 de agosto de 2010	Conocí a Lady Gaga.	Estaba en el gimnasio con un amigo.	Llovía mucho.

B. Intercambia tu información con tres compañeros/as. Ellos/as te van a hacer preguntas sobre lo que te pasó.

Practice more at **facetas.vhlcentral.com.**

Comunicación

④ **La mañana de Esperanza**

A. En parejas, observen los dibujos. Escriban lo que le pasó a Esperanza después de abrir la puerta de su casa. ¿Cómo fue su mañana? Utilicen el pretérito y el imperfecto en la narración.

1\.

2\.

3\.

4\.

B. Con dos parejas más, túrnense para presentar las historias que han escrito. Después, combinen sus historias para hacer una nueva.

⑤ **Síntesis** En grupos de cuatro, turnénse para pasarse una hoja de papel. Cada uno/a escribe una oración con el fin de narrar un cuento sobre un día extraordinario en el que la rutina diaria se vio interrumpida por una serie de eventos inesperados. Después, presenten sus cuentos a la clase. Utilicen el pretérito, el imperfecto y el vocabulario de esta lección. Sean creativos/as.

MODELO

—El día empezó como cualquier otro día...
—Me levanté, me arreglé y salí para la clase de las nueve...
—Caminaba por la avenida central como siempre, cuando, de repente, en medio de la calle, vi algo horroroso, algo que me hizo temblar de miedo...

④ Remind students that the imperfect is used to tell time in the past.

④ Suggested answers:
1. Abrió la puerta. Salió a la calle. Estaba nublado. Eran las diez y media de la mañana.
2. Mientras caminaba por la calle, empezó a llover. Eran las once menos dieciséis.
3. Cuando llegó al supermercado, estaba lloviendo mucho. Eran las once.
4. Llegó a su casa a las once y media. Empezó a preparar el almuerzo.

⑤ Before completing the activity, review transition words and their corresponding past tenses with the class.

Teaching option Using comic strips or series of photos, have students use the preterite and imperfect to describe what happened in the pictures.

Antes de ver el corto

INSTRUCTIONAL RESOURCES
Supersite/DVD: Film Collection
Supersite: Script & Translation

ADIÓS MAMÁ

país México
duración 7 minutos
director Ariel Gordon
protagonistas hombre joven, señora

Vocabulario

afligirse *to get upset*
el choque *crash*
despedirse (e:i) *to say goodbye*
las facciones *facial features*
parecerse *to look like*
repentino/a *sudden*
el timbre *tone of voice*
titularse *to graduate*

1 **Practicar** Completa cada una de las rimas usando el vocabulario del corto.

1. Cuando Anabel tiene un problema, se aflige, pero nunca lo corrige.
2. ¡Qué buen actor! Sus facciones siempre reflejan sus acciones.
3. ¡Pobre don Roque! Compró carro nuevo y a los dos días tuvo un choque.
4. No me gusta el timbre de voz de ese hombre.
5. ¡Qué estilos tan variados! Las pinturas son trece y ninguna se parece.
6. Le faltan muchos cursos. Si no decide apurarse (*hurry up*), nunca va a titularse.

2 **Comentar** En parejas, intercambien opiniones sobre las preguntas.

② Ask additional questions. Ex: **¿Crees que puede ser peligroso hablar con un desconocido? ¿En qué situación hablarían con un desconocido? ¿Creen que es más fácil hablar con un desconocido en una gran ciudad o en un pueblo pequeño?**

1. ¿Hablan con desconocidos en algunas ocasiones? ¿En qué situaciones?
2. Según su título, ¿de qué creen que va a tratar el corto?
3. ¿En qué lugares es más fácil o frecuente hablar con gente que no conocen? Den dos o tres ejemplos.
4. ¿A veces son ingenuos/as? ¿Se creen historias falsas? Den ejemplos.
5. ¿Alguna vez les sucedió algo interesante o divertido en un supermercado? ¿Qué sucedió?
6. Observen los fotogramas. ¿Qué creen que va a pasar en este cortometraje?

 Practice more at **facetas.vhlcentral.com.**

Short Film

Adiós Mamá

Premio especial del Jurado, Semana Internacional de Cine Experimental de Valladolid, España

Una producción de CONACULTA/INSTITUTO MEXICANO DE CINEMATOGRAFÍA Guión y Dirección ARIEL GORDON
Producción JAVIER BOURGES Producción ejecutiva PATRICIA RIGGEN
Fotografía SANTIAGO NAVARRETE Edición CARLOS SALCES Música GERARDO TAMEZ
Sonido SANTIAGO NÚÑEZ/NERIO BARBERIS
Arte FERNANDO MERI/AARÓN NIÑO CÁMARA
Actores DANIEL GIMÉNEZ CACHO/DOLORES BERISTAIN/PATRICIA AGUIRRE/PACO MORAYTA

Escenas

ARGUMENTO Un hombre está en el supermercado. En la fila para pagar, la señora que está delante de él le habla.

Synopsis In this award-winning short film, a man is grocery shopping alone on an ordinary day when a chance meeting makes him the focus of an elderly woman's existential conflict, with a surprising result.

Preview Read and discuss the dialogue before viewing the film. Ask: **¿Por qué no termina el cortometraje en la quinta escena? ¿Cuál será el problema en la sexta escena?**

Teaching option While viewing the film, ask students to pay close attention to the characters' facial expressions and their own reactions to the characters' emotions.

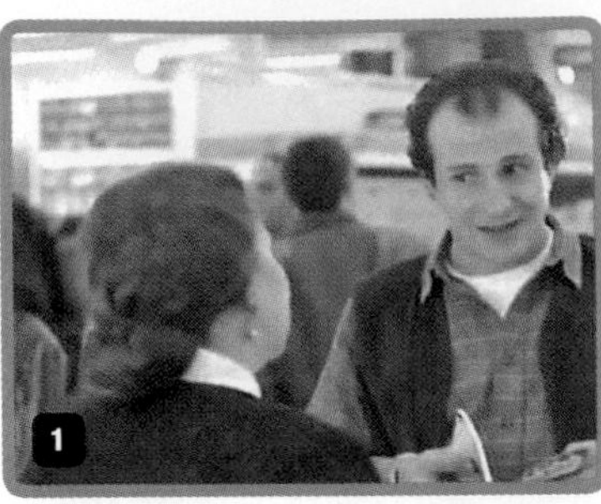

SEÑORA Se parece a mi hijo. Realmente es igual a él.
HOMBRE Ah, pues no, no sé qué decir.

SEÑORA Murió en un choque. El otro conductor iba borracho. Si él viviera, tendría la misma edad que usted.
HOMBRE Por favor, no llore.

SEÑORA ¿Sabe? Usted es su doble. Bendito sea el Señor que me ha permitido ver de nuevo a mi hijo. ¿Le puedo pedir un favor?
HOMBRE Bueno.

SEÑORA Nunca tuve oportunidad de despedirme de él. Su muerte fue tan repentina. ¿Al menos podría llamarme "mamá" y decirme adiós cuando me vaya?

SEÑORA ¡Adiós, hijo!
HOMBRE ¡Adiós, mamá!
SEÑORA ¡Adiós, querido!
HOMBRE ¡Adiós, mamá!

CAJERA No sé lo que pasa, la máquina desconoce el artículo. Espere un segundo a que llegue el gerente.
(*El gerente llega y ayuda a la cajera.*)

Después de ver el corto

1 **Comprensión** Contesta las preguntas con oraciones completas.

1. ¿Dónde están los personajes? Están en un supermercado.
2. ¿Qué relación hay entre el hombre y la señora? Ninguna. Ellos no se conocen.
3. ¿A quién se parece físicamente el hombre? Se parece al hijo de la señora.
4. ¿Por qué no pudo despedirse la señora de su hijo? Porque el hijo murió en un choque.
5. ¿Qué favor le pide la señora al hombre? Le pide que le diga "adiós, mamá" al salir.
6. ¿Cuántas compras tiene que pagar el hombre? ¿Por qué? El hombre tiene que pagar dos compras porque también tiene que pagar por lo que compró la señora.

① Ask students to write a brief summary of the film, based on their answers.

2 **Ampliación** En parejas, háganse las preguntas.

1. ¿Les pasó a ustedes o a alguien que conocen algo similar alguna vez? Expliquen.
2. ¿Qué hacen si alguien se les acerca (*approaches*) en el supermercado y les pide este favor?
3. ¿Qué creen que sucedió realmente al final? ¿Tuvo que pagar la cuenta completa el hombre? ¿Tuvo que intervenir la policía?
4. Después de lo que sucedió, ¿qué consejos puede darles el hombre a sus amigos?

② Ask the class to think about strangers in modern-day society. Ex: **¿Cómo distingues a una persona que necesita ayuda de un impostor? ¿Se puede confiar en un desconocido?**

3 **Inventar** En parejas, lean lo que dice la mujer e imaginen que el hijo ficticio nunca tuvo un accidente y, por lo tanto, no murió. ¿Qué le pasó? ¿Cómo fue su vida? ¿Visitaba a su madre con frecuencia? Escriban un párrafo de diez líneas.

> **"Murió en un choque. El otro conductor iba borracho. Si él viviera, tendría la misma edad que usted. Se habría titulado y probablemente tendría una familia. Yo sería abuela."**

4 **Imaginar** En parejas, describan la vida de uno los personajes del corto. Escriban por lo menos cinco oraciones, usando como base las preguntas.

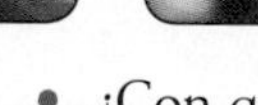
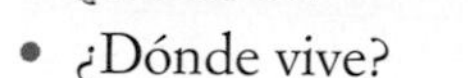

- ¿Cómo es?
- ¿Dónde vive?
- ¿Con quién vive?
- ¿Qué le gusta?
- ¿Qué no le gusta?
- ¿Tiene dinero?

④ Have students make a list of the qualities that they associate with each character.

④ Ask students to be creative and invent a backstory for the characters. Ex: **¿Cómo eran de jóvenes? ¿Pasó algo que cambió la vida de estas personas?**

5 **Detective** El joven está contándole a un(a) detective lo que pasó en el supermercado. En parejas, uno/a de ustedes es el/la detective y el/la otro/a es el hombre. Preparen el interrogatorio (*interrogation*) y represéntenlo delante de la clase.

6 **Notas** Ahora, imagina que eres el/la detective y escribe un informe (*report*) de lo que pasó. Tiene que ser un informe lo más completo posible. Puedes inventar los datos que tú quieras.

⑥ Encourage students to use active vocabulary from the film.

Practice more at **facetas.vhlcentral.com.**

La siesta, 1943
Antonio Berni, Argentina

"Tras el vivir y el soñar, está lo que más importa: el despertar."

— Antonio Machado

Antes de leer

Autorretrato

Sobre la autora

Rosario Castellanos nació en la ciudad de México en 1925 y murió en Tel Aviv, Israel, en 1974, mientras se desempeñaba como (*worked as*) embajadora de México en ese país. Estudió filosofía en México y realizó estudios de estética y estilística en España. Escribió poesía, narrativa y ensayos, y también colaboró con diarios y revistas especializadas de México y del extranjero. Tres de sus obras —su primera novela, *Balún Canán*; el libro de cuentos *Ciudad Real* y su segunda novela, *Oficio de tinieblas*— conforman la principal trilogía de temática indigenista mexicana del siglo XX. El otro tema central de su obra son las mujeres. Su obra poética se encuentra reunida en el libro titulado *Poesía no eres tú*, publicado en 1972. Sus poemas se caracterizan por su estilo sencillo, en el que se presenta lo cotidiano con humor e inteligencia.

Tell students that the title *Poesía no eres tú* makes reference to the famous line *Poesía eres tú* in the poem "¿Qué es poesía?" by Gustavo Adolfo Bécquer.

Vocabulario

acariciar *to caress*	**el autorretrato** *self-portrait*	**llorar** *to cry*
acaso *perhaps*	**feliz** *happy*	**lucir** *to wear, to display*
arduo/a *hard*	**el llanto** *weeping; crying*	**el maquillaje** *make-up*

Variación léxica
acaso ⟷ quizá(s)
arduo/a ⟷ difícil
feliz ⟷ alegre; contento/a

Vocabulario Completa las oraciones.

1. En este _autorretrato_, María _luce_ un vestido que era de su abuela.
2. No me gusta ponerme _maquillaje_ en los ojos porque me hace _llorar_.
3. La madre escuchó el _llanto_ del bebé y enseguida se acercó a _acariciar_ su cabecita.
4. Aunque el trabajo es _arduo_, estoy _feliz_ de tener mi propia empresa.

Conexión personal Imagina que tienes que hacer una presentación sobre ti mismo/a titulada "Autorretrato". ¿Prefieres describirte con palabras relacionadas con tus estudios, con tu trabajo, con tu personalidad, con lo que te hace feliz, con lo que te hace llorar? ¿Por qué?

Conexión personal For expansion, ask students: **Imagina que un(a) amigo/a hace una presentación sobre ti: ¿qué palabras incluirá?**

Análisis literario: La poesía conversacional

Los términos "poesía conversacional" o "poesía coloquial" se refieren a un tipo de poesía que surgió durante los últimos cincuenta años y se caracteriza por su claridad, por su tono coloquial e intimista, por buscar un acercamiento al lector a través de referencias a lo cotidiano, y por romper con el estilo abstracto y menos accesible de movimientos poéticos anteriores. Otra característica de este género es la desmitificación del poeta, quien deja de ser una figura subida a un pedestal y alejada de la realidad cotidiana de los lectores. No se trata en sí de un movimiento literario claramente definido, sino que distintos poetas recorrieron caminos diferentes hasta converger en este estilo coloquial e intimista. A medida que lees *Autorretrato,* presta atención a las características de la poesía conversacional en el poema.

Análisis literario Give students examples of conversational poets and ask them to research their biographies. Some conversational poets are: Mario Benedetti, Juan Gelman, Jaime Sabines, Roberto Fernández Retamar.

 Practice more at **facetas.vhlcentral.com.**

Autorretrato

Rosario Castellanos

Autorretrato con pelo cortado, 1940
Frida Kahlo, México

Yo soy una señora: tratamiento° arduo de conseguir, en mi caso, y más útil para alternar con los demás que un título extendido a mi nombre en cualquier academia.

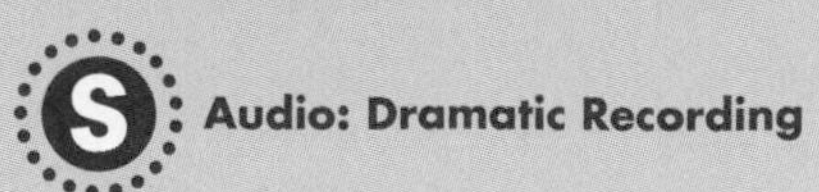

Así, pues, luzco mi trofeo y repito:
yo soy una señora. Gorda o flaca
según las posiciones de los astros°,
los ciclos glandulares
y otros fenómenos que no comprendo.

Rubia, si elijo una peluca rubia.
O morena, según la alternativa.
(En realidad, mi pelo encanece°, encanece.)

Soy más o menos fea. Eso depende mucho
de la mano que aplica el maquillaje.

Mi apariencia ha cambiado a lo largo del tiempo
—aunque no tanto como dice Weininger
que cambia la apariencia del genio—. Soy mediocre.
Lo cual, por una parte, me exime de° enemigos
y, por la otra, me da la devoción
de algún admirador y la amistad
de esos hombres que hablan por teléfono
y envían largas cartas de felicitación.
Que beben lentamente whisky sobre las rocas
y charlan de política y de literatura.

Amigas… hmmm… a veces, raras veces
y en muy pequeñas dosis.
En general, rehuyo° los espejos.
Me dirían lo de siempre: que me visto muy mal
y que hago el ridículo
cuando pretendo coquetear con alguien.

Soy madre de Gabriel: ya usted sabe, ese niño
que un día se erigirá en° juez inapelable
y que acaso, además, ejerza de verdugo°.
Mientras tanto lo amo.

Escribo. Este poema. Y otros. Y otros.
Hablo desde una cátedra°.
Colaboro en revistas de mi especialidad
y un día a la semana publico en un periódico.

Vivo enfrente del Bosque. Pero casi
nunca vuelvo los ojos para mirarlo. Y nunca
atravieso° la calle que me separa de él
y paseo y respiro y acaricio
la corteza rugosa° de los árboles.

Sé que es obligatorio escuchar música
pero la eludo° con frecuencia. Sé
que es bueno ver pintura
pero no voy jamás a las exposiciones
ni al estreno teatral ni al cine-club.

Prefiero estar aquí, como ahora, leyendo
y, si apago la luz, pensando un rato
en musarañas° y otros menesteres°.

Sufro más bien por hábito, por herencia, por no
diferenciarme más de mis congéneres°
que por causas concretas.

Sería feliz si yo supiera cómo.
Es decir, si me hubieran enseñado los gestos,
los parlamentos°, las decoraciones.

En cambio me enseñaron a llorar. Pero el llanto
es en mí un mecanismo descompuesto
y no lloro en la cámara mortuoria
ni en la ocasión sublime ni frente a la catástrofe.

Lloro cuando se quema el arroz o cuando pierdo
el último recibo del impuesto predial°.

tratamiento *title* **astros** *stars* **encanece** *gets whiter* **me exime de** *exempts me from* **rehuyo** *I shun; I avoid* **se erigirá en** *will become* **ejerza de verdugo** *practice as an executioner* **cátedra** *university chair* **atravieso** *I cross* **corteza rugosa** *rough bark* **eludo** *I avoid* **pensando... musarañas** *daydreaming* **menesteres** *occupations* **mis congéneres** *my kind* **parlamentos** *words* **impuesto predial** *property tax*

Después de leer

Autorretrato

Rosario Castellanos

1 **Comprensión** Indica si las oraciones son **ciertas** o **falsas.** Corrige las falsas.

1. La protagonista piensa que es una mujer bella.
   Falso. Piensa que es más o menos fea, según el maquillaje.
2. Según ella, una mujer mediocre no tiene enemigos pero tampoco amigos.
   Falso. Ser mediocre la exime de enemigos y le da la amistad de algunos hombres.
3. La mujer de *Autorretrato* afirma que no quiere tener muchas amigas.
   Cierto.
4. Ella ama a su hijo aunque él la juzga (*he judges her*).
   Falso. Ella ama a su hijo y teme que él la juzgue en el futuro.
5. La protagonista es poetisa, profesora y periodista.
   Cierto.
6. No va muy frecuentemente al cine, al teatro o a exposiciones.
   Cierto.
7. Ella odia la soledad y prefiere visitar exposiciones y estrenos.
   Falso. Dice que no va jamás a exposiciones y estrenos, y prefiere quedarse leyendo y pensando con la luz apagada.
8. Dice que no le enseñaron cómo ser feliz, pero sí le enseñaron a llorar.
   Cierto.

2 **Interpretación** Contesta las preguntas con oraciones completas.

1. ¿Cuál es el trofeo del que se habla al comienzo del poema? ¿Qué importancia tiene en la vida de la mujer de *Autorretrato*?
2. ¿De qué piensa ella que depende su apariencia (ser gorda o flaca)? ¿Y el color de su cabello? ¿Está en su poder cambiar esas cosas?
3. ¿Por qué crees que ser mediocre le asegura la amistad de los hombres que describe? ¿Te parece que estos hombres serán también mediocres? Justifica tu respuesta.
4. ¿Te parece que esta mujer se comporta como lo indica la sociedad? ¿Piensas que aprecia su entorno y está conforme con su posición en la vida o todo lo contrario? Da ejemplos.
5. ¿De qué manera está descompuesto para ella el mecanismo del llanto? En tu opinión, ¿qué clase de personas lloran cuando se les quema el arroz o pierden un recibo?

③ Bring examples of conversational poetry by other writers and have students answer question number 2 in reference to those poems.

3 **Análisis** En parejas, respondan a las preguntas.

1. ¿Creen que la voz narrativa es cercana a la voz de la propia autora? ¿Por qué?
2. Repasen las características de la poesía conversacional y busquen ejemplos de cada una en el poema.
3. ¿A qué tipo de lector(a) creen que está dirigido este poema? ¿Por qué?
4. ¿Se sienten identificados/as con el poema? ¿Por qué?

⑤ As an advanced organizer, have students prepare an outline in a chart. Each column should include: Appearance / Things I do / Things I like or dislike. Students should jot notes under each column, and use the outline to complete the activity. Remind them that the beginning and the end of their self-portrait should include what they consider their most important/striking features.

4 **Ampliación** En parejas, analicen estos versos en el contexto del poema y expliquen qué quiere resaltar la poetisa en cada caso.

1. "(En realidad, mi pelo encanece, encanece.)"
2. "En general, rehuyo los espejos."
3. "Mientras tanto lo amo."
4. "Sería feliz si yo supiera cómo."

5 **Retrato** Escribe el retrato de la mujer del poema desde el punto de vista de la sociedad a la que pertenece; crea una voz poética ficticia: puede ser uno de esos hombres que ella describe, una de las mujeres que la critican por cómo se viste o su hijo Gabriel. Ten en cuenta lo que se espera de ella, su aspecto físico, etc., y redáctalo en forma de poesía coloquial.

Practice more at **facetas.vhlcentral.com.**

Antes de leer

Vocabulario

el cansancio *exhaustion*	**pintar** *to paint*
el cuadro *painting*	**el/la pintor(a)** *painter*
fatigado/a *exhausted*	**previsto/a** *planned*
imprevisto/a *unexpected*	**retratar** *to portray*
la obra maestra *masterpiece*	**el retrato** *portrait*

Variación léxica
imprevisto/a ⟷ inesperado/a
el cansancio ⟷ el agotamiento

 **Pablo Picasso** Completa las oraciones con el vocabulario de la tabla.

Guernica, Pablo Picasso

1. De todo el arte del Museo Reina Sofía, yo prefiero los cuadros/retratos de Pablo Picasso.
2. De muy joven, el pintor español creaba arte realista.
3. Al poco tiempo, este gran artista empezó a experimentar y a pintar obras de otros estilos e inventó el cubismo.
4. Su obra más famosa, *Guernica*, quiere retratar el horror de un día cuando los alemanes bombardearon un pueblo español con el mismo nombre.
5. Según mucha gente, *Guernica* es su creación más importante, la obra maestra de Picasso.

Conexión personal ¿Qué haces para no olvidar los eventos y las personas que son importantes para ti? ¿Sacas fotos o mantienes un diario? ¿Cuentas historias? ¿Cuáles son algunos de los recuerdos que quieres atesorar (*treasure*)?

Contexto cultural

Niños comiendo uvas y un melón, Bartolomé Esteban Murillo

Del siglo XVI al siglo XVII, España pasó de ser una enorme potencia política a ser un imperio en camino de extinción. Donde antes había victorias militares, riqueza (*wealth*) y expansión, ahora había derrota (*defeat*), crisis económica y decadencia. Sin embargo, estos problemas formaron un contraste extremo con el arte del momento, que estaba en su época cumbre (*peak*), el Siglo de Oro. A pesar de su éxito, se consideraba a los pintores más artesanos que artistas y, por lo tanto, no eran de alta posición social. Muchos artistas trabajaban por encargo; la realeza (*royalty*) y la nobleza eran sus mecenas (*patrons*). Con sus obras, contribuían a la educación cultural, y frecuentemente religiosa, de la sociedad.

Practice more at **facetas.vhlcentral.com.**

Contexto cultural
Have students use the Internet or the library to research Spanish paintings from the 16th–17th centuries. Ask them to identify common themes.

Preview
Ask the class to discuss art as an imitation of life. **¿Qué importancia tenía la pintura antes del invento de la cámara de fotos? ¿Sigue teniendo la misma importancia?**

Audio: Reading

Vieja friendo huevos

El arte de la vida diaria

Diego Velázquez es importante no sólo por su mérito artístico, sino también por lo que nos cuentan sus cuadros. Conocido sobre todo como pintor de retratos, Velázquez se interesaba también por temas mitológicos y escenas cotidianas. En todo su arte, examinaba y reproducía en minucioso detalle sólo aquello que veía. Su imitación de la naturaleza, de lo inmediatamente observable, era lo que daba vida a su arte y a la vez creaba un arte de la vida diaria.

Antes de mudarse a la Corte del Rey°, Velázquez pintó cuadros de temas cotidianos. Un ejemplo célebre es la *Vieja friendo huevos* (1618). El cuadro capta un momento sin aparente importancia: una mujer vieja cocina mientras un niño trae aceite y un melón. Varios objetos de la casa, reproducidos con precisión, llenan el lienzo°, dignos de nuestra atención, por ejemplo: la cuchara, un plato blanco en el que descansa un cuchillo, jarras°, una cesta de paja°. Junto con la comida que prepara —no hay carne ni variedad— la ropa típica de pobre sugiere que la mujer es humilde. Con el cuadro, Velázquez interrumpe un momento que podría ser de cualquier día. No es una naturaleza muerta°, sino un instante de la vida.

king's court · *canvas* · *jugs* · *wicker basket* · *still life*

Incluso cuando pintaba temas mitológicos, Velázquez tomaba como modelo gente de la calle. Por eso, se pueden percibir escenas diarias en temas distanciados de la época. Un ejemplo es *El triunfo° de Baco* (1628–9). En este cuadro, el dios romano del vino se sienta en un campo abierto, no con otros dioses, sino con campesinos°. Sus caras fatigadas reflejan a la vez el cansancio de una vida de trabajo —la vida del plebeyo° español era entonces especialmente dura— y la alegría de poder descansar un rato.

triumph · *peasants* · *common person*

El triunfo de Baco

En los cuadros de la Corte, Velázquez nos da una imagen rica y compleja del mundo del palacio. En vez de retratar exclusivamente a la familia real y los nobles, incluye también toda la tropa de personajes que los servía y entretenía. En este grupo numeroso entraban enanos° y bufones°, a quienes Velázquez pinta con dignidad. En *Las Meninas* (1656), su cuadro más famoso y misterioso, la princesa Margarita está rodeada° por sus damas, enanos y un perro. A la izquierda, el mismo Velázquez pinta detrás de un lienzo inmenso. En el fondo° se ve una imagen de los reyes.

little people/jesters · *surrounded* · *background*

Las Meninas

Sin embargo, el cuadro sugiere más preguntas que respuestas. ¿Dónde están exactamente el rey y la reina? ¿La imagen de ellos que vemos es un reflejo de espejo°? ¿Qué pinta el artista y por qué aparece en el cuadro? ¿Qué significa? Tampoco se sabe por qué se detiene aquí el grupo: puede ser por una razón prevista, como posar para un cuadro; o puede ser algo totalmente imprevisto, un momento efímero° de la vida de una princesa y su grupo. ¿Es un momento importante? *Las Meninas* invita al debate sobre un instante que no se pierde sólo porque un pintor lo capta y lo rescata° del olvido. Paradójicamente es su enfoque en lo momentáneo y en el detalle de la vida común lo que eleva a Velázquez por encima de otros grandes artistas. ■

mirror · *fleeting* · *rescues*

Biografía breve

1599 Diego Velázquez nace en Sevilla.
1609 Empieza sus estudios formales de arte.
1623 Nombrado pintor oficial del Rey Felipe IV en Madrid.
1660 Muere después de una breve enfermedad.

Teaching option As an expansion activity, have students do additional research about Velázquez's biography.

Después de leer

El arte de la vida diaria

1 **Comprensión** Después de leer el texto, decide si las oraciones son **ciertas** o **falsas**. Corrige las falsas.

1. Velázquez es conocido sobre todo como pintor religioso.
   Falso. Velázquez es conocido sobre todo como pintor de retratos.
2. Velázquez era un pintor impresionista que transformaba su sujeto en la imaginación.
   Falso. Reproducía en minucioso detalle sólo aquello que veía.
3. Por lo general, Velázquez tomaba como modelo gente de la calle.
   Cierto.
4. En *El triunfo de Baco*, el dios romano del vino se sienta con campesinos españoles.
   Cierto.
5. Velázquez retrataba exclusivamente a la familia real y a los nobles.
   Falso. También retrataba a la tropa de personajes, como los bufones y los enanos, que los servían y entretenían.
6. Velázquez se autorretrata en *Las Meninas*.
   Cierto.

② As an expansion activity, have students research different representations of *Las Meninas* painted by Picasso. Ask: **¿Por qué creen que Picasso pintó sus propias versiones de esa pintura? ¿Qué significado tenía para él?**

2 **Interpretación** Contesta las preguntas con oraciones completas. Answers will vary.

1. ¿Se puede encontrar evidencia de la crisis económica del siglo XVII en los cuadros de Velázquez? Menciona detalles específicos en tu respuesta.
2. ¿Qué puedes aprender de *Vieja friendo huevos* que posiblemente no puedas leer en un libro de historia?
3. ¿Es *El triunfo de Baco* un cuadro realista? Explica tu respuesta.
4. ¿Te sorprende que Velázquez represente a los sirvientes de la Corte? ¿Por qué?
5. ¿En qué sentido es *Las Meninas* un cuadro misterioso?

3 **Análisis** En parejas, respondan a las preguntas.

1. A través de pequeños detalles, *El triunfo de Baco* revela mucho sobre la posición social de los hombres del cuadro. Estudien, por ejemplo, la ropa y el aspecto físico para describir y analizar su situación económica. ¿Cuál es su conclusión?
2. ¿Qué o quién es el verdadero sujeto de *Las Meninas*? ¿El grupo de la princesa? ¿Los reyes? ¿El mismo Velázquez? ¿El arte? Discutan las múltiples posibilidades y presenten una teoría sobre la historia que cuenta el cuadro.

④ Have students debate modern-day reality shows in this context. Ask: **¿Creen que los *reality shows* utilizan a las personas para la diversión?**

4 **Reflexión** En grupos de cuatro, comparen cómo se entretenía la realeza en el pasado con cómo se entretiene la realeza actualmente. Usen estas preguntas como guía.

- Antes, los reyes tenían bufones. ¿Qué piensan de la situación social de los bufones de la Corte? ¿Es ético utilizar a las personas para la diversión?
- ¿Qué familias reales actuales conocen? ¿Cómo viven? ¿Su vida cotidiana es diferente a la de sus ancestros?
- ¿Se puede ser parte de la realeza y tener una vida cotidiana normal?

⑤ If necessary, review the differences between preterite and imperfect when narrating in the past.

5 **Recuerdos** Imagina que *Vieja friendo huevos* capta, como una fotografía, un momento de tu propio pasado cuando ayudabas a tu abuela en la cocina. Inspirándote en el cuadro de Velázquez, inventa una historia. ¿Qué hacía tu abuela? ¿Cómo pasaba los días? Y tú, ¿por qué llegaste a la cocina aquel día? ¿Te mandó tu madre o tenías hambre? Utilizando los tiempos del pasado que conoces, describe esta escena de tu infancia.

Practice more at **facetas.vhlcentral.com.**

Atando cabos

¡A conversar!

Un día en la historia Trabajen en grupos pequeños para preparar una presentación sobre un día en la vida de un personaje histórico hispano.

Presentaciones

Tema: Elijan un personaje histórico hispano. Algunos personajes que pueden investigar son: Sor Juana Inés de la Cruz, Simón Bolívar, José de San Martín, Emiliano Zapata, Catalina de Erauso, Álvar Núñez Cabeza de Vaca, Fray Bartolomé de las Casas. Pueden elegir también un personaje que no esté en la lista.

Investigación y preparación: Busquen información en Internet o en la biblioteca. Recuerden buscar o preparar materiales visuales. Una vez reunida la información necesaria sobre el personaje, imagínense un día en su vida cotidiana, desde que se levantaba hasta que se acostaba. Al imaginar los detalles, tengan en cuenta la época en la que vivió el personaje.

Organización: Hagan un esquema (*outline*) que los ayude a planear la presentación.

Presentación: Utilicen el pretérito y el imperfecto para las descripciones. Traten de promover la participación a través de preguntas y alternen la charla con materiales visuales.

Simón Bolívar

¡A conversar!
- Ask students to explain why they chose their **personaje**. Encourage students to also discuss the historical significance of each character.
- To facilitate organization of ideas, brainstorm important elements and key questions the group should answer throughout the presentation.
- Assign a time limit for all presentations and explain that all group members must have an equal share in the presentation.

¡A escribir!

Una anécdota del pasado Sigue el plan de redacción para contar una anécdota que te haya ocurrido en el pasado. Piensa en una historia divertida, dramática o interesante relacionada con uno de estos temas:

- un regalo especial que recibiste
- una situación en la que usaste una excusa falsa y las cosas no te salieron bien
- una situación en la que fuiste muy ingenuo/a

Plan de redacción

Título: Elige un título breve que sugiera el contenido de la historia pero que no dé demasiada información.

Contenido: Explica qué estaba pasando cuando ocurrió el acontecimiento, dónde estabas, con quién estabas, qué pasó, cómo pasó, etc. Usa expresiones como: **al principio, al final, después, entonces, luego, todo empezó/comenzó cuando,** etc. Recuerda que debes usar el pretérito para las acciones y el imperfecto para las descripciones.

Conclusión: Termina la historia explicando cuál fue el resultado del acontecimiento y cómo te sentiste.

¡A escribir!
As a class, brainstorm three more themes for the students' anecdotes.

3 VOCABULARIO

En casa

el balcón	*balcony*
la escalera	*staircase*
el hogar	*home; fireplace*
la limpieza	*cleaning*
los muebles	*furniture*
los quehaceres	*chores*
apagar	*to turn off*
barrer	*to sweep*
calentar (e:ie)	*to warm up*
cocinar	*to cook*
encender (e:ie)	*to turn on*
freír (e:i)	*to fry*
hervir (e:ie)	*to boil*
lavar	*to wash*
limpiar	*to clean*
pasar la aspiradora	*to vacuum*
poner/quitar la mesa	*to set/clear the table*
quitar el polvo	*to dust*
tocar el timbre	*to ring the doorbell*

De compras

el centro comercial	*mall*
el dinero en efectivo	*cash*
la ganga	*bargain*
el probador	*dressing room*
el reembolso	*refund*
el supermercado	*supermarket*
la tarjeta de crédito/débito	*credit/debit card*
devolver (o:ue)	*to return (items)*
hacer mandados	*to run errands*
ir de compras	*to go shopping*
probarse (o:ue)	*to try on*
seleccionar	*to select; to pick out*
auténtico/a	*real; genuine*
barato/a	*cheap; inexpensive*
caro/a	*expensive*

Expresiones

a menudo	*frequently; often*
a propósito	*on purpose*
a tiempo	*on time*
a veces	*sometimes*
apenas	*hardly; scarcely*
así	*like this; so*
bastante	*quite; enough*
casi	*almost*
casi nunca	*rarely*
de repente	*suddenly*
de vez en cuando	*now and then; once in a while*
en aquel entonces	*at that time*
en el acto	*immediately; on the spot*
enseguida	*right away*
por casualidad	*by chance*

La vida diaria

la agenda	*datebook*
la costumbre	*custom; habit*
el horario	*schedule*
la rutina	*routine*
la soledad	*solitude; loneliness*
acostumbrarse (a)	*to get used to; to grow accustomed (to)*
arreglarse	*to get ready*
averiguar	*to find out; to check*
probar (o:ue) (a)	*to try*
soler (o:ue)	*to be in the habit of; to be used to*
atrasado/a	*late*
cotidiano/a	*everyday*
diario/a	*daily*
inesperado/a	*unexpected*

Más vocabulario

Expresiones útiles	*Ver p. 87*
Estructura	*Ver pp. 94–95, 98–99 y 102–103*

Cinemateca

el choque	*crash*
las facciones	*facial features*
el timbre	*tone of voice*
afligirse	*to get upset*
despedirse (e:i)	*to say goodbye*
parecerse	*to look like*
titularse	*to graduate*
repentino/a	*sudden*

Literatura

el autorretrato	*self-portrait*
el maquillaje	*make-up*
el llanto	*weeping; crying*
acariciar	*to caress*
llorar	*to cry*
lucir	*to wear, to display*
arduo/a	*hard*
feliz	*happy*
acaso	*perhaps*

Cultura

el cansancio	*exhaustion*
el cuadro	*painting*
la obra maestra	*masterpiece*
el/la pintor(a)	*painter*
el retrato	*portrait*
pintar	*to paint*
retratar	*to portray*
fatigado/a	*exhausted*
imprevisto/a	*unexpected*
previsto/a	*planned*

INSTRUCTIONAL RESOURCES
Supersite: Testing Program

La salud y el bienestar 4

Communicative Goals

You will expand your ability to...

- express will and emotion
- express doubt and denial
- give orders, advice, and suggestions

La salud y el bienestar

INSTRUCTIONAL RESOURCES
Supersite: Audioscripts, Textbook/SAM AK, Textbook/Lab MP3s
SAM/WebSAM: WB, LM

Preview Have students discuss health and well-being on campus. Ex: **¿Se da mucha importancia a la salud de los estudiantes? ¿Hay una clínica de salud en el campus? ¿Se come bien en los restaurantes estudiantiles? ¿Van al gimnasio para mantenerse en forma?** Encourage students to recycle vocabulary about sports and activities from Lesson 2.

Los síntomas y las enfermedades

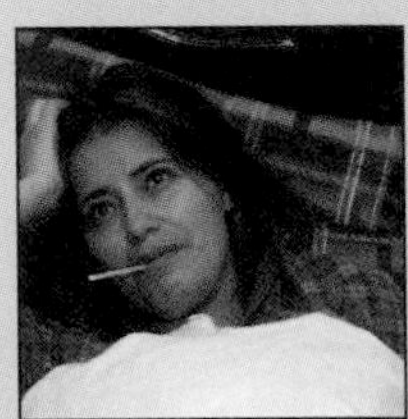

Inés pensaba que tenía sólo un **resfriado,** pero no paraba de **toser** y estaba **agotada.** El médico le confirmó que era una **gripe** y que debía **permanecer** en cama.

la depresión *depression*
la enfermedad *disease; illness*
la gripe *flu*
la herida *injury*
el malestar *discomfort*
la obesidad *obesity*
el resfriado *cold*
la respiración *breathing*
la tensión (alta/baja) *(high/low) blood pressure*
la tos *cough*
el virus *virus*

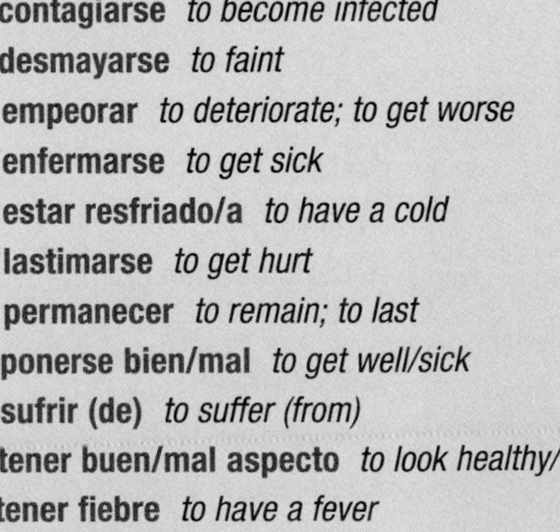

contagiarse *to become infected*
desmayarse *to faint*
empeorar *to deteriorate; to get worse*
enfermarse *to get sick*
estar resfriado/a *to have a cold*
lastimarse *to get hurt*
permanecer *to remain; to last*
ponerse bien/mal *to get well/sick*
sufrir (de) *to suffer (from)*
tener buen/mal aspecto *to look healthy/sick*
tener fiebre *to have a fever*
toser *to cough*

agotado/a *exhausted*
inflamado/a *inflamed*
mareado/a *dizzy*

Variación léxica
el resfriado ⟷ el resfrío; el catarro
agotado/a ⟷ fatigado/a
inflamado/a ⟷ hinchado/a
sano/a ⟷ saludable
la medicina ⟷ el medicamento
la pastilla ⟷ la píldora
la sala de emergencias ⟷ la sala de urgencias
poner una inyección ⟷ dar una inyección

La salud y el bienestar

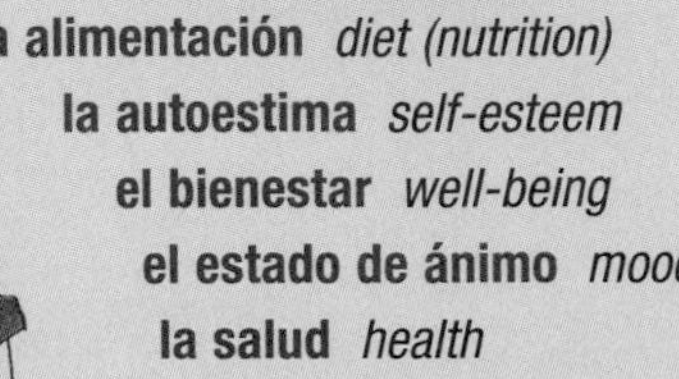

la alimentación *diet (nutrition)*
la autoestima *self-esteem*
el bienestar *well-being*
el estado de ánimo *mood*
la salud *health*

adelgazar *to lose weight*
dejar de fumar *to quit smoking*
descansar *to rest*
engordar *to gain weight*
estar a dieta *to be on a diet*
mejorar(se) *to improve*
prevenir (e:ie) *to prevent*
relajarse *to relax*
trasnochar *to stay up all night*

sano/a *healthy*

Los médicos y el hospital

la cirugía *surgery*
el/la cirujano/a *surgeon*
la consulta *doctor's appointment*

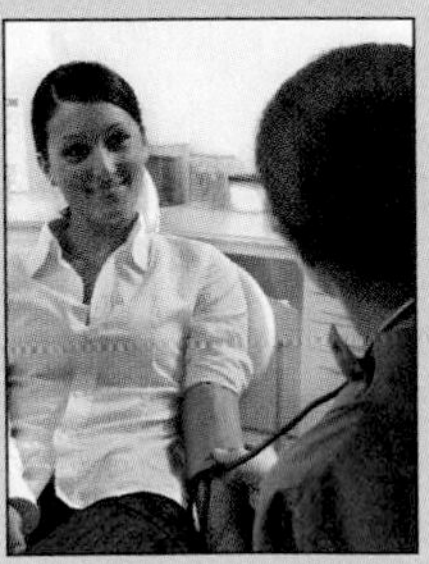

el consultorio *doctor's office*
la operación *operation*
los primeros auxilios *first aid*
la sala de emergencias *emergency room*

Las medicinas y los tratamientos

① Ask questions related to the exercise. Ex: **¿Han tenido apendicitis? ¿Conocen a alguien que la haya tenido?**

A Ignacio no le gusta tomar medicinas. Nunca toma **pastillas** ni **jarabes**. Sin embargo, para ir a la selva, tuvo que ponerse varias **vacunas**. ¡Qué dolor cuando la enfermera le **puso la inyección**!

el analgésico *painkiller*
la aspirina *aspirin*
el calmante *tranquilizer*
los efectos secundarios *side effects*
el jarabe *syrup*
la pastilla *pill*
la receta *prescription*
el tratamiento *treatment*
la vacuna *vaccine*
la venda *bandage*
el yeso *cast*

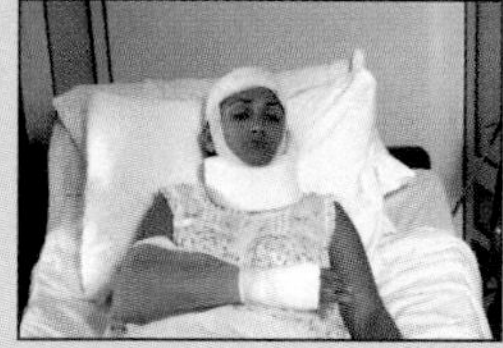

curarse *to heal; to be cured*
poner(se) una inyección *to give/get a shot*
recuperarse *to recover*
sanar *to heal*
tratar *to treat*
vacunar(se) *to vaccinate/ to get vaccinated*

---

curativo/a *healing*

Práctica

① Escuchar

A. Escucha la conversación entre Sara y su hermano David. Después completa las oraciones y decide quién dijo cada una.

1. No sé lo que me pasa, la verdad. Estoy siempre muy ___agotada___. ___Sara___
2. Creo que ___estás adelgazando___ demasiado. ¿Has ido al ___médico___? ___David___
3. No he ido porque no tenía ___fiebre___, sólo era un ligero ___malestar___. ___Sara___
4. Deja de ser una niña. Tienes que ___ponerte bien___. ___David___
5. Por eso te llamo. No se me va el dolor de estómago ni con ___pastillas___. ___Sara___
6. Ahora mismo llamo al doctor Perales para hacerle una ___consulta___. ___David___

B. A Sara le diagnosticaron apendicitis. Escucha lo que le dice la cirujana a la familia después de la operación y luego contesta las preguntas.

1. ¿Qué tiene que tomar Sara cada ocho horas? calmantes
2. ¿Cómo se puede sentir al principio? un poco mareada
3. ¿Va a tomar mucho tiempo su recuperación? no
4. ¿Puede comer de todo? No, los dos primeros días tiene que estar a dieta de líquidos.
5. ¿Qué es lo más importante que tiene que hacer ahora Sara? Lo importante ahora es que Sara descanse.

② A curarse

Indica qué tiene que hacer cada persona para solucionar sus problemas.

___d___ 1. Se lastimó con un cuchillo.		a. empezar una dieta
___e___ 2. Tiene fiebre.		b. dejar de fumar
___c___ 3. Su estado de ánimo es malo.		c. hablar con un(a) amigo/a
___f___ 4. Quiere prevenir la gripe.		d. ponerse una venda
___b___ 5. Le falta la respiración.		e. tomar aspirinas y descansar
___a___ 6. Está obeso/a.		f. ponerse una vacuna

② Have students form sentences by combining items from both columns. Ex: **Marina se lastimó con un cuchillo y se puso una venda.**

Teaching option If necessary, review **me duele el/la...**, **me rompí el/la...**, and vocabulary for parts of the body.

Práctica

③ For additional practice, have students pick five more words from **Contextos** and create their own definitions.

③ **Acróstico** Completa el acróstico. Al terminarlo, se formará una palabra de **Contextos**.

				A						
1.	V	I	R	U	S					
			2.	T	E	N	S	I	Ó	N
				O						
		3.	Y	E	S	O				
4.	T	R	A	S	N	O	C	H	A	R
				T						
		5.	C	I	R	U	G	Í	A	
6.	D	E	S	M	A	Y	A	R	S	E
				A						

1. Organismo invisible que transmite enfermedades.
2. Si la tienes alta, puedes tener problemas del corazón.
3. Material blanco que se usa para inmovilizar fracturas.
4. No dormir en toda la noche.
5. Es sinónimo de *operación*.
6. Caerse y quedar inconsciente.

④ For item 1, review reflexives and object pronouns if necessary.

④ **Amelia está enferma** Completa las oraciones con la opción lógica.

1. Amelia está tosiendo continuamente. No se le cura (la gripe/la depresión).
2. Sus compañeros de trabajo no se enfermaron este año porque se (lastimaron/vacunaron).
3. Su madre siempre le había dicho que es preferible (mejorar/prevenir) las enfermedades que curarlas.
4. El médico le dio una receta para (un jarabe/un consultorio).
5. Su jefe le ha dicho que no vaya a trabajar. Ella tiene que volver a la oficina cuando esté (agotada/recuperada).

⑤ To add to the dialogue, have students write three sentences with the words that have not been used in the activity.

⑤ Invite volunteers to act out their dialogues for the class.

⑤ **Malos hábitos** Martín tiene hábitos que no son buenos para la salud. Completa la conversación entre Martín y su doctor con las palabras de la lista. Haz los cambios necesarios.

ánimo	**descansar**	**mejorar**	**sano**
dejar de fumar	**empeorar**	**pastillas**	**trasnochar**
deprimido	**engordar**	**salud**	**vacuna**

MARTÍN Doctor, a mí me gusta pasar muchas horas comiendo y mirando la tele.

DOCTOR Por eso usted está (1) engordando tanto. Debe hacer ejercicio y (2) mejorar su alimentación.

MARTÍN También me gusta salir y acostarme tarde.

DOCTOR No es bueno (3) trasnochar todo el tiempo. Es importante (4) descansar.

MARTÍN Pero ¡doctor! ¿Puedo fumar un poco, por lo menos?

DOCTOR No, don Martín. Usted debe (5) dejar de fumar cuanto antes.

MARTÍN ¡No puede ser, doctor! ¿Todo lo que me gusta hacer es malo para la (6) salud? Si hago lo que me dice usted, voy a estar (7) sano pero deprimido.

DOCTOR No es así. Si usted mejora su forma física, su estado de (8) ánimo va a mejorar también. Recuerde: "Mente sana en cuerpo sano".

Practice more at **facetas.vhlcentral.com.**

Teaching option
Have students decide whether these statements are true or false:
1. A Martín le gusta hacer ejercicio. (falso) 2. Martín no sale de noche. (falso) 3. El doctor le recomienda hacer ejercicio. (cierto) 4. Todo lo que hace Martín es malo para la salud. (cierto)

Comunicación

6 Vida sana

A. En parejas, háganse las preguntas de la encuesta.

	Siempre	A menudo	De vez en cuando	Nunca
1. ¿Trasnochas más de dos veces por semana?	☐	☐	☐	☐
2. ¿Practicas algún deporte?	☐	☐	☐	☐
3. ¿Consumes vitaminas y minerales diariamente?	☐	☐	☐	☐
4. ¿Comes mucha comida frita?	☐	☐	☐	☐
5. ¿Tienes dolores de cabeza?	☐	☐	☐	☐
6. ¿Te enfermas?	☐	☐	☐	☐
7. ¿Desayunas sin prisa?	☐	☐	☐	☐
8. ¿Pasas muchas horas al día sentado/a?	☐	☐	☐	☐
9. ¿Te pones de mal humor?	☐	☐	☐	☐
10. ¿Tienes problemas para dormir?	☐	☐	☐	☐

B. Imagina que eres médico/a. ¿Tiene tu compañero/a una vida sana? ¿Qué debe hacer para mejorar su salud? Utiliza la conversación entre Martín y su médico de la Actividad 5 como modelo.

7 Citas célebres

A. En grupos de cuatro, elijan las citas (*quotations*) que les parezcan más interesantes y expliquen por qué las eligieron.

La salud

"La salud no lo es todo, pero, sin ella, todo lo demás es nada."
A. Schopenhauer

"El ser humano pasa la primera mitad de su vida arruinando la salud y la otra mitad intentando recuperarla."
Joseph Leonard

"Come poco y cena más poco, que la salud de todo el cuerpo se decide en la oficina del estómago."
Miguel de Cervantes

La medicina

"Antes que al médico, llama a tu amigo."
Pitágoras

"Los médicos no están para curar, sino para recetar y cobrar; curarse o no es cuenta del enfermo."
Molière

"La esperanza es el mejor médico que yo conozco."
Alejandro Dumas, hijo.

La enfermedad

"El peor de todos los males es creer que los males no tienen remedio."
Francisco Cabarrus

"La investigación de las enfermedades ha avanzado tanto que cada vez es más difícil encontrar a alguien que esté completamente sano."
Aldous Huxley

"El arte de la medicina consiste en entretener al paciente mientras la Naturaleza cura la enfermedad."
Voltaire

B. Utilicen el vocabulario de **Contextos** para escribir una frase original sobre la salud. Compártanla con la clase. ¿Cuál es la frase más original?

(6) Have students write answers in two categories: healthy and unhealthy. Ask volunteers to share their partners' responses.

(6) Ask students to create four sentences about their own lives using **siempre, a menudo, de vez en cuando,** and **nunca.**

(7) After students complete Part B, have the class judge the sentences in several categories, such as most original, most realistic, and funniest.

(7) Have pairs write an anecdote that ends in one of these quotes.

4 FOTONOVELA

Los empleados de *Facetas* se preocupan por mantenerse sanos y en forma.

Synopsis
- Diana and Johnny talk about exercise.
- Johnny and Fabiola discuss diet and exercise.
- Mariela has lost her voice.
- Johnny brings in an assortment of healthy foods, yet Fabiola finds him eating chocolate.

NATIONAL communication STANDARDS

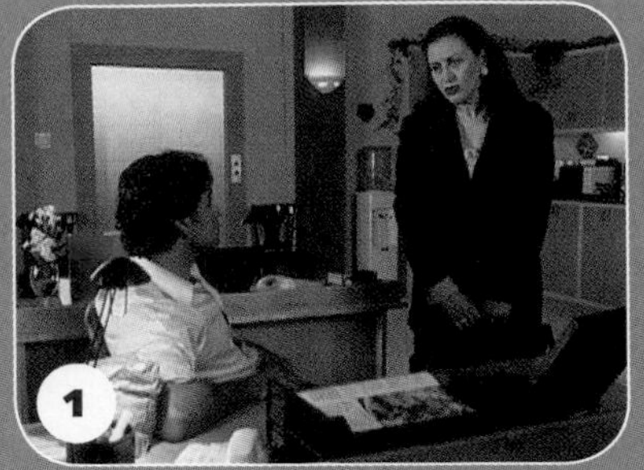

DIANA ¿Johnny? ¿Qué haces aquí tan temprano?

JOHNNY Madrugué para ir al gimnasio.

DIANA ¿Estás enfermo?

JOHNNY ¿Qué? ¿Nunca haces ejercicio?

DIANA No mucho… A veces me dan ganas de hacer ejercicio, y entonces me acuesto y descanso hasta que se me pasa.

En la cocina…

JOHNNY (*habla con los dulces*) Los recordaré dondequiera que esté. Sé que esto es difícil, pero deben ser fuertes… No pongan esa cara de "cómeme". Por mucho que insistan, los tendré que tirar. Ojalá me puedan olvidar.

FABIOLA ¿Empezaste a ir al gimnasio? Te felicito. Para ponerse en forma hay que trabajar duro.

JOHNNY No es fácil.

FABIOLA No es difícil. Yo, por ejemplo, no hago ejercicio, pero trato de comer cosas sanas.

JOHNNY Nada de comidas rápidas.

FABIOLA ¡Cómo me gustaría tener tu fuerza de voluntad!

En la cocina…

DON MIGUEL ¡Válgame! Aquí debe haber como mil pesos en dulces. ¡Mmm! Y están buenos.

JOHNNY ¿Qué tal, don Miguel? ¿Cómo le va?

DON MIGUEL (*Sonríe sin poder decir nada porque está comiendo.*)

JOHNNY ¡Otro que se ha quedado sin voz! ¿Qué es esto? ¿Una epidemia?

FABIOLA ¿Qué compraste?

JOHNNY Comida bien nutritiva y baja en calorías. Juré que jamás volvería a ver un dulce.

FABIOLA ¿Qué es eso?

JOHNNY Esto es tan saludable que con sólo tocar la caja te sientes mejor.

FABIOLA ¿Y sabe bien?

JOHNNY Claro, sólo hay que calentarlo.

En la oficina de Aguayo…

DIANA Los nuevos diseños están perfectos. Gracias.

AGUAYO Mariela, insisto en que veas a un doctor. Vete a casa y no vuelvas hasta que no estés mejor. Te estoy dando un consejo. No pienses en mí como tu jefe.

DIANA Piensa en él como un amigo que siempre tiene razón.

INSTRUCTIONAL RESOURCES Supersite/DVD: Fotonovela; **Supersite:** Script & Translation, SAM AK: **SAM/WebSAM:** VM

Preview In pairs, have students cover the captions and invent a short dialogue for one of the video stills Encourage them to use vocabulary from **Contextos**.

Personajes

AGUAYO

DIANA

ÉRIC

FABIOLA

JOHNNY

MARIELA

DON MIGUEL

4

En la sala de conferencias...

AGUAYO (*dirigiéndose a Mariela*) Quiero que hagas unos cambios a estos diseños.

DIANA Creemos que son buenos y originales, pero tienen dos problemas.

ÉRIC Los que son buenos no son originales, y los que son originales no son buenos.

AGUAYO ¿Qué crees? (*Mariela no contesta.*)

5

Mariela escribe "perdí la voz" en la pizarra.

AGUAYO ¿Perdiste la voz?

DIANA Gracias a Dios... Por un momento creí que me había quedado sorda.

AGUAYO Estás enferma. Deberías estar en cama.

ÉRIC Sí, podías haber llamado para decir que no venías.

9

AGUAYO Por cierto, Diana, acompáñame a entregar los diseños ahora mismo. Tengo que volver enseguida. Estoy esperando una llamada muy importante.

DIANA Vamos.

Se van. Suena el teléfono. Mariela se queda horrorizada porque no puede contestarlo.

10

FABIOLA ¿No ibas a mejorar tu alimentación?

JOHNNY Si no puedes hacerlo bien, disfruta haciéndolo mal. Soy feliz.

FABIOLA Los dulces no dan la felicidad, Johnny.

JOHNNY Lo dices porque no has probado la *Chocobomba.*

Teaching option Have students list the characters and jot down any health-related information they learn about them from viewing the episode. Ex: **Johnny: Le gusta comer dulces.**

Expresiones útiles

Giving advice and making recommendations

Insisto en que veas/vea a un doctor.
I insist that you go see a doctor. (fam./form.)

Te aconsejo que vayas a casa.
I advise you to go home. (fam.)

Le aconsejo que vaya a casa.
I advise you to go home. (form.)

Sugiero que te pongas a dieta.
I suggest you go on a diet. (fam.)

Sugiero que se ponga usted a dieta.
I suggest you go on a diet. (form.)

Asking about tastes

¿Y sabe bien?
And does it taste good?

¿Cómo sabe?
How does it taste?

Sabe a ajo/menta/limón.
It tastes like garlic/mint/lemon.

¿Qué sabor tiene? ¿Chocolate?
What flavor is it? Chocolate?

Tiene un sabor dulce/agrio/amargo/agradable.
It has a sweet/sour/bitter/pleasant taste.

Additional vocabulary

la comida rápida *fast food*
dondequiera *wherever*
la epidemia *epidemic*
la fuerza de voluntad *willpower*
madrugar *to wake up early*
mantenerse en forma *to stay in shape*
nutritivo/a *nutritious*
ponerse en forma *to get in shape*
quedarse sordo/a *to go deaf*
saludable *healthy*

Point out that **saber** means both *to taste* and *to know.*

Comprensión

1 **¿Cierto o falso?** Indica si las oraciones son **ciertas** o **falsas**. Luego, en parejas, corrijan las falsas.

Cierto	Falso	
☑	☐	1. Johnny llegó temprano porque madrugó para ir al gimnasio.
☐	☑	2. Cuando Diana va al gimnasio, se queda dormida. Diana no va al gimnasio; se va a dormir cuando tiene ganas de ir al gimnasio.
☐	☑	3. Los primeros diseños de Mariela están perfectos. Los nuevos diseños de Mariela están perfectos.
☐	☑	4. Diana se quedó sorda. Diana no escuchó a Mariela porque Mariela se quedó sin voz.
☑	☐	5. Don Miguel probó los dulces.
☑	☐	6. Johnny no continuó con su dieta.

② For item 1, explain that the phrase **hay que** + [*infinitive*] is similar to *you have to.* Have students write three sentences using this structure.

2 **Oraciones incompletas** Completa las oraciones de la **Fotonovela** con la opción correcta.

1. Para ponerse en __c__ hay que trabajar duro.
   a. cama b. dieta c. forma
2. ¡Cómo me gustaría tener tu fuerza __b__!
   a. física b. de voluntad c. de carácter
3. ¡Otro que se ha quedado __b__!
   a. sordo b. sin voz c. dormido
4. Piensa en él como un amigo que siempre __a__.
   a. tiene razón b. se mantiene en forma c. se preocupa

③ Have pairs create two more categories from the lesson vocabulary list and make a list of related words.

3 **Títulos** Busca en la **Fotonovela** la palabra adecuada para poner un título a cada lista.
Answers may vary slightly.

dulces	ejercicio	comida rápida	comida nutritiva
chocolates caramelos pastel de chocolate postre	correr saltar caminar nadar	salchicha hamburguesa papas fritas sándwich	sopa de verduras ensalada pollo asado frutas

④ Ask students to share their own opinions about health. As a cultural comparison, ask heritage speakers to share attitudes toward health in their home countries.

4 **Opiniones**

A. Los empleados de *Facetas* tienen opiniones distintas sobre la salud y el bienestar. En parejas, escriban una descripción breve de la actitud de cada personaje. Utilicen los elementos de la lista y añadan sus propias ideas.

comer comidas sanas	**ir al gimnasio**	**permanecer en cama**
descansar	**ir al médico**	**probar los dulces**

MODELO Diana casi nunca va al gimnasio. Cree que es más importante descansar para mantenerse sana...

B. ¿Con qué opinión te identificas más? ¿Qué haces tú para mantenerte en forma?

Practice more at **facetas.vhlcentral.com.**

Ampliación

⑤ Comidas rápidas

A. Para ponerse en forma, Johnny decide evitar las comidas rápidas. En parejas, háganse las preguntas y comparen sus propias opiniones acerca de la comida rápida.

1. ¿Con qué frecuencia comes en restaurantes de comida rápida?
2. ¿Crees que la comida rápida es mala para la salud?
3. ¿Buscas opciones saludables cuando necesitas comer deprisa?
4. ¿Crees que las personas obesas tienen derecho a demandar (*sue*) a los restaurantes de comida rápida?

B. Ahora, en dos grupos, organicen un debate sobre los beneficios y desventajas de la comida rápida. Un grupo representa a los dueños y ejecutivos de los restaurantes, y el otro grupo representa a la gente que ha sufrido problemas de salud por comer demasiadas comidas rápidas.

⑥ Apuntes culturales

En parejas, lean los párrafos y contesten las preguntas.

Los dulces

"Los recordaré dondequiera que esté", dice Johnny despidiéndose de los dulces. ¡A los hispanos les encantan los dulces! Un postre muy popular de la cocina colombiana, venezolana, mexicana y centroamericana es el postre de las **tres leches**. Este postre se prepara con leche fresca, leche condensada y crema de leche. ¡Un verdadero manjar (*delicacy*)!

El deporte colombiano

Fabiola dice que para ponerse en forma hay que trabajar duro. El colombiano **Camilo Villegas** sabe mucho de esto, pues su gran dedicación al golf lo ha convertido en estrella del deporte colombiano. Es conocido por el apodo de "hombre araña" por su peculiar estilo en la pista. Este joven ha ganado numerosos campeonatos, entre ellos el Honda Classic en el año 2010.

Las comidas rápidas

Fabiola y Johnny conversan sobre las comidas rápidas. En los países hispanos, las cadenas estadounidenses adaptan los menús a los sabores locales. En Chile, McDonald's ofrece la **Pechuga Palta**, un sándwich de pollo con palta (*avocado*). En Argentina, los **McCafé** sirven bebidas como el **frappé de dulce de leche**. ¿Podrá resistirse Johnny?

1. ¿Conoces otros postres típicos de los países hispanos? ¿De qué países o regiones son? ¿Cuáles son los ingredientes principales?
2. Menciona postres o platos típicos de tu cultura. ¿Cuál es tu preferido?
3. ¿Qué deportistas hispanos juegan en equipos de los EE.UU.?
4. ¿Probaste comidas rápidas de otras culturas? ¿Cuáles? ¿Cuál es tu favorita?

⑤ Part A: Expand the discussion with additional questions: **¿De qué manera influye la comida rápida en la salud de los niños? ¿Iban mucho a los restaurantes de comida rápida cuando eran niños? ¿Creen que las experiencias con la comida que tenían cuando eran niños influyen en las decisiones que toman hoy en día?**

⑥ Have heritage speakers talk about typical dishes and desserts from their home countries.

⑥ Ask heritage speakers which sports are popular in their home countries.

⑥ Bring in ads for fast food chains from other countries, or have students look them up on the Internet. Ask them to report the differences and similarities they notice, compared to ads from this country.

INSTRUCTIONAL RESOURCES
Supersite/DVD: Flash Cultura; **Supersite:** Script & Translation

En detalle

COLOMBIA

Additional Reading

DE ABUELOS Y CHAMANES

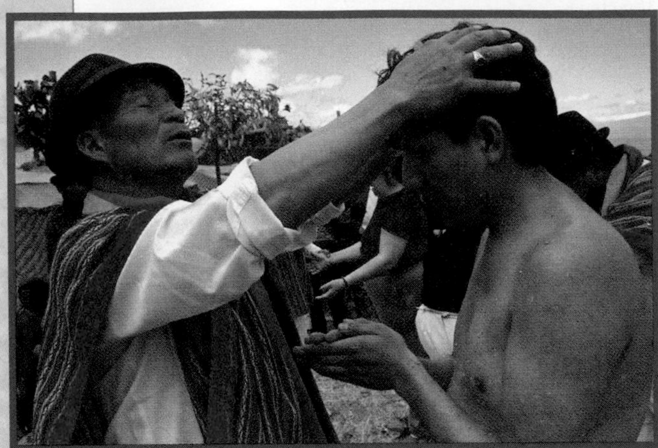

Sentada en su cocina en Bogotá, Marcela Mahecha destapa frasquitos° de hierbas y describe las "agüitas°" que le enseñó a preparar su abuela: agüita de toronjil° para calmar los nervios, agüita de paico° para los cólicos° y muchas más.

Muchos de estos remedios caseros° son más que simples "recetas de la abuela". Su uso proviene de los conocimientos milenarios que los curanderos° y chamanes° han ido pasando de generación en generación. Colombia, segundo país en el mundo en diversidad de especies vegetales, desarrolló una medicina tradicional muy rica, que aún hoy subsiste en todos los niveles de la sociedad. A pesar de la llegada de la medicina científica, muchas comunidades indígenas siguen practicando su medicina tradicional. Cuanto más aislada está la comunidad, mejor mantiene sus tradiciones.

En la cultura indígena americana, lo espiritual y lo corporal se funden° con la naturaleza. Los curanderos y chamanes son los responsables de mantener estos mundos en equilibrio. Para ello, combinan las propiedades medicinales de las plantas con ritos sagrados. En Colombia, al igual que en otros países, hay un renovado interés por conocer las propiedades medicinales de las plantas que se han usado durante siglos. Instituciones gubernamentales, universidades y organizaciones ecologistas intentan recuperar y conservar estos conocimientos. En sólo siete años, el Instituto Nacional de Vigilancia de Alimentos y Medicamentos aumentó de 17 a 95 el número de plantas medicinales aprobadas para usos curativos.

El deseo de las empresas farmacéuticas de apropiarse de las plantas y patentarlas ha hecho que el gobierno colombiano controle el derecho a sacarlas del país. Esto es importante porque algunas están en peligro de extinción y porque estas plantas forman parte indeleble° de la identidad indígena. ■

Algunas plantas curativas

Chuchuguaza Árbol que crece en la región amazónica de Colombia, Ecuador y Perú. Se usa como diurético y también contra el reumatismo, la gota° y la anemia.

Gualanday Árbol originario del Valle del Cauca y que crece en las regiones colombianas de Putumayo y Amazonas. La corteza°, la hoja y la flor se usan contra neuralgias, dolores de huesos, várices° y afecciones del hígado°.

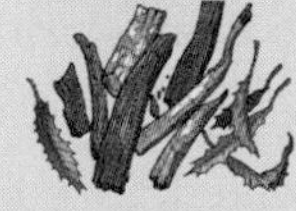

Sauco Árbol proveniente de cultivos en la sabana° de Bogotá. La hoja, la corteza, el fruto y la flor se usan para tratar afecciones bronquiales.

destapa frasquitos *uncovers little jars* **agüitas** *herbal teas* **toronjil** *lemon balm* **paico** *Mexican tea (plant)* **cólicos** *cramps* **caseros** *home* **curanderos** *folk healers* **chamanes** *shamans* **se funden** *merge* **indeleble** *indelible* **gota** *gout* **corteza** *bark* **várices** *varicose veins* **afecciones del hígado** *liver conditions* **sabana** *savannah*

En detalle Preview the reading by asking students if there are any home remedies that they grew up with. Ex: **¿Usan remedios caseros? ¿De dónde vienen?**

Teaching option Point out that the diminutive is used in the passage (**frasco → frasquito, agua → agüita**).

ASÍ LO DECIMOS

La salud y el bienestar

el/la buquí (R. Dom.) *glutton*
cachucharse (Chi.) *to hit oneself*
caer bien/mal *to sit well/bad*
curar el empacho (Arg.) *to cure indigestion*
estar constipado/a (Esp.) *to be congested*
estar constipado/a (Amér. L.) *to be constipated*
estar depre (Arg., Esp. y Pe.) *to feel down*
estar funado/a (Chi.) *to feel demotivated*
estar pachucho/a (Arg. y Esp.) *to be under the weather*
el/la matasanos (Esp.) *bad doctor; quack*
¡Se me parte la cabeza! (Arg.) *I have a splitting headache!*

EL MUNDO HISPANOHABLANTE

La salud y el bienestar públicos

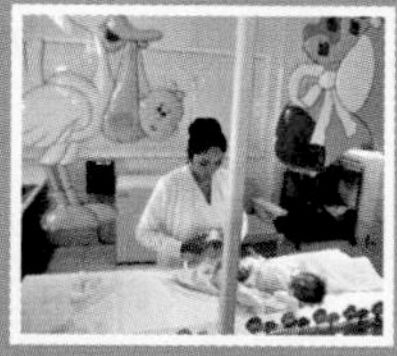

Los gobiernos hispanoamericanos suelen brindar servicios de salud pública gratuitos° a todos los ciudadanos. Algunos países, como Cuba, han desarrollado un **sistema de salud universalista** en el cual todos los servicios son gratuitos. Otros países, como Chile, tienen un modelo mixto, que combina el sector público con el privado.

En el **ránking de calidad de vida** del año 2005 realizado por *The Economist Intelligence Unit,* España aparece en el décimo lugar sobre un total de 111 países. Este ránking considera no sólo los ingresos económicos, sino también otros indicadores como el bienestar y la satisfacción individual de las personas.

Entre los médicos latinoamericanos, se destaca **Carlos Finlay**, médico y biólogo cubano nacido en 1833. Su mayor contribución científica fue el descubrimiento del mecanismo de transmisión de la fiebre amarilla, que había sido un enigma desde sus primeros registros en el siglo XV. Recibió numerosos premios en Estados Unidos y Europa.

PERFIL

LA CICLOVÍA DE BOGOTÁ

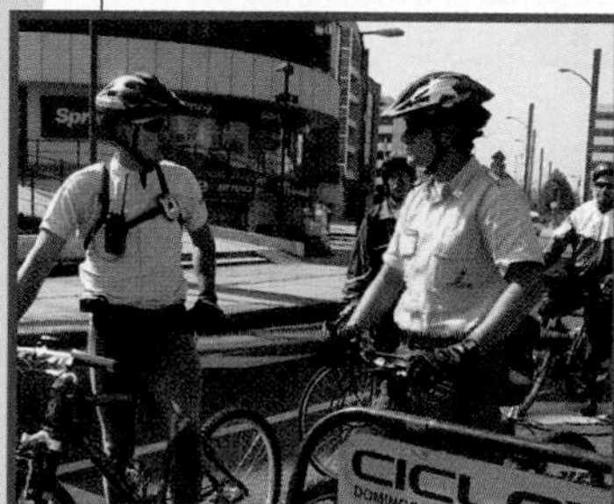

Todos los domingos y lunes festivos, se cierran algunas de las principales vías de la capital de Colombia para que más de un millón de habitantes salgan a la Ciclovía: 120 kilómetros para montar en bicicleta, caminar, correr o patinar. Es una forma de recreación para la comunidad, una manera distinta de recorrer la ciudad y una manera de promover un estilo de vida activo y saludable. La Ciclovía cuenta además con la Recreovía. Son espacios distribuidos en diferentes puntos del trayecto, en los cuales la gente tiene la oportunidad de hacer actividades físicas, como aeróbicos y clases de baile, dirigidas por instructores especializados. Estos servicios no tienen ningún costo y todos son bienvenidos. En el recorrido también se pueden encontrar puntos para la práctica de deportes extremos, zonas especiales para niños e incluso puestos de atención para mascotas. Algunos países como México, Chile y Venezuela también están implementando la Ciclovía como una opción de recreación para la gente.

> “Los conocimientos de la medicina tradicional son conocimientos adquiridos de nuestros antepasados y mantienen vivas las más ricas culturas de América Latina.”
> (Donato Ayma, político boliviano)

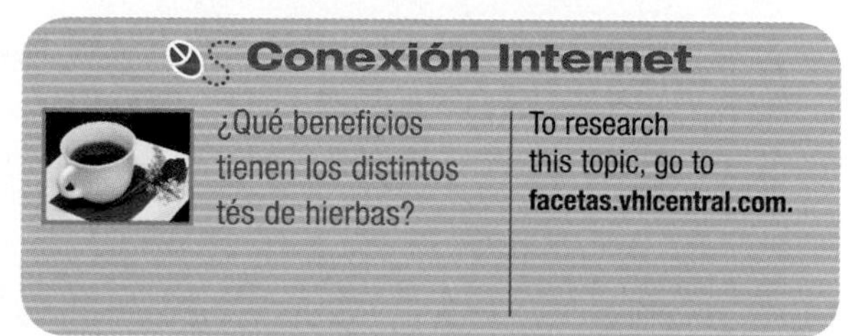

Conexión Internet

¿Qué beneficios tienen los distintos tés de hierbas?

To research this topic, go to **facetas.vhlcentral.com.**

gratuitos *free of charge*

El mundo hispanohablante Have students describe the healthcare system in the U.S. or Canada. Then have them debate the merits of public versus private healthcare.

① Have students write two more true or false statements about the reading. Ask classmates to answer **cierto** or **falso.**

¿Qué aprendiste?

1 Comprensión Indica si estas afirmaciones son **ciertas** o **falsas**. Corrige las falsas.

1. Marcela aprendió a usar infusiones en un viaje a Colombia, la tierra de su abuela. Falso. Marcela vive en Colombia.
2. Colombia es uno de los países con mayor diversidad de especies vegetales. Cierto.
3. En las prácticas curativas tradicionales, se combinan las propiedades curativas de las plantas con el poder curativo de los animales. Falso. Se combinan las propiedades curativas de las plantas con los ritos sagrados.
4. Los conocimientos sobre los poderes curativos de las plantas han pasado de padres a hijos a través de los siglos. Cierto.
5. En Colombia, el uso de plantas curativas es popular sólo entre las comunidades indígenas. Falso. Es común en todos los niveles de la sociedad colombiana.
6. A pesar de la llegada de la medicina científica, muchas comunidades mantuvieron sus prácticas medicinales tradicionales. Cierto.
7. Las comunidades que mejor conservaron las tradiciones fueron las que estaban más cerca de la costa. Falso. Las comunidades que mejor conservaron las tradiciones fueron las que estaban más aisladas.
8. En Colombia, las instituciones no se preocupan por recuperar las tradiciones curativas. Falso. En Colombia, las instituciones intentan recuperar las tradiciones curativas.
9. Las empresas farmacéuticas quieren apropiarse de las plantas. Cierto.
10. Colombia ha empezado a controlar las exportaciones de plantas curativas. Cierto.

2 Oraciones incompletas Completa las oraciones con la información correcta.

1. En la Recreovía, los colombianos pueden hacer __aeróbicos__ o tomar clases de baile.
   a. aeróbicos b. manualidades c. concursos
2. Países como México, Chile y __Venezuela__ también están implementando la Ciclovía.
   a. Costa Rica b. El Salvador c. Venezuela
3. En Chile, el sistema de salud sigue el modelo __mixto__.
   a. mixto b. universalista c. privado
4. Carlos Finlay colaboró para descubrir cómo se transmite la __fiebre amarilla__.
   a. malaria b. fiebre amarilla c. gripe
5. En Chile, usan *estar funado* para decir que alguien tiene __poca energía__.
   a. indigestión b. gripe c. poca energía

3 Opiniones En parejas, hablen sobre estas preguntas. Después, compartan su opinión con la clase.

- ¿Se puede patentar la naturaleza?
- ¿Tienen derecho las empresas farmacéuticas a patentar plantas?
- ¿Tienen derecho a hacerlo si modifican la estructura genética de la planta?
- ¿Cuáles son las posibles consecuencias de patentar plantas y organismos vivos?

 Practice more at **facetas.vhlcentral.com.**

PROYECTO

Las plantas curativas

Como hemos visto, muchas comunidades latinoamericanas usan las plantas para curar diferentes enfermedades. Busca información en Internet o en la biblioteca sobre alguna de estas plantas.

Usa las preguntas como guía para tu investigación.

- ¿Para qué se usa la planta?
- ¿En qué comunidad(es) se usa?
- ¿Qué enfermedad(es) específica(s) cura?
- ¿Cómo se usa según la tradición?
- ¿Se comprobaron científicamente las propiedades de la planta?
- ¿Es común su uso en la medicina científica?

Proyecto To help students organize the information, have them begin with an outline. Encourage them to bring a map of the area and some statistics on the local population.

③ For variation, divide the class into two groups for a class debate. If necessary, list relevant vocabulary on the board.

Las farmacias

Ya has leído sobre el interés renovado por conocer las propiedades medicinales de las plantas en Colombia. En este episodio de **Flash Cultura** conocerás las distintas opciones de farmacias que existen actualmente en su país vecino, Ecuador.

VOCABULARIO ÚTIL

la arruga *wrinkle*
la baba de caracol *snail slime*
la cicatriz *scar*
el estante *shelf*
el mostrador *counter*
la piel tersa *smooth skin*
el ungüento *ointment*
la vitrina *display window*

Preparación ¿Qué haces cuando sientes algún dolor? ¿Alguna vez tomaste medicamentos sin visitar antes al médico?

Comprensión Indica si estas afirmaciones son ciertas o falsas. Después, en parejas, corrijan las falsas.

1. En Ecuador pueden encontrarse farmacias similares a las que hay en Estados Unidos o en Europa. Cierto.
2. Las grandes farmacias no ofrecen remedios caseros como ungüentos y cremas. Cierto.
3. No es costumbre en Ecuador que el farmacéutico recete a los clientes. Falso. Es común que los clientes consulten a los farmacéuticos y éstos les aconsejen personalmente.
4. En las farmacias tradicionales, los clientes no tienen acceso a los productos, que se guardan en estantes o vitrinas detrás del mostrador. Cierto.
5. La crema de baba de caracol sirve para dolores e inflamación de la piel. Falso. La crema de baba de caracol sirve para borrar manchas y cicatrices, mantener la piel tersa y borrar las arrugas.
6. Para la medicina tradicional, algunas plantas son malas. Para la medicina tradicional, todas las plantas son abuelas y traen un beneficio.

Expansión En parejas, contesten estas preguntas.

- Imagina que viajas a Ecuador y te enfermas. ¿Buscarías el consejo de un farmacéutico en vez de ir al médico? Justifica tu respuesta.
- Entre unas píldoras recetadas por el médico y una limpia de energía, ¿cuál elegirías? ¿Te parece que alguna de esas opciones puede ser mala para la salud?
- ¿En qué se parecen las farmacias de Ecuador a las de tu ciudad? ¿En qué se diferencian? ¿Qué tipo de farmacia te parece mejor? ¿Por qué?

Corresponsal: Mónica Díaz
País: Ecuador

Los consejos personales que el farmacéutico ofrece al cliente es lo que distingue a las pequeñas farmacias de las grandes.

A veces, las personas en el mundo hispano utilizan medicina alternativa para curar sus dolencias°.

Para la medicina tradicional, la gripe es un bajón° de energía; a través de la limpia°, se aumenta la energía y de esa manera se sale de ese proceso.

dolencias *ailments* **bajón** *weakening* **limpia** *cleansing*

Practice more at **facetas.vhlcentral.com.**

INSTRUCTIONAL RESOURCES
Supersite: Textbook/SAM AK, Lab MP3s, Audioscripts
SAM/WebSAM: WB, LM

TALLER DE CONSULTA

MANUAL DE GRAMÁTICA
Más práctica

Más gramática

To preview the material, write three sentences on the board using the subjunctive form of regular **-ar**, **-er**, and **-ir** verbs. Have volunteers identify the verb forms and ask how the endings differ from the indicative.

¡ATENCIÓN!

The *indicative* is used to express actions, states, or facts the speaker considers to be certain. The *subjunctive* expresses the speaker's attitude toward events, as well as actions or states that the speaker views as uncertain.

Verbs that end in **–car, –gar,** and **–zar** undergo spelling changes in the present subjunctive.

sacar: saque

jugar: juegue

almorzar: almuerce

The present subjunctive form of **hay** is **haya**.

No creo que haya una solución.
I don't think there is a solution.

4.1 The subjunctive in noun clauses

Forms of the present subjunctive

- The subjunctive (**el subjuntivo**) is used mainly in the subordinate (dependent) clause of multiple-clause sentences to express will, influence, emotion, doubt, or denial. The present subjunctive is formed by dropping the **–o** from the **yo** form of the present indicative and adding these endings.

The present subjunctive

hablar	comer	escribir
hable	coma	escriba
hables	comas	escribas
hable	coma	escriba
hablemos	comamos	escribamos
habléis	comáis	escribáis
hablen	coman	escriban

- Verbs with irregular **yo** forms show that same irregularity in all forms of the present subjunctive.

conocer	conozca	seguir	siga
decir	diga	tener	tenga
hacer	haga	traer	traiga
oír	oiga	venir	venga
poner	ponga	ver	vea

- Verbs with stem changes in the present indicative show the same changes in the present subjunctive. Stem-changing **–ir** verbs also undergo a stem change in the **nosotros/as** and **vosotros/as** forms of the present subjunctive.

pensar (e:ie)	piense, pienses, piense, pensemos, penséis, piensen
jugar (u:ue)	juegue, juegues, juegue, juguemos, juguéis, jueguen
mostrar (o:ue)	muestre, muestres, muestre, mostremos, mostréis, muestren
entender (e:ie)	entienda, entiendas, entienda, entendamos, entendáis, entiendan
resolver (o:ue)	resuelva, resuelvas, resuelva, resolvamos, resolváis, resuelvan
pedir (e:i)	pida, pidas, pida, pidamos, pidáis, pidan
sentir (e:ie)	sienta, sientas, sienta, sintamos, sintáis, sientan
dormir (o:ue)	duerma, duermas, duerma, durmamos, durmáis, duerman

- The following five verbs are irregular in the present subjunctive.

dar	dé, des, dé, demos, deis, den
estar	esté, estés, esté, estemos, estéis, estén
ir	vaya, vayas, vaya, vayamos, vayáis, vayan
saber	sepa, sepas, sepa, sepamos, sepáis, sepan
ser	sea, seas, sea, seamos, seáis, sean

Verbs of will and influence

- A clause is a group of words that contains both a conjugated verb and a subject (expressed or implied). In a subordinate noun clause (**oración subordinada sustantiva**), a group of words function together as a noun.

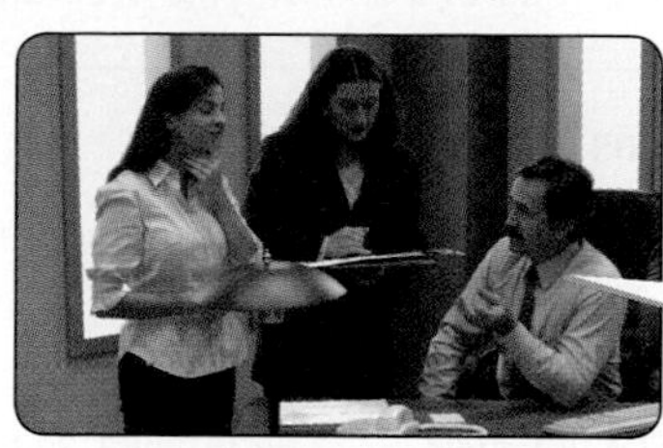

Quiero que hagas unos cambios en estos diseños.

- When the subject of the main (independent) clause of a sentence exerts influence or will on the subject of the subordinate clause, the verb in the subordinate clause takes the subjunctive.

MAIN CLAUSE	CONNECTOR	SUBORDINATE CLAUSE
Yo quiero	**que**	**tú** vayas **al médico.**

Verbs and expressions of will and influence

aconsejar *to advise*	**gustar** *to like*	**preferir (e:ie)** *to prefer*
desear *to desire; to wish*	**hacer** *to make*	**prohibir** *to prohibit*
es importante *it's important*	**importar** *to be important*	**proponer** *to propose*
es necesario *it's necessary*	**insistir en** *to insist (on)*	**querer (e:ie)** *to want; to wish*
es urgente *it's urgent*	**mandar** *to order*	**recomendar (e:ie)** *to recommend*
exigir *to demand*	**necesitar** *to need*	**rogar (o:ue)** *to beg; to plead*
	oponerse a *to oppose*	**sugerir (e:ie)** *to suggest*
	pedir (e:i) *to ask for; to request*	

Necesito que **consigas** estas pastillas en la farmacia.
I need you to get these pills at the pharmacy.

Insisto en que **vayas** a la sala de emergencias.
I insist that you go to the emergency room.

El médico siempre me **recomienda** que **deje** de fumar.
The doctor always recommends that I quit smoking.

Se oponen a que **salgas** si estás enfermo.
They object to your going out if you're sick.

- The infinitive, not the subjunctive, is used with verbs and expressions of will and influence if there is no change of subject in the sentence. The **que** is unnecessary in this case.

Quiero **ir** a Bogotá en junio.
I want to go to Bogotá in June.

Prefiero que **vayas** en agosto.
I prefer that you go in August.

Remind students that subordinate clauses are sometimes called *dependent clauses.*

¡ATENCIÓN!

Pedir is used with the subjunctive to ask someone to do something.

Preguntar is used to ask questions, and is not followed by the subjunctive.

No te pido que lo hagas ahora.
I'm not asking you to do it now.

No te pregunto si lo haces ahora.
I'm not asking you if you are doing it now.

Emphasize to students that impersonal expressions are followed by the infinitive unless a new subject is introduced in the dependent clause. Give some examples: **Es importante sacar buenas notas./Es importante que tú saques buenas notas.**

Teaching option Have students change the sample sentences into sentences that use an infinitive instead of a subordinate clause. Ex: **Necesito conseguir estas pastillas en la farmacia.** Ask how the meaning changes in each case.

Verbs of emotion

- When the main clause expresses an emotion like hope, fear, joy, pity, or surprise, the verb in the subordinate clause must be in the subjunctive if its subject is different from that of the main clause.

Espero que **te recuperes** pronto.
I hope you recover quickly.

Qué pena que **necesites** una operación.
What a shame you need an operation.

Verbs and expressions of will and influence

alegrarse (de) *to be happy (about)*	**es terrible** *it's terrible*	**molestar** *to bother*
es bueno *it's good*	**es una lástima** *it's a shame*	**sentir (e:ie)** *to be sorry; to regret*
es extraño *it's strange*	**es una pena** *it's a pity*	**sorprender** *to surprise*
es malo *it's bad*	**esperar** *to hope; to wish*	**temer** *to fear*
es mejor *it's better*	**gustar** *to like; to be pleasing*	**tener miedo a/de** *to be afraid (of)*
es ridículo *it's ridiculous*		

- The infinitive, not the subjunctive, is used with verbs and expressions of emotion if there is no change of subject in the sentence.

No me gusta **llegar** tarde.
I don't like to be late.

Es mejor que lo **hagas** ahora.
It's better that you do it now.

Verbs of doubt or denial

- When the main clause implies doubt, uncertainty, or denial, the verb in the subordinate clause must be in the subjunctive if its subject is different from that of the main clause.

No creo que él nos **quiera** engañar.
I don't believe that he wants to deceive us.

Dudan que el jarabe **sea** un buen remedio.
They doubt that the syrup will be a good remedy.

Verbs and expressions of doubt and denial

dudar *to doubt*	**negar (e:ie)** *to deny*
es imposible *it's impossible*	**no creer** *not to believe*
es improbable *it's improbable*	**no es evidente** *it's not evident*
es poco seguro *it's uncertain*	**no es seguro** *it's not certain*
(no) es posible *it's (not) possible*	**no es verdad/cierto** *it's not true*
(no) es probable *it's (not) probable*	**no estar seguro de** *not to be sure (of)*

- The infinitive, not the subjunctive, is used with verbs and expressions of doubt or denial if there is no change in the subject of the sentence.

Es imposible **viajar** hoy.
It's impossible to travel today.

Es improbable que él **viaje** hoy.
It's unlikely that he would travel today.

¡ATENCIÓN!

The subjunctive is also used with expressions of emotion that begin with **¡Qué…!** (*What a…!/It's so…!*)

¡Qué pena que él no vaya!
What a shame he's not going!

• • • • •

The expression **ojalá** (*I hope; I wish*) is always followed by the subjunctive. The use of **que** with **ojalá** is optional.

Ojalá (que) no llueva.
I hope it doesn't rain.

Ojalá (que) no te enfermes.
I hope you don't get sick.

The subjunctive is sometimes used in sentences that begin with **que** when the main clause is inferred or implied. Ex: **(Espero) Que te vaya bien.** See **Estructura 4.2.**

¡ATENCIÓN!

The subjunctive is also used after **quizá(s)** and **tal vez** (*maybe; perhaps*) when they signal uncertainty, even if there is no change of subject in the sentence.

Quizás vengan a la fiesta.
Maybe they'll come to the party.

Point out that the subjunctive exists in English, but rarely differs from the indicative. Ex: *I wish I were in Dixie./If I had a million dollars.../If I were you.../I suggest that he write…*

Práctica

1 Opiniones contrarias Escribe una oración que exprese lo opuesto en cada ocasión.

MODELO **Dudo que la comida rápida sea buena para la salud.**
—No dudo que la comida rápida es buena para la salud.

1. Están seguros de que Pedro puede dejar de fumar.
   No están seguros de que Pedro pueda dejar de fumar.
2. Es evidente que estás agotado.
   No es evidente que estés agotado.
3. No creo que las medicinas naturales sean curativas.
   Creo que las medicinas naturales son curativas.
4. Es verdad que la cirujana no quiere operarte.
   No es verdad que la cirujana no quiera operarte.
5. No es seguro que este médico conozca el mejor tratamiento.
   Es seguro que este médico conoce el mejor tratamiento.

2 Siempre enferma Últimamente, Ana María se enferma demasiado y sus amigas están preocupadas por ella. Completa la conversación con el infinitivo, el indicativo o el subjuntivo.

MARTA Es una pena que Ana María (1) __esté__ (estar / está / esté) enferma otra vez.

ADRIANA El problema es que no le gusta (2) __tomar__ (tomar / toma / tome) vitaminas. Además, ella casi nunca (3) __come__ (comer / come / coma) verduras.

MARTA Y no creo que Ana María (4) __haga__ (hacer / hace / haga) ejercicio. Yo siempre le (5) __pido__ (pedir /pido / pida) que (6) __venga__ (venir / viene / venga) conmigo al gimnasio, pero ella prefiere (7) __quedarse__ (quedarse / se queda / se quede) en casa.

ADRIANA Y cuando ella se enferma, no (8) __sigue__ (seguir / sigue / siga) los consejos del médico. Si él le recomienda que (9) __permanezca__ (permanecer / permanece / permanezca) en cama, ella dice que no es necesario (10) __descansar__ (descansar / descansa / descanse). Si él le da una receta, ella ni (11) __compra__ (comprar / compra /compre) las medicinas. ¿Qué vamos a hacer, Marta?

MARTA Es necesario que (12) __hablemos__ (hablar / hablamos / hablemos) con ella. Si no, ¡temo que un día de éstos ella nos (13) __llame__ (llamar / llama / llame) para llevarla a la sala de emergencias!

ADRIANA Bueno, creo que (14) __tienes__ (tener / tienes / tengas) razón. ¡Sólo espero que ella nos (15) __escuche__ (escuchar / escucha / escuche)!

3 Consejos Adriana y Marta le dan consejos a Ana María. Combina los elementos de cada columna para escribir cinco oraciones. Usa el presente del subjuntivo.

MODELO —Te recomendamos que hagas más ejercicio.

aconsejar		comer frutas y verduras
es importante		descansar
es necesario	que	hacer más ejercicio
querer		ir al gimnasio
recomendar		seguir las recomendaciones del médico
sugerir		tomar las medicinas

TALLER DE CONSULTA

MANUAL DE GRAMÁTICA
Más práctica

4.1 The subjunctive in noun clauses, p. A23

1 Have students create five similar sentences using subjunctive or indicative.

2 For sentences that require subjunctive, have students explain why they used it.

3 As a variant, have one student write a main clause on the board. Then have another student complete the sentence with a subordinate clause in the subjunctive.

Teaching option Do a rapid-response drill. Write a list of noun clauses on the board (Ex: **Quiero que...**) and have students respond with a subordinate clause.

Práctica

④ Point out that Spanish contains over 2,000 words of Arabic origin. **Ojalá** is one, and it means **quiera Dios** (*God willing*), expressing a strong desire for something to happen.

Teaching option Play the song ***Ojalá que llueva café***, by Juan Luis Guerra (available on his CD ***Grandes Éxitos***). Pass out lyrics with blank lines for students to fill in the subjunctive verb forms.

④ **Ojalá** **Para muchos, el amor es una enfermedad. El cantante Silvio Rodríguez sugiere en esta canción una cura para el amor.**

A. Utiliza el presente del subjuntivo de los verbos entre paréntesis para completar la estrofa (*verse*) de la canción.

> Ojalá que las hojas no te (1) ___toquen___ (tocar) el cuerpo cuando (2) ___caigan___ (caer) para que no las puedas convertir en cristal.
> Ojalá que la lluvia (3) ___deje___ (dejar) de ser milagro que baja por tu cuerpo.
> Ojalá que la luna (4) ___pueda___ (poder) salir sin ti.
> Ojalá que la tierra no te (5) ___bese___ (besar) los pasos.

B. Ahora, escribe tu propia estrofa.

1. Ojalá que los sueños ______________________.
2. Ojalá que la noche ______________________.
3. Ojalá que la herida ______________________.
4. Ojalá una persona ______________________.

⑤ To preview the activity, have students write a personal ad as if they were Lucía or Roberto. Encourage them to be creative.

⑤ For an optional writing activity, help students create a list of possible problems about which someone might write to an advice columnist. Then have them use the present subjunctive to write a response letter giving advice. Recycle vocabulary from past lessons.

⑤ **El hombre ideal** **Roberto está enamorado de Lucía, pero ella no le presta atención. Mira el dibujo del hombre ideal de Lucía y escribe cinco recomendaciones para Roberto. Utiliza el presente del subjuntivo y las palabras de la lista.**

MODELO Roberto, es necesario que te vistas mejor.

aconsejar	**insistir en**
es importante	**proponer**
es malo	**recomendar**
es mejor	**rogar**
es necesario	**sugerir**

Roberto

Hombre ideal

 Practice more at **facetas.vhlcentral.com.**

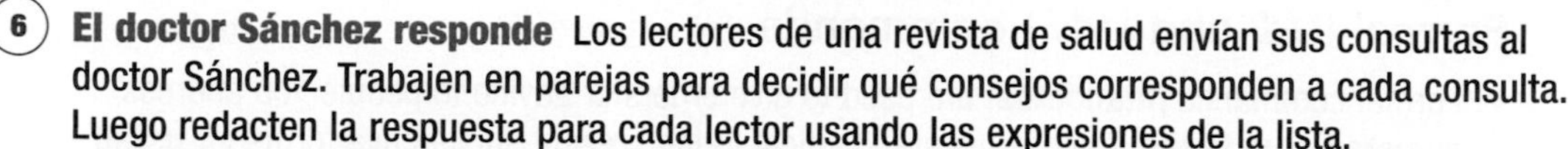

Comunicación

6 **El doctor Sánchez responde** Los lectores de una revista de salud envían sus consultas al doctor Sánchez. Trabajen en parejas para decidir qué consejos corresponden a cada consulta. Luego redacten la respuesta para cada lector usando las expresiones de la lista.

Los lectores preguntan. El Dr. Sánchez responde.

1. Estimado Dr. Sánchez:
   Tengo 55 años y quiero bajar 10 kilos. Mi médico insiste en que mejore mi alimentación. Probé varias dietas, pero no logro bajar de peso. ¿Qué puedo hacer? b
   Ana J.

2. Querido Dr. Sánchez:
   Tengo 38 años y sufro fuertes dolores de espalda (*back*). Trabajo en una oficina y estoy muchas horas sentada. Después de varios análisis, mi médico dijo que todo está bien en mis huesos (*bones*). Me recetó unas pastillas para los músculos, pero no quiero tomar medicinas. ¿Hay otra solución? c
   Isabel M.

3. Dr. Sánchez:
   Siempre me duele mucho el estómago. Soy muy nervioso y no puedo dormir. Mi médico me aconseja que trabaje menos. Pero eso es imposible.
   Andrés S. a

A. *No comer con prisa.*
Pasear mucho.
No tomar café.
Practicar yoga.

B. *Caminar mucho.*
Practicar natación.
No comer las cuatro "p": papas, pastas, pan y postres.
Tomar dos litros de agua por día.

C. *No permanecer sentada más de dos horas seguidas.*
Hacer cincuenta minutos de ejercicio por día.
Adoptar una buena postura al estar sentada.
Elegir una buena cama.
Usar una almohada dura.

es importante que	**le aconsejo que**
es improbable que	**le propongo que**
es necesario que	**le recomiendo que**
es poco seguro que	**le sugiero que**
es urgente que	**no es seguro que**

7 **Estilos de vida** En parejas, cada uno/a debe elegir una de estas personalidades. Después, dense consejos para cambiar su estilo de vida. Utilicen el subjuntivo.

1. Voy al gimnasio tres veces al día. Lo más importante en mi vida es mi cuerpo.
2. Me gusta salir por las noches. Trasnocho casi todos los días.
3. Siempre como comida rápida porque es más fácil y mucho más barata.
4. No hago nada de ejercicio. Estoy todo el día trabajando en una oficina.

6 Have students work in pairs to write a letter to Dr. Sánchez. Have them exchange letters and write responses.

6 Ask volunteers to read their letters and answers to the class. Then ask: **¿Qué debe hacer** [*name of student*] **en esta situación?**

INSTRUCTIONAL RESOURCES
Supersite: Textbook/SAM AK, Lab MP3s, Audioscripts
SAM/WebSAM: WB, LM

Point out that, while **usted** and **ustedes** may be omitted after polite commands, using them is more courteous.

4.2 Commands

Formal (*Ud.* and *Uds.*) commands

- Formal commands (**mandatos**) are used to give orders or advice to people you address as **usted** or **ustedes**. Their forms are identical to the present subjunctive forms for **usted** and **ustedes**.

Formal commands

Infinitive	Affirmative command	Negative command
tomar	**tome** (usted) **tomen** (ustedes)	**no tome** (usted) **no tomen** (ustedes)
volver	**vuelva** (usted) **vuelvan** (ustedes)	**no vuelva** (usted) **no vuelvan** (ustedes)
salir	**salga** (usted) **salgan** (ustedes)	**no salga** (usted) **no salgan** (ustedes)

¡ATENCIÓN!

***Vosotros/as* commands**

In Latin America, **ustedes** commands serve as the plural of familiar (**tú**) commands. The familiar plural **vosotros/as** command is used in Spain. The affirmative command is formed by changing the **–r** of the infinitive to **–d**. The negative command is identical to the **vosotros/as** form of the present subjunctive.

bailar: bailad/no bailéis

For reflexive verbs, affirmative commands are formed by dropping the **–r** and adding the reflexive pronoun **–os**. In negative commands, the pronoun precedes the verb.

levantarse: levantaos/ no os levantéis

The verb **irse** is irregular: **idos/no os vayáis**

Familiar (*tú*) commands

- Familar commands are used with people you address as **tú**. Affirmative **tú** commands have the same form as the **él, ella**, and **usted** form of the present indicative. Negative **tú** commands have the same form as the **tú** form of the present subjunctive.

Piensa en él como un amigo que tiene siempre razón.
No pienses en mí como tu jefe.

Formal commands

Infinitive	Affirmative command	Negative command
viajar	viaja	no viajes
empezar	empieza	no empieces
pedir	pide	no pidas

- These verbs have irregular affirmative **tú** commands. Their negative forms are still the same as the **tú** form of the present subjunctive.

decir	di	salir	sal
hacer	haz	ser	sé
ir	ve	tener	ten
poner	pon	venir	ven

Teaching option Practice regular and irregular affirmative **tú** commands by having students give commands for the following situations: **1. Tengo mucha hambre. (Come.) 2. Estoy cansado/a. (Duerme.) 3. Hace calor en la clase. (Sal de la clase.)**

Nosotros/as commands

- **Nosotros/as** commands are used to give orders or suggestions that include yourself as well as other people. In Spanish, **nosotros/as** commands correspond to the English *let's* + [*verb*]. Affirmative and negative **nosotros/as** commands are generally identical to the **nosotros/as** forms of the present subjunctive.

***Nosotros/as* commands**		
Infinitive	**Affirmative command**	**Negative command**
bailar	bailemos	no bailemos
beber	bebamos	no bebamos
abrir	abramos	no abramos

- The **nosotros/as** commands for **ir** and **irse** are irregular: **vamos** and **vámonos**. The negative commands are regular: **no vayamos** and **no nos vayamos**.

Indicate that **nosotros/as** commands can also be expressed with **vamos a** + [*infinitive*]. Ex: **¡Vamos a comer!** *Let's eat!*

Using pronouns with commands

- When object and reflexive pronouns are used with affirmative commands, they are always attached to the verb. When used with negative commands, the pronouns appear between **no** and the verb.

Levántense temprano.
Wake up early.

No se levanten temprano.
Don't wake up early.

Dime todo.
Tell me everything.

No me digas.
Don't tell me.

- When the pronouns **nos** or **se** are attached to an affirmative **nosotros/as** command, the final **s** of the command form is dropped.

Sentémonos aquí.
Let's sit here.

No nos sentemos aquí.
Let's not sit here.

Démoselo mañana.
Let's give it to him/her tomorrow.

No se lo demos mañana.
Let's not give it to him/her tomorrow.

¡ATENCIÓN!

When one or more pronouns are attached to an affirmative command, an accent mark may be necessary to maintain the original stress. This usually happens when the combined verb form has three or more syllables.

decir
di, dile, dímelo
diga, dígale, dígaselo
digamos, digámosle, digámoselo

Indirect (*él, ella, ellos, ellas*) commands

- The construction **que** + [*subjunctive*] can be used with a third-person form to express indirect commands that correspond to the English *let someone do something.* If the subject of the indirect command is expressed, it usually follows the verb.

Que pase el siguiente.
Let the next person pass.

Que lo **haga** ella.
Let her do it.

- As with other uses of the subjunctive, pronouns are never attached to the conjugated verb, regardless of whether the indirect command is affirmative or negative.

Que se lo den los otros.

Que no **se lo den**.

Que lo vuelvan a hacer.

Que no **lo vuelvan** a hacer.

TALLER DE CONSULTA

See **2.1**, pp. 54–55 for object pronouns.

See **2.3**, pp. 62–63 for reflexive pronouns.

Explain that the main clause is implicit in indirect commands. Ex: **[Es necesario] Que pase el siguiente.**

Práctica

TALLER DE CONSULTA

MANUAL DE GRAMÁTICA
Más práctica
4.2 Commands, p. A24

① Have students continue the activity in pairs. Ask each student to write two more sentences for his/her partner to change into commands.

② Suggested answers for Part B: **1. Prevén las caries. 2. Cepíllate los dientes después de cada comida. 3. No comas dulces. 4. Pon poco azúcar en el café o té. 5. Come o bebe alimentos que tengan calcio. 6. Consulta al dentista periódicamente.**

③ Have volunteers present their own problems or bad habits for the class to give appropriate advice, using commands.

Teaching option Give one student a **tú** command. Have them respond with the **Ud.** command of the same verb. For additional practice, have a third student give the **Uds.** command form.

1 Mandatos Cambia estas oraciones para que sean mandatos.

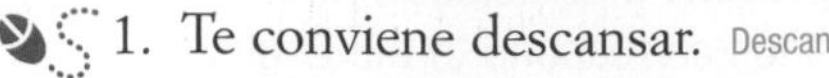

1. Te conviene descansar. Descansa.
2. Deben relajarse. Relájense.
3. Es hora de que usted tome su pastilla. Tome su pastilla.
4. ¿Podría usted describir sus síntomas? Describa sus síntomas.
5. ¿Y si dejamos de fumar? Dejemos de fumar.
6. ¿Podrías consultar con un especialista? Consulta con un especialista.
7. Ustedes necesitan comer bien. Coman bien.
8. Le pido que se vaya de mi consultorio. Váyase de mi consultorio.

2 El cuidado de los dientes

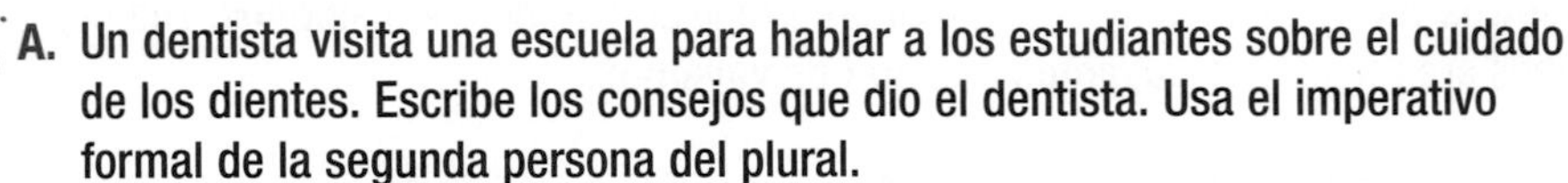

A. **Un dentista visita una escuela para hablar a los estudiantes sobre el cuidado de los dientes. Escribe los consejos que dio el dentista. Usa el imperativo formal de la segunda persona del plural.**

1. prevenir las caries (*cavities*) Prevengan las caries.
2. cepillarse los dientes después de cada comida Cepíllense los dientes después de cada comida.
3. no comer dulces No coman dulces.
4. poner poco azúcar en el café o el té Pongan poco azúcar en el café o el té.
5. comer o beber alimentos que tengan calcio Coman o beban alimentos que tengan calcio.
6. consultar al dentista periódicamente Consulten al dentista periódicamente.

B. **Un estudiante estuvo ausente el día de la charla con el dentista. Al día siguiente, sus compañeros le contaron sobre la charla y le dieron los mismos consejos. Reescribe los consejos usando el imperativo informal.**

3 El doctor de Felipito **Felipito es un niño muy inquieto. A cada rato tiene pequeños accidentes. Su doctor decide explicarle cómo evitarlos y cómo cuidar su salud. Utiliza mandatos informales para escribir las indicaciones del médico.**

Practice more at **facetas.vhlcentral.com.**

Comunicación

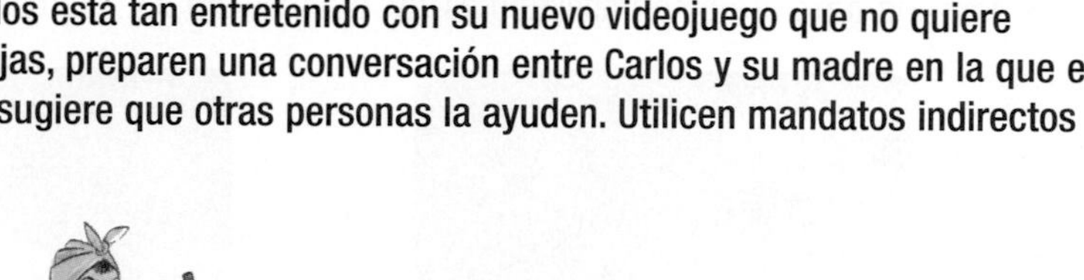

4 **Que lo hagan ellos** Carlos está tan entretenido con su nuevo videojuego que no quiere hacer nada más. En parejas, preparen una conversación entre Carlos y su madre en la que ella le da mandatos y Carlos sugiere que otras personas la ayuden. Utilicen mandatos indirectos en la conversación.

MODELO

MADRE Limpia tu cuarto, Carlos.
CARLOS Que lo limpie mi hermano. ¡Estoy a punto de alcanzar el próximo nivel!

ayudarme en la cocina	**mis amigos**
cortar cebollas	**mi hermana**
pasear al perro	**mi hermano**
llamar a la abuela	**mi padre**
ir a la farmacia	**tú/Ud.**

(4) Recycle household vocabulary by adding these chores to the list: **hacer la cama, poner la mesa, lavar las ventanas, pasar la aspiradora.**

5 **Hasta el siglo XXII**

A. ¿Qué consejos le darías a un(a) amigo/a para que viva hasta el siglo XXII? En grupos pequeños, escriban ocho recomendaciones utilizando mandatos informales afirmativos y negativos. Sean creativos/as.

MODELO No tomes mucho café. Toma sólo agua y jugos naturales.

B. Ahora reúnanse con otro grupo y lean las dos listas. ¿En qué se parecen y en qué se diferencian sus recomendaciones?

(5) Have volunteers read their sentences aloud and write the commands on the board in two columns: **mandatos afirmativos** and **mandatos negativos.**

6 **Anuncios** En grupos, elijan tres de estos productos y escriban un anuncio (*commercial*) de televisión para promocionar cada uno de ellos. Utilicen los mandatos formales para convencer al público de que lo compre.

MODELO El nuevo perfume "Enamorar" de Rita Ferrero le va a encantar. Cómprelo en cualquier perfumería de su ciudad. Pruébelo y…

perfume "Enamorar"	**computadora portátil "Digitex"**
chocolate sin calorías "Deliz"	**crema hidratante "Suavidad"**
raqueta de tenis "Rayo"	**todo terreno "Intrepid"**
pasta de dientes "Sonrisa Sana"	**cámara digital "Flimp"**

(6) Ask groups to read their commercials aloud, then have the class vote on whether or not they were convinced to buy the product.

Teaching option Have pairs find ads in Spanish from magazines or the Internet that use the imperative or subjunctive forms. Have students present their ads to the class, commenting on the product advertised, the target audience, and the overall effectiveness of the ad.

INSTRUCTIONAL RESOURCES
Supersite: Textbook AK, Lab MP3s, Audioscripts
SAM/WebSAM: WB, LM

4.3 *Por* and *para*

- **Por** and **para** are both translated as *for*, but they are not interchangeable.

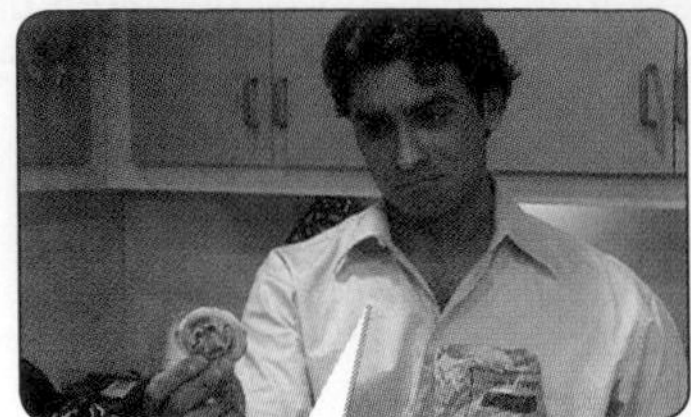

Por mucho que
insistan, los tendré
que tirar.

Explain that **para** is often used with adverbs to indicate *in the direction of.*
para arriba *upwards*
para atrás *backwards*

Variación léxica Point out that in some regions, including the Caribbean, the second syllable of **para** is often dropped from spoken Spanish. Ex: **pa'rriba, pa'bajo**

Uses of *para*

Destination *(toward; in the direction of)*	El cirujano sale de su casa **para** la clínica a las ocho. *The surgeon leaves his house at eight to go to the clinic.*
Deadline or a specific time in the future *(by; for)*	El resultado del análisis va a estar listo **para** mañana. *The results of the analysis will be ready by tomorrow.*
Goal (**para** + [*infinitive*]) *(in order to)*	El doctor usó un termómetro **para** ver si el niño tenía fiebre. *The doctor used a thermometer to see if the boy had a fever.*
Purpose (**para** + [*noun*]) *(for; used for)*	El investigador descubrió una cura **para** la enfermedad. *The researcher discovered a cure for the illness.*
Recipient *(for)*	La enfermera preparó la cama **para** doña Ángela. *The nurse prepared the bed for Doña Ángela.*
Comparison with others or opinion *(for; considering)*	**Para** su edad, goza de muy buena salud. *For her age, she enjoys very good health.* **Para** mí, lo que tienes es gripe y no un resfriado. *To me, what you have is the flu, not a cold.*
Employment *(for)*	Mi hijo trabaja **para** una empresa farmacéutica. *My son works for a pharmaceutical company.*

Expressions with *para*

no estar para bromas *to be in no mood for jokes*
no ser para tanto *to not be so important*
para colmo *to top it all off*
para que *so that*
para que sepas *just so you know*
para siempre *forever*

- Note that the expression **para que** is followed by the subjunctive.

Te compré zapatos deportivos **para que** hagas ejercicio.
I got you tennis shoes so that you will work out.

Para ponerse en forma hay que trabajar duro.

Yo, por ejemplo, trato de comer cosas sanas.

Uses of *por*

Motion or a general location *(along; through; around; by)*	Me quebré la pierna corriendo **por** el parque. *I broke my leg running through the park.*
Duration of an action *(for; during; in)*	Estuvo en cama **por** dos meses. *He was in bed for two months.*
Reason or motive for an action *(because of; on account of; on behalf of)*	Rezó **por** su hijo enfermo. *She prayed for her sick child.*
Object of a search *(for; in search of)*	El enfermero fue **por** un termómetro. *The nurse went for a thermometer.*
Means by which *(by; by way of; by means of)*	Consulté con el doctor **por** teléfono. *I consulted with the doctor by phone.*
Exchange or substitution *(for; in exchange for)*	Cambiamos ese tratamiento **por** uno nuevo. *We changed from that treatment to a new one.*
Unit of measure *(per; by)*	Tengo que tomar las pastillas cinco veces **por** día. *I have to take the pills five times per day.*
Agent (passive voice) *(by)*	La nueva política de salud pública fue anunciada **por** la prensa. *The new public health policy was announced by the press.*

Expressions with *por*

por ahora *for the time being*
por allí/aquí *around there/here*
por casualidad *by chance/accident*
por cierto *by the way*
¡Por Dios! *For God's sake!*
por ejemplo *for example*
por escrito *in writing*
por eso *therefore; for that reason*
por fin *finally*
por lo general *in general*
por lo menos *at least*
por lo tanto *therefore*
por lo visto *apparently*
por más/mucho que *no matter how much*
por otro lado/otra parte *on the other hand*
por primera vez *for the first time*
por si acaso *just in case*
por supuesto *of course*

¡ATENCIÓN!

In many cases it is grammatically correct to use either **por** or **para** in a sentence. However, the meaning of each sentence is different.

Trabajó por su tío.
He worked for (in place of) his uncle.

Trabajó para su tío.
He worked for his uncle('s company).

Point out that **por** is always used with **gracias**. Ex: **Gracias por la cena.**

Práctica

TALLER DE CONSULTA

MANUAL DE GRAMÁTICA
Más práctica
4.3 **Por** and **para**, p. A25

① Have students review the tables on pp. 144-145 and identify the use of **por** or **para** for each item.

② Have students write a response letter from Catalina to Mateo, using **por** and **para** at least three times each.

③ For additional practice, tell students to add at least two more verbs and nouns to the list.

Teaching option For faster-paced classes, hand out a brief article in Spanish from a newspaper or magazine. Read the paragraph together and have volunteers explain why **por** and **para** are used in each instance.

1 **Otra manera** Lee la primera oración y completa la segunda versión con **por** o **para**.

1. Mateo pasó el verano en Colombia con su abuela.
   Mateo fue a Colombia __para__ visitar a su abuela.
2. Ella estaba enferma y quería la compañía de su nieto.
   Ella estaba enferma; __por__ eso, Mateo decidió ir.
3. La familia le envió muchos regalos a la abuela.
   La familia envió muchos regalos __para__ la abuela.
4. La abuela se alegró mucho de la visita de Mateo.
   La abuela se puso muy feliz __por__ la visita de Mateo.
5. Mateo pasó tres meses allá.
   Mateo estuvo en Colombia __por__ tres meses.

Cartagena, Colombia

2 **Carta de amor** Completa la carta con **por** y **para**.

De: mateo25@tucorreo.com
A: cata@tucorreo.com
Tema: Noticias desde Cartagena

Mi amada Catalina:

(1) __Por__ fin encuentro un momento (2) __para__ escribirte. Es que mi abuela me tiene a su lado (3) __por__ horas y horas cada día, contándome historias de su niñez aquí en Cartagena. Poquito a poco va recuperándose, pero no sé de dónde saca tantas fuerzas (4) __para__ hablar. Pero estoy aquí sólo (5) __por/para__ ella, así que no me quejo de nada. En las tardes ella descansa y yo suelo caminar (6) __por__ la playa y, (7) __por__ supuesto, pienso en ti...

Hoy mi abuelita me pidió llamar (8) __por__ teléfono a la clínica, pues le duele mucho el estómago y cree que es (9) __por__ las otras medicinas que le recetó el cirujano. Mientras tío Javi la lleva a la clínica, yo iré al centro (10) __para__ hacer unas compras. Ya sé lo que voy a comprar (11) __para__ ti.
Ya pronto nos veremos...
Te amaré (12) __para/por__ siempre...

Mateo

3 **Oraciones** Utiliza palabras de cada columna para formar oraciones lógicas.

MODELO Mi hermana preparó una cena especial para la fiesta.

caminar		**él**
comprar	**por**	**la fiesta**
jugar	**para**	**mi mamá**
hacer		**su hermana**
preparar		**el parque**

 Practice more at **facetas.vhlcentral.com.**

Comunicación

4 **Soluciones** En parejas, comenten cuáles son las mejores maneras de lograr los objetivos de la lista. Sigan el modelo y utilicen **por** y **para**.

MODELO —Para tener buena salud, lo mejor es comer cinco frutas o verduras por día porque tienen muchas vitaminas.

concentrarse al estudiar	relajarse
divertirse	ser famoso/a
hacer muchos amigos	ser organizado/a
mantenerse en forma	tener buena salud

④ Have students share their responses with the class. Refer them to pp. 144–145 and have them identify the uses of **por** and **para** in their sentences.

5 **Conversación** En parejas, elijan una de las situaciones y escriban una conversación. Utilicen **por** y **para** y algunas de las expresiones de la lista.

A. Tu vecino, don José, ganó en un concurso unas vacaciones a Medellín, Colombia, pero él no puede ir. Está pensando en ti y en otro/a vecino/a. Convence a don José de que te dé a ti las vacaciones.

B. Hace un año que trabajas en una librería y nunca has tenido vacaciones. Habla con tu jefe/a y dile que quieres tomarte unas vacaciones de dos semanas. Tu jefe/a dice que no necesitas tomarte vacaciones y te da algunas razones. Explícale tus razones y dile que si te vas de vacaciones vas a ser un(a) mejor empleado/a al regresar.

no es para tanto	por casualidad	por lo menos
para colmo	por eso	por lo tanto
para siempre	por fin	por supuesto

⑤ Have two pairs act out their conversations for situations **A** and **B** in front of the class. Then have other students offer alternative ways to convince the **vecino** or **jefe/a**.

6 **Síntesis** En parejas, miren la foto e inventen una conversación. Deben usar por lo menos tres verbos en el subjuntivo, tres mandatos y tres expresiones con **por** o **para**. Dramaticen la conversación para el resto de la clase.

⑥ While each group performs their scene, have the rest of the class take note of the uses of the subjunctive, the imperative and **por/para**. Then have volunteers write the sentences or phrases they heard on the board.

INSTRUCTIONAL RESOURCES
Supersite/DVD: Film Collection
Supersite: Script & Translation

Point out that, in 2007, ***Éramos pocos*** was nominated for an Oscar in the Short Film category.

Antes de ver el corto

ÉRAMOS POCOS

país España
duración 16 minutos
director Borja Cobeaga

protagonistas Joaquín (padre), Fernando (hijo), Lourdes (abuela)

Vocabulario

el álbum (de fotos) *(photo) album*
apañar *to mend; to fix*
apañarse *to manage*
el asilo (de ancianos) *nursing home*
descalzo/a *barefoot*
el desorden *mess*
enseguida *right away*
largarse *to take off*
el marco *frame*
la paella *(Esp.) traditional rice and seafood dish*
la tortilla *(Esp.) potato omelet*
el trastero *storage room*

① For expansion, ask students if they have ever tried **paella** or a Spanish **tortilla.** If any students have traveled to Spain, ask them to share any thoughts or stories involving Spanish food.

1 Oraciones incompletas Completa las oraciones con las palabras apropiadas.

1. Pones las fotos en un ___marco___ para colocarlas en la pared.
2. Te vas a vivir a un ___asilo___ cuando eres un anciano.
3. Guardas los muebles antiguos en un ___trastero___.
4. Cuando no llevas zapatos, vas ___descalzo/a___.
5. La ___tortilla___ es un plato que se cocina con huevos y patatas.

② For item 3, have heritage speakers discuss nursing homes vs. living with the family in their families' countries of origin.

2 Preguntas En parejas, contesten las preguntas.

1. ¿Crees que los hombres ayudan en las tareas del hogar más que hace unos años?
2. ¿Conoces a alguna mujer que sea ama de casa? ¿Le gusta serlo?
3. ¿Cuáles son las ventajas y las desventajas de vivir en un asilo o vivir con la familia cuando una persona es anciana? ¿Qué vas a preferir tú: vivir en un asilo o vivir con la familia? ¿Por qué?
4. ¿Cómo crees que va a ser la situación de los ancianos dentro de unos años?

③ Once students have watched the film, ask them if they were correct in their predictions.

3 ¿Qué sucederá? En parejas, miren el fotograma e imaginen lo que va a ocurrir en la historia. Compartan sus ideas con la clase.

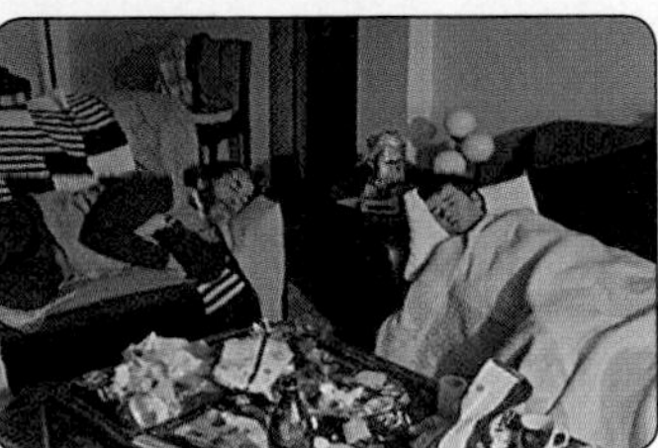

Practice more at **facetas.vhlcentral.com.**

ramón barea   mariví bilbao   alejandro tejería

Premio a la mejor comedia, Aspen International Shorts Fest 2006, Aspen, EE.UU.

éramos pocos

un cortometraje de borja cobeaga

sonido directo miguel carretero
posproducción de sonido david rodríguez
vestuario pedro moreno
dirección artística enrique ferrero & ali larrey
jefe de producción pedro ruigómez momeñe
música aránzazu calleja
montaje jesús ramé
fotografía ignacio giménez-rico
producción ejecutiva oihana olea
escrito por borja cobeaga & sergio barrejón
dirigido por borja cobeaga

altube filmeak   arsenico   CANAL+   Diputación de Valladolid   Kodak   Pecera Estudio   DOLBY

Escenas

ARGUMENTO Tras ser abandonado por su mujer, Joaquín decide traer a su suegra a casa para que haga las labores del hogar.

Synopsis A father and his son are incapable of taking care of housework. When the wife leaves and does not return, they decide to bring grandma back from the nursing home so she will cook and clean for them.

Preview In pairs, ask students to cover the captions and look only at the photos. Have them invent their own captions based on the videograbs.

FERNANDO ¿Por qué estás descalzo?
JOAQUÍN Porque no encuentro mis zapatillas.
FERNANDO ¿Y estás seguro de que se ha ido sin más°?
JOAQUÍN Eso parece.

FERNANDO Cuánto tiempo sin verte.
LOURDES Mucho tiempo.
FERNANDO Mira, papá, es la abuela.
LOURDES Hola.
JOAQUÍN Hola, soy tu yerno Joaquín. No sé si te acuerdas de mí.

LOURDES ¿Y mi habitación?
JOAQUÍN Esto se arregla en un momento. Desde que te fuiste usamos este cuarto como un trastero, pero enseguida lo apañamos. ¡Fernando!
LOURDES No te preocupes, no pasa nada.
JOAQUÍN ¡Fernando!

JOAQUÍN Creo que se ha dado cuenta. Que sabe para qué la hemos traído.
FERNANDO ¿Qué dices?
JOAQUÍN ¿No la notas demasiado… contenta?

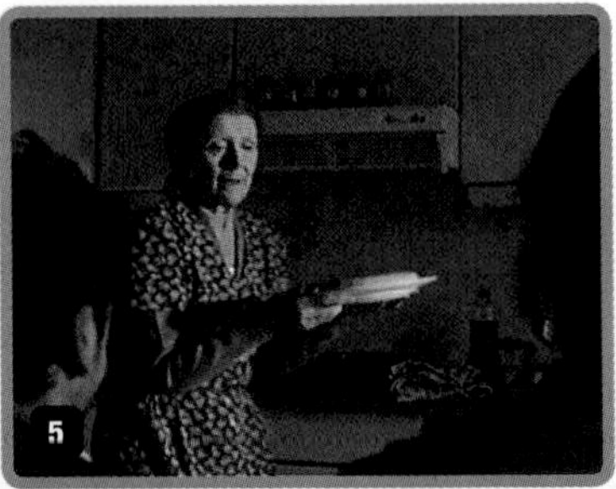

ABUELA ¿Qué? ¿No coméis?
JOAQUÍN Que te diga esto a lo mejor te parece desproporcionado, Lourdes. Pero es que Julia lleva mucho tiempo de viaje.
FERNANDO Mucho, mucho.
JOAQUÍN No sabes lo que esta tortilla significa para nosotros.

JOAQUÍN Julia, soy yo. No me cuelgues°, ¿eh? Es importante. Es sobre tu madre. Ya sé que fui yo el que insistió en meterla en un asilo pero ahora está aquí, con nosotros. Es para pedirte perdón y para que veas que puedo cambiar.

sin más *just like that* **No me cuelgues** *Don't hang up on me*

Después de ver el corto

① **Comprensión** Contesta las preguntas con oraciones completas.

1. ¿Dónde está Julia?
   Julia se ha ido de casa.
2. ¿Qué ha pasado con las zapatillas de Joaquín?
   Julia tiró las zapatillas por la ventana.
3. ¿Por qué van a recoger a la abuela?
   Van a recoger a la abuela para que ayude en la casa.
4. ¿Por qué cree Joaquín que la abuela se ha dado cuenta del plan?
   Joaquín cree que la abuela se ha dado cuenta del plan porque ella está demasiado contenta.
5. ¿Para qué llama Joaquín a su mujer?
   Joaquín llama a su mujer para pedirle perdón y decirle que ha cambiado.
6. ¿Qué le dice su mujer?
   Le dice que ella está con su madre.
7. ¿Para qué mira Joaquín el álbum de fotos?
   Para ver si la mujer que está en su casa es Lourdes.
8. ¿Qué descubre Joaquín?
   Joaquín descubre que la mujer que vive con ellos no es Lourdes.

② **Ampliación** Contesta las preguntas.

1. ¿Por qué piensas que Joaquín y Fernando son incapaces de vivir sin una mujer?
2. Según Joaquín, ¿por qué es importante la tortilla?
3. ¿Por qué está tan contenta Lourdes a pesar de trabajar tanto?
4. ¿Por qué crees que Joaquín no dice que la mujer no es su suegra?
5. ¿Qué opinas del final del corto? ¿Te parece que los personajes se están engañando unos a otros o se están ayudando? ¿Por qué?
6. ¿Cómo se relaciona el título con lo que sucede en el corto?

③ **Julia** En parejas, imaginen cómo es la esposa de Joaquín y cómo es su vida.

- ¿Cómo es?
- ¿Por qué se fue de casa?
- ¿Dónde está ahora?
- ¿Crees que sigue haciendo las labores del hogar?
- ¿Volverá con su familia?

④ **Salud mental** En parejas, imaginen que un día Julia llama a su hijo para explicarle por qué se fue. Según ella, era necesario para su salud mental y su bienestar. Piensen en estas preguntas y ensayen la conversación telefónica entre Fernando y Julia. Represéntenla delante de la clase.

- ¿Está Fernando de acuerdo con la explicación de su madre?
- ¿Perdona Fernando a su madre?
- ¿Le importa realmente que su madre se haya ido?
- ¿Está arrepentida Julia?
- ¿Estaba realmente enferma Julia cuando se fue de la casa?

⑤ **Cartas** Elige una de estas dos situaciones y escribe una carta.

1. Eres la anciana que se hace pasar por Lourdes y decides escribirle una carta a tu verdadera familia explicando por qué te fuiste del asilo con otra familia.
2. Eres un(a) anciano/a que acaba de irse a un asilo. Escribe una carta a tu familia describiendo qué cosas extrañas de vivir en casa y qué te gusta del asilo.

Practice more at **facetas.vhlcentral.com.**

② Ask additional questions. Ex: **¿Crees que Lourdes sabía desde el primer momento que Joaquín y Fernando no eran su yerno y su nieto, o sólo se dio cuenta más tarde? ¿Es aceptable engañar a otras personas si al hacerlo las estamos ayudando?**

② For item 6, see what students come up with on their own and then explain that the title of the film comes from the saying **Éramos pocos y parió la abuela**. Explain that this saying roughly translates as *As if we didn't have enough problems* and describes a difficult situation that becomes more complicated. How does this saying broaden their understanding of the film?

Teaching option
For advanced students, ask discussion questions about the importance of mental health. Ex: **¿La salud mental es tan importante como la salud física? ¿Qué tipo de apoyo ofrece tu escuela o universidad para estudiantes con inquietudes o problemas emocionales? ¿Crees que evadir un problema es una forma de solucionarlo?**

Maru, 2010
Fernando Miñarro, España

"Cuando sientes que la mano de la muerte se posa sobre el hombro, la vida se ve iluminada de otra manera…"

— Isabel Allende

Antes de leer

NATIONAL STANDARDS connections cultures

Mujeres de ojos grandes

Sobre la autora

Ángeles Mastretta nació en Puebla, México, en 1949. Estudió periodismo y colaboró en periódicos y revistas: "Escribía de todo: de política, de mujeres, de niños, de lo que veía, de lo que sentía, de literatura, de cultura, de guerra". Su primer libro fue de poemas: *La pájara pinta* (1978), pero fue *Arráncame la vida* (1985), su primera novela, la que le dio fama y reconocimiento. En 1997 fue la primera mujer en ganar el Premio Rómulo Gallegos con su novela *Mal de amores*. En su obra se destaca el pensamiento femenino. *Mujeres de ojos grandes* está compuesto de relatos sobre mujeres que muestran "el poder que tienen en sus cosas y el poder que tienen para hacer con sus vidas lo que quieran, aunque no lo demuestren. Son mujeres poderosas que se saben poderosas pero no lo ostentan (*boast*)".

Sobre la autora Have students talk about other female authors they have read who treat similar themes in their writing.

Vocabulario

el adelanto *improvement*	**el/la enfermero/a** *nurse*	**el ombligo** *navel*
la aguja *needle*	**el hallazgo** *finding; discovery*	**la pena** *sorrow*
la cordura *sanity*	**la insensatez** *folly*	**el regocijo** *joy*
desafiante *challenging*	**latir** *to beat*	**la terapia intensiva** *intensive care*

Variación léxica
el adelanto ⟷ la mejora, el mejoramiento
el hallazgo ⟷ el descubrimiento

La historia de Julio Completa el párrafo con las palabras apropiadas.

Julio prefería una vida (1) desafiante que no lo aburriera. Sin embargo, al perder todo por la caída de la bolsa (*stock market crash*), Julio —siempre una persona tan sensata— perdió la (2) cordura. Después de unos meses, los síntomas desaparecieron para gran (3) regocijo de la familia. Sin embargo, pensar en su trabajo lo llenaba de (4) pena y en su corazón latía el deseo de hacer algo nuevo. Tan agradecido estaba con los médicos que decidió estudiar para ser (5) enfermero.

Conexión personal Cuando te sientes enfermo/a, ¿intentas curarte por tus propios medios? ¿Alguna vez estuviste en un hospital? ¿Confías en la medicina tradicional o has probado la medicina alternativa? ¿Crees que la ciencia puede resolverlo todo?

Conexión personal Ask these questions to spark discussion: **¿Quieres ser médico/a o enfermero/a? ¿Por qué? ¿Qué cualidades se necesitan? ¿Cuáles son algunos programas de televisión populares que tienen lugar en un hospital? ¿Son realistas?**

Análisis literario: el símil o la comparación

El símil, o la comparación, es un recurso literario que consiste en comparar una cosa con otra por su semejanza, parecido o relación. De esa manera, se logra mayor expresividad. Implica el uso del término comparativo explícito: **como**. Por ejemplo: "*ojos grandes* **como** *lunas*". Crea algunas comparaciones con estos pares de palabras o inventa tus propias comparaciones: muerte/noche, rostro/fantasma, mejillas/manzanas, hombre/ratón, lugar/cementerio.

Análisis literario Have pairs choose artwork from the **Lecturas** pages found in each lesson of the book. Based on the image they choose, have them create a series of three similes. If necessary, review vocabulary from past lessons to get ideas. Have the class vote on the best one.

 Practice more at **facetas.vhlcentral.com.**

Mujeres de ojos grandes

Último cuento; sin título

Ángeles Mastretta

Teaching option Explain to students that the name **Jose**, without an accent and stressed on the first syllable (jo), can also be a woman's name, short for **Josefina**.

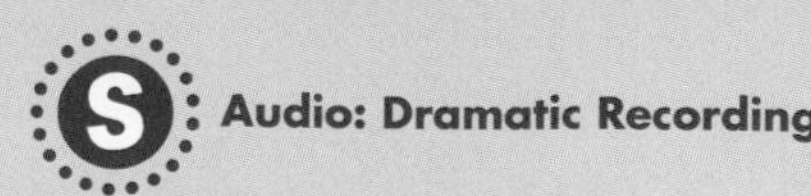

Tía Jose Rivadeneira tuvo una hija con los ojos grandes como dos lunas, como un deseo. Apenas colocada en su abrazo, todavía húmeda y vacilante°, la niña mostró los ojos y algo en las alas° de sus labios que parecía pregunta.

—¿Qué quieres saber? —le dijo tía Jose jugando a que entendía ese gesto.

Como todas las madres, tía Jose pensó que no había en la historia del mundo una criatura tan hermosa como la suya. La deslumbraban° el color de su piel, el tamaño de sus pestañas° y la placidez con que dormía. Temblaba de orgullo imaginando lo que haría con la sangre y las quimeras° que latían en su cuerpo.

Se dedicó a contemplarla con altivez° y regocijo durante más de tres semanas. Entonces la inexpugnable° vida hizo caer sobre la niña una enfermedad que en cinco horas convirtió su extraordinaria viveza° en un sueño extenuado° y remoto° que parecía llevársela de regreso a la muerte.

Cuando todos sus talentos curativos no lograron mejoría alguna, tía Jose, pálida de terror, la cargó hasta el hospital. Ahí se la quitaron de los brazos y una docena de médicos y enfermeras empezaron a moverse agitados y confundidos en torno a la niña. Tía Jose la vio irse tras una puerta que le prohibía la entrada y se dejó caer al suelo incapaz de cargar consigo misma y con aquel dolor como un acantilado°.

Ahí la encontró su marido, que era un hombre sensato y prudente como los hombres acostumbran fingir° que son. La ayudó a levantarse y la regañó° por su falta de cordura y esperanza. Su marido confiaba en la ciencia médica y hablaba de ella como otros hablan de Dios. Por eso lo turbaba° la insensatez en que se había colocado su mujer, incapaz de hacer otra cosa que llorar y maldecir° al destino.

Aislaron a la niña en una sala de terapia intensiva. Un lugar blanco y limpio al que las madres sólo podían entrar media hora diaria. Entonces se llenaba de oraciones° y ruegos.

hesitating · wings · dazzled · eyelashes · fancy ideas · arrogance; pride · impregnable · liveliness/exhausted · remote; far off · cliff · to feign · scolded · disturbed; embarrassed · to damn; to curse · prayers

Todas las mujeres persignaban° el rostro de sus hijos, les recorrían el cuerpo con estampas y agua bendita°, pedían a todo Dios que los dejara vivos. La tía Jose no conseguía sino llegar junto a la cuna° donde su hija apenas respiraba para pedirle: "no te mueras". Después lloraba y lloraba sin secarse los ojos ni moverse hasta que las enfermeras le avisaban que debía salir.

Entonces volvía a sentarse en las bancas cercanas a la puerta, con la cabeza sobre las piernas, sin hambre y sin voz, rencorosa° y arisca°, ferviente° y desesperada. ¿Qué podía hacer? ¿Por qué tenía que vivir su hija? ¿Qué sería bueno ofrecerle a su cuerpo pequeño lleno de agujas y sondas° para que le interesara quedarse en este mundo? ¿Qué podría decirle para convencerla de que valía la pena hacer el esfuerzo en vez de morirse?

Una mañana, sin saber la causa, iluminada sólo por los fantasmas de su corazón, se le acercó a la niña y empezó a contarle las historias de sus antepasadas°. Quiénes habían sido, qué mujeres tejieron° sus vidas con qué hombres antes de que la boca y el ombligo de su hija se anudaran° a ella. De qué estaban hechas, cuántos trabajos° habían pasado, qué penas y jolgorios° traía ella como herencia. Quiénes sembraron con intrepidez° y fantasías la vida que le tocaba prolongar.

Durante muchos días recordó, imaginó, inventó. Cada minuto de cada hora disponible habló sin tregua° en el oído de su hija. Por fin, al atardecer de un jueves, mientras contaba implacable alguna historia, su hija abrió los ojos y la miró ávida° y desafiante, como sería el resto de su larga existencia.

El marido de tía Jose dio las gracias a los médicos, los médicos dieron gracias a los adelantos de su ciencia, la tía abrazó a su niña y salió del hospital sin decir una palabra. Sólo ella sabía a quiénes agradecer la vida de su hija. Sólo ella supo siempre que ninguna ciencia fue capaz de mover tanto, como la escondida en los ásperos° y sutiles° hallazgos de otras mujeres con los ojos grandes. ■

crossed · holy · cradle · spiteful · churlish/fervent · probes; catheters · ancestors · wove · tied · hardships · boisterous frolic · bravery · relentlessly · avid; eager · rough; harsh/subtle

Teaching option As students read, have them make short marginal notes about tía Jose's thoughts and feelings as her daughter's condition progresses. Then have them work in small groups to compare notes.

Después de leer

Mujeres de ojos grandes

Ángeles Mastretta

(2) For item 4, ask students: **¿Qué poder tiene el uso de luz y oscuridad en este cuento?**

(3) Ask students this additional question: **El/La narrador(a) llama a la protagonista "tía Jose". ¿Qué significado puede tener la palabra "tía"? ¿Qué nos sugiere sobre la relación entre el/la narrador(a) y la historia que cuenta?**

1 **Comprensión** Contesta las siguientes preguntas con oraciones completas.

1. ¿Quiénes son los tres personajes principales de este relato?
   Los personajes principales son la tía Jose, su marido y su hija.
2. ¿Tía Jose lleva inmediatamente a su hija al hospital?
   No. Sólo cuando sus talentos curativos no logran mejoría, tía Jose la lleva al hospital.
3. ¿Qué piensa el marido de la ciencia de los médicos y del comportamiento de su esposa?
   El marido confía en la ciencia médica y lo turba la insensatez de su esposa, que está desesperada.
4. ¿Qué historias le cuenta tía Jose a su hija? ¿Son todas reales?
   Tía Jose le cuenta historias de sus antepasadas. No todas son reales porque también imagina e inventa.
5. Para el padre de la niña, ¿qué o quién le salvó la vida? ¿Y para tía Jose?
   Para el padre, los médicos y la ciencia salvaron a su hija. Para tía Jose, fueron las historias sobre las mujeres que ella le contó.

2 **Análisis** Lee el relato nuevamente y contesta las preguntas.

1. Los ojos de la hija de tía Jose son "grandes como dos lunas, como un deseo". ¿Por qué se eligen estos dos términos para la comparación? ¿Puedes encontrar otras comparaciones en el cuento?
2. La expresión "las alas de sus labios" es un recurso ya analizado. ¿Cómo se llama?
3. En el hospital, la niña es llevada lejos de su madre, "tras una puerta que le prohibía la entrada". ¿A qué lugar se refiere?
4. Tía Jose comienza a contarle historias a su hija "iluminada por los fantasmas de su corazón". Reflexiona: ¿los fantasmas se asocian con la luz o con la oscuridad? ¿A quiénes se refiere la palabra "fantasmas" en el relato?

3 **Interpretación** En parejas, respondan las preguntas.

1. El personaje de la tía Jose pierde la voz ante la enfermedad de su hija. ¿Cómo recupera la voz? ¿Por qué?
2. La hija de tía Jose tiene ojos grandes, al igual que las mujeres de los relatos que le cuenta su madre. ¿Qué creen que simboliza esto?
3. El padre agradece a los médicos por haber salvado a la niña; los médicos agradecen a la ciencia. ¿Por qué tía Jose "salió del hospital sin decir una palabra"?
4. ¿Qué creen que salvó la vida de la niña? ¿Conocen algún caso de recuperación asombrosa en la vida real?

4 **Debate** Formen dos grupos: uno debe hacer una lista de los argumentos que usó el marido de tía Jose para tranquilizarla en el hospital; el otro grupo debe imaginar cuáles eran las razones de las mujeres que rezaban (*prayed*) para sanar a sus hijos. Después, organicen un debate para discutir las alternativas, defendiendo su argumento y señalando las debilidades del argumento contrario.

5 **Historias** Redacta una de las historias que la tía Jose le contó a su hija. Utiliza algunos de los usos de **por** y **para**. Incluye por lo menos dos símiles.

Practice more at **facetas.vhlcentral.com.**

Antes de leer

Vocabulario

afligir *to afflict*	**el/la investigador(a)** *researcher*
descubrir *to discover*	**la lesión** *injury*
la dolencia *illness*	**la población** *population*
la genética *genetics*	**el pueblo** *people*
el/la indígena *indigenous person*	**recetar** *to prescribe*

Oraciones incompletas Completa las oraciones con la palabra apropiada. No repitas palabras.

1. La diversidad cultural de Latinoamérica se debe al contacto entre múltiples pueblos/indígenas.
2. La genética es la ciencia que estudia la herencia biológica.
3. La investigadora de este laboratorio trabaja para descubrir un tratamiento nuevo para el cáncer.
4. Cuando los españoles llegaron a Latinoamérica, se encontraron con los indígenas/pueblos que estaban allí.
5. Los doctores trabajan para curar las dolencias/lesiones que afligen a los enfermos.
6. Debido a la epidemia, toda la población debe ponerse la vacuna.

Conexión personal ¿Puedes pensar en alguna enfermedad o dolencia que afecta a tu comunidad o a un grupo que conoces? ¿Ha recibido la comunidad alguna ayuda?

Contexto cultural

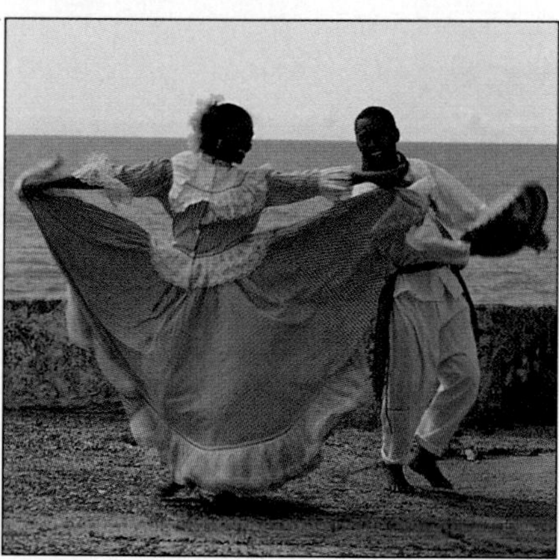

Situada en una zona de tránsito entre Norteamérica y Suramérica, Colombia presenta un lugar ideal para la convergencia de múltiples culturas. La mayoría de los habitantes son mestizos, es decir, descendientes de europeos y amerindios. Hay también más de diez millones de afrocolombianos —casi el veinte por ciento de la nación entera— y una población indígena que cuenta con más de un millón de habitantes. De esta diversidad étnica han surgido (*have arisen*) costumbres variadas, una riquísima tradición musical y la pluralidad lingüística. La lengua oficial del país es el español, pero todavía se hablan más de sesenta lenguas indígenas.

 Practice more at **facetas.vhlcentral.com.**

Conexión personal
Continue discussion with related questions. Ex: **Aparte del tratamiento médico, ¿de qué manera se puede ayudar a una persona que está enferma?**

Contexto cultural
Ask heritage speakers if they are familiar with the indigenous population from their families' home countries. If so, discuss how this population enriches the national culture. Are there any current controversies related to the rights of indigenous groups?

Preview
Ask the class to discuss potential social issues that might arise from the interaction of two cultures. Have them give examples from their communities.

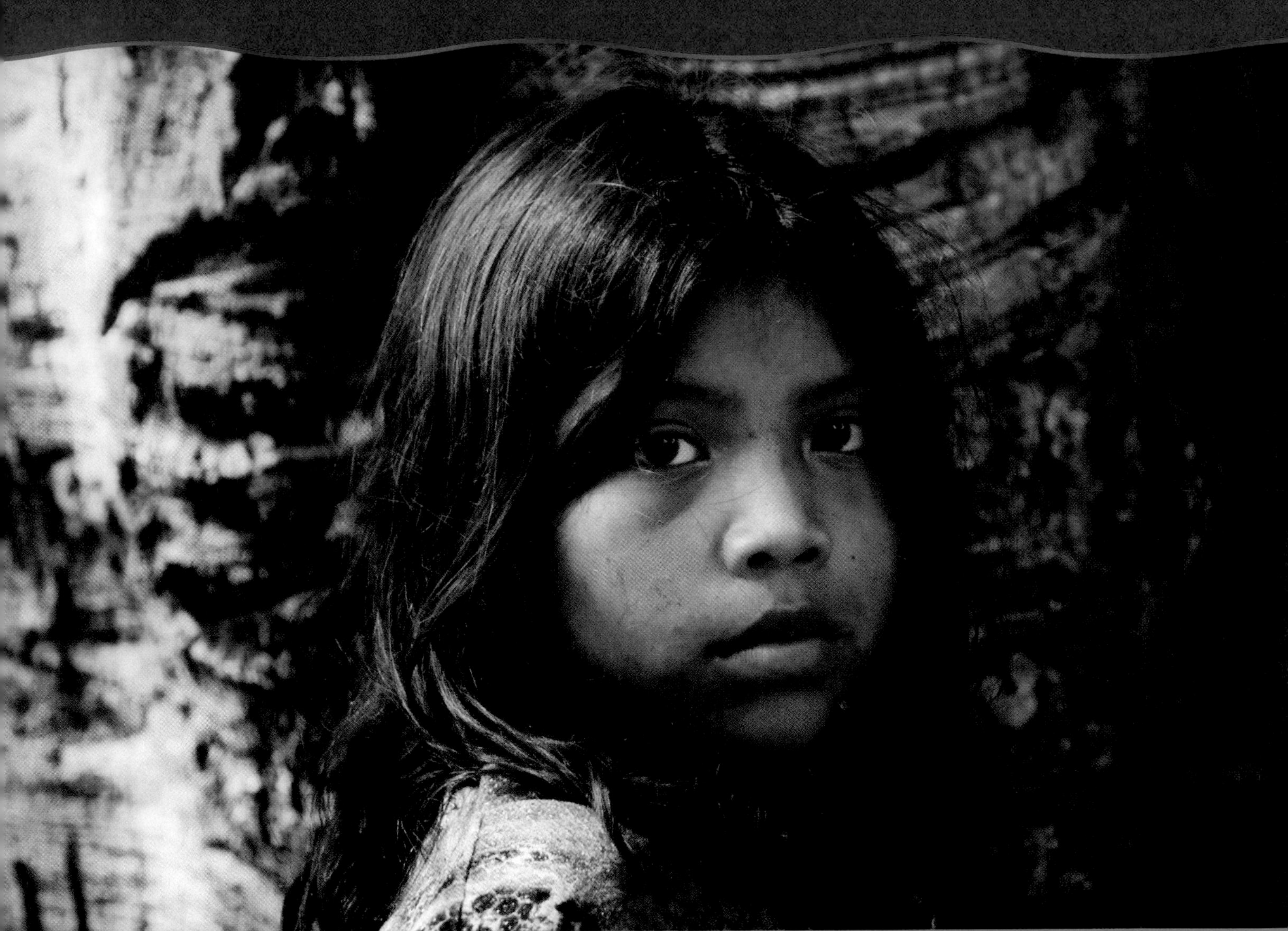

La ciencia: la nueva arma en una guerra antigua

Famoso por su talento especial con el arco y la flecha°, el pueblo indígena chimila tiene una historia larga de rebelión y resistencia contra los españoles de la época colonial. Estos valientes guerreros° formaron una sorprendente potencia militar que parecía imposible de conquistar. Ahora, en nuestra época, los indígenas chimila hacen guerra a° unos enemigos muy distintos: la pobreza, la falta de recursos° médicos y enfermedades endémicas sin solución.

bow and arrow

warriors

wage war against/
lack of resources

Por fortuna, tienen aliados° en su lucha°. La Expedición Humana es una organización que identifica y trata de° resolver los problemas que afligen particularmente a las comunidades indígenas y afrocolombianas.

En los últimos quince años, varios grupos de la Expedición Humana se han integrado en numerosas comunidades con el fin de° determinar sus verdaderas necesidades. De esta manera, los investigadores han descubierto° que los chimila tienen una incidencia sorprendentemente alta de una enfermedad dermatológica llamada prurigo actínico°. Esta enfermedad ataca a varios grupos indígenas en toda Latinoamérica y se considera incurable. Aparece° normalmente en niños pequeños en forma de lesiones y, en situaciones graves, puede afectar los ojos y la vista. A pesar de su potencial gravedad, el prurigo actínico ha recibido muy poca atención por parte de la comunidad médica mundial.

Al estudiar el caso desde muchos ángulos, el equipo de la Expedición Humana encontró información en varias fuentes° interesantes, incluyendo los artefactos precolombinos°. De las cerámicas con dibujos de enfermos que desenterraron° los arqueólogos, aprendieron que problemas similares han afectado a las poblaciones colombianas desde hace 2.500 años. Los investigadores sabían que la exposición al sol provoca la aparición del prurigo actínico, pero tenían muchas preguntas. ¿Por qué afecta especialmente a ciertas comunidades? En una población como los indígenas chimila, ¿por qué aflige sólo a ciertas personas? ¿Qué tienen en común estos pacientes?

Los científicos decidieron explorar la base genética de la enfermedad. Después de años de investigación, el equipo de la Expedición Humana confirmó que existe una predisposición genética que, en combinación con la exposición al sol, causa las lesiones. Gracias a la cooperación de los chimila en los estudios, los investigadores pudieron desarrollar° tratamientos más efectivos que utilizan medicamentos con menos efectos secundarios que los que habitualmente recetaban los médicos. Estos medicamentos alternativos, asimismo, son de fácil adquisición y de bajo costo.

Según los Centros para el Control y la Prevención de Enfermedades° del gobierno de los Estados Unidos, la mayoría de las dolencias más comunes son el resultado de la interacción entre genes y ciertos factores medioambientales°. Los estudios que ha realizado la Expedición Humana son un modelo de cooperación entre personas de diferentes comunidades y de integración de muchas maneras de investigar. Nos ofrecen un ejemplo a imitar en la gran batalla° contra las enfermedades del mundo. ■

allies/fight; *tries*; *with the aim of*; *discovered*; *a chronic skin disorder*; *It appears*; *sources*; *pre-Columbian*; *dug up*; *to develop*; *Centers for Disease Control and Prevention (CDC)*; *environmental*; *battle*

Detalles de la investigación

- El prurigo actínico afecta principalmente a poblaciones indígenas y mestizas de países como México, Guatemala, Honduras, Colombia, Perú, Bolivia y el norte de Argentina, así como Canadá y Estados Unidos.
- Entre 704 habitantes de la comunidad chimila, se diagnosticaron 56 casos.
- Fundada por el Instituto de Genética Humana de la Pontificia Universidad Javeriana de Bogotá, la Expedición Humana reúne a profesores, científicos y estudiantes. El propósito es servir a los pueblos colombianos que viven aislados de la capital y que tradicionalmente están menos representados en los estudios científicos del país.
- En la etapa llamada la Gran Expedición Humana (1992–3), los investigadores realizaron 17 viajes en los que participaron 320 personas, que visitaron 35 comunidades y atendieron a alrededor de 8.000 pacientes en los lugares más apartados de Colombia.

Después de leer

La ciencia: la nueva arma en una guerra antigua

① Ask students to write a one-paragraph summary of the article based on their answers.

1 Comprensión Responde a las preguntas con oraciones completas.

1. ¿Contra quiénes lucharon los chimila durante la época colonial? Lucharon contra los españoles.
2. ¿Qué han descubierto los investigadores de la Expedición Humana? Los investigadores han descubierto que los chimila tienen una incidencia sorprendentemente alta de prurigo actínico.
3. ¿Qué es el prurigo actínico? El prurigo actínico es una enfermedad dermatológica.
4. ¿Ha recibido el prurigo actínico mucha atención por parte de la comunidad médica mundial? No. Ha recibido muy poca atención.
5. ¿Qué descubrimiento por parte de unos arqueólogos ayudó a la Expedición Humana? Los arqueólogos desenterraron cerámicas con dibujos de enfermos.
6. ¿Qué decidieron explorar los científicos de la Expedición Humana? Los científicos decidieron explorar la base genética de la enfermedad.

2 Preguntas Contesta las preguntas con oraciones completas.

1. ¿Cuál es la fama de los indígenas chimila? Los indígenas chimila tienen fama de ser valientes guerreros.
2. ¿Cuáles son algunos de los problemas que afectan al pueblo chimila? Algunos de los problemas son la pobreza, la falta de recursos médicos y las enfermedades endémicas.
3. ¿Por qué es importante el desarrollo de nuevos tratamientos? Porque es importante buscar tratamientos más efectivos, con menos efectos secundarios y de bajo costo.
4. ¿Cuáles son los dos factores principales relacionados con la aparición de la enfermedad? Los dos factores principales son la predisposición genética y la exposición al sol.
5. ¿Cuál es el objetivo de la Expedición Humana? El objetivo es servir a los pueblos colombianos que viven en lugares apartados y suelen tener poca representación en los estudios científicos.
6. Según la perspectiva de los Centros para el Control y la Prevención de Enfermedades, ¿es el prurigo actínico una enfermedad inusual? Explica tu respuesta. No. Se produce por la misma combinación de factores que muchas enfermedades comunes.

③ Have students create a public service announcement about the dangers of sun exposure.

3 Los peligros del sol En parejas, imaginen que son médicos y que están hablando con un grupo de niños que no comprenden los peligros de la exposición al sol. ¿Qué preguntas deben hacerles? ¿Qué consejos pueden darles? Usen el imperativo para los consejos.

④ Before debating the topic, help students brainstorm possible criteria: **el número de personas afectadas por la enfermedad, la gravedad de la enfermedad,** etc.

4 Debate Considerando el dinero y el tiempo que se necesita para curar o combatir una enfermedad como el prurigo actínico, ¿es aceptable utilizar gran cantidad de recursos para investigar sobre productos de belleza? Divídanse en grupos de cuatro para debatir el tema. Compartan sus conclusiones con la clase.

⑤ As a variant, have students write a letter to the head of the **Expedición Humana** expressing their opinion on the matter. Review how to open and close a formal letter.

5 Opiniones Uno de los objetivos de la Expedición Humana es ayudar a comunidades particulares. En tu opinión, ¿es bueno que una universidad gaste dinero en la investigación de una enfermedad poco estudiada aunque afecte a pocas personas o es más importante que los científicos piensen en los problemas de la mayor parte de la población? Utilizando expresiones con el subjuntivo, describe en tres párrafos lo que piensas de los objetivos de la Expedición Humana y defiende tu posición.

MODELO No pienso que sea una buena idea gastar tanto dinero en investigar enfermedades que afectan a pocas personas./Creo que es fundamental que la Expedición Humana trabaje para ayudar a comunidades pequeñas con pocos recursos económicos.

Practice more at **facetas.vhlcentral.com.**

Atando cabos

¡A conversar!

La nueva cafetería Trabajen en grupos de cuatro. Imaginen que son consultores/as contratados/as por una escuela o universidad para diseñar una nueva cafetería que cumpla con los objetivos del recuadro. Presenten su plan a la clase.

Objetivos de la nueva cafetería

- brindar a los estudiantes un espacio para socializar y relajarse
- ofrecer una selección de alimentos que sea atractiva, pero que, al mismo tiempo, sea saludable y lo más natural posible
- informar a los estudiantes acerca de temas relacionados con la salud, la alimentación y el bienestar a través de afiches y otros elementos visuales

¡A escribir!

Un decálogo Imagina que eres médico/a. Sigue el **Plan de redacción** para escribir un decálogo en el que das diez consejos generales a tus pacientes para que lleven una vida sana.

Plan de redacción

Preparación: Prepara un esquema (*outline*) con los diez consejos más importantes.

Título: Elige un título para el decálogo.

Contenido: Escribe los diez consejos. Utiliza el subjuntivo o el imperativo en todos los consejos. Puedes incluir la siguiente información.

- qué alimentos se deben comer y cuáles se deben evitar
- cuántas comidas se deben consumir al día
- cuántas horas se debe dormir
- qué hábitos se deben evitar

Cuídese:

1. Haga ejercicio tres veces a la semana como mínimo.

2. Es importante que no consuma muchas grasas.

3. Es esencial que...

¡A conversar!

- Encourage students to use examples from their own school.
- Have students research statistics or facts about student health to add to their discussion.
- Review food vocabulary and have students make a list of healthy foods that they would offer at the cafeteria.
- Students should also discuss possible challenges of creating the new cafeteria, such as budget or student resistance.

¡A escribir!

In addition to the list of ten **consejos**, have students also create a list of **posibles riesgos** if the advice is not followed. Ex: **Haga ejercicio tres veces a la semana como mínimo. Posible riesgo si no hace ejercicio: Es posible que engorde y tenga la tensión alta.**

4 VOCABULARIO

Audio: Vocabulary Flashcards

Los síntomas y las enfermedades

la depresión	*depression*
la enfermedad	*disease; illness*
la gripe	*flu*
la herida	*injury*
el malestar	*discomfort*
la obesidad	*obesity*
el resfriado	*cold*
la respiración	*breathing*
la tensión (alta/baja)	*(high/low) blood pressure*
la tos	*cough*
el virus	*virus*
contagiarse	*to become infected*
desmayarse	*to faint*
empeorar	*to deteriorate; to get worse*
enfermarse	*to get sick*
estar resfriado/a	*to have a cold*
lastimarse	*to get hurt*
permanecer	*to remain; to last*
ponerse bien/mal	*to get well/sick*
sufrir (de)	*to suffer (from)*
tener buen/mal aspecto	*to look healthy/sick*
tener fiebre	*to have a fever*
toser	*to cough*
agotado/a	*exhausted*
inflamado/a	*inflamed*
mareado/a	*dizzy*

La salud y el bienestar

la alimentación	*diet (nutrition)*
la autoestima	*self-esteem*
el bienestar	*well-being*
el estado de ánimo	*mood*
la salud	*health*
adelgazar	*to lose weight*
dejar de fumar	*to quit smoking*
descansar	*to rest*
engordar	*to gain weight*
estar a dieta	*to be on a diet*
mejorar(se)	*to improve*
prevenir (e:ie)	*to prevent*
relajarse	*to relax*
trasnochar	*to stay up all night*
sano/a	*healthy*

INSTRUCTIONAL RESOURCES
Supersite: Testing Program

Los médicos y el hospital

la cirugía	*surgery*
el/la cirujano/a	*surgeon*
la consulta	*doctor's appointment*
el consultorio	*doctor's office*
la operación	*operation*
los primeros auxilios	*first aid*
la sala de emergencias	*emergency room*

Las medicinas y los tratamientos

el analgésico	*painkiller*
la aspirina	*aspirin*
el calmante	*tranquilizer*
los efectos secundarios	*side effects*
el jarabe	*syrup*
la pastilla	*pill*
la receta	*prescription*
el tratamiento	*treatment*
la vacuna	*vaccine*
la venda	*bandage*
el yeso	*cast*
curarse	*to heal; to be cured*
poner(se) una inyección	*to give/get a shot*
recuperarse	*to recover*
sanar	*to heal*
tratar	*to treat*
vacunar(se)	*to vaccinate/to get vaccinated*
curativo/a	*healing*

Más vocabulario

Expresiones útiles	*Ver p. 127*
Estructura	*Ver pp. 134–136, 140–141 y 144–145*

Cinemateca

el álbum (de fotos)	*(photo) album*
el asilo (de ancianos)	*nursing home*
el desorden	*mess*
el marco	*frame*
la paella	*(Esp.) traditional rice and seafood dish*
la tortilla	*(Esp.) potato omelet*
el trastero	*storage room*
apañar	*to mend; to fix*
apañarse	*to manage*
largarse	*to take off*
descalzo/a	*barefoot*
enseguida	*right away*

Literatura

el adelanto	*improvement*
la aguja	*needle*
la cordura	*sanity*
el/la enfermero/a	*nurse*
el hallazgo	*finding; discovery*
la insensatez	*folly*
el ombligo	*navel*
la pena	*sorrow*
el regocijo	*joy*
la terapia intensiva	*intensive care*
latir	*to beat*
desafiante	*challenging*

Cultura

la dolencia	*illness*
la genética	*genetics*
el/la indígena	*indigenous person*
el/la investigador(a)	*researcher*
la lesión	*injury*
la población	*population*
el pueblo	*people*
afligir	*to afflict*
descubrir	*to discover*
recetar	*to prescribe*

Los viajes

Contextos

páginas 164–167

- De viaje
- El alojamiento
- La seguridad y los accidentes
- Las excursiones

Fotonovela

páginas 168–171

- *¡Buen viaje!*

Enfoques

Centroamérica

páginas 172–175

- **En detalle:** La Ruta del Café
- **Perfil:** El Canal de Panamá
- **Flash Cultura:** ¡Viajar y gozar!

Estructura

páginas 176–191

- Comparatives and superlatives
- Negative, affirmative, and indefinite expressions
- The subjunctive in adjective clauses
- The present perfect and the past perfect

Manual de gramática

páginas A28–A33

- Más práctica
- Más gramática

Cinemateca

páginas 192–195

- **Cortometraje:** *El anillo*

Lecturas

páginas 196–204

- **Literatura:** *La luz es como el agua* de Gabriel García Márquez
- **Cultura:** *La ruta maya*

Atando cabos

página 205

- ¡A conversar!
- ¡A escribir!

Communicative Goals

You will expand your ability to…

- make comparisons
- use negative, affirmative, and indefinite expressions
- express uncertainty and indefiniteness

INSTRUCTIONAL RESOURCES
Supersite: Audioscripts, Textbook/SAM AK, Textbook/Lab MP3s
SAM/WebSAM: WB, LM

Los viajes

Preview Ask students with whom they have traveled and where they have gone. Review vocabulary about friends and family and the use of the past tense. **¿Ibas de vacaciones con tu familia? ¿Qué tipo de vacaciones? ¿Adónde?**

De viaje

Para sus vacaciones, Cecilia y Juan **hicieron un viaje** al Caribe. El último día decidieron descansar en la piscina antes de **hacer las maletas**. Se durmieron... ¡y **perdieron el vuelo**! De todos modos, no querían **regresar.**

la bienvenida *welcome*
la despedida *farewell*
el destino *destination*
el itinerario *itinerary*
la llegada *arrival*
el pasaje (de ida y vuelta) *(round-trip) ticket*
el pasaporte *passport*
la tarjeta de embarque *boarding pass*
la temporada alta/baja *high/low season*
el/la viajero/a *traveler*

hacer las maletas *to pack*
hacer transbordo *to change (planes/trains)*
hacer un viaje *to take a trip*
ir(se) de vacaciones *to take a vacation*
perder (e:ie) (el vuelo) *to miss (the flight)*
regresar *to return*

a bordo *on board*
retrasado/a *delayed*
vencido/a *expired*
vigente *valid*

Variación léxica
el accidente automovilístico ⟷ el choque
el congestionamiento ⟷ el embotellamiento; el atasco
estar lleno/a ⟷ estar completo/a
la excursión ⟷ el tour
hacer transbordo ⟷ hacer escala
regresar ⟷ volver

El alojamiento

el albergue *hostel*
el alojamiento *lodging*
la habitación individual/doble *single/double room*
la recepción *front desk*
el servicio de habitación *room service*

alojarse *to stay*
cancelar *to cancel*
estar lleno/a *to be full*
quedarse *to stay*
reservar *to reserve*

de (buena) categoría *high-quality*
incluido/a *included*
recomendable *recommendable; advisable*

La seguridad y los accidentes

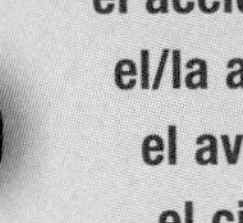

el accidente (automovilístico) *(car) accident*
el/la agente de aduanas *customs agent*
el aviso *notice; warning*
el cinturón de seguridad *seatbelt*
el congestionamiento *traffic jam*
las medidas de seguridad *security measures*
la seguridad *safety; security*
el seguro *insurance*

aterrizar *to land*
despegar *to take off*
ponerse/quitarse el cinturón *to fasten/to unfasten the seatbelt*
reducir (la velocidad) *to reduce (speed)*

peligroso/a *dangerous*
prohibido/a *prohibited*

Las excursiones

Después de **recorrer** el Canal de Panamá, el **crucero navegó** hasta **Puerto** Limón, donde los viajeros pudieron disfrutar de dos días de **ecoturismo** en Costa Rica.

la aventura *adventure*
el/la aventurero/a *adventurer*
la brújula *compass*
el buceo *scuba diving*
el campamento *campground*
el crucero *cruise (ship)*
el (eco)turismo *(eco)tourism*
la excursión *excursion; tour*
la frontera *border*
el/la guía turístico/a *tour guide*
la isla *island*

las olas *waves*
el puerto *port*
las ruinas *ruins*
la selva *jungle*
el/la turista *tourist*

navegar *to sail*
recorrer *to visit; to go around*

lejano/a *distant*
turístico/a *tourist (adj.)*

(1) Have students read through the sentences before listening to the conversation.

Teaching option
Play a *Jeopardy!*-style game. Divide the class into three teams and have one representative from each team stand up. Read a definition; the first team representative to raise his/her hand must answer in the form of a question. Ex: **Es la línea que separa dos países. (¿Qué es una frontera?)** Each correct answer earns one point.

Práctica

1 Escuchar

A. Escucha lo que dice Julia, una guía turística, y después marca las oraciones que contienen la información correcta.

1. a. Los turistas llegaron hace una semana.
   (b.) La guía turística les da la bienvenida.
2. (a.) Los turistas van a ir al campamento en autobús.
   b. Los turistas van a ir al campamento en tren.
3. (a.) Los turistas se van a alojar en un campamento.
   b. Los turistas van a ir a un albergue.
4. a. El destino es una isla.
   (b.) El destino es la selva.
5. (a.) Les van a dar el itinerario mañana.
   b. El itinerario se lo darán la semana que viene.

B. Dos aventureros se separaron del grupo y tuvieron problemas. Escucha la conversación telefónica entre Mariano y el agente de viajes, y después contesta las preguntas.

1. ¿Qué les ha pasado a Mariano y a su novia? un accidente automovilístico
2. ¿Adónde iban ellos cuando tuvieron el accidente? a visitar unas ruinas
3. ¿Quién fue el responsable del accidente? ¿Por qué? Mariano fue el responsable, porque no redujo la velocidad.
4. ¿Tienen que pagar mucho por los médicos? No. El seguro estaba incluido en el precio del viaje.
5. ¿Qué ha decidido la pareja? cancelar el resto del viaje

2 Definiciones Escribe la palabra adecuada para cada definición.

1. documento necesario para ir a otro país pasaporte
2. las forma el movimiento del agua del mar olas
3. vacaciones en un barco crucero
4. instrumento que ayuda a saber dónde está el Polo Norte brújula
5. línea que separa dos países frontera
6. lugar del hotel donde te dan las llaves de la habitación recepción
7. documento necesario para poder subir a un avión tarjeta de embarque
8. lo contrario de vencido vigente

Práctica

③ Have pairs write three additional fill-in-the-blank sentences and read them aloud. Call on volunteers to provide the correct answers.

④ For additional practice, have students write a continuation of Mar and Pedro's conversation using lesson vocabulary.

⑤ As a variant, have volunteers tell the class about one of their past vacations. Ask: **¿Qué preparativos hicieron para el viaje?**

⑤ If necessary, provide a word bank: **agente de aduanas, despedida, hacer las maletas, isla, pasaje de ida y vuelta, ponerse el cinturón, tarjeta de embarque.**

3 Oraciones incompletas Completa las oraciones con las palabras apropiadas de **Contextos**.

1. Si vas a estar solo/a en el hotel, tomas una habitación individual.
2. Cuando hay muchos coches en la calle al mismo tiempo, se producen congestionamientos.
3. Los barcos, cuando llegan a tierra, se amarran (*dock*) en los puertos.
4. Si vas a viajar a otro país, tienes que comprobar que tu pasaporte no esté vencido.
5. El deporte que se practica debajo del agua del mar es el buceo.

4 Planes Completa la conversación con las palabras adecuadas del recuadro. Haz los cambios que sean necesarios.

a bordo	navegar	reservar
lleno/a	recorrer	retrasado/a

MAR ¿Qué quieres hacer hoy? ¿Quieres ir al crucero que (1) recorre las islas de la zona?

PEDRO ¿No hay que llamar antes para (2) reservar las plazas (*seats*)?

MAR No creo que el barco esté (3) lleno. Espera, llamo por teléfono…

MAR ¡Tenemos suerte! El barco está (4) retrasado, ahora sale a las diez y media. Tenemos que estar (5) a bordo a las diez. ¡En marcha!

PEDRO Perfecto, me gusta la idea. Hoy es un buen día para (6) navegar.

5 De viaje En parejas, utilicen palabras y expresiones de **Contextos** para escribir oraciones completas sobre cada dibujo. Sigan el modelo.

MODELO Primero, Eva hizo las maletas. Metió camisetas, un traje de baño y…

Practice more at **facetas.vhlcentral.com.**

Comunicación

6 Problemas En parejas, representen una de estas situaciones. Den detalles, excusas y razones y traten de buscar una solución al problema. Luego representen la situación para la clase.

1. **ESTUDIANTE 1** Eres un(a) huésped en un hotel que está muy sucio. No te gusta el servicio de habitación y además hace demasiado calor en tu cuarto.
   ESTUDIANTE 2 Tu tío te ha dejado a cargo de su hotel. No sabes qué hacer. Es temporada alta y, como el hotel está lleno, tienes mucho que hacer.

2. **ESTUDIANTE 1** Llegas al aeropuerto y te das cuenta de que te dejaste el pasaporte en tu casa. Además, en la ciudad hay mucho congestionamiento.
   ESTUDIANTE 2 Eres taxista en el aeropuerto. Como has estado muy estresado/a, el médico te ha recomendado no apurarte por ningún motivo.

3. **ESTUDIANTE 1** Ibas manejando y has tenido un accidente. Te bajas del carro para hablar con el/la otro/a conductor(a). No tienes los papeles del seguro.
   ESTUDIANTE 2 Ibas manejando y has tenido un accidente. No llevabas el cinturón de seguridad puesto y te has roto una pierna.

7 ¡Bienvenidos!

A. En grupos de cuatro, imaginen que trabajan en la Secretaría de Turismo de su ciudad. Tienen que organizar una visita turística de tres días. Conversen sobre las preguntas de la lista y luego preparen un itinerario detallado para los turistas.

- ¿Quiénes son los/las turistas?
- ¿A qué aeropuerto/puerto/estación llegan?
- ¿En qué hotel se alojan?
- ¿Qué excursiones pueden hacer?
- ¿Qué lugares exóticos hay para visitar?
- ¿Adónde pueden ir con un(a) guía turístico/a?
- ¿Pueden navegar en algún mar/río? ¿En cuál?
- ¿Qué museos/parques/edificios hay para visitar?
- ¿Qué deportes pueden practicar?

Tres días en Antigua Guatemala

B. Ahora reúnanse con otro grupo y túrnense para explicar sus itinerarios. Un grupo representa a los empleados de la Secretaría de Turismo y el otro a los turistas. Háganse preguntas específicas.

6 Give students this additional situation. **Estudiante 1: Trabajas como agente del gobierno en la frontera. Nadie puede cruzar sin su pasaporte. Estudiante 2: Después de viajar por muchas horas, llegas con tu hermano/a a la frontera. Aunque traes identificación, olvidaste tu pasaporte.**

7 Have students also answer logistical questions, such as: **¿Necesitan pasaporte y visa? ¿Cuánto dinero deben llevar para la visita?**

7 For expansion, have students write ads for places they have visited.

5 FOTONOVELA

Fabiola y Éric se preparan para un viaje de ecoturismo a la selva amazónica.

Synopsis
- Fabiola and Éric compare passports for their trip to Venezuela.
- Éric arrives dressed like Indiana Jones.
- Fabiola reminds Éric that they are traveling to write a story on ecotourism.
- Diana and Aguayo wrap Éric's suitcase in adhesive tape with the passport inside.

DIANA Aquí están los boletos para Venezuela, la guía de la selva amazónica y los pasaportes... Después les doy la información del hotel.

ÉRIC Gracias.

FABIOLA Gracias.

ÉRIC ¿Me dejas ver tu pasaporte?

FABIOLA No me gusta como estoy en la foto. Me hicieron esperar tanto que salí con cara de enojo.

ÉRIC No te preocupes... Ésa es la cara que vas a poner cuando estés en la selva.

DIANA Es necesario que memoricen esto. A ver, repitan: tenemos que salir por la puerta 12.

FABIOLA, ÉRIC Y JOHNNY Tenemos que salir por la puerta 12.

DIANA El autobús del hotel nos va a recoger a las 8:30.

FABIOLA Y ÉRIC El autobús del hotel nos va a recoger a las 8:30.

ÉRIC Sí, pero en el Amazonas, Fabiola. ¡Amazonas!

MARIELA Es tan arriesgado que van a tener un guía turístico y el alojamiento más lujoso de la selva.

ÉRIC Mientras ella escribe su artículo en la seguridad del hotel, yo voy a estar explorando y tomando fotos. Debo estar protegido.

FABIOLA Según parece, de lo único que debes estar protegido es de ti mismo.

Juegan a que están en la selva.

JOHNNY (*con la cara pintada*) ¿Cuál es el chiste? Los soldados llevan rayas... Lo he visto en las películas.

ÉRIC Intentémoslo nuevamente.

JOHNNY Esta vez soy un puma que te ataca desde un árbol.

ÉRIC Mejor.

Antes de despedirse, Éric guarda cosas en su maleta.

AGUAYO Por la seguridad de todos creo que debes dejar tu machete, Éric.

ÉRIC ¿Por qué debo dejarlo? Es un machete de mentiras.

DIANA Pero te puede traer problemas reales.

AGUAYO Todos en la selva te lo van a agradecer.

INSTRUCTIONAL RESOURCES Supersite/DVD: Fotonovela; **Supersite:** Script & Translation, SAM AK; **SAM/WebSAM:** VM

Preview Have students read the dialogue in class and take note of any travel-related words or expressions. Review numbers and telling time before showing the video.

Personajes

AGUAYO DIANA ÉRIC FABIOLA JOHNNY MARIELA

DIANA El último número que deben recordar es cuarenta y ocho dólares con cincuenta centavos.

FABIOLA Y ÉRIC Cuarenta y ocho dólares con cincuenta centavos.

JOHNNY Y ese último número, ¿para qué es?

DIANA Es lo que van a tener que pagar por llegar en taxi al hotel si olvidan los dos números primeros.

ÉRIC (*Entra vestido de explorador.*) ¡Fuera, cobardes, la aventura ha comenzado!

MARIELA ¿Quién crees que eres? ¿México Jones?

ÉRIC No. Soy Cocodrilo Éric, el fotógrafo más valiente de la selva. Listo para enfrentar el peligro.

FABIOLA ¿Qué peligro? Vamos a hacer un reportaje sobre ecoturismo... ¡Ecoturismo!

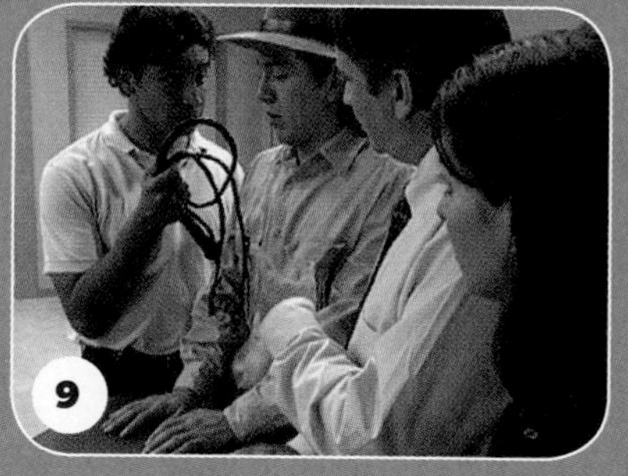

ÉRIC ¿Alguien me puede ayudar a cerrar la maleta?

JOHNNY ¿Qué rayos hay acá dentro?

AGUAYO Es necesario que dejes algunas cosas.

ÉRIC Imposible. Todo lo que llevo es de primerísima necesidad.

JOHNNY ¿Cómo? ¿Esto?

Johnny saca un látigo de la maleta.

Diana cierra la maleta con cinta adhesiva.

DIANA Listo... ¡Buen viaje!

AGUAYO Espero que disfruten y que traigan el mejor reportaje que puedan.

JOHNNY Y es importante que no traten de mostrarse ingeniosos, ni cultos; sólo sean ustedes mismos.

DIANA Y no olviden sus pasaportes.

ÉRIC Ahora que me acuerdo... ¡lo había puesto en la maleta!

Expresiones útiles

Making comparisons

Soy el fotógrafo más valiente de la selva.
I am the bravest photographer in the jungle.

Van a tener el alojamiento más lujoso de la selva.
You're going to have the finest accommodations in the jungle.

Es el hotel menos costoso de la región.
It's the least expensive hotel in the region.

Ir en autobús es menos caro que ir en taxi.
It's less expensive to take a bus than a taxi.

El hotel es tan caro como el boleto.
The hotel is as expensive as the ticket.

Using negative, affirmative, and indefinite expressions

¿Alguien me puede ayudar?
Can somebody help me?

No hay nadie que te pueda ayudar.
There is no one who can help you.

Hay que dejar algunas cosas.
I/we/etc. have to leave some things behind.

No hay nada que pueda dejar.
There is nothing I can leave behind.

Additional vocabulary

arriesgado/a *risky*
de mentiras *pretend*
enfrentar *to confront*
lujoso/a *luxurious*
protegido/a *protected*
la puerta de embarque *(airline) gate*
¿Qué rayos...? *What on earth...?*
la raya *stripe*

Teaching option Review the subjunctive in noun clauses (**Estructura 4.1**) by having students underline examples in the dialogue.

Comprensión

① As a class, create a time line about the video based on the activity answers.

1 Comprensión Contesta las preguntas con oraciones completas.

1. ¿Adónde van Éric y Fabiola?
   Van a la selva amazónica.
2. ¿Por qué a Fabiola no le gusta la foto del pasaporte?
   Salió con cara de enojo.
3. ¿A qué hora los recoge el autobús del hotel?
   Los recoge a las ocho y media.
4. ¿Por qué van de viaje?
   Van a hacer un reportaje sobre el ecoturismo.
5. ¿Será realmente un viaje arriesgado?
   No, no será arriesgado porque tendrán un guía turístico y el alojamiento más lujoso de la selva.
6. ¿Por qué Éric tiene que dejar algunas cosas?
   No cabe todo en la maleta.

② Based on the episode, have students come up with original sentences describing the characters' personalities. Ex: **Mariela tiene mucha curiosidad. Éric busca la aventura.**

2 Preguntas y respuestas Une las preguntas de la **Fotonovela** con las respuestas apropiadas. Luego identifica quién dice cada oración.

AGUAYO

DIANA

ÉRIC

FABIOLA

JOHNNY

MARIELA

__c__ 1. ¿Me dejas ver tu pasaporte? Éric

__a__ 2. Y ese último número, ¿para qué es? Johnny

__d__ 3. ¿Quién crees que eres? ¿México Jones? Mariela

__e__ 4. ¿Por qué debo dejarlo? Es un machete de mentiras. Éric

__b__ 5. ¿Alguien me puede ayudar a cerrar la maleta? Éric

a. Es lo que van a tener que pagar por llegar en taxi. Diana

b. Es necesario que dejes algunas cosas. Aguayo

c. No me gusta como estoy en la foto. Fabiola

d. No, soy el fotógrafo más valiente de la selva. Éric

e. Sí, pero te puede traer problemas reales. Diana

③ If necessary, review the subjunctive in noun clauses.

Teaching option
Have students imagine they are planning a spring break trip. Ask them to create a conversation between two students and a travel agent discussing the types of trips available to them (destination, price, activities, etc.). Ask heritage speakers to suggest attractions in their families' countries of origin.

3 Consejos

A. Diana y Aguayo les dan varios consejos a Fabiola y a Éric antes de su viaje a la selva. Utiliza el subjuntivo o el infinitivo para completar las sugerencias que les dan. Answers may vary. Suggested answers:

1. Es necesario que __memoricen__ esto.
2. El último número que deben __recordar__ es cuarenta y ocho dólares con cincuenta centavos.
3. Es el dinero que van a tener que __pagar__ por tomar un taxi.
4. Creo que debes __dejar__ tu machete.
5. Es necesario que __dejes/dejen__ parte del equipaje.
6. Espero que __disfruten__ y que __traigan__ el mejor reportaje que puedan.

B. ¿Qué sugerencias les darían ustedes? En parejas, escriban una lista de seis o siete consejos, órdenes y sugerencias para que disfruten de sus vacaciones y eviten problemas.

MODELO Creo que deben probar la comida típica de Venezuela.
Espero que no hagan nada arriesgado y que tengan cuidado con los animales de la selva.

 Practice more at **facetas.vhlcentral.com.**

Ampliación

4 ¿Te gusta hacer ecoturismo? En parejas, háganse las preguntas. Luego, recomienden un viaje ideal para su compañero/a según los resultados.

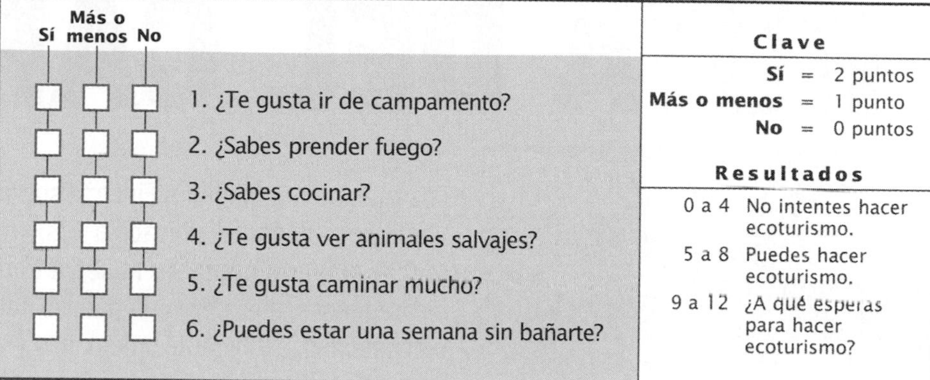

Sí	Más o menos	No	
☐	☐	☐	1. ¿Te gusta ir de campamento?
☐	☐	☐	2. ¿Sabes prender fuego?
☐	☐	☐	3. ¿Sabes cocinar?
☐	☐	☐	4. ¿Te gusta ver animales salvajes?
☐	☐	☐	5. ¿Te gusta caminar mucho?
☐	☐	☐	6. ¿Puedes estar una semana sin bañarte?

Clave

Sí =	2 puntos
Más o menos =	1 punto
No =	0 puntos

Resultados

0 a 4	No intentes hacer ecoturismo.
5 a 8	Puedes hacer ecoturismo.
9 a 12	¿A qué esperas para hacer ecoturismo?

4 Have students share results with the class and have a volunteer keep track of them on the board. Then agree on a possible class trip based on students' interests.

5 Apuntes culturales En parejas, lean los párrafos y contesten las preguntas.

5 To encourage discussion, ask what students do in their lives to protect the environment.

El felino más temido

Johnny juega a ser un puma dispuesto a atacar a Éric. El puma habita en todo el continente americano, especialmente en montañas y bosques (*forests*). Es el segundo felino más grande del continente americano, después del jaguar. Por su fortaleza y agilidad, los incas lo consideraron el símbolo supremo del poder y la fuerza. ¿Podrá Éric contra la astucia (*shrewdness*) de este felino?

Ecoturismo en Centroamérica

Fabiola y Éric van a realizar un reportaje sobre ecoturismo. En Centroamérica, el ecoturismo constituye no sólo una fuente importante de trabajo, sino también una forma de obtener recursos económicos para la administración de las áreas protegidas. Actualmente existen más de 550 áreas protegidas, lo que representa aproximadamente un 25% del territorio de la región.

El pulmón del planeta

La selva amazónica es la reserva ecológica generadora de oxígeno más grande del planeta. Comprende, entre otros países, Brasil, Colombia, Venezuela y Perú. Desafortunadamente, la deforestación de esta zona está reduciendo su área aceleradamente. ¿Podrán los personajes de *Facetas* fomentar en su reportaje la lucha contra la deforestación?

1. ¿Qué animales fueron considerados sagrados en el pasado? ¿Y en la actualidad?
2. ¿Hay áreas protegidas en la región donde vives? ¿Cuál es su importancia para los habitantes de la zona? ¿Contienen especies amenazadas (*threatened*)?
3. ¿Conoces otros lugares donde se puede hacer ecoturismo? ¿Cuáles son?
4. ¿Qué significa la expresión "el pulmón del planeta" (*the world's lung*)? ¿Qué otros "pulmones" existen? ¿Por qué es importante preservarlos?

Teaching option
Ask students to research an area known for its ecotourism in Latin America on the Internet. Have them prepare brief presentations, including the location, statistics, photos, and discussion questions. If necessary, give a list of searchable terms to help them get started.

INSTRUCTIONAL RESOURCES
Supersite/DVD: Flash Cultura; **Supersite:** Script & Translation

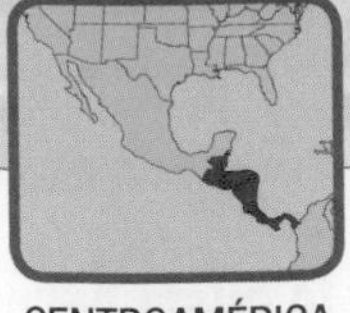

LA RUTA DEL CAFÉ

Los turistas que llegan a Finca° Esperanza Verde, "ecoalbergue" ubicado a 1.200 metros (4.000 pies) de altura en la selva tropical nicaragüense, descubren un paraíso natural con bosques, exuberantes montañas y aves tropicales. En este paraíso, los turistas pueden visitar un cafetal° y conocer los aspectos humanos y ecológicos que se conjugan° para que podamos disfrutar de algo tan simple como una taza de café.

El café, ese compañero de las mañanas, es el protagonista de la vida social, cultural y económica de Centroamérica. Para el visitante, esto salta a la vista apenas llega a estas tierras: el paisaje está cubierto de cafetales. Hoy día, dos terceras partes del café de todo el mundo son de origen americano.

Esta popular bebida llegó a América en el siglo XVIII. Pocos años después, su cultivo° se había extendido por México y Centroamérica. Los bajos precios del café en los últimos años han llevado a los productores centroamericanos a diversificar sus actividades: han iniciado el cultivo de café orgánico, han creado cooperativas de comercio justo° que buscan alcanzar° precios más equitativos° para productores y consumidores, y han empezado a promover el ecoturismo.

El país pionero fue Costa Rica, que organizó la primera Ruta del Café, pero ya todos los países centroamericanos, y también algunos sudamericanos, han creado sus rutas. Un día por la Ruta del Café suele constar de° una visita a las plantaciones de café, donde no sólo se conoce el proceso de cultivo y producción, sino que también se pueden tomar unas tazas de café. Después, se organizan almuerzos con platos típicos y, para terminar la jornada°, se visitan rutas históricas y pueblos cercanos donde los turistas pueden disfrutar del folklore local y comprar artesanías°. ■

La ruta del café en el siglo XVIII

Europa
Venecia 1615
Marsella 1644
Estambul 1555
Persia
El Cairo 1510
Etiopía
África
Santo Domingo 1731
Martinica 1730
Caribe

Finca *Farm* **cafetal** *coffee plantation* **se conjugan** *are combined* **cultivo** *cultivation* **comercio justo** *fair trade* **alcanzar** *to reach* **equitativos** *equal; fair* **constar de** *to consist of* **jornada** *day* **artesanías** *handicrafts*

En detalle Preview the reading by discussing coffee. Ex: **¿Toman café todos los días? ¿Lo toman en casa o en otro sitio? ¿Es caro o barato? ¿Saben de dónde viene el café que toman?**

El mundo hispanohablante Preview the subjunctive in adjective clauses by asking: **¿Conocen otros productos que sean de origen americano? (el chocolate, los frijoles, el cacahuete, el plátano)**

ASÍ LO DECIMOS

Los viajes

el turismo sostenible *sustainable tourism*
el turismo sustentable *sustainable tourism*

el billete (Esp.) *ticket*
el boleto (Amér. L.) *ticket*
el boleto redondo (Méx.) *round-trip ticket*

la autopista (Esp.) *turnpike; toll road*
la autovía (Esp.) *highway*
la carretera (Esp.) *road*

la burra (Gua.) *bus*
la guagua (Carib.) *bus*

EL MUNDO HISPANOHABLANTE

De América al mundo

El tomate Su nombre se deriva de la palabra náhuatl° *tomatl*. Entró en Europa por la región de Galicia, en el noroeste de España, y se extendió luego a Francia e Italia. Los españoles y los portugueses lo difundieron° por el Oriente Medio, África, Estados Unidos y Canadá.

El maíz Es uno de los cereales de mayor producción mundial junto con el trigo y el arroz. A pesar de las controversias acerca de su origen exacto, los investigadores coinciden en que los indígenas de América Central y México lo difundieron por el continente, los conquistadores lo introdujeron a Europa y los comerciantes lo llevaron a Asia y África.

La papa o patata Estudios científicos ubican el origen de la papa en el Perú. En la actualidad, la papa se consume por todo el mundo, siendo Bielorrusia (Europa Oriental) el país donde más papas se consumen per cápita. Cada persona consume un promedio de 181 kilogramos (399 libras) al año.

PERFIL

EL CANAL DE PANAMÁ

El Canal de Panamá, una de las obras arquitectónicas más extraordinarias del planeta, une° los océanos Atlántico y Pacífico a través del istmo° de Panamá. Es, a su vez, una ruta importantísima para la economía mundial, pues lo cruzan° más de 14.000 barcos por año, es decir, unos 270 barcos por semana. La monumental obra, construida por los Estados Unidos entre 1904 y 1914, consta de dos lagos artificiales, varios canales, tres estructuras de compuertas° y una represa°. Como no todo el canal se encuentra al nivel del mar, la finalidad° de las esclusas° es subir y bajar los barcos entre los niveles de los dos océanos y el nivel del canal. Dependiendo del tránsito, la travesía° por este atajo° de 80 kilómetros (50 millas) puede demorar° hasta 10 horas. Panamá y Estados Unidos negociaron la entrega del canal a Panamá en 1977, que pasó a estar bajo control panameño el 31 de diciembre de 1999.

> "Viajar es imprescindible y la sed de viaje, un síntoma neto de inteligencia." (Enrique Jardiel Poncela, escritor español)

Conexión Internet

¿Qué otras opciones de turismo sostenible hay en América Central?

To research this topic, go to **facetas.vhlcentral.com.**

une *links* **istmo** *isthmus* **cruzan** *cross* **compuertas** *lockgates* **represa** *dam* **finalidad** *purpose* **esclusas** *locks* **travesía** *crossing (by boat)* **atajo** *shortcut* **demorar** *last* **náhuatl** *Uto-Aztecan language* **difundieron** *spread*

Teaching option Have students read the quote and ask: **¿Qué quiere decir "la sed de viaje"? ¿Por qué dice que la sed de viaje es un síntoma de inteligencia? ¿Están de acuerdo?**

¿Qué aprendiste?

1 ¿Cierto o falso? Indica si estas afirmaciones son **ciertas** o **falsas**. Corrige las falsas.

1. El ecoalbergue Finca Esperanza Verde se encuentra en una zona montañosa de Costa Rica. Falso. Se encuentra en una zona montañosa de Nicaragua.
2. Los turistas que van a Finca Esperanza Verde pueden visitar un cafetal que se encuentra allí mismo. Cierto.
3. La mitad del café mundial se produce en América. Falso. Dos terceras partes del café mundial son de origen americano.
4. El café es originario del continente americano. Falso. El café llegó al continente americano en el siglo XVIII.
5. El café llegó a América a través de México. Falso. El café llegó a América por Martinica/Santo Domingo.
6. Los productores tuvieron que diversificar sus actividades debido a los bajos precios del café. Cierto.
7. La finalidad de las cooperativas de comercio justo es ayudar a que los productores reciban un pago justo y los consumidores paguen precios razonables. Cierto.
8. El primer país en crear una Ruta del Café fue Honduras. Falso. El primer país en crear una Ruta del Café fue Costa Rica.
9. Los turistas pueden visitar las plantaciones, pero no pueden presenciar el proceso de producción. Falso. Los turistas pueden conocer el proceso de cultivo y producción.
10. Los turistas que van a la Ruta del Café suelen visitar también las rutas históricas de la zona. Cierto.

2 Oraciones incompletas Completa las oraciones con la información correcta.

1. El Canal de Panamá está en manos panameñas desde el 31 de diciembre de 1999.
2. El Canal de Panamá tiene dos lagos artificiales.
3. Se usa un sistema de esclusas porque no todo el canal se encuentra al nivel del mar.
4. En el Caribe, *guagua* significa autobús.
5. Los españoles y los portugueses difundieron el tomate por el Oriente Medio.

3 Preguntas En parejas, contesten las preguntas.

1. ¿Qué papel tiene el café en tu cultura? ¿Tiene la misma importancia que en la cultura centroamericana?
2. ¿Prefieres productos ecológicos y productos que garantizan el comercio justo o compras productos comunes?
3. ¿Qué tipo de turismo sueles hacer? ¿Hiciste alguna vez ecoturismo?
4. ¿Qué alimentos provenientes de otros continentes forman parte de tu dieta?

4 Opiniones En grupos de tres, contesten estas preguntas: ¿Es bueno para los países recibir turismo? ¿Por qué? ¿Qué consecuencias tiene la llegada del turismo a ciertas zonas? ¿Qué beneficios tiene viajar?

Practice more at **facetas.vhlcentral.com.**

PROYECTO

Príncipe Alberto II de Mónaco

Un viaje por la Ruta del Café

Busca información sobre una excursión organizada por una Ruta del Café. Imagina que vas a la excursión y escribe una pequeña descripción de un día de visita, basándote en la información que has encontrado.

Incluye información sobre:

- los platos típicos que comiste
- los pueblos que visitaste
- lo que aprendiste sobre el café
- lo que fue más interesante de la visita
- lo que compraste para llevar a casa

Proyecto As an expansion activity, have students prepare a brochure of their **Proyecto** destination.

4 As an optional writing activity, have students describe a place that has changed because of tourism. **¿Cómo era antes? ¿Cómo es ahora?** Remind students to use the imperfect when describing in the past.

¡Viajar y gozar!

Ya has visto algunos de los maravillosos lugares que puedes visitar en Latinoamérica. En este episodio de **Flash Cultura**, conocerás cómo debes preparar todo para que tu viaje por Costa Rica sea seguro y placentero.

Corresponsal: Alberto Cuadra
País: Costa Rica

VOCABULARIO ÚTIL

amable *kind*
brindar *to provide*
el cajero automático *ATM*
jubilado/a *retired*
la moneda local *local currency*
regatear *to bargain*
sacar dinero *to withdraw money*
la tarifa (fija) *(fixed) rate*

Preparación ¿Adónde te gusta ir de vacaciones? ¿Vas siempre al mismo lugar o prefieres explorar sitios nuevos? ¿Qué debe tener un país para que decidas visitarlo?

Comprensión Indica si estas afirmaciones son ciertas o falsas. Después, en parejas, corrijan las falsas.

1. Aunque en algunas ciudades los taxis tienen taxímetro, en otras debes preguntar el precio y regatear antes de subir. Cierto.
2. La moneda local de Costa Rica se llama "sanjosé". Falso. La moneda local se llama "colón".
3. En este país sólo se puede pagar con dinero en efectivo porque no existen las tarjetas de crédito. Falso. En casi todas partes se aceptan las tarjetas de crédito.
4. El corresponsal recomienda recorrer San José en bicicleta el primer día. Falso. Recomienda recorrer San José caminando el primer día.
5. El mayor flujo de turismo es de jóvenes que buscan aventuras y de personas jubiladas que quieren descansar. Cierto.
6. Lo que más interesa de Costa Rica son los volcanes, los parques nacionales y las playas. Cierto.

Expansión En parejas, contesten estas preguntas.

- ¿Alguna vez regatearon algún precio? ¿Están dispuestos a hacerlo con un taxi en Costa Rica o prefieren aceptar el precio sin objeción?
- Cuando viajan, ¿compran una guía del lugar? ¿Saben leer mapas o se pierden fácilmente?
- ¿Les gustaría vivir en Costa Rica? ¿Por qué?

Practice more at **facetas.vhlcentral.com.**

Los viajes requieren preparación; desde conseguir información de los sitios que vas a visitar y de las costumbres locales, hasta cómo conseguir las visas, los boletos y el cambio° de dinero.

Si vas a estar varios días en una sola ciudad, pasa el primer día caminando, así te darás cuenta de las distancias.

Es un país de mucha paz°, tenemos buenas playas, buenas montañas... y la gente muy amable, por eso muchos vienen a Costa Rica... Y la policía... también somos simpáticos.

cambio *exchange* **paz** *peace*

5 ESTRUCTURA

INSTRUCTIONAL RESOURCES
Supersite: Textbook/SAM AK, Lab MP3s, Audioscripts
SAM/WebSAM: WB, LM

TALLER DE CONSULTA

MANUAL DE GRAMÁTICA
Más práctica

5.1 Comparatives and superlatives, p. A28
5.2 Negative, affirmative, and indefinite expressions, p. A29
5.3 The subjunctive in adjective clauses, p. A30
5.4 The present perfect and the past perfect, p. A31

Más gramática

5.5 **Pero** and **sino**, p. A32

To review adverbs, refer students to the Manual de gramática, **6.5**, p. A38.

¡ATENCIÓN!

Before a number (or equivalent expression), *more/less than* is expressed with **más/menos de**.

El pasaje cuesta más de trescientos dólares.
The ticket costs more than three hundred dollars.

¡ATENCIÓN!

Tan and **tanto** can also be used for emphasis, rather than to compare:

tan *so*
tanto *so much*
tantos/as *so many*

¡El viaje es tan largo!
The trip is so long!

¡Viajas tanto!
You travel so much!

¿Siempre traes tantas maletas?
Do you always bring so many suitcases?

5.1 Comparatives and superlatives

Comparisons of inequality

- With adjectives, adverbs, nouns, and verbs, use these constructions to make comparisons of inequality (*more than/less than*).

más/menos + [***adjective / adverb / noun***] + **que**

[***verb***] + **más/menos que**

ADJECTIVE

Este hotel es **más elegante que** aquél.
This hotel is more elegant than that one.

NOUN

Juan tiene **menos tiempo que** Ema.
Juan has less time than Ema does.

ADVERB

¡Llegaste **más tarde que** yo!
You arrived later than I did!

VERB

Mi hermano **viaja menos que** yo.
My brother travels less than I do.

- When the focus of a comparison is a noun and the second term of the comparison is a verb or a clause, use these constructions to make comparisons of inequality.

más/menos + [***noun***] + **del/de la que / de los/las que** + [***verb or clause***]

Había **más** asientos **de los que** necesitábamos.
There were more seats than we needed.

La ciudad tiene **menos** ruinas **de las que** esperábamos.
The city has fewer ruins than we expected.

Comparisons of equality

- Use these constructions to make comparisons of equality (*as... as*).

tan + [***adjective / adverb***] + **como**

tanto/a(s) + [***singular noun / plural noun***] + **como**

[***verb***] + **tanto como**

ADJECTIVE

El vuelo de regreso no parece **tan largo como** el de ida.
The return flight doesn't seem as long as the flight over.

NOUN

Cuando viajo a la ciudad, tengo **tantas maletas como** tú.
When I travel to the city, I have as many suitcases as you do.

ADVERB

Se puede ir de Madrid a Sevilla **tan rápido** en tren **como** en avión.
You can get from Madrid to Sevilla as quickly by train as by plane.

VERB

Guillermo **disfrutó tanto como** yo en las vacaciones.
Guillermo enjoyed our vacation as much as I did.

Superlatives

- Use this construction to form superlatives (**superlativos**). The noun is preceded by a definite article, and **de** is the equivalent of *in, on,* or *of.* Use **que** instead of **de** when the second part of the superlative construction is a verb or a clause.

el/la/los/las + [*noun*] + **más/menos** + [*adjective*] + **de** + [*noun*] / **que** + [*verb or clause*]

Ésta es **la playa más bonita de** todas.
This is the prettiest beach of them all.

Es **el hotel menos caro que** he visto.
It is the least expensive hotel I've seen.

- The noun may also be omitted from a superlative construction.

Me gustaría comer en **el** restaurante **más elegante** de la ciudad.
I would like to eat at the most elegant restaurant in the city.

Las Dos Palmas es **el más elegante de** la ciudad.
Las Dos Palmas is the most elegant one in the city.

Irregular comparatives and superlatives

Adjective	Comparative form	Superlative form
bueno/a *good*	**mejor** *better*	**el/la mejor** *best*
malo/a *bad*	**peor** *worse*	**el/la peor** *worst*
grande *big*	**mayor** *bigger*	**el/la mayor** *biggest*
pequeño/a *small*	**menor** *smaller*	**el/la menor** *smallest*
viejo/a *old*	**mayor** *older*	**el/la mayor** *oldest*
joven *young*	**menor** *younger*	**el/la menor** *youngest*

- When **grande** and **pequeño/a** refer to size and not age or quality, the regular comparative and superlative forms are used.

Ernesto es **mayor** que yo.
Ernesto is older than I am.

Ese edificio es **el más grande** de todos.
That building is the biggest one of all.

- When **mayor** and **menor** refer to age, they follow the noun they modify. When they refer to quality, they precede the noun.

María Fernanda es mi hermana **menor**.
María Fernanda is my younger sister.

Hubo un **menor** número de turistas.
There was a smaller number of tourists.

- The adverbs **bien** and **mal** also have irregular comparatives, **mejor** and **peor**.

Mi esposo maneja muy mal. ¿Y el tuyo?
My husband is a bad driver. How about yours?

¡Mi esposo maneja **peor** que los turistas!
My husband drives worse than the tourists!

Tú puedes hacerlo bien por ti mismo.
You can do it well by yourself.

Ayúdame, que tú lo haces **mejor** que yo.
Help me; you do it better than I do.

¡ATENCIÓN!

Absolute superlatives

The suffix **–ísimo/a** is added to adjectives and adverbs to form the absolute superlative.

This form is the equivalent of *extremely* or *very* before an adjective or adverb in English.

malo → **malísimo**

mucho → **muchísimo**

difícil → **dificilísimo**

fácil → **facilísimo**

Adjectives and adverbs with stems ending in **c**, **g**, or **z** change spelling to **qu**, **gu**, and **c** in the absolute superlative.

rico → **riquísimo**

larga → **larguísima**

feliz → **felicísimo**

Adjectives that end in **–n** or **–r** form the absolute superlative by adding **–císimo/a**.

joven → **jovencísimo**

Write additional adjectives on the board and call on volunteers to change them into absolute superlatives. Ex: **feo/a** → **feísimo/a**

Práctica

TALLER DE CONSULTA

MANUAL DE GRAMÁTICA
Más práctica
5.1 Comparatives and superlatives, p. A28

① As a warm-up, ask students to compare ecotourism with traditional tourism using comparatives and superlatives.

① Before assigning the activity, make three columns on the board and label them *Adjective*, *Comparative form*, and *Superlative form*. Call out an adjective and have a volunteer write the appropriate forms on the board. Ex: **grande**, **mayor**, **el/la mayor**.

② Ask students what constitutes their idea of the worst possible trip.

③ Call on volunteers to add more categories to the list (**país**, **deporte**, **clase**, etc.). Have students make up their own comparative or superlative sentences for each new category.

1 **Demasiadas deudas** Ágata trabaja en una agencia de viajes y su amiga Elena en un hotel. Completa la conversación con las palabras de la lista.

baratísimos	**más**	**menor**	**muchísimas**
como	**mejor**	**menos**	**que**

ELENA Tengo (1) muchísimas deudas (*debts*) y necesito ganar (2) más dinero.

ÁGATA ¿Por qué no mandas tu currículum a mi empresa? No es tan prestigiosa (3) como la tuya, pero paga mejor.

ELENA Tú trabajas (4) menos horas (5) que yo, pero ganas más.

ÁGATA Y cuando quiero viajar, los pasajes me salen (6) baratísimos, mientras que en el hotel no te dan ni el (7) menor descuento.

ELENA ¡Sin duda tu trabajo es (8) mejor que el mío!

2 **El peor viaje de su vida** Conecta las frases de la izquierda con las correspondientes de la derecha para formar oraciones lógicas.

h 1. El sábado pasado, Alberto y yo hicimos el peor
f 2. Yo llegué al aeropuerto más temprano
g 3. Pero él pasó por seguridad más rápido
c 4. Luego anunciaron que el vuelo estaba retrasado más
a 5. Por fin salimos, tan cansados
d 6. De repente, hubo un olor
b 7. Alberto gritaba tanto
e 8. Al final, pasamos las vacaciones en casa. Lo bueno es que tuvimos más visitas

a. como enojados.
b. como yo hasta que logramos aterrizar (*land*).
c. de tres horas a causa de un problema mecánico.
d. malísimo; ¡el motor se había prendido fuego!
e. de las que esperábamos.
f. que Alberto y no lo podía encontrar.
g. que yo y por fin nos encontramos en la puerta de embarque.
h. viaje de nuestra vida.

3 **Oraciones** Mira la información del cuadro y escribe cinco oraciones con superlativos y cinco con comparativos. Sigue el modelo.

MODELO *Avatar* es más popular que *Luna nueva. Avatar* es la película más vista de los últimos años.

Harry Potter	**libro**	**menor**
Jessica Alba	**actriz**	**famosa**
Steve Jobs	**hombre de negocios**	**rico**
El Nilo	**río**	**largo**
Disneyland	**lugar**	**feliz**

Practice more at **facetas.vhlcentral.com.**

Comunicación

④ **Un viaje inolvidable**

A. Habla con un(a) compañero/a sobre el viaje más inolvidable de tu vida. Puede ser un viaje buenísimo o un viaje malísimo, e incluso puede ser un viaje imaginario. Debes decir por lo menos siete u ocho oraciones usando comparativos y superlativos, y algunas de las palabras de la lista. Túrnense.

mejor/peor que	tan
más/menos que	como
de los mejores/peores	buenísimo/malísimo

B. Ahora describe el viaje de tu compañero/a al resto de la clase. La clase tratará de adivinar qué viajes son verdaderos y cuáles son ficticios.

⑤ **Las vacaciones ideales** En grupos de cuatro, imaginen que son miembros de una familia que ganó un viaje de tres semanas a cualquier país del mundo. El único problema es que tienen que ponerse de acuerdo acerca del destino.

A. Primero, cada uno/a debe decidir cuál es el país ideal para sus vacaciones y escribir una descripción breve con las razones para escogerlo. Utiliza comparativos y superlativos en tu descripción.

B. Luego, túrnense para presentar sus opiniones y traten de convencer a los demás de que su país ideal es el mejor de todos. Deben usar comparativos y superlativos para comparar las atracciones de cada país. Compartan su decisión final con la clase.

MODELO Es obvio que Venezuela es el mejor país para nuestras vacaciones. Venezuela tiene la catarata más alta del mundo y unas playas tan bonitas como las de la República Dominicana. Además, ¡las arepas venezolanas son más ricas que las tortillas mexicanas! Venezuela tiene más atracciones de las que se pueden imaginar. Ya verán que no me equivoco.

④ If necessary, review lesson vocabulary and create a word bank on the board.

④ To facilitate discussion, have students work individually to prepare a list of questions for their partners about the trip.

⑤ Part A: If time and resources permit, bring in travel brochures or magazines for students to consult.

Teaching option
For additional practice with superlatives, have pairs role-play a conversation in which a freshman asks advice from a senior about the best/worst classes and professors.

5.2 Negative, affirmative, and indefinite expressions

INSTRUCTIONAL RESOURCES
Supersite: Textbook/SAM AK, Lab MP3s, Audioscripts
SAM/WebSAM: WB, LM

TALLER DE CONSULTA

To express contradictions, **pero** and **sino** are also used.

See **Manual de gramática**, 5.5, p. A32.

Say several sentences aloud that use negative, affirmative, or indefinite words and have volunteers change each sentence into its opposite. Ex: **1. Siempre estudio para los exámenes. (No estudio nunca para los exámenes.) 2. No veo a nadie. (Veo a alguien.)**

Share with students a word game with a double negative:
—Señor, ¿usted no nada nada?
—No, yo no traje traje.

- The following chart shows negative, affirmative, and indefinite expressions.

algo *something; anything*	**nada** *nothing; not anything*
alguien *someone; somebody; anyone*	**nadie** *no one; nobody; not anyone*
alguno/a(s), algún *some; any*	**ninguno/a, ningún** *no; none; not any*
o... o *either... or*	**ni... ni** *neither... nor*
siempre *always*	**nunca, jamás** *never; not ever*
también *also; too*	**tampoco** *neither; not either*

- In Spanish, double negatives are perfectly acceptable.

¿Dejaste **algo** en la mesa?
Did you leave something on the table?

No, **no** dejé **nada**.
No, I didn't leave anything.

Siempre tuvimos ganas de viajar a Costa Rica.
We always wanted to travel to Costa Rica.

Hasta ahora, **no** tuvimos **ninguna** oportunidad de ir.
Until now, we had no chance to go there.

- Most negative statements use the pattern **no** + [*verb*] + [*negative word*]. When the negative word precedes the verb, **no** is omitted.

No lo extraño **nunca**.
I never miss him.

Nunca lo extraño.
I never miss him.

Su opinión sobre política internacional **no** le importa a **nadie**.
His opinion on international politics doesn't matter to anyone.

A **nadie** le importa su opinión sobre política internacional.
Nobody cares about his opinion on international politics.

- Once one negative word appears in an English clause, no other negative word may be used. In Spanish, however, once a negative word is used, all other elements must be expressed in the negative if possible.

No le digas **nada** a **nadie**.
Don't say anything to anyone.

Tampoco hables **nunca** de esto.
Don't ever talk about this.

No quiero **ni** pasta **ni** pizza.
I don't want pasta or pizza.

Tampoco quiero **nada** para tomar.
I don't want anything to drink.

- The personal **a** is used before negative and indefinite words that refer to people when they are the direct object of the verb.

Nadie me comprende. ¿Por qué será?
No one understands me. Why is that?

Porque tú no comprendes **a nadie**.
Because you don't understand anyone.

Algunos pasajeros prefieren no desembarcar en los puertos.
Some passengers prefer not to disembark at the ports.

Pues, no conozco **a ninguno** que se quede en el crucero.
Well, I don't know of any who stay on the cruise ship.

- Before a masculine, singular noun, **alguno** and **ninguno** are shortened to **algún** and **ningún**.

¿Ha sufrido **algún** daño en el choque?
Have you suffered any harm in the accident?

Me había puesto el cinturón de seguridad, por lo que no sufrí **ningún** daño.
I had fastened my seatbelt, and so I suffered no injuries.

- **Tampoco** means *neither* or *not either*. It is the opposite of **también**.

Mi novia no soporta los congestionamientos en el centro, ni yo **tampoco**.
My girlfriend can't stand the traffic jams downtown, and neither can I.

Por eso toma el metro, y yo **también**.
That's why she takes the subway, and so do I.

¿Esto también es de primerísima necesidad?

- The conjunction **o... o** (*either... or*) is used when there is a choice to be made between two options. **Ni... ni** (*neither... nor*) is used to negate both options.

Debo hablar **o** con el gerente **o** con la dueña.
I have to speak with either the manager or the owner.

El precio del pasaje **ni** ha subido **ni** ha bajado en los últimos días.
The price of the ticket has neither risen nor fallen in the past few days.

- The conjunction **ni siquiera** (*not even*) is used to add emphasis.

Ni siquiera se despidieron antes de salir.
They didn't even say goodbye before they left.

La señora Guzmán no viaja nunca, **ni siquiera** para visitar a sus nietos.
Mrs. Guzmán never travels, not even to visit her grandchildren.

¡ATENCIÓN!

Cualquiera can be used to mean *any*, *anyone*, *whoever*, *whatever*, or *whichever*. When used before a singular noun (masculine or feminine) the **–a** is dropped.

Cualquiera haría lo mismo.
Anyone would do the same.

Llegarán en cualquier momento.
They will arrive at any moment.

Point out the use of **ni yo tampoco** after a negative statement. Ex: **Gustavo no pudo ir al cine, ni yo tampoco.**

Review the use of **también** and **tampoco** with **gustar** and similar verbs. **Me gusta viajar. → A mí también.**

¡ATENCIÓN!

In the conjunction **o... o,** the first **o** can be omitted.
Debo hablar (o) con el gerente o con la dueña.

In the conjunction **ni... ni,** the first **ni** can be omitted when it comes after the verb.
No me interesa (ni) la política ni la economía.

When the first **ni** goes before the verb, **no... ni** can be used instead of **ni... ni.**
El precio no/ni ha subido ni ha bajado.

Práctica

TALLER DE CONSULTA

MANUAL DE GRAMÁTICA
Más práctica

5.2 Negative, affirmative, and indefinite expressions, p. A29

① Before assigning this activity, go around the room and read each student a sentence using a negative, affirmative, or indefinite expression. Each student must contradict it using the opposite expression. Ex. **Nadie de esta clase toma café. → Alguien toma café.**

② Point out that students may need to change more than just one word.

② Remind students that plural forms might change to singular in the negative. Ex: **Algunos** and **todos** change to **ningún** and **nadie.**

③ In pairs, ask students to write brief conversations for each of the responses shown. Call on volunteers to read their conversations to the class. Encourage them to be creative.

1 **Comidas típicas** **Marlene acaba de regresar de un viaje a Madrid y le fascinó la comida española. Completa su conversación con Frank usando las expresiones del recuadro.**

alguna	**ni... ni**	**o... o**
nadie	**ningún**	**tampoco**
	nunca	

MARLENE Frank, ¿(1) ___alguna___ vez has probado las tapas españolas?

FRANK No, (2) ___nunca___ he probado la comida española.

MARLENE ¿De veras? ¿No has probado (3) ___ni___ la tortilla de patata (4) ___ni___ la paella?

FRANK No, no he comido (5) ___ningún___ plato español. (6) ___Tampoco___ conozco los ingredientes típicos de la cocina española.

MARLENE Entonces tenemos que salir a comer juntos. ¿Conoces el restaurante llamado Carmela?

FRANK No, no conozco (7) ___ningún___ restaurante con ese nombre.

MARLENE (8) ___Nadie___ lo conoce. Es nuevo, pero es muy bueno. A mí me viene bien que vayamos (9) ___o___ el lunes (10) ___o___ el jueves que viene.

FRANK El jueves también me viene bien.

2 **El viajero** **Imagina que eres un(a) viajero/a un poco especial y estás hablando de lo que no te gusta hacer en los viajes. Cambia las oraciones de positivas a negativas usando las expresiones correspondientes. Sigue el modelo.** Answers may vary. Suggested answers:

MODELO **Yo siempre como la comida del país.**
Yo nunca como la comida del país.

1. Cuando voy de viaje, siempre compro algunos regalos típicos.
   Cuando voy de viaje, nunca compro ningún regalo típico.
2. A mí también me gusta visitar todos los lugares turísticos.
   A mí tampoco me gusta visitar ningún lugar turístico.
3. Yo siempre hablo el idioma del país con todo el mundo.
   Yo nunca hablo el idioma del país con nadie.
4. Normalmente, o alquilo un carro o alquilo una motocicleta.
   Normalmente, ni alquilo un carro ni alquilo una motocicleta.
5. Siempre intento visitar a algún conocido de mi familia.
   Nunca intento visitar a ningún conocido de mi familia.
6. Cuando visito un lugar nuevo, siempre hago algunos amigos.
   Cuando visito un lugar nuevo, nunca hago amigos.

3 **Argumentos** **En parejas, escriban los argumentos que provocarían estas respuestas.**

¡Yo jamás haría eso!
Nadie lo sabe.
¡Yo nunca iría!
Yo tampoco.
Ni puedo ni quiero verla.

Practice more at **facetas.vhlcentral.com.**

Comunicación

4 **Opiniones** En grupos de cuatro, hablen sobre estos enunciados. Cada miembro da su opinión y el resto responde diciendo si está de acuerdo o no. Usen expresiones negativas, afirmativas e indefinidas.

- Nadie tendría que necesitar pasaporte ni visa para entrar a un país extranjero.
- El turismo es siempre conveniente: los turistas favorecen la economía del país.
- Ningún vuelo tendría que retrasarse, incluso cuando hace mal tiempo.
- Está bien que las compañías aéreas cobren por todas las maletas que llevan los pasajeros.
- No hay ningún tipo de turismo mejor que el ecoturismo.
- Siempre es mejor irse de vacaciones a relajarse que a ver museos y monumentos.
- Los turistas siempre deben hablar la lengua del país que visitan.
- Nunca se puede decir: "jamás viviría en otro país", porque nunca se sabe.

④ Have students share their opinions with the class and have a debate about these points.

5 **Escena**

⑤ As a follow-up activity, have students describe an argument they had with their own parents.

A. En grupos de tres, escriban una conversación entre un(a) hijo/a adolescente y sus padres usando expresiones negativas, afirmativas e indefinidas.

MODELO

HIJA ¿Por qué siempre desconfían de mí? No soy ninguna mentirosa y mis amigos tampoco lo son. No tienen ninguna razón para preocuparse.
MAMÁ Sí, hija, muy bien, pero recuerda que...
HIJA Por última vez, ¿puedo ir... ?
PAPÁ ...

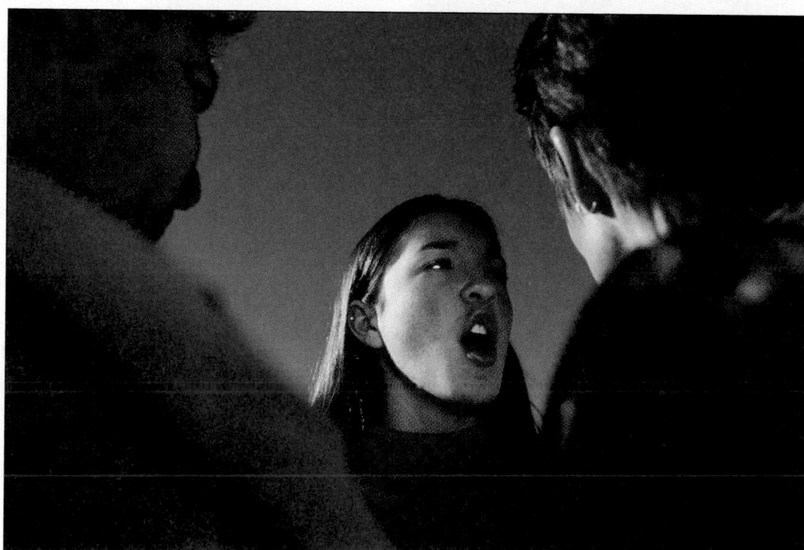

B. Ahora representen ante la clase la conversación que escribieron.

NATIONAL
comparisons
STANDARDS

INSTRUCTIONAL RESOURCES
Supersite: Textbook/SAM AK, Lab MP3s, Audioscripts
SAM/WebSAM: WB, LM

¡ATENCIÓN!

An adjective clause (**oración subordinada adjetiva**) is one that modifies or describes a noun or pronoun in the main clause.

Preview the idea of uncertainty by asking questions using **buscar** and **necesitar**. Ex: **¿Buscan trabajo? ¿De qué tipo?**

Point out that while **que** is the most common connector, conjunctions like **donde** and **en que** can also be used before adjective clauses. Ex: **¿Hay algún restaurante por aquí donde se pueda pagar con tarjeta de crédito?**

Remind students that one of the main characteristics of the subjunctive is the idea of uncertainty.

5.3 The subjunctive in adjective clauses

- When an adjective clause describes an antecedent that is known to exist, use the indicative. When the antecedent is uncertain or unknown, use the subjunctive.

MAIN CLAUSE	CONNECTOR	SUBORDINATE CLAUSE
Busco un trabajo	**que**	**pague bien.**

ANTECEDENT CERTAIN → INDICATIVE	ANTECEDENT UNCERTAIN → SUBJUNCTIVE
Necesito el libro que **tiene** información sobre las ruinas mayas. *I need the book that has information about Mayan ruins.*	Necesito un libro que **tenga** información sobre las ruinas mayas. *I need a book that has information about Mayan ruins.*
Buscamos los documentos que **describen** el itinerario del viaje. *We're looking for the documents that describe the itinerary for the trip.*	Buscamos documentos que **describan** el itinerario del viaje. *We're looking for (any) documents that (may) describe the itinerary for the trip.*
Las personas que **van** a Costa Rica todos los años conocen bien la zona. *People who go to Costa Rica every year know the area well.*	Las personas que **vayan** a Costa Rica podrán visitar el nuevo museo. *People going to Costa Rica will be able to visit the new museum.*

- When the antecedent of an adjective clause is a negative pronoun (**nadie, ninguno/a**), the subjunctive is used in the subordinate clause.

¡No hay nadie que la pueda cerrar, Éric!

No hay nada que pueda dejar.

ANTECEDENT CERTAIN → INDICATIVE	ANTECEDENT UNCERTAIN → SUBJUNCTIVE
Elena tiene tres parientes que **viven** en San Salvador. *Elena has three relatives who live in San Salvador.*	Elena no tiene **ningún** pariente que **viva** en La Palma. *Elena doesn't have any relatives who live in La Palma.*
Para su viaje, hay dos países que **requieren** una visa. *For your trip, there are two countries that require visas.*	Para su viaje, no hay **ningún** país que **requiera** una visa. *For your trip, there are no countries that require a visa.*
Hay muchos viajeros que **quieren** quedarse en el hotel. *There are many travelers who want to stay at the hotel.*	No hay **nadie** que **quiera** alojarse en el albergue. *There is nobody who wants to stay at the hostel.*

- Do not use the personal **a** with direct objects that represent hypothetical persons.

ANTECEDENT UNCERTAIN → SUBJUNCTIVE	ANTECEDENT CERTAIN → INDICATIVE
Busco un guía que **hable** inglés. *I'm looking for a guide who speaks English.*	Conozco **a** un guía que **habla** inglés. *I know a guide who speaks English.*

- Use the personal **a** before **nadie, ninguno/a,** and **alguien**, even when their existence is uncertain.

ANTECEDENT UNCERTAIN → SUBJUNCTIVE	ANTECEDENT CERTAIN → INDICATIVE
No conozco **a nadie** que **se queje** tanto como mi suegra. *I don't know anyone who complains as much as my mother-in-law.*	Yo conozco **a alguien** que **se queja** aún más... ¡la mía! *I know someone who complains even more... mine!*

- The subjunctive is commonly used in questions with adjective clauses when the speaker is trying to find out information about which he or she is uncertain. If the person who responds knows the information, the indicative is used.

ANTECEDENT UNCERTAIN → SUBJUNCTIVE	ANTECEDENT CERTAIN → INDICATIVE
¿Me recomienda usted un hotel que **esté** cerca de la costa? *Can you recommend a hotel that is near the coast?*	Sí, el Hotel Flamingo **está** justo en la playa. *Yes, the Flamingo Hotel is right on the beach.*
¿Tiene otra brújula que **sea** más fácil de usar? *Do you have another compass that is easier to use?*	Vea ésta y, si no, tengo tres más que **son** muy fáciles de usar. *Look at this one, and if not, I have three others that are very easy to use.*

Hotel Tucán
En el Hotel Tucán su satisfacción es lo más importante. Si hay alguna cosa que podamos hacer para mejorar nuestros servicios, no dude en informarnos.

Práctica

TALLER DE CONSULTA

MANUAL DE GRAMÁTICA
Más práctica

5.3 The subjunctive in adjective clauses, p. A30

(1) Have students work in pairs to create three additional items for each column. Then have them exchange papers with another pair and complete the sentences.

(2) As a project, have students research Nicaragua and prepare an itinerary for Carmen, complete with photographs and detailed descriptions of the areas she will visit.

(3) Explain that **lo ideal** means *the ideal*. Other common phrases using **lo** are **lo mejor** (*the best thing*), **lo peor** (*the worst thing*), and **lo importante** (*the important thing*).

(3) For each situation, call on students and ask specific questions. Ex: **¿Cómo es tu compañero/a de cuarto? ¿Qué buscas en un(a) buen(a) compañero/a?**

1 Oraciones Combina las frases de las dos columnas para formar oraciones lógicas. Recuerda que a veces vas a necesitar el subjuntivo y a veces no.

c 1. Luis tiene un hermano que	a. sea alta e inteligente.
d 2. Tengo dos primos que	b. sean respetuosos y estudiosos.
e 3. No conozco a nadie que	c. canta cuando se ducha.
a/e 4. Jorge busca una novia que	d. hablan español.
b 5. Quiero tener hijos que	e. hable más de cinco lenguas.
f 6. Quiero un carro que	f. sea muy económico.

2 El agente de viajes Carmen va a ir de vacaciones a Montelimar, en Nicaragua, y le escribe un correo electrónico a su agente de viajes explicándole cuáles son sus planes. Completa el correo electrónico con el subjuntivo o el indicativo.

De: Carmen <carmen@micorreo.com>
Para: Jorge <jorge@micorreo.com>
Asunto: Viaje a Montelimar

Querido Jorge:
Estoy muy contenta porque el mes que viene voy a viajar a Montelimar para tomar unas vacaciones. He estado pensando en el viaje y quiero decirte qué me gustaría hacer. Quiero ir a un hotel que (1) sea (ser) de cinco estrellas y que (2) tenga (tener) vista al mar. Me gustaría hacer una excursión que (3) dure (durar) varios días y que me (4) permita (permitir) ver el famoso lago Nicaragua. ¿Qué te parece?
Mi hermano me dice que hay un guía turístico que (5) conoce (conocer) algunos lugares exóticos y que me puede llevar a verlos. También dice que el guía es un hombre que (6) tiene (tener) el pelo muy rubio y (7) es (ser) muy alto. ¿Tú lo conoces? Creo que se llama Ernesto Montero.
Espero tu respuesta.
Carmen

3 El ideal En parejas, imaginen cómo es el/la compañero/a ideal en cada una de estas situaciones. Si ya conocen a una persona que tiene las características ideales, también pueden hablar de él/ella. Utilicen el subjuntivo o el indicativo de acuerdo a la situación.

MODELO Lo ideal es vivir con alguien que no se queje demasiado.

- alguien con quien vivir
- alguien con quien trabajar
- alguien con quien ver películas de amor o de aventura
- alguien con quien comprar ropa
- alguien con quien estudiar
- alguien con quien viajar por el desierto del Sahara

Practice more at **facetas.vhlcentral.com.**

Comunicación

4 **Anuncios** En parejas, imaginen que escriben anuncios para el diario *El País*. El jefe les ha dejado algunos mensajes indicándoles qué anuncios deben escribir. Escriban anuncios detallados sobre lo que se busca usando el indicativo o el subjuntivo. Después inventen dos anuncios originales para enseñárselos a la clase.

La familia Pérez
busca a su perro Tomás,
que se perdió en el parque.
Aquí tienen una foto de él.
Miguel y Carlos Solís
buscan un guía turístico
para su viaje a los
volcanes de Guatemala.

5 **Desastres** La tormenta tropical Alberto azota (*is hitting*) las costas de Florida. Tú y un(a) compañero/a deben cubrir esta noticia para un programa de televisión. Uno/a de ustedes es el/la corresponsal y la otra persona es el/la conductor(a) del programa. Escriban una conversación sobre este desastre y sus consecuencias. Usen comparativos, superlativos, el subjuntivo en oraciones subordinadas adjetivas y expresiones negativas, afirmativas e indefinidas.

MODELO

CONDUCTOR(A) Cuéntanos, Juan Francisco, ¿cómo es la tormenta?
CORRESPONSAL ¡Nunca he visto una tormenta tan destructiva! ¡No hay casas que puedan soportar vientos tan fuertes!
CONDUCTOR(A) ¡Pero no es posible que el viento sea más fuerte que durante el huracán Jimena!
CORRESPONSAL Les aseguro que esta tormenta es la peor...

4 Ask students to bring in samples from the classifieds section of a Spanish newspaper. Read and discuss several examples as a class.

5 Have students work in pairs to prepare a mock interview with a resident of the Florida coast.

Teaching option As an additional communicative exercise, have groups invent a new tourism company. Ask students to write a paragraph describing the mission statement, the jobs they need to fill, and the type of person they are seeking. Encourage them to use lesson grammar and vocabulary. Ex: **Buscamos un guía que conozca la cultura nicaragüense.**

INSTRUCTIONAL RESOURCES
Supersite: Textbook/SAM AK, Lab MP3s, Audioscripts
SAM/WebSAM: WB, LM

¡ATENCIÓN!

While English speakers often use the present perfect to express actions that continue into the present time, Spanish uses the phrase **hace** + [*period of time*] + **que** + [*present tense*].

Hace dos años que estudio español.
I have studied Spanish for two years.

5.4 The present perfect and the past perfect

The present perfect

- The present perfect tense (**el pretérito perfecto**) expresses what *has happened*. It generally refers to recently completed actions or to a past that still bears relevance in the present.

  ¿**Has viajado** al extranjero alguna vez?
  Have you ever traveled abroad?

  Aún no **hemos decidido** adónde ir de vacaciones.
  We have not decided yet where to go on vacation.

- The present perfect is formed with the present tense of the verb **haber** and a past participle. Regular past participles are formed by adding **–ado** to the stem of **–ar** verbs, and **–ido** to the stem of **–er** and **–ir** verbs.

The present perfect		
comprar	**beber**	**recibir**
he comprado	he bebido	he recibido
has comprado	has bebido	has recibido
ha comprado	ha bebido	ha recibido
hemos comprado	hemos bebido	hemos recibido
habéis comprado	habéis bebido	habéis recibido
han comprado	han bebido	han recibido

- Note that past participles do not change form in the present perfect tense.

  Todavía no **hemos comprado** los boletos.
  We still haven't bought the tickets.

  El agente de viajes no **ha terminado** de hacer las reservas.
  The travel agent hasn't finished making the reservations.

- To express that something *has just happened*, use **acabar de** + [*infinitive*]. **Acabar** is a regular **-ar** verb.

  Acabo de recibir los boletos.
  I've just received the tickets.

  Acabamos de ver las pirámides.
  We just saw the pyramids.

- When the stem of an **–er** or **–ir** verb ends in **a, e,** or **o**, the past participle requires a written accent (**ído**) to maintain the correct stress. No accent mark is needed for stems ending in **u**.

  ca-er → caído   **le-er → leído**
  o-ír → oído   **constru-ir → construido**

- Many verbs have irregular past participles.

abrir	abierto	morir	muerto
cubrir	cubierto	poner	puesto
decir	dicho	resolver	resuelto
descubrir	descubierto	romper	roto
escribir	escrito	ver	visto
hacer	hecho	volver	vuelto

- Note that, unlike in English, the verb **haber** may not be separated from the past participle by any other word (**no**, adverbs, pronouns, etc.)

  ¿Por qué **no has reservado todavía** el hotel?
  Why haven't you reserved your hotel yet?

  ¡**Todavía no he decidido** las fechas!
  I haven't yet decided on the dates!

Note that, while in English adverbs are frequently used in between the helping verb and the past participle, in Spanish they are placed either before **haber** or after the participle. Ex: *She has already arrived.* **Ya ha llegado. /Ha llegado ya.**

- Note that, when a past participle is used as an adjective, it must agree in number and gender with the noun it modifies. Past participles are often used as adjectives with **estar** or other verbs to describe physical or emotional states.

  La visa está **vencida.**
  The visa is expired.

  Los vuelos están **cancelados**.
  The flights are canceled.

The past perfect

- The past perfect tense (**el pretérito pluscuamperfecto**) is formed with the imperfect of **haber** and a past participle. As with other perfect tenses, the past participle does not change form.

The past perfect		
viajar	**perder**	**incluir**
había viajado	**había perdido**	**había incluido**
habías viajado	**habías perdido**	**habías incluido**
había viajado	**había perdido**	**había incluido**
habíamos viajado	**habíamos perdido**	**habíamos incluido**
habíais viajado	**habíais perdido**	**habíais incluido**
habían viajado	**habían perdido**	**habían incluido**

- In Spanish, as in English, the past perfect expresses what someone *had done* or what *had occurred* before another action or condition in the past.

  Compré una cámara digital nueva para el viaje porque la vieja se me **había roto**.
  I bought a new digital camera for the trip because the old one had broken.

  Cuando por fin llegaron al aeropuerto, su avión ya **había salido**.
  When they finally arrived at the airport, their plane had already departed.

- **Antes, aún, nunca, todavía,** and **ya** are often used with the past perfect to indicate that one action occurred before another. Note that adverbs, pronouns, and the word **no** may not separate **haber** from the past participle.

  Cuando viajé a España, **aún no había aprendido** español.
  When I traveled to Spain, I hadn't yet learned Spanish.

  El avión **todavía no había aterrizado**, pero el pasajero encendió el celular.
  The plane hadn't yet landed, but the passenger turned on the cell phone.

Draw a time line on the board to compare and contrast preterite, present perfect, and past perfect tenses.

Práctica

TALLER DE CONSULTA

MANUAL DE GRAMÁTICA
Más práctica

5.4 The present perfect and the past perfect, p. A31

1 **Experiencias** Completa el párrafo usando el pretérito perfecto.

Este viaje a Guatapé (1) ___ha sido___ (ser) una experiencia fabulosa. Mi esposa y yo (2) ___hemos visto___ (ver) lugares sensacionales. Lo que más nos (3) ___ha llamado___ (llamar) la atención es que la gente nos (4) ___ha tratado___ (tratar) como si fuéramos de la familia. Nos (5) ___hemos quedado___ (quedar) en casa de una familia y las dos hijas nos (6) ___han enseñado___ (enseñar) a hacer arepas. Lo que más nos (7) ___ha gustado___ (gustar) es subir al Peñol de Guatapé. Desde la cima, (8) ___hemos observado___ (observar) el embalse y sus islitas y bahías. Verdaderamente, este lugar nos (9) ___ha encantado___ (encantar).

2 **Oraciones** Combina los elementos para formar oraciones completas. Utiliza el pretérito perfecto y añade elementos cuando sea necesario.

MODELO **yo / siempre / querer / un GPS**
Yo siempre he querido un GPS.

1. nosotros / comprar / cámara digital más innovadora
   Nosotros hemos comprado una cámara digital más innovadora.
2. tú / nunca / pensar / en hacer buceo
   Tú nunca has pensado en hacer buceo.
3. los turistas / ya / llegar / a la isla.
   Los turistas ya han llegado a la isla.
4. el profesor / escribir / fórmulas en la pizarra
   El profesor ha escrito (las/unas) fórmulas en la pizarra.
5. mis padres / siempre / preferir / los hoteles de lujo
   Mis padres siempre han preferido los hoteles de lujo.

Teaching option Do a rapid-response drill. Call out a verb and a subject, and have volunteers respond with a complete sentence using the present perfect.

3 **Experiencias** Indica si has hecho lo siguiente y añade información adicional.

MODELO **ir al Polo Sur**
No he ido al Polo Sur, pero he viajado a Latinoamérica.

1. viajar a la Luna
2. ganar la lotería
3. ver a un extraterrestre
4. inventar algo
5. conocer al presidente del país
6. estar despierto/a por más de dos días
7. hacer algo revolucionario
8. soñar con ser astronauta

(3) Have students survey each other, asking: **¿Qué has hecho hoy?** Model the response by describing things you have done and writing them on the board. Ex: **He tomado tres tazas de café. He corregido los exámenes de ayer.**

4 **Discurso** Jorge Báez, un médico dedicado a las enfermedades tropicales, ha recibido un premio por su trabajo en África y América Latina. Completa su discurso de agradecimiento con el pluscuamperfecto.

Muchas gracias por este premio. Recuerdo que antes de cumplir 12 años ya (1) ___había decidido___ (decidir) ser médico. Desde pequeño, mi madre siempre me (2) ___había llevado___ (llevar) al hospital donde ella trabajaba y recuerdo que desde la primera vez me (3) ___habían fascinado___ (fascinar) esos médicos vestidos de blanco. Luego, cuando cumplí 26 años, ya (4) ___había pasado___ (pasar) tres años estudiando las enfermedades tropicales, en especial desde que (5) ___había leído___ (leer) un informe de la Organización Panamericana de la Salud. Cuando terminé mis estudios de posgrado, ya se (6) ___habían hecho___ (hacer) grandes adelantos científicos…

(4) For additional practice with the past perfect, have students imagine they have also just won an award. Have a volunteer begin by stating: **Gracias por este premio de ____. Recuerdo que antes de cumplir 12 años yo ya había…** Call on several volunteers to add to the speech, using the past perfect in their sentences.

Practice more at **facetas.vhlcentral.com.**

Comunicación

5 **Preguntas personales** Busca un(a) compañero/a de clase a quien no conozcas bien y hazle preguntas sobre su vida usando el pretérito perfecto.

MODELO —¿Has tomado clases de informática?
—Sí, he tomado muchas clases de informática. ¡Siempre me ha fascinado la tecnología!

conocer a una persona famosa	**ganar algún premio**
escribir poemas	**visitar un país hispano**
estar enamorado/a	**vivir en el extranjero**

6 **Celebridades** En grupos de tres, cada miembro debe pensar en una persona famosa, sin decir quién es. Las otras dos personas deben hacer preguntas. Utilicen el pretérito perfecto para dar pistas hasta que adivinen el nombre de cada celebridad.

MODELO **ESTUDIANTE 1** Este hombre ha ganado muchísimo dinero.
ESTUDIANTE 2 ¿Es Donald Trump?

7 **Síntesis** En grupos de tres, imaginen que son policías y deben preparar un informe sobre un accidente ocurrido en una ciudad muy turística. Entrevisten a las personas involucradas en el accidente para determinar lo que ha ocurrido y qué habían hecho inmediatamente antes del accidente. Utilicen la gramática de esta lección.

MODELO **POLICÍA** ¿Qué ha sucedido aquí?
LINDA ¡No es mi culpa! ¡El carro verde venía rapidísmo! Yo había frenado en la intersección, cuando de repente...

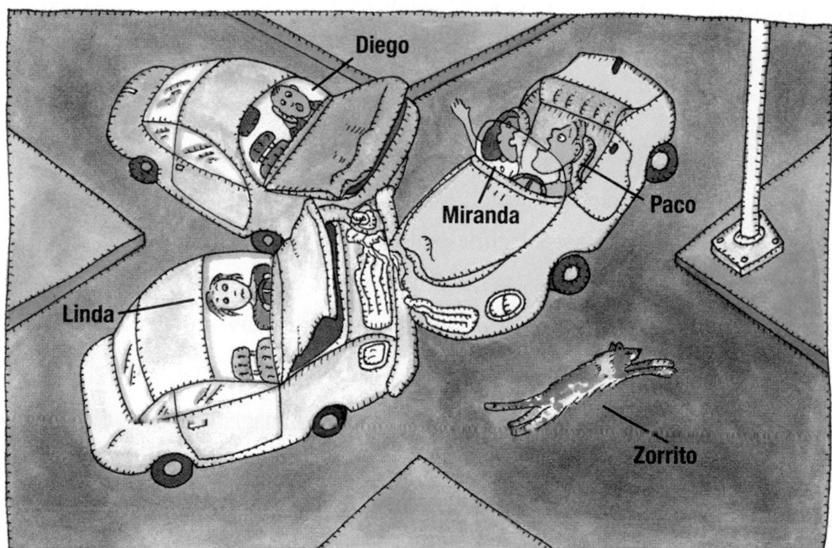

NATIONAL communication STANDARDS

5 Have volunteers share what they learned about their classmates.

6 If necessary, bring in magazines to help students choose a famous person.

6 For additional practice with the present perfect, have students also choose famous couples. Ex: **Han actuado juntos en una película y han adoptado a niños de diferentes países. (¿Son Brad Pitt y Angelina Jolie?)**

7 To reinforce the difference between present perfect and past perfect, ask students to use at least two examples of each in their reports. Ex: **Hemos concluido las investigaciones del accidente.../ Linda ya había doblado cuando...**

7 After students complete the activity, call on volunteers to act out the scene. Involve the entire class by having everyone play a role: drivers, police officers, and witnesses. Remind students to use the past perfect in their questions and answers.

INSTRUCTIONAL RESOURCES
Supersite/DVD: Film Collection
Supersite: Script & Translation

Antes de ver el corto

EL ANILLO

país Puerto Rico
duración 8 minutos
directora Coraly Santaliz Pérez

protagonistas la prometida, Arnaldo (su novio), el vagabundo, el dueño del restaurante, el empleado del restaurante, la novia del empleado, la anfitriona, la senadora

Vocabulario

el anillo *ring*
el azar *chance*
botar *to throw out*
botarse *(P. Rico; Cuba) to outdo oneself*
la casualidad *chance; coincidence*
el diamante *diamond*
echar *to throw away*
enganchar *to get caught*
la manga *sleeve*
la sortija *ring*
el tapón *traffic jam*
tirar *to throw*

① Have students use vocabulary to write an anecdote about something that happened by chance (**por casualidad**).

1 Definiciones Conecta cada oración con la palabra correspondiente.

_d_ 1. Forma parte de una camisa.
_e_ 2. Sucede cuando hay mucho tráfico o cuando hay un accidente.
_f_ 3. Es un sinónimo de *anillo*.
_a_ 4. Es un conjunto de acontecimientos que ocurren por casualidad.
_b_ 5. Puede pasar esto si andas en bicicleta con pantalones muy anchos (*wide*).

a. azar
b. enganchar
c. diamante
d. manga
e. tapón
f. sortija
g. tirar

② For item 2, ask: **¿Hay alguna diferencia entre el valor monetario y el valor sentimental de algo?** Have students give examples.

2 Preguntas En parejas, contesten las preguntas.

1. ¿Alguna vez perdiste algo de mucho valor? ¿Lo encontraste?
2. ¿Encontraste algo valioso en alguna ocasión? ¿Qué hiciste?
3. ¿Sueles perder cosas cuando vas de viaje?
4. Imagina que encuentras un anillo de diamantes en la habitación del hotel donde te alojas. ¿Qué haces?

③ Once students have watched the film, ask them if they were correct in their predictions.

3 Un anillo En parejas, miren la fotografía del cortometraje e imaginen lo que va a ocurrir en la historia. Compartan sus ideas con la clase.

Teaching option Assign each student a character. As they watch the film, have them jot down descriptive words about that character. If necessary, review descriptive adjectives.

 Practice more at **facetas.vhlcentral.com.**

Short Film

El Anillo

Premio al mejor guión en First Short Film Competition, patrocinado por The Film Foundation, Inc.

Producción Ejecutiva LUIS J. CRUZ ESPINETA "THE FILM FOUNDATION, INC."
Guión, Edición y Dirección CORALY SANTALIZ PÉREZ Producción CORALY SANTALIZ PÉREZ / JAN G. SANTIAGO ECHANDI
Dirección de Fotografía CARLOS J. ZAYAS PLAZA Música WALTER MORCIGLIO
Diseño de Sonido WALTER SANTALIZ Actores GERARDO ORTIZ / ANNETTE SANTALIZ / JOSÉ JORGE MEDINA / SASHA BETANCOURT / ANDRÉS SANTIAGO / VIVIANA FUSARO / ELIA ENID CADILLA

Synopsis A woman leaves her diamond ring at a party, and it ends up in the hands of many people: a homeless person, a restaurant employee, and a senator. After a series of mishaps, it ends up in the hands of the original owner, who never realized it went missing.

Preview In pairs, ask students to cover the captions and look only at the photos. Have them invent their own captions based on the visual clues.

Escenas

ARGUMENTO Una prometida pierde su anillo de compromiso, que va pasando de persona a persona por azar.

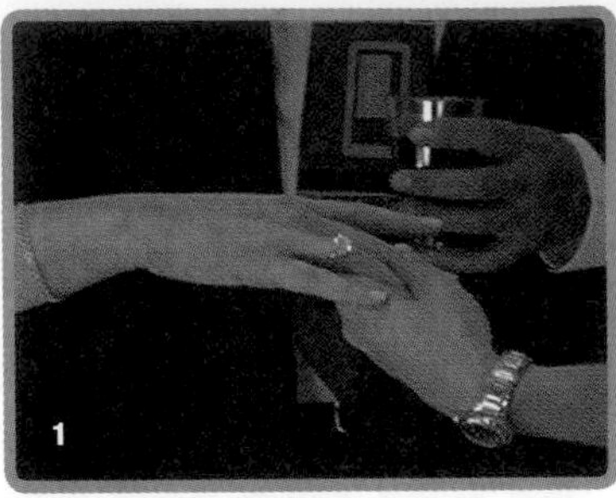

INVITADA Nena, ¡qué bello ese anillo! Arnaldo se botó.
PROMETIDA Sí, lo sé. Permiso. Voy al baño.
(La prometida olvida el anillo que termina por azar en manos de un vagabundo.)

DUEÑO ¿Cuántas veces te tengo que botar? ¿Eh?
VAGABUNDO Quiero algo de comer. Además me encontré una sortija de diamantes. Deja que la veas. Pero si estaba aquí. Pero ¡te lo juro que estaba aquí!

(El vagabundo pierde el anillo. Lo encuentra el empleado del restaurante, que se lo lleva a su casa. Su novia cree que le está pidiendo matrimonio.)

NOVIA ¡No lo puedo creer, mi amor! ¡Te botaste! Sí, sí. ¡Me caso contigo! Tengo que llamar a mami.

EMPLEADO Yo no la compré. No, no. Yo estaba limpiando en el restaurante y me la encontré, ¿sabes? Esto nos resuelve porque vale, ¡vale pesos! La podemos vender.

NOVIA ¿Eso es todo lo que a ti te importa?
EMPLEADO Pero mi amor, no te pongas así, chica. ¿Qué tú estás haciendo? ¡No! ¿Qué tú haces?

(La senadora llega a una fiesta con el anillo enganchado en el bolso.)

ANFITRIONA ¡Senadora!
SENADORA Buenas noches.
ANFITRIONA ¡Al fin llegó!
SENADORA Es que había un tapón terrible.

Después de ver el corto

① **Comprensión** Contesta las preguntas con oraciones completas.

1. ¿Quién compró el anillo y para quién?
   Arnaldo compró el anillo para su prometida.
2. ¿Cómo llega el anillo por primera vez a la calle?
   El anillo se engancha en la manga de una invitada y se le cae en la calle.
3. ¿Adónde va el vagabundo cuando encuentra el anillo?
   El vagabundo va a un restaurante para comer.
4. ¿Quién encuentra el anillo cuando lo pierde el vagabundo?
   Lo encuentra el empleado del restaurante.
5. ¿Qué piensa la novia del empleado del restaurante al ver el anillo?
   Piensa que su novio le está pidiendo que se case con él.
6. ¿Qué quiere hacer el empleado con el anillo?
   Él quiere venderlo para tener dinero.
7. ¿Qué hace la novia al ver que no era un anillo comprado para ella?
   Ella lo tira por la ventana.
8. ¿Dónde cae el anillo esta vez?
   El anillo cae sobre el carro de una senadora.
9. ¿Adónde va la senadora?
   La senadora va a la fiesta.
10. ¿Dónde encuentra la prometida su anillo?
    La prometida encuentra su anillo en el cuarto de baño.

① Ask additional comprehension questions. Ex: **¿Cómo reacciona el empleado del restaurante al ver al vagabundo? ¿La senadora sabía que tenía un anillo enganchado en el bolso?**

② **Ampliación** Contesta las preguntas con oraciones completas.

1. En tu opinión, ¿cómo es la prometida? ¿Por qué?
2. ¿Por qué crees que el dueño del restaurante no deja entrar al vagabundo?
3. Imagina que la prometida vuelve a dejar el anillo en el cuarto de baño. ¿Qué sucede esta vez?
4. ¿Crees en las casualidades? ¿Por qué?

② For item 3, ask volunteers to describe excuses they have used in order to avoid a commitment.

③ **Me encontré un anillo** En parejas, imagínense que uno de estos dos personajes se queda con (*keeps*) el anillo. Imaginen cómo cambia la vida del personaje durante los próximos seis meses. Luego compartan la historia con la clase.

VAGABUNDO

EMPLEADO DEL RESTAURANTE

③ Have pairs create two columns (**antes** and **después**) under which they list different characteristics. Remind students to use the imperfect tense to describe how the character used to be.

④ **Los viajes de los objetos** Piensa en la vida de un objeto que tengas, desde el momento en que se creó hasta su futuro. Escribe un párrafo sobre el recorrido del objeto. Inventa cualquier dato que no sepas. Después presenta tu objeto y su viaje a la clase. Ten en cuenta estos puntos.

- partes del objeto
- origen de cada parte
- proceso de fabricación del objeto
- pasado del objeto antes de llegar a tus manos
- vida del objeto mientras estuvo contigo
- vida actual (*current*) del objeto
- futuros viajes y experiencias del objeto

④ Allow students to present the following day so they can bring in their objects and prepare their presentations. Once everybody has presented, have students vote for the best traveling object.

Practice more at **facetas.vhlcentral.com.**

Antes de leer

Sobre el autor Ask students: **¿Los viajes de un(a) artista influyen en sus obras? ¿Cómo?** Have students give examples.

La luz es como el agua

Sobre el autor

Nacido en 1928 en Aracataca, Colombia, un pequeño pueblo cerca del mar Caribe, **Gabriel García Márquez** fue criado por sus abuelos entre mitos, leyendas y libros fantásticos. Eso fue construyendo la base de su futura obra narrativa. Comenzó a estudiar derecho, pero lo abandonó para dedicarse al periodismo. Como corresponsal en Italia, viajó por toda Europa. Vivió en diferentes lugares y escribió guiones (*scripts*) cinematográficos, cuentos y novelas. En 1967 publicó su novela más famosa, *Cien años de soledad*, cuya acción transcurre en el mítico pueblo de Macondo. En 1982 recibió el Premio Nobel de Literatura. De su libro *Doce cuentos peregrinos* (al que pertenece el cuento *La luz es como el agua*), dijo que surgió (*came about*) porque quería escribir "sobre las cosas extrañas que les suceden a los latinoamericanos en Europa".

Vocabulario

ahogado/a *drowned*	**el faro** *lighthouse; beacon*	**la popa** *stern*
la bahía *bay*	**flotar** *to float*	**la proa** *bow*
el bote *boat*	**el muelle** *pier*	**el remo** *oar*
la cascada *cascade; waterfall*	**la pesca** *fishing*	**el tiburón** *shark*

Palabras relacionadas Have students explain what the three remaining words have in common.

Palabras relacionadas Indica qué palabra no pertenece al grupo.

1. bote–remo–mueble–navegar
2. brújula–balcón–puerto–proa
3. pesca–buceo–tiburones–tigre
4. popa–edificio–cascada–bahía

Conexión personal For additional discussion, ask: **¿Viajabas mucho cuando eras niño/a? ¿Cómo crees que tu percepción de un lugar cambia con la edad?**

Conexión personal Cuando eras niño/a, ¿te gustaba soñar con viajes a lugares imposibles? ¿Sigues soñando o imaginando viajes a lugares fantásticos o imposibles? ¿Alguna vez viviste en un país extranjero? ¿Qué cosas extrañabas?

Análisis literario If appropriate, have students read and analyze additional examples of magical realism by García Márquez or other writers.

Análisis literario: el realismo mágico

El realismo mágico es una síntesis entre el realismo y la literatura fantástica. Muchos escritores latinoamericanos, como Gabriel García Márquez y Carlos Fuentes, incorporan elementos fantásticos al mundo cotidiano de los personajes, que aceptan la magia y la fantasía como normales. En el realismo mágico, lo real se torna mágico, lo maravilloso es parte de lo cotidiano y no se cuestiona la lógica de lo fantástico. Uno de los precursores del género, Alejo Carpentier, explicó que "En América Latina, lo maravilloso se encuentra en vuelta de cada esquina, en el desorden, en lo pintoresco de nuestras ciudades, ... en nuestra naturaleza y... también en nuestra historia". Presta atención a la representación de la realidad en el cuento.

 Practice more at **facetas.vhlcentral.com.**

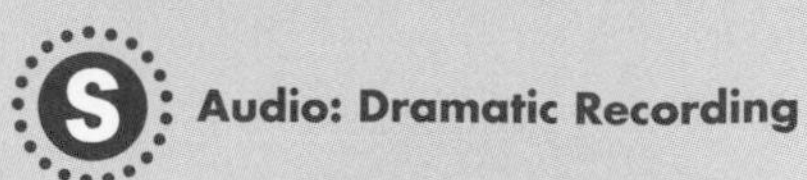

Audio: Dramatic Recording

Altamar, 2000
Graciela Rodo Boulanger, Bolivia

La luz es como el agua

Gabriel García Márquez

En Navidad los niños volvieron a pedir un bote de remos.

—De acuerdo —dijo el papá, lo compraremos cuando volvamos a Cartagena.

Totó, de nueve años, y Joel, de siete, estaban más decididos de lo que sus padres creían.

—No —dijeron a coro°—. Nos hace falta ahora y aquí.

in unison

—Para empezar —dijo la madre—, aquí no hay más aguas navegables que la que sale de la ducha°.

shower

Tanto ella como el esposo tenían razón. En la casa de Cartagena de Indias había un patio con un muelle sobre la bahía, y un refugio para dos yates grandes. En cambio aquí en Madrid vivían apretados° en el piso quinto del número 47 del Paseo de la Castellana. Pero al final ni él ni ella pudieron negarse, porque les habían prometido un bote de remos con su sextante y su brújula si se ganaban el laurel del tercer año de primaria, y se lo habían ganado. Así que el papá compró todo sin decirle nada a su esposa, que era la más reacia° a pagar deudas de juego. Era un precioso bote de aluminio con un hilo dorado en la línea de flotación.

tight; cramped

reluctant

—El bote está en el garaje —reveló el papá

Preview Have students research the climates and landscapes of Cartagena de Indias and Madrid on the Internet. Ask students to guess how this information might be important to the story.

Teaching option Break the story into sections and have students work in pairs to write the main ideas of one section at a time, including references to real and magical elements.

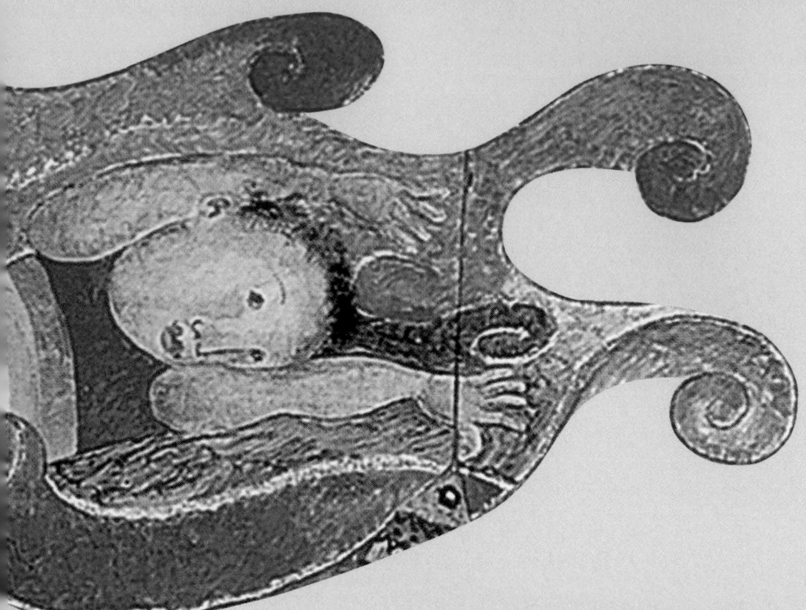

en el almuerzo—. El problema es que no hay cómo subirlo ni por el ascensor ni por la escalera, y en el garaje no hay más espacio disponible.

Sin embargo, la tarde del sábado siguiente los niños invitaron a sus condiscípulos° para subir el bote por las escaleras, y lograron llevarlo hasta el cuarto de servicio.

—Felicitaciones —les dijo el papá—, ¿ahora qué?

—Ahora nada —dijeron los niños—. Lo único que queríamos era tener el bote en el cuarto, y ya está.

La noche del miércoles, como todos los miércoles, los padres se fueron al cine. Los niños, dueños y señores de la casa, cerraron puertas y ventanas, y rompieron la bombilla encendida de una lámpara de la sala. Un chorro° de luz dorada° y fresca como el agua empezó a salir de la bombilla° rota, y lo dejaron correr hasta que el nivel llegó a cuatro palmos. Entonces cortaron la corriente°, sacaron el bote, y navegaron a placer° por entre las islas de la casa.

Esta aventura fabulosa fue el resultado de una ligereza° mía cuando participaba en un seminario sobre la poesía de los utensilios domésticos. Totó me preguntó cómo era que la luz se encendía con sólo apretar un botón, y

schoolmates
spurt/golden
light bulb
current
at one's pleasure
flippant remark

yo no tuve el valor de pensarlo dos veces.

—La luz es como el agua —le contesté: uno abre el grifo°, y sale.

De modo que siguieron navegando los miércoles en la noche, aprendiendo el manejo del sextante y la brújula, hasta que los padres regresaban del cine y los encontraban dormidos como ángeles de tierra firme. Meses después, ansiosos de ir más lejos, pidieron un equipo de pesca submarina. Con todo: máscaras, aletas, tanques y escopetas de aire comprimido.

—Está mal que tengan en el cuarto de servicio un bote de remos que no les sirve para nada —dijo el padre—. Pero está peor que quieran tener además equipos de buceo.

—¿Y si nos ganamos la gardenia de oro del primer semestre? —dijo Joel.

—No —dijo la madre, asustada—. Ya no más.

El padre le reprochó su intransigencia.

—Es que estos niños no se ganan ni un clavo° por cumplir con su deber —dijo ella—, pero por un capricho° son capaces de ganarse hasta la silla del maestro.

Los padres no dijeron al fin ni que sí ni que no. Pero Totó y Joel, que habían sido los últimos en los dos años anteriores, se ganaron en julio las dos gardenias de oro y el reconocimiento público del rector. Esa misma tarde, sin que hubieran vuelto a pedirlos, encontraron en el dormitorio los equipos de buzos en su empaque original. De modo que el miércoles siguiente, mientras los padres veían *El último tango en París*, llenaron el apartamento hasta la altura de dos brazas, bucearon como tiburones mansos° por debajo de los muebles y las camas, y rescataron del fondo° de la luz las cosas que durante años se habían perdido en la oscuridad.

En la premiación° final los hermanos fueron aclamados como ejemplo para la escuela, y les

faucet
nail
whim
tame
bottom
awards ceremony

dieron diplomas de excelencia. Esta vez no tuvieron que pedir nada, porque los padres les preguntaron qué querían. Ellos fueron tan razonables, que sólo quisieron una fiesta en casa para agasajar° a los compañeros de curso.

El papá, a solas con su mujer, estaba radiante.

—Es una prueba de madurez —dijo.

—Dios te oiga —dijo la madre.

El miércoles siguiente, mientras los padres veían *La Batalla de Argel*, la gente que pasó por la Castellana vio una cascada de luz que caía de un viejo edificio escondido entre los árboles. Salía por los balcones, se derramaba° a raudales° por la fachada°, y se encauzó° por la gran avenida en un torrente dorado que iluminó la ciudad hasta el Guadarrama.

Llamados de urgencia, los bomberos forzaron la puerta del quinto piso, y encontraron la casa rebosada de° luz hasta el techo. El sofá y los sillones forrados° en piel de leopardo flotaban en la sala a distintos niveles, entre las botellas del bar y el piano de cola° y su mantón° de Manila que aleteaba° a media agua como una mantarraya de oro. Los utensilios domésticos, en la plenitud de su poesía, volaban con sus propias alas° por el cielo de la cocina. Los instrumentos de la banda de guerra, que los niños usaban para bailar, flotaban al garete° entre los peces de colores liberados de la pecera de mamá, que eran los únicos que flotaban vivos y felices en la vasta ciénaga° iluminada. En el cuarto de baño flotaban los cepillos de dientes de todos, los preservativos de papá, los pomos° de cremas y la dentadura de repuesto° de mamá, y el televisor de la alcoba° principal flotaba de costado°, todavía encendido en el último episodio de la película de media noche prohibida para niños.

Al final del corredor, flotando entre dos aguas, Totó estaba sentado en la popa del bote, aferrado° a los remos y con la máscara puesta, buscando el faro del puerto hasta donde le alcanzó el aire de los tanques, y Joel flotaba en la proa buscando todavía la altura de la estrella polar con el sextante, y flotaban por toda la casa sus treinta y siete compañeros de clase, eternizados en el instante de hacer pipí° en la maceta° de geranios, de cantar el himno de la escuela con la letra cambiada por versos de burla contra el rector, de beberse a escondidas un vaso de brandy de la botella de papá. Pues habían abierto tantas luces al mismo tiempo que la casa se había rebosado°, y todo el cuarto año elemental de la escuela de San Julián el Hospitalario se había ahogado en el piso quinto del número 47 del Paseo de la Castellana. En Madrid de España, una ciudad remota de veranos ardientes y vientos helados, sin mar ni río, y cuyos aborígenes° de tierra firme nunca fueron maestros en la ciencia de navegar en la luz. ■

to entertain
poured out / in torrents / façade / channeled
brimming with
covered
grand piano / shawl
fluttered
wings
adrift
marsh
flasks
spare
bedroom / sideways
clinging
to pee / flowerpot
overflowed
natives

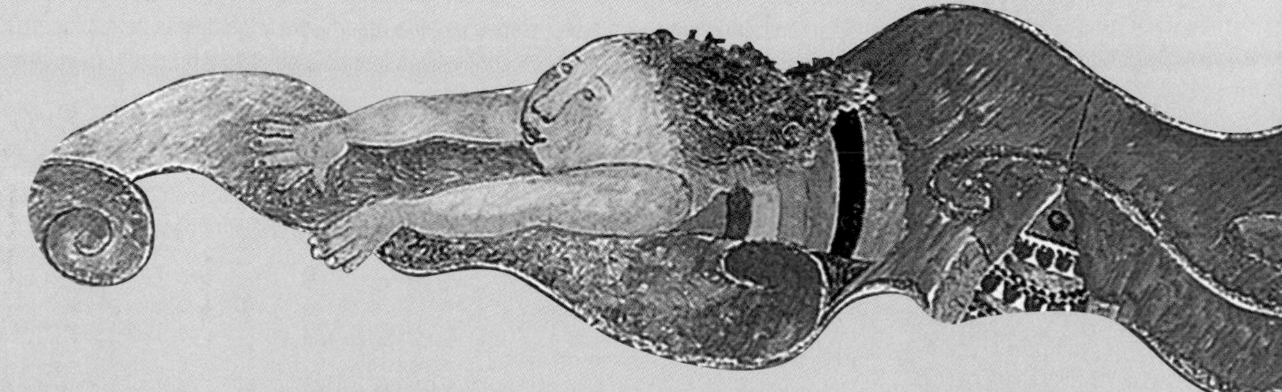

Después de leer

La luz es como el agua

Gabriel García Márquez

1 Comprensión Indica si las oraciones son **ciertas** o **falsas**. Corrige las falsas.

1. La acción transcurre en Cartagena. Falso. La acción transcurre en Madrid.
2. Totó y Joel dicen que quieren el bote para pasear con sus compañeros en el río. Falso. Los niños dicen que lo único que quieren es tener el bote en el cuarto.
3. Los padres van todos los miércoles por la noche al cine. Cierto.
4. Los niños inundan la casa con agua del grifo (*tap*). Falso. Inundan la casa con luz de la bombilla de una lámpara de la sala.
5. Los únicos que sobreviven a la inundación son los peces de colores. Cierto.
6. El que le sugiere a Totó la idea de que la luz es como el agua es su papá. Falso. El que le dice eso es el narrador.

② Before completing the activity, review and discuss the concept of magical realism.

2 Análisis En parejas, relean la definición de realismo mágico y luego respondan las preguntas.

1. Los niños navegan "entre las islas de la casa". ¿Qué son las islas del apartamento?
2. ¿Qué significa la frase "rescataron del fondo de la luz las cosas que durante años se habían perdido en la oscuridad"? En la realidad, ¿les parece que la luz tiene fondo? En este relato, ¿cuál es el fondo de la luz?
3. Repasa el significado de *comparación* (**p. 153**). ¿Se usan comparaciones en este relato? Escríbanlas y expliquen cómo proporcionan mayor expresividad.

③ Ask additional questions, such as: **¿Qué importancia tiene el hecho de que los padres van al cine cuando los niños se quedan solos en casa? ¿Por qué creen que el autor nos da los títulos de las películas? ¿Conocen estas películas?**

3 Interpretación Responde las preguntas con oraciones completas.

1. ¿Por qué te parece que, teniendo una gran casa en Cartagena, viven en Madrid en un pequeño apartamento? ¿Cuáles crees que podrían ser las causas?
2. El narrador señala que toda la aventura de los niños es consecuencia de una "ligereza" suya, porque "no tuvo el valor de pensarlo dos veces". ¿Por qué te parece que dice eso? ¿Qué opinas tú de su respuesta? ¿Crees que él es culpable de lo que ocurre después?
3. Los niños aprovechan que sus padres no están para inundar el apartamento y guardan el secreto; sólo se lo cuentan a sus compañeros. ¿Por qué hacen eso? ¿Puedes establecer algún paralelo entre ir al cine y navegar con la luz?
4. Imagina que la familia nunca se fue de Cartagena. ¿Cómo cambia la historia?

④ As an expansion activity, have students write the official report issued by the fire department explaining what happened to the children.

4 Entrevista En grupos de cuatro, preparen una entrevista con el primer bombero que entró en el apartamento inundado. Uno/a de ustedes es el/la reportero/a y los demás son bomberos. Hablen sobre las causas y consecuencias del accidente y usen lenguaje objetivo y preciso. Luego representen la entrevista frente a la clase.

5 Bitácoras de viaje Utilizando el realismo mágico, describe en una bitácora de viaje (*travel log*) un día de un viaje especial. Describe adónde fuiste, qué hiciste, con quién fuiste y por qué fue especial. Describe elementos maravillosos de tu viaje y presenta detalles mágicos como si fueran normales.

Practice more at **facetas.vhlcentral.com.**

Antes de leer

Vocabulario

el apogeo *height; highest level*
el artefacto *artifact*
el campo *ball field*
el/la dios(a) *god/goddess*
el juego de pelota *ball game*
la leyenda *legend*
el mito *myth*
la pared *wall*
la piedra *stone*
la pirámide *pyramid*
la ruta maya *the Mayan Trail*

Tikal Completa las oraciones con las palabras apropiadas.

1. Tikal, antiguamente una gran ciudad, es ahora una impresionante colección de ruinas que se encuentra en la ___ruta maya___ de Guatemala.
2. Hay seis ___pirámides___ en el centro de la ciudad. Son los edificios más grandes de Tikal.
3. En la misma zona hay varios ___campos___ donde se jugaba al ___juego de pelota___.
4. Durante sus excavaciones, los arqueólogos han encontrado ___artefactos___ fascinantes y también esculturas y monumentos de ___piedra___.

Conexión personal ¿Cuál es la ruta más interesante que has recorrido? ¿Fue un viaje organizado o lo planeaste por tu cuenta?

Contexto cultural

Campo de pelota en Chichén Itzá

En la cultura maya, el deporte era a veces cuestión de vida o muerte. El juego de pelota se jugó durante más de 3.000 años en un campo entre muros (*walls*) con una pelota de goma (*rubber*) dura y mucha protección para el cuerpo de los jugadores. Era un juego muy violento y acababa a veces con un sacrificio ritual, posiblemente la decapitación de algunos de los jugadores.

Cuenta la leyenda que los hermanos gemelos (*twins*) Ixbalanqué y Hunahpú eran tan aficionados al juego que enojaron a los dioses de la muerte, los señores de Xibalbá, con el ruido (*noise*) que hacían con las pelotas. Los señores de Xibalbá controlaban un mundo subterráneo, al que se llegaba por una cueva (*cave*). Todo individuo que entraba en Xibalbá pasaba por una serie de pruebas y trampas (*traps*) peligrosas, como cruzar (*cross*) un río de escorpiones, entrar en una casa llena de cuchillos en movimiento y participar en un juego mortal de pelota. Los gemelos usaron su habilidad atlética, su inteligencia y la magia para vencer (*defeat*) a los dioses y transformarse en el sol y la luna. Por eso, entre los mayas, el juego era una competencia entre fuerzas enemigas, como el bien y el mal, o la luz y la oscuridad.

Practice more at **facetas.vhlcentral.com.**

Conexión personal
Ask students: **¿Por qué creen que es importante preservar y seguir las rutas de nuestros antepasados?**

Contexto cultural
Explain that the Mayans contributed significantly to astronomy, food, religion, architecture, and the Spanish language. Have students work in groups to research one of these elements on the Internet and give a short presentation.

Preview
Ask the class to discuss how travel can help us connect with history. Have students give examples from their own experiences.

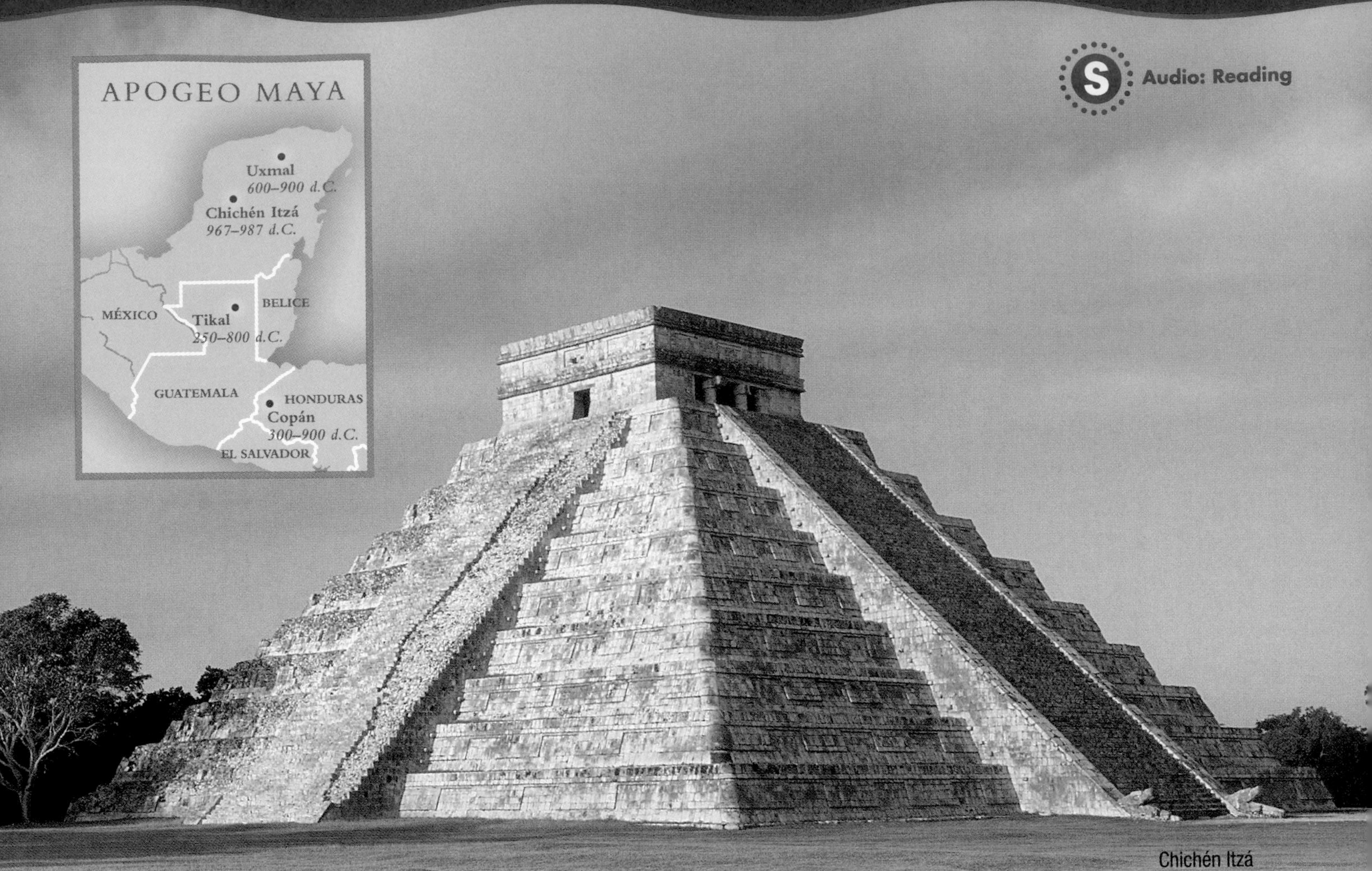

Chichén Itzá

La ruta maya

Los mayas, investigadores de ciencias y matemáticas, y destacados° arquitectos de espacios monumentales, han dejado evidencia de un mundo ilustre e intelectual que todavía brilla hoy día. En su momento de mayor extensión, el territorio maya incluía partes de lo que ahora es México, Guatemala, Belice, El Salvador y Honduras. Una imaginaria ruta maya une estos lugares dispersos, atravesando° siglos y países, y revela restos de una gran civilización. La ruta pasa por selva y ciudad, por vegetación exuberante y por

outstanding

crossing

ruinas que resisten y también muestran el paso del tiempo. El viajero puede elegir entre múltiples lugares y numerosos caminos. Sin embargo, hay un itinerario particular que conecta la arquitectura, la cultura y el deporte a través del tiempo y el espacio: la ruta de los campos de pelota. Debido al° enorme valor cultural del juego, se construyeron canchas en casi todas las poblaciones importantes, incluyendo las espléndidas construcciones de Copán y Chichén Itzá. La ruta, que pasa por algunos de los 700 campos de pelota, desentierra° maravillas arqueológicas.

En la densa selva en el oeste de Honduras, cerca de la frontera con Guatemala, surge° Copán, donde gobernaron varias dinastías de reyes. Entre las ruinas, permanece° un elegantísimo campo de pelota, una cancha que tenía hasta vestuarios° para los jugadores. Grandes paredes, adornadas de esculturas de loros°, rodean° el campo más artístico de Mesoamérica. En Copán vivía una élite de artesanos y nobles que esculpían° y escribían en piedra. Por eso, se concentran en Copán la mayor cantidad de esculturas° y estelas° —monumentos de figuras y lápidas° con jeroglíficos— de la ruta maya. En las famosas escalinatas° de la ciudad se pueden examinar jeroglíficos que contienen todo un árbol genealógico y que cuentan la historia de los reyes de Copán. Estas inscripciones forman el texto maya más largo que se preserva hoy día.

Due to the
unearths
arises
lies
dressing rooms
parrots/ surround
sculpted
sculptures/ steles
stone tables
stairways

Mesoamérica

La región de Mesoamérica empieza en el centro de México y llega hasta la frontera entre Nicaragua y Costa Rica. Aquí vivían sociedades agrarias que se destacaron por sus avances en la arquitectura, el arte y la tecnología en los 3.000 años anteriores a la llegada de Cristóbal Colón al continente americano. Entre las culturas de Mesoamérica se incluyen la maya, azteca, olmeca y tolteca. Los mayas tomaron la escritura y el calendario mesoamericanos y los desarrollaron hasta su mayor grado de sofisticación.

Campo de pelota en Copán

El más impresionante de los campos de pelota se encuentra en Chichén Itzá en Yucatán, México. En su período de esplendor, Chichén Itzá era el centro de poder de Mesoamérica. Actualmente es uno de los sitios arqueológicos más importantes del mundo. La gran pirámide, conocida con el nombre *El Castillo*, era un rascacielos° en su época. Con escaleras que suben a la cumbre° por los cuatro lados, El Castillo sirvió de templo del dios Kukulcán. Hay varias canchas de pelota en Chichén Itzá, pero la más grandiosa y espectacular se llama el Gran Juego de Pelota. A pesar de medir° 166 por 68 metros (181 por 74 yardas), la acústica es tan magnífica que sirve de modelo para teatros: un susurro° se puede oír de un extremo al otro. Mientras competían, los jugadores sentían la presión de las esculturas que adornaban las paredes, las cuales muestran a unos jugadores decapitando a otros. El peligro era un recordatorio° de que el juego era también una ceremonia solemne y el campo, un templo.

Esta ruta maya continúa por campos como el de Uxmal en Yucatán, México, donde se pueden apreciar grandes logros° arquitectónicos. En todos ellos, se oyen las voces lejanas de la civilización maya, ecos que nos hacen viajar por el tiempo y despiertan la imaginación. ■

skyscraper
peak
measuring
whisper
reminder
achievements

Después de leer

La ruta maya

(1) Have students write two more true or false statements about the reading. Ask classmates to answer **cierto** or **falso**.

1 Comprensión Decide si las oraciones son **ciertas** o **falsas**. Corrige las falsas.

1. En su momento de mayor extensión, el territorio maya empezaba en lo que hoy se llama México y terminaba en lo que hoy se llama Guatemala.
   Falso. El territorio maya incluía partes de lo que ahora es México, Guatemala, Belice, El Salvador y Honduras.
2. Los mayas construyeron muy pocas canchas de pelota.
   Falso. Construyeron canchas en casi todas las poblaciones importantes.
3. En Copán vivía una élite de artesanos y nobles que escribían en piedra.
   Cierto.
4. Los jeroglíficos de Copán cuentan la leyenda de los gemelos Ixbalanqué y Hunahpú.
   Falso. Los jeroglíficos de Copán contienen un árbol genealógico y cuentan la historia de los reyes de Copán.
5. Chichén Itzá fue el centro de poder de Mesoamérica.
   Cierto.
6. El Castillo es la cancha de pelota más grande.
   Falso. El Castillo es la gran pirámide y templo del dios Kukulcán. El Gran Juego de Pelota es la cancha más grandiosa y espectacular.

(2) For item 1, spark discussion by asking: **¿Qué opinan del juego de pelota?**

2 Preguntas Contesta las preguntas con oraciones completas.

1. ¿Qué significado tenía el juego de pelota en la cultura maya?
2. ¿Cuáles eran algunos de los peligros del juego?
3. ¿Qué tienen de extraordinario las ruinas de Copán?
4. ¿Qué detalles indican que Chichén Itzá había sido una ciudad importantísima?
5. ¿Cuál es un ejemplo de la importancia de los dioses para los mayas?

(3) Preview this activity by asking students if they have traveled to different baseball stadiums or to Hollywood mansions. Then ask: **¿Están de acuerdo con que estos lugares son símbolos de la cultura estadounidense? ¿Por qué?**

(3) Brainstorm other possible routes students could follow. Ex: **los parques nacionales, los monumentos nacionales**

(3) Ask heritage students to talk about famous routes in their families' home countries.

3 Itinerarios En grupos, preparen el itinerario para un recorrido por una de estas rutas. Luego compartan el itinerario con el resto de la clase.

- la ruta de los campos de béisbol
- Norteamérica de punta a punta
- las mansiones de los famosos en Hollywood

(4) Have students vote for the most creative writing system.

4 Jeroglíficos

A. En parejas, inventen un mensaje jeroglífico. Pueden usar letras, números, dibujos, figuras geométricas, etc. Depués, intercambien el mensaje con otra pareja para descifrarlo. Pueden dar pistas si es necesario.

MODELO

(Mar y Pepe: Recién casados)

B. Presenten los mensajes descifrados a la clase. ¿Qué pareja usó el sistema de escritura más original?

 Practice more at **facetas.vhlcentral.com.**

Atando cabos

¡A conversar!

La luna de miel Trabajen en grupos de cuatro. Imaginen cómo fue la luna de miel de dos de estas parejas.

A. Primero, hablen acerca de la luna de miel de cada pareja: ¿Cómo es la pareja? ¿Adónde fueron? ¿Qué hicieron? ¿Por qué eligieron ese lugar? ¿Qué cosas empacaron?

B. Luego, comparen las dos lunas de miel. Escriban por lo menos seis oraciones usando comparativos y superlativos, y expresiones negativas, afirmativas e indefinidas.

C. Por último, compartan sus comparaciones con la clase y escuchen las comparaciones de sus compañeros/as. Entre todos, resuman en una lista las comparaciones más destacadas.

¡A escribir!

Consejos de viaje Sigue el **Plan de redacción** para escribir unos consejos de viaje. Imagina que trabajas en una agencia de viajes y tienes que organizar una excursión para unos/as amigos/as tuyos/as. Haz una lista de los lugares y cosas que les recomiendas que hagan. Ten en cuenta la personalidad de tus amigos/as y elige bien qué sitios crees que les van a gustar más.

Plan de redacción

Contenido: Ten en cuenta el clima del lugar, la ropa que deben llevar, el hotel donde pueden alojarse y los espectáculos culturales a los que pueden asistir. También es importante que les recomiendes algún restaurante o alguna comida típica del lugar. No olvides utilizar oraciones con subjuntivo en todas tus recomendaciones. Puedes usar estas expresiones:

- Es importante que...
- Les recomiendo que...
- Busquen un hotel que...
- Es probable que...
- Es mejor que...
- Visiten lugares que...

Conclusión: Termina la lista de consejos deseándoles a tus amigos/as un buen viaje.

¡A conversar!
- Bring in travel magazines for possible honeymoon destinations.
- Have students give each couple two recommendations about their honeymoons using the subjunctive.
- Write columns **a, b, c,** and **d** on the board. As students describe the couples, record the adjectives they use under the appropriate column.

¡A escribir!
- Have students write a brief description of their expertise on the chosen location.
- Have students exchange their lists with a partner for peer editing.
- As a variant, have students think about pieces of advice for different travel groups: **un grupo de ancianos, un grupo de estudiantes universitarios, una familia con niños pequeños.**

5 VOCABULARIO

De viaje

la bienvenida	*welcome*
la despedida	*farewell*
el destino	*destination*
el itinerario	*itinerary*
la llegada	*arrival*
el pasaje (de ida y vuelta)	*(round-trip) ticket*
el pasaporte	*passport*
la tarjeta de embarque	*boarding pass*
la temporada alta/baja	*high/low season*
el/la viajero/a	*traveler*
hacer las maletas	*to pack*
hacer transbordo	*to change (planes/trains)*
hacer un viaje	*to take a trip*
ir(se) de vacaciones	*to take a vacation*
perder (e:ie) (el vuelo)	*to miss (the flight)*
regresar	*to return*
a bordo	*on board*
retrasado/a	*delayed*
vencido/a	*expired*
vigente	*valid*

El alojamiento

el albergue	*hostel*
el alojamiento	*lodging*
la habitación individual/doble	*single/double room*
la recepción	*front desk*
el servicio de habitación	*room service*
alojarse	*to stay*
cancelar	*to cancel*
estar lleno/a	*to be full*
quedarse	*to stay*
reservar	*to reserve*
de (buena) categoría	*high-quality*
incluido/a	*included*
recomendable	*recommendable; advisable*

INSTRUCTIONAL RESOURCES
Supersite: Testing Program

La seguridad y los accidentes

el accidente (automovilístico)	*(car) accident*
el/la agente de aduanas	*customs agent*
el aviso	*notice; warning*
el cinturón de seguridad	*seatbelt*
el congestionamiento	*traffic jam*
las medidas de seguridad	*security measures*
la seguridad	*safety; security*
el seguro	*insurance*
aterrizar	*to land*
despegar	*to take off*
ponerse/quitarse el cinturón	*to fasten/to unfasten the seatbelt*
reducir (la velocidad)	*to reduce (speed)*
peligroso/a	*dangerous*
prohibido/a	*prohibited*

Las excursiones

la aventura	*adventure*
el/la aventurero/a	*adventurer*
la brújula	*compass*
el buceo	*scuba diving*
el campamento	*campground*
el crucero	*cruise (ship)*
el (eco)turismo	*(eco)tourism*
la excursión	*excursion; tour*
la frontera	*border*
el/la guía turístico/a	*tour guide*
la isla	*island*
las olas	*waves*
el puerto	*port*
las ruinas	*ruins*
la selva	*jungle*
el/la turista	*tourist*
navegar	*to sail*
recorrer	*to visit; to go around*
lejano/a	*distant*
turístico/a	*tourist (adj.)*

Más vocabulario

Expresiones útiles	*Ver p. 169*
Estructura	*Ver pp. 176–177, 180–181, 184–185 y 188–189*

Cinemateca

el anillo	*ring*
el azar	*chance*
la casualidad	*chance; coincidence*
el diamante	*diamond*
la manga	*sleeve*
la sortija	*ring*
el tapón	*traffic jam*
botar	*to throw out*
botarse	*(P. Rico; Cuba) to outdo oneself*
echar	*to throw away*
enganchar	*to get caught*
tirar	*to throw*

Literatura

la bahía	*bay*
el bote	*boat*
la cascada	*cascade; waterfall*
el faro	*lighthouse; beacon*
el muelle	*pier*
la pesca	*fishing*
la popa	*stern*
la proa	*bow*
el remo	*oar*
el tiburón	*shark*
flotar	*to float*
ahogado/a	*drowned*

Cultura

el apogeo	*height; highest level*
el artefacto	*artifact*
el campo	*ball field*
el/la dios(a)	*god/goddess*
el juego de pelota	*ball game*
la leyenda	*legend*
el mito	*myth*
la pared	*wall*
la piedra	*stone*
la pirámide	*pyramid*
la ruta maya	*the Mayan Trail*

La naturaleza

6

Communicative Goals

You will expand your ability to…
- describe and narrate in the future
- express what you or others would do
- express purpose, condition, and intent
- express will, emotion, doubt, or denial in the past
- discuss hypothetical situations and events that depend on other events

INSTRUCTIONAL RESOURCES
Supersite: Audioscripts, Textbook/SAM AK, Texbook/Lab MP3s
SAM/WebSAM: WB, LM

La naturaleza

Preview Ask discussion questions about nature and the environment. Ex: **¿Qué importancia tiene la naturaleza en tu vida diaria? ¿Crees que a veces se exageran los problemas del medio ambiente?** Recycle previously learned vocabulary, such as common animal names.

La naturaleza

El Caribe presenta **costas** infinitas con palmeras **a orillas del mar**, aguas cristalinas y extensos **arrecifes** de coral con un **paisaje** submarino sin igual.

el árbol *tree*
el arrecife *reef*
el bosque (lluvioso) *(rain) forest*
el campo *countryside; field*
la cordillera *mountain range*

la costa *coast*
el desierto *desert*
el mar *sea*
la montaña *mountain*
el paisaje *landscape; scenery*
la tierra *land; earth*

---

húmedo/a *humid; damp*
seco/a *dry*

---

a orillas de *on the shore of*
al aire libre *outdoors*

Los animales

el ave (*f.*)/el pájaro *bird*
el cerdo *pig*
el conejo *rabbit*
el león *lion*
el mono *monkey*
la oveja *sheep*
el pez *fish*
la rana *frog*

la serpiente *snake*
el tigre *tiger*
la vaca *cow*

---

atrapar *to trap; to catch*
cazar *to hunt*
dar de comer *to feed*
extinguirse *to become extinct*
morder (o:ue) *to bite*

---

en peligro de extinción *endangered*
salvaje *wild*
venenoso/a *poisonous*

Los fenómenos naturales

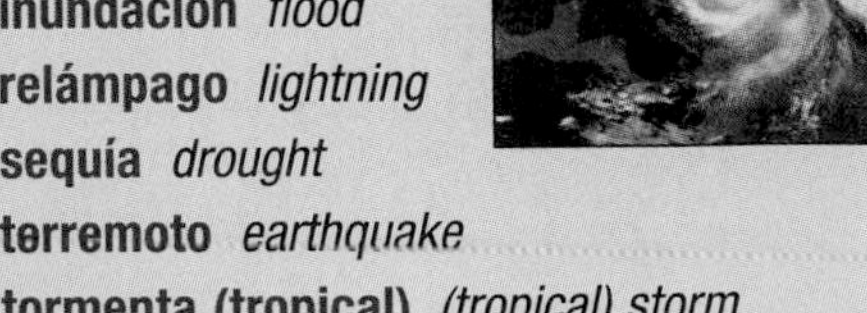

el huracán *hurricane*
el incendio *fire*
la inundación *flood*
el relámpago *lightning*
la sequía *drought*
el terremoto *earthquake*
la tormenta (tropical) *(tropical) storm*
el trueno *thunder*

Variación léxica
el bosque lluvioso ⟷ el bosque húmedo (tropical)
conservar ⟷ preservar
la serpiente ⟷ la culebra
Remind students that the masculine articles **el** and **un** are used with feminine singular nouns that begin with a stressed **a** to facilitate pronunciation. Ex: **el ave → las aves**

El medio ambiente

El **reciclaje** de botellas es muy importante para **proteger** el **medio ambiente** y no **malgastar** plástico.

el calentamiento global *global warming*
la capa de ozono *ozone layer*
el combustible *fuel*
la contaminación *pollution; contamination*

la deforestación *deforestation*
el desarrollo *development*
la erosión *erosion*
la fuente de energía *energy source*
el medio ambiente *environment*
los recursos naturales *natural resources*

agotar *to use up*
conservar *to conserve; to preserve*
contaminar *to pollute; to contaminate*
contribuir (a) *to contribute*
desaparecer *to disappear*
destruir *to destroy*
malgastar *to waste*
proteger *to protect*
reciclar *to recycle*

resolver (o:ue) *to solve*

dañino/a *harmful*
desechable *disposable*
renovable *renewable*
tóxico/a *toxic*

① For Part C, have pairs create two columns labeled **Antes** and **Después** to organize their ideas.

Práctica

1 Escuchar

A. Escucha el informativo de la noche y después completa las oraciones con la opción correcta.

1. Hay __b__.
   a. una inundación b. un incendio
2. Las causas de lo que ha ocurrido __b__.
   a. se conocen b. se desconocen
3. En los últimos meses, ha habido __a__.
   a. mucha sequía b. muchas tormentas
4. Las autoridades temen que __b__.
   a. los animales salvajes vayan a los pueblos
   b. el incendio se extienda
5. Los pueblos de los alrededores __a__.
   a. están en peligro b. están contaminados

B. Escucha la conversación entre Pilar y Juan, y después contesta las preguntas con oraciones completas.

1. ¿Dónde hay un incendio?
   Hay un incendio en la Cordillera del Este.
2. Según lo que escuchó Pilar, ¿qué puede suceder?
   El incendio se puede extender a otras zonas.
3. ¿Qué animales tenían los abuelos de Juan?
   Los abuelos de Juan tenían ovejas.
4. ¿Dónde pasaba los veranos Pilar?
   Pilar pasaba los veranos en la costa.
5. ¿Qué hacía Pilar con los peces que veía?
   Pilar a veces les daba de comer a los peces.
6. ¿Qué ha pasado con los peces que había antes en la costa?
   Los peces que había antes en la costa han desaparecido.

C. En parejas, hablen de los cambios que han visto ustedes en la naturaleza a lo largo de los años. Hagan una lista y compártanla con la clase.

2 Emparejar
Conecta las palabras de forma lógica.

MODELO **fenómeno natural: terremoto**

d	1. proteger	a. león
e	2. tormenta	b. serpiente
c	3. destrucción	c. incendio
f	4. campo	d. conservar
a/b	5. salvaje	e. trueno
b	6. venenosa	f. aire libre

② As an expansion activity, have students make sentences with the associated words. Ex: **Al conservar el agua, protegemos el medio ambiente**.

Práctica

③ Ask students to write two more definitions using the lesson vocabulary. Have classmates give the correct word for every definition.

3 Definiciones

A. Escribe la palabra adecuada para cada definición.

1. fenómeno natural en el que se ilumina el cielo cuando hay tormenta: relámpago
2. reptil de cuerpo largo y estrecho (*narrow*) que muchas veces es venenoso: serpiente
3. largo período de tiempo sin lluvias: sequía
4. extensión de tierra donde no suele llover: desierto
5. fenómeno natural que se produce cuando se mueve la tierra bruscamente (*abruptly*): terremoto
6. animal feroz considerado el rey de la selva: león
7. contrario de "húmedo": seco
8. ruido producido en las nubes por una descarga eléctrica: trueno
9. serie de montañas: cordillera
10. fuego grande que puede destruir casas y campos: incendio

B. Ahora, escribe tres definiciones de otras palabras del vocabulario. Tu compañero/a tendrá que adivinar a qué palabra corresponde cada definición.

④ Remind students that not all words will be used.

4 ¿Qué es la biodiversidad? Completa el artículo de la revista *Naturaleza* con la palabra o expresión correspondiente.

animal	costas	paisaje
arrecifes de coral	mar	proteger
bosques	medio ambiente	recursos naturales
conservar	montañas	tierra

La biodiversidad se refiere a la gran variedad de formas de vida —(1) animal, vegetal y humana— que conviven en el (2) medio ambiente, no sólo en la tierra, sino también en el (3) mar. Esta interdependencia significa que ninguna especie está aislada o puede vivir por sí sola. A pesar de que el Caribe comprende menos del once por ciento de la superficie total del planeta, su territorio contiene una vasta riqueza de vida silvestre (*wild*) que se encuentra a lo largo de sus (4) bosques tropicales húmedos, (5) montañas altas, extensas costas, y del increíble (6) paisaje submarino de los (7) arrecifes de coral. Se estima que en la actualidad hay más de sesenta y cinco organizaciones ecologistas que trabajan para (8) conservar/proteger y (9) conservar/proteger los valiosos (10) recursos naturales de las islas caribeñas.

Teaching option Discuss biodiversity in other regions. If time permits, use photographs of animals that are indigenous to the Spanish-speaking world to teach additional vocabulary. Ex: **el jaguar, el loro, el pingüino, el puma**. For an optional project, assign geographical regions to small groups and have them prepare presentations on the flora and fauna of each region.

Practice more at **facetas.vhlcentral.com.**

Comunicación

5 **Preguntas** En parejas, túrnense para contestar las preguntas.

1. Cuando vas de vacaciones, ¿qué tipo de lugar prefieres? ¿El campo, la costa, la montaña? ¿Por qué?
2. ¿Tienes un animal preferido? ¿Cuál es? ¿Por qué te gusta? ¿Qué animales no te gustan? ¿Por qué?
3. ¿Qué opinas de la práctica de cazar animales salvajes? ¿Es cruel? ¿Es necesario controlar la población para el bien de la especie?
4. ¿Qué opinas del uso de abrigos de piel (*fur*)? ¿Hay alguna diferencia entre usar zapatos de cuero (*leather*) y usar un abrigo de piel de zorro (*fox*)?
5. ¿Qué fenómenos naturales son comunes en tu área? ¿Los huracanes, las sequías? ¿Qué efectos o consecuencias tienen para el medio ambiente?
6. En tu opinión, ¿cuál es el problema más grave que afecta al medio ambiente? ¿Qué podemos hacer para mejorar la situación?

6 **¿Qué es mejor?** En parejas, hablen sobre las ventajas y las desventajas de las alternativas de la lista. Consideren el punto de vista práctico y el punto de vista ambiental. Utilicen el vocabulario de **Contextos**.

- **usar servilletas de papel o de tela (*cloth*)**
- **tirar restos de comida a la basura o en el triturador del fregadero (*garbage disposal*)**
- **acampar en un parque nacional o alojarse en un hotel**
- **imprimir (*print*) el papel por los dos lados o simplemente imprimir menos**

7 **Asociaciones** En parejas, comparen sus personalidades con las cualidades de estos animales, elementos y fuerzas de la naturaleza. ¿Con cuáles te identificas? ¿Con cuáles crees que se identifica tu compañero/a? ¿Por qué? Comparen sus respuestas.

árbol	**fuente de energía**	**mar**	**relámpago**
bosque	**huracán**	**montaña**	**serpiente**
conejo	**incendio**	**pájaro**	**terremoto**
desierto	**león**	**pez**	**trueno**

MODELO **pájaro**
Yo me identifico con los pájaros, porque soy libre y soñador(a).

5 As an expansion activity, have students bring in news articles about an environmental problem or natural disaster to discuss with their partners.

5 Review the subjunctive with **conocer** by asking questions about the environment. Ex: **¿Conocen a alguien que tenga un vehículo eléctrico o híbrido? ¿Conocen alguna organización cuya meta sea proteger el medio ambiente?**

6 Ask students about environmental practices on campus. Ex: **¿Qué medidas toma tu escuela o universidad para reducir la cantidad de papel o de basura?**

7 Review similes in **Literatura, Lección 4.** Remind students to use **como** when making comparisons.

Teaching option
Have small groups of students write riddles about animals. Give them some examples: **¿Cuál es el animal que es dos veces animal? (El gato, porque es gato y araña.); ¿Cuál es el último animal? (El delfín.)**

6 FOTONOVELA

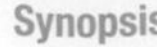

Aguayo se va de vacaciones, dejando su pez al cuidado de los empleados de *Facetas*.

Synopsis
- Aguayo is trying to kill a spider, and Mariela and Fabiola are terrified.
- Mariela, Fabiola, and Aguayo talk about his upcoming camping vacation.
- Diana has agreed to look after Aguayo's pet fish.
- Mariela, Fabiola, and Diana spend their lunch hour trying to cheer up Bambi.

MARIELA ¡Es una araña gigante!

FABIOLA No seas miedosa.

MARIELA ¿Qué haces allá arriba?

FABIOLA Estoy dejando espacio para que la atrapen.

DIANA Si la rocías con esto (*muestra el matamoscas en spray*), la matas bien muerta.

AGUAYO Pero esto es para matar moscas.

FABIOLA ¡Las arañas jamás se van a extinguir!

MARIELA Las que no se van a extinguir son las cucarachas. Sobreviven la nieve, los terremotos y hasta los huracanes, y ni la radiación les hace daño.

FABIOLA ¡Vaya! Y… ¿tú crees que sobrevivirían al café de Aguayo?

AGUAYO Mariela, ¿podrías hacer el favor de tomar mis mensajes? Voy a casa por mi pez. Diana se ofreció a cuidarlo durante mis vacaciones.

MARIELA ¡Cómo no, jefe!

AGUAYO Mañana por la tarde estaremos en el campamento.

FABIOLA ¿Cómo pueden llamarle "vacaciones" a eso de dormir en el suelo y comer comida enlatada?

AGUAYO Ésta es su comida. Sólo una vez al día. No le des más aunque ponga cara de perrito… Bueno, debo irme.

MARIELA ¿Cómo sabremos si pone cara de perrito?

AGUAYO En vez de hacer así (*hace gestos con la cara*)…, hace así.

JOHNNY Última llamada.

FABIOLA Nos quedaremos cuidando a Bambi.

ÉRIC Me encanta el pececito, pero me voy a almorzar. Buen provecho.

Los chicos se marchan.

DIANA ¡Ay! No sé ustedes, pero yo lo veo muy triste.

FABIOLA Claro. Su padre lo abandonó para irse a dormir con las hormigas.

MARIELA ¿Por qué no le damos de comer?

FABIOLA ¡Ya le he dado tres veces!

MARIELA ¡Ya sé! Podríamos darle el postre.

INSTRUCTIONAL RESOURCES Supersite/DVD: Fotonovela; **Supersite:** Script & Translation, SAM AK; **SAM/WebSAM:** VM

Preview Introduce the future tense by asking: **¿Qué creen que pasará en este episodio?** Note volunteers' answers on the board. After viewing the film, discuss which predictions were correct.

Personajes

AGUAYO

DIANA

ÉRIC

FABIOLA

JOHNNY

MARIELA

AGUAYO La idea es tener contacto con la naturaleza, Fabiola. Explorar y disfrutar de la mayor reserva natural del país.

MARIELA Debe ser emocionante.

AGUAYO Lo es. Sólo tengo una duda. ¿Qué debo hacer si veo un animal en peligro de extinción comerse una planta en peligro de extinción?

FABIOLA Tómale una foto.

AGUAYO Chicos, les presento a Bambi.

MARIELA ¿Qué? ¿No es Bambi un venadito?

AGUAYO ¿Lo es?

JOHNNY ¿No podrías ponerle un nombre más original?

FABIOLA Sí, como *Flipper.*

FABIOLA Miren lo que encontré en el escritorio de Johnny.

MARIELA ¡Galletitas de animales!

DIANA ¿Qué haces?

MARIELA Hay que encontrar la ballenita. Es un pez y está solo. Supongo que querrá compañía.

DIANA Pero no podemos darle galletas.

FABIOLA ¿Y qué vamos a hacer? Todavía se ve tan triste.

MARIELA ¡Ya sé! Tenemos que hacerlo sentir como si estuviera en su casa. (*Pegan una foto de la playa en la pecera.*) ¿Qué tal ésta con el mar?

DIANA ¡Perfecta! ¡Se ve tan feliz!

FABIOLA Míralo.

Llegan los chicos.

ÉRIC ¡Bambi! ¡Maldito pez! ¡En una playa tropical con tres mujeres!

Expresiones útiles

Talking about the future

¡Las arañas jamás se van a extinguir!
Spiders will never become extinct!

¿Y qué vamos a hacer?
What are we going to do?

Mañana por la tarde estaremos en el campamento.
Tomorrow afternoon we will be in the campground.

Nos quedaremos cuidando a Bambi.
We will stay and look after Bambi.

¿Cómo sabremos si pone cara de perrito?
How will be know if he is making a puppy-dog face?

Expressing perceptions

Yo lo/la veo muy triste.
He/She looks very sad to me.

¡Se ve tan feliz!
He/She looks so happy!

Parece que está triste/contento/a.
It looks like he/she is sad/happy.

Al parecer, no le gustó.
It looks like he/she didn't like it.

¡Qué guapo/a te ves!
How attractive you look!

¡Qué elegante se ve usted!
How elegant you look!

Additional vocabulary

la araña *spider*
Buen provecho. *Enjoy your meal.*
la comida enlatada *canned food*
la cucaracha *cockroach*
enlatado/a *canned*
la hormiga *ant*
matar *to kill*
miedoso/a *fearful*
la mosca *fly*
rociar *to spray*

Teaching option Review affirmative and negative commands (**Estructura 4.2**, p. 140) by having students find examples in the dialogue.

Comprensión

① Ask volunteers to recount the episode from the point of view of one of the characters.

① **¿Quién lo dijo?** Identifica lo que dijo cada personaje.

AGUAYO

DIANA

ÉRIC

FABIOLA

MARIELA

1. No podemos darle galletas. Diana
2. Mañana por la tarde, estaremos en el campamento. Aguayo
3. Tómale una foto. Fabiola
4. Me encanta el pececito, pero me voy a almorzar. Éric
5. Podríamos darle el postre. Mariela

② **¿Qué falta?** Completa las oraciones con las frases de la lista.

las cucarachas	**un nombre original**
el pez	**denle de comer**
de comer	**tener contacto con la naturaleza**

1. **FABIOLA** ¿Tú crees que ___las cucarachas___ pueden sobrevivir al café de Aguayo?
2. **MARIELA** Debe ser emocionante ___tener contacto con la naturaleza___.
3. **FABIOLA** Sí, ___un nombre original___ como "Flipper".
4. **AGUAYO** ___Denle de comer___ sólo una vez al día.
5. **MARIELA** ¿Cómo sabremos si ___el pez___ pone cara de perrito?
6. **FABIOLA** Ya le he dado tres veces ___de comer___.

③ Ask why the subjunctive is required in the model sentence. Have a volunteer supply another verb that would also require the subjunctive.

③ **¿Qué dijo?** Di qué hace cada personaje. Utiliza los verbos entre paréntesis.

MODELO **JOHNNY ¿No podrías ponerle un nombre más original? (sugerir a Aguayo)**
Johnny le sugiere a Aguayo que le ponga un nombre más original.

1. **AGUAYO** Mariela, ¿podrías hacer el favor de tomar mis mensajes? (pedir a Mariela)
   Aguayo le pide a Mariela que tome sus mensajes.
2. **FABIOLA** Toma una foto. (aconsejar a Aguayo)
   Fabiola le aconseja a Aguayo que tome una foto.
3. **AGUAYO** No le des más aunque ponga cara de perrito… (ordenar a Mariela)
   Aguayo le ordena a Mariela que no le dé más aunque ponga cara de perrito.
4. **MARIELA** ¿Por qué no le damos de comer? (sugerir a Diana)
   Mariela le sugiere a Diana que le den de comer.

④ For additional practice, have students ask each other **¿Por qué…?** for each item. Ex: **¿Por qué Aguayo se va de campamento? (Se va de campamento porque le gusta tener contacto con la naturaleza.)**

④ **Preguntas y respuestas** En parejas, háganse preguntas sobre estos temas.

MODELO **irse de campamento**
—¿Quién se va de campamento?
—Aguayo se va de campamento.

- **tenerle miedo a las arañas**
- **Aguayo y su esposa / comer**
- **cuidar a la mascota**
- **irse a almorzar**
- **dar de comer**
- **sentirse feliz**

Practice more at **facetas.vhlcentral.com.**

Ampliación

5 **Carta a Aguayo** Aguayo dejó a su pececito al cuidado de los empleados de *Facetas*, pero ocurrió algo terrible: Bambi se murió. Ahora, ellos deben contarle a Aguayo lo sucedido. En parejas, escriban la carta que los empleados le enviaron a Aguayo.

Querido jefe:

Esperamos que esté disfrutando de sus vacaciones y de la comida enlatada. Nosotros estamos bien, pero tenemos que darle una mala noticia. El otro día...

6 **Apuntes culturales** En parejas, lean los párrafos y contesten las preguntas.

Las mascotas

Aguayo dejará su mascota Bambi al cuidado de Diana. Otro tipo de mascota con hábitos acuáticos es el carpincho (*capybara*), común a orillas de ríos en Sudamérica. Este simpático "animalito" fácil de domesticar es el roedor (*rodent*) más grande del planeta, ¡con un peso de hasta 65 kilos (143 libras)! Un poquito grande para la oficina de *Facetas*, ¿no?

De campamento

Según Aguayo, la idea de acampar es estar en contacto con la naturaleza. Un sitio emocionante para acampar es la comunidad boliviana de **Rurrenabaque**, puerta de entrada al **Parque Nacional Madidi**. Este parque, una de las reservas más importantes del planeta, comprende cinco pisos (*floors*) ecológicos, desde llanuras (*plains*) amazónicas hasta cordilleras nevadas.

El alacrán

Fabiola y Mariela les tienen miedo a las arañas. ¡Y no es para menos! Algunos arácnidos son muy peligrosos. En la República Dominicana, los alacranes (*scorpions*) son temidos (*feared*) por su veneno mortal. Se los puede encontrar debajo de los muebles, en los zapatos… ¿Sobrevivirían los alacranes al matamoscas de Diana?

1. ¿Qué mascotas exóticas conoces? Menciona como mínimo tres o cuatro. ¿Cuáles son sus hábitos? ¿Son fáciles o difíciles de domesticar? ¿Son peligrosas?
2. ¿Has acampado alguna vez? ¿Dónde? ¿Por cuántos días? ¿Qué hiciste?
3. ¿Qué significa la expresión "piso ecológico"? ¿Has estado alguna vez en una región con distintos "pisos ecológicos"? ¿Cómo es la geografía de la región donde vives?
4. ¿Has visto un alacrán alguna vez? ¿Qué otros insectos peligrosos conoces? ¿Te han picado (*bitten*)? ¿Les tienes miedo?

(5) Ask students to predict Aguayo's response to the letter.

(5) As a variant, have students write a letter from Bambi's point of view. Explain what he heard, saw, and felt under Diana's care. Encourage students to be creative.

(6) For an expansion activity, have students research an exotic animal on the Internet and present their findings to the class. Then have students vote according to different categories: **el animal más peligroso, el animal más fácil de domesticar**, etc.

(6) **Piso ecológico**, which can be translated as ecological "floor" or "belt," refers to areas that share the same characteristics within an altitude range. This term is typically used to describe the geography of Peru, Bolivia, and other Andean countries.

Teaching option Ask heritage speakers what pets are common in their families' countries of origin.

INSTRUCTIONAL RESOURCES
Supersite/DVD: Flash Cultura; **Supersite:** Script & Translation

En detalle

EL CARIBE

Los bosques DEL MAR

¿Te sumergiste alguna vez en el más absoluto de los silencios para contemplar los majestuosos arrecifes de coral? En el Caribe hay más de 26 mil kilómetros cuadrados (16 mil millas cuadradas) de arrecifes, también llamados *bosques tropicales del mar* por la inmensa biodiversidad que se encuentra en ellos. Sus extravagantes formas de intensos colores proporcionan° el ecosistema ideal para las más de 4.000 especies de peces y miles de especies de plantas que en ellos habitan.

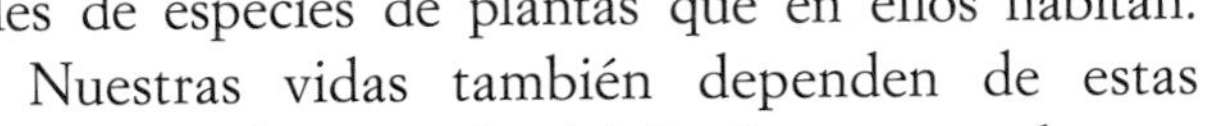

Nuestras vidas también dependen de estas formaciones: los arrecifes del Caribe protegen las costas de Florida y de los países caribeños de los huracanes. Sus inmensas estructuras aplacan° la fuerza de las tormentas antes de que lleguen a las costas, cumpliendo la función de barreras° naturales. También protegen las playas de la erosión y son un refugio para muchas especies animales en peligro de extinción.

3200 km de arrecifes
Cuba
María la Gorda
166 km de arrecifes
237 especies de coral
República Dominicana
Puerto Rico
Parque Nacional Submarino La Caleta

En Cuba se destacan° los arrecifes de María la Gorda, en el extremo occidental de la isla. En esta área altamente protegida, más de veinte especies de corales forman verdaderas cordilleras, grutas° y túneles subterráneos.

Lamentablemente, los arrecifes están en peligro por culpa de la mano del hombre. La construcción desmedida° en las costas y la contaminación de las aguas por los desechos° de las alcantarillas° provocan la sedimentación. Esto enturbia° el agua y mata el coral, porque le quita la luz que necesita. La pesca descontrolada, el exceso de turismo y la recolección de coral por parte de los buceadores son otros de sus grandes enemigos. De hecho, algunos expertos dicen que el 70% del coral desaparecerá en unos 40 años. Así que, si eres uno de los afortunados que pueden visitarlos, cuídalos. Su futuro depende de todos nosotros. ■

Los **arrecifes de coral** son uno de los hábitats más antiguos de la Tierra; algunos de ellos llegan a tener más de 10.000 años. Muchos los confunden con plantas o con rocas, pero los arrecifes de coral son, en realidad, estructuras formadas por pólipos° de coral, unos animales diminutos° que al morir dejan unos residuos de piedra caliza°. Los arrecifes son el refugio ideal para muchos tipos de animales, tales como esponjas, peces y tortugas.

proporcionan *provide* **aplacan** *diminish* **barreras** *barriers* **se destacan** *stand out* **grutas** *caves* **desmedida** *excessive* **desechos** *waste* **alcantarillas** *sewers* **enturbia** *clouds* **pólipos** *polyps* **diminutos** *tiny* **piedra caliza** *limestone*

En detalle Preview the reading with introductory questions. Ex: **¿Hicieron buceo alguna vez? ¿Dónde? ¿Vieron arrecifes de coral? ¿Cómo eran?**

Así lo decimos Have heritage speakers give other common expressions/idioms that use animal names. Ex: **tener pájaros en la cabeza (Esp.)** *to be a scatterbrain*

Perfil Ask students if they can think of other environmental preservation projects that serve as tourist attractions.

ASÍ LO DECIMOS

Frases de animales

andar como perro sin pulga° (Méx.) *to be carefree*
comer como un chancho *to eat like a pig; to pig out*
¡El mono está chiflando!° (Cu.) *How windy!*
estar como una cabra° (Esp.) *to be as mad as a hatter*
marca perro (Arg., Chi. y Uru.) *(of an object) by an unknown brand*
¡Me pica el bagre!° (Arg.) *I'm getting hungry!*
¡Qué búfalo/a! (Nic.) *Fantastic!*
¡Qué tortuga! (Col.) *(of a person) How slow!*
ser (una) rata *to be stingy*
ser un(a) rata (Esp.) *to be stingy*

EL MUNDO HISPANOHABLANTE

Organizaciones ambientales

Protección de la biosfera El Parque Nacional Yasuní, declarado Reserva Mundial de la Biosfera por la UNESCO en 1989, está ubicado en la Amazonia ecuatoriana. En la actualidad, varias organizaciones ambientales intentan frenar° el avance de compañías petroleras que operan en el 60% del territorio del parque.

Campañas contra los transgénicos En 2004, Greenpeace comenzó una campaña en Chile. Quieren que el gobierno obligue a las empresas alimenticias a identificar los alimentos elaborados con ingredientes de origen transgénico mediante el etiquetado de los envases°.

Protección de aves amenazadas Gracias al Fondo Peregrino de Panamá y a instituciones como el Smithsonian Institute, las águilas arpías° están siendo rescatadas y protegidas. Al parecer, Panamá es el único país de Latinoamérica que protege esta ave. El águila arpía es la segunda ave más grande del mundo después del águila de Filipinas y es el ave nacional de Panamá.

PERFIL

PARQUE NACIONAL SUBMARINO LA CALETA

En 1984, por obra y gracia del Grupo de Investigadores Submarinos, el buque° de rescate *Hickory* se hundió en el Parque Nacional Submarino La Caleta, a unos 17 kilómetros de Santo Domingo. No fue un accidente, sino que el objetivo de los especialistas era sumergir el buque intacto para que sirviera de arrecife artificial para las especies en peligro de extinción. Con el paso de los años, el barco se cubrió de esponjas y corales, y por él pasean miles de peces. El *Hickory*, que está a unos 20 metros de profundidad, es hoy día una de las mayores atracciones del parque. Pero el *Hickory* no es el único atractivo del parque nacional, también cuenta con otro barco-museo hundido para el buceo en cuyas aguas, que llegan a una profundidad de 180 metros (590 pies), se pueden contemplar tres terrazas de arrecifes. Los corales forman verdaderas alfombras de tonos rojos, amarillos y anaranjados que impresionan al buceador más exigente.

> "El hombre no sólo es un problema para sí, sino también para la biosfera en que le ha tocado vivir."
> (Ramón Margalef, ecólogo español)

Conexión Internet

¿Qué peces habitan los arrecifes de coral del Caribe?

To research this topic, go to **facetas.vhlcentral.com.**

andar como... *(lit.) to be like a dog without a flea* **El mono...** *(lit.) The monkey is whistling* **estar como...** *(lit.) to be like a goat* **Me pica...** *(lit.) My catfish is itching/tickling me* **buque** *ship* **frenar** *to slow down* **etiquetado...** *container labeling* **águilas arpías** *harpy eagles*

El mundo hispanohablante Ask: **De estas tres actividades, ¿cuál les parece la más importante? ¿Por qué? ¿Es importante que la comida no contenga ingredientes de origen transgénico?**

Teaching option Read the quote aloud to the class and ask: **¿Creen que este ecólogo es optimista o pesimista? ¿Por qué?**

¿Qué aprendiste?

1 ¿Cierto o falso? Indica si estas afirmaciones son **ciertas** o **falsas**. Corrige las falsas.

1. Los arrecifes de coral son unas plantas de intensos colores. Falso. Los arrecifes no son plantas, son estructuras formadas por animales diminutos.
2. Los arrecifes de coral también son conocidos como los *bosques tropicales del mar*. Cierto.
3. Los huracanes se hacen más fuertes cuando pasan por los arrecifes. Falso. Los huracanes pierden fuerza porque los arrecifes cumplen la función de barreras naturales.
4. Estas estructuras son un ecosistema ideal para las especies en peligro de extinción. Cierto.
5. Las formaciones de coral necesitan luz. Cierto.
6. Está permitido que los turistas tomen un poco de coral para llevárselo. Falso. Uno de los grandes enemigos de los arrecifes es la recolección de coral por parte de los turistas.
7. María la Gorda se encuentra en el extremo occidental de Puerto Rico. Falso. Se encuentra en el extremo occidental de Cuba.
8. En María la Gorda, los arrecifes forman túneles y cordilleras. Cierto.
9. La construcción de casas cerca de las playas no afecta al desarrollo de los arrecifes. Falso. La construcción de casas y la contaminación por los desechos de las alcantarillas afectan a su desarrollo.
10. Los arrecifes de coral son uno de los hábitats más antiguos del planeta. Cierto.
11. En los arrecifes no viven tortugas porque no encuentran su alimento. Falso. En los arrecifes viven tortugas.
12. Los expertos están preocupados por el futuro de los arrecifes. Cierto.

2 Oraciones Elige la opción correcta.

1. El Grupo de Investigadores Submarinos hundieron el *Hickory* para crear (un parque nacional/un arrecife artificial).
2. El Parque Nacional Submarino La Caleta está ubicado en (Puerto Rico/ la República Dominicana).
3. ¿No quieres contribuir para el regalo de Juan? ¡Eres (una rata/un chancho)!
4. Si estás en Argentina y tienes hambre, dices que (te pica el bagre/estás como una cabra).

3 Preguntas Contesta las preguntas. Some answers will vary.

1. ¿Qué quieren frenar las organizaciones ambientales en el Parque Nacional Yasuní? Quieren frenar el avance de las compañías petroleras.
2. ¿Qué animales protege el Fondo Peregrino de Panamá? El Fondo Peregrino de Panamá protege las águilas arpías.
3. ¿Qué busca Greenpeace con la campaña contra los transgénicos? Greenpeace busca que obliguen a las empresas alimenticias a identificar los alimentos que contienen ingredientes transgénicos.
4. En tu opinión, ¿a qué se refiere Ramón Margalef cuando dice que el hombre es un problema para la biosfera?

4 Opiniones En parejas, respondan las preguntas y compartan su opinión con la clase.

- ¿Les preocupa la contaminación de las aguas?
- ¿Tienen hábitos que perjudican los mares? ¿Cuáles?
- ¿Qué aspectos de su vida diaria cambiarían para evitar el aumento de contaminación?

PROYECTO

Arrecifes del Caribe

Busquen información sobre los arrecifes de coral de Cuba, Puerto Rico y la República Dominicana. Elijan una zona de arrecifes y preparen una presentación para la clase. La presentación debe incluir:

- datos sobre la ubicación y la extensión
- datos sobre turismo
- datos sobre las especies de coral y otras especies de los arrecifes
- información sobre el estado de los arrecifes: ¿Están en peligro? ¿Alguna organización los protege?

¡No olviden incluir un mapa con la ubicación exacta para presentarlo en la clase!

 Practice more at **facetas.vhlcentral.com.**

Teaching option As an optional writing activity, have students write a letter to a friend about an endangered coral reef they visited. They should explain where they went, the environmental problems they witnessed, and how they could be solved. Encourage them to use the subjunctive.

Proyecto Encourage students to avoid reading their presentations word-for-word. Suggest that they write key facts and phrases on index cards in order to guide them as they speak.

Un bosque tropical

Ahora que ya has leído sobre la riqueza del mar del Caribe, mira este episodio de **Flash Cultura** para conocer las maravillas del bosque tropical lluvioso de Puerto Rico, con su sorprendente variedad de árboles milenarios.

VOCABULARIO ÚTIL

la brújula *compass*
la caminata *hike*
la cascada *waterfall*
el chapuzón *dip*
la cima *peak*

estar en forma *to be fit*
el/la nene/a *kid*
la lupa *magnifying glass*
subir *to climb*
la torre *tower*

Preparación ¿Te gusta estar en contacto con la naturaleza? ¿De qué manera? ¿Has visitado alguno de los bosques nacionales de tu país? ¿Cuál(es)?

Comprensión Indica si estas afirmaciones son ciertas o falsas. Después, en parejas, corrijan las falsas.

1. El nombre *Yunque* proviene del español y significa "dios de la montaña". Falso. El nombre proviene de la palabra indígena *Yuque*, que significa "tierras blancas".
2. El Yunque es la reserva forestal más antigua del hemisferio occidental. Cierto.
3. El símbolo de Puerto Rico es el arroz con gandules. Falso. El símbolo de Puerto Rico es el coquí.
4. Para llegar a la cima es necesario estar en forma y llevar brújula, agua, mapa, etc. Cierto.
5. Una caminata hasta la cima puede llevar hasta dos días. Falso. Las caminatas hasta la cima pueden llevar hasta medio día.
6. Como la cima está rodeada de nubes, los árboles no pueden crecer mucho. Cierto.

Expansión En parejas, contesten estas preguntas.

- Imagina que sólo puedes llevar tres de los objetos del equipo para llegar a la cima del Yunque. ¿Cuáles llevarías? ¿Por qué?
- ¿Alguno de los atractivos del Yunque te anima (*encourages you*) a visitar este bosque en tus próximas vacaciones? ¿Cuál? ¿Por qué?
- ¿Qué tipo de comida llevas cuando vas de excursión? ¿Qué otras cosas llevas en la mochila?

Corresponsal: Diego Palacios
País: Puerto Rico

En el Yunque hay más especies de árboles que en ningún otro de los bosques nacionales, muchos de los cuales son cientos de veces más grandes, como el Parque Yellowstone o el Yosemite.

Nadar en los ríos del Yunque es uno de los pasatiempos favoritos de los puertorriqueños, como lo es meterse debajo de las cascadas.

El Yunque es el único Bosque Tropical Lluvioso del Sistema Nacional de Bosques de los Estados Unidos.

Practice more at **facetas.vhlcentral.com.**

Point out that a **cuerda**, the unit of measurement used in the episode, is very close to an *acre*. Currently it is used only in Puerto Rico. Other Spanish-speaking countries use square kilometers (**kilómetros cuadrados**) or hectares (**hectáreas**) to refer to the area of a national park.

INSTRUCTIONAL RESOURCES
Supersite: Textbook/SAM AK, Lab MP3s, Audioscripts
SAM/WebSAM: WB, LM

TALLER DE CONSULTA

MANUAL DE GRAMÁTICA
Más práctica

6.1 The future and the conditional, p. A34

6.2 The subjunctive in adverbial clauses, p. A35

6.3 The past subjunctive, p. A36

6.4 **Si** clauses with simple tenses, p. A37

Más gramática

6.5 Adverbs, p. A38

¡ATENCIÓN!

Note that all of the future tense endings carry a written accent mark, except the **nosotros/as** form.

Point out that some irregular verbs drop the **–e–** of the infinitive ending (**caber** → **cabr-**), while others replace the **–e–** or **–i–** of the infinitive ending with **–d–** (**poner** → **pondr-**).

Decir and **hacer** have individual irregularities. Emphasize that in the future, while some verb stems are irregular, the verb endings never change.

Remind students that the impersonal form of **haber** is the same for singular and plural. Ex: **Habrá un examen al final del semestre. Habrá cinco exámenes en total.**

6.1 The future and the conditional

The future

- The future tense (**el futuro**) uses the same endings for all **–ar, –er**, and **–ir** verbs. For regular verbs, the endings are added to the infinitive.

Infinitive	future forms
hablar	**hablaré, hablarás, hablará, hablaremos, hablaréis, hablarán**
deber	**deberé, deberás, deberá, deberemos, deberéis, deberán**
abrir	**abriré, abrirás, abrirá, abriremos, abriréis, abrirán**

- For irregular verbs, the same future endings are added to the irregular stem.

Infinitive	stem	future forms
caber	cabr-	**cabré, cabrás, cabrá, cabremos, cabréis, cabrán**
haber	habr-	**habré, habrás, habrá, habremos, habréis, habrán**
poder	podr-	**podré, podrás, podrá, podremos, podréis, podrán**
querer	querr-	**querré, querrás, querrá, querremos, querréis, querrán**
saber	sabr-	**sabré, sabrás, sabrá, sabremos, sabréis, sabrán**
poner	pondr-	**pondré, pondrás, pondrá, pondremos, pondréis, pondrán**
salir	saldr-	**saldré, saldrás, saldrá, saldremos, saldréis, saldrán**
tener	tendr-	**tendré, tendrás, tendrá, tendremos, tendréis, tendrán**
valer	valdr-	**valdré, valdrás, valdrá, valdremos, valdréis, valdrán**
venir	vendr-	**vendré, vendrás, vendrá, vendremos, vendréis, vendrán**
decir	dir-	**diré, dirás, dirá, diremos, diréis, dirán**
hacer	har-	**haré, harás, hará, haremos, haréis, harán**
satisfacer	satisfar-	**satisfaré, satisfarás, satisfará, satisfaremos, satisfaréis, satisfarán**

- The future tense is just one way to express actions or conditions that will happen in the future.

PRESENT INDICATIVE

conveys a sense of certainty that the action will occur

Llegan mañana.
They arrive tomorrow.

PRESENT SUBJUNCTIVE

refers to an action that has yet to occur: used after verbs of will and influence

Prefiero que **lleguen** mañana.
I prefer that they arrive tomorrow.

ir a + [*infinitive*]

expresses the near future; is commonly used in everyday speech

Van a llegar mañana.
They are going to arrive tomorrow.

FUTURE TENSE

expresses an action that will occur; often implies more certainty than **ir a** + [*infinitive*]

Llegarán mañana.
They will arrive tomorrow.

- The English word *will* can refer either to future time or to someone's willingness to do something. To express willingness, Spanish uses the verb **querer** + [*infinitive*].

¿**Quieres contribuir** a la protección del medio ambiente?
Will you contribute to the protection of the environment?

Quiero ayudar, pero no sé por dónde empezar.
I'm willing to help, but I don't know where to begin.

- In Spanish, the future tense may be used to express conjecture or probability.

¿Qué hora **será**?
I wonder what time it is.

Ya **serán** las dos de la mañana.
It must be two a.m. by now.

¿**Lloverá** mañana?
Do you think it will rain tomorrow?

Probablemente **tendremos** un poco de sol y un poco de viento.
It'll probably be sunny and windy.

- When the present subjunctive follows a conjunction of time like **cuando**, **después (de) que**, **en cuanto**, **hasta que**, and **tan pronto como**, the future tense is often used in the main clause of the sentence.

Tan pronto como salga el sol, **iré** a la playa a tomar fotos.
As soon as the sun comes up, I'll go to the beach to take photos.

The conditional

- To express the idea of what *would* happen, use the conditional tense. The conditional tense (**el condicional**) uses the same endings for all **–ar**, **–er**, and **–ir** verbs. For regular verbs, the endings are added to the infinitive.

dar	**daría, darías, daría, daríamos, daríais, darían**
ser	**sería, serías, sería, seríamos, seríais, serían**
vivir	**viviría, vivirías, viviría, viviríamos, viviríais, vivirían**

En Colombia, **iría** a la playa.
In Colombia, I would go to the beach.

- Verbs with irregular future stems have the same irregular stem in the conditional.

Infinitive	Conditional
caber	**cabría**
haber	**habría**
poder	**podría**
querer	**querría**
saber	**sabría**
poner	**pondría**
salir	**saldría**
tener	**tendría**
valer	**valdría**
venir	**vendría**
decir	**diría**
hacer	**haría**
satisfacer	**satisfaría**

- The conditional is used to express what *would* occur under certain circumstances.

En tu lugar, yo **haría** ecoturismo.
If I were you, I'd do ecotourism.

- The conditional is also used to make polite requests.

¿Me **ayudarías** a elegir el producto menos contaminante?
Would you help pick the product that pollutes the least?

Let students know that, to express willingness, other verbs like **querer** can also be used: **desear, anhelar,** etc.

Remind students that the auxiliary verb *will* does not have a Spanish equivalent.
yo iré → *I will go*
ella hablará → *she will speak*

TALLER DE CONSULTA

For a detailed explanation of the subjunctive with conjunctions of time, see **6.2**.

¡ATENCIÓN!

In Spanish, the conditional may be used to express conjecture or probability about a past condition or event. English expresses this sense with expressions such as *wondered, must have been,* and *was probably.*

— ¿Cuánta gente había en el congreso sobre el medio ambiente?
— No sé. *Habría* unas 500 personas.

¡ATENCIÓN!

The conditional is also used to report statements made in the future tense.

Compraré sólo productos orgánicos. → Dijo que *compraría* sólo productos orgánicos.

Práctica

TALLER DE CONSULTA

MANUAL DE GRAMÁTICA
Más práctica

6.1 The future and the conditional, p. A34

① Remind students to watch for irregular verbs as they complete the activity.

1 Horóscopo chino **En el horóscopo chino, cada signo es un animal. Lee las predicciones del horóscopo chino para la serpiente. Conjuga los verbos entre paréntesis usando el futuro.**

Trabajo: Esta semana (tú) (1) _tendrás_ (tener) que trabajar duro. (2) _Saldrás_ (salir) poco y no (3) _podrás_ (poder) divertirte, pero (4) _valdrá_ (valer) la pena. Muy pronto (5) _conseguirás_ (conseguir) el puesto que esperas.

Dinero: (6) _Vendrán_ (venir) tormentas económicas. No malgastes tus ahorros.

Salud: (7) _Resolverás_ (resolver) tus problemas respiratorios, pero (8) _deberás_ (deber) cuidarte la garganta.

Amor: (9) _Recibirás_ (recibir) una noticia muy buena. Una persona especial te (10) _dirá_ (decir) que te ama. (11) _Vendrán_ (venir) días felices.

2 Trabajo de verano **Alberto sueña con trabajar para una agencia de ecoturismo. Utiliza el condicional de los verbos entre paréntesis para completar la entrevista.**

ALBERTO Si yo pudiera formar parte de esta organización, (1) _estaría_ (estar) dispuesto (*ready*) a ayudar en todo lo posible.

ELENA Sí, lo sé, pero tú no (2) _podrías_ (poder) hacer mucho. No tienes la preparación necesaria. Tú (3) _necesitarías_ (necesitar) aprender a usar el software para reservar vuelos.

ALBERTO Bueno, yo (4) _ayudaría_ (ayudar) con las cosas menos difíciles. Por ejemplo, (5) _contestaría_ (contestar) el teléfono y (6) _haría_ (hacer) tareas administrativas e (7) _investigaría_ (investigar) nuevos destinos.

ELENA Estoy segura de que todos (8) _agradecerían_ (agradecer) tu colaboración. Les preguntaré para ver si necesitan ayuda.

3 El primer día **La agencia contrató a Alberto y hoy fue su primer día como asistente administrativo. Utiliza el condicional para cambiar estos mandatos informales por los mandatos formales que la directora le dio a Alberto. Sigue el modelo.**

MODELO **Hazme un café.** ¿Me harías un café, por favor?

1. Saca estas fotocopias.
   ¿Sacarías estas fotocopias, por favor?
2. Pon los mensajes en mi escritorio.
   ¿Pondrías los mensajes en mi escritorio, por favor?
3. Manda este fax.
   ¿Mandarías este fax, por favor?
4. Diles a los voluntarios que vengan.
   ¿Les dirías a los voluntarios que vengan, por favor?
5. Sal a almorzar con nosotros.
   ¿Saldrías a almorzar con nosotros, por favor?
6. Llama al encargado
   ¿Llamarías al encargado, por favor?

4 El futuro **En parejas, imaginen que uno/a de ustedes es un(a) investigador(a). La otra persona es un(a) estudiante que quiere saber qué sucederá en el futuro. El/La investigador(a) deberá contestar preguntas relacionadas con estos temas.**

trabajo

estudios

naturaleza

política

MODELO **ESTUDIANTE** ¿Existirán las bibliotecas en el futuro?
INVESTIGADOR(A) Sí, pero habrá menos debido al desarrollo de la tecnología.

Teaching option Divide the class into two teams. Indicate one team member at a time, alternating between teams. Call out an infinitive and a subject pronoun and have the team member give the correct future or conditional form. Award one point for each correct answer. The team with the most points wins.

 Practice more at **facetas.vhlcentral.com.**

Comunicación

5 **Viaje ecológico** Tú y tu compañero/a tienen que planear un viaje ecológico. Decidan a qué país irán, en qué fechas y qué harán allí. Usen ocho verbos en futuro.

ECOTURISMO

Puerto Rico	República Dominicana
• acampar en la costa y disfrutar de las playas	• ir en kayak por los ríos tropicales
• visitar el Viejo San Juan	• bucear por los arrecifes
• montar a caballo por la Cordillera Central	• ir de safari por La Descubierta y ver los cocodrilos del lago Enriquillo
• ir en bicicleta por la costa	• disfrutar del paisaje de Barahona
• viajar en barco por la isla Culebra	• observar las aves en el Parque Nacional del Este

⑤ If time and resources permit, bring in tourist materials about different Spanish-speaking countries.

6 **¿Qué será de...?** Todo cambia con el paso del tiempo. En parejas, conversen sobre lo que sucederá en el futuro en relación con estos temas y lugares.

- las ballenas (*whales*) en 2200
- Venecia en 2065
- los libros tradicionales en 2105
- la televisión en 2056
- Internet en 2050
- las hamburguesas en 2080
- los Polos Norte y Sur en 2300
- el Amazonas en 2100
- Los Ángeles en 2245
- el petróleo en 2090

⑥ Ask pairs to come up with their own predictions about things that will happen 25, 50, and 100 years from now.

7 **¿Dónde estarán en 20 años?** La fama es, en muchas ocasiones, pasajera (*fleeting*). En grupos de tres, hagan una lista de cinco personas famosas y anticipen lo que será de ellas dentro de veinte años. Utilicen el futuro y el condicional.

⑦ Model the activity by talking about one celebrity first as a class.

8 **Situaciones**

A. En parejas, seleccionen uno de estos temas e inventen una conversación usando el tiempo futuro o el condicional.

1. Dos jóvenes han terminado sus estudios universitarios y hablan sobre lo que harán o lo que harían para convertirse en millonarios.
2. Dos ladrones acaban de robar todo el dinero de un banco internacional. Piensen en lo que hará la policía para atraparlos.
3. La familia Rondón ha decidido convertir su granja (*farm*) en un centro de ecoturismo. Debe planear algunas atracciones para los turistas.
4. Dos jóvenes que están por viajar a Europa hablan de lo que les gustaría hacer y ver durante el viaje.

B. Ahora, interpreten su conversación ante la clase. La clase votará por la conversación más creativa.

⑧ Have volunteers perform their conversation for the class. For listening comprehension, ask students to jot down the verbs used in the future or in the conditional.

NATIONAL
comparisons
STANDARDS

INSTRUCTIONAL RESOURCES
Supersite: Textbook/SAM AK, Lab MP3s, Audioscripts
SAM/WebSAM: WB, LM

6.2 The subjunctive in adverbial clauses

- In Spanish, adverbial clauses are commonly introduced by conjunctions. Certain conjunctions require the subjunctive, while others can be followed by the subjunctive or the indicative, depending on the context in which they are used.

¡Estoy dejando espacio para que la atrapen!

No le des más comida aunque ponga cara de perrito.

Conjunctions that require the subjunctive

- Certain conjunctions are always followed by the subjunctive because they introduce actions or states that are uncertain or have not yet happened. These conjunctions commonly express purpose, condition, or intent.

MAIN CLAUSE	CONNECTOR	SUBORDINATE CLAUSE
Se acabará el petróleo en pocos años	**a menos que**	busquemos **energías alternativas.**

Conjunctions that require the subjunctive

a menos que *unless*	**en caso (de) que** *in case*
antes (de) que *before*	**para que** *so that*
con tal (de) que *provided that*	**sin que** *without; unless*

El gobierno se prepara **en caso de que haya** una gran sequía el verano que viene.
The government is getting ready in case there is a big drought in the coming summer.

A menos que haga mal tiempo, iremos a la montaña el próximo miércoles.
We will go to the mountains next Wednesday unless the weather is bad.

Debemos proteger a los animales salvajes **antes de que se extingan.**
We should protect wild animals before they become extinct.

- If there is no change of subject in the sentence, a subordinate clause is not necessary. Instead, the prepositions **antes de, con tal de, en caso de, para**, and **sin** can be used, followed by the infinitive. Note that the connector **que** is not necessary in this case.

Las organizaciones ecologistas trabajan **para proteger** los arrecifes de coral.
Environmental organizations work to protect coral reefs.

Tienes que pedir permiso **antes de darles de comer** a los monos del zoológico.
You have to ask permission before feeding the monkeys at the zoo.

¡ATENCIÓN!

An adverbial clause (**cláusula adverbial**) is one that modifies or describes verbs, adjectives, or other adverbs. It describes how, why, when, or where an action takes place.

To review the use of adverbs, see **Manual de gramática 6.5**, p. A38.

¡ATENCIÓN!

Adverbial clauses can also go before the main clause. Note that a comma is used in that case.

No iré a la fiesta a menos que me inviten.

A menos que me inviten, no iré a la fiesta.

Point out that, while English often uses subordinate clauses when there is no change of subject, Spanish uses the infinitive instead. Ex: **Tomé la medicina para curarme.** *I took the medicine so that I would get better.*

Conjunctions followed by the subjunctive or the indicative

- If the action in the main clause has not yet occurred, then the subjunctive is used after conjunctions of time or concession.

Conjunctions of time or concession

a pesar de que *despite*	**hasta que** *until*
apenas *as soon as*	**luego que** *as soon as*
aunque *although; even if*	**mientras que** *while*
cuando *when*	**ni/no bien** *as soon as*
después (de) que *after*	**siempre que** *as long as*
en cuanto *as soon as*	**tan pronto como** *as soon as*

La excursión no saldrá **hasta que estemos** todos.
The excursion will not leave until we all are here.

Dejaremos libre al pájaro **en cuanto** el veterinario nos **diga** que puede volar.
We will free the bird as soon as the vet tells us it can fly.

Aunque me **digan** que es inofensivo, no me acercaré al perro.
Even if they tell me he's harmless, I'm not going near the dog.

Cuando Pedro vaya a cazar, tendrá cuidado con las serpientes venenosas.
When Pedro goes hunting, he will be careful of the poisonous snakes.

Te mando un mensaje de texto **apenas lleguemos** al aeropuerto.
I'll text you as soon as we get to the airport.

- If the action in the main clause has already happened, or happens habitually, then the indicative is used in the adverbial clause.

Tan pronto como paró de llover, Matías salió a jugar al parque.
As soon as the rain stopped, Matías went out to play in the park.

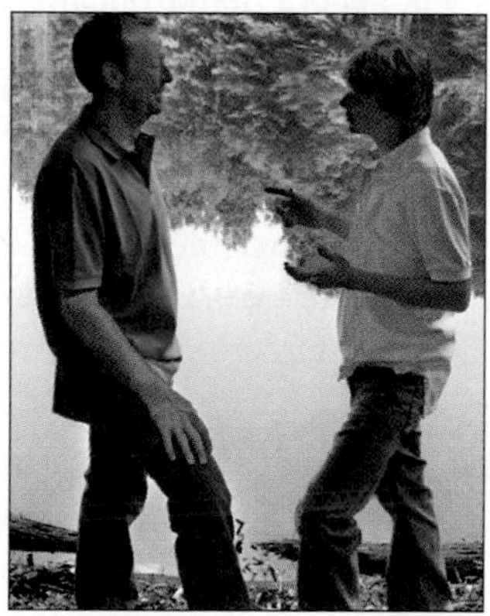

Mi padre y yo siempre nos lo pasamos bien **cuando vamos** al río.
My father and I always have fun when we go to the river.

¡ATENCIÓN!

A pesar de, **después de**, and **hasta** can also be followed by an infinitive, instead of **que** + [*subjunctive*], when there is no change of subject.

Voy a acostarme después de ver las noticias.

Práctica

TALLER DE CONSULTA

MANUAL DE GRAMÁTICA
Más práctica

6.2 The subjunctive in adverbial clauses, p. A35

1 **Reunión** **Completa las oraciones con el indicativo (presente o pretérito) o el subjuntivo de los verbos entre paréntesis.**

1. Los ecologistas no apoyarán al alcalde (*mayor*) a menos que éste ___cambie___ (cambiar) su política de medio ambiente.
2. El alcalde va a hablar con su asesor (*advisor*) antes de que ___lleguen___ (llegar) los ecologistas.
3. Los ecologistas entraron en la oficina del alcalde tan pronto como ___supieron___ (saber) que los esperaban.
4. El alcalde les asegura que siempre piensa en el medio ambiente cuando ___da___ (dar) permisos para construir edificios nuevos.
5. Los ecologistas van a estar preocupados hasta que el alcalde ___responda___ (responder) todas sus preguntas.

(2) Before completing the activity, have students underline the conjunctions and the connector **que** for each item.

2 **¿Infinitivo o subjuntivo?** **Completa las oraciones con el verbo en infinitivo o en subjuntivo.**

1. Compraré un carro híbrido con tal de que no ___sea___ (ser) muy caro. Compraré un carro híbrido con tal de ___conservar___ (conservar) los recursos naturales.
2. Los biólogos viajan para ___estudiar___ (estudiar) la biodiversidad. Los biólogos viajan para que la biodiversidad se ___conozca___ (conocer).
3. Él se preocupará por el calentamiento global después de que los científicos le ___demuestren___ (demostrar) que es una realidad. Él se preocupará por el calentamiento global después de ___ver___ (ver) con sus propios ojos lo que ocurre.
4. No podremos continuar sin ___tener___ (tener) un mapa. No podremos continuar sin que alguien nos ___dé___ (dar) un mapa.

3 **Declaraciones** **Elige la conjunción adecuada para completar la conversación entre un periodista y la señora Corbo, encargada de relaciones públicas de un zoológico.**

PERIODISTA Señora Corbo, ¿qué le parece el artículo que se ha publicado en el que se dice que el zoológico no trata bien a los animales?

SRA. CORBO Lo he leído, y (1) ___aunque___ (aunque / cuando) yo no estoy de acuerdo con el artículo, hemos iniciado una investigación. (2) ___Tan pronto como___ (Hasta que / Tan pronto como) terminemos la investigación, se lo comunicaremos a la prensa. Queremos hablar con todos los empleados (3) ___para que___ (en cuanto / para que) no haya ninguna duda.

PERIODISTA ¿Es verdad que limpian las jaulas (*cages*) sólo cuando va a haber una inspección (4) ___para que___ (para que / sin que) el zoológico no tenga problemas con las autoridades?

SRA. CORBO Le aseguro que todo se limpia diariamente hasta el último detalle. Y si no me cree, lo invito a que nos visite mañana mismo.

PERIODISTA ¿Cuándo cree que sabrán lo que ha ocurrido?

SRA. CORBO (5) ___En cuanto___ (En cuanto / Aunque) termine la investigación.

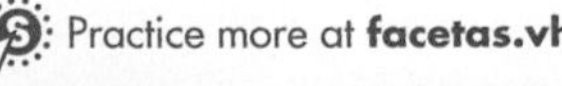

Teaching option Divide the class into two teams: **Subjuntivo** and **Indicativo**. Write a conjunction on the board. Ex: **con tal (de) que**, **hasta que**, etc. Have a member of team **Subjuntivo** create an original sentence using the subjunctive; have a team member from team **Indicativo** use the same construction with the indicative in the adverbial clause. Award one point for each correct answer. The team with the most points wins.

Comunicación

④ **Instrucciones** Javier va a salir de viaje, así que le ha dejado una lista de instrucciones a su compañero de casa. En parejas, túrnense para preparar las instrucciones usando oraciones adverbiales con subjuntivo y las conjunciones de la lista.

MODELO No uses mi computadora a menos que sea una emergencia.

a menos que
a pesar de que
con tal de que
cuando
en caso de que
en cuanto
para que
siempre que
tan pronto como

Instrucciones
- *Darles de comer a los peces*
- *Comprar productos ecológicos*
- *No pasear al perro si hay tormenta*
- *Usar sólo papel reciclado*
- *No usar mucha agua excepto para regar (to water) las plantas*
- *Llamarme por cualquier problema*

④ Have students recycle vocabulary about the household (**Lección 3**) to create additional instructions. Ex: **lavar los platos, apagar el televisor**, etc.

⑤ **Situaciones** En parejas, túrnense para completar las oraciones.

1. Terminaré mis estudios a tiempo a menos que…
2. Me iré a vivir a otro país en caso de que…
3. Ahorraré (*I will save*) mucho dinero para que…
4. Cambiaré de carrera en cuanto…
5. Me jubilaré (*I will retire*) cuando…

⑤ Call on students to share their partners' responses.

⑥ **Huracán** En grupos de cuatro, imaginen que son compañeros/as de casa y que un huracán se acerca a la zona donde viven. Escriban un plan para explicar qué harán en las diferentes situaciones. Usen el subjuntivo y las conjunciones adverbiales.

- las bombillas de luz se queman
- las ventanas se rompen
- las líneas de teléfono se cortan
- el sótano se inunda (*floods*)
- los vecinos ya se han ido
- no hay suficiente alimento
- no hay conexión a Internet

⑥ Ask students to create two sentences using superlatives (**Estructura 5.1**). Ex: **Si las ventanas se rompen, lo más importante es quedarse dentro de la casa.**

INSTRUCTIONAL RESOURCES
Supersite: Textbook/SAM AK, Lab MP3s, Audioscripts
SAM/WebSAM: WB, LM

TALLER DE CONSULTA

See **3.1**, pp. 94-95 for the preterite forms of regular, irregular, and stem-changing verbs.

¡ATENCIÓN!

The **nosotros/as** form of the past subjunctive always has a written accent.

6.3 The past subjunctive

Forms of the past subjunctive

- The past subjunctive (**el imperfecto del subjuntivo**) of all verbs is formed by dropping the **–ron** ending from the **ustedes/ellos/ellas** form of the preterite and adding the past subjunctive endings.

The past subjunctive		
caminar (caminaron)	perder (perdieron)	vivir (vivieron)
caminara	perdiera	viviera
caminaras	perdieras	vivieras
caminara	perdiera	viviera
camináramos	perdiéramos	viviéramos
caminarais	perdierais	vivierais
caminaran	perdieran	vivieran

Estela dudaba de que su madre la **ayudara** a reciclar papel y botellas.
Estela doubted that her mother would help her recycle paper and bottles.

A los dueños les sorprendió que **vendieran** tantos productos orgánicos.
The owners were surprised that they sold so many organic products.

Ya hablé con el recepcionista y me recomendó que le **escribiera** al gerente.
I already spoke to the receptionist and he recommended that I write to the manager.

Have students identify which verbs have stem changes, spelling changes, and irregular conjugations from the verbs listed to the right. Ask volunteers to add more verbs of each type to the list.

- Verbs that have stem changes, spelling changes, or irregularities in the **ustedes/ellos/ellas** form of the preterite maintain them in all forms of the past subjunctive.

infinitive	preterite form	past subjunctive forms
pedir	pidieron	pidiera, pidieras, pidiera, pidiéramos, pidierais, pidieran
sentir	sintieron	sintiera, sintieras, sintiera, sintiéramos, sintierais, sintieran
dormir	durmieron	durmiera, durmieras, durmiera, durmiéramos, durmierais, durmieran
influir	influyeron	influyera, influyeras, influyera, influyéramos, influyerais, influyeran
saber	supieron	supiera, supieras, supiera, supiéramos, supierais, supieran
ir/ser	fueron	fuera, fueras, fuera, fuéramos, fuerais, fueran

These alternate endings are presented for recognition only; their forms are not included in the Testing Program.

- In Spain and some other parts of the Spanish-speaking world, the past subjunctive is commonly used with another set of endings (**–se**, **–ses**, **–se**, **–semos**, **–seis**, **–sen**). You will also see these forms in literary selections.

La señora Medina exigió que le **mandásemos** el informe sobre la contaminación para el viernes.
Ms. Medina demanded that we send her the report on pollution by Friday.

La señora Medina exigió que le **mandáramos** el informe sobre la contaminación para el viernes.
Ms. Medina demanded that we send her the report on pollution by Friday.

Uses of the past subjunctive

- The past subjunctive is required in the same situations as the present subjunctive, except that the point of reference is always in the past. When the verb in the main clause is in the past, the verb in the subordinate clause is in the past subjunctive.

Te pedí que llegaras a las nueve, Johnny.

PRESENT SUBJUNCTIVE	PAST SUBJUNCTIVE
El jefe sugiere que **vayas** a la reunión. *The boss recommends that you go to the meeting.*	El jefe sugirió que **fueras** a la reunión. *The boss recommended that you go to the meeting.*
Espero que ustedes no **tengan** problemas con el nuevo sistema. *I hope you won't have any problems with the new system.*	Esperaba que no **tuvieran** problemas con el nuevo sistema. *I was hoping you wouldn't have any problems with the new system.*
Buscamos a alguien que **conozca** bien los hoteles. *We are looking for someone who knows the hotels well.*	Buscábamos a alguien que **conociera** bien los hoteles. *We were looking for someone who knew the hotels well.*
Les mando mi currículum en caso de que **haya** un puesto disponible. *I'm sending them my résumé in case there is a position available.*	Les mandé mi currículum en caso de que **hubiera** un puesto disponible. *I sent them my résumé, in case there were a position available.*

- Use the past subjunctive after the expression **como si** (*as if*).

Alfredo gasta dinero en sus viajes **como si fuera** millonario.
Alfredo spends money on his trips as if he were a millionaire.

El presidente habló de la economía **como si** no **hubiera** una recesión.
The president talked about the economy as if there were no recession.

Ella rechazó mi opinión sobre la excursión **como si** no **importara**.
She rejected my opinion about the tour as if it didn't matter.

- The past subjunctive is also commonly used with **querer** to make polite requests or to soften statements.

Quisiera visitar la reserva ecológica.
I would like to visit the ecological reserve.

Quisiera hablar con usted.
I would like to speak with you.

To review uses of the subjunctive, ask students to identify the noun clauses, adjective clauses, and adverbial clauses in the sample sentences.

Point out that the subjunctive mood does exist in English, both in the past and present tenses. However, since there is only one verb in English with more than one form in the past tense, the only time it creates a noticeable difference is with the verb *to be*.
I wish my boss **were** *nicer.*
If I **were** *you, I would ask for a raise.*

TALLER DE CONSULTA

The past subjunctive is also frequently used in **si** clauses. See **6.4**, pp. 232–233.

Si pudiera, reciclaría más.
If I could, I would recycle more.

Práctica

TALLER DE CONSULTA

MANUAL DE GRAMÁTICA Más práctica

6.3 The past subjunctive, p. A36

1. **Propuestas de viajes** Completa las oraciones con el imperfecto del subjuntivo.

   1. Mi hermano me recomendó que ___visitara___ (visitar) un parque nacional.
   2. Mi primo me dijo que ___considerara___ (considerar) la opción de no viajar para no gastar gasolina.
   3. Mi tía nos recomendó que ___fuéramos___ (ir) a una granja ecológica por una semana.
   4. Mis amigos nos sugirieron que ___acampáramos___ (acampar) en la playa.
   5. Mi madre me pidió que no ___viajara___ (viajar) a ningún lugar peligroso.
   6. Mi padre me ordenó que no ___gastara___ (gastar) mucho dinero.
   7. Mis abuelos me sugirieron que ___visitara___ (visitar) algún desierto.
   8. Yo me cansé de escucharlos y les pedí que ___dejaran___ (dejar) de darme consejos y me ___permitieran___ (permitir) planear mis propias vacaciones.

(2) As a variant, have students think of some famous couples and make up sentences about what each spouse asked the other to do.

Have students repeat the activity, describing a difficult roommate or family member they have lived with and the things they asked each other to do. Ex: **Le dije a mi compañera de cuarto que no tocara el saxofón a las tres de la mañana.**

2. **¿Qué le pidieron?** María Laura Santillán es presidenta de una universidad. En parejas, usen la tabla y preparen una conversación en que ella le cuenta a un amigo todo lo que le pidieron que hiciera el primer día de clase.

MODELO — ¿Qué te pidió tu secretaria?
— Mi secretaria me pidió que le diera menos trabajo.

Personajes	Verbo	Actividad
los profesores		construir un estadio nuevo
los estudiantes	me pidió que	hacer menos ruido
el club que protege el medio ambiente	me pidieron que	plantar más árboles
los vecinos de la universidad		pagar más dinero
el entrenador del equipo de fútbol		dar más días de vacaciones
la mujer de la limpieza		comprar más computadoras

3. **Dueño** Al dueño del apartamento donde vivían tú y tu compañero/a le preocupaba mucho el medio ambiente. Túrnense para comentar las reglas que tenían que seguir, usando el imperfecto del subjuntivo.

MODELO El dueño nos dijo/pidió/ordenó que no usáramos el aire acondicionado.

   1. no usar la calefacción en marzo
   2. limpiar sin usar productos químicos
   3. no dejar la computadora prendida
   4. usar bombillas de bajo consumo
   5. sacar la basura todos los días
   6. no encender las luces antes de las 8 de la noche
   7. apagar el televisor a las 10 de la noche
   8. no comprar un sofá de piel

Teaching option For additional practice, write the following drill on the board and have students change each verb to the past subjunctive according to each subject. **1. estar: él/nosotros/tú 2. emplear: yo/ella/Ud. 3. insistir: ellos/Uds./él 4. poder: ellas/yo/nosotros 5. obtener: nosotros/tú/ella**

Practice more at **facetas.vhlcentral.com.**

Comunicación

4 **De niño** En parejas, háganse estas preguntas y contesten con detalles. Luego, utilicen el imperfecto del subjuntivo para hacerse cinco preguntas más sobre su niñez.

MODELO
— ¿Esperabas que tus padres te compraran videojuegos?
— Sí, y también esperaba que me dieran más independencia./
No, pero esperaba que me llevaran al cine todos los sábados.

La imaginación	Las relaciones	La escuela
¿Esperabas que tus padres te compraran videojuegos?	¿Querías que tu primer amor durara toda la vida?	¿Soñabas con que el/la maestro/a cancelara la clase todos los días?
¿Dudabas que los superhéroes existieran?	¿Querías que tus padres te compraran todo lo que pedías?	¿Esperabas que tus amigos de la infancia siguieran siendo tus amigos para toda la vida?
¿Esperabas que Santa Claus te trajera los regalos que le pedías?	¿Querías que tus familiares pasaran menos o más tiempo contigo?	¿Deseabas que las vacaciones de verano se alargaran (*were longer*)?
¿Qué más esperabas?	¿Qué más querías?	¿Qué más deseabas?

4 For a related activity, divide the class into small groups and have students use the past subjunctive to describe one of the funniest or oddest expectations, desires, or notions they had as children. Ex: **Yo insistía en que mis hermanos me llamaran "Su Majestad".** Then have each group select one story to present to the class. Give the other groups two minutes to ask questions and decide whose story it is. Each group that guesses correctly scores a point. If a group can fool the class, it scores two points.

5 **¡No soporto a mi compañero de cuarto!** Tu compañero/a de cuarto y tú no lograban ponerse de acuerdo porque tienen estilos de vida muy diferentes. Por eso, la semana pasada se reunieron con el/la decano/a (*dean*) para solicitar un cambio de compañero/a. El/La decano/a escuchó las quejas de ambos/as (*both*), les dio consejos y les pidió que volvieran la semana siguiente.

A. Primero, escribe cinco oraciones para describir lo que le pediste a tu compañero/a de cuarto. Utiliza el imperfecto del subjuntivo.

B. Ahora, en grupos de tres, preparen una conversación entre el/la decano/a y los/las dos estudiantes. Cada persona debe utilizar por lo menos tres verbos en imperfecto del subjuntivo. Luego representen la conversación para la clase. ¿Habrá solución?

MODELO
DECANO/A Bueno, les pedí que trataran de resolver los problemas. ¿Cómo les fue?
ESTUDIANTE 1 Le dije a Isabel que reciclara las botellas. ¡Pero llenó la basura común de botellas de vidrio!
ESTUDIANTE 2 Y yo le pedí a Celia que no usara productos químicos para limpiar el baño. ¡Pero sigue usándolos!

5 Have students recycle household vocabulary (**Lección 3**).

5 For Part B, ask: **¿Están de acuerdo con la solución que ofrece el/la decano/a?** Encourage volunteers to give alternate solutions for each conflict using the present subjunctive.

INSTRUCTIONAL RESOURCES
Supersite: Textbook/SAM AK, Lab MP3s, Audioscripts
SAM/WebSAM: WB, LM

¡ATENCIÓN!

Si (*if*) does not carry a written accent. However, **sí** (*yes*) does carry a written accent.

—Si puedes, ven.
—If you can, come.

—Sí, puedo.
—Yes, I can.

6.4 *Si* clauses with simple tenses

- **Si** (*if*) clauses express a condition or event upon which another condition or event depends. Sentences with **si** clauses are often hypothetical statements. They contain a subordinate clause (**si** clause) and a main clause (result clause).

Si no cuidamos los recursos naturales, se agotarán.
If we don't take care of natural resources, they will run out.

Por favor, recicla **si** tienes la oportunidad de hacerlo.
Please recycle if you have the opportunity to do so.

- The **si** clause may be the first or second clause in a sentence. Note that a comma is used only when the **si** clause comes first.

Si tienes tiempo, ven con nosotros.
If you have time, come with us.

Iré con ustedes **si** no llueve.
I'll go with you if it doesn't rain.

Hypothetical statements about possible events

- In hypothetical statements about conditions or events that are possible or likely to occur, the **si** clause uses the present indicative. The main clause may use the present indicative, the future indicative, **ir a** + [*infinitive*], or a command.

Si clause: PRESENT INDICATIVE		Main clause
Si salgo temprano del trabajo, *If I finish work early,*	PRESENT TENSE	**voy** al festival ecológico. *I'm going to the ecology festival.*
Si usted no deja de fumar *If you don't stop smoking,*	FUTURE TENSE	**tendrá** problemas de salud graves. *you'll have serious health problems.*
Si el doctor me pregunta, *If the doctor asks me,*	*IR A* + [*INFINITIVE*]	no le **voy a mentir**. *I'm not going to lie to him.*
Si puede comprar productos orgánicos, *If you can buy organic products,*	COMMAND	**hágalo.** *do it.*

Have a volunteer read the ad aloud. Then ask students to brainstorm alternate tag lines using **si** clauses.

SUPERMERCADO NATURAL
ESPECIALIZADO EN PRODUCTOS ECOLÓGICOS

Tenemos todo tipo de productos orgánicos; vegetales, frutas, lácteos, etc. Todos ellos son 100% naturales, libres de conservantes o colorantes.

Si le preocupan su salud y la del planeta, visítenos hoy mismo.

Hypothetical statements about improbable situations

- In hypothetical statements about current conditions or events that are improbable or contrary-to-fact, the **si** clause uses the past subjunctive. The main clause uses the conditional. A contrary-to-fact situation is one that is possible, but will probably not happen and/or has not occurred.

Si clause: PAST SUBJUNCTIVE	Main clause: CONDITIONAL
¡**Si** ustedes no **malgastaran** tanta electricidad, *If you all didn't waste so much electricity,*	**pagaríamos** menos! *we would pay less!*
Si compraras un carro híbrido, *If you got a hybrid car,*	**consumirías** menos combustible. *you'd consume less fuel.*
Si no **estuviera** tan cansada, *If I weren't so tired,*	**iría** a la manifestación ecologista. *I'd go to the environmental protest.*

¡Si todos **clasificaran** la basura, **ahorraríamos** muchos recursos!

Begin several sentences with **si** clauses and call on volunteers to finish each sentence. Ex: **Si tengo tiempo hoy... / Si tuviera un par de horas libres... / De niño/a, si tenía ratos libres...**

Habitual conditions and actions in the past

- In statements that express habitual past actions that are not contrary-to-fact, both the **si** clause and the main clause use the imperfect.

Si clause: IMPERFECT	Main clause: IMPERFECT
Si Milena **tenía** tiempo libre, *If Milena had free time,*	siempre **iba** a la playa. *she would always go to the beach.*
Si mi papá **salía** de viaje de negocios, *If my dad went on a business trip,*	siempre me **traía** un regalito. *he always brought me back a little present.*

Práctica

TALLER DE CONSULTA

MANUAL DE GRAMÁTICA
Más práctica

6.4 **Si** clauses with simple tenses, p. A37

① For additional practice, have volunteers reread the complete sentences, inverting the two clauses. Ex: **Tendremos que ir sin Teresa si ella no viene pronto.**

② In pairs, have students write a similar dialogue about what they would do if they had only one class per semester.

③ If necessary, have students identify the appropriate verb tense for each item before completing the activity.

1 Situaciones Completa las oraciones con el tiempo verbal adecuado.

A. Situaciones probables o posibles

1. Si Teresa no viene pronto, nosotros __tendremos/vamos a tener__ (tener) que ir sin ella.
2. Si tú no __trabajas__ (trabajar) hoy, vamos a la montaña.

B. Situaciones hipotéticas sobre eventos improbables

3. Si Carla tuviera más experiencia, yo la __contrataría__ (contratar).
4. Si Gabriel __ganara__ (ganar) más, podría comprar un carro híbrido.

C. Situaciones habituales sobre el pasado

5. Si no reciclaba, mi compañero de cuarto __se enojaba__ (enojarse).
6. Si nosotros no __hacíamos__ (hacer) la tarea, el profesor Cortijo nos daba una prueba sorpresa.

2 Si trabajara menos Carolina y Leticia trabajan cuarenta horas por semana y se imaginan qué harían si trabajaran menos horas. Completa la conversación con el condicional o el imperfecto del subjuntivo.

CAROLINA Estoy todo el día en la oficina, pero si (1) __trabajara__ (trabajar) menos, tendría más tiempo para hacer actividades al aire libre. Si sólo viniera a la oficina algunas horas por semana, (2) __pasaría__ (pasar) más tiempo en nuestra casa de campo.

LETICIA ¿Casa de campo? ¡Qué aburrido! Si yo tuviera más tiempo libre, (3) __haría__ (hacer) todas las noches lo mismo: (4) __iría__ (ir) al cine, luego (5) __saldría__ (salir) a cenar y, para terminar la noche, (6) __haría__ (hacer) una fiesta para celebrar que ya no tengo que ir a trabajar por la mañana. Si nosotras (7) __tuviéramos__ (tener) la suerte de no tener que trabajar nunca más, nos pasaríamos todo el día sin hacer absolutamente nada.

CAROLINA ¿En serio (8) __gastarías__ (gastar) todo tu tiempo libre en la ciudad? ¡Si yo (9) __trabajara__ menos pero (10) __estuviera__ (estar) todo el tiempo en la ciudad, (11) __terminaría__ (terminar) todavía más estresada!

3 Situaciones Completa las oraciones.

1. Si salimos esta noche, …
2. Si quieres reciclar, …
3. Iré contigo al parque nacional si …
4. Si mis padres no me prestan dinero, …
5. Si tuviera un carro híbrido, …
6. Tendría más dinero si …
7. Si íbamos de vacaciones, …
8. Si peleaba con mis hermanos, …
9. Te prestaría el libro si …
10. Si mis amigos no tienen otros planes, …

Practice more at **facetas.vhlcentral.com.**

Comunicación

④ **Si yo fuera...** **En parejas, háganse preguntas sobre quiénes serían y cómo serían sus vidas si fueran estas personas.**

MODELO **un(a) cantante famoso/a**
— Si fueras una cantante famosa, ¿quién serías?
— Si fuera una cantante famosa, sería Christina Aguilera. Pasaría el tiempo haciendo videos, dando conciertos...

1. un(a) cantante famoso/a
2. un(a) activista ambiental
3. un personaje de un libro
4. un(a) actor/actriz famoso/a
5. un animal en vías de extinción
6. un(a) deportista exitoso/a

④ As a variant, bring in magazines and have students in pairs ask each other questions based on pictures of various celebrities.

⑤ **¿Qué harías?** **En parejas, miren los dibujos y túrnense para preguntarse qué harían si les ocurriera lo que muestra cada dibujo. Sigan el modelo y sean creativos/as.**

MODELO — ¿Qué harías si alguien te invitara a bailar tango?
— Si alguien me invitara a bailar tango, seguramente yo me pondría muy nervioso/a y saldría corriendo.

1. Tu suegro viene de visita sin avisar.

2. Estás en una playa donde hay tiburones.

3. Tu carro se rompe en el desierto.

4. Te quedas atrapado/a en un ascensor.

⑤ For an optional writing activity, have students write a short story in pairs based on one of these drawings. Then have pairs exchange their short stories for peer editing.

⑥ **Síntesis** **En grupos de cuatro, conversen sobre lo que harían en estas situaciones. Luego, cada persona debe inventar una situación más y preguntarle al grupo qué haría. Utilicen la gramática que han aprendido en esta lección.**

1. ver a alguien intentando robar un carro
2. quedar atrapado/a en una tormenta de nieve
3. tener ocho hijos
4. despertarse tarde la mañana del examen final
5. descubrir que tienes el poder de ser invisible
6. enamorarse de alguien a primera vista

⑥ Give students these additional items: **7. romper la computadora portátil de tu mejor amigo/a 8. enterarte de que sólo te queda una semana de vida 9. inventar una máquina del tiempo 10. perder tu pasaporte en un país extranjero**

INSTRUCTIONAL RESOURCES
Supersite/DVD: Film Collection
Supersite: Script & Translation

Antes de ver el corto

EL DÍA MENOS PENSADO

país México
duración 13 minutos
director Rodrigo Ordóñez
protagonistas Julián, Inés, Ricardo (vecino), Esther (esposa de Ricardo)

Vocabulario

acabarse *to run out; to come to an end*
la cisterna *cistern; underground tank*
descuidar(se) *to get distracted; to neglect*
disculparse *to apologize*
envenenado/a *poisoned*
quedarse sin *to run out of*
resentido/a *resentful*
la salida *exit*
sobre todo *above all*
el tanque *tank*
la tubería *piping*
el/la vándalo/a *vandal*

① Ask students to create sentences with the vocabulary words not used in the exercise.

1 El carpincho Pedro Completa el párrafo con las palabras o las frases apropiadas.

Noticia de último momento: un grupo de (1) ___vándalos___ causó graves daños (*harm*) en la Reserva Ecológica. Aparentemente, los guardias nocturnos (2) ___se descuidaron___ y no los vieron entrar por una de las (3) ___salidas___. Los delincuentes hicieron un agujero (*hole*) en la (4) ___tubería___ que lleva agua para llenar los (5) ___tanques___ en la zona de los baños. Pero eso no fue todo. Por la mañana, los guardaparques se encontraron con una triste escena. Además de encontrar el parque inundado (*flooded*) y de (6) ___quedarse sin___ agua en la (7) ___cisterna___, encontraron muy enfermo al carpincho (*capybara*) Pedro, el animalito más querido de la reserva. Le habían dado comida (8) ___envenenada___. Afortunadamente, los veterinarios aseguran que el carpincho se va a recuperar.

② Continue discussion by asking students additional questions. **¿Se preocupan mucho por el futuro del planeta? ¿Creen que es fácil vivir sin pensar tanto en los problemas del medio ambiente?** Ask heritage speakers which environmental issues are important in their families' native countries.

2 Preguntas En parejas, contesten las preguntas.

1. ¿Qué tipos de contaminación hay en su comunidad? Mencionen dos o tres.
2. ¿Creen que algún día se puede acabar el agua? ¿Qué pasará si eso sucede?
3. Observen el afiche del cortometraje. ¿Qué está mirando el hombre?
4. Observen los fotogramas. ¿Qué está sucediendo en cada uno?
5. El corto se titula *El día menos pensado* (*When you least expect it*). ¿Qué catástrofes ecológicas pueden ocurrir el día menos pensado?

Practice more at **facetas.vhlcentral.com.**

Teaching option In small groups, have students discuss films they have seen that involve an environmental crisis or natural disaster. **¿Fue realista la representación del problema? ¿Cómo afectó la situación a los personajes, al gobierno y a la sociedad?**

S

Short Film

El día menos pensado
Una producción de FONDO NACIONAL PARA LA CULTURA Y LAS ARTES/INSTITUTO MEXICANO DE CINEMATOGRAFÍA/
GUERRILLA FILMS con apoyo de MEXATIL INDUSTRIAL, S.A. DE C.V./EQUIPMENT & FILM DESIGN (EFD)/CALABAZITAZ
TIERNAZ/KODAK DE MÉXICO/CINECOLOR MÉXICO Guión y Dirección RODRIGO ORDÓÑEZ Basada en un cuento de SERGIO
FERNÁNDEZ BRAVO Fotografía EVERARDO GONZÁLEZ Productor Ejecutivo GABRIEL SORIANO Dirección de Arte AMARANTA
SÁNCHEZ Música Original CARLOS RUIZ Diseño Sonoro LENA ESQUENAZI Edición JUAN MANUEL FIGUEROA
Actores FERNANDO BECERRIL/MARTA AURA/BRUNO BICHIR/CLAUDIA RÍOS

Synopsis A town has run out of water. Inés and Julián decide they must leave, despite the danger of vandals. Ricardo and his wife decide to join them, bringing along their infant. While driving, they come upon a group of desperate people.

Preview Ask students: **¿Algunos de ustedes han vivido en un lugar donde hay riesgo de escasez o de contaminación de agua? ¿Toman agua de la llave o grifo (*tap*)?**

Escenas

ARGUMENTO Una ciudad se ha quedado sin agua. Mucha gente se ha ido. Algunos se quedan vigilando la poca agua que les queda.

1

JULIÁN Inés, nos tenemos que ir.
INÉS Dicen que todo se va a arreglar. Que, si no, es cuestión de esperar hasta que lleguen las lluvias.
JULIÁN Sí, pero no podemos confiar en eso. No a estas alturas°.

2

INÉS ¿Cómo vamos a salir de la ciudad? Dicen que en todas las salidas hay vándalos. Y que están muy resentidos porque ellos fueron los primeros que se quedaron sin agua.
JULIÁN Si no digo que no sea peligroso. Pero cuando se nos acabe el agua nos tenemos que ir de todos modos.

3

INÉS ¿Pasa algo?
JULIÁN Ya no tenemos agua.
INÉS En la tele dijeron que...
JULIÁN ¡Qué importa lo que hayan dicho! ¡Se acabó!

4

JULIÁN Aunque lograran° traer agua a la ciudad, no pueden distribuirla. Las tuberías están contaminadas desde el accidente. Ninguna ayuda llegará a tiempo, y menos aquí.
INÉS Pero no quiero dejar mi casa.

5

JULIÁN Y a ustedes, ¿cuándo se les acabó el agua?
RICARDO Antier° en la noche nos dimos cuenta.
JULIÁN Ricardo, ¿quieren venir con nosotros?

6

JULIÁN No nos va a pasar nada, Inés. ¿Qué nos pueden hacer? Todos estamos igual.

a estas alturas *at this stage* **lograran** *managed to*
antier *the day before yesterday*

Después de ver el corto

1 **Comprensión** Contesta las preguntas con oraciones completas.

1. ¿Qué hace el hombre en el techo de su casa? ¿Por qué?
   Está vigilando el tanque de agua porque no hay agua en la ciudad.
2. ¿Qué le dice el hombre a su esposa cuando está desayunando?
   Le dice que se tienen que ir de la ciudad.
3. ¿Qué hay en las salidas de la ciudad?
   En las salidas de la ciudad hay vándalos.
4. ¿Qué pasa con las tuberías?
   Las tuberías están contaminadas.
5. ¿Por qué deciden irse de la ciudad? ¿Quiénes van con ellos en el coche?
   Deciden irse de la ciudad porque se han quedado sin agua. Los vecinos, Ricardo, Esther y su bebé, van con ellos en el coche.
6. ¿Por qué quieren los vándalos atacar a las personas que van en el carro?
   Suggested answer: Los quieren atacar para robarles el carro y escaparse.

1 If necessary, replay scenes from the film to help students answer the questions.

2 **Ampliación** En parejas, contesten las preguntas.

1. ¿Qué creen que ocurre al final?
2. El agua está envenenada por un accidente. ¿Qué tipo de accidente creen que hubo?
3. ¿Creen que Ricardo es una mala persona porque intentó robar agua? ¿Por qué?
4. ¿Quiénes son las personas que aparecen al final del corto? ¿Qué quieren?
5. Imaginen que son los protagonistas de este corto. ¿Qué opciones tienen?

2 For item 5, ask these additional questions: **¿Con cuál de los personajes te identificas más? ¿Cómo sueles reaccionar tú ante una emergencia? ¿Recuerdas alguna situación peligrosa a la que te hayas enfrentado alguna vez?**

3 **¿El agua en peligro?** En grupos de tres, lean el texto y respondan las preguntas.

Construimos nuestras ciudades cerca del agua; nos bañamos en el agua; jugamos en el agua; trabajamos con el agua. Nuestras economías están en gran parte basadas sobre la fuerza de su corriente, el transporte a través de ella, y todos los productos que compramos y vendemos están vinculados, de una u otra manera, al agua. Nuestra vida diaria se desarrolla y se configura en torno al agua. Sin el agua que nos rodea nuestra existencia sería inconcebible. En las últimas décadas, nuestra estima por el agua ha decaído. Ya no es un elemento digno de veneración y protección, sino un producto de consumo que hemos descuidado enormemente. El 80% de nuestro cuerpo está compuesto de agua y dos tercios de la superficie del planeta están cubiertos por agua: el agua es nuestra cultura, nuestra vida.

Declaración de la UNESCO con motivo del Día Mundial del Agua 2006.

1. ¿Creen que realmente estamos descuidando el agua, o el aumento del consumo es una consecuencia normal del aumento de la población?
2. Algunos expertos opinan que en el futuro se puede desencadenar una guerra mundial por el agua. ¿Creen que esto es una exageración? ¿Por qué?
3. ¿Creen que es posible cuidar el agua y otros recursos naturales sin tener que hacer grandes cambios en nuestro estilo de vida?
4. ¿Creen que hay naciones que son más responsables que otras por el consumo excesivo de recursos naturales? Expliquen su respuesta.

Teaching option After viewing the film, ask if any student had predicted the open ending. **¿Cuál es el efecto del final abierto? ¿Es la incertidumbre un aspecto importante del tema?**

 Practice more at **facetas.vhlcentral.com.**

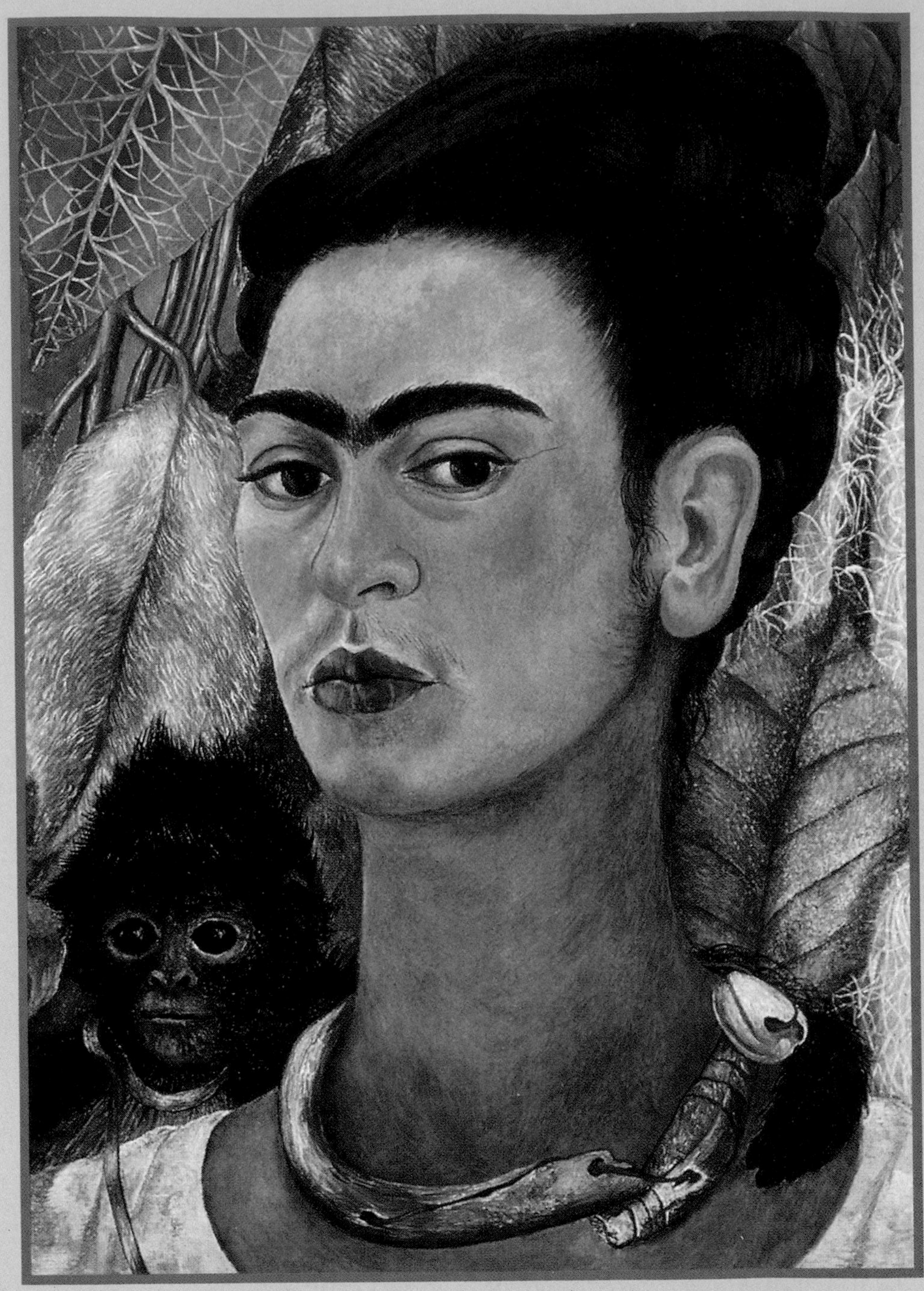

Autorretrato con mono, 1938
Frida Kahlo, México

"Quien rompe una tela de araña,
a ella y a sí mismo daña."

— Anónimo

Antes de leer

El eclipse

Sobre el autor

Augusto Monterroso (1921–2003) nació en Honduras, pero pasó su infancia y juventud en Guatemala. En 1944 se radicó (*settled*) en México tras dejar Guatemala por motivos políticos. A pesar de su origen y de haber vivido su vida adulta en México, siempre se consideró guatemalteco. Monterroso tuvo acceso desde pequeño al mundo intelectual de los adultos. Fue prácticamente autodidacta: abandonó la escuela a los 11 años y con sólo 15 años fundó una asociación de artistas y escritores. Considerado padre y maestro del microcuento latinoamericano, Monterroso recurre (*resorts to*) en su prosa al humor inteligente con el que presenta su visión de la realidad. Entre sus obras, destacan *La oveja negra y demás fábulas* (1969) y la novela *Lo demás es silencio* (1978). Recibió numerosos premios, incluso el Premio Príncipe de Asturias en 2000.

Vocabulario

aislado/a *isolated*	**florecer** *to flower*	**sacrificar** *to sacrifice*
digno/a *worthy*	**oscurecer** *to darken*	**salvar** *to save*
disponerse a *to be about to*	**prever** *to foresee*	**valioso/a** *valuable*
la esperanza *hope*	**la prisa** *hurry; rush*	

 **Exploradores** Completa esta introducción de un cuento con las palabras apropiadas.

Los exploradores salieron rumbo a la ciudad perdida sin (1) ___prever___ ninguno de los peligros de la selva. El viejo mapa indicaba que la ciudad escondía un (2) ___valioso___ tesoro. Cuando (3) ___se disponían___ a iniciar la marcha, se dieron cuenta de que iba a (4) ___oscurecer___ antes de que llegaran, por lo que decidieron avanzar con (5) ___prisa___. Tenían la (6) ___esperanza___ de llegar antes de la medianoche.

Conexión personal ¿Alguna vez viste un eclipse? ¿Cómo fue la experiencia? ¿Hay algún fenómeno natural al que le tengas miedo? ¿Cuál? ¿Por qué?

Análisis literario: el microcuento

El microcuento es un relato breve, pero no por eso se trata de un relato simple. En estos cuentos, el lector participa activamente porque debe compensar los recursos utilizados (economía lingüística, insinuación, elipsis) a través de la especulación o haciendo uso de sus conocimientos previos. Este género nació en Argentina en los años 50 con el escritor Jorge Luis Borges. A medida que lees *El eclipse*, haz una lista de los conocimientos previos y de las especulaciones que sean necesarios para comprender el relato. Después, compara tu lista con la de tus compañeros/as. ¿Qué elementos de sus listas coinciden?

 Practice more at **facetas.vhlcentral.com.**

Conexión personal Have a volunteer talk about a natural disaster he or she has experienced. **¿Dónde ocurrió? ¿Cómo te sentiste? ¿Fue una situación grave?**

Análisis literario Point out that **microcuentos** are sometimes called **microrrelatos** or **minicuentos.**

Análisis literario Survey the class to see if any students write creatively in their free time. Then ask: **¿Creen que el autor siempre tiene que pensar en las experiencias previas del lector? ¿El lector puede ser pasivo? Expliquen su respuesta.**

Teaching option Write on the board Monterroso's famous seven-word **microcuento**: "Cuando despertó, el dinosaurio todavía estaba allí." Ask students to speculate about what happened before the beginning of the story. What prior knowledge do they need to resort to in order to make sense of the story?

Preview Ask students to think about the title and predict what an eclipse might symbolize in the story.

EL ECLIPSE

Augusto Monterroso

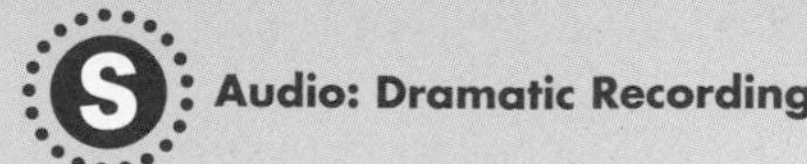

Teaching option As students read the story, have them take notes on how the author depicts the passing of time. Then ask students what effect the author's treatment of time has on the pace and flow of the story.

Cuando fray° Bartolomé Arrazola se sintió perdido, aceptó que ya nada podría salvarlo. La selva poderosa° de Guatemala lo había apresado°, implacable y definitiva. Ante su ignorancia topográfica se sentó con tranquilidad a esperar la muerte. Quiso morir allí, sin ninguna esperanza, aislado, con el pensamiento fijo en la España distante, particularmente en el convento de Los Abrojos, donde Carlos Quinto condescendiera una vez a bajar de su eminencia para decirle que confiaba en el celo° religioso de su labor redentora°.

Al despertar se encontró rodeado° por un grupo de indígenas de rostro° impasible que se disponían a sacrificarlo ante un altar, un altar que a Bartolomé le pareció como el lecho° en que descansaría, al fin, de sus temores°, de su destino, de sí mismo.

Tres años en el país le habían conferido un mediano dominio° de las lenguas nativas. Intentó algo. Dijo algunas palabras que fueron comprendidas.

Entonces floreció° en él una idea que tuvo por digna de su talento y de su cultura universal y de su arduo conocimiento de Aristóteles. Recordó que para ese día se esperaba un eclipse total de sol. Y dispuso, en lo más íntimo°, valerse de° aquel conocimiento para engañar° a sus opresores y salvar la vida.

—Si me matáis —les dijo— puedo hacer que el sol se oscurezca en su altura.

Los indígenas lo miraron fijamente y Bartolomé sorprendió la incredulidad en sus ojos. Vio que se produjo un pequeño consejo°, y esperó confiado, no sin cierto desdén°.

Dos horas después el corazón de fray Bartolomé Arrazola chorreaba° su sangre vehemente sobre la piedra de los sacrificios (brillante bajo la opaca luz de un sol eclipsado), mientras uno de los indígenas recitaba sin ninguna inflexión de voz, sin prisa, una por una, las infinitas fechas en que se producirían eclipses solares y lunares, que los astrónomos de la comunidad maya habían previsto y anotado en sus códices sin la valiosa ayuda de Aristóteles. ■

friar
powerful/captured
zeal
redemptive
surrounded
face
bed
fears
command (of a language)
blossomed
deepest recesses/ to make use of
to trick; to deceive
counsel/disdain
was gushing

Después de leer

El eclipse

Augusto Monterroso

① Ask students to write a one-paragraph summary of the story, based on their answers.

1 Comprensión Contesta las preguntas con oraciones completas.

1. ¿Dónde se encontraba fray Bartolomé?
   Él se encontraba en la selva de Guatemala.
2. ¿Conocía el protagonista la lengua de los indígenas?
   Sí, conocía varias lenguas nativas.
3. ¿Qué querían hacer los indígenas con fray Bartolomé?
   Ellos querían sacrificarlo.
4. ¿Qué les advirtió fray Bartolomé a los indígenas?
   Él les advirtió que si lo mataban iba a hacer que el sol se oscureciera.
5. ¿Qué quería fray Bartolomé que los indígenas creyeran?
   Él quería que los indígenas creyeran que tenía poderes sobrenaturales.
6. ¿Qué recitaba un indígena mientras el corazón del fraile sangraba?
   Un indígena recitaba las fechas en que se producirían eclipses solares y lunares.

② Ask questions for students to reflect on their reaction to the story: **¿Creían que fray Bartolomé iba a sobrevivir? ¿En qué momento de la historia se dieron cuenta de que iba a morir? ¿Se identifican con el protagonista?**

2 Interpretación Contesta las siguientes preguntas.

1. ¿Por qué crees que fray Bartolomé pensaba en el convento de Los Abrojos antes de morir?
2. ¿Cuál había sido la misión de fray Bartolomé en Guatemala?
3. ¿Quién le había encomendado esa misión?
4. A pesar de los conocimientos de Aristóteles, ¿por qué el protagonista no consiguió salvarse?

③ Suggest that students divide the research tasks among their group. Appoint one person to research the history of the phenomenon or disaster, another to find visual aids, and a third to find news stories or anecdotes.

3 Fenómenos naturales En la historia de la humanidad, los fenómenos y los desastres naturales, y otros acontecimientos han sido motivo de muchos temores (*fears*) y supersticiones. A veces, esos temores tenían fundamento, pero otras veces eran supersticiones sin fundamento alguno.

A. En grupos de tres, investiguen acerca de un fenómeno o desastre natural, o un acontecimiento que haya despertado grandes temores y supersticiones antes de suceder. ¿Se cumplieron los temores o eran supersticiones sin fundamento? Pueden elegir fenómenos o desastres de la lista o pensar en otros. Presenten la investigación al resto de la clase.

- el cometa Halley
- la llegada del año 2000
- la amenaza nuclear durante la Guerra Fría
- la erupción del volcán Vesubio en Pompeya

B. Escriban un microcuento sobre uno de los fenómenos o acontecimientos presentados. Lean el microcuento al resto de la clase. Sus compañeros/as deben adivinar de qué fenómeno o acontecimiento se trata.

③ For Part B, as students read their **microcuento** aloud, have the rest of the class jot down any questions they have.

④ Encourage students to use comparatives and superlatives in their letters.

④ As an expansion activity, have students write a response letter from the point of view of King Charles V.

4 Escribir En la selva guatemalteca, fray Bartolomé seguramente observó gran cantidad de plantas silvestres y animales salvajes que no conocía hasta entonces. Investiga acerca de la flora y la fauna de la selva guatemalteca. Luego, imagina que eres fray Bartolomé y tienes que escribirle una carta al Rey Carlos V contándole acerca de lo que observaste en la selva. Usa el vocabulario de la lección.

MODELO Estimado Rey Carlos V: Como Su Majestad sabe, le escribo desde la selva de Guatemala, adonde llegué hace ya tres años. En esta carta, quiero contarle...

Practice more at **facetas.vhlcentral.com.**

Teaching option Have students invent an alternate ending to the story and share it with the rest of the class. Then have students vote on the best ending.

Antes de leer

Vocabulario

ambiental *environmental*	**el monte** *mountain*
el bombardeo *bombing*	**la pureza** *purity*
el ecosistema *ecosystem*	**el refugio** *refuge*
la especie *species*	**el terreno** *land*
el/la manifestante *protester*	**el veneno** *poison*

El Yunque Completa las oraciones con el vocabulario de la tabla.

1. Puerto Rico es una isla de ___terreno___ muy variado: hay montañas, playas y hasta un bosque tropical, el Bosque Nacional del Caribe, también llamado El Yunque.
2. El Yunque tiene una diversidad de vegetación impresionante, que incluye casi 250 ___especies___ de árboles.
3. También es un ___refugio___ natural para los animales, ya que en el bosque están protegidos de la caza.
4. El ___monte___ más alto de El Yunque es El Toro, con una altura de 1.077 metros (3.533 pies).
5. Hay grupos dedicados a la protección ___ambiental___ de El Yunque. Buscan preservar la ___pureza___ de este paraíso tropical.

Conexión personal ¿Qué significado tiene la naturaleza para ti? ¿Es una fuente de trabajo o de alimento (*food*)? ¿O es un lugar de diversión y belleza? ¿Qué haces para proteger la naturaleza? ¿Cómo crees que será el mundo natural dentro de cien años? ¿Y dentro de quinientos?

Contexto cultural

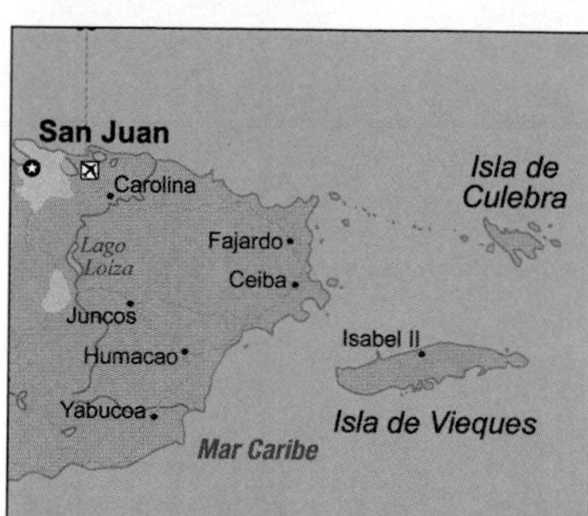

Situada en el agua transparente del mar Caribe, la pequeña **isla de Vieques** es un refugio de lagunas, bahías y playas que forman un hábitat ideal para varias clases de tortugas marinas (*sea turtles*), el manatí antillano (*manatee*) y arrecifes de coral. La gente de Vieques comparte los pequeños montes y las aguas cristalinas (*crystal clear*) de la isla con una rica variedad de flora y fauna, entre ellas cinco especies de plantas y diez especies de animales en peligro de extinción. La isla de Vieques, de 33 kilómetros de largo por 7,2 de ancho (20,5 por 4,3 millas), es un municipio de Puerto Rico que tiene nueve mil habitantes. Puerto Rico es un Estado Libre Asociado de los Estados Unidos. Los habitantes de Puerto Rico, también llamados *boricuas*, son ciudadanos (*citizens*) estadounidenses.

Practice more at **facetas.vhlcentral.com.**

Conexión personal
Ask students about the first time they experienced a particular aspect of nature. Ex: **¿Recuerdan la primera vez que vieron el mar o el océano? ¿Cómo se sintieron?**

Contexto cultural
Have pairs research tourism in Vieques today on the Internet. **¿Cuáles son las playas, los hoteles y las actividades más populares en la isla? ¿Cómo ha cambiado el turismo en los últimos diez años?**

Preview
Ask students to discuss the link between tourism and nature conservation. **¿Creen que se puede aumentar el turismo de una zona y a la vez proteger las riquezas naturales del lugar? ¿El turismo puede dañar la naturaleza? ¿Cómo?**

La conservación de Vieques

Vieques—Vista aérea de la zona de maniobras militares

"**¡Vieques renace!**"° anuncia el gobierno de este municipio puertorriqueño, que busca estimular la economía de una isla rica en naturaleza, pero pobre en economía. Vieques dispone de° sitios arqueológicos importantes, playas espectaculares, un fuerte° histórico y una bahía bioluminiscente, la Bahía Mosquito, que es una maravilla de la naturaleza. Sus arrecifes de coral contienen un ecosistema de enorme productividad y diversidad biológica. Forman un pequeño paraíso que alberga y protege una inmensa variedad de especies de plantas y animales acuáticos.

Vieques is reborn!
boasts
fort

Audio: Reading

Sin embargo, en vez de tener una tradición de alto turismo, la isla ha padecido° graves problemas. Vieques fue utilizada para prácticas de bombardeo desde 1941. En esa época muchas personas fueron desalojadas° cuando la Armada° de los Estados Unidos ocupó dos áreas en los extremos de la isla. Las prácticas continuaron por varias décadas, pero en abril de 1999 un guardia de seguridad murió cuando una bomba cayó fuera de la zona de tiro°. La muerte de David Sanes encolerizó° a los viequenses° y dio origen a° una campaña de desobediencia civil. El presidente Clinton prometió cesar el entrenamiento° de bombardeo en Vieques, pero éste continuó con bombas inertes a pesar de que los viequenses habían exigido "¡Ni una bomba más!". Los manifestantes entraban en la zona de tiro y establecían campamentos; otros se manifestaban° en Puerto Rico y en los Estados Unidos, y pronto captaron° la atención internacional. Robert Kennedy, Jr., Jesse Jackson, Rigoberta Menchú y el Dalai Lama, entre otros, hicieron declaraciones a favor de Vieques y muchas personas fueron a la cárcel° después de ser arrestadas en la zona de tiro.

"La protesta se centró en gran parte en los problemas que las bombas habían causado al medio ambiente, a la economía de Vieques y a la salud de los viequenses."

La protesta se centró en gran parte en los problemas que las bombas habían causado al medio ambiente, a la economía de Vieques y a la salud de los viequenses. Las décadas de prácticas de bombardeo dejaron un nivel muy alto de contaminación, que incluye la presencia de uranio reducido (un veneno muy peligroso). Algunos piensan que la incidencia de cáncer en Vieques —25% más alta que la de todo Puerto Rico— se debe a la exposición de los habitantes a elementos tóxicos. Estas acusaciones han provocado controversia, ya que la Armada negó los efectos sobre la salud de los viequenses. Finalmente, después de una dura campaña de protesta y lucha°, las prácticas de bombardeo terminaron para siempre en 2003. Los terrenos de la Armada pasaron al Departamento de Caza y Pesca, y la Agencia de Protección Ambiental (EPA) declaró en 2005 que la limpieza ambiental de Vieques sería una de las prioridades nacionales.

Los extremos este y oeste de la isla ahora constituyen una reserva ambiental, la más grande del Caribe. Los viequenses esperan que la isla pueda, en su renacimiento, volver a un estado de mayor pureza natural y al mismo tiempo desarrollar su economía. Vieques sigue siendo un símbolo de resistencia y es un lugar cada día más popular para el turismo local y extranjero. ■

padecido: suffered; desalojadas: evicted; Armada: Navy; zona de tiro: live-fire range; encolerizó: angered; viequenses: inhabitants of Vieques; dio origen a: gave rise to; entrenamiento: training; se manifestaban: demonstrated; captaron: captured; cárcel: jail; lucha: struggle

¿Qué es la bioluminiscencia?

Es un efecto de fosforescencia verdeazul, causado por unos microorganismos que, al agitarse, dan un brillo extraordinario a las aguas durante la noche. El pez o bañista que se mueve bajo el agua emite una luz radiante. Para que se produzca este fenómeno extraordinario, se requiere una serie de condiciones muy especiales de temperatura, ambiente y poca contaminación.

Point out that the photo on the opposite page is an aerial view of a small island off the coast of Vieques where protesters set up camps during the protests against U.S. military operations in Vieques.

Después de leer

La conservación de Vieques

1 **Comprensión** Elige la respuesta correcta para completar cada oración.

1. Vieques es un municipio de (la República Dominicana/Puerto Rico).
2. Entre los atractivos de la isla se encuentra (un pico altísimo/una bahía bioluminiscente).
3. Los arrecifes de coral son importantes para la biodiversidad porque (albergan una inmensa variedad de especies/protegen la capa de ozono).
4. La protesta en contra de la presencia de la Armada se produjo después (de la muerte de un guardia de seguridad/del uso de bombas inertes).
5. Las prácticas de bombardeo dejaron (problemas de erosión/un nivel alto de contaminación).
6. Muchas personas fueron arrestadas (por robar uranio reducido/por ingresar en la zona de prácticas de bombardeo).
7. Los extremos de la isla ahora contienen (una zona de tiro/una reserva ambiental).
8. La bioluminiscencia es un efecto causado por (microorganismos/la contaminación).

2 **Interpretación** Responde a las preguntas.

1. ¿Qué potencial turístico tiene Vieques? Da ejemplos. Vieques tiene mucho potencial turístico. Tiene sitios arqueológicos importantes, playas espectaculares, un fuerte histórico y una bahía bioluminiscente.
2. ¿Qué hacía la Armada en Vieques? La Armada realizaba prácticas de bombardeo.
3. ¿Cuál era el deseo de los manifestantes de Vieques? El deseo de los manifestantes era terminar con las prácticas de bombardeo.
4. ¿Por qué creen que la Armada de los Estados Unidos estaba autorizada a hacer prácticas de bombardeo en Vieques? Suggested answer: La Armada de los EE.UU. estaba autorizada porque Puerto Rico es parte de los Estados Unidos.
5. ¿Qué ocurre cuando una persona o un pez nada en la bahía bioluminiscente? La persona o el pez emite una luz radiante.

② Ask expansion questions, such as: **¿Qué efectos tuvo la presencia de la Armada en la salud de los habitantes? ¿Conocen otros lugares donde los habitantes hayan sufrido problemas de salud a causa de la contaminación?**

3 **Ampliación** En parejas, contesten las preguntas.

1. ¿Por qué es importante conservar una isla como Vieques?
2. ¿Qué efectos puede tener la declaración de la EPA? ¿Cómo puede mejorar la vida de los viequenses si se limpia la contaminación?

4 **Reunión con el presidente** En grupos de cuatro, inventen una conversación sobre las prácticas de la Armada. Por una parte hablan dos manifestantes y, por otra, el presidente y un(a) representante de la Armada. Utilicen los tiempos verbales que conocen, incluyendo el futuro. Después representen la conversación delante de la clase.

④ In order to help students prepare the dialogue, have groups make a two-column chart listing the important supporting arguments for the protesters and the U.S. government.

5 **El futuro de Vieques** Imagina que eres un(a) habitante de Vieques. Escribe una carta a un(a) amigo/a contándole cómo crees que cambiarán las cosas en Vieques. Explica cómo se resolverán los problemas de contaminación y cómo se va a promover el turismo.

⑤ As an optional writing expansion, have students include a paragraph in which they try to convince their friend to visit Vieques.

Practice more at **facetas.vhlcentral.com.**

Atando cabos

¡A conversar!

Mascotas exóticas

A. En parejas, preparen una conversación. Imaginen que uno/a de ustedes se va de vacaciones y le pide a un(a) amigo/a que le cuide la mascota (*pet*) exótica. Utilicen las formas del futuro y las preposiciones aprendidas en esta lección.

B. Hablen sobre las preguntas y luego compartan sus opiniones con el resto de la clase. Usen las frases y expresiones del recuadro para expresar sus opiniones.

- ¿Creen que está bien tener mascotas exóticas? ¿Por qué?
- ¿Creen que está bien tener animales en exhibición en los zoológicos? ¿Por qué?

No estoy (muy) de acuerdo.	**Para mí, ...**
No es así.	**En mi opinión, ...**
No comparto esa opinión.	**(Yo) creo que...**
No coincido.	**Estoy convencido/a de que...**

¡A conversar!
- For Part A, have students write a list of recommendations for how to care for their pet. Ex: **Es importante que pasees a mi cocodrilo todos los días. Dale de comer a las 5 de la tarde**.
- Ask students to list the qualities their friend should have in order to properly care for their pet. Ex: **Tiene que ser paciente y responsable**.
- For Part B, ask the expansion question: **¿Existen animales domésticos que requieran más atención que otros? Den ejemplos**.

¡A escribir!

Patrimonio mundial Una de las misiones de la UNESCO es promover la protección del patrimonio mundial, cultural y natural de la humanidad. Para ello, ha creado una lista de áreas protegidas por su valor histórico o natural. Varias áreas naturales de Cuba se encuentran en este listado. En grupos de cuatro, elijan una de las áreas de la lista para preparar un afiche informativo.

Valle de Viñales
Parque Nacional Alejandro de Humboldt
Parque Nacional Desembarco del Granma

A. Investiguen acerca del sitio elegido. Usen estas preguntas como guía: ¿Dónde está el lugar que eligieron? ¿Por qué se caracteriza? ¿Por qué fue declarado Patrimonio Mundial? ¿Tiene sólo valor natural o es importante por su cultura e historia?

B. Preparen un afiche informativo sobre el lugar elegido. Incluyan un título, recuadros con texto, mapas e imágenes con epígrafes (*captions*).

¡A escribir!
- Before students begin writing, have them visit the UNESCO website and read the criteria for choosing World Heritage sites.
- In preparation for creating the poster, encourage students to map their ideas.

6 VOCABULARIO

Audio: Vocabulary Flashcards

La naturaleza

el árbol	*tree*
el arrecife	*reef*
el bosque (lluvioso)	*(rain) forest*
el campo	*countryside; field*
la cordillera	*mountain range*
la costa	*coast*
el desierto	*desert*
el mar	*sea*
la montaña	*mountain*
el paisaje	*landscape; scenery*
la tierra	*land; earth*
húmedo/a	*humid; damp*
seco/a	*dry*
a orillas de	*on the shore of*
al aire libre	*outdoors*

Los animales

el ave (*f.*)/ el pájaro	*bird*
el cerdo	*pig*
el conejo	*rabbit*
el león	*lion*
el mono	*monkey*
la oveja	*sheep*
el pez	*fish*
la rana	*frog*
la serpiente	*snake*
el tigre	*tiger*
la vaca	*cow*
atrapar	*to trap; to catch*
cazar	*to hunt*
dar de comer	*to feed*
extinguirse	*to become extinct*
morder (o:ue)	*to bite*
en peligro de extinción	*endangered*
salvaje	*wild*
venenoso/a	*poisonous*

INSTRUCTIONAL RESOURCES
Supersite: Testing Program

Los fenómenos naturales

el huracán	*hurricane*
el incendio	*fire*
la inundación	*flood*
el relámpago	*lightning*
la sequía	*drought*
el terremoto	*earthquake*
la tormenta (tropical)	*(tropical) storm*
el trueno	*thunder*

El medio ambiente

el calentamiento global	*global warming*
la capa de ozono	*ozone layer*
el combustible	*fuel*
la contaminación	*pollution; contamination*
la deforestación	*deforestation*
el desarrollo	*development*
la erosión	*erosion*
la fuente de energía	*energy source*
el medio ambiente	*environment*
los recursos naturales	*natural resources*
agotar	*to use up*
conservar	*to conserve; to preserve*
contaminar	*to pollute; to contaminate*
contribuir (a)	*to contribute*
desaparecer	*to disappear*
destruir	*to destroy*
malgastar	*to waste*
proteger	*to protect*
reciclar	*to recycle*
resolver (o:ue)	*to solve*
dañino/a	*harmful*
desechable	*disposable*
renovable	*renewable*
tóxico/a	*toxic*

Más vocabulario

Expresiones útiles	*Ver p. 209*
Estructura	*Ver pp. 216–217, 220–221 y 224–225*

Cinemateca

la cisterna	*cistern; underground tank*
la salida	*exit*
el tanque	*tank*
la tubería	*piping*
el/la vándalo/a	*vandal*
acabarse	*to run out; to come to an end*
descuidar(se)	*to get distracted; to neglect*
disculparse	*to apologize*
quedarse sin	*to run out of*
envenenado/a	*poisoned*
resentido/a	*resentful*
sobre todo	*above all*

Literatura

la esperanza	*hope*
la prisa	*hurry; rush*
disponerse a	*to be about to*
florecer	*to flower*
oscurecer	*to darken*
prever	*to foresee*
sacrificar	*to sacrifice*
salvar	*to save*
aislado/a	*isolated*
digno/a	*worthy*
valioso/a	*valuable*

Cultura

el bombardeo	*bombing*
el ecosistema	*ecosystem*
la especie	*species*
el/la manifestante	*protester*
el monte	*mountain*
la pureza	*purity*
el refugio	*refuge*
el terreno	*land*
el veneno	*poison*
ambiental	*environmental*

Manual de gramática

Supplementary Grammar Coverage

The **Manual de gramática** is an invaluable tool for both students and instructors of Intermediate Spanish. For each lesson of **FACETAS**, the **Manual** provides additional practice of the three core grammar concepts, as well as supplementary grammar instruction and practice.

The **Más práctica** pages of the **Manual** contain additional practice activities for every grammar point in **Facetas**. The **Más gramática** pages present supplementary grammar concepts and practice. Both sections of the **Manual** are correlated to the core grammar points in **Estructura** by means of **Taller de consulta** sidebars, which provide the exact page numbers for additional practice and supplementary coverage.

This special supplement allows for great flexibility in planning and tailoring courses to suit the needs of whole classes and/or individual students. It also serves as a useful and convenient reference tool for students who wish to review previously learned material.

Contenido

Más práctica

Más gramática

Más práctica

TALLER DE CONSULTA

MÁS PRÁCTICA
To see the explanation corresponding to this additional practice, see p. 14.

1.1 The present tense

1 **Mi nuevo compañero de cuarto** Completa el párrafo con la forma apropiada de los verbos entre paréntesis.

¿Cómo es mi nuevo compañero de cuarto? (1) ___Es___ (Ser) muy simpático. Siempre que (2) ___sale___ (salir), me invita a salir con él, por lo que yo ya (3) ___conozco___ (conocer) a mucha gente en la universidad. Él siempre (4) ___parece___ (parecer) pasarlo bien, hasta cuando nosotros (5) ___estamos___ (estar) en la clase de matemáticas. Por la tarde, después de clase, él (6) ___propone___ (proponer) actividades —por ejemplo, a veces (7) ___vamos___ (ir) al parque a jugar al fútbol— así que nunca nos aburrimos. Yo ya (8) ___sé___ (saber) que nos vamos a llevar bien durante todo el año. (9) ___Pienso___ (Pensar) invitarlo a mi casa para las fiestas, así mis padres lo (10) ___pueden___ (poder) conocer también.

2 **Tus actividades** Escribe cuatro actividades que realizas normalmente en cada uno de estos momentos del día: la mañana, la tarde y la noche.

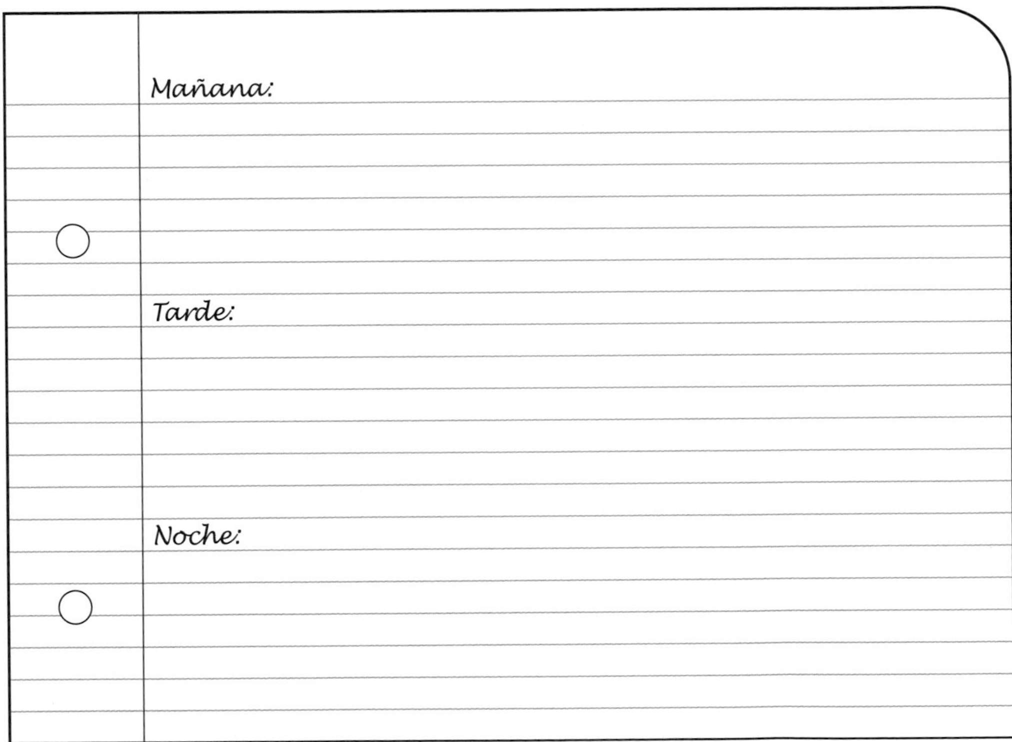

3 **Diez preguntas** Trabaja con un(a) compañero/a a quien no conozcas muy bien. Primero, cada persona debe escribir diez preguntas para conocer a su compañero/a. Luego, háganse las preguntas. Por último, intercambien sus listas y háganse las preguntas de la otra persona. Compartan sus respuestas con la clase.

Más práctica

1.2 *Ser* and *estar*

TALLER DE CONSULTA

MÁS PRÁCTICA
To see the explanation corresponding to this additional practice, see p. 18.

1 **Correo** Completa el mensaje de correo electrónico con la forma adecuada de **ser** o **estar**.

De: Susana <susana_cruz@estudiantil.es>
Para: Carlos <carlos_cano@estudiantil.es>
Asunto: Novedades

¡Hola, Carlos!

Yo (1) __estoy__ muy preocupada porque mañana tenemos un examen en la clase de español y el profesor (2) __es__ muy exigente. Ahora mismo mi amiga Ana (3) __está__ estudiando en la biblioteca y voy a encontrarme con ella para que me ayude. Ella (4) __es__ una estudiante muy buena y sus notas siempre (5) __son__ excelentes.

Este fin de semana hay un concierto en la universidad. Mis amigos y yo (6) __estamos__ muy contentos porque el grupo que toca (7) __es__ muy famoso. Elena también quería ir al concierto, pero no puede porque (8) __está__ enferma y debe quedarse en cama.

Bueno, antes de ir a la biblioteca voy a almorzar en la cafetería porque (9) __estoy__ muerta de hambre.

¡Hasta pronto!

Susana

2 **En el parque** Mira la ilustración y contesta las preguntas usando **ser** y **estar**. Puedes inventar las respuestas para algunas de las preguntas.

1. ¿Quién es cada una de estas personas?
2. ¿Qué están haciendo?
3. ¿Cómo están?
4. ¿Cómo son?

3 **Una cita** Mañana vas a tener una cita con una persona maravillosa. Quieres contárselo a tu mejor amigo/a y pedirle consejos. Tu amigo/a es muy curioso/a y te va a hacer muchas preguntas. En parejas, representen la conversación. Éstos son algunos de los aspectos que pueden incluir.

Tu amigo/a quiere saber:
- cómo te sientes antes de la cita
- qué crees que va a pasar
- cómo es el lugar adonde van a ir
- cómo es la persona con quien vas a tener la cita

Tú quieres consejos sobre:
- qué ropa ponerte
- los temas de los que hablar
- adónde ir
- quién debe pagar la cuenta

Más práctica

TALLER DE CONSULTA

MÁS PRÁCTICA
To see the explanation corresponding to this additional practice, see p. 22.

1.3 Progressive forms

1 **¿Qué están haciendo?** Escribe cinco oraciones explicando qué está haciendo cada persona. Usa elementos de las tres columnas.

MODELO David Ortiz está jugando al béisbol.

tú		**divertirse**
el presidente de los EE.UU.		**viajar en avión**
tus padres	**(no) estar**	**comer en un restaurante**
tu mejor amigo/a		**asistir a un estreno (*premiere*)**
Penélope Cruz		**bailar en una discoteca**
nosotros		**hablar por teléfono**
yo		**estudiar física**

2 **Seguimos escribiendo** Vuelve a escribir las oraciones usando los verbos **andar, continuar, ir, llevar, seguir** o **venir**. La oración resultante debe expresar la misma idea. Answers may vary.

1. José siempre dice que es tímido, pero no deja de coquetear con las chicas del trabajo.
   José siempre anda diciendo que es tímido, pero sigue coqueteando con las chicas del trabajo.
2. Mi esposa y yo llevamos diez años de casados, pero nuestro amor es tan intenso como siempre.
   Mi esposa y yo llevamos diez años de casados, pero nuestro amor continúa siendo tan intenso como siempre.
3. Hace cinco meses que Carlos se pelea con su novia todos los días y todavía habla de ella como si fuera la única mujer del planeta.
   Carlos lleva cinco meses peleándose con su novia todos los días y todavía anda hablando de ella como si fuera la única mujer del planeta.
4. Daniel siempre se queja de que los estudios lo agobian y hace meses que su mamá le dice que tiene que relajarse.
   Daniel anda quejándose de que los estudios lo agobian y su mamá lleva meses diciéndole que tiene que relajarse.
5. Mis padres repiten todos los días que pronto van a mudarse a una casa más pequeña que han visto en otro pueblo.
   Mis padres vienen repitiendo que pronto se van a mudar a una casa más pequeña que han visto en otro pueblo.
6. Conversamos todo el tiempo mientras ellos se marchaban.
   Continuamos conversando mientras ellos se iban marchando.

3 **Adivina qué estoy haciendo** En grupos de cuatro, jueguen a las adivinanzas con mímica (*charades*). Túrnense para hacer gestos que representen una acción sencilla. Adivinen cada acción usando el presente progresivo. Sigan el modelo.

MODELO
ESTUDIANTE 1 *(Sin decir nada, hace gestos para mostrar que está manejando un carro.)*
ESTUDIANTE 2 ¿Estás peleando con alguien?
ESTUDIANTE 3 ¿Estás manejando un carro?
ESTUDIANTE 1 ¡Sí! Estoy manejando un carro.

1.4 Nouns and articles

Nouns

- In Spanish, nouns (**sustantivos**) ending in **–o, –or, –l,** and **–s** are usually masculine, and nouns ending in **–a, –ora, –ión, –d,** and **–z** are usually feminine. Some nouns ending in **–ma** are masculine.

Masculine nouns	Feminine nouns
el amigo, el cuaderno	**la amiga, la palabra**
el escritor, el color	**la escritora, la computadora**
el control, el papel	**la relación, la ilusión**
el autobús, el paraguas	**la amistad, la fidelidad**
el problema, el tema	**la luz, la paz**

- Most nouns form the plural by adding **–s** to nouns ending in a vowel, and **–es** to nouns ending in a consonant. Nouns that end in **–z** change to **–c** before adding **–es**.

el hombre → los hombres | **la mujer → las mujeres**
la novia → las novias | **el lápiz → los lápices**

- If a singular noun ends in a stressed vowel, the plural form ends in **–es.** If the last syllable of a singular noun ending in **–s** is unstressed, the plural form does not change.

el tabú → los tabúes | **el lunes → los lunes**
el israelí → los israelíes | **la crisis → las crisis**

Articles

- Spanish definite and indefinite articles (**artículos definidos** e **indefinidos**) agree in gender and number with the nouns they modify.

	Definite articles		Indefinite articles	
	singular	**plural**	**singular**	**plural**
MASCULINE	**el compañero**	**los compañeros**	**un compañero**	**unos compañeros**
FEMININE	**la compañera**	**las compañeras**	**una compañera**	**unas compañeras**

- In Spanish, when an abstract noun is the subject of a sentence, a definite article is always used.

El amor es eterno.
Love is eternal.

but

Para ser modelo, necesitas belleza y altura.
In order to be a model, you need beauty and height.

- An indefinite article is not used before nouns that indicate profession or place of origin, unless they are followed by an adjective.

Juan García es profesor.
Juan García is a professor.

Juan García es **un** profesor excelente.
Juan García is an excellent professor.

Ana María es neoyorquina.
Ana María is a New Yorker.

Ana María es **una** neoyorquina orgullosa.
Ana María is a proud New Yorker.

MÁS GRAMÁTICA

This is an additional grammar point for **Lección 1 Estructura.** You may use it for review or as required by your instructor.

¡ATENCIÓN!

Some nouns may be either masculine or feminine, depending on whether they refer to a male or a female.

el/la artista *artist*
el/la estudiante *student*

Occasionally, the masculine and feminine forms have different meanings.

el capital *capital (money)*
la capital *capital (city)*

¡ATENCIÓN!

Accent marks are sometimes dropped or added to maintain the stress in the singular and plural forms.

canción → canciones
margen → márgenes

¡ATENCIÓN!

The prepositions **de** and **a** contract with the article **el**.

de + el = del
a + el = al

¡ATENCIÓN!

Singular feminine nouns that begin with a stressed **a** take **el**.

el alma → las almas
el área → las áreas

Práctica

TALLER DE CONSULTA

These activities correspond to the additional grammar point on the preceding page.

1.4 Nouns and articles

1 **Cambiar** Escribe en plural las palabras que están en singular y viceversa.

1. la compañera ___las compañeras___
2. unos amigos ___un amigo___
3. el novio ___los novios___
4. una crisis ___unas crisis___
5. unas parejas ___una pareja___
6. un corazón ___unos corazones___
7. las amistades ___la amistad___
8. el tabú ___los tabúes___

2 **Un chiste** Completa el chiste con los artículos apropiados. Recuerda que en algunos casos no debes poner ningún artículo.

(1) ___Una___ pareja se va a casar. Él tiene 90 años. Ella tiene 85. Entran en (2) ___una/la___ farmacia y (3) ___el___ novio le pregunta al farmacéutico (*pharmacist*):
—¿Tiene (4) ___x___ remedios para (5) ___el___ corazón?
—Sí —contesta (6) ___el___ farmacéutico.
—¿Tiene (7) ___x___ remedios para (8) ___la___ presión y (9) ___el___ colesterol?
—Sí —contesta nuevamente (10) ___el___ farmacéutico.
—¿Y (11) ___x___ remedios para (12) ___la___ artritis? y (13) ___el___ reumatismo?
—Sí. Ésta es (14) ___una___ farmacia completa. Tenemos de todo.
Entonces (15) ___el___ novio mira a (16) ___la___ novia y le dice:
—Querida, ¿qué te parece si hacemos aquí (17) ___la___ lista de regalos para (18) ___la___ boda?

3 **La cita** Completa el párrafo con la forma correcta de los artículos definidos e indefinidos.

Ayer tuve (1) ___una___ cita con Leonardo. Fuimos a (2) ___un___ restaurante muy romántico que está junto a (3) ___un___ bonito lago. Desde nuestra mesa, podíamos ver (4) ___el___ lago y (5) ___los/unos___ barcos que navegaban por allí. Comimos (6) ___unos___ platos muy originales. (7) ___El___ pescado que yo pedí estaba delicioso. Nos divertimos mucho, pero al salir tuvimos (8) ___un___ problema. Una de (9) ___las___ ruedas (*tires*) del carro estaba pinchada (*punctured*). ¿Puedes creer que tuve que cambiar (10) ___la___ rueda yo porque Leonardo no sabía hacerlo?

4 **Escribir** Escribe oraciones completas con las siguientes palabras; utiliza los artículos definidos e indefinidos que correspondan y haz los cambios necesarios. Answers may vary slightly.

MODELO **Elisa - ser - buena periodista**
Elisa es una buena periodista.

1. revistas del corazón - afirmar - amor -ser - eterno
   Las revistas del corazón afirman que el amor es eterno.
2. ayer - astrólogo - predecir - desgracia
   Ayer el astrólogo predijo una desgracia.
3. lunes pasado - comprar - flores - tía juanita
   El lunes pasado compré unas flores para la tía Juanita.
4. capital - venezuela - ser - caracas
   La capital de Venezuela es Caracas.
5. personas optimistas - soñar - mundo mejor
   Las personas optimistas sueñan con un mundo mejor.
6. Rodrigo - ser - alma - fiesta
   Rodrigo es el alma de la fiesta.

1.5 Adjectives

- Spanish adjectives (**adjetivos**) agree in gender and number with the nouns they modify. Most adjectives ending in **–e** or a consonant have the same masculine and feminine forms.

Adjectives

	singular	plural	singular	plural	singular	plural
MASCULINE	rojo	rojos	inteligente	inteligentes	difícil	difíciles
FEMININE	roja	rojas	inteligente	inteligentes	difícil	difíciles

- Descriptive adjectives generally follow the noun they modify. If a single adjective modifies more than one noun, the plural form is used. If at least one of the nouns is masculine, then the adjective is masculine.

  un libro **apasionante**
  a great book

  las parejas **contentas**
  the happy couples

  un carro y una casa **nuevos**
  a new car and house

  la literatura y la cultura **ecuatorianas**
  Ecuadorean literature and culture

- A few adjectives have shortened forms when they precede a masculine singular noun.

  bueno → buen **alguno → algún** **primero → primer**
  malo → mal **ninguno → ningún** **tercero → tercer**

- Some adjectives change their meaning depending on their position. When the adjective follows the noun, the meaning is more literal. When it precedes the noun, the meaning is more figurative.

	after the noun	before the noun
antiguo/a	el edificio **antiguo** *the ancient building*	mi **antiguo** novio *my old/former boyfriend*
cierto/a	una respuesta **cierta** *a right answer*	una **cierta** actitud *a certain attitude*
grande	una ciudad **grande** *a big city*	un **gran** país *a great country*
mismo/a	el artículo **mismo** *the article itself*	el **mismo** problema *the same problem*
nuevo/a	un carro **nuevo** *a (brand) new car*	un **nuevo** profesor *a new/different professor*
pobre	los estudiantes **pobres** *the students who are poor*	los **pobres** estudiantes *the unfortunate students*
viejo/a	un libro **viejo** *an old book*	una **vieja** amiga *a long-time friend*

MÁS GRAMÁTICA

This is an additional grammar point for **Lección 1 Estructura.** You may use it for review or as required by your instructor.

¡ATENCIÓN!

Adjectives ending in **–án, –ín, ón**, and **–or**, like most others, vary in both gender and number.

dormilón → dormilona
dormilones → dormilonas

Adjectives ending in **–ior** and the comparatives **mayor, menor, mejor**, and **peor** do not vary in gender.

el **niño** mayor
la **niña** mayor

Adjectives indicating nationality vary in both gender and number (except those ending in **–a, –í**, and **–e**, which vary only in number).

español → española
españoles → españolas
marroquí → marroquí
marroquíes → marroquíes

¡ATENCIÓN!

Before any singular noun (masculine or feminine), **grande** changes to **gran**.

un gran esfuerzo
a great effort

una gran autora
a great author

Práctica

TALLER DE CONSULTA

These activities correspond to the additional grammar point on the preceding page.

1.5 Adjectives

1 Descripciones **Completa cada oración con la forma correcta de los adjetivos.**

1. Mi mejor amiga es ___guapa___ (guapo) y muy ___graciosa___ (gracioso).
2. Los novios de mis hermanas son ___altos___ (alto) y ___morenos___ (moreno).
3. Javier es ___buen___ (bueno) compañero, pero es bastante ___antipático___ (antipático).
4. Mi prima Susana es ___sincera___ (sincero), pero mi primo Luis es ___falso___ (falso).
5. Sandra es una ___gran___ (grande) amiga, pero ayer tuvimos una pelea muy ___fuerte___ (fuerte).
6. No sé por qué Marcos y María son tan ___inseguros___ (inseguro) y ___tímidos___ (tímido).

2 La vida de Marina **Completa cada oración con los cuatro adjetivos.**

1. Marina busca una compañera de cuarto ___tranquila, ordenada, honesta y puntual___. (tranquilo, ordenado, honesto, puntual)
2. Se lleva bien con las personas ___sinceras, serias, alegres y trabajadoras___. (sincero, serio, alegre, trabajador)
3. Los padres de Marina son ___maduros, simpáticos, inteligentes y conservadores___. (maduro, simpático, inteligente, conservador)
4. Marina quiere ver programas de televisión más ___emocionantes, divertidos, dramáticos y didácticos___. (emocionante, divertido, dramático, didáctico)
5. Marina tiene un novio ___talentoso, simpático, creativo y sensible___. (talentoso, simpático, creativo, sensible)

Marina

3 Correo sentimental **La revista *Ellas y ellos* tiene una sección de anuncios personales. Completa este anuncio con la forma corta o larga de los adjetivos de la lista. Puedes usar los adjetivos más de una vez.**

buen	**gran**	**mal**	**ningún**	**tercer**
bueno/a	**grande**	**malo/a**	**ninguno/a**	**tercero/a**

Mi perrito y yo buscamos amor

Tengo 43 años y estoy viudo desde hace tres años. Soy un (1) ___buen___ hombre: tranquilo y trabajador. Me gustan las plantas y no tengo (2) ___ningún___ problema con mis vecinos. Cocino y plancho. Me gusta ir al cine y no me gusta el fútbol. Tengo (3) ___buen___ humor por las mañanas y mejor humor por las noches. Vivo en un apartamento (4) ___grande___ en el (5) ___tercer___ piso de un edificio de Montevideo. Sólo tengo un pequeño problema: mi perro. Algunos dicen que tiene (6) ___mal___ carácter. Otros dicen que es un (7) ___buen___ animal. Yo creo que es (8) ___bueno___, pero se siente solo, como su dueño, y nos hacemos compañía. Busco una señora viuda o soltera que también se sienta sola. ¡Si tiene un perrito, mejor!

Más práctica

2.1 Object pronouns

1 **La televisión** Completa la conversación con el pronombre adecuado.

JUANITO Mamá, ¿puedo ver televisión?
MAMÁ ¿Y la tarea? ¿Ya (1) ___la___ hiciste?
JUANITO Ya casi (2) ___la___ termino. ¿Puedo ver el programa de dibujos animados (*cartoons*)?
MAMÁ (3) ___Lo___ puedes ver hasta las siete.
JUANITO De acuerdo.
MAMÁ Pero antes de que te pongas a ver televisión, tengo algunas preguntas. ¿(4) ___Le___ vas a entregar mi carta a tu profesora?
JUANITO Sí mamá, (5) ___se___ (6) ___la___ voy a entregar mañana.
MAMÁ ¿Quién va a trabajar contigo en el proyecto de historia?
JUANITO No sé; nadie (7) ___lo___ quiere hacer conmigo.
MAMÁ Bueno, y antes de ver la tele, ¿me puedes ayudar a poner la mesa?
JUANITO ¡Cómo no, mamá! (8) ___Te___ ayudo ahora mismo.

2 **Confundido** Tu compañero/a de cuarto va a dar una fiesta este fin de semana, pero no recuerda bien algunos detalles. Contesta sus preguntas con la información que está entre paréntesis. Utiliza pronombres en tus respuestas.

MODELO **¿Quién va a traer las sillas? (Carlos y Pedro)**
Carlos y Pedro las van a traer.

1. ¿Cuándo vamos a comprar la comida? (mañana)
Mañana vamos a comprarla./ La vamos a comprar mañana. / Vamos a comprarla mañana.
2. ¿Quién nos prepara el pastel (*cake*)? (la pastelería de la Plaza Mayor)
La pastelería de la Plaza Mayor nos lo prepara. / Nos lo prepara la pastelería de la Plaza Mayor.
3. ¿Ya enviamos todas las invitaciones? (sí)
Sí, ya las enviamos.
4. ¿Quién trae los discos compactos de música latina? (Lourdes y Sara)
Lourdes y Sara los traen. / Los traen Lourdes y Sara.
5. ¿Vamos a decorar el salón? (sí)
Sí, lo vamos a decorar./ Sí, vamos a decorarlo.

3 **Tres deseos** En parejas, imaginen que encuentran a un genio (*genie*) en una botella. Él les va a hacer realidad tres deseos a cada uno. Haz una lista de los deseos que le vas a pedir. Después, díselos a tu compañero/a. Háganse preguntas sobre por qué quieren estos deseos. Utilicen por lo menos seis pronombres de complemento directo e indirecto.

MODELO —Yo quiero un jeep cuatro por cuatro.
—¿Para qué lo quieres?
—Lo quiero para manejar en cualquier tipo de terreno.

TALLER DE CONSULTA

MÁS PRÁCTICA
To see the explanation corresponding to this additional practice, see p. 54.

Más práctica

TALLER DE CONSULTA

MÁS PRÁCTICA
To see the explanation corresponding to this additional practice, see p. 58.

2.2 *Gustar* and similar verbs

1 En otras palabras **Vuelve a escribir las frases subrayadas usando los verbos de la lista.**

Answers may vary slightly.

MODELO **Mis padres adoran las novelas de García Márquez, especialmente *Cien años de soledad.***
A mis padres les encantan las novelas de García Márquez, especialmente *Cien años de soledad.*

aburrir	**(no) gustar**
caer bien/mal	**(no) interesar**
(no) doler	**molestar**
encantar	**quedar**
faltar	

1. Estoy muy interesado en el cine y por eso veo el programa de espectáculos todas las noches. Me interesa el cine...
2. Necesito ir al médico porque tengo dolor de cabeza desde hace dos días. ... me duele la cabeza desde...
3. Pablo y Roberto son muy antipáticos. No soporto hablar con ellos. Pablo y Roberto me caen mal.
4. Nos aburrimos cuando vemos películas románticas. Nos aburren las películas románticas.
5. Detesto el boliche. No me gusta el boliche.
6. Has gastado casi todo tu dinero. Sólo tienes diez dólares. Te quedan sólo diez dólares.
7. Carlos está a punto de completar su colección de monedas españolas anteriores al euro. Necesita conseguir tres más. Le faltan tres.
8. No soporto escuchar música cuando estudio. No puedo concentrarme. Me molesta escuchar música...

2 El fin de semana **Escribe ocho oraciones sobre qué te gusta y qué te molesta hacer el fin de semana. Utiliza gustar y otros verbos parecidos, como interesar, importar y molestar.**

estar en casa	**hacer ejercicio**	**ir al circo**
festejar	**hacer un picnic**	**jugar al billar**
hacer cola	**ir al cine**	**salir a comer**

3 Gustos **Utiliza la información suministrada y los verbos parecidos a gustar para investigar los gustos de tus compañeros/as de clase. Toma nota de las respuestas de cada compañero/a que entrevistes y comparte la información con la clase.**

MODELO **molestar / tener clase a las ocho de la mañana**
—A Juan y a Marcela no les molesta tener clase a las ocho de la mañana. En cambio, a Carlos le molesta porque...

1. encantar / fiestas de cumpleaños
2. fascinar / el mundo de Hollywood
3. disgustar / leer las noticias
4. molestar / conocer a personas nuevas
5. interesar / saber lo que mis amigos piensan de mí
6. aburrir / escuchar música todo el día

Más práctica

2.3 Reflexive verbs

TALLER DE CONSULTA

MÁS PRÁCTICA
To see the explanation corresponding to this additional practice, see p. 62

1) **¿Qué hacen estas personas?** Escribe cinco oraciones combinando elementos de las tres columnas.

MODELO Yo me acuesto a las once de la noche.

mis padres	aburrirse	a las 6 de la mañana
yo	acostarse	a las 9 de la mañana
mis amigos y yo	afeitarse	a las 3 de la tarde
tú	divertirse	por la tarde
mi compañero/a de cuarto	dormirse	el viernes por la noche
ustedes	levantarse	a las once de la noche
mi hermano/a	maquillarse	todos los días

2) **Reflexivos** Algunos verbos cambian de significado cuando se usan en forma reflexiva. Completa las oraciones con la forma adecuada del verbo indicado.

MODELO Yo me acuesto a las once de la noche.

1. Yo siempre __duermo__ (dormir/dormirse) bien cuando estoy en mi casa de verano.
2. Carlos, ¿__te acuerdas__ (acordar/acordarse) de cuando fuimos de vacaciones a Cancún hace dos años?
3. Si estamos tan cansados de la ciudad, ¿por qué no __nos mudamos__ (mudar/mudarse) a una casa junto al lago?
4. No me gusta esta fiesta. Quiero __irme__ (ir/irse) cuanto antes.
5. Cristina y Miguel __llevan__ (llevar/llevarse) tortillas a la fiesta.
6. Mi abuela va a __poner__ (poner/ponerse) una foto de todos sus nietos en el salón.

3) **Los sábados** Sigue los pasos para determinar si tú y tus compañeros/as participan en actividades parecidas (*similar*) los sábados. Comparte tus conclusiones con el resto de la clase. Usa verbos reflexivos en las preguntas y respuestas.

- **Paso 1** Haz una lista detallada de las cosas que normalmente haces los sábados.
- **Paso 2** Entrevista a un(a) compañero/a para ver si comparten alguna actividad.
- **Paso 3** Compara la información con el resto de la clase. ¿Siguen los estudiantes la misma rutina durante los fines de semana?

MÁS GRAMÁTICA

This is an additional grammar point for **Lección 2 Estructura.** You may use it for review or as required by your instructor.

2.4 Demonstrative adjectives and pronouns

- Demonstrative adjectives (**adjetivos demostrativos**) specify to which noun a speaker is referring. They precede the nouns they modify and agree in gender and number.

este torneo	**esa** entrenadora	**aquellos** deportistas
this tournament	*that coach*	*those athletes (over there)*

Demonstrative adjectives

singular		plural		
masculine	**feminine**	**masculine**	**feminine**	
este	esta	estos	estas	*this; these*
ese	esa	esos	esas	*that; those*
aquel	aquella	aquellos	aquellas	*that; those (over there)*

- Spanish has three sets of demonstrative adjectives. Forms of **este** are used to point out nouns that are close to the speaker and the listener. Forms of **ese** modify nouns that are not close to the speaker, though they may be close to the listener. Forms of **aquel** refer to nouns that are far away from both the speaker and the listener.

No me gustan **estos** zapatos.

Prefiero **esos** zapatos.

Aquel carro es de Ana.

- Demonstrative pronouns (**pronombres demostrativos**) are identical to demonstrative adjectives, except that they traditionally carry an accent mark on the stressed vowel. They agree in gender and number with the nouns they replace.

¿Quieres comprar esta **radio**?	No, no quiero **ésta**. Quiero **ésa**.
Do you want to buy this radio?	*No, I don't want this one. I want that one.*
¿Leíste estos **libros**?	No leí **éstos**, pero sí leí **aquéllos**.
Did you read these books?	*I didn't read these, but I did read those (over there).*

- There are three neuter demonstrative pronouns: **esto, eso,** and **aquello**. These forms refer to unidentified or unspecified things, situations, or ideas. They do not vary in gender or number and they never carry an accent mark.

¿Qué es **esto**?	**Eso** es interesante.	**Aquello** es bonito.
What is this?	*That's interesting.*	*That's pretty.*

Práctica

2.4 Demonstrative adjectives and pronouns

TALLER DE CONSULTA

These activities correspond to the additional grammar point on the preceding page.

1 En el centro comercial Completa las oraciones con la forma correcta de los adjetivos entre paréntesis.

1. Quiero comprar __ese__ (*that*) videojuego.
2. Nosotros queremos comprar __aquella__ (*that over there*) computadora.
3. __Estos__ (*These*) pantalones son muy baratos.
4. Yo voy a escoger __esta__ (*this*) falda que está a mitad de precio.
5. También quiero comprar alguna de __esas__ (*those*) películas en DVD.
6. Antes de irnos, vamos a comer algo en __aquel__ (*that over there*) restaurante.

2 Pronombres Completa cada oración con la forma correcta de los pronombres demostrativos de acuerdo con la traducción que aparece entre paréntesis.

1. Esta campeona es muy humilde, pero __ésa__ (*that one*) es muy arrogante.
2. Este deportista juega bien, no como __ésos__ (*those*) del otro equipo.
3. Esos dardos no tienen punta; usa __aquéllos__ (*the ones over there*).
4. No conozco a esta entrenadora, pero sí conozco a __aquélla__ (*that one over there*).
5. Aquellos asientos son muy buenos, pero de todas formas, yo prefiero sentarme en __éste__ (*this one*).
6. Esta cancha de fútbol está muy mojada. ¿Podemos jugar en __ésa__ (*that one*)?

3 ¿Adjetivos o pronombres?

A. Elige los adjetivos o los pronombres apropiados.

A mi hermano Esteban no le gustan las películas de acción y a mí, sí. (1) __Ése__ (Ese / Ése) es el problema que siempre tenemos cuando queremos ir al cine. (2) __Este__ (Este / Éste) fin de semana, por ejemplo, estrenan la película *Persecución sin fin* en (3) __ese__ (ese / ése) cine nuevo que abrió enfrente de (4) __ese__ (ese / ése) restaurante que tanto me gusta. Cuando le mandé un mensaje por correo electrónico a mi hermano, enseguida respondió: "(5) __Ésa__ (Esa / Ésa) no la veo ni loco. (6) __Esas__ (Esas / Ésas) películas de acción son siempre iguales. El bueno y el malo pelean y el bueno siempre gana. Por (7) __eso__ (ese / ése / eso), yo prefiero las películas históricas o los dramas. Por lo menos en (8) __ésas__ (esas / ésas) suele haber diálogos inteligentes y no persecuciones tontas y peleas exageradas". ¡Cómo cambiaron los gustos de mi hermano desde (9) __aquella__ (aquella / aquélla) época en la que íbamos a ver todas las películas de superhéroes!

B. En parejas, imaginen que los dos hermanos hablan por teléfono. El hermano de Esteban todavía tiene esperanzas de convencerlo para ir a ver *Persecución sin fin*. Improvisen la conversación entre los dos hermanos. Usen por lo menos cinco adjetivos o pronombres demostrativos.

MÁS GRAMÁTICA

This is an additional grammar point for **Lección 2 Estructura.** You may use it for review or as required by your instructor.

2.5 Possessive adjectives and pronouns

- Possessive adjectives (**adjetivos posesivos**) are used to express ownership or possession. Spanish has two types: the short, or unstressed, forms and the long, or stressed, forms. Both forms agree in gender, when applicable, and number with the object owned, and not with the owner.

Possessive adjectives

short forms (unstressed)		long forms (stressed)	
mi(s)	*my*	**mío/a(s)**	*my; (of) mine*
tu(s)	*your*	**tuyo/a(s)**	*your; (of) yours*
su(s)	*your; his; hers; its*	**suyo/a(s)**	*your; (of) yours; his; (of) his; hers; (of) hers; its; (of) its*
nuestro/a(s)	*our*	**nuestro/a(s)**	*our; (of) ours*
vuestro/a(s)	*your*	**vuestro/a(s)**	*your; (of) yours*
su(s)	*your; their*	**suyo/a(s)**	*your; (of) yours; their; (of) theirs*

- Short possessive adjectives precede the nouns they modify.

En **mi** opinión, esa película es pésima.
In my opinion, that movie is awful.

Nuestras revistas favoritas son *Vanidades* y *Latina.*
Our favorite magazines are Vanidades *and* Latina.

¡ATENCIÓN!

After the verb **ser**, stressed possessives are used without articles.

¿Es tuya la calculadora?
Is the calculator yours?

No, no es mía.
No, it is not mine.

- Stressed possessive adjectives follow the nouns they modify. They are used for emphasis or to express the phrases of mine, of yours, etc. The nouns are usually preceded by a definite or indefinite article.

mi amigo → **el** amigo **mío**
my friend *friend of mine*

tus amigas → **las** amigas **tuyas**
your friends *friends of yours*

- Because **su(s)** and **suyo/a(s)** have multiple meanings (your, his, her, its, their), the construction [article] + [noun] + **de** + [subject pronoun] is commonly used to clarify meaning.

su casa / **la casa suya** ▶	**la casa de él/ella**	*his/her house*
	la casa de usted/ustedes	*your house*
	la casa de ellos/ellas	*their house*

¡ATENCIÓN!

The neuter form **lo** + [*singular stressed possessive*] is used to refer to abstract ideas or concepts such as *what is mine* and *what belongs to you.*

Quiero lo mío.
I want what is mine.

- Possessive pronouns (**pronombres posesivos**) have the same forms as stressed possessive adjectives and are preceded by a definite article. Possessive pronouns agree in gender and number with the nouns they replace.

No encuentro mi **libro**. ¿Me prestas **el tuyo**?
I can't find my book. Can I borrow yours?

Si la **fotógrafa** suya no llega, **la nuestra** está disponible.
If your photographer doesn't arrive, ours is available.

Práctica

2.5 Possessive adjectives and pronouns

TALLER DE CONSULTA

These activities correspond to the additional grammar point on the preceding page.

1 ¿De quién hablan? **En un programa de entrevistas, varias personas famosas hacen comentarios. Completa sus oraciones con los adjetivos posesivos que faltan.**

1. La actriz Fernanda Lora habla sobre su esposo: "__Mi__ esposo siempre me acompaña a los estrenos, aunque __su__ trabajo le exija estar en otro sitio".
2. Los integrantes del famoso dúo Maite y Antonio hablan sobre su hijo: "__Nuestro__ hijo empezó a cantar a los dos años".
3. El actor Saúl Mar habla de su ex esposa, la modelo Serafina: "__Mi__ ex ya no es tan guapa como antes, aunque __sus__ *fans* piensen lo contrario".

2 ¿Es tuyo...? **Escribe preguntas con ser y contéstalas usando el pronombre posesivo que corresponde a la(s) persona(s) indicada(s). Sigue el modelo.**

MODELO **tú / libro / yo**
—¿Es tuyo este libro?
—Sí, es mío.

1. ustedes / cartas / nosotros
   ¿Son suyas estas cartas?
   Sí, son nuestras.
2. ella / bicicleta / ella
   ¿Es suya esta bicicleta?
   Sí, es suya.
3. yo / café / tú
   ¿Es mío este café?
   Sí, es tuyo.
4. nosotros / periódicos / yo
   ¿Son nuestros estos periódicos?
   No, son míos.
5. tú / disco compacto / ellos
   ¿Es tuyo este disco compacto?
   No, es suyo.
6. él / ideas / nosotros
   ¿Son suyas estas ideas?
   No, son nuestras.

3 Durante el almuerzo **Durante la hora del almuerzo, tres compañeros de trabajo tratan de conocerse mejor. Completa la conversación con los posesivos adecuados. Cuando sea necesario, añade también el artículo definido correspondiente.**

MANUEL (1) __Mis__ películas favoritas son las de acción. ¿Y (2) __las suyas/las tuyas__?

JUAN A mí no me gusta el cine.

AGUSTÍN A mí tampoco, pero a (3) __mi__ esposa le gustan las películas clásicas. Lo mío es el deporte.

JUAN Yo detesto el deporte. (4) __Mi__ pasatiempo favorito es la música.

MANUEL ¡Ahh! ¿Es (5) __tuya__ la guitarra que vi en la oficina?

JUAN Sí, es (6) __mía__. Después del trabajo, nos reunimos en la casa de un amigo (7) __mío__ y tocamos un poco. A (8) __mis__ amigos y a mí nos gusta el rock. (9) __Nuestros__ músicos preferidos son...

AGUSTÍN ¡No te molestes en nombrarlos! No sé nada de música.

MANUEL Parece que (10) __nuestros__ gustos son muy distintos.

Más práctica

TALLER DE CONSULTA

MÁS PRÁCTICA
To see the explanation corresponding to this additional practice, see p. 94.

3.1 The preterite

1 **Conversación telefónica** La mamá de Andrés lo llama para saber cómo fue su semana. Completa la conversación con el pretérito de los verbos de la lista. Algunos verbos se repiten.

andar	dar	ir	ser
barrer	hacer	quitar	tener

MAMÁ Hola, Andrés, ¿cómo te va?

ANDRÉS Bien, mamá. ¿Y a ti?

MAMÁ También estoy bien. ¿Qué tal las clases?

ANDRÉS En la clase de historia (1) ___tuve/hice___ un examen el lunes. En la clase de química, el profesor nos (2) ___hizo___ una demostración en el laboratorio.

MAMÁ ¿Y el resto de las clases?

ANDRÉS (3) ___Fueron___ muy fáciles, pero los profesores nos (4) ___dieron___ mucha tarea.

MAMÁ ¿Cómo está tu apartamento? ¿Está muy sucio (*dirty*)?

ANDRÉS ¡Está perfecto! Ayer (5) ___hice___ la limpieza: (6) ___barrí___ el piso y (7) ___quité___ el polvo de los muebles.

MAMÁ ¿Qué hiciste con tus amigos el sábado por la noche?

ANDRÉS Nosotros (8) ___anduvimos___ por el centro de la ciudad y (9) ___fuimos___ a un restaurante. (10) ___Fue/Tuvimos___ una noche muy divertida.

2 **Vienen los abuelitos** Tus abuelos vienen a tu casa para pasar el fin de semana. Tu mamá quiere saber si ya hiciste todo lo que te pidió, pero tú ya sabes lo que te va a preguntar. Completa sus preguntas y después contéstalas.

MODELO **¿Ya... (conseguir las entradas para el concierto)?**
—¿Ya conseguiste las entradas para el concierto?
—Sí, mamá, ya conseguí las entradas para el concierto.

1. ¿Ya... (lavar los platos)? ¿Ya lavaste los platos? Sí, mamá, ya lavé los platos.
2. ¿Ya... (ir al supermercado)? ¿Ya fuiste al supermercado? Sí, mamá, ya fui al supermercado.
3. ¿Ya... (pasar la aspiradora)? ¿Ya pasaste la aspiradora? Sí, mamá, ya pasé la aspiradora.
4. ¿Ya... (quitar tus cosas de la mesa)? ¿Ya quitaste tus cosas de la mesa? Sí, mamá, ya quité mis cosas de la mesa.
5. ¿Ya... (hacer las reservaciones en el restaurante)? ¿Ya hiciste las reservaciones en el restaurante? Sí, mamá, ya hice las reservaciones.
6. ¿Ya... (limpiar el baño)? ¿Ya limpiaste el baño? Sí, mamá, ya limpié el baño.

 3 **Un problema** Quieres devolver unos zapatos que te compraste hace dos semanas y pedir un reembolso, pero la zapatería no acepta cambios después de una semana. En parejas, improvisen una conversación en la que el/la cliente trata de convencer al/a la gerente (*manager*) de que le devuelva el dinero.

Más práctica

3.2 The imperfect

1 **Antes** Forma oraciones con estos elementos para explicar qué hacían antes estas personas.

MODELO mi tía / siempre / cocinar / una sopa deliciosa
Antes, mi tía siempre cocinaba una sopa deliciosa.

1. yo / barrer / la escalera de mi casa / a menudo
   Antes, yo barría la escalera de mi casa a menudo.
2. mi hermano pequeño / casi nunca / apagar / la luz de su habitación
   Antes, mi hermano pequeño casi nunca apagaba la luz de su habitación.
3. la ropa / ser / más barata
   Antes, la ropa era más barata.
4. mis amigas / apenas / ir / al centro comercial.
   Antes, mis amigas apenas iban al centro comercial.
5. tú / quitar / el polvo de los muebles / a veces
   Antes, tú quitabas el polvo de los muebles a veces.

2 **Oraciones incompletas** Termina las oraciones con el imperfecto.

1. Cuando yo era niño/a, ______.
2. Todos los veranos mi familia y yo ______.
3. En la escuela primaria mis maestros nunca ______.
4. Mis hermanos y yo siempre ______.
5. Mi abuela siempre ______.

3 **Un robo** El sábado unos jóvenes le robaron el bolso a una anciana en el parque. Tú eres uno de los testigos. Contesta las preguntas de la policía usando el imperfecto.

1. ¿Dónde estabas alrededor de las dos de la tarde?
   ______
2. ¿Qué llevabas puesto (*were you wearing*)?
   ______
3. ¿Qué hacías en el parque?
   ______
4. ¿Quiénes estaban contigo?
   ______
5. ¿Qué otras personas había en el parque? ¿Qué hacían estas personas?
   ______

4 **¿Cómo ha cambiado tu vida?** En parejas, comparen la escuela secundaria con la universidad. Escriban una lista de las responsabilidades que tienen ahora y las que tenían antes.

MODELO Cuando estaba en la escuela secundaria no tenía mucha tarea, pero ahora tengo muchísima. Me paso el día entero en la biblioteca.

TALLER DE CONSULTA

MÁS PRÁCTICA
To see the explanation corresponding to this additional practice, see p. 98.

Más práctica

TALLER DE CONSULTA

MÁS PRÁCTICA
To see the explanation corresponding to this additional practice, see p. 102.

3.3 The preterite vs. the imperfect

1. **¿Pretérito o imperfecto?** Indica si normalmente debes usar el pretérito (P) o el imperfecto (I) con estas expresiones de tiempo. Después escribe cinco oraciones completas que contengan estas expresiones. Some answers may vary.

   P/I el año pasado
   I todos los días
   I siempre
   I mientras
   P ayer por la noche
   P el domingo pasado
   I todas las tardes
   P una vez

2. **Distintos significados** Completa las oraciones con el pretérito o el imperfecto de los verbos entre paréntesis. Recuerda que cuando se usan estos verbos en el pretérito tienen un significado distinto al del imperfecto.

   1. Cuando yo era niño, nunca quería (querer) limpiar mi habitación, pero mis padres me obligaban a hacerlo.
   2. Mi amigo ya podía (poder) hablar chino y japonés cuando tenía siete años.
   3. Finalmente, después de preguntar por todos lados, Ana supo (saber) cómo solicitar una tarjeta de crédito.
   4. Mis padres querían (querer) comprarse una aspiradora. Estaban cansados de barrer.
   5. Se rompió el timbre. Por suerte, mi amigo Juan Carlos pudo (poder) venir enseguida a arreglarlo.
   6. Mi hermano conoció (conocer) a su novia en el centro comercial.
   7. Mi abuela sabía (saber) cocinar muy bien.
   8. Miguel y Roberto completaron el formulario, pero no quisieron (querer) contestar la última pregunta.

3. **Mi mejor año** ¿Cuál fue tu mejor año en la escuela? Escribe una historia breve sobre ese año especial. Recuerda que para narrar series de acciones completas debes usar el pretérito y para describir el contexto o acciones habituales en el pasado debes usar el imperfecto. Comparte tu historia con la clase.

   MODELO Creo que mi mejor año fue el segundo grado. Yo vivía con mi familia en Toronto, pero ese año nos mudamos a Vancouver.

4. **Cuentos populares** En grupos de tres, escojan un cuento popular que conozcan. Escríbanlo cambiando completamente el papel (*role*) de los personajes y los hechos. Utilicen el pretérito y el imperfecto. Después, representen una escena de su cuento para la clase.

   MODELO Había una vez tres cerditos muy malos que querían atacar a un lobito muy bueno…

3.4 Telling time

- The verb **ser** is used to tell time in Spanish. The construction **es + la** is used with **una,** and **son + las** is used with all other hours.

¿Qué hora es? *What time is it?*	Es la **una.** *It is one o'clock.* Son las **tres.** *It is three o'clock.*

- The phrase **y** + [*minutes*] is used to tell time from the hour to the half-hour. The phrase **menos** + [*minutes*] is used to tell time from the half-hour to the hour, and is expressed by subtracting minutes from the next hour.

Son las once **y veinte.**

Es la una **menos cuarto.**

Son las doce **menos diez.**

- To ask at what time an event takes place, the phrase **¿A qué hora (...)?** is used. To state at what time something takes place, use the construction **a la(s)** + [*time*].

¿A qué hora es la fiesta?
(At) what time is the party?

La fiesta es **a las ocho.**
The party is at eight.

- The following expressions are used frequently for telling time.

Son las siete **en punto.**
It's seven o'clock on the dot/sharp.

Son **las doce del mediodía.**/Es **(el) mediodía.**
It's 12 p.m./It's noon.

Son **las doce de la noche.** /Es **(la) medianoche.**
It's 12 a.m./It's midnight.

Son las nueve **de la mañana.**
It's 9 a.m./in the morning.

Son las cuatro y cuarto **de la tarde.**
It's 4:15 p.m./in the afternoon.

Son las once y media **de la noche.**
It's 11:30 p.m./at night.

- The imperfect is generally used to tell time in the past. However, the preterite may be used to describe an action that occurred at a particular time.

¿Qué hora **era** cuando llegaste?
What time was it when you arrived?

Eran las cuatro de la mañana.
It was four o'clock in the morning.

¿A qué hora **fueron** al cine?
At what time did you go to the movies?

Fuimos a las nueve.
We went at nine o'clock.

MÁS GRAMÁTICA

This is an additional grammar point for **Lección 3 Estructura.** You may use it for review or as required by your instructor.

¡ATENCIÓN!

The phrases **y media** (*half past*) and **y/menos cuarto** (*quarter past/of*) are usually used instead of **treinta** and **quince**.

Son las doce y media.
It's 12:30/half past twelve.

Son las nueve menos cuarto.
It's 8:45/quarter to nine.

¡ATENCIÓN!

Note that **es** is used to state the time at which a single event takes place.

Son las dos.
It is two o'clock.

Mi clase es a las dos.
My class is at two o'clock.

Práctica

TALLER DE CONSULTA

These activities correspond to the additional grammar point on the preceding page.

3.4 Telling time

1 La hora Escribe la hora que aparece en cada reloj usando oraciones completas.

1. Son las siete y cuarto/quince.

2. Es la una y media/treinta.

3. Son las doce del mediodía./ Es (el) mediodía.

4. Son las dos menos cinco.

5. Son las tres y veintidós (de la tarde).

6. Son las cuatro y veinte.

2 ¿Qué hora es? Da la hora usando oraciones completas.

1. 1:10 p.m. Es la una y diez de la tarde.
2. 6:30 a.m. Son las seis y media/treinta de la mañana.
3. 8:45 p.m. Son las nueve menos cuarto/quince de la noche.
4. 11:00 a.m. Son las once (en punto) de la mañana.
5. 2:55 p.m. Son las tres menos cinco de la tarde.
6. 12:00 a.m. Son las doce de la noche./Es (la) medianoche.

3 Retraso Hoy tienes un mal día y estás atrasado/a en todo. Usa la información para explicar a qué hora hiciste cada cosa y por qué te retrasaste. Sigue el modelo.

MODELO **ir al centro comercial – 9 a.m. (15 minutos)**
Tenía que ir al centro comercial a las nueve de la mañana, pero llegué a las nueve y cuarto porque el autobús se retrasó.

1. levantarme – 7 a.m. (30 minutos)
2. desayunar – 8 a.m. (2 horas y media)
3. reunirme con la profesora de química – 11 a.m. (1 hora)
4. escribir el ensayo para la clase de literatura – 3 p.m. (2 horas y cuarto)
5. llamar a mis padres – 5 p.m. (3 horas y media)
6. limpiar mi casa – 3 p.m. (¡Todavía no has empezado!)

Más práctica

4.1 The subjunctive in noun clauses

1 **El doctor** El doctor González escribe informes con el diagnóstico y las recomendaciones para cada paciente. Completa los informes con el indicativo o el subjuntivo de los verbos entre paréntesis.

Informe 1

Don José, creo que usted (1) sufre (sufrir) de mucho estrés. Usted (2) trabaja (trabajar) demasiado y no (3) se cuida (cuidarse) lo suficiente. Es necesario que usted (4) duerma (dormir) más horas. No creo que usted (5) necesite (necesitar) tomar medicinas, pero es importante que (6) controle (controlar) su alimentación y (7) mantenga (mantener) una dieta más equilibrada.

Informe 2

Carlitos, no hay duda de que tú (8) tienes (tener) varicela (*chicken pox*). Es una enfermedad muy contagiosa y por eso es necesario que (9) te quedes (quedarse) en casa una semana. Como no podrás asistir a la escuela, te recomiendo que (10) hables (hablar) con uno de tus compañeros y que (11) hagas (hacer) la tarea regularmente. Quiero que (12) te apliques (aplicarse) (*to apply*) esta crema si te pica (*itches*) mucho la piel.

Informe 3

Susana y Pedro, es obvio que ustedes (13) tienen (tener) gripe. Para aliviar la tos, los recomiendo que (14) tomen (tomar) este jarabe por la mañana y estas pastillas por la noche. No creo que (15) necesiten (necesitar) quedarse en cama. Les recomiendo que (16) beban (beber) mucho líquido y que (17) coman (comer) muchas frutas y verduras. Estoy seguro de que en unos días (18) van (ir) a sentirse mejor.

TALLER DE CONSULTA

MÁS PRÁCTICA
To see the explanation corresponding to this additional practice, see p. 134.

2 **¿Cómo terminan?** Escribe un final original para cada oración. Recuerda usar el subjuntivo cuando sea necesario.

1. Es imposible que hoy...
2. Dudo mucho que el profesor...
3. No es cierto que mis amigos y yo...
4. Es muy probable que yo...
5. Es evidente que en el hospital...
6. Los médicos recomiendan que...

3 **Reacciones** En grupos de cinco, digan cómo reaccionarían ante estas situaciones. Deben usar el subjuntivo en sus respuestas para mostrar emoción, incredulidad, alegría, rechazo, insatisfacción, etc.

MODELO **Acabas de ganar un millón de dólares.**
¡Es imposible que sea verdad! No puedo creer que...

1. Un día vas al banco y te dicen que ya no te queda ni un centavo. No vas a poder comer esta semana.
2. Oyes que el agua que tomas del grifo (*tap*) está contaminada y que todos los habitantes de la ciudad se van a enfermar.
3. Llegas a la universidad el primer día y te dicen que no hay espacio para ti en la residencia estudiantil. Vas a tener que dormir en un hotel.
4. Tu novio/a te declara su amor e insiste en que se casen este mismo mes.
5. Tu nuevo/a compañero/a de cuarto te dice que tiene la gripe aviar (*bird flu*). Es muy contagiosa.
6. Acabas de ver a tu ex hablando mal de ti enfrente de millones de televidentes.

Más práctica

TALLER DE CONSULTA

MÁS PRÁCTICA
To see the explanation corresponding to this additional practice, see p. 140.

4.2 Commands

1 **Las indicaciones del médico** Lee los problemas de estos pacientes. Luego, completa las órdenes y recomendaciones que su médico les da.

Don Mariano y doña Teresa no duermen bien y sufren de mucha presión en el trabajo.	1. __Tomen__ (tomar) té de manzanilla y __acuéstense__ (acostarse) siempre a la misma hora. 2. No __trabajen__ (trabajar) los domingos.
Juan come muchos dulces y tiene caries (*cavities*).	3. (Tú) __Cepíllate__ (cepillarse) los dientes dos veces por día. 4. No __comas__ (comer) más dulces.
La señora Ortenzo se lastimó jugando al tenis. Le duele el pie derecho.	5. (Usted) __Quédese__ (quedarse) en cama dos días. 6. No __mueva__ (mover) el pie y no __camine__ (caminar) sin muletas (*crutches*).
Carlos y Antonio trasnochan con frecuencia y no llevan una dieta sana.	7. __Duerman__ (dormir) por lo menos ocho horas cada noche. 8. No __vayan__ (ir) a clase sin antes comer un desayuno saludable.

2 **Antes y ahora** ¿Te daban órdenes tus padres cuando eras niño/a? ¿Te siguen dando órdenes? Escribe cinco mandatos que te daban cuando eras niño/a y cinco que te dan ahora. Utiliza mandatos informales afirmativos y negativos.

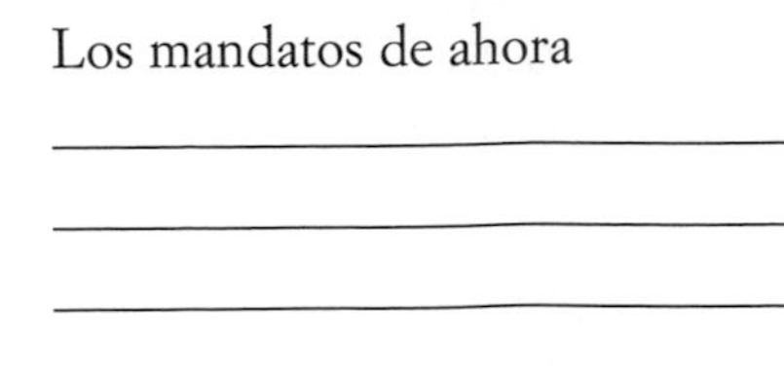

Los mandatos de antes

____
____
____
____
____

Los mandatos de ahora

____
____
____
____
____

3 **El viernes por la noche** Tú y tus amigos están pensando en qué hacer este viernes. Tú sugieres actividades (usa mandatos con **nosotros/as**), pero tus compañeros/as rechazan (*reject*) tus ideas y sugieren otras. En grupos de tres, representen la conversación.

MODELO

ESTUDIANTE 1 Vayamos al cine esta noche.
ESTUDIANTE 2 No quiero porque no tengo dinero. Quedémonos en casa y veamos la tele.
ESTUDIANTE 3 Pues, alquilemos una película entonces...

Más práctica

4.3 *Por* and *para*

TALLER DE CONSULTA

MÁS PRÁCTICA
To see the explanation corresponding to this additional practice, see p. 144.

① **El viaje de Carla** Carla está planeando pasar el verano en Bogotá para tomar cursos en la Universidad Nacional de Colombia. Une las frases para completar sus comentarios sobre el viaje.

_b/h_ 1. Este verano viajaré a Bogotá
_e/b_ 2. Es un programa de intercambio organizado
_a_ 3. Estudiantes de varias universidades nos reuniremos en Miami y de allí saldremos
_f_ 4. Extrañaré a mi familia, pero prometen llamarme
_h_ 5. Quisiera pasar un año allá, pero sólo puedo ir
_g_ 6. Antes de volver a Nueva York, espero viajar
_d_ 7. Quiero perfeccionar el español
_c_ 8. En el futuro, espero trabajar

a. para Bogotá.
b. para estudiar español.
c. para la embajada (*embassy*).
d. para trabajar en Latinoamérica después de graduarme.
e. por mi universidad en Nueva York.
f. por teléfono una vez por semana.
g. por todo el país.
h. por tres meses.

② **Instrucciones para cuidar al perro** Este fin de semana te toca cuidar al perro de tus vecinos y ellos están muy preocupados. Completa su lista de instrucciones con **por** o **para**.

1. *Si el perro está muy deprimido, llama al veterinario* _por_ *teléfono.*
2. *Si está un poco triste, haz todo lo que puedas* _para_ *darle ánimo.*
3. *Últimamente tiene problemas de digestión y debe tomar una medicina* _para_ *el estómago.*
4. _Para_ *ver si el perro tiene fiebre, usa este termómetro.*
5. *No es* _para_ *tanto si no te saluda cuando entras en la casa; cuando te conozca mejor y te tenga más confianza comenzará a saludarte.*
6. *Sácalo a pasear todos los días de la semana: el ejercicio es bueno* _para_ *los perros.*
7. *Nuestra rutina es caminar media hora* _por_ *el parque.*
8. *Dale su medicina tres veces* _por_ *día.*

③ **Un acontecimiento increíble** ¿Alguna vez te ha ocurrido algo inusual o difícil de creer? Cuéntale a tu compañero/a un acontecimiento increíble que te haya ocurrido, o inventa uno. Incluye al menos cuatro expresiones de la lista.

para colmo	no estar para bromas	por casualidad	por más/mucho que
para que sepas	no ser para tanto	por fin	por supuesto

MÁS GRAMÁTICA

This is an additional grammar point for **Lección 4 Estructura.** You may use it for review or as required by your instructor.

4.4 The subjunctive with impersonal expressions

- The subjunctive is frequently used in subordinate clauses following impersonal expressions.

IMPERSONAL EXPRESSION	CONNECTOR	SUBORDINATE CLAUSE
Es urgente	**que**	**vayas al hospital.**

- Impersonal expressions that indicate will, desire, or emotion are usually followed by the subjunctive.

es bueno *it's good*	**es necesario** *it's necessary*
es extraño *it's strange*	**es ridículo** *it's ridiculous*
es importante *it's important*	**es terrible** *it's terrible*
es imposible *it's impossible*	**es una lástima** *it's a shame*
es malo *it's bad*	**es una pena** *it's a pity*
es mejor *it's better*	**es urgente** *it's urgent*

Es una lástima que **estés** con gripe.
It's a shame you have the flu.

Es mejor que te **acompañen.**
It's better that they go with you.

- Impersonal expressions that indicate certainty trigger the indicative in the subordinate clause. When they express doubt about the action or condition in the subordinate clause, the subjunctive is used.

indicative	subjunctive
es cierto *it's true*	**no es cierto** *it's untrue*
es obvio *it's obvious*	**no es obvio** *it's not obvious*
es seguro *it's certain*	**no es seguro** *it's not certain*
es verdad *it's true*	**no es verdad** *it's not true*

Es verdad que Juan está triste, pero **no es cierto** que **esté** deprimido.
It's true that Juan is sad, but it's not true that he is depressed.

Es obvio que usted tiene una infección, pero **es improbable** que **sea** contagiosa.
It's obvious that you have an infection, but it's unlikely that it's contagious.

- When an impersonal expression is used to make a general statement or suggestion, the infinitive is used in the subordinate clause. When a new subject is introduced, the subjunctive is used instead.

Es importante hacer ejercicio.
It's important to exercise.

No es seguro caminar solo por la noche.
It's not safe to walk around alone at night.

Es importante que los niños **hagan** ejercicio.
It's important for children to exercise.

No es seguro que **camines** solo por la noche.
It's not safe for you to walk around alone at night.

Práctica

4.4 The subjunctive with impersonal expressions

TALLER DE CONSULTA

These activities correspond to the additional grammar point on the preceding page.

1 **Pórtate bien** Los padres de Álvaro se van de viaje y le dejan una nota a su hijo con algunas cosas que tiene que hacer. Completa la nota con el presente del subjuntivo de los verbos entre paréntesis.

¡No te olvides!

Sabemos que es imposible que (1) te acuestes (acostarse) temprano, pero es importante que (2) te levantes (levantarse) antes de las 8:00 y que (3) lleves (llevar) el carro al mecánico. El martes es necesario que (4) vayas (ir) a casa de tu tía Julia y le (5) lleves (llevar) nuestro regalo. Como la pastelería queda cerca del mecánico, es mejor que (6) pases (pasar) a recoger el pastel de cumpleaños cuando vayas a recoger el carro el lunes por la tarde. Y, bueno, hijo, es una lástima que no (7) puedas (poder) venir con nosotros.

¡Cuídate mucho!
Mamá y papá

2 **Obligaciones** Piensa en las obligaciones de los padres para con los hijos y viceversa. Completa el cuadro con frases impersonales que requieran el subjuntivo.

Las obligaciones de los padres y de los hijos

padres	hijos
Es importante que los padres escuchen a sus hijos.	

3 **Pareja ideal** En grupos de cuatro, piensen en su pareja ideal y comenten cómo debe ser. Cada uno/a de ustedes debe escribir por lo menos cinco oraciones con frases impersonales.

es bueno	es mejor
es importante	es necesario
es malo	es ridículo

Más práctica

TALLER DE CONSULTA

MÁS PRÁCTICA
To see the explanation corresponding to this additional practice, see p. 176.

5.1 Comparatives and superlatives

1 **Los medios de transporte** Escribe seis oraciones completas para comparar los medios de transporte de la lista. Utiliza por lo menos tres comparativos y tres superlativos. Debes hacer comparaciones con respecto a estos aspectos:

- la rapidez
- la comodidad
- la diversión
- el precio

medios de transporte
autobús, avión, bicicleta, carro, metro, taxi, tren

MODELO Para viajar por la ciudad, el taxi es más caro que el autobús. / El avión es el medio más rápido de todos.

2 **El absoluto** Utiliza el superlativo absoluto (**-ísimo/a**) para escribir oraciones completas. Sigue el modelo.

MODELO **elefantes / animales / grande**
Los elefantes son unos animales grandísimos.

1. diamantes / joyas / caro Los diamantes son unas joyas carísimas.
2. avión / medio de transporte / rápido El avión es un medio de transporte rapidísimo.
3. Bill Gates / persona / rico Bill Gates es una persona riquísima.
4. el puente de Brooklyn / largo El puente de Brooklyn es larguísimo.
5. la clase de inglés / fácil La clase de inglés es facilísima.
6. Dakota Fanning / actriz / joven Dakota Fanning es una actriz jovencísima.
7. El F.C. Barcelona / equipo de fútbol español / famoso El F.C. Barcelona es un equipo de fútbol español famosísimo.
8. el Río de la Plata / ancho El Río de la Plata es anchísimo.

3 **Un pariente especial** ¿Hay alguien en tu familia que consideras especial? ¿Te pareces a esa persona? ¿Es mayor o menor que tú? ¿Qué similitudes y diferencias tienen? Trabaja con un(a) compañero/a: dile quién es tu pariente favorito y cuéntale en qué se parecen y en qué se diferencian. Usa comparativos en tu descripción. Incluye algunos de estos aspectos:

altura	**gustos**
apariencia física	**personalidad**
edad	**vida académica**

MODELO Mi primo Juan es mi primo favorito. Es mayor que yo, pero yo soy mucho más alto que él...

Más práctica

5.2 Negative, affirmative, and indefinite expressions

TALLER DE CONSULTA

MÁS PRÁCTICA
To see the explanation corresponding to this additional practice, see p. 180.

(1) **De compras** **Has desembarcado de un crucero en una isla remota. Quieres comprar algo típico para tus amigos, pero el empleado te hace mil preguntas sobre lo que quieres. Elige las opciones correctas para completar la conversación.**

EMPLEADO ¡Hola! ¿Quieres (1) __algo__ (algo / nada) extraordinario para tus amigos?

TÚ No, no quiero (2) __nada__ (algo / nada) extraordinario, quiero (3) __algo__ (algo / nada) típico de la isla.

EMPLEADO Tenemos unos recuerdos muy especiales por aquí. (4) __Siempre__ (Siempre / Nunca) es mejor regalar (5) __algo__ (algo / nada) que llegar con las manos vacías (*empty*)...

TÚ Sí, pero (6) __tampoco__ (también / tampoco) es bueno comprar cosas que no quepan en la maleta. Necesito un recuerdo que no sea muy grande, pero (7) __tampoco__ (también / tampoco) muy pequeño, por favor.

EMPLEADO Es que no tenemos (8) __nada__ (algo / nada) así. Todo lo que tenemos (9) __o__ (o / ni) es muy chiquito (10) __o__ (o / ni) es muy grande. No tenemos (11) __nada__ (algo / nada) de tamaño mediano.

TÚ Bueno, señor, el barco ya se va... Si usted no tiene (12) __nada__ (algo / nada) que yo pueda comprar ahora mismo, me tendré que ir.

EMPLEADO Lo siento. (13) __Nadie__ (Alguien / Nadie) compra recuerdos aquí (14) __jamás__ (siempre / jamás). No entiendo por qué será.

(2) **En el avión** **Marcos, un viajero, es un poco caprichoso; nada le viene bien. Escribe o... o, ni... ni, o ni siquiera para completar sus quejas.**

1. Le pedí una bebida al asistente de vuelo, pero no me trajo __ni__ café __ni__ agua.
2. ¡Qué día fatal! No pude __ni__ empacar la última maleta __ni__ despedirme de mis amigos.
3. Por favor, __o__ sean puntuales __o__ avisen si van a llegar tarde.
4. Hoy me siento enfermo. No puedo __ni__ dormir __ni__ hablar. __Ni siquiera__ puedo moverme.
5. Me duele la cabeza. No quiero __ni__ escuchar música __ni__ ver la tele.

(3) **Opiniones** **En grupos de cuatro, hablen sobre estas opiniones y digan si están de acuerdo. Por turnos, expliquen sus razones. Usen expresiones negativas, afirmativas e indefinidas.**

1. Es más costoso viajar en primera clase, pero vale la pena.
2. Conocer otros países y culturas es más importante que aprender de un libro.
3. Hacer un intercambio te abre más a otras maneras de pensar.
4. Es mejor ir de vacaciones durante el verano que durante el invierno.
5. Ir de viaje es la mejor manera de gastar los ahorros.
6. Es más peligroso viajar hoy en día. Antes era muchísimo más seguro.

Más práctica

TALLER DE CONSULTA

MÁS PRÁCTICA

To see the explanation corresponding to this additional practice, see p. 184.

5.3 The subjunctive in adjective clauses

1 **Unir los elementos** Escribe cinco oraciones lógicas combinando elementos de las tres columnas.

MODELO Juan busca un libro que esté escrito en español.

Juan (estudiante de español)	buscar un tutor	pagar bien
Pedro (tiene un carro viejo)	buscar un libro	ser divertida
Ana (tiene muy poco dinero)	necesitar un carro	ayudarme
mis amigos (están aburridos)	tener que ir a una fiesta	ser nuevo y rápido
yo (tengo problemas con la clase de cálculo)	querer un trabajo	poder ayudarnos
nosotros (no sabemos qué clases tomar el próximo semestre)	necesitar hablar con un consejero	estar escrito en español

2 **En el aeropuerto** Mientras esperas en el aeropuerto, escuchas todo lo que dicen los empleados de la aerolínea y los agentes de seguridad. Usa el subjuntivo para completar las oraciones de manera lógica.

1. Deben pasar por aquí las personas que ______________________.
2. ¿Tiene usted algo en su bolsa que ______________________?
3. Debe sacar del bolsillo todo lo que ______________________.
4. No cuente chistes que ______________________.
5. Pueden pasar los viajeros que ______________________.
6. No se pueden llevar maletas que ______________________.

3 **Anuncios personales** En grupos de tres, escriban anuncios personales para una persona que busca novio/a. Los anuncios deben ser detallados y creativos, y deben usar el subjuntivo y el indicativo. Después, compartan el anuncio con la clase para ver si encuentran a alguien que se parezca a la persona de su anuncio.

Más práctica

5.4 The present perfect and the past perfect

1 Oraciones Cambia las oraciones del pretérito al pretérito perfecto.

1. Juan y yo vimos el atardecer en la playa. Juan y yo hemos visto el atardecer en la playa.
2. Yo hice las reservas. Yo he hecho las reservas.
3. El guía turístico les dijo una mentira a los turistas. El guía turístico les ha dicho una mentira a los turistas.
4. Mi hermano volvió de su viaje. Mi hermano ha vuelto de su viaje.
5. Ustedes encontraron tirado un pasaporte. Ustedes han encontrado tirado un pasaporte.
6. Nosotros hicimos las maletas. Nosotros hemos hecho las maletas.

2 Primer día Es el primer día de un viaje de intercambio y la profesora explica las reglas del viaje. Contéstale usando el pretérito perfecto.

MODELO **Consulten el horario de las clases.**
Ya lo hemos consultado.

1. Compren el libro de texto. Ya los hemos comprado.
2. Denles a sus familias el teléfono del albergue. Ya se lo hemos dado.
3. Guarden los pasaportes en la caja de seguridad. Ya los hemos guardado.
4. Estudien el mapa de la ciudad. Ya los hemos estudiado.
5. Denle su dirección de email al profesor de español. Ya se la hemos dado.

3 Viaje Imaginen que uno/a de ustedes es un(a) explorador(a) que acaba de volver de su primer viaje al Amazonas. El/La otro/a es reportero/a y hace preguntas sobre lo que ha visto y lo que ha hecho el/la explorador(a) en el viaje. Utilicen el pretérito perfecto de los verbos del recuadro.

MODELO **REPORTERO/A** ¿Que ha aprendido de las culturas indígenas?
EXPLORADOR(A) He aprendido que...

aprender	**descubrir**	**hacer**
comer	**explorar**	**ver**

4 ¿Qué hiciste ayer? Escribe oraciones completas para contar lo que ya habías hecho ayer antes de las situaciones indicadas. Usa el pluscuamperfecto.

MODELO **antes del desayuno**
Antes del desayuno, ya me había afeitado.

1. antes del desayuno
2. antes de ir a clase
3. antes del almuerzo
4. antes de ir al gimnasio
5. antes de la cena
6. antes de acostarte

5 Tus logros Piensa en cuatro cosas que ya habías logrado antes de ir a la universidad y cuéntaselas a tu compañero/a. También debes preguntarle por sus logros (*achievements*).

MODELO Antes de ir a la universidad, ya había conseguido mi licencia de conducir. ¿Y tú?

TALLER DE CONSULTA

MÁS PRÁCTICA
To see the explanation corresponding to this additional practice, see p. 188.

TALLER DE CONSULTA

To review direct object pronouns, see p. 54.

5.5 *Pero* and *sino*

MÁS GRAMÁTICA

This is an additional grammar point for **Lección 5 Estructura.** You may use it for review or as required by your instructor.

El viaje no es de excursión, sino de trabajo.

Sí, ¡pero en el Amazonas, Fabiola!

- In Spanish, both **pero** and **sino** are used to introduce a contrast or a clarification, but the two words are not interchangeable.
- **Pero** means *but* (in the sense of *however*). It may be used after either affirmative or negative clauses.

  Iré contigo a ver las ruinas, **pero** mañana quiero pasar el día entero en la playa.
  I'll go with you to see the ruins, but tomorrow I want to spend the whole day on the beach.

  La habitación del hotel es pequeña, **pero** cómoda.
  The hotel room is small, but comfortable.

¡ATENCIÓN!

To express surprise or admiration, use **pero qué** at the beginning of a sentence.

¡Pero qué turista tan amable!
What a nice tourist!

- **Sino** also means *but* (in the sense of *but rather* or *on the contrary*). It is used only after negative clauses. **Sino** introduces an idea that clarifies, corrects, or excludes the previous information.

  No me gustan estos zapatos, **sino** los de la otra tienda.
  I don't like these shoes, but rather the ones from the other store.

  La casa **no** está en el centro de la ciudad, **sino** en las afueras.
  The house is not in the center of the city, but rather in the outskirts.

- When **sino** is used before a conjugated verb, the conjunction **que** is added.

  No quiero que vayas a la fiesta, **sino que** hagas tu tarea.
  I want you to do your homework rather than go to the party.

  No iba a casa, **sino que** se quedaba en la capital.
  She was not going home, but instead staying in the capital.

- *Not only... but also* is expressed with the phrase **no sólo... sino (que) también/además**.

  Quiero **no sólo** pastel, **sino también** helado.
  I want not only cake but also icecream.

  No sólo disfruté del viaje, **sino que además** hice nuevos amigos.
  Not only did I enjoy the trip; I also made new friends.

- The phrase **pero tampoco** means *but neither* or *but not either.*

  A Celia no le interesaba la excursión, **pero tampoco** quería quedarse en el crucero.
  Celia wasn't interested in the excursion, but she didn't want to stay on the cruise ship either.

¡ATENCIÓN!

Pero también (*But also*) is used after affirmative clauses.

Pedro es inteligente, pero también es cabezón.
Pedro is smart, but he is also stubborn.

Práctica

5.5 *Pero* and *sino*

TALLER DE CONSULTA

These activities correspond to the additional grammar point on the preceding page.

1 **Columnas** Completa cada oración con la opción correcta.

1. Sofía no quiere viajar mañana y Marta, __e__.
2. Mi compañero de cuarto no es de Madrid, __c__ de Barcelona.
3. Mis padres quieren que yo trabaje este verano, __a__ yo prefiero irme de viaje a Europa.
4. No fui al partido de fútbol, __b__ fui al concierto de rock. Tuve que estudiar para un examen.
5. No queremos que usted nos cancele la reservación, __d__ nos cambie la fecha de salida.

a. pero
b. pero tampoco
c. sino
d. sino que
e. tampoco

2 **Completar** Completa cada oración con **no sólo, pero, sino (que)** o **tampoco.**

1. Las cartas no llegaron el miércoles, __sino__ el jueves.
2. Mis amigos no quieren alojarse en el albergue y yo __tampoco__.
3. No me gusta manejar por la noche, __pero__ iré a la fiesta si tú manejas.
4. Carlos no me llamaba por teléfono, __sino que__ me enviaba mensajes de texto.
5. Yo __no sólo__ esperaba aprobar el examen, __sino__ también sacar una A.
6. Quiero aclarar que Juan no llegó temprano, __sino__ muy tarde.

3 **Oraciones incompletas** Cuando tú y tu familia llegan al lugar donde pasarán sus vacaciones, se dan cuenta de que han dejado en casa a Juan José, tu hermano menor. Utiliza frases con **pero** y **sino** para completar las oraciones.

1. Yo no hablé con Juan José esta mañana ______.
2. No vamos a poder regresar para buscarlo ______.
3. No es aconsejable que regresemos ______.
4. Me gusta la idea de llamar a un vecino ______.
5. Creo que no debemos ______.
6. Juan José no tiene cinco años ______.
7. Si tiene algún problema no va a poder avisarnos ______.
8. Está claro que Juan José ______.

4 **Opiniones contrarias** En parejas, imaginen que son dos personas totalmente diferentes. Nunca están de acuerdo en nada. Túrnense para hacer afirmaciones. Uno/a de ustedes debe usar **pero, sino, sino que** y **no sólo... sino** para contradecir lo que dice el/la otro/a. Sigan el modelo.

MODELO
— Creo que hoy hace un día estupendo.
— ¡Estás equivocado! No hace un día estupendo, sino que hace mucho frío. Y no sólo hace frío, sino que también...

Más práctica

TALLER DE CONSULTA

MÁS PRÁCTICA
To see the explanation corresponding to this additional practice, see p. 216.

6.1 The future and the conditional

1 **¿Qué pasará?** Usa el futuro para explicar qué puede estar ocurriendo en cada una de las situaciones. Puedes utilizar las ideas de la lista o inventar otras.

MODELO **Hoy tu carro no arranca (*doesn't start*). Hay algo que no funciona.**
El carro no tendrá gasolina. / La batería estará descargada.

(su gato/su conejo) estar perdido	tener otros planes
(él/ella/su perro) estar enfermo/a	no tener ganas
haber un huracán	doler la pierna

1. María siempre llega a la clase de español puntualmente, pero la clase ya empezó y ella no está.
2. Carlos es el presidente del club ecologista, pero hoy no vino a la reunión.
3. Sara y María son dos personas muy alegres y optimistas, pero hoy están tristes y no quieren hablar con nadie.
4. He invitado a Juan a ir al cine con nosotros, pero no quiere ir.
5. Mañana vas a viajar a una zona tropical. Te acaban de avisar que se canceló tu vuelo.
6. Cristina tiene un partido de fútbol hoy, pero todavía no está aquí.

2 **Oraciones incompletas** Completa las oraciones con el condicional del verbo entre paréntesis.

1. Iván ____iría____ (ir) a la playa si estuviera limpia.
2. ¿No crees que ____valdría____ (valer) la pena cuidar la selva amazónica?
3. Por nuestra salud y la del planeta, todos ____deberían/deberíamos____ (deber) consumir productos orgánicos.
4. ¡Claro que me ____encantaría____ (encantar) ir a acampar!
5. Juan, ¿____podrías____ (poder) poner la basura en su lugar?

3 **El futuro en el pasado** Usa el condicional para expresar el pasado de cada oración. Usa el pretérito o el imperfecto en las cláusulas principales. Sigue el modelo.

MODELO **Los científicos saben que el aire de la ciudad enfermará a la gente.**
Los científicos sabían que el aire de la ciudad enfermaría a la gente.

1. Los pescadores piensan que los tiburones no se extinguirán nunca.
   Los científicos pensaban que los tiburones no se extinguirían nunca.
2. Los gobernantes creen que los bosques durarán para siempre.
   Los gobernantes creían que los bosques durarían para siempre.
3. Todos pensamos que las botellas de plástico no contaminarán los océanos.
   Todos pensábamos que las botellas de plástico no contaminarían los ríos.
4. Isabel está segura de que ahorrará energía con bombillas de bajo consumo.
   Isabel estaba segura de que ahorraría energía con bombillas de bajo consumo.
5. Miguel dice que no usará su carro para ir al trabajo; irá caminando.
   Miguel dijo que no usaría su carro para ir al trabajo; iría caminando.
6. Daniel y yo queremos ir a la montaña porque respiraremos un aire más limpio.
   Daniel y yo queríamos ir a la montaña porque respiraríamos un aire más limpio.

Más práctica

6.2 The subjunctive in adverbial clauses

1 **En el parque** **Javier quiere leer los carteles (*signs*) del parque nacional, pero Sol no cree que sean importantes. Completa la conversación con el subjuntivo del verbo indicado.**

JAVIER Espera, Sol, quiero leer los carteles.

SOL Es que son muy obvios. No dicen nada que yo no (1) ___sepa___ (saber). "Tan pronto como usted (2) ___escuche___ (escuchar) un trueno, aléjese de las zonas altas." ¡Qué tontería! ¡Eso es obvio!

JAVIER Sí, pero son importantes para que los visitantes (3) ___sean___ (ser) conscientes de la seguridad.

SOL ¿Y qué tiene que ver este otro cartel con la seguridad? "Para que no (4) ___haya___ (haber) erosión, camine sólo por el sendero."

JAVIER Bueno, es que algunos carteles son para que la gente (5) ___ayude___ (ayudar) a cuidar el parque. Por ejemplo, este otro...

SOL Basta, Javier, estoy harta de estos carteles tan obvios. Si realmente quieren cuidar el parque, ¿por qué no ponen cestos (*bins*) para la basura?

JAVIER Bueno, justamente el cartel dice: "No tenemos cestos para la basura para que los visitantes nos (6) ___ayuden___ (ayudar) llevándose su propia basura del parque."

SOL Bueno, yo no he dicho que todos los carteles (7) ___sean___ (ser) inútiles.

2 **En casa** **Tu hermana insiste en que tu familia colabore para proteger el medio ambiente. Tiene una lista de órdenes que quiere que ustedes cumplan. Escribe cada orden de otra forma, usando el subjuntivo y las palabras que están entre paréntesis. Haz los cambios necesarios.**

Suggested answers.

MODELO **Usen el aire acondicionado lo mínimo posible. (siempre que)**
Siempre que sea posible, no usen el aire acondicionado.

1. Cierren bien el grifo (*faucet*) y no dejen escapar ni una gota de agua. (para que)
   Para que no se escape ni una gota de agua, cierren bien el grifo.
2. Apaguen las luces al salir de un cuarto. (tan pronto como)
   Tan pronto como salgan de un cuarto, apaguen las luces.
3. No boten las botellas. Hay que averiguar primero si se pueden reciclar. (antes de que)
   Antes de que boten las botellas, averigüen si se pueden reciclar.
4. Vayan a la escuela en bicicleta. Usen el carro sólo si hace mal tiempo. (a menos que)
   A menos que haga mal tiempo, vayan a la escuela en bicicleta.
5. En lugar de encender la calefacción (*heating*), pónganse otro suéter. (siempre que)
   Siempre que puedan, pónganse otro suéter en lugar de encender la calefacción.

3 **Conversaciones** **En parejas, representen estas dos conversaciones. Usen conjunciones de la lista y recuerden que algunas de estas construcciones exigen un verbo en subjuntivo.**

a menos que	**aunque**	**cuando**	**hasta que**	**sin (que)**
antes de (que)	**con tal de (que)**	**en caso de (que)**	**para (que)**	**tan pronto como**

1. Una pareja de recién casados está planeando su luna de miel (*honeymoon*): Ella quiere ir a una isla remota. Él quiere ir a París.
2. Una madre y su hijo: Él tiene su licencia de conducir y quiere una motocicleta.

TALLER DE CONSULTA

MÁS PRÁCTICA
To see the explanation corresponding to this additional practice, see p. 220.

Más práctica

TALLER DE CONSULTA

MÁS PRÁCTICA
To see the explanation corresponding to this additional practice, see p. 228.

6.3 The past subjunctive

1 **Cambios** **Manuela y Julián fueron a un curso muy interesante. Completa el párrafo con el imperfecto del subjuntivo de los verbos entre paréntesis.**

Este fin de semana estuvimos en un curso para convertir nuestra casa en una más amigable con el medio ambiente. Nos dijeron que (1) ___usáramos___ (usar) bombillas de bajo consumo y que (2) ___apagáramos___ (apagar) el aire acondicionado cuando no (3) ___estuviéramos___ (estar) en casa. Nos enseñaron que, para cuidar el agua, sólo (4) ___encendiéramos___ (encender) el lavavajillas cuando (5) ___fuera___ (ser) necesario, que (6) ___regáramos___ (regar) las plantas en la noche y que (7) ___cambiáramos___ (cambiar) el sanitario común, por uno que gaste menos. También mencionaron que (8) ___compráramos___ (comprar) detergentes biodegradables y que para limpiar la casa, (9) ___utilizáramos___ (utilizar) productos en envases reutilizables o reciclables. Como último consejo, nos pidieron que (10) ___lleváramos___ (llevar) bolsas de tela al supermercado, así usaremos menos bolsas plásticas.

2 **Oraciones** **Completa las oraciones de manera lógica. En algunos casos, tendrás que usar el imperfecto del subjuntivo.**

1. Yo quería que en casa ________________.
2. Era imposible que yo ________________.
3. María y Laura hicieron todo para que la reunión ________________.
4. Le pedí a Edgar que no ________________.
5. El guardabosques estaba seguro de que los turistas ________________.
6. En la conferencia sobre el medio ambiente, conociste a alguien que ________________ ________________.
7. Sentí mucho que ustedes ________________.
8. El zoológico prohibió que los visitantes ________________.

3 **Los bosques** **En parejas, imaginen que fueron a un parque natural a acampar. Uno de sus amigos no pudo ir con ustedes. Túrnense para contarle lo que el guardabosques les dijo antes de entrar. Utilicen los verbos de la lista y el imperfecto del subjuntivo.**

aconsejar	**pedir**
estar seguro/a	**proponer**
exigir	**recomendar**
insistir en	**sugerir**

MODELO Nos aconsejó que permaneciéramos en los senderos marcados.

Más práctica

6.4 *Si* clauses with simple tenses

TALLER DE CONSULTA

MÁS PRÁCTICA
To see the explanation corresponding to this additional practice, see p. 232.

① **Elige** Elige el tiempo verbal correcto para completar estas oraciones.

1. Si tú ___eligieras___ (eligieras / elegirías) ser vegetariano, respetaría tu decisión.
2. Si ustedes apagan las luces de la oficina en la noche, ___ahorrarán___ (ahorrarán / ahorrarían) mucha energía.
3. Si ___cuidamos___ (cuidamos / cuidaramos) el aire que respiramos, no nos enfermaremos de los pulmones.
4. Si ___continúan___ (continúen / continúan) con la pesca indiscriminada (*unregulated*), desaparecerán muchas especies de peces.
5. Si fueras a acampar, ___entrarías___ (entrarás / entrarías) en contacto con la naturaleza.
6. No dejes la computadora encendida si ___sales___ (sales / salgas) de casa, por favor.

② **Volver a vivir** Imagina que puedes crear o cambiar las leyes de tu país. Piensa cómo podrías ayudar al planeta con las decisiones que tomes. Contesta las preguntas con oraciones completas.

1. Si pudieras crear una ley que ayude al medio ambiente, ¿qué ley crearías?
2. Si pudieras prohibir algo, ¿qué prohibirías?
3. Si tuvieras que explicar el por qué de estas leyes, ¿qué razones darías?
4. Si pudieras hacer cambios en las políticas con otros países, ¿qué cambios harías?

③ **Viejos hábitos** A pesar de todas las campañas para cuidar el medio ambiente, mucha gente todavía conserva malos hábitos que dañan la naturaleza. En grupos de cuatro lean estas situaciones. Cada uno debe elegir una situación y dar razones de por qué hay que cambiar esos hábitos. Utilicen oraciones con **si**.

"Me encanta tomar duchas largas de 45 minutos sin cerrar la llave nunca. La factura (*utility bill*) llega muy alta cada mes, pero no me importa."

"En casa, nunca separamos la basura ni reciclamos. Me da mucha pereza y me parece inútil tener dos recipientes (*containers*) distintos para la basura."

"En la oficina dejamos las computadoras y las luces encendidas toda la noche. Nadie se encarga de apagarlas y a nadie parece importarle."

"Me encanta comprar abrigos de piel. No me importan ni el origen ni el precio, sólo me importa tener el abrigo."

MÁS GRAMÁTICA

This is an additional grammar point for **Lección 6 Estructura.** You may use it for review or as required by your instructor.

6.5 Adverbs

- Adverbs (**adverbios**) describe *how, when,* and *where* actions take place. They usually follow the verbs they modify and precede adjectives or other adverbs.

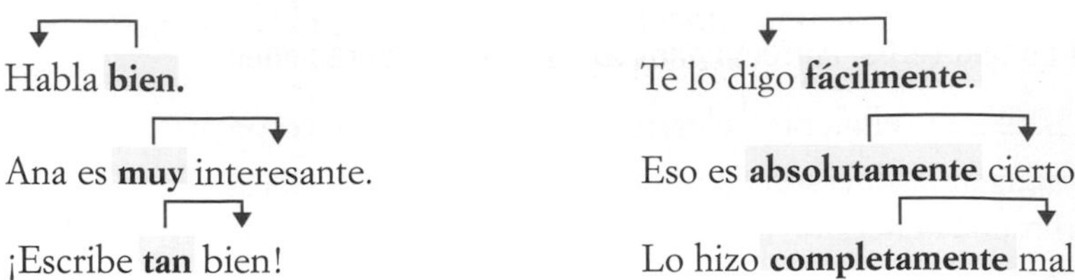

Habla **bien.**

Te lo digo **fácilmente.**

Ana es **muy** interesante.

Eso es **absolutamente** cierto.

¡Escribe **tan** bien!

Lo hizo **completamente** mal.

- Many Spanish adverbs are formed by adding the suffix **–mente** to the feminine singular form of an adjective. The **–mente** ending is equivalent to the English *-ly*.

ADJECTIVE	FEMININE FORM	SUFFIX	ADVERB
básico	**básica**	**-mente**	**básicamente** *basically*
cuidadoso	**cuidadosa**	**-mente**	**cuidadosamente** *carefully*
enorme	**enorme**	**-mente**	**enormemente** *enormously*
hábil	**hábil**	**-mente**	**hábilmente** *cleverly; skillfully*

¡ATENCIÓN!

If an adjective has a written accent, it is kept when the suffix **-mente** is added.

If an adjective does not have a written accent, no accent is added to the adverb ending in **-mente**.

- If two or more adverbs modify the same verb, only the final adverb uses the suffix **–mente**.

Se marchó **lenta** y **silenciosamente.**
He left slowly and silently.

- The construction **con** + [*noun*] is often used instead of long adverbs that end in **–mente**.

cuidadosamente → con cuidado **frecuentemente → con frecuencia**

- Here are some common adverbs and adverbial phrases:

a menudo *frequently; often*	**así** *like this; so*	**mañana** *tomorrow*
a tiempo *on time*	**ayer** *yesterday*	**más** *more*
a veces *sometimes*	**casi** *almost*	**menos** *less*
adentro *inside*	**de costumbre** *usually*	**muy** *very*
afuera *outside*	**de repente** *suddenly*	**por fin** *finally*
apenas *hardly; scarcely*	**de vez en cuando** *now and then*	**pronto** *soon*
aquí *here*		**tan** *so*

A veces salimos a tomar un café.
Sometimes we go out for coffee.

Casi terminé el libro.
I almost finished the book.

¡ATENCIÓN!

Some adverbs and adjectives have the same forms.

ADJ: **bastante dinero** *enough money*
ADV: **bastante difícil** *rather difficult*

ADJ: **poco tiempo** *little time*
ADV: **habla poco** *speaks very little*

- The adverbs **poco** and **bien** frequently modify adjectives. In these cases, **poco** is often the equivalent of the English prefix *un-*, while **bien** means *well, very, rather,* or *quite.*

La situación está **poco** clara.
The situation is unclear.

La cena estuvo **bien** rica.
Dinner was very tasty.

Práctica

6.5 Adverbs

TALLER DE CONSULTA

These activities correspond to the additional grammar point on the preceding page.

1 **Adverbios** Escribe el adverbio que deriva de cada adjetivo.

1. básico básicamente
2. feliz felizmente
3. fácil fácilmente
4. inteligente inteligentemente
5. alegre alegremente
6. común comúnmente
7. injusto injustamente
8. asombroso asombrosamente
9. insistente insistentemente
10. silencioso silenciosamente

2 **Instrucciones para ser feliz** Elige el adjetivo apropiado para cada ocasión y después completa la oración, convirtiendo ese adjetivo en el adverbio correspondiente. Hay tres adjetivos que no se usan. Answers may vary slightly.

claro	frecuente	malo	triste
cuidadoso	inmediato	tranquilo	último

1. Expresa tus opiniones claramente.
2. Tienes que salir por la noche frecuentemente.
3. Debes gastar el dinero cuidadosamente.
4. Si eres injusto/a con alguien, debes pedir perdón inmediatamente.
5. Después de almorzar, disfruta tranquilamente de la siesta.

3 **Recomendaciones** Los padres de Mario y Paola salieron de viaje por dos semanas. Completa las instrucciones que les dejaron pegadas en el refrigerador.

a menudo	adentro	así	mañana
a tiempo	afuera	de vez en cuando	tan

lunes, 19 de octubre

1. Pasar la aspiradora a menudo. (¡Todos los días!)
2. Llegar a la escuela a tiempo.
3. Mañana, llevar a Botitas al veterinario para su cita.
4. Dejar que el gato juegue afuera todos los días si no llueve.
5. Si llueve, meter los muebles del jardín adentro.
6. Sólo ir de vez en cuando al centro comercial.

Glossary of Grammatical Terms

ADJECTIVE A word that modifies, or describes, a noun or pronoun.

muchos libros	un hombre **rico**
many *books*	*a* ***rich*** *man*

Demonstrative adjective An adjective that specifies which noun a speaker is referring to.

esta fiesta	**ese** chico
this *party*	***that*** *boy*
aquellas flores	
those *flowers*	

Possessive adjective An adjective that indicates ownership or possession.

su mejor vestido	Éste es **mi** hermano.
her *best dress*	*This is* ***my*** *brother.*

Stressed possessive adjective A possessive adjective that emphasizes the owner or possessor.

un libro **mío**	una amiga **tuya**
a ***book of mine***	*a friend* ***of yours***

ADVERB A word that modifies, or describes, a verb, adjective, or other adverb.

Pancho escribe **rápidamente**.
Pancho writes ***quickly***.

Este cuadro es **muy** bonito.
This picture is ***very*** *pretty.*

ANTECEDENT The noun to which a pronoun or dependent clause refers.

El **libro** que compré es interesante.
The book that I bought is interesting.

Le presté cinco dólares a **Diego**.
I loaned Diego five dollars.

ARTICLE A word that points out a noun in either a specific or a non-specific way.

Definite article An article that points out a noun in a specific way.

el libro	**la** maleta
the *book*	***the*** *suitcase*
los diccionarios	**las** palabras
the *dictionaries*	***the*** *words*

Indefinite article An article that points out a noun in a general, non-specific way.

un lápiz	**una** computadora
a *pencil*	***a*** *computer*
unos pájaros	**unas** escuelas
some *birds*	***some*** *schools*

CLAUSE A group of words that contains both a conjugated verb and a subject, either expressed or implied.

Main (or Independent) clause A clause that can stand alone as a complete sentence.

Pienso ir a cenar pronto.
I plan to go to dinner soon.

Subordinate (or Dependent) clause A clause that does not express a complete thought and therefore cannot stand alone as a sentence.

Trabajo en la cafetería **porque necesito dinero para la escuela.**
I work in the cafeteria ***because I need money for school.***

Adjective clause A dependent clause that functions to modify or describe the noun or direct object in the main clause. When the antecedent is uncertain or indefinite, the verb in the adjective clause is in the subjunctive.

Queremos contratar al candidato **que mandó su currículum ayer.**
We want to hire the candidate ***who sent his résumé yesterday.***

¿Conoce un buen restaurante **que esté cerca del teatro?**
Do you know of a good restaurant ***that's near the theater?***

Adverbial clause A dependent clause that functions to modify or describe a verb, an adjective, or another adverb. When the adverbial clause describes an action that has not yet happened or is uncertain, the verb in the adverbial clause is usually in the subjunctive.

Llamé a mi mamá **cuando me dieron la noticia.**
I called my mom ***when they gave me the news.***

El ejército está preparado **en caso de que haya un ataque.**
The army is prepared ***in case there is an attack.***

Noun clause A dependent clause that functions as a noun, often as the object of the main clause. When the main clause expresses will, emotion, doubt, or uncertainty, the verb in the noun clause is in the subjunctive (unless there is no change of subject).

José sabe **que mañana habrá un examen.**
José knows ***that tomorrow there will be an exam.***

Luisa dudaba **que la acompañáramos.**
Luisa doubted ***that we would go with her.***

COMPARATIVE A grammatical construction used with nouns, adjectives, verbs, or adverbs to compare people, objects, actions, or characteristics.

Tus clases son **menos interesantes** que las mías.
*Your classes are **less interesting** than mine.*

Como **más frutas** que verduras.
*I eat **more fruits** than vegetables.*

CONJUGATION A set of the forms of a verb for a specific tense or mood or the process by which these verb forms are presented.

PRETERITE CONJUGATION OF **CANTAR**:

cant**é**	cant**amos**
cant**aste**	cant**asteis**
cant**ó**	cant**aron**

CONJUNCTION A word used to connect words, clauses, or phrases.

Susana es de Cuba **y** Pedro es de España.
*Susana is from Cuba **and** Pedro is from Spain.*

No quiero estudiar, **pero** tengo que hacerlo.
*I don't want to study, **but** I have to.*

CONTRACTION The joining of two words into one. The only contractions in Spanish are **al** and **del**.

Mi hermano fue **al** concierto ayer.
*My brother went **to the** concert yesterday.*

Saqué dinero **del** banco.
*I took money **from the** bank.*

DIRECT OBJECT A noun or pronoun that directly receives the action of the verb.

Tomás lee **el libro**.	**La** pagó ayer.
*Tomás reads **the book**.*	*She paid **it** yesterday.*

GENDER The grammatical categorizing of certain kinds of words, such as nouns and pronouns, as masculine, feminine, or neuter.

MASCULINE
articles **el, un**
pronouns **él, lo, mío, éste, ése, aquél**
adjective **simpático**

FEMININE
articles **la, una**
pronouns **ella, la, mía, ésta, ésa, aquélla**
adjective **simpática**

IMPERSONAL EXPRESSION A third-person expression with no expressed or specific subject.

Es muy importante.	**Llueve** mucho.
It's very important.	***It's raining** hard.*

Aquí **se habla** español.
*Spanish **is spoken** here.*

INDIRECT OBJECT A noun or pronoun that receives the action of the verb indirectly; the object, often a living being, to or for whom an action is performed.

Eduardo **le** dio un libro **a Linda**.
*Eduardo gave a book **to Linda**.*

La profesora **me** puso una C en el examen.
*The professor gave **me** a C on the test.*

INFINITIVE The basic form of a verb. Infinitives in Spanish end in **-ar**, **-er**, or **-ir**.

hablar	**correr**	**abrir**
to speak	***to run***	***to open***

INTERROGATIVE An adjective or pronoun used to ask a question.

¿**Quién** habla?	¿**Cuántos** compraste?
***Who** is speaking?*	***How many** did you buy?*

¿**Qué** piensas hacer hoy?
***What** do you plan to do today?*

MOOD A grammatical distinction of verbs that indicates whether the verb is intended to make a statement or command, or to express doubt, emotion, or condition contrary to fact.

Imperative mood Verb forms used to make commands.

Di la verdad.	**Caminen** ustedes conmigo.
***Tell** the truth.*	***Walk** with me.*
¡**Comamos** ahora!	¡No lo **hagas**!
***Let's eat** now!*	***Don't do** it!*

Indicative mood Verb forms used to state facts, actions, and states considered to be real.

Sé que **tienes** el dinero.
***I know** that **you have** the money.*

Subjunctive mood Verb forms used principally in subordinate (dependent) clauses to express wishes, desires, emotions, doubts, and certain conditions, such as contrary-to-fact situations.

Prefieren que **hables** en español.
*They prefer that **you speak** in Spanish.*

NOUN A word that identifies people, animals, places, things, and ideas.

hombre	**gato**
man	***cat***
México	**casa**
Mexico	***house***
libertad	**libro**
freedom	***book***

NUMBER A grammatical term that refers to singular or plural. Nouns in Spanish and English have number. Other parts of a sentence, such as adjectives, articles, and verbs, can also have number.

SINGULAR	PLURAL
una cosa *a thing*	**unas** cosas ***some** things*
el profesor ***the** professor*	**los** profesor**es** ***the** professors*

PASSIVE VOICE A sentence construction in which the recipient of the action becomes the subject of the sentence. Passive statements emphasize the thing that was done or the person that was acted upon. They follow the pattern [*recipient*] + **ser** + [*past participle*] + **por** + [*agent*].

ACTIVE VOICE:
Juan **entregó** la tarea.
*Juan **turned in** the assignment.*

PASSIVE VOICE:
La tarea **fue entregada por** Juan.
*The assignment **was turned in by** Juan.*

PAST PARTICIPLE A past form of the verb used in compound tenses. The past participle may also be used as an adjective, but it must then agree in number and gender with the word it modifies.

Han **buscado** por todas partes.
*They have **searched** everywhere.*

Yo no había **estudiado** para el examen.
*I hadn't **studied** for the exam.*

Hay una ventana **abierta** en la sala.
*There is an **open** window in the living room.*

PERSON The form of the verb or pronoun that indicates the speaker, the one spoken to, or the one spoken about. In Spanish, as in English, there are three persons: first, second, and third.

PERSON	SINGULAR	PLURAL
1st	**yo** *I*	**nosotros/as** *we*
2nd	**tú, Ud.** *you*	**vosotros/as, Uds.** *you*
3rd	**él, ella** *he, she*	**ellos, ellas** *they*

PREPOSITION A word or words that describe(s) the relationship, most often in time or space, between two other words.

Anita es **de** California.
*Anita is **from** California.*

La chaqueta está **en** el carro.
*The jacket is **in** the car.*

PRESENT PARTICIPLE In English, a verb form that ends in *-ing*. In Spanish, the present participle ends in **-ndo**, and is often used with **estar** to form a progressive tense.

Está **hablando** por teléfono ahora mismo.
*He is **talking** on the phone right now.*

PRONOUN A word that takes the place of a noun or nouns.

Demonstrative pronoun A pronoun that takes the place of a specific noun.

Quiero **ésta**.
*I want **this one**.*

¿Vas a comprar **ése**?
*Are you going to buy **that one**?*

Juan prefirió **aquéllos**.
*Juan preferred **those** (over there).*

Object pronoun A pronoun that functions as a direct or indirect object of the verb.

Te digo la verdad.
*I'm telling **you** the truth.*

Me lo trajo Juan.
*Juan brought **it** to **me**.*

Possessive pronoun A pronoun that functions to show ownership or possession. Possessive pronouns are preceded by a definite article and agree in gender and number with the nouns they replace.

Perdí mi libro. ¿Me prestas el **tuyo**?
*I lost my book. Will you loan me **yours**?*

Las clases suyas son aburridas, pero **las nuestras** son buenísimas.
*Their classes are boring, but **ours** are great.*

Prepositional pronoun A pronoun that functions as the object of a preposition. Except for **mí, ti,** and **sí**, these pronouns are the same as subject pronouns. The adjective **mismo/a** may be added to express *myself, himself*, etc. After the preposition **con**, the forms **conmigo, contigo,** and **consigo** are used.

¿Es **para mí?** *Is this **for me**?*	Juan habló **de ella.** *Juan spoke **about her.***
Iré **contigo**. *I will go **with you.***	Se lo regaló **a sí mismo.** *He gave it **to himself.***

Reflexive pronoun A pronoun that indicates that the action of a verb is performed by the subject on itself. These pronouns are often expressed in English with *-self: myself, yourself,* etc.

Yo **me bañé.** *I **took a bath.***	Elena **se acostó.** *Elena **went to bed.***

Relative pronoun A pronoun that connects a subordinate clause to a main clause.

El edificio **en el cual** vivimos es antiguo.
*The building **that** we live in is ancient.*

La mujer **de quien** te hablé acaba de renunciar.
*The woman **(whom)** I told you about just quit.*

Subject pronoun A pronoun that replaces the name or title of a person or thing, and acts as the subject of a verb.

Tú debes estudiar más.
***You** should study more.*

Él llegó primero.
***He** arrived first.*

SUBJECT A noun or pronoun that performs the action of a verb and is often implied by the verb.

María va al supermercado.
***María** goes to the supermarket.*

(Ellos) Trabajan mucho.
***They** work hard.*

Esos libros son muy caros.
***Those books** are very expensive.*

SUPERLATIVE A grammatical construction used to describe the most or the least of a quality when comparing a group of people, places, or objects.

Tina es **la menos simpática** de las chicas.
*Tina is **the least pleasant** of the girls.*

Tu coche es **el más rápido** de todos.
*Your car is **the fastest** one of all.*

Los restaurantes en Calle Ocho son **los mejores** de todo Miami.
*The restaurants on Calle Ocho are **the best** in all of Miami.*

Absolute superlatives Adjectives or adverbs combined with forms of the suffix **ísimo/a** in order to express the idea of extremely or very.

¡Lo hice **facilísimo!**
*I did it **so easily!***

Ella es **jovencísima.**
*She is **very, very young.***

TENSE A set of verb forms that indicates the time of an action or state: past, present, or future.

Compound tense A two-word tense made up of an auxiliary verb and a present or past participle. In Spanish, there are two auxiliary verbs: **estar** and **haber**.

En este momento, **estoy estudiando**.
*At this time, **I am studying**.*

El paquete no **ha llegado** todavía.
*The package **has** not **arrived** yet.*

Simple tense A tense expressed by a single verb form.

María **estaba** mal anoche.
*María **was** ill last night.*

Juana **hablará** con su mamá mañana.
*Juana **will speak** with her mom tomorrow.*

VERB A word that expresses actions or states of being.

Auxiliary verb A verb used with a present or past participle to form a compound tense. **Haber** is the most commonly used auxiliary verb in Spanish.

Los chicos **han** visto los elefantes.
*The children **have** seen the elephants.*

Espero que **hayas** comido.
*I hope you **have** eaten.*

Reflexive verb A verb that describes an action performed by the subject on itself and is always used with a reflexive pronoun.

Me compré un carro nuevo.
***I bought myself** a new car.*

Pedro y Adela **se levantan** muy temprano.
*Pedro and Adela **get (themselves) up** very early.*

Spelling-change verb A verb that undergoes a predictable change in spelling, in order to reflect its actual pronunciation in the various conjugations.

practicar	**c→qu**	practico	practi**qu**é
dirigir	**g→j**	dirigí	diri**j**o
almorzar	**z→c**	almorzó	almor**c**é

Stem-changing verb A verb whose stem vowel undergoes one or more predictable changes in the various conjugations.

entender	**(e:ie)**	ent**ie**ndo
pedir	**(e:i)**	p**i**den
dormir	**(o:ue, u)**	d**ue**rmo, d**u**rmieron

Verb conjugation tables

Guide to the Verb List and Tables

Below you will find the infinitive of the verbs introduced as active vocabulary in **FACETAS**, as well as other common verbs. Each verb is followed by a model verb conjugated on the same pattern. The number in parentheses indicates where in the verb tables, pages A74–A81, you can find the conjugated forms of the model verb.

abrazar (z:c) like cruzar (37)
aburrir like vivir (3)
acabar like hablar (1)
acariciar like hablar (1)
acentuar (acentúo) like graduar (40)
acercar (c:qu) like tocar (43)
aclarar like hablar (1)
acompañar like hablar (1)
aconsejar like hablar (1)
acordar (o:ue) like contar (24)
acostar (o:ue) like contar (24)
acostumbrar like hablar (1)
actualizar (z:c) like cruzar (37)
adelgazar (z:c) like cruzar (37)
adjuntar like hablar (1)
adorar like hablar (1)
afeitar like hablar (1)
afligir (g:j) like proteger (42) for endings only
agotar like hablar (1)
ahorrar like hablar (1)
aislar (aíslo) like enviar (39)
alargar (g:gu) like llegar (41)
alojar like hablar (1)
amar like hablar (1)
amenazar (z:c) like cruzar (37)
anotar like hablar (1)
apagar (g:gu) like llegar (41)
aparecer (c:zc) like conocer (35)
aplaudir like vivir (3)
apreciar like hablar (1)
arreglar like hablar (1)
arrepentir (e:ie) like sentir (33)
asconder (e:ie) like entender (27)
aterrizar (z:c) like cruzar (37)
atraer like traer (21)
atrapar like hablar (1)
atrever like comer (2)
averiguar like hablar (1)
bailar like hablar (1)
bañar like hablar (1)
barrer like comer (2)
beber like comer (2)
bendecir (e:i) like decir (8)
besar like hablar (1)
borrar like hablar (1)
botar like hablar (1)
brindar like hablar (1)
caber (4)
caer (y) (5)
calentar (e:ie) like pensar (30)
cancelar like hablar (1)
cazar (z:c) like cruzar (37)
celebrar like hablar (1)
cepillar like hablar (1)
clonar like hablar (1)
cobrar like hablar (1)
cocinar like hablar (1)
colocar (c:qu) like tocar (43)
colonizar (z:c) like cruzar (37)
comer (2)
componer like poner (15)
comprobar (o:ue) like contar (24)
conducir (c:zc) (6)
congelar like hablar (1)
conocer (c:zc) (35)
conquistar like hablar (1)
conseguir (e:i) like seguir (32)
conservar like hablar (1)
contagiar like hablar (1)
contaminar like hablar (1)
contar (o:ue) (24)
contentar like hablar (1)
contraer like traer (21)
contratar like hablar (1)
contribuir (y) like destruir (38)
convertir (e:ie) like sentir (33)
coquetear like hablar (1)
crear like hablar (1)
crecer (c:zc) like conocer (35)
creer (y) (36)
criar (crío) like enviar (39)
criticar (c:qu) like tocar (43)
cruzar (z:c) (37)
cuidar like hablar (1)
cumplir like vivir (3)
curar like hablar (1)
dar (7)
deber like comer (2)
decir (e:i) (8)
delatar like hablar (1)
denunciar like hablar (1)
depositar like hablar (1)
derretir (e:i) like pedir (29)
derribar like hablar (1)
derrocar (c:qu) like tocar (43)
derrotar like hablar (1)
desafiar (desafío) like enviar (39)
desaparecer (c:zc) like conocer (35)
desarrollar like hablar (1)
descansar like hablar (1)
descargar (g:gu) like llegar (41)
descongelar like hablar (1)
descubrir like vivir (3) *except* past participle is descubierto
descuidar like hablar (1)
desear like hablar (1)
deshacer like hacer (11)
despedir (e:i) like pedir (29)
despegar (g:gu) like llegar (41)
despertar (e:ie) like pensar (30)
destruir (y) (38)
devolver (o:ue) like volver (34)
dibujar like hablar (1)
dirigir (g:j) like proteger (42) for endings only
disculpar like hablar (1)
discutir like vivir (3)
diseñar like hablar (1)
disfrutar like hablar (1)
disgustar like hablar (1)
disponer like poner (15)
disputar like hablar (1)
distinguir (gu:g) like seguir (32) for endings only
distraer like traer (21)
divertir (e:ie) like sentir (33)
doler (o:ue) like volver (34) *except* past participle is regular
dormir (o:ue) (25)
duchar like hablar (1)
echar like hablar (1)
editar like hablar (1)
educar (c:qu) like tocar (43)
elegir (e:i) (g:j) like proteger (42) for endings only
embalar like hablar (1)
emigrar like hablar (1)
empatar like hablar (1)
empeorar like hablar (1)
empezar (e:ie) (z:c) (26)
enamorar like hablar (1)
encabezar (z:c) like cruzar (37)
encantar like hablar (1)
encargar (g:gu) like llegar (41)
encender (e:ie) like entender (27)
enfermar like hablar (1)
enganchar like hablar (1)
engañar like hablar (1)
engordar like hablar (1)
ensayar like hablar (1)
entender (e:ie) (27)
enterar like hablar (1)
enterrar (e:ie) like pensar (30)
entretener (e:ie) like tener (20)
enviar (envío) (39)
esclavizar (z:c) like cruzar (37)
escoger (g:j) like proteger (42)
esculpir like vivir (3)
establecer (c:zc) like conocer (35)
estar (9)
exigir (g:j) like proteger (42) for endings only
explotar like hablar (1)
exportar like hablar (1)
expulsar like hablar (1)

extinguir like destruir (38)
fabricar (c:qu) like tocar (43)
faltar like hablar (1)
fascinar like hablar (1)
festejar like hablar (1)
fijar like hablar (1)
financiar like hablar (1)
florecer (c:zc) like conocer (35)
flotar like hablar (1)
formular like hablar (1)
freír (e:i) (frío) like reír (31)
funcionar like hablar (1)
fusilar like hablar (1)
gastar like hablar (1)
gobernar (e:ie) like pensar (30)
grabar like hablar (1)
graduar (gradúo) (40)
guardar like hablar (1)
gustar like hablar (1)
haber (10)
habitar like hablar (1)
hablar (1)
hacer (11)
herir (e: ie) like sentir (33)
hervir (e:ie) like sentir (33)
hojear like hablar (1)
huir (y) like destruir (38)
humillar like hablar (1)
importar like hablar (1)
impresionar like hablar (1)
imprimir like vivir (3)
inscribir like vivir (3)
insistir like vivir (3)
instalar like hablar (1)
integrar like hablar (1)
interesar like hablar (1)
invadir like vivir (3)
inventar like hablar (1)
invertir (e:ie) like sentir (33)
investigar (g:gu) like llegar (41)
ir (12)
jubilar like hablar (1)
jugar (u:ue) (g:gu) (28)
jurar like hablar (1)
lastimar like hablar (1)
latir like vivir (3)
lavar like hablar (1)
levantar like hablar (1)
liberar like hablar (1)
lidiar like hablar (1)
limpiar like hablar (1)
llegar (g:gu) (41)
llevar like hablar (1)
llorar like hablar (1)
lograr like hablar (1)
luchar like hablar (1)
madrugar (g:gu) like llegar (41)
malgastar like hablar (1)
manipular like hablar (1)
maquillar like hablar (1)
meditar like hablar (1)
mejorar like hablar (1)
merecer (c:zc) like conocer (35)
meter like comer (2)
molestar like hablar (1)
morder (o:ue) like volver (34)
morir (o:ue) like dormir (25) *except* past participle is muerto
mudar like hablar (1)
narrar like hablar (1)
navegar (g:gu) like llegar (41)
necesitar like hablar (1)
obedecer (c:zc) like conocer (35)
ocultar like hablar (1)
odiar like hablar (1)
oír (y) (13)
olvidar like hablar (1)
opinar like hablar (1)
oponer like poner (15)
oprimir like vivir (3)
oscurecer (c:zc) like conocer (35)
parar like hablar (1)
parecer (c:zc) like conocer (35)
patear like hablar (1)
pedir (e:i) (29)
peinar like hablar (1)
pensar (e:ie) (30)
permanecer (c:zc) like conocer (35)
pertenecer (c:zc) like conocer (35)
pillar like hablar (1)
pintar like hablar (1)
poblar (o:ue) like contar (24)
poder (o:ue) (14)
poner (15)
preferir (e:ie) like sentir (33)
preocupar like hablar (1)
prestar like hablar (1)
prevenir (e:ie) like venir (22)
prever like ver (23)
probar (o:ue) like contar (24)
producir (c:sz) like conducir (6)
prohibir (prohíbo) like enviar (39) for endings only
proponer like poner (15)
proteger (g:j) (42)
protestar like hablar (1)
publicar (c:qu) like tocar (43)
quedar like hablar (1)
quejar like hablar (1)
querer (e:ie) (16)
quitar like hablar (1)
recetar like hablar (1)
rechazar (z:c) like cruzar (37)
reciclar like hablar (1)
reclamar like hablar (1)
recomendar (e:ie) like pensar (30)
reconocer (c:zc) like conocer (35)
recorrer like comer (2)
recuperar like hablar (1)
reducir (c:zc) like conducir (6)
reflejar like hablar (1)
regresar like hablar (1)
rehacer like hacer (11)
reír (e:i) (31)
relajar like hablar (1)
rendir (e:i) like pedir (29)
renunciar like hablar (1)
reservar like hablar (1)
resolver (o:ue) like volver (34)
respirar like hablar (1)
retratar like hablar (1)
reunir like vivir (3)
rezar (z:c) like cruzar (37)
rociar like hablar (1)
rodar (o:ue) like contar (24)
rogar (o:ue) like contar (24) for stem changes; (g:gu) like llegar (41) for endings
romper like comer (2) except past participle is roto
saber (17)
sacrificar (c:qu) like tocar (43)
salir (18)
salvar like hablar (1)
sanar like hablar (1)
secar (c:qu) like tocar (43)
seguir (e:i) (gu:g) (32)
seleccionar like hablar (1)
sentir (e:ie) (33)
señalar like hablar (1)
sepultar like hablar (1)
ser (19)
soler (o:ue) like volver (34)
solicitar like hablar (1)
sonar (o:ue) like contar (24)
soñar (o:ue) like contar (24)
sorprender like comer (2)
subsistir like vivir (3)
suceder like comer (2)
sufrir like vivir (3)
sugerir (e:ie) like sentir (33)
superar like hablar (1)
suponer like poner (15)
suprimir like vivir (3)
suscribir like vivir (3)
tener (e:ie) (20)
tirar like hablar (1)
titular like hablar (1)
tocar (c:qu) (43)
tomar like hablar (1)
torear like hablar (1)
toser like comer (2)
traducir (c:zc) like conducir (6)
traer (21)
transcurrir like vivir (3)
transmitir like vivir (3)
trasnochar like hablar (1)
tratar like hablar (1)
vacunar like hablar (1)
valer like salir (18) only for endings; imperative is vale
vencer (c:z) (44)
venerar like hablar (1)
venir (e:ie) (22)
ver (23)
vestir (e:i) like pedir (29)
vivir (3)
volar (o:ue) like contar (24)
volver (o:ue) (34)
votar like hablar (1)

Verb conjugation tables

Regular verbs: simple tenses

	Infinitive	INDICATIVE					SUBJUNCTIVE		IMPERATIVE
		Present	Imperfect	Preterite	Future	Conditional	Present	Past	
1	hablar **Participles:** hablando hablado	hablo hablas habla hablamos habláis hablan	hablaba hablabas hablaba hablábamos hablabais hablaban	hablé hablaste habló hablamos hablasteis hablaron	hablaré hablarás hablará hablaremos hablaréis hablarán	hablaría hablarías hablaría hablaríamos hablaríais hablarían	hable hables hable hablemos habléis hablen	hablara hablaras hablara habláramos hablarais hablaran	habla tú (no hables) hable Ud. hablemos hablad (no habléis) hablen Uds.
2	comer **Participles:** comiendo comido	como comes come comemos coméis comen	comía comías comía comíamos comíais comían	comí comiste comió comimos comisteis comieron	comeré comerás comerá comeremos comeréis comerán	comería comerías comería comeríamos comeríais comerían	coma comas coma comamos comáis coman	comiera comieras comiera comiéramos comierais comieran	come tú (no comas) coma Ud. comamos comed (no comáis) coman Uds.
3	vivir **Participles:** viviendo vivido	vivo vives vive vivimos vivís viven	vivía vivías vivía vivíamos vivíais vivían	viví viviste vivió vivimos vivisteis vivieron	viviré vivirás vivirá viviremos viviréis vivirán	viviría vivirías viviría viviríamos viviríais vivirían	viva vivas viva vivamos viváis vivan	viviera vivieras viviera viviéramos vivierais vivieran	vive tú (no vivas) viva Ud. vivamos vivid (no viváis) vivan Uds.

All verbs: compound tenses

PERFECT TENSES					
INDICATIVE				SUBJUNCTIVE	
Present Perfect	Past Perfect	Future Perfect	Conditional Perfect	Present Perfect	Past Perfect
he has ha hemos habéis han } hablado comido vivico	había habías había habíamos habíais habían } hablado comido vivido	habré habrás habrá habremos habréis habrán } hablado comido vivido	habría habrías habría habríamos habríais habrían } hablado comido vivido	haya hayas haya hayamos hayáis hayan } hablado comido vivido	hubiera hubieras hubiera hubiéramos hubierais hubieran } hablado comido vivido

PROGRESSIVE TENSES

INDICATIVE				SUBJUNCTIVE	
Present Progressive	**Past Progressive**	**Future Progressive**	**Conditional Progressive**	**Present Progressive**	**Past Progressive**
estoy estás está estamos estáis están } hablando, comiendo, viviendo	estaba estabas estaba estábamos estabais estaban } hablando, comiendo, viviendo	estaré estarás estará estaremos estaréis estarán } hablando, comiendo, viviendo	estaría estarías estaría estaríamos estaríais estarían } hablando, comiendo, viviendo	esté estés esté estemos estéis estén } hablando, comiendo, viviendo	estuviera estuvieras estuviera estuviéramos estuvierais estuvieran } hablando, comiendo, viviendo

Irregular verbs

		INDICATIVE					SUBJUNCTIVE		IMPERATIVE
	Infinitive	**Present**	**Imperfect**	**Preterite**	**Future**	**Conditional**	**Present**	**Past**	
4	caber **Participles:** cabiendo cabido	**quepo** cabes cabe cabemos cabéis caben	cabía cabías cabía cabíamos cabíais cabían	**cupe** **cupiste** **cupo** **cupimos** **cupisteis** **cupieron**	**cabré** **cabrás** **cabrá** **cabremos** **cabréis** **cabrán**	**cabría** **cabrías** **cabría** **cabríamos** **cabríais** **cabrían**	**quepa** **quepas** **quepa** **quepamos** **quepáis** **quepan**	**cupiera** **cupieras** **cupiera** **cupiéramos** **cupierais** **cupieran**	cabe tú (no **quepas**) **quepa** Ud. **quepamos** cabed (no **quepáis**) **quepan** Uds.
5	caer **Participles:** **cayendo** **caído**	**caigo** caes cae caemos caéis caen	caía caías caía caíamos caíais caían	caí **caíste** **cayó** **caímos** **caísteis** **cayeron**	caeré caerás caerá caeremos caeréis caerán	caería caerías caería caeríamos caeríais caerían	**caiga** **caigas** **caiga** **caigamos** **caigáis** **caigan**	**cayera** **cayeras** **cayera** **cayéramos** **cayerais** **cayeran**	cae tú (no **caigas**) **caiga** Ud. (no **caiga**) **caigamos** caed (no **caigáis**) **caigan** Uds.
6	conducir (c:zc) **Participles:** conduciendo conducido	**conduzco** conduces conduce conducimos conducís conducen	conducía conducías conducía conducíamos conducíais conducían	**conduje** **condujiste** **condujo** **condujimos** **condujisteis** **condujeron**	conduciré conducirás conducirá conduciremos conduciréis conducirán	conduciría conducirías conduciría conduciríamos conduciríais conducirían	**conduzca** **conduzcas** **conduzca** **conduzcamos** **conduzcáis** **conduzcan**	**condujera** **condujeras** **condujera** **condujéramos** **condujerais** **condujeran**	conduce tú (no **conduzcas**) **conduzca** Ud. (no **conduzca**) **conduzcamos** conducid (no **conduzcáis**) **conduzcan** Uds.

	Infinitive	INDICATIVE					SUBJUNCTIVE		IMPERATIVE
		Present	Imperfect	Preterite	Future	Conditional	Present	Past	
7	dar **Participles:** dando dado	**doy** das da damos **dais** dan	daba dabas daba dábamos dabais daban	**di** **diste** **dio** **dimos** **disteis** **dieron**	daré darás dará daremos daréis darán	daría darías daría daríamos daríais darían	**dé** des **dé** demos **deis** den	**diera** **dieras** **diera** **diéramos** **dierais** **dieran**	da tú (no des) **dé** Ud. demos dad (no **deis**) den Uds.
8	decir (e:i) **Participles:** **diciendo** **dicho**	**digo** **dices** **dice** decimos decís **dicen**	decía decías decía decíamos decíais decían	**dije** **dijiste** **dijo** **dijimos** **dijisteis** **dijeron**	**diré** **dirás** **dirá** **diremos** **diréis** **dirán**	**diría** **dirías** **diría** **diríamos** **diríais** **dirían**	**diga** **digas** **diga** **digamos** **digáis** **digan**	**dijera** **dijeras** **dijera** **dijéramos** **dijerais** **dijeran**	**di** tú (no **digas**) **diga** Ud. **digamos** decid (no **digáis**) **digan** Uds.
9	estar **Participles:** estando estado	**estoy** **estás** **está** estamos estáis **están**	estaba estabas estaba estábamos estabais estaban	**estuve** **estuviste** **estuvo** **estuvimos** **estuvisteis** **estuvieron**	estaré estarás estará estaremos estaréis estarán	estaría estarías estaría estaríamos estaríais estarían	**esté** **estés** **esté** estemos estéis **estén**	**estuviera** **estuvieras** **estuviera** **estuviéramos** **estuvierais** **estuvieran**	**está** tú (no **estés**) **esté** Ud. estemos estad (no estéis) **estén** Uds.
10	haber **Participles:** habiendo habido	**he** **has** **ha** **hemos** habéis **han**	había habías había habíamos habíais habían	**hube** **hubiste** **hubo** **hubimos** **hubisteis** **hubieron**	**habré** **habrás** **habrá** **habremos** **habréis** **habrán**	**habría** **habrías** **habría** **habríamos** **habríais** **habrían**	**haya** **hayas** **haya** **hayamos** **hayáis** **hayan**	**hubiera** **hubieras** **hubiera** **hubiéramos** **hubierais** **hubieran**	
11	hacer **Participles:** haciendo **hecho**	**hago** haces hace hacemos hacéis hacen	hacía hacías hacía hacíamos hacíais hacían	**hice** **hiciste** **hizo** **hicimos** **hicisteis** **hicieron**	**haré** **harás** **hará** **haremos** **haréis** **harán**	**haría** **harías** **haría** **haríamos** **haríais** **harían**	**haga** **hagas** **haga** **hagamos** **hagáis** **hagan**	**hiciera** **hicieras** **hiciera** **hiciéramos** **hicierais** **hicieran**	**haz** tú (no **hagas**) **haga** Ud. **hagamos** haced (no **hagáis**) **hagan** Uds.
12	ir **Participles:** **yendo** **ido**	**voy** **vas** **va** **vamos** **vais** **van**	**iba** **ibas** **iba** **íbamos** **ibais** **iban**	**fui** **fuiste** **fue** **fuimos** **fuisteis** **fueron**	**iré** **irás** **irá** **iremos** **iréis** **irán**	**iría** **irías** **iría** **iríamos** **iríais** **irían**	**vaya** **vayas** **vaya** **vayamos** **vayáis** **vayan**	**fuera** **fueras** **fuera** **fuéramos** **fuerais** **fueran**	**ve** tú (no **vayas**) **vaya** Ud. **vamos** (no **vayamos**) **id** (no **vayáis**) **vayan** Uds.
13	oír (y) **Participles:** **oyendo** **oído**	**oigo** **oyes** **oye** **oímos** oís **oyen**	oía oías oía oíamos oíais oían	oí **oíste** **oyó** **oímos** **oísteis** **oyeron**	oiré oirás oirá oiremos oiréis oirán	oiría oirías oiría oiríamos oiríais oirían	**oiga** **oigas** **oiga** **oigamos** **oigáis** **oigan**	**oyera** **oyeras** **oyera** **oyéramos** **oyerais** **oyeran**	**oye** tú (no **oigas**) **oiga** Ud. **oigamos** **oíd** (no **oigáis**) **oigan** Uds.

	Infinitive	INDICATIVE					SUBJUNCTIVE		IMPERATIVE
		Present	Imperfect	Preterite	Future	Conditional	Present	Past	
14	poder (o:ue) **Participles:** **pudiendo** podido	**puedo** **puedes** **puede** podemos podéis **pueden**	podía podías podía podíamos podíais podían	**pude** **pudiste** **pudo** **pudimos** **pudisteis** **pudieron**	**podré** **podrás** **podrá** **podremos** **podréis** **podrán**	**podría** **podrías** **podría** **podríamos** **podríais** **podrían**	**pueda** **puedas** **pueda** podamos podáis **puedan**	**pudiera** **pudieras** **pudiera** **pudiéramos** **pudierais** **pudieran**	**puede** tú (no **puedas**) **pueda** Ud. podamos poded (no podáis) **puedan** Uds.
15	poner **Participles:** poniendo **puesto**	**pongo** pones pone ponemos ponéis ponen	ponía ponías ponía poníamos poníais ponían	**puse** **pusiste** **puso** **pusimos** **pusisteis** **pusieron**	**pondré** **pondrás** **pondrá** **pondremos** **pondréis** **pondrán**	**pondría** **pondrías** **pondría** **pondríamos** **pondríais** **pondrían**	**ponga** **pongas** **ponga** **pongamos** **pongáis** **pongan**	**pusiera** **pusieras** **pusiera** **pusiéramos** **pusierais** **pusieran**	**pon** tú (no **pongas**) **ponga** Ud. **pongamos** poned (no **pongáis**) **pongan** Uds.
16	querer (e:ie) **Participles:** queriendo querido	**quiero** **quieres** **quiere** queremos queréis **quieren**	quería querías quería queríamos queríais querían	**quise** **quisiste** **quiso** **quisimos** **quisisteis** **quisieron**	**querré** **querrás** **querrá** **querremos** **querréis** **querrán**	**querría** **querrías** **querría** **querríamos** **querríais** **querrían**	**quiera** **quieras** **quiera** queramos queráis **quieran**	**quisiera** **quisieras** **quisiera** **quisiéramos** **quisierais** **quisieran**	**quiere** tú (no **quieras**) **quiera** Ud. queramos quered (no queráis) **quieran** Uds.
17	saber **Participles:** sabiendo sabido	**sé** sabes sabe sabemos sabéis saben	sabía sabías sabía sabíamos sabíais sabían	**supe** **supiste** **supo** **supimos** **supisteis** **supieron**	**sabré** **sabrás** **sabrá** **sabremos** **sabréis** **sabrán**	**sabría** **sabrías** **sabría** **sabríamos** **sabríais** **sabrían**	**sepa** **sepas** **sepa** **sepamos** **sepáis** **sepan**	**supiera** **supieras** **supiera** **supiéramos** **supierais** **supieran**	sabe tú (no **sepas**) **sepa** Ud. **sepamos** sabed (no **sepáis**) **sepan** Uds.
18	salir **Participles:** saliendo salido	**salgo** sales sale salimos salís salen	salía salías salía salíamos salíais salían	salí saliste salió salimos salisteis salieron	**saldré** **saldrás** **saldrá** **saldremos** **saldréis** **saldrán**	**saldría** **saldrías** **saldría** **saldríamos** **saldríais** **saldrían**	**salga** **salgas** **salga** **salgamos** **salgáis** **salgan**	saliera salieras saliera saliéramos salierais salieran	**sal** tú (no **salgas**) **salga** Ud. **salgamos** salid (no **salgáis**) **salgan** Uds.
19	ser **Participles:** siendo sido	**soy** **eres** **es** **somos** **sois** **son**	**era** **eras** **era** **éramos** **erais** **eran**	**fui** **fuiste** **fue** **fuimos** **fuisteis** **fueron**	seré serás será seremos seréis serán	sería serías sería seríamos seríais serían	**sea** **seas** **sea** **seamos** **seáis** **sean**	**fuera** **fueras** **fuera** **fuéramos** **fuerais** **fueran**	**sé** tú (no **seas**) **sea** Ud. **seamos** sed (no **seáis**) **sean** Uds.
20	tener (e:ie) **Participles:** teniendo tenido	**tengo** **tienes** **tiene** tenemos tenéis **tienen**	tenía tenías tenía teníamos teníais tenían	**tuve** **tuviste** **tuvo** **tuvimos** **tuvisteis** **tuvieron**	**tendré** **tendrás** **tendrá** **tendremos** **tendréis** **tendrán**	**tendría** **tendrías** **tendría** **tendríamos** **tendríais** **tendrían**	**tenga** **tengas** **tenga** **tengamos** **tengáis** **tengan**	**tuviera** **tuvieras** **tuviera** **tuviéramos** **tuvierais** **tuvieran**	**ten** tú (no **tengas**) **tenga** Ud. **tengamos** tened (no **tengáis**) **tengan** Uds.

	Infinitive	INDICATIVE Present	INDICATIVE Imperfect	INDICATIVE Preterite	INDICATIVE Future	INDICATIVE Conditional	SUBJUNCTIVE Present	SUBJUNCTIVE Past	IMPERATIVE
21	traer	**traigo**	traía	**traje**	traeré	traería	**traiga**	**trajera**	
		traes	traías	**trajiste**	traerás	traerías	**traigas**	**trajeras**	trae tú (no **traigas**)
	Participles:	trae	traía	**trajo**	traerá	traería	**traiga**	**trajera**	**traiga** Ud.
	trayendo	traemos	traíamos	**trajimos**	traeremos	traeríamos	**traigamos**	**trajéramos**	**traigamos**
	traído	traéis	traíais	**trajisteis**	traeréis	traeríais	**traigáis**	**trajerais**	traed (no **traigáis**)
		traen	traían	**trajeron**	traerán	traerían	**traigan**	**trajeran**	**traigan** Uds.
22	venir (e:ie)	**vengo**	venía	**vine**	**vendré**	**vendría**	**venga**	**viniera**	
		vienes	venías	**viniste**	**vendrás**	**vendrías**	**vengas**	**vinieras**	**ven** tú (no **vengas**)
	Participles:	**viene**	venía	**vino**	**vendrá**	**vendría**	**venga**	**viniera**	**venga** Ud.
	viniendo	venimos	veníamos	**vinimos**	**vendremos**	**vendríamos**	**vengamos**	**viniéramos**	**vengamos**
	venido	venís	veníais	**vinisteis**	**vendréis**	**vendríais**	**vengáis**	**vinierais**	venid (no **vengáis**)
		vienen	venían	**vinieron**	**vendrán**	**vendrían**	**vengan**	**vinieran**	**vengan** Uds.
23	ver	**veo**	**veía**	**vi**	veré	vería	**vea**	viera	
		ves	**veías**	viste	verás	verías	**veas**	vieras	ve tú (no **veas**)
	Participles:	ve	**veía**	**vio**	verá	vería	**vea**	viera	**vea** Ud.
	viendo	vemos	**veíamos**	vimos	veremos	veríamos	**veamos**	viéramos	**veamos**
	visto	**veis**	**veíais**	visteis	veréis	veríais	**veáis**	vierais	ved (no **veáis**)
		ven	**veían**	vieron	verán	verían	**vean**	vieran	**vean** Uds.

Stem-changing verbs

	Infinitive	INDICATIVE Present	INDICATIVE Imperfect	INDICATIVE Preterite	INDICATIVE Future	INDICATIVE Conditional	SUBJUNCTIVE Present	SUBJUNCTIVE Past	IMPERATIVE
24	contar (o:ue)	**cuento**	contaba	conté	contaré	contaría	**cuente**	contara	
		cuentas	contabas	contaste	contarás	contarías	**cuentes**	contaras	**cuenta** tú (no **cuentes**)
	Participles:	**cuenta**	contaba	contó	contará	contaría	**cuente**	contara	**cuente** Ud.
	contando	contamos	contábamos	contamos	contaremos	contaríamos	contemos	contáramos	contemos
	contado	contáis	contabais	contasteis	contaréis	contaríais	contéis	contarais	contad (no contéis)
		cuentan	contaban	contaron	contarán	contarían	**cuenten**	contaran	**cuenten** Uds.
25	dormir (o:ue)	**duermo**	dormía	dormí	dormiré	dormiría	**duerma**	**durmiera**	
		duermes	dormías	dormiste	dormirás	dormirías	**duermas**	**durmieras**	**duerme** tú (no **duermas**)
	Participles:	**duerme**	dormía	**durmió**	dormirá	dormiría	**duerma**	**durmiera**	**duerma** Ud.
	durmiendo	dormimos	dormíamos	dormimos	dormiremos	dormiríamos	**durmamos**	**durmiéramos**	**durmamos**
	dormido	dormís	dormíais	dormisteis	dormiréis	dormiríais	**durmáis**	**durmierais**	dormid (no **durmáis**)
		duermen	dormían	**durmieron**	dormirán	dormirían	**duerman**	**durmieran**	**duerman** Uds.
26	empezar	**empiezo**	empezaba	**empecé**	empezaré	empezaría	**empiece**	empezara	
	(e:ie) (z:c)	**empiezas**	empezabas	empezaste	empezarás	empezarías	**empieces**	empezaras	**empieza** tú (no **empieces**)
		empieza	empezaba	empezó	empezará	empezaría	**empiece**	empezara	**empiece** Ud.
	Participles:	empezamos	empezábamos	empezamos	empezaremos	empezaríamos	**empecemos**	empezáramos	**empecemos**
	empezando	empezáis	empezabais	empezasteis	empezaréis	empezaríais	**empecéis**	empezarais	empezad (no **empecéis**)
	empezado	**empiezan**	empezaban	empezaron	empezarán	empezarían	**empiecen**	empezaran	**empiecen** Uds.

		INDICATIVE					SUBJUNCTIVE		IMPERATIVE
	Infinitive	Present	Imperfect	Preterite	Future	Conditional	Present	Past	
27	entender (e:ie) **Participles:** entendiendo entendido	**entiendo** **entiendes** **entiende** entendemos entendéis **entienden**	entendía entendías entendía entendíamos entendíais entendían	entendí entendiste entendió entendimos entendisteis entendieron	entenderé entenderás entenderá entenderemos entenderéis entenderán	entendería entenderías entendería entenderíamos entenderíais entenderían	**entienda** **entiendas** **entienda** entendamos entendáis **entiendan**	entendiera entendieras entendiera entendiéramos entendierais entendieran	**entiende** tú (no **entiendas**) **entienda** Ud. entendamos entended (no entendáis) **entiendan** Uds.
28	jugar (u:ue) (g:gu) **Participles:** jugando jugado	**juego** **juegas** **juega** jugamos jugáis **juegan**	jugaba jugabas jugaba jugábamos jugabais jugaban	**jugué** jugaste jugó jugamos jugasteis jugaron	jugaré jugarás jugará jugaremos jugaréis jugarán	jugaría jugarías jugaría jugaríamos jugaríais jugarían	**juegue** **juegues** **juegue** **juguemos** **juguéis** **jueguen**	jugara jugaras jugara jugáramos jugarais jugaran	**juega** tú (no **juegues**) **juegue** Ud. **juguemos** jugad (no **juguéis**) **jueguen** Uds.
29	pedir (e:i) **Participles:** **pidiendo** pedido	**pido** **pides** **pide** pedimos pedís **piden**	pedía pedías pedía pedíamos pedíais pedían	pedí pediste **pidió** pedimos pedisteis **pidieron**	pediré pedirás pedirá pediremos pediréis pedirán	pediría pedirías pediría pediríamos pediríais pedirían	**pida** **pidas** **pida** **pidamos** **pidáis** **pidan**	**pidiera** **pidieras** **pidiera** **pidiéramos** **pidierais** **pidieran**	**pide** tú (no **pidas**) **pida** Ud. **pidamos** pedid (no **pidáis**) **pidan** Uds.
30	pensar (e:ie) **Participles:** pensando pensado	**pienso** **piensas** **piensa** pensamos pensáis **piensan**	pensaba pensabas pensaba pensábamos pensabais pensaban	pensé pensaste pensó pensamos pensasteis pensaron	pensaré pensarás pensará pensaremos pensaréis pensarán	pensaría pensarías pensaría pensaríamos pensaríais pensarían	**piense** **pienses** **piense** pensemos penséis **piensen**	pensara pensaras pensara pensáramos pensarais pensaran	**piensa** tú (no **pienses**) **piense** Ud. pensemos pensad (no penséis) **piensen** Uds.
31	reír (e:i) **Participles:** **riendo** **reído**	**río** **ríes** **ríe** **reímos** reís **ríen**	reía reías reía reíamos reíais reían	reí **reíste** **rio** **reímos** **reísteis** **rieron**	reiré reirás reirá reiremos reiréis reirán	reiría reirías reiría reiríamos reiríais reirían	**ría** **rías** **ría** **riamos** **riáis** **rían**	**riera** **rieras** **riera** **riéramos** **rierais** **rieran**	**ríe** tú (no **rías**) **ría** Ud. **riamos** **reíd** (no **riáis**) **rían** Uds.
32	seguir (e:i) (gu:g) **Participles**: **siguiendo** seguido	**sigo** **sigues** **sigue** seguimos seguís **siguen**	seguía seguías seguía seguíamos seguíais seguían	seguí seguiste **siguió** seguimos seguisteis **siguieron**	seguiré seguirás seguirá seguiremos seguiréis seguirán	seguiría seguirías seguiría seguiríamos seguiríais seguirían	**siga** **sigas** **siga** **sigamos** **sigáis** **sigan**	**siguiera** **siguieras** **siguiera** **siguiéramos** **siguierais** **siguieran**	**sigue** tú (no **sigas**) **siga** Ud. **sigamos** seguid (no **sigáis**) **sigan** Uds.
33	sentir (e:ie) **Participles**: **sintiendo** sentido	**siento** **sientes** **siente** sentimos sentís **sienten**	sentía sentías sentía sentíamos sentíais sentían	sentí sentiste **sintió** sentimos sentisteis **sintieron**	sentiré sentirás sentirá sentiremos sentiréis sentirán	sentiría sentirías sentiría sentiríamos sentiríais sentirían	**sienta** **sientas** **sienta** **sintamos** **sintáis** **sientan**	**sintiera** **sintieras** **sintiera** **sintiéramos** **sintierais** **sintieran**	**siente** tú (no **sientas**) **sienta** Ud. **sintamos** sentid (no **sintáis**) **sientan** Uds.

	Infinitive	INDICATIVE Present	Imperfect	Preterite	Future	Conditional	SUBJUNCTIVE Present	Past	IMPERATIVE
34	volver (o:ue) **Participles:** volviendo **vuelto**	**vuelvo** **vuelves** **vuelve** volvemos volvéis **vuelven**	volvía volvías volvía volvíamos volvíais volvían	volví volviste volvió volvimos volvisteis volvieron	volveré volverás volverá volveremos volveréis volverán	volvería volverías volvería volveríamos volveríais volverían	**vuelva** **vuelvas** **vuelva** volvamos volváis **vuelvan**	volviera volvieras volviera volviéramos volvierais volvieran	**vuelve** tú (no **vuelvas**) **vuelva** Ud. volvamos volved (no volváis) **vuelvan** Uds.

Verbs with spelling changes only

	Infinitive	INDICATIVE Present	Imperfect	Preterite	Future	Conditional	SUBJUNCTIVE Present	Past	IMPERATIVE
35	conocer (c:zc) **Participles:** conociendo conocido	**conozco** conoces conoce conocemos conocéis conocen	conocía conocías conocía conocíamos conocíais conocían	conocí conociste conoció conocimos conocisteis conocieron	conoceré conocerás conocerá conoceremos conoceréis conocerán	conocería conocerías conocería conoceríamos conoceríais conocerían	**conozca** **conozcas** **conozca** **conozcamos** **conozcáis** **conozcan**	conociera conocieras conociera conociéramos conocierais conocieran	conoce tú (no **conozcas**) **conozca** Ud. **conozcamos** conoced (no **conozcáis**) **conozcan** Uds.
36	creer (y) **Participles:** **creyendo** **creído**	creo crees cree creemos creéis creen	creía creías creía creíamos creíais creían	creí **creíste** **creyó** **creímos** **creísteis** **creyeron**	creeré creerás creerá creeremos creeréis creerán	creería creerías creería creeríamos creeríais creerían	crea creas crea creamos creáis crean	**creyera** **creyeras** **creyera** **creyéramos** **creyerais** **creyeran**	cree tú (no creas) crea Ud. creamos creed (no creáis) crean Uds.
37	cruzar (z:c) **Participles:** cruzando cruzado	cruzo cruzas cruza cruzamos cruzáis cruzan	cruzaba cruzabas cruzaba cruzábamos cruzabais cruzaban	**crucé** cruzaste cruzó cruzamos cruzasteis cruzaron	cruzaré cruzarás cruzará cruzaremos cruzaréis cruzarán	cruzaría cruzarías cruzaría cruzaríamos cruzaríais cruzarían	**cruce** **cruces** **cruce** **crucemos** **crucéis** **crucen**	cruzara cruzaras cruzara cruzáramos cruzarais cruzaran	cruza tú (no **cruces**) **cruce** Ud. **crucemos** cruzad (no **crucéis**) **crucen** Uds.
38	destruir (y) **Participles:** **destruyendo** destruido	**destruyo** **destruyes** **destruye** destruimos destruís **destruyen**	destruía destruías destruía destruíamos destruíais destruían	destruí destruiste **destruyó** destruimos destruisteis **destruyeron**	destruiré destruirás destruirá destruiremos destruiréis destruirán	destruiría destruirías destruiría destruiríamos destruiríais destruirían	**destruya** **destruyas** **destruya** **destruyamos** **destruyáis** **destruyan**	**destruyera** **destruyeras** **destruyera** **destruyéramos** **destruyerais** **destruyeran**	**destruye** tú (no **destruyas**) **destruya** Ud. **destruyamos** destruid (no **destruyáis**) **destruyan** Uds.
39	enviar **Participles:** enviando enviado	**envío** **envías** **envía** enviamos enviáis **envían**	enviaba enviabas enviaba enviábamos enviabais enviaban	envié enviaste envió enviamos enviasteis enviaron	enviaré enviarás enviará enviaremos enviaréis enviarán	enviaría enviarías enviaría enviaríamos enviaríais enviarían	**envíe** **envíes** **envíe** enviemos enviéis **envíen**	enviara enviaras enviara enviáramos enviarais enviaran	**envía** tú (no **envíes**) **envíe** Ud. enviemos enviad (no enviéis) **envíen** Uds.

	Infinitive	INDICATIVE					SUBJUNCTIVE		IMPERATIVE
		Present	Imperfect	Preterite	Future	Conditional	Present	Past	
40	graduar **Participles:** graduando graduado	**gradúo** **gradúas** **gradúa** graduamos graduáis **gradúan**	graduaba graduabas graduaba graduábamos graduabais graduaban	gradué graduaste graduó graduamos graduasteis graduaron	graduaré graduarás graduará graduaremos graduaréis graduarán	graduaría graduarías graduaría graduaríamos graduaríais graduarían	**gradúe** **gradúes** **gradúe** graduemos graduéis **gradúen**	graduara graduaras graduara graduáramos graduarais graduaran	**gradúa** tú (no **gradúes**) **gradúe** Ud. graduemos graduad (no graduéis) **gradúen** Uds.
41	llegar (g:gu) **Participles:** llegando llegado	llego llegas llega llegamos llegáis llegan	llegaba llegabas llegaba llegábamos llegabais llegaban	**llegué** llegaste llegó llegamos llegasteis llegaron	llegaré llegarás llegará llegaremos llegaréis llegarán	llegaría llegarías llegaría llegaríamos llegaríais llegarían	**llegue** **llegues** **llegue** **lleguemos** **lleguéis** **lleguen**	llegara llegaras llegara llegáramos llegarais llegaran	llega tú (no **llegues**) **llegue** Ud. **lleguemos** llegad (no **lleguéis**) **lleguen** Uds.
42	proteger (g:j) **Participles:** protegiendo protegido	**protejo** proteges protege protegemos protegéis protegen	protegía protegías protegía protegíamos protegíais protegían	protegí protegiste protegió protegimos protegisteis protegieron	protegeré protegerás protegerá protegeremos protegeréis protegerán	protegería protegerías protegería protegeríamos protegeríais protegerían	**proteja** **protejas** **proteja** **protejamos** **protejáis** **protejan**	protegiera protegieras protegiera protegiéramos protegierais protegieran	protege tú (no **protejas**) **proteja** Ud. **protejamos** proteged (no **protejáis**) **protejan** Uds.
43	tocar (c:qu) **Participles:** tocando tocado	toco tocas toca tocamos tocáis tocan	tocaba tocabas tocaba tocábamos tocabais tocaban	**toqué** tocaste tocó tocamos tocasteis tocaron	tocaré tocará tocarás tocaremos tocaréis tocarán	tocaría tocarías tocaría tocaríamos tocaríais tocarían	**toque** **toques** **toque** **toquemos** **toquéis** **toquen**	tocara tocaras tocara tocáramos tocarais tocaran	toca tú (no **toques**) **toque** Ud. **toquemos** tocad (no **toquéis**) **toquen** Uds.
44	vencer (c:z) **Participles:** venciendo vencido	**venzo** vences vence vencemos vencéis vencen	vencía vencías vencía vencíamos vencíais vencían	vencí venciste venció vencimos vencisteis vencieron	venceré vencerás vencerá venceremos venceréis vencerán	vencería vencerías vencería venceríamos venceríais vencerían	**venza** **venzas** **venza** **venzamos** **venzáis** **venzan**	venciera vencieras venciera venciéramos vencierais vencieran	vence tú (no **vezas**) **venza** Ud. **venzamos** venced (no **venzáis**) **venzan** Uds.
45	esparcir (c:z) **Participles:** esparciendo esparcido	esparzo esparces esparce esparcimos esparcís esparcen	esparcía esparcías esparcía esparcíamos esparcíais esparcían	esparcí esparciste esparció esparcimos esparcisteis esparcieron	esparciré esparcirás esparcirá esparciremos esparciréis esparcirán	esparciría esparcirías esparciría esparciríamos esparciríais esparcirían	**esparza** **esparzas** **esparza** **esparzamos** **esparzáis** **esparzan**	esparciera esparcieras esparciera esparciéramos esparcierais esparcieran	esparce tú (no **esparzas**) **esparza** Ud. **esparzamos** esparcid (no **esparzáis**) **esparzan** Uds.
46	extinguir (gu:g) **Participles:** extinguiendo extinguido	**extingo** extingues extingue extinguimos extinguís extinguen	extinguía extinguías extinguía extinguíamos extinguíais extinguían	extinguí extinguiste extinguió extinguimos extinguisteis extinguieron	extinguiré extinguirás extinguirá extinguiremos extinguiréis extinguirán	extinguiría extinguirías extinguiría extinguiríamos extinguiríais extinguirían	**extinga** **extingas** **extinga** **extingamos** **extingáis** **extingan**	extinguiera extinguieras extinguiera extinguiéramos extinguierais extinguieran	extingue tú (no **extingas**) **extinga** Ud. **extingamos** extinguid (no **extingáis**) **extingan** Uds.

Guide to Vocabulary

Contents of the glossary

This glossary contains the words and expressions listed on the **Vocabulario** page found at the end of each lesson in **FACETAS** as well as other useful vocabulary. A numeral following an entry indicates the lesson where the word or expression was introduced. Check the **Estructura** sections of each lesson for words and expressions related to those grammar topics.

Abbreviations used in this glossary

adj.	adjective	*fam.*	familiar	*pl.*	plural	*sing.*	singular
adv.	adverb	*form.*	formal	*p.p.*	past participle	*v.*	verb
conj.	conjunction	*interj.*	interjection	*prep.*	preposition		
f.	feminine	*m.*	masculine	*pron.*	pronoun		

Note on alphabetization

For purposes of alphabetization, **ch** and **ll** are not treated as separate letters, but **ñ** follows **n.**

Español–Inglés

A

abogado/a *m., f.* lawyer
abrazar *v.* to hug; to hold **1**
abrir(se) *v.* to open; **abrirse paso** to make one's way
abrocharse *v.* to fasten; **abrocharse el cinturón de seguridad** to fasten one's seatbelt
abstracto/a *adj.* abstract
aburrir *v.* to bore **2**
aburrirse *v.* to get bored **2**
acabarse *v.* to run out; to come to an end **6**
acantilado *m.* cliff
acariciar *v.* to caress **3**
acaso *adv.* perhaps **3**
accidente *m.* accident; **accidente automovilístico** *m.* car accident **5**
acentuar *v.* to accentuate
acercarse (a) *v.* to approach **2**
aclarar *v.* to clarify
acoger *v.* to welcome; to take in; to receive
acogido/a *adj.* received; **bien acogido/a** well received
acompañar *v.* to come with
aconsejar *v.* to advise; to suggest **4**
acontecimiento *m.* event
acordar (o:ue) *v.* to agree **2**
acordarse (o:ue) **(de)** *v.* to remember **2**
acostarse (o:ue) *v.* to go to bed **2**
acostumbrado/a *adj.* accustomed to; **estar acostumbrado/a a** *v.* to be used to
acostumbrarse (a) *v.* to get used to; to grow accustomed (to) **3**
activista *m., f.* activist
acto: en el acto immediately; on the spot **3**
actor *m.* actor
actriz *f.* actress
actual *adj.* current
actualidad *f.* current events
actualizado/a *adj.* up-to-date
actualizar *v.* to update
actualmente *adv.* currently
acuarela *f.* watercolor
adelantado/a *adj.* advanced
adelanto *m.* improvement **4**
adelgazar *v.* to lose weight **4**
adinerado/a *adj.* wealthy
adivinar *v.* to guess
adjuntar *v.* to attach; **adjuntar un archivo** to attach a file
administrar *v.* to manage; to run
ADN (ácido desoxirribonucleico) *m.* DNA
adorar *v.* to adore **1**
aduana *f.* customs; **agente de aduanas** customs agent **5**
advertencia *f.* warning
afeitarse *v.* to shave **2**
aficionado/a (a) *adj.* fond of; a fan (of) **2**; **ser aficionado/a de** to be a fan of
afligir *v.* afflict **4**
afligirse *v.* to get upset **3**
afortunado/a *adj.* lucky
agenda *f.* datebook **3**
agente *m., f.* agent; officer; **agente de aduanas** *m., f.* customs agent **5**
agnóstico/a *adj.* agnostic
agobiado/a *adj.* overwhelmed **1**
agotado/a *adj.* exhausted **4**
agotar *v.* to use up **6**
agradecimiento *m.* gratitude
¡Aguas! *interj.* Watch out! *(Méx.)* **2**
aguja *f.* needle **4**
agujero *m.* hole; **agujero en la capa de ozono** *m.* hole in the ozone layer; **agujero negro** *m.* black hole; **agujerito** *m.* small hole
ahogado/a *adj.* drowned **5**
ahogarse *v.* to smother; to drown
ahorrar *v.* to save
ahorrarse *v.* to save oneself
ahorro *m.* savings
aislado/a *adj.* isolated **6**
aislar *v.* to isolate
ajedrez *m.* chess **2**
ala *m.* wing
alargar *v.* to drag out **1**
alba *f.* dawn; daybreak
albergue *m.* hostel **5**
álbum *m.* album **2**
alcalde/alcaldesa *m., f.* mayor
alcance *m.* reach; **al alcance** within reach; **al alcance de la mano** within reach
alcanzar *v.* to reach; to achieve; to succeed in
aldea *f.* village
alimentación *f.* diet (nutrition) **4**
allá *adv.* there
alma (el) *f.* soul **1**
alojamiento *m.* lodging **5**
alojarse *v.* to stay **5**
alquilar *v.* to rent; **alquilar una película** to rent a movie **2**
alta definición: de alta definición *adj.* high definition
alterar *v.* to modify; to alter
altiplano *m.* high plateau
altoparlante *m.* loudspeaker
alusión *f.* allusion
amable *adj.* nice; kind
amado/a *m., f.* loved one; sweetheart **1**
amanecer *m.* sunrise; morning
amar *v.* to love **1**
ambiental *adj.* environmental **6**
ambos/as *pron., adj.* both
amenaza *f.* threat
amenazar *v.* to threaten **3**
amor *m.* love; **amor (no) correspondido** (un)requited love
amueblado/a *adj.* furnished
analgésico *m.* painkiller **2**
anciano/a *adj.* elderly
anciano/a *m., f.* elderly gentleman/lady
andar *v.* to walk; **andar** + *pres. participle* to be (doing something)
anfitrión/anfitriona *m.* host(ess)
anillo *m.* ring **5**
animado/a *adj.* lively **2**
animar *v.* to cheer up; to encourage; **¡Anímate!** Cheer up! *(sing.)* **2**; **¡Anímense!** Cheer up! *(pl.)* **2**

ánimo *m.* spirit **1**
anotar (un gol/un punto) *v.* to score (a goal/a point) **2**
ansia *f.* anxiety **1**
ansioso/a *adj.* anxious **1**
antemano: de antemano *beforehand*
antena *f.* antenna; **antena parabólica** satellite dish
anterior *adj.* previous
antes que nada first and foremost
antigüedad *f.* antiquity
antiguo/a *adj.* ancient
antipático/a *adj.* mean; unpleasant
anuncio *m.* advertisement; commercial
añadir *v.* to add
apagado/a *adj.* turned off
apagar *v.* to turn off **3; apagar las velas** to blow out the candles
aparecer *v.* to appear **1**
apenas *adv.* hardly; scarcely **3**
aplaudir *v.* to applaud **2**
apogeo *m.* height, highest level **5**
aportación *f.* contribution
apostar (o:ue) *v.* to bet
apoyarse (en) *v.* to lean (on)
apreciado/a *adj.* appreciated
apreciar *v.* to appreciate **1**
aprendizaje *m.* learning
aprobación *f.* approval
aprobar (o:ue) *v.* to approve; to pass (*a class*); **aprobar una ley** to pass a law
aprovechar *v.* to make good use of; to take advantage of
apuesta *f.* bet
apuro: tener apuro to be in a hurry; to be in a rush
araña *f.* spider **6**
árbitro/a *m., f.* referee **2**
árbol *m.* tree **6**
archivo *m.* file; **bajar un archivo** to download a file
arduo *adj.* hard **3**
arepa *f.* cornmeal cake
argumento *m.* plot
árido/a *adj.* arid
aristocrático/a *adj.* aristocratic
arma *f.* weapon
armada *f.* navy
armado/a *adj.* armed
arqueología *f.* archaeology
arqueólogo/a *m., f.* archaeologist
arrancar *v.* to start (*a car*)
arrastrar *v.* to drag
arrecife *m.* reef **6**
arreglarse *v.* to get ready **3**
arrepentirse (de) (e:ie) *v.* to repent **2**
arriesgado/a *adj.* risky **5**
arriesgar *v.* to risk
arriesgarse *v.* to risk; to take a risk
arroba *f.* @ symbol
arroyo *m.* stream
arruga *f.* wrinkle
artefacto *m.* artifact **5**
artesano/a *m., f.* artisan
asaltar *v.* to rob
ascender (e:ie) *v.* to rise; to be promoted
asco *m.* revulsion; **dar asco** to be disgusting
asegurar *v.* to assure; to guarantee
asegurarse *v.* to make sure
aseo *m.* cleanliness; hygiene; **aseo personal** *m.* personal care
asesor(a) *m., f.* consultant; advisor
así *adv.* like this; so **3**
asiento *m.* seat **2**
asombrar *v.* to amaze
asombrarse *v.* to be astonished
asombro *m.* amazement; astonishment
asombroso/a *adj.* astonishing
aspecto *m.* appearance; look; **tener buen/mal aspecto** to look healthy/sick **4**
aspirina *f.* aspirin **4**
astronauta *m., f.* astronaut
astrónomo/a *m., f.* astronomer
asunto *m.* matter; topic
asustado/a *adj.* frightened; scared
atar *v.* to tie (up)
ataúd *m.* casket **2**
ateísmo *m.* atheism
ateo/a *adj.* atheist
aterrizar *v.* to land (an airplane) **5**
atletismo *m.* track-and-field events
atracción *f.* attraction
atraer *v.* to attract **1**
atrapar *v.* to trap; to catch **6**
atrasado/a *adj.* late **3**
atrasar *v.* to delay
atreverse (a) *v.* to dare (to) **2**
atropellar *v.* to run over
audiencia *f.* audience
aumento *m.* increase; raise; **aumento de sueldo** *m.* raise in salary
auricular *m.* telephone receiver
ausente *adj.* absent
auténtico/a *adj.* real; genuine **3**
autobiografía *f.* autobiography
autoestima *f.* self-esteem **4**
autoritario/a *adj.* strict; authoritarian **1**
autorretrato *m.* self-portrait **3**
auxiliar de vuelo *m., f.* flight attendant
auxilio *m.* help; aid; **primeros auxilios** *m. pl.* first aid **4**
avance *m.* advance; breakthrough
avanzado/a *adj.* advanced
avaro/a *m., f.* miser
ave *f.* bird **6**
aventura *f.* adventure **5**
aventurero/a *m., f.* adventurer **5**
avergonzado/a *adj.* ashamed; embarrassed
avergonzar *v.* to embarrass
averiguar *v.* to find out **1**
avisar *v.* to inform; to warn
aviso *m.* notice; warning **5**
azar *m.* chance **5**

B

bahía *f.* bay **5**
bailar *v.* to dance **1**
bailarín/bailarina *m., f.* dancer
bajar *v.* to lower
balcón *m.* balcony **3**
balón *m.* ball **2**
bancario/a *adj.* banking
bancarrota *f.* bankruptcy
banda sonora *f.* soundtrack
bandera *f.* flag
bañarse *v.* to take a bath **2**
barato/a *adj.* cheap; inexpensive **3**
barbaridad *f.* outrageous thing
barrer *v.* to sweep **3**
barrio *m.* neighborhood
bastante *adv.* quite; enough **3**
batalla *f.* battle
bautismo *m.* baptism
beber *v.* to drink **1**
bellas artes *f., pl* fine arts
bendecir (e:i) *v.* to bless
beneficios *m. pl.* benefits
besar *v.* to kiss **1**
biblioteca *f.* library
bien acogido/a *adj.* well-received
bienestar *m.* well-being **4**
bienvenida *f.* welcome **5**
bilingüe *adj.* bilingual
billar *m.* billiards **2**
biografía *f.* biography
biólogo/a *m., f.* biologist
bioquímico/a *adj.* biochemical
bitácora *f.* travel log; weblog
blog *m.* blog
blogonovela *f.* blognovel
blogosfera *f.* blogosphere
bobo/a *m., f.* silly, stupid person
boleto *m.* ticket
boliche *m.* bowling **2**
bolsa *f.* bag; sack; stock market; **bolsa de valores** *f.* stock market
bombardeo *m.* bombing **6**
bondad *f.* goodness; **¿Tendría usted la bondad de** + *inf.*... ? Could you please ...? *(form.)*
bordo: a bordo *adv.* on board **5**
borrar *v.* to erase
bosque *m.* forest; **bosque lluvioso** *m.* rain forest **6**
bostezar *v.* to yawn
botar *v.* to throw... out **5**
botarse *v.* to outdo oneself (*P. Rico; Cuba*) **5**
bote *m.* boat **5**
brindar *v.* to make a toast **2**
broma *f.* joke
bromear *v* to joke
brújula *f.* compass **5**
buceo *m.* scuba diving **5**
budista *adj.* Buddhist
bueno/a *adj.* good; **estar bueno/a** *v.* to (still) be good (i.e., *fresh*); **ser bueno/a** *v.* to be good (*by nature*); **¡Buen fin de semana!** Have a nice weekend!; **Buen provecho.** Enjoy your meal.
búfalo *m.* buffalo
burla *f.* mockery
burlarse (de) *v.* to make fun (of)
burocracia *f.* bureaucracy
buscador *m.* search engine
búsqueda *f.* search
buzón *m.* mailbox

C

caber *v.* to fit **1; no caber duda** to be no doubt
cabo *m.* cape; end (*rope, string*); **al fin y al cabo** sooner or later, after all; **llevar a cabo** to carry out (*an activity*)
cabra *f.* goat
cacique *m.* tribal chief
cadena *f.* network; **cadena de televisión** *f.* television network
caducar *v* to expire
caer(se) *v.* to fall **1; caer bien/mal** to get along well/badly with **2**
caja *f.* box; **caja de herramientas** toolbox
cajero/a *m., f.* cashier; **cajero automático** *m.* ATM
calentamiento global *m.* global warming **6**
calentar (e:ie) *v.* to warm up **3**
calidad *f.* quality
callado/a *adj.* quiet/silent
callarse *v.* to be quiet, silent
calmante *m.* tranquilizer **4**
calmarse *v.* to calm down; to relax
calzoncillos *m. pl.* underwear (men's)
camarero/a *m., f.* waiter; waitress
cambiar *v* to change
cambio *m.* change; **a cambio de** in exchange for
camerino *m.* star's dressing room
campamento *m.* campground **5**
campaña *f.* campaign
campeón/campeona *m., f.* champion **2**
campeonato *m.* championship **2**
campo *m.* ball field **5**
campo *m.* countryside; field **6**
canal *m.* channel; **canal de televisión** *m.* television channel
cancelar *v.* to cancel **5**
cáncer *m.* cancer
cancha *f.* field **2**
candidato/a *m., f.* candidate
canon literario *m.* literary canon
cansancio *m.* exhaustion **3**
cansarse *v.* to become tired
cantante *m., f.* singer **2**
capa *f.* layer; **capa de ozono** *f.* ozone layer 6
capaz *adj.* competent; capable
capilla *f.* chapel
capitán *m.* captain
capítulo *m.* chapter
caracterización *f.* characterization
cargo *m.* position; **estar a cargo de** to be in charge of **1**
cariño *m.* affection **1**
cariñoso/a *adj.* affectionate **1**
carne *f.* meat; flesh
caro/a *adj.* expensive **3**
cartas *f. pl.* (playing) cards **2**
casado/a *adj.* married **1**
cascada *f.* cascade; waterfall **5**
casi *adv.* almost **3**
casi nunca *adv.* rarely **3**
castigo *m.* punishment
casualidad *f.* chance; coincidence **5; por casualidad** by chance **3**
catástrofe *f.* catastrophe; disaster; **catástrofe natural** *f.* natural disaster
categoría *f.* category **5; de buena categoría** *adj.* high quality **5**
católico/a *adj.* Catholic
cazar *v.* to hunt **6**
ceder *v.* give up
celda *f.* cell
celebrar *v.* to celebrate **2**
celebridad *f.* celebrity
celos *m. pl.* jealousy; **tener celos de** to be jealous of **1**
celoso/a *adj.* jealous **1**
célula *f.* cell
cementerio *m.* cemetery
censura *f.* censorship
centavo *m.* cent
centro comercial *m.* mall **3**
cepillarse *v.* to brush **2**
cerdo *m.* pig **6**
cerro *m.* hill
certeza *f.* certainty
certidumbre *f.* certainty
chisme *m.* gossip
chiste *m.* joke **1**
choque *m.* crash **3**
choza *f.* hut
cicatriz *f.* scar
ciencia ficción *f.* science fiction
científico/a *adj.* scientific
científico/a *m., f.* scientist
cierto/a *adj.* certain, sure; **¡Cierto!** Sure!; **No es cierto.** That's not so.
cima *f.* height **1**
cine *m.* movie theater; cinema **2**
cinta *f.* tape **1**
cinturón *m.* belt; **cinturón de seguridad** *m.* seatbelt **5; abrocharse el cinturón de seguridad** *v.* to fasten one's seatbelt; **ponerse (el cinturón)** *v.* to fasten (the seatbelt) **5; quitarse (el cinturón)** *v.* to unfasten (the seatbelt) 5
circo *m.* circus **2**
cirugía *f.* surgery **4**
cirujano/a *m., f.* surgeon **4**
cisterna *f.* cistern; underground tank **6**
cita *f.* date; quotation; **cita a ciegas** *f.* blind date **1**
ciudadano/a *m., f.* citizen
civilización *f.* civilization
civilizado/a *adj.* civilized
claro *interj.* of course **3**
clásico/a *adj.* classic
claustro *m.* cloister
clima *m.* climate
clonar *v.* to clone
club *m.* club; **club deportivo** *m.* sports club **2**
coartada *f.* alibi
cobrador(a) *m., f.* debt collector
cobrar *v.* to charge; to receive
cochinillo *m.* suckling pig
cocinar *v.* to cook **3**
cocinero/a *m., f.* chef; cook
codo *m.* elbow
cohete *m.* rocket
cola *f.* line; tail; **hacer cola** to wait in line **2**
coleccionar *v.* to collect
coleccionista *m., f.* collector
colgar (o:ue) *v.* to hang (up)
colina *f.* hill
colmena *f.* beehive
colocar *v.* to place (*an object*) **2**
colonia *f.* colony
colonizar *v.* to colonize
columnista *m., f.* columnist
combatiente *m., f.* combatant
combustible *m.* fuel **6**
comediante *m., f.* comedian **1**
comensal *m., f.* dinner guest
comer *v.* to eat **1, 2**
comerciante *m., f.* storekeeper; trader
comercio *m.* commerce; trade
comerse *v.* to eat up **2**
comestible *adj.* edible; **planta comestible** *f.* edible plant
cometa *m.* comet
comida *f.* food **6; comida enlatada** *f.* canned food **6; comida rápida** *f.* fast food **4**
cómo *adv.* how; **¡Cómo no!** Of course!; **¿Cómo que son...?** What do you mean they are...?
compañía *f.* company
completo/a *adj.* complete; filled up; **El hotel está completo.** The hotel is filled.
componer *v.* to compose **1**
compositor(a) *m., f.* composer
comprobar (o:ue) *v.* to prove **7**
compromiso *m.* awkward situation
compromiso *m.* commitment; responsibility **1**
computación *f.* computer science
computadora portátil *f.* laptop
comunidad *f.* community **4**
conciencia *f.* conscience
concierto *m.* concert **2**
conducir *v.* to drive **1**
conductor(a) *m., f.* announcer
conejo *m.* rabbit **6**
conexión de satélite *f.* satellite connection
conferencia *f.* conference
confesar (e:ie) *v.* to confess
confianza *f.* trust; confidence **1**
confundido/a *adj.* confused
confundir (con) *v.* to confuse (with)
confuso/a *adj.* blurred **1**
congelado/a *adj.* frozen
congelar(se) *v.* to freeze
congeniar *v.* to get along
congestionado/a *adj.* congested
congestionamiento *m.* traffic jam **5**
conjunto *m.* collection; **conjunto (musical)** *m.* (musical) group, band
conmovedor(a) *adj.* moving
conocer *v.* to know **1**
conocimiento *m.* knowledge
conquista *f.* conquest
conquistador(a) *m., f.* conquistador; conqueror
conquistar *v.* to conquer
conseguir (e:i) **boletos/entradas** *v.* to get tickets **2**

conservador(a) *adj.* conservative
conservador(a) *m., f.* curator
conservar *v.* to conserve; to preserve **6**
considerar *v.* to consider; **Considero que...** In my opinion, ...
consiguiente *adj.* resulting; consequent; **por consiguiente** consequently; as a result
consulado *m.* consulate
consulta *f.* doctor's appointment **4**
consultorio *m.* doctor's office **4**
consumo *m.* consumption; **consumo de energía** *m.* energy consumption
contador(a) *m., f.* accountant
contagiarse *v.* to become infected **4**
contaminación *f.* pollution; contamination **6**
contaminar *v.* to pollute; to contaminate **6**
contar (o:ue) *v.* to tell; to count **2**; **contar con** to count on
contemporáneo/a *adj.* contemporary
contentarse con *v.* to be contented/satisfied with **1**
continuación *f.* sequel
contra *prep.* against; **en contra** *prep.* against
contraer *v.* to contract **1**
contraseña *f.* password
contratar *v.* to hire
contrato *m.* contract
contribuir (a) *v.* to contribute **6**
control remoto *m.* remote control; **control remoto universal** *m.* universal remote control **7**
controvertido/a *adj.* controversial
contundente *adj.* filling; heavy
convertirse (en) (e:ie) *v.* to become **2**
copa *f.* (drinking) glass; **Copa del mundo** World Cup
coquetear *v.* to flirt **1**
coraje *m.* courage
corazón *m.* heart **1**
cordillera *f.* mountain range **6**
cordura *f.* sanity **4**
coro *m.* choir; chorus
corrector ortográfico *m.* spell-checker
corresponsal *m., f.* correspondent
corrida *f.* bullfight **2**
corriente *f.* movement
corrupción *f.* corruption
corte *m.* cut; **de corte ejecutivo** of an executive nature
corto *m.* short film
cortometraje *m.* short film
cosecha *f.* harvest
costa *f.* coast **6**
costoso/a *adj.* costly; expensive
costumbre *f.* custom; habit **3**
cotidiano/a *adj.* everyday **3**; **vida cotidiana** *f.* everyday life
crear *v.* to create
creatividad *f.* creativity
crecer *v.* to grow **1**
crecimiento *m.* growth
creencia *f.* belief
creer (en) *v.* to believe (in); **No creas.** Don't you believe it.
creyente *m., f.* believer
criar *v.* to raise; **haber criado** to have raised **1**
criarse *v.* to grow up **1**
crisis *f.* crisis; **crisis económica** economic crisis
cristiano/a *adj.* Christian
criticar *v.* to critique
crítico/a *m., f.* critic; *adj.* critical **crítico/a de cine** movie critic
crucero *m.* cruise (ship) **5**
cruzar *v.* to cross
cuadro *m.* painting **3**
cuarentón/cuarentona *adj.* forty-year-old; in her/his forties
cubismo *m.* cubism
cucaracha *f.* cockroach **6**
cuenta *f.* calculation, sum; bill; account; **a final de cuentas** after all; **cuenta corriente** *f.* checking account; **cuenta de ahorros** *f.* savings account; **tener en cuenta** to keep in mind
cuento *m.* short story
cuerpo *m.* body; **cuerpo y alma** heart and soul
cueva *f.* cave
cuidado *m.* care **1**; **bien cuidado/a** well-kept
cuidadoso/a *adj.* careful **1**
cuidar *v.* to take care of **1**
cuidarse *v.* to take care of oneself
culpa *f.* guilt
culpable *adj.* guilty
cultivar *v.* to grow
culto *m.* worship
culto/a *adj.* cultured; educated; refined
cultura *f.* culture; **cultura popular** *f.* pop culture
cumbre *f.* summit; peak
cumplir *v.* to carry out
cura *m.* priest
curarse *v.* to heal; to be cured **4**
curativo/a *adj.* healing **4**
currículum vitae *m.* résumé

D

dañino/a *adj.* harmful **6**
dar *v.* to give; **dar a** to look out upon; **dar asco** to be disgusting; **dar de comer** to feed **6**; **dar el primer paso** to take the first step; **dar la gana** to feel like; **dar la vuelta (al mundo)** to go around (the world); **dar paso a** to give way to; **dar un paseo** to take a stroll/walk **2**; **dar una vuelta** to take a walk/stroll; **darse cuenta** to realize **2**; **darse por aludido/a** to realize/assume that one is being referred to; **darse por vencido** to give up
dardos *m. pl.* darts **2**
dato *m.* piece of data
de repente *adv.* suddenly **3**
de terror *adj.* horror (*story/novel*)
deber *m.* duty
deber *v.* to owe; **deber dinero** to owe money **2**
deber + inf. *v.* ought + *inf.*
década *f.* decade
decir (e:i) *v.* to say **1**
dedicatoria *f.* dedication
deforestación *f.* deforestation **6**
dejar *v.* to leave; to allow; **dejar a alguien** to leave someone **1**; **dejar de fumar** quit smoking **4**; **dejar en paz** to leave alone
delatar *v.* to denounce **3**
demás: los/las demás *pron.* others; other people
demasiado/a *adj., adv.* too; too much
democracia *f.* democracy
demora *f.* delay
demorar *v.* to delay
denunciar *v.* to denounce
deportista *m., f.* athlete **2**
depositar *v.* to deposit
depresión *f.* depression **4**
deprimido/a *adj.* depressed **1**
derecho *m.* law; right; **derechos civiles** *m.* civil rights; **derechos humanos** *m.* human rights
derramar *v.* to spill
derretir(se) (e:i) *v.* to melt
derribar *v.* to bring down; to overthrow
derrocar *v.* to overthrow
derrota *f.* defeat
derrotado/a *adj.* defeated
derrotar *v.* to defeat
desafiante *adj.* challenging **4**
desafiar *v.* to challenge **2**
desafío *m.* challenge
desanimado/a *adj.* discouraged
desanimarse *v.* to get discouraged
desánimo *m.* the state of being discouraged **1**
desaparecer *v.* to disappear **1, 6**
desarrollado/a *adj.* developed
desarrollarse *v.* to take place
desarrollo *m.* development **6**; **país en vías de desarrollo** *m.* developing country
desatar *v.* to untie
descansar *v.* to rest **4**
descanso *m.* rest
descargar *v.* to download
descendiente *m., f.* descendent
descongelar(se) *v.* to defrost
desconocido/a *m., f.* stranger; *adj.* unknown
descubridor(a) *m., f.* discoverer
descubrimiento *m.* discovery
descubrir *v.* discover **4**
descuidar(se) *v.* to get distracted; to neglect **6**
desear *v.* to desire; to wish **4**
desechable *adj.* disposable **6**
desempleado/a *adj.* unemployed
desempleo *m.* unemployment
desenlace *m.* ending
deseo *m.* desire; wish; **pedir un deseo** to make a wish
deshacer *v.* to undo **1**
deshecho/a *adj.* devastated **2**
desierto *m.* desert **6**
desigual *adj.* unequal
desilusión *f.* disappointment
desmayarse *v.* to faint **4**
desorden *m.* disorder; mess
despacho *m.* office
despedida *f.* farewell **5**
despedido/a *adj.* fired

despedir (e:i) *v.* to fire
despedirse (e:i) *v.* to say goodbye **3**
despegar *v.* to take off **5**
despertarse (e:ie) *v.* to wake up **2**
destacado/a *adj.* prominent
destacar *v.* to emphasize; to point out
destino *m.* destination **5**
destrozar *v.* to destroy
destruir *v.* to destroy **6**
detestar *v.* to detest
deuda *f.* debt
devolver (o:ue) *v.* to return (*items*) **3**
devoto/a *adj.* pious
día *m.* day; **estar al día con las noticias** to keep up with the news
diamante *m.* diamond **5**
diario *m.* newspaper
diario/a *adj.* daily **3**
dibujar *v.* to draw
dictador(a) *m., f.* dictator
dictadura *f.* dictatorship
didáctico/a *adj.* educational
dieta *f.* diet; **estar a dieta** to be on a diet **4**
digestión *f.* digestion
digital *adj.* digital
digno/a *adj.* worthy **6**
diluvio *m.* heavy rain
dinero *m.* money; **dinero en efectivo** cash **3**
Dios *m.* God
dios(a) *m., f.* god/goddess **5**
diputado/a *m., f.* representative
disputar *v.* to play
dirección de correo electrónico *f.* e-mail address
directo/a *adj.* direct; **en directo** *adj.* live
director(a) *m., f.* director
dirigir *v.* to direct; to manage **1**
discoteca *f.* discotheque; dance club **2**
discriminación *f.* discrimination
discriminado/a *adj.* discriminated
disculpar *v.* to excuse
disculparse *v.* to apologize **6**
discurso *m.* speech; **pronunciar un discurso** to give a speech
discutir *v.* to argue **1**
diseñar *v.* to design
disfraz *m.* costume
disfrazado/a *adj.* disguised; in costume
disfrutar (de) *v.* to enjoy **2**
disgustado/a *adj.* upset **1**
disgustar *v.* to upset **2**
disminuir *v* to decrease
disponerse a *v.* to be about to **6**
disponible *adj.* available
distinguido/a *adj.* honored
distinguir *v.* to distinguish **1**
distraer *v.* to distract **1**
distraído/a *adj.* distracted
disturbio *m.* riot
diversidad *f.* diversity **4**
divertido/a *adj.* fun **2**
divertirse (e:ie) *v.* to have fun **2**
divorciado/a *adj.* divorced **1**
divorcio *m.* divorce **1**
doblado/a *adj.* dubbed
doblaje *m.* dubbing (film)
doblar *v.* to dub (film); to fold; to turn (*a corner*)
doble *m., f.* double (*in movies*)
documental *m.* documentary
dolencia *f.* illness; condition **4**
doler (o:ue) *v.* to hurt; to ache **2**
dominio *m.* rule
dominó *m.* dominoes
dondequiera *adv.* wherever **4**
dormir (o:ue) *v.* to sleep **2**
dormirse (o:ue) *v.* to go to sleep, to fall asleep **2**
dramaturgo/a *m., f.* playwright
ducharse *v.* to take a shower **2**
dueño/a *m., f.* owner
duro/a *adj.* hard; difficult

E

echar *v.* to throw away **5; echar un vistazo** to take a look; **echar a correr** to take off running
ecosistema *m.* ecosystem **6**
ecoturismo *m.* ecotourism **5**
Edad Media *f.* Middle Ages
editar *v.* to publish
educar *v.* to raise; to bring up **1**
efectivo *m.* cash
efectos especiales *m., pl.* special effects
efectos secundarios *m.pl.* side effects **4**
eficiente *adj.* efficient
ejecutivo/a *m., f.* executive; **de corte ejecutivo** of an executive nature
ejército *m.* army
electoral *adj.* electoral
electrónico/a *adj.* electronic
elegido/a *adj.* chosen; elected
elegir (e:i) *v.* to elect; to choose
embajada *f.* embassy
embajador(a) *m., f.* ambassador
embalarse *v.* to go too fast
embarcar *v.* to board
emigrar *v.* to emigrate
emisión *f.* broadcast; **emisión en vivo/directo** *f.* live broadcast
emisora *f.* (radio) station
emocionado/a *adj.* excited **1**
empatar *v.* to tie (*games*) **2**
empate *m.* tie (*game*) **2**
empeorar *v.* to deteriorate; to get worse **4**
emperador *m* emperor
emperatriz *f.* empress
empezar (e:ie) *v.* to begin
empleado/a *adj.* employed
empleado/a *m., f.* employee
empleo *m.* employment; job
empresa *f.* company; **empresa multinacional** *f.* multinational company
empresario/a *m., f.* entrepreneur
empujar *v.* to push
en línea *adj.* online
enamorado/a (de) *adj.* in love (with) **1**
enamorarse (de) *v.* to fall in love (with) **1**
encabezar *v.* to lead
encantar *v.* to like very much **2**
encargado/a *m., f.* person in charge; **estar encargado/a de** to be in charge of **1**
encargarse de *v.* to be in charge of **1**
encender (e:ie) *v.* to turn on **3**
encogerse *v.* shrink; **encogerse de hombros** to shrug
energía *f.* energy; **energía eólica** *f.* wind energy; wind power; **energía nuclear** *f.* nuclear energy
enérgico/a *adj.* energetic
enfermarse *v.* to get sick **4**
enfermedad *f.* disease; illness **4**
enfermero/a *m., f.* nurse **4**
enfrentar *v.* to confront
enganchar *v.* to get caught **5**
engañar *v.* to betray
engordar *v.* to gain weight **4**
enlace *m.* link
enojo *m.* anger
enrojecer *v.* to turn red; to blush
ensayar *v.* to rehearse
ensayista *m., f.* essayist
ensayo *m.* essay; rehearsal
enseguida right away **3**
enseñanza *f.* teaching; lesson
entender (e:ie) *v.* to understand
enterarse (de) *v.* to become informed (about)
enterrado/a *adj.* buried **2**
enterrar (e:ie) *v.* to bury
entonces *adv.* then; **en aquel entonces** at that time **3**
entrada *f.* admission ticket
entrega *f.* delivery
entrenador(a) *m., f.* coach; trainer **2**
entretener(se) (e:ie) *v.* to entertain, to amuse (oneself); to be held up **1, 2**
entretenido/a *adj.* entertaining **2**
entrevista *f.* interview; **entrevista de trabajo** *f.* job interview
envenenado/a *adj.* poisoned **6**
enviar *v.* to send
eólico/a *adj.* related to the wind; **energía eólica** *f.* wind energy; wind power
epidemia *f.* epidemic **4**
episodio *m.* episode; **episodio final** *m.* final episode
época *f.* era; epoch; historical period
equipaje *m.* luggage
equipo *m.* team **2**
equivocarse *v.* to be mistaken; to make a mistake
erosión *f.* erosion **6**
erudito/a *adj.* learned
esbozar *v.* to sketch
esbozo *m.* outline; sketch
escalada *f.* climb (*mountain*)
escalador(a) *m., f.* climber
escalera *f.* staircase **3**
escena *f.* scene
escenario *m.* scenery; stage **2**
esclavitud *f.* slavery
esclavizar *v.* enslave
esclavo/a *m., f.* slave
escoba *f.* broom
escoger *v.* to choose **1**
esculpir *v.* to sculpt
escultor(a) *m., f.* sculptor

escultura *f.* sculpture
esfuerzo *m.* effort
espacial *adj.* related to space; **transbordador espacial** *m.* space shuttle
espacio *m.* space
espacioso/a *adj.* spacious
espalda *f.* back; **a mis espaldas** behind my back; **estar de espaldas a** to have one's back to
espantar *v.* to scare
especialista *m., f.* specialist
especializado/a *adj.* specialized
especie *f.* species **6; especie en peligro de extinción** *f.* endangered species
espectáculo *m.* show **2**
espectador(a) *m., f.* spectator **2**
espejo retrovisor *m.* rearview mirror
espera *f.* wait
esperanza *f.* hope **6**
espiritual *adj.* spiritual
estabilidad *f.* stability
establecer(se) *v.* to establish (oneself)
estado de ánimo *m.* mood **4**
estar *v.* to be; **estar al día** to be up-to-date; **estar bajo presión** to be under stress/pressure; **estar bueno/a** to be good (i.e., *fresh*); **estar a cargo de** to be in charge of; **estar harto/a (de)** to be fed up (with); to be sick (of) **1**; **estar lleno** to be full **5**; **estar al tanto** to be informed; **estar a la venta** to be for sale; **estar resfriado/a** to have a cold **4**
estatal *adj.* public; pertaining to the state
estereotipo *m.* stereotype
estético/a *adj.* aesthetic
estilo *m.* style; **al estilo de…** in the style of ...
estrecho/a *adj.* narrow
estrella *f.* star; **estrella fugaz** *f.* shooting star; **estrella** *f.* (movie) star [m/f]; **estrella pop** *f.* pop star [m/f]
estreno *m.* premiere; debut **2**
estrofa *f.* stanza
estudio *m.* studio; **estudio de grabación** *m.* recording studio
etapa *f.* stage; phase
eterno/a *adj.* eternal
ético/a *adj.* ethical; **poco ético/a** unethical
etiqueta *f.* label; tag
excitante *adj.* exciting
excursión *f.* excursion; tour **5**
exigir *v.* to demand **1, 4**
exilio político *m.* political exile
éxito *m.* success
exitoso/a *adj.* successful
exótico/a *adj.* exotic
experiencia *f.* experience
experimentar *v.* to experience; to feel
experimento *m.* experiment
exploración *f.* exploration
explorar *v.* to explore
explotación *f.* exploitation
explotar *v.* to exploit
exportaciones *f., pl.* exports
exportar *v.* to export
exposición *f.* exhibition
expresionismo *m.* expressionism
expulsar *v.* to expel
extinguir *v.* to extinguish
extinguirse *v.* to become extinct **6**
extrañar *v.* to miss; **extrañar a (alguien)** to miss (someone); **extrañarse de algo** to be surprised about something
extraterrestre *m., f.* alien

F

fábrica *f.* factory
fabricar *v.* to manufacture; to make
facciones *f.* facial features **3**
factor *m.* factor; **factores de riesgo** *m. pl.* risk factors
factura *f.* bill
falda *f.* skirt
fallecer *v* to die
falso/a *adj.* insincere **1**
faltar *v.* to lack; to need **2**
fama *f.* fame; **tener buena/mala fama** to have a good/bad reputation
famoso/a *adj.* famous; **hacerse famoso** *v.* to become famous
farándula *f.* entertainment **1**
faro *m.* lighthouse; beacon **5**
fascinar *v.* to fascinate; to like very much **2**
fatiga *f.* fatigue; weariness
fatigado/a *adj.* exhausted **3**
favor *m.* favor; **hacer el favor** to do someone the favor
favoritismo *m.* favoritism
fe *f.* faith
felicidad *f.* happiness; **¡Felicidades a todos!** Congratulations to all!
feliz *adj.* happy **3**
feria *f.* fair **2**
festejar *v.* to celebrate **2**
festival *m.* festival **2**
fiabilidad *f.* reliability
fiebre *f.* fever **4**
fijarse *v.* to notice; **fijarse en** to take notice of **2**
fijo/a *adj.* permanent; fixed
fin *m.* end; **al fin y al cabo** sooner or later; after all
final: al final de cuentas after all
financiar *v.* to finance
financiero/a *adj.* financial
finanza(s) *f.* finance(s)
firma *f.* signature
firmar *v.* to sign
físico/a *m., f.* physicist
flexible *adj.* flexible
florecer *v.* to flower **6**
flotar *v.* to float **5**
fondo *m.* bottom; **a fondo** *adv.* thoroughly
forma *f.* form; shape; **mala forma física** *f.* bad physical shape; **de todas formas** in any case; **ponerse en forma** *v.* to get in shape **4**
formular *v.* to formulate
fortaleza *f.* strength
forzado/a *adj.* forced
fraile *m.* friar
frasco *m.* flask
freír (e:i) *v.* to fry **3**
frontera *f.* border **5**
fuente *f.* fountain; source; **fuente de energía** energy source **6**
fuerza *f.* force; power; **fuerza de voluntad** will power **4; fuerza laboral** labor force; **fuerzas armadas** *f., pl.* armed forces
función *f.* performance (*theater/movie*) **2**
funcionar *v.* to work
fusilar *v.* shoot, execute by firing squad
futurístico/a *adj.* futuristic

G

galería *f.* gallery
gana *f.* desire; **sentir/tener ganas de** to want to; to feel like
ganar *v.* to win; **ganarse la vida** to earn a living; **ganar bien/mal** to be well/poorly paid; **ganar las elecciones** to win an election; **ganar un partido** to win a game **2**
ganga *f.* bargain **3**
gastar *v.* to spend
gen *m.* gene
generar *v.* to produce; to generate
generoso/a *adj.* generous
genética *f.* genetics **4**
gerente *m, f.* manager
gesto *m.* gesture
gimnasio *m.* gymnasium
globalización *f.* globalization
gobernador(a) *m., f.* governor
gobernante *m., f.* ruler
gobernar (e:ie) *v.* to govern
grabar *v.* to record
gracioso/a *adj.* funny; pleasant **1**
graduarse *v.* to graduate
gravedad *f.* gravity
gripe *f.* flu **4**
gritar *v.* to shout
grupo *m.* group; **grupo musical** *m.* musical group, band
guaraní *m.* Guarani
guardar *v.* to save
guardarse (algo) *v.* to keep (something) to yourself **1**
guerra *f.* war; **guerra civil** civil war; **guerra mundial** world war
guerrero/a *m., f.* warrior
guía turístico/a *m.,f.* tour guide **5**
guión *m.* screenplay; script
guita *f.* cash; dough (*Arg.*)
gusano *m.* worm
gustar *v.* to like **2, 4**; **¡No me gusta nada…!** I don't like ... at all!
gusto *m.* taste **con mucho gusto** gladly; **de buen/mal gusto** in good/bad taste

H

habilidad *f.* skill
hábilmente *adv.* skillfully
habitación *f.* room **5; habitación individual/doble** *f.* single/double room **5**
habitante *m., f.* inhabitant
habitar *v.* to inhabit
hablante *m., f.* speaker

hablar *v.* to speak **1**; **Hablando de esto,...** Speaking of that,...
hacer *v.* to do; to make **1, 4**; **hacer algo a propósito** to do something on purpose; **hacer clic** to click; **hacer cola** to wait in line **2**; **hacerle caso a alguien** to pay attention to someone **1**; **hacerle daño a alguien** to hurt someone; **hacer el favor** do someone the favor; **hacerle gracia a alguien** to be funny to someone; **hacerse daño** to hurt oneself; **hacer las maletas** to pack **5**; **hacer mandados** to run errands **3**; **hacer transbordo** *v.* to change (pains, trains) **5**; **hacer un viaje** to take a trip **5**
hallazgo *m.* finding; discovery **4**
hambriento/a *adj.* hungry
haragán/haragana *adj.* lazy; idle
harto/a *adj.* tired; fed up (with); **estar harto/a (de)** to be fed up (with); to be sick (of) **1**
hasta *adv.* until; **hasta la fecha** up until now
hecho *m.* fact **3**
helar (e:ie) *v.* to freeze
heredar *v.* to inherit
herencia *f.* heritage; **herencia cultural** cultural heritage
herida *f.* injury **4**
herido/a *adj.* injured
herir (e:ie) *v.* to hurt **1**
heroico/a *adj.* heroic
herradura *f.* horseshoe
herramienta *f.* tool; **caja de herramientas** *f.* toolbox
hervir (e:ie) *v.* to boil **3**
hierba *f.* grass
higiénico/a *adj.* hygienic
hindú *adj.* Hindu
hipoteca *f.* mortgage
historia *f.* history
historiador(a) *m., f.* historian
histórico/a *adj.* historic
histórico/a *adj.* historical
hogar *m.* home; fireplace **3**
hojear *v.* to skim
hombre de negocios *m.* businessman
hombro *m.* shoulder; **encogerse de hombros** to shrug
hondo/a *adj.* deep **2**
hora *f.* hour; **horas de visita** *f., pl.* visiting hours
horario *m.* schedule **3**
hormiga *f.* ant **6**
hospedarse *v.* to stay; to lodge
huelga *f.* strike (*labor*)
huella *f.* trace; mark
huerto *m.* orchard
huir *v.* to flee; to run away **3**
humanidad *f.* humankind
húmedo/a *adj.* humid; damp **6**
humillar *v.* to humiliate
humorístico/a *adj.* humorous
hundir *v.* to sink
huracán *m.* hurricane **6**

I

ideología *f.* ideology
idioma *m.* language
iglesia *f.* church
igual *adj.* equal
igualdad *f.* equality
ilusión *f.* illusion; hope
imagen *f.* image; picture **2,**
imaginación *f.* imagination
imparcial *adj.* unbiased
imperio *m.* empire
importaciones *f., pl.* imports
importado/a *adj.* imported
importante *adj.* important **4**
importar *v.* to be important (to); to matter **2, 4**; to import
impostergable *adj.* impossible to put off
impresionar *v.* to impress **1**
impresionismo *m.* impressionism
imprevisto/a *adj.* unexpected **3**
imprimir *v.* to print
improviso: de improviso *adv.* unexpectedly
impuesto *m.* tax; **impuesto de ventas** *m.* sales tax
inalámbrico/a *adj.* wireless
incapaz *adj.* incompetent; incapable
incendio *m.* fire **6**
incertidumbre *f.* uncertainty
incluido/a *adj.* included **5**
inconcluso/a *adj.* unfinished
independencia *f.* independence
índice *m.* index; **índice de audiencia** *m.* ratings
indígena *adj.* indigenous; *m., f.* indigenous person 4
industria *f.* industry
inesperado/a *adj.* unexpected **3**
inestabilidad *f.* instability
infancia *f.* childhood
inflamado/a *adv.* inflamed **4**
inflamarse *v.* to become inflamed
inflexible *adj.* inflexible
influyente *adj.* influential
informarse *v.* to get information
informática *f.* computer science
informativo *m.* news bulletin
ingeniero/a *m., f.* engineer
ingresar *v.* to enter; to enroll in; to become a member of; **ingresar datos** to enter data
injusto/a *adj.* unjust
inmaduro/a *adj.* immature **1**
inmigración *f.* immigration
inmoral *adj.* immoral
innovador(a) *adj.* innovative
inquietante *adj.* disturbing; unsettling
inscribirse *v.* to register
inseguro/a *adj.* insecure **1**
insensatez *f.* folly **4**
insistir en *v.* to insist on **4**
inspirado/a *adj.* inspired
instalar *v.* to install
integrarse (a) *v.* to become part (of)
inteligente *adj.* intelligent
interesar *v.* to be interesting to; to interest **2**
Internet *m., f.* Internet
interrogante *m.* question; doubt
intrigante *adj.* intriguing
inundación *f.* flood **6**
inundar *v.* to flood
inútil *adj.* useless **2**
invadir *v.* to invade
inventar *v.* to invent
invento *m.* invention
inversión *f.* investment; **inversión extranjera** *f.* foreign investment
inversor(a) *m., f.* investor
invertir (e:ie) *v.* to invest
investigador(a) *m., f.* researcher **4**
investigar *v.* to investigate; to research
ir *v.* to go **1, 2**; **¡Qué va!** Of course not!; **ir de compras** to go shopping **3**; **irse (de)** to go away (from) **2**; **ir(se) de vacaciones** to take a vacation **5**
irresponsable *adj.* irresponsible
isla *f.* island **5**
itinerario *m.* itinerary **5**

J

jabalí *m.* wild boar
jarabe *m.* syrup **4**
jaula *f.* cage
jornada *f.* (work) day
jubilación *f.* retirement
jubilarse *v.* to retire
judío/a *adj.* Jewish
juego *m.* game **2**; **juego de mesa** board game **2**; **juego de pelota** *m.* ball game **5**
juez(a) *m., f.* judge
jugada *f.* move
jugar (u:ue) *v.* to play
juicio *m.* trial; judgment
jurar *v.* to promise
justicia *f.* justice
justo/a *adj.* just

L

laboratorio *m.* laboratory; **laboratorio espacial** *m.* space lab
ladrillo *m.* brick
ladrón/ladrona *m., f.* thief
lágrimas *f. pl.* tears
lanzar *v.* to throw; to launch
largo/a *adj.* long; **a lo largo de** along; beside; **a largo plazo** long-term
largometraje *m.* full length film
lastimar *v.* to injure
lastimarse *v.* to get hurt **4**
latir *v.* to beat **4**
lavar *v.* to wash **3**
lavarse *v.* to wash (oneself) **2**
lealtad *f.* loyalty
lector(a) *m., f.* reader
lejano/a *adj.* distant **5**
lengua *f.* language; tongue
león *m.* lion **6**
lesión *f.* wound **4**
levantar *v.* to pick up
levantarse *v.* to get up **2**
ley *f.* law; **aprobar una ley** to approve a law; to pass a law; **cumplir la ley** to abide by the law; **proyecto de ley** *m.* bill
leyenda *f.* legend **5**
liberal *adj.* liberal

liberar *v.* to liberate
libertad *f.* freedom; **libertad de prensa** freedom of the press
libre *adj.* free; **al aire libre** outdoors **6**
líder *m., f.* leader
liderazgo *m.* leadership
lidiar *v.* to fight bulls **2**
límite *m.* border
limpiar *v.* to clean **3**
limpieza *f.* cleaning **3**
literatura *f.* literature; **literatura infantil/juvenil** *f.* children's literature
llamativo/a *adj.* striking
llanto *m.* weeping; crying **3**
llegada *f.* arrival **5**
llegar *v.* to arrive
llevar *v.* to carry **2; llevar a cabo** to carry out (*an activity*); **llevar... años de (casados)** to be (married) for... years **1; llevarse** to carry away **2; llevarse bien/mal** to get along well/poorly **1**
llorar *v.* to cry **3**
loco/a: ¡Ni loco/a! *adj.* No way!
locura *f.* madness; insanity
locutor(a) *m., f.* announcer
locutor(a) de radio *m., f.* radio announcer **9**
lograr *v.* to manage; to achieve **3**
loro *m.* parrot
lotería *f.* lottery
lucha *f.* struggle; fight
luchar *v.* to fight; to struggle; **luchar por** to fight (for)
lucir *v.* to wear, to display **3**
lugar *m.* place
lujo *m.* luxury; **de lujo** luxurious
lujoso/a *adj.* luxurious **5**
luminoso/a *adj.* bright
luna *f.* moon; **luna llena** *f.* full moon
luz *f.* light **1;** power; electricity

M

macho *m.* male
madera *f.* wood
madre soltera *f.* single mother
madriguera *f.* burrow; den **3**
madrugar *v.* to wake up early **4**
maduro/a *adj.* mature **1**
magia *f.* magic
maldición *f.* curse
malestar *m.* discomfort **4**
maleta *f.* suitcase **5; hacer las maletas** to pack **5**
maletero *m.* trunk
malgastar *v.* to waste **6**
malhumorado/a *adj.* ill tempered; in a bad mood
manantial *m.* spring
mancha *f.* stain
manchar *v.* to stain
manejar *v.* to drive
manga *f.* sleeve **5**
manifestación *f.* protest; demonstration
manifestante *m., f.* protester **6**
manipular *v.* to manipulate
mano de obra *f.* labor
manta *f.* blanket
mantener *v.* to maintain; to keep; **mantenerse en contacto** *v.* to keep in touch **1; mantenerse en forma** to stay in shape **4**
manuscrito *m.* manuscript
maquillaje *m.* make-up **3**
maquillarse *v* to put on makeup **2**
mar *m.* sea **6**
maratón *m.* marathon
marca *f.* brand
marcar *v.* to mark; **marcar (un gol/punto)** to score (a goal/point) **2**
marcharse *v* to leave
marco *m.* frame
mareado/a *adj.* dizzy **4**
marido *m.* husband
marinero *m.* sailor
mariposa *f.* butterfly
marítimo/a *adj.* maritime
más *adj., adv.* more; **más allá de** beyond; **más bien** rather
masticar *v.* to chew
matador/a *m., f.* bullfighter who kills the bull **2**
matemático/a *m., f.* mathematician
matiz *m.* subtlety
matrimonio *m.* marriage
mayor *m.* elder
mayor de edad *adj.* of age
mayoría *f.* majority
mecánico/a *adj.* mechanical
mecanismo *m.* mechanism
medicina alternativa *f.* alternative medicine
medida *f.* means; measure; **medidas de seguridad** *f. pl.* security measures **5**
medio *m.* half; middle; means; **medio ambiente** *m.* environment **6; medios de comunicación** *m. pl.* media
medir (e:i) *v.* to measure
meditar *v.* to meditate
mejilla *f.* cheek
mejor *adj.* better, best; **a lo mejor** *adv.* maybe
mejorar *v.* to improve **4**
mendigo/a *m., f.* beggar
mensaje *m.* message; **mensaje de texto** *m.* text message
mentira *f.* lie **1; de mentiras** pretend **5**
mentiroso/a *adj.* lying **1**
menudo: a menudo *adv.* frequently; often **3**
mercadeo *m.* marketing **1**
mercado *m.* market
mercado al aire libre *m.* open-air market
mercancía *f.* merchandise
merecer *v.* to deserve
mesero/a *m., f.* waiter; waitress
mestizo/a *m., f.* person of mixed ethnicity (part indigenous)
meta *f.* finish line
meterse *v.* to break in (*to a conversation*) **1**
mezcla *f.* mixture
mezquita *f.* mosque
miel *f.* honey
milagro *m.* miracle
militar *m., f.* military
ministro/a *m., f.* minister; **ministro/a protestante** *m., f.* Protestant minister
minoría *f.* minority
mirada *f.* gaze **1**
misa *f.* mass **2**
mismo/a *adj.* same; **Lo mismo digo yo.** The same here.; **él/ella mismo/a** himself; herself
mitad *f.* half
mito *m.* myth **5**
moda *f.* fashion; trend; **de moda** *adj.* popular; in fashion; **moda pasajera** *f.* fad
modelo *m., f.* model (*fashion*)
moderno/a *adj.* modern
modificar *v.* to modify; to reform
modo *m.* means; manner
mojar *v.* to moisten
mojarse *v.* to get wet
molestar *v.* to bother; to annoy **2**
momento *m.* moment; **de último momento** *adj.* up-to-the-minute; **noticia de último momento** *f.* last-minute news
monarca *m., f.* monarch
monja *f.* nun
mono *m.* monkey **6**
monolingüe *adj.* monolingual
montaña *f.* mountain **6**
monte *m.* mountain **6**
moral *adj.* moral
morder (o:ue) *v.* to bite **6**
morirse (o:ue) **de** *v.* to die of **2**
moroso/a *m., f.* debtor
mosca *f.* fly **6**
motosierra *f.* power saw
móvil *m.* cell phone
movimiento *m.* movement
mudar *v.* to change **2**
mudarse *v.* to move (*change residence*) **2**
mueble *m.* furniture **3**
muelle *m.* pier **5**
muerte *f.* death
muestra *f.* sample; example
mujer *f.* woman; wife; **mujer de negocios** *f.* businesswoman
mujeriego *m.* womanizer **2**
multa *f.* fine
multinacional *f.* multinational company
multitud *f.* crowd
Mundial *m.* World Cup **2**
muralista *m., f.* muralist
museo *m.* museum
músico/a *m., f.* musician **2**
musulmán/musulmana *adj.* Muslim

N

naipes *m. pl.* playing cards **2**
narrador(a) *m., f.* narrator
narrar *v.* to narrate
narrativa *f.* narrative work
nativo/a *adj.* native
naturaleza muerta *f.* still life
nave espacial *f.* spaceship
navegante *m., f.* navigator
navegar *v.* to sail **5; navegar en Internet** to surf the web; **navegar en la red** to surf the web
necesario *adj.* necessary **4**
necesidad *f.* need **5; de primerísima necesidad** of utmost necessity **5**
necesitar *v.* to need **4**

necio/a *adj.* stupid
negocio *m.* business
nervioso/a *adj.* nervous
ni... ni... *conj.* neither... nor...
nido *m.* nest
niebla *f.* fog
nítido/a *adj.* sharp
nivel *m.* level; **nivel del mar** *m.* sea level
nombrar *v.* to name
nombre artístico *m.* stage name **1**
nominación *f.* nomination
nominado/a *m., f.* nominee
noticia *f.* news; **noticias locales/nacionales/internacionales** *f. pl.* local/domestic/international news
novela rosa *f.* romance novel
novelista *m., f.* novelist
nuca *f.* nape
nutritivo/a *adj.* nutritious **4**

O

o... o... *conj.* either... or...
obedecer *v.* to obey **1**
obesidad *f.* obesity **4**
obra *f.* work; **obra de arte** *f.* work of art **10**; **obra de teatro** *f.* play (*theater*) **2, 10**; **obra literaria** *f.* literay play; **obra maestra** *f.* masterpiece **3**
obsequio *m.* gift
ocio *m.* leisure
ocultarse *v.* to hide **3**
ocurrírsele a alguien *v.* to occur to someone
odiar *v.* to hate **1**
ofensa *f.* insult
oferta *f.* offer; proposal
ofrecerse (a) *v.* to offer (to)
oír *v.* to hear **1**
ola *f.* wave **5**
óleo *m.* oil painting
Olimpiadas *f. pl.* Olympics
olvidarse (de) *v.* to forget (about) **2**
olvido *m.* forgetfulness; oblivion **1**
ombligo *m.* navel **4**
onda *f.* wave
operación *f.* operation **4**
operar *v.* to operate
opinar *v.* to think; to be of the opinion; **Opino que es fea/o.** In my opinion, it's ugly.
oponerse a *v.* to oppose **4**
oprimir *v.* to oppress
organismo público *m.* government agency **9**
orgulloso/a *adj.* proud **1**; **estar orgulloso/a de** to be proud of
orilla *f.* shore; **a orillas de** on the shore of **6**
ornamentado/a *adj.* ornate
oscurecer *v.* to darken **6**
oso *m.* bear
oveja *f.* sheep **6**
ovni *m.* UFO
oyente *m., f.* listener

P

pacífico/a *adj.* peaceful
padre soltero *m.* single father
página *f.* page; **página web** *f.* web page
país en vías de desarrollo *m.* developing country
paisaje *m.* landscape; scenery **6**
pájaro *m.* bird **6**
palmera *f.* palm tree
panfleto *m.* pamphlet
pantalla *f.* screen **2; pantalla de computadora** *f.* computer screen; **pantalla de televisión** *f.* television screen **2**; **pantalla líquida** *f.* LCD screen
papel *m.* role; **desempeñar un papel** to play a role (*in a play*); to carry out
para *prep.* for **Para mí,...** In my opinion, ...; **para nada** not at all
paradoja *f.* paradox
parar el carro *v.* to hold one's horses
parcial *adj.* biased
parcialidad *f.* bias
parecer *v.* to seem **2; A mi parecer,...** In my opinion, ...; **Al parecer, no le gustó.** It looks like he/she didn't like it. **6; Me parece hermosa/o.** I think it's pretty.; **Me pareció...** I thought.. **1; ¿Qué te pareció Mariela?** What did you think of Mariela? **1; Parece que está triste/contento/a.** It looks like he/she is sad/happy. **6**
parecerse *v.* to look like **2, 3**
pared *f.* wall **5**
pareja *f.* couple; partner **1**
parque *m.* park; **parque de atracciones** *m.* amusement park **2**
parroquia *f.* parish
parte *f.* part; **de parte de** on behalf of; **Por mi parte,...** As for me,...
particular *adj.* private; personal; particular
partida *f.* game
partido *m.* party (*politics*); game (*sports*); **partido político** *m.* political party; **ganar/perder un partido** to win/lose a game **2**
pasado/a de moda *adj.* out-of-date; no longer popular
pasaje (de ida y vuelta) *m.* (round-trip) ticket **5**
pasajero/a *adj.* fleeting; passing
pasaporte *m.* passport **5**
pasar *v.* to pass; to make pass (*across, through, etc.*); **pasar la aspiradora** to vacuum **3; pasarlo bien/mal** to have a good/bad/horrible time **1; Son cosas que pasan.** These things happen.
pasarse *v.* to go too far
pasatiempo *m.* pastime **2**
paseo *m.* stroll
paso *m.* passage; pass; step; **abrirse paso** to make one's way
pastilla *f.* pill **4**
pasto *m.* grass
pata *f.* foot/leg of an animal
patada *f.* kick **3**
patear *v.* to kick **2**
patente *f.* patent
payaso/a *m., f.* clown
paz *f.* peace
pecado *m.* sin
pececillo de colores *m.* goldfish
pecho *m.* chest
pedir (e:i) *v* to ask **1, 4; pedir prestado/a** to borrow; **pedir un deseo** to make a wish
pegar *v.* to stick
peinarse *v.* to comb (one's hair) **2**
pelear *v.* to fight
película *f.* film
peligro *m.* danger; **en peligro de extinción** endangered **6**
peligroso/a *adj.* dangerous **5**
pena *f.* sorrow **4; ¡Qué pena!** What a pity!
pensar (e:ie) *v.* to think **1**
pensión *f.* bed and breakfast inn
perder (e:ie) *v.* to miss; to lose; **perder un vuelo** to miss a flight **5; perder las elecciones** to lose an election; **perder un partido** to lose a game **2**
pérdida *f.* loss
perdonar *v.* to forgive; **Perdona.** (*fam.*)/**Perdone.** (*form.*) Pardon me.; Excuse me.
perfeccionar *v.* to improve; to perfect
periódico *m.* newspaper
periodista *m., f.* journalist
permanecer *v.* to remain; to last **4**
permisivo/a *adj.* permissive; easy-going **1**
permiso. *m.* permission; **Con permiso** Pardon me.; Excuse me.
perseguir (e:i) *v.* to pursue; to persecute
personaje *m.* character; **personaje principal/secundario** *m.* main/secondary character
pertenecer (a) *v.* to belong (to)
pesadilla *f.* nightmare
pesca *f.* fishing **5**
pesimista *m., f.* pessimist
peso *m.* weight
pez *m.* fish (*live*) **6**
picadura *f.* insect bite
picar *v.* to sting, to peck
picnic *m.* picnic
pico *m.* peak, summit
piedad *f.* mercy
piedra *f.* stone **5**
pieza *f.* piece (*art*)
pillar(se) *v.* to get (*catch*)
piloto *m., f.* pilot
pincel *m.* paintbrush
pincelada *f.* brush stroke
pintar *v.* to paint **3**
pintor(a) *m., f.* painter **3**
pintura *f.* paint; painting
pirámide *f.* pyramid **5**
plancha *f.* iron
planear *v.* to plan
planeta *m.* planet
planeta *m.* planet
plata *f.* money (*L. Am.*)
plaza de toros *f.* bullfighting stadium **2**
plazo: a corto/largo plazo short/long-term
población *f.* population **4**
poblador(a) *m., f.* settler; inhabitant
poblar (o:ue) *v.* to settle; to populate
pobreza *f.* poverty
poder (o:ue) *v.* to be able to **1**
poderoso/a *adj.* powerful
poesía *f.* poetry
poeta *m., f.* poet

polémica *f.* controversy
polen *m.* pollen
policíaco/a *adj.* detective (*story/novel*)
política *f.* politics
político/a *m., f.* politician
polvo *m.* dust **3**; **quitar el polvo** to dust **3**
poner *v.* to put; to place **1, 2**; **poner a prueba** to test; to challenge; **poner cara (de hambriento/a)** to make a (hungry) face; **poner un disco compacto** to play a CD **2**; **poner una inyección** to give a shot **4**
ponerse *v.* to put on (*clothing*) **2**; **ponerse a dieta** to go on a diet **4**; **ponerse bien/mal** to get well/ill **4**; **ponerse de pie** to stand up; **poner la mesa** to set the table **3**; **ponerse el cinturón** to fasten the seatbelt **5**; **ponerse en forma** to get in shape **4**; **ponerse pesado/a** to become annoying
popa *f.* stern **5**
porquería *f.* garbage; poor quality
portada *f.* front page; cover
portarse bien *v.* to behave well
portátil *adj.* portable
posible *adj.* possible; **en todo lo posible** as much as possible
pozo *m.* well; **pozo petrolero** *m.* oil well
precioso/a *adj.* lovely **1**
precolombino/a *adj.* pre-Columbian
preferir (e:ie) *v.* to prefer **4**
preguntarse *v.* to wonder
prehistórico/a *adj.* prehistoric
premiar *v.* to give a prize
premio *m.* prize
prensa *f.* press; **prensa sensacionalista** *f.* tabloid(s); **rueda de prensa** *f.* press conference
preocupado/a (por) *adj.* worried (about) **1**
preocupar *v.* to worry **2**
preocuparse (por) *v.* to worry (about) **2**
presentador(a) de noticias *m., f.* news reporter
presentir (e:ie) *v.* to foresee
presionar *v.* to pressure; to stress
prestar *v.* to lend
presupuesto *m.* budget
prevenido/a *adj.* cautious
prevenir *v.* to prevent **4**
prever *v.* to foresee **6**
previsto/a *adj., p.p.* planned **3**
primer(a) ministro/a *m., f.* prime minister
primeros auxilios *m. pl.* first aid **4**
prisa *f.* hurry; rush **6**
privilegio *m.* privilege
proa *f.* bow **5**
probador *m.* dressing room **3**
probar (o:ue) **(a)** *v.* to try **3**
probarse (o:ue) *v.* to try on **3**
procesión *f.* procession
producir *v.* to produce **1**
productivo/a *adj.* productive
profundo/a *adj.* deep
programa (de computación) *m.* software
programador(a) *m., f.* programmer
prohibido/a *adj.* prohibited **5**
prohibir *v.* to prohibit **4**
prominente *adj.* prominent
promover (o:ue) *v.* to promote
pronunciar *v.* to pronounce; **pronunciar un discurso** to give a speech
propaganda *f.* advertisement
propensión *f.* tendency
propietario/a *m., f.* (property) owner
propio/a *adj.* own **1**
proponer *v.* to propose **1, 4**; **proponer matrimonio** to propose (marriage) **1**
proporcionar *v.* to provide; to supply
propósito: a propósito *adv.* on purpose **3**
prosa *f.* prose
protagonista *m., f.* protagonist; main character
proteger *v.* to protect **1, 6**
protegido/a *adj.* protected **5**
protestar *v.* to protest
provecho *m.* benefit; **Buen provecho.** Enjoy your meal. **6**
proveniente (de) *adj.* originating (in); coming from
provenir (de) *v.* to come from; to originate from
proyecto *m.* project; **proyecto de ley** *m.* bill
prueba *f.* proof **2**
publicar *v.* to publish
publicidad *f.* advertising
público *m.* public; audience
pueblo *m.* people **4**
puente *m.* bridge
puerta de embarque *f.* (airline) gate **5**
puerto *m.* port **5**
puesto *m.* position; job
punto *m.* period **2**
punto de vista *m.* point of view
pureza *f.* purity **6**
puro/a *adj.* pure; clean

Q

quedar *v.* to be left over; to fit (clothing) **2**
quedarse *v.* to stay **5**; **quedarse callado/a** to remain silent **1**; **quedarse sin** to run out of **6**; **quedarse sordo/a** to go deaf **4**; **quedarse viudo/a** to become widowed
quehacer *m.* chore **3**
queja *f.* complaint
quejarse (de) *v.* to complain (about) **2**
querer (e:ie) *v.* to love; to want **1, 4**
químico/a *adj.* chemical
químico/a *m., f.* chemist
quirúrgico/a *adj.* surgical
quitar *v.* to take away; to remove **2**; **quitar el polvo** to dust **3**; **quitar la mesa** to clear the table **3**
quitarse *v.* to take off (*clothing*) **2**; **quitarse (el cinturón)** to unfasten (the seatbelt) **5**

R

rabino/a *m., f.* rabbi
radiación *f.* radiation
radio *f.* radio
radioemisora *f.* radio station
raíz *f.* root
rana *f.* frog **6**
rancho *m.* ranch
rasgo *m.* trait; characteristic
rata *f.* rat
ratos libres *m. pl.* free time **2**
raya *f.* war paint; stripe **5**
rayo *m.* ray; lightning; **¿Qué rayos...?** What on earth...? **5**
raza *f.* race
reactor *m.* reactor
realismo *m.* realism
realista *adj.* realistic; realist
rebeldía *f.* rebelliousness
rebuscado/a *adj.* complicated
recepción *f.* front desk **5**
receta *f.* prescription **4**
recetar *v.* prescribe **4**
rechazar *v.* to turn down; to reject **1**
rechazo *m.* refusal; rejection
reciclable *adj.* recyclable
reciclar *v.* to recycle **6**
recital *m.* recital
reclamar *v.* to claim; to demand
recomendable *adj.* recommendable; advisable **5**; **poco recomendable** not advisable; inadvisable
recomendar (e:ie) *v.* to recommend **4**
reconocer *v.* to recognize **1**
reconocimiento *m.* recognition
recordar (o:ue) *v.* to remember
recorrer *v.* to visit; to go around **5**
recuerdo *m.* memory
recuperarse *v.* to recover **4**
recurso natural *m.* natural resource **6**
redactor(a) *m., f.* editor; **redactor(a) jefe** *m., f.* editor-in-chief
redondo/a *adj.* round **2**
reducir (la velocidad) *v.* to reduce (speed) **5**
reembolso *m.* refund **3**
reflejar *v.* to reflect; to depict
reforma *f.* reform; **reforma económica** *f.* economic reform
refugiarse *v* to take refuge
refugio *m.* refuge **6**
regla *f.* rule
regocijo *m.* joy **4**
regresar *v.* to return **5**
regreso *m.* return (trip)
rehacer *v.* to re-make; to re-do **1**
reina *f.* queen
reino *m.* reign; kingdom
reírse (e:i) *v.* to laugh
relacionado/a *adj.* related; **estar relacionado/a** to have good connections
relajarse *v.* to relax **4**
relámpago *m.* lightning **6**
relato *m.* story; account
religión *f.* religion
religioso/a *adj.* religious
reloj *m.* clock
remitente *m.* sender
remo *m.* oar **5**
remordimiento *m.* remorse
rendimiento *m.* performance
rendirse (e:i) *v.* to surrender
renovable *adj.* renewable **6**
repaso *m.* revision; review

repentino/a *adj.* sudden **3**
repertorio *m.* repertoire
reposo *m.* rest; **estar en reposo** to be at rest
repostería *f.* pastry
represa *f.* dam
reproducirse *v.* to reproduce
resbalar *v.* to slip
rescatar *v.* to rescue
resentido/a *adj.* resentful **6**
reservación *f.* reservation
reservar *v.* to reserve **5**
resfriado *m.* cold **4**
residir *v* to reside
resolver (o:ue) *v.* to solve **6**
respeto *m.* respect
respiración *f.* breathing **4**
respirar *v.* to breath **1**
responsable *adj.* responsible
retrasado/a *adj.* delayed **5**
retrasar *v* to delay
retraso *m.* delay
retratar *v.* to portray **3**
retrato *m.* portrait **3**
reunión *f.* meeting
reunirse (con) *v.* to get together (with) **2**
revista *f.* magazine; **revista electrónica** *f.* online magazine
revolucionario/a *adj.* revolutionary
revolver (o:ue) *v.* to stir; to mix up
rey *m.* king
riesgo *m.* risk
rima *f.* rhyme
rincón *m.* corner; nook
río *m.* river
riqueza *f.* wealth
rociar *v.* to spray **6**
rodar (o:ue) *v.* to film
rodeado/a *adj.* surrounded
rodear *v.* to surround
rogar (o:ue) *v.* to beg; to plead **4**
romanticismo *m.* romanticism
romper (con) *v.* to break up (with) **1**
rozar *v.* to brush against; to touch lightly
ruedo *m.* bull ring **2**
ruido *m.* noise
ruina *f.* ruin **5**
ruta maya *f.* Mayan Trail **5**
rutina *f.* routine **3**

S

saber *v.* to know; to taste like/of **1; ¿Cómo sabe?** How does it taste? **4; ¿Y sabe bien?** And does it taste good? **4; Sabe a ajo/menta/limón.** It tastes like garlic/mint/lemon. **4**
sabiduría *f.* wisdom
sabio/a *adj.* wise
sabor *m.* taste; flavor; **¿Qué sabor tiene? ¿Chocolate?** What flavor is it? Chocolate? **4; Tiene un sabor dulce/agrio/amargo/agradable.** It has a sweet/sour/bitter/pleasant taste. **4**
sacerdote *m.* priest
saciar *v.* to satisfy; to quench
sacrificar *v.* to sacrifice **6**
sacrificio *m.* sacrifice
sagrado/a *adj.* sacred; holy
sala *f.* room; hall; **sala de conciertos** *f.* concert hall; **sala de emergencias** *f.* emergency room **4**
salida *f.* exit **6**
salir *v.* to leave; to go out **1; salir (a comer)** to go out (to eat) **2; salir con** to go out with **1**
salto *m.* jump
salud *f.* health **4; ¡A tu salud!** To your health!; **¡Salud!** Cheers!
saludable *adj.* healthy; nutritious **4**
salvaje *adj.* wild **6**
salvar *v.* to save **6**
sanar *v.* to heal **4**
sano/a *adj.* healthy **4**
satélite *m.* satellite
sátira *f.* satire
satírico/a *adj.* satirical; **tono satírico/a** *m.* satirical tone
secarse *v.* to dry off **2**
sección *f.* section; **sección de sociedad** *f.* lifestyle section; **sección deportiva** *f.* sports page/section
seco/a *adj.* dry **6**
secuestro *m.* kidnapping
seguir (i:e) *v.* to follow
seguridad *f.* safety; security **5; cinturón de seguridad** *m.* seatbelt **5; medidas de seguridad** *f. pl.* security measures **5**
seguro *m.* insurance **5**
seguro/a *adj.* sure; confident **1**
seleccionar *v.* to select; to pick out **3**
sello *m.* seal; stamp
selva *f.* jungle **5**
semana *f.* week
semanal *adj.* weekly
semilla *f.* seed
senador(a) *m., f.* senator
sensato/a *adj.* sensible **1**
sensible *adj.* sensitive **1**
sentido *m.* sense; **en sentido figurado** figuratively; **sentido común** *m.* common sense
sentimiento *m.* feeling; emotion **1**
sentirse (e:ie) *v.* to feel **1**
señal *f.* sign **2**
señalar *v.* to point to; to signal **2**
separado/a *adj.* separated **1**
sequía *f.* drought **6**
ser *v.* to be **1**
serpiente *f.* snake **6**
servicio de habitación *m.* room service **5**
servicios *m., pl* facilities
servidumbre *f.* servants; servitude **3**
sesión *f.* showing
siglo *m.* century
silbar *v.* to whistle
sillón *m.* armchair
simpático/a *adj.* nice
sin *prep.* without; **sin ti** without you (*fam.*)
sincero/a *adj.* sincere
sindicato *m.* labor union
síntoma *m.* symptom
sintonía *f.* tuning; synchronization
sintonizar *v.* to tune into (radio or television)
siquiera *conj.* even; **ni siquiera** *conj.* not even
sitio web *m.* website
situado/a *adj.* situated; located; **estar situado/a en** to be set in
sobre *m.* envelope
sobre todo above all **6**
sobredosis *f.* overdose
sobrevivencia *f.* survival
sobrevivir *v.* to survive
sociable *adj.* sociable
sociedad *f.* society
socio/a *m., f.* partner; member
solar *adj.* solar
soldado *m.* soldier
soledad *f.* solitude; loneliness **3**
soler (o:ue) *v.* to be in the habit of; to be used to **3**
solicitar *v.* to apply for
solo/a *adj.* alone; lonely **1**
soltero/a *adj.* single **1; madre soltera** *f.* single mother; **padre soltero** *m.* single father
sonar (o:ue) *v.* to ring
soñar (o:ue) **(con)** *v.* to dream (about) **1**
soplar *v.* to blow
soportar *v.* to support; **soportar a alguien** to put up with someone **1**
sordo/a *adj.* deaf; **quedarse sordo/a** to go deaf *v.* **4**
sorprender *v.* to surprise **2**
sorprenderse (de) *v.* to be surprised (about) **2**
sortija *f.* ring **5**
sospecha *f.* suspicion
sospechar *v.* to suspect
sótano *m.* basement **3**
suavidad *f.* smoothness
subasta *f.* auction
subdesarrollo *m.* underdevelopment
subida *f.* ascent
subsistir *v.* to survive
subtítulos *m., pl.* subtitles
suburbio *m.* suburb
suceder *v.* to happen **1**
sucursal *f.* branch
sueldo *m.* salary; **aumento de sueldo** raise in salary *m.*; **sueldo fijo** *m.* base salary; **sueldo mínimo** *m.* minimum wage
suelo *m.* floor
suelto/a *adj.* loose
sueños *m. pl.* dreams **1**
sufrimiento *m.* pain; suffering
sufrir (de) *v.* to suffer (from) **4**
sugerir (e:ie) *v.* to suggest **4**
superar *v.* to exceed, to overcome **1**
superficie *f.* surface
supermercado *m.* supermarket **3**
supervivencia *f.* survival
suponer *v.* to suppose **1**
suprimir *v.* to abolish; to suppress
supuesto/a *adj.* false; so-called; supposed; **Por supuesto.** Of course.
suscribirse (a) *v.* to subscribe (to) **9**

T

tablero *m.* chessboard
tacaño/a *adj.* cheap; stingy **1**
tacón *m.* heel; **tacón alto** high heel
tal como *conj.* just as
talento *m.* talent **1**
talentoso/a *adj.* talented **1**
taller *m.* workshop
tanque *m.* tank **6**
tapa *f.* lid, cover
tapón *m.* traffic jam **5**
taquilla *f.* box office **2**
tarjeta *f.* card; **tarjeta de crédito/débito** *f.* credit/debit card 3; **tarjeta de embarque** *f.* boarding card **5**
teatro *m.* theater
teclado *m.* keyboard
tela *f.* canvas
teléfono celular *m.* cell phone
telenovela *f.* soap opera
telescopio *m.* telescope
televidente *m., f.* television viewer
televisión *f.* television **2**
televisor *m.* television set **2**
temporada *f.* season **temporada alta/baja** *f.* high/low season **5**
tendencia *f.* trend; **tendencia izquierdista/derechista** *f.* left-wing/right-wing bias
tener (e:ie) *v.* to have **1**; **tener buen/mal aspecto** to look healthy/sick **4**; **tener buena/mala fama** to have a good/bad reputation; **tener celos (de)** to be jealous (of) **1**; **tener fiebre** to have a fever **4**; **tener vergüenza (de)** to be ashamed (of) **1**
tensión (alta/baja) *f.* (high/low) blood pressure **4**
teoría *f.* theory
terapia intensiva *f.* intensive care **4**
térmico/a *adj.* thermal
terremoto *m.* earthquake **6**
terreno *m.* land **6**
tiburón *m.* shark **5**
tiempo *m.* time; **a tiempo** on time **3**; **tiempo libre** *m.* free time **2**
tierra *f.* land; earth **6**
tigre *m.* tiger **6**
timbre *m.* doorbell; tone; tone of voice **3**; **tocar el timbre** to ring the doorbell **3**
timidez *f.* shyness
tímido/a *adj.* shy **1**
típico/a *adj.* typical; traditional
tipo *m.* guy **2**
tira cómica *f.* comic strip
tirar *v.* to throw **5**
titular *m.* headline
titularse *v.* to graduate **3**
tocar + me/te/le, etc. *v.* to be my/your/his turn; **¿A quién le toca pagar la cuenta?** Whose turn is it to pay the tab? **2**; **¿Todavía no me toca?** Is it my turn yet? **2**; **A Johnny le toca hacer el café.** It's Johnny's turn to make coffee. **2**; **Siempre te toca lavar los platos.** It's always your turn to wash the dishes. **2**; **tocar el timbre** to ring the doorbell **3**
tomar *v.* to take; **tomar en cuenta** *v.* to take into consideration **1**; **tomar en serio** to take seriously
torear *v.* to fight bulls in the bullring **2**
toreo *m.* bullfighting **2**
torero/a *m., f.* bullfighter **2**
tormenta *f.* storm; **tormenta tropical** *f.* tropical storm **6**
torneo *m.* tournament **2**
tos *f.* cough **4**
toser *v.* to cough **4**
tóxico/a *adj.* toxic **6**
tozudo/a *adj.* stubborn
trabajador(a) *adj.* industrious; hard-working **8**
trabajar duro to work hard
tradicional *adj.* traditional **1**
traducir *v.* to translate **1**
traer *v.* to bring **1**
tragar *v.* to swallow
trágico/a *adj.* tragic
traje de luces *m.* bullfighter's outfit (*lit.* costume of lights) **2**
trama *f.* plot
tranquilo/a *adj.* calm **1**; **Tranquilo/a.** Be calm.; Relax.
transbordador espacial *m.* space shuttle
transcurrir *v.* to take place
tránsito *m.* traffic
transmisión *f.* transmission
transmitir *v.* to broadcast
transplantar *v.* to transplant
transporte público *m.* public transportation
trasnochar *v.* to stay up all night **4**
trastorno *m.* disorder
tratado *m.* treaty
tratamiento *m.* treatment **4**
tratar *v.* to treat **4**; **tratar (sobre/acerca de)** to be about; to deal with **4**
tratarse de *v.* to be about; to deal with
trayectoria *f.* path; history **1**
trazar *v.* to trace
tribu *f.* tribe
tribunal *m.* court
tropical *adj.* tropical; **tormenta tropical** *f.* tropical storm **6**
truco *m.* trick **2**
trueno *m.* thunder **6**
trueque *m.* barter; exchange
tubería *f.* piping; plumbing **6**
turbio/a *adj.* murky **1**
turismo *m.* tourism **5**
turista *m., f.* tourist **5**
turístico/a *adj.* tourist **5**

U

ubicar *v.* to put in a place; to locate
ubicarse *v* to be located
único/a *adj.* unique
uña *f.* fingernail
urbano/a *adj.* urban
urgente *adj.* urgent **4**
usuario/a *m., f.* user
útil *adj.* useful

V

vaca *f.* cow **6**
vacuna *f.* vaccine **4**
vacunar(se) *v.* to vaccinate/to get vaccinated **4**
vago/a *m., f.* slacker
valer *v.* to be worth **1**
valiente brave **5**
valioso/a *adj.* valuable **6**
valor *m.* bravery; value
vándalo/a *m., f.* vandal **6**
vanguardia *f.* vanguard; **a la vanguardia** at the forefront
vedado/a *adj.* forbidden **3**
vela *f.* candle
venado *m.* deer
vencer *v.* to conquer; to defeat **2**
vencido/a *adj.* expired **5**
venda *f.* bandage **4**
vendedor(a) *m., f.* salesperson
veneno *m.* poison **6**
venenoso/a *adj.* poisonous **6**
venir (e:ie) *v.* to come **1**
venta *f.* sale; **estar a la venta** to be for sale
ventaja *f.* advantage
ver *v.* to see **1**; **Yo lo/la veo muy triste.** He/She looks very sad to me. **6**
vergüenza *f.* shame; embarrassment; **tener vergüenza (de)** to be ashamed (of) **1**
verse *v.* to look; to appear; **Se ve tan feliz.** He/She looks so happy. **6**; **¡Qué guapo/a te ves!** How attractive you look! (*fam.*) **6**; **¡Qué elegante se ve usted!** How elegant you look! (*form.*) **6**
vestidor *m.* fitting room
vestirse (e:i) *v.* to get dressed **2**
vez *f.* time; **a veces** *adv.* sometimes **3**; **de vez en cuando** now and then; once in a while **3**; **por primera/última vez** for the first/last time **2**; **érase una vez** once upon a time
viaje *m.* trip **5**; **hacer un viaje** to take a trip **5**
viajero/a *m., f.* traveler **5**
victoria *f.* victory
vida *f.* life; **vida cotidiana** *f.* everyday life
videojuego *m.* video game **2**
vigente *adj.* valid **5**
vigilar *v.* to watch
virus *m.* virus **4**
vistazo *m.* glance; **echar un vistazo** to take a look
viudo/a *adj.* widowed **1**
viudo/a *m., f.* widower/widow
vivir *v.* to live **1**
volver (o:ue) *v.* to come back
vuelo *m.* flight
vuelta *f.* return (trip)

Y

yeso *m.* cast **4**

Z

zaguán *m.* entrance hall; vestibule **3**
zoológico *m.* zoo **2**

English–Spanish

A

@ symbol arroba *f.*
abolish suprimir *v.*
above all sobre todo **6**
absent ausente *adj.*
abstract abstracto/a *adj.*
accentuate acentuar *v.*
accident accidente *m.*; **car accident** accidente automovilístico *m.* **5**
account cuenta *f.*; **(story)** relato *m.*; **checking account** cuenta corriente *f.*; **savings account** cuenta de ahorros *f.*
accountant contador(a) *m., f.*
accustomed to acostumbrado/a *adj.*; **to grow accustomed (to)** acostumbrarse (a) *v.* **3**
ache doler (o:ue) *v.* **2**
achieve lograr *v.* **3**; alcanzar *v.*
activist activista *m., f.*
actor actor *m.*
actress actriz *f.*
add añadir *v.*
admission ticket entrada *f.*
adore adorar *v.* **1**
advance avance *m.*
advanced adelantado/a; avanzado/a *adj.*,
advantage ventaja *f.*; **to take advantage of** aprovechar *v*
adventure aventura *f.* **5**
adventurer aventurero/a *m., f.* **5**
advertising publicidad *f.*
advertisement anuncio *m.*, propaganda *f.*
advisable recomendable *adj.* **5**; **not advisable, inadvisable** poco recomendable *adj.*
advise aconsejar *v.* **4**
advisor asesor(a) *m., f.*
aesthetic estético/a *m., f.*
affection cariño *m.* **1**
affectionate cariñoso/a *adj.* **1**
afflict afligir *v.* **4**
after all a final de cuentas; al fin y al cabo
against contra *prep.*; **against** en contra *prep.* **1**
age: of age mayor de edad
agent agente *m., f.*; **customs agent** agente de aduanas *m., f.* **5**
agnostic agnóstico/a *adj.*
agree acordar (o:ue) *v.* **2**
aid auxilio *m.*; **first aid** primeros auxilios *m. pl.* **4**
album álbum *m.* **2**
alibi coartada *f.*
alien extraterrestre *m., f.*
allusion alusión *f.*
almost casi *adv.* **3**
alone solo/a *adj.* **1**
alternative medicine medicina alternativa *f.*
amaze asombrar *v.*
amazement asombro *m.*
ambassador embajador(a) *m., f.*
amuse (oneself) entretener(se) (e:ie) *v.* **2**
ancient antiguo/a *adj.*
anger enojo *m.*
announcer conductor(a) *m., f.*; locutor(a) *m., f.*
annoy molestar *v.* **2**
ant hormiga *f.* **6**
antenna antena *f.*
antiquity antigüedad *f.*
anxiety ansia *f.* **1**
anxious ansioso/a *adj.* **1**
apologize disculparse *v.* **6**
appear aparecer *v.* **1**
appearance aspecto *m.*
applaud aplaudir *v.* **2**
apply for solicitar *v.*
appreciate apreciar *v.* **1**
appreciated apreciado/a *adj.*
approach acercarse (a) *v.* **2**
approval aprobación *f.*
approve aprobar (o:ue) *v.*
archaeologist arqueólogo/a *m., f.*
archaeology arqueología *f.*
argue discutir *v.* **1**
arid árido/a *adj.*
aristocratic aristocrático/a *adj.*
armchair sillón *m.*
armed armado/a *adj.*
army ejército *m.*
arrival llegada *f.* **5**
arrive llegar *v.*
artifact artefacto *m.* **5**
artisan artesano/a *m., f.*
ascent subida *f.*
ashamed avergonzado/a *adj.*; **to be ashamed (of)** tener vergüenza (de) *v.* **1**
ask pedir (e:i) *v* **1, 4**
aspirin aspirina *f.* **4**
assure asegurar *v.*
astonished: be astonished asombrarse *v.*
astonishing asombroso/a *adj.*
astonishment asombro *m.*
astronaut astronauta *m., f.*
astronomer astrónomo/a *m., f.*
atheism ateísmo *m.*
atheist ateo/a *adj.*
athlete deportista *m., f.* **2**
ATM cajero automático *m.*
attach adjuntar *v.*; **to attach a file** adjuntar un archivo *v.*
attract atraer *v.* **1**
attraction atracción *f.*
auction subasta *f.*
audience audiencia *f.*
audience público *m.*
authoritarian autoritario/a *adj.* **1**
autobiography autobiografía *f.*
available disponible *adj.*
awkward situation compromiso *m.*

B

back espalda *f.*; **behind my back** a mis espaldas; **to have one's back to** estar de espaldas a
bag bolsa *f.*
balcony balcón *m.* **3**
ball balón *m.* **2**
ball field campo *m.* **5**
ball game juego de pelota *m.* **5**
band conjunto (musical) *m.*
bandage venda *f.* **4**
banking bancario/a *adj.*
bankruptcy bancarrota *f.*
baptism bautismo *m.*
bargain ganga *f.* **3**
barter trueque *m.*
basement sótano *m.* **3**
battle batalla *f.*
bay bahía *f.* **5**
be able to poder (o:ue) *v.* **1**
be about (deal with) tratarse de *v.* **tratar** (sobre/acerca de) *v.* **4**
be about to disponerse a *v.* **6**
be held up entretenerse *v.* **1**
be promoted ascender (e:ie) *v.*
bear oso *m.*
beat latir *v.* **4**
become convertirse (en) (e:ie) *v.* **1**; **to become annoying** ponerse pesado/a *v.*; **to become extinct** extinguirse *v.* **6**; **to become infected** contagiarse *v.* **4**; **to become inflamed** inflamarse *v.*; **to become informed (about)** enterarse (de) *v.*; **to become part (of)** integrarse (a) *v.*; **to become tired** cansarse *v.*
bed and breakfast inn pensión *f.*
beehive colmena *f.*
beforehand de antemano
beg rogar *v.* **4**
beggar mendigo/a *m., f.*
begin empezar (e:ie) *v.*
behalf: on behalf of de parte de
behave well portarse bien *v.*
belief creencia *f.*
believe (in) creer (en) *v.*; **Don't you believe it.** No creas.
believer creyente *m., f.*
belong (to) pertenecer (a) *v.*
belt cinturón *m.*; **seatbelt** cinturón de seguridad *m.* **5**
benefits beneficios *m. pl.*
bet apuesta *f.*
bet apostar (o:ue) *v.*
betray engañar *v.*
betrayal traición *f.*
better mejor *adj.*; **maybe** a lo mejor *adv.* **1**
beyond más allá de
bias parcialidad *f.*; **left-wing/right-wing bias** tendencia izquierdista/derechista *f.*
biased parcial *adj.*
bilingual bilingüe *adj.*
bill factura *f.*; cuenta *f.*; proyecto de ley *m.*
billiards billar *m.* **2**
biochemical bioquímico/a *adj.*
biography biografía *f.*
biologist biólogo/a *m., f.*
bird ave *f.* **6**; pájaro *m.* **6**
bite morder (o:ue) *v.* **6**
blanket manta *f.*
bless bendecir *v.*
blog blog *m.*
blognovel blogonovela *f.*

blogosphere blogosfera *f.*
blood sangre *f.* 4; **(high/low) blood pressure** tensión (alta/baja) *f.* 4
blow soplar *v.;* **to blow out the candles** apagar las velas *v.*
blurred confuso/a *adj.* 1
blush enrojecer *v.*
board embarcar *v.;* **on board** a bordo *adj.* 5
board game juego de mesa *m.* 2
boat bote *m.* 5
body cuerpo *m.*
boil hervir (e:ie) *v.* 3
bombing bombardeo *m.* 6
border frontera *f.* 5
border límite *m.*
bore aburrir *v.* 2
borrow pedir prestado/a *v.*
both ambos/as *pron., adj.*
bother molestar *v.* 2
bottom fondo *m.*
bow proa *f.* 5
bowling boliche *m.* 2
box caja *f.;* **toolbox** caja de herramientas *f.*
box office taquilla *f.* 2
branch sucursal *f.*
brand marca *f.*
brave valiente 5
bravery valor *m.*
break in (to a conversation) meterse *v.* 1
break up (with) romper (con) *v.* 1
breakthrough avance *m.*
breath respirar *v.* 1
breathing respiración *f.* 4
brick ladrillo *m.*
bridge puente *m.*
bright luminoso/a *adj.*
bring traer *v.* 1; **to bring down** derribar *v.;* **to bring up (raise)** educar *v.* 1
broadcast emisión *f.;* **live broadcast** emisión en vivo/directo *f.*
broadcast transmitir *v.*
broom escoba *f.*
brush cepillarse *v.* 2; **to brush against** rozar *v.*
brush stroke pincelada *f.*
Buddhist budista *adj.*
budget presupuesto *m.*
buffalo búfalo *m.*
bull ring ruedo *m.* 2
bullfight corrida *f.* 2
bullfighter torero/a *m., f.* 2; **bullfighter who kills the bull** matador/a *m., f.* 2; **bullfighter's outfit** traje de luces *m.* 2
bullfighting toreo *m.* 2; **bullfighting stadium** plaza de toros *f.* 2
bureaucracy burocracia *f.*
buried enterrado/a *adj.* 2
burrow madriguera *f.* 3
bury enterrar (e:ie), sepultar *v.*
business negocio *m.*
businessman hombre de negocios *m.*
businesswoman mujer de negocios *f.*
butterfly mariposa *f.*

C

cage jaula *f.*
calculation, sum cuenta *f.*
calm tranquilo/a *adj.* 1
calm down calmarse *v.;* **Calm down.** Tranquilo/a.
campaign campaña *f.*
campground campamento *m.* 5
cancel cancelar *v.* 5
cancer cáncer *m.*
candidate candidato/a *m., f.*
candle vela *f.*
canon canon *m.*
canvas tela *f.*
capable capaz *adj.*
cape cabo *m.*
captain capitán *m.*
card tarjeta *f.;* **boarding card** tarjeta de embarque *f.* 5; **credit/debit card** tarjeta de crédito/débito *f.* 3; **(playing) cards** cartas, *f. pl.* 2, naipes *m. pl.* 2
care cuidado *m.* 1; **personal care** aseo personal *m.*
careful cuidadoso/a *adj.* 1
caress acariciar *v.* 3
carriage vagón *m.*
carry llevar *v.* 2; **to carry away** llevarse *v.* 2; **to carry out** cumplir *v.*; **to carry out (an activity)** llevar a cabo *v.*
cascade cascada *f.* 5
case: in any case de todas formas
cash dinero en efectivo *m.;* (*Arg.*) guita *f.*
cashier cajero/a *m., f.*
casket ataúd *m.* 2
cast yeso *m.* 4
catastrophe catástrofe *f.*
catch atrapar *v.* 6
catch pillar *v.*
category categoría *f.* 5
Catholic católico/a *adj.*
cautious prevenido/a *adj.*
cave cueva *f.*
celebrate celebrar, festejar *v.* 2
celebrity celebridad *f.*
cell célula *f.;* **celda** *f.*
cell phone móvil *m.*, teléfono celular *m.*
cemetery cementerio *m.*
censorship censura *f.*
cent centavo *m.*
century siglo *m.*
certain cierto/a *adj.*
certainty certeza *f.* certidumbre *f.*
challenge desafío *m.; desafiar v.* 2; poner a prueba *v.*
challenging desafiante *adj.* 4
champion campeón/campeona *m., f.* 2
championship campeonato *m.* 2
chance azar, *m.* 5, casualidad *f.* 5; **by chance** por casualidad 3
change cambio *m.;* cambiar; mudar *v.* 2; **to change (plains, trains)** hacer transbordo *v.* 5
channel canal *m.;* **television channel** canal de televisión *m.*
chapel capilla *f.*
chapter capítulo *m.*
character personaje *m.;* **main/secondary character** personaje principal/secundario *m.*
characteristic (trait) rasgo *m.*
characterization caracterización *f.*
charge cobrar *v.*
charge: be in charge of encargarse de *v.* 1; estar a cargo de; estar encargado/a de; **person in charge** encargado/a *m., f.*
cheap (stingy) tacaño/a *adj.* 1; **(inexpensive)** barato/a *adj.* 3
cheek mejilla *f.*
cheer up animar *v.;* **Cheer up!** ¡Anímate!(*sing.*); ¡Anímense! (*pl.*) 2
Cheers! ¡Salud!
chef cocinero/a *m., f.*
chemical químico/a *adj.*
chemist químico/a *m., f.*
chess ajedrez *m.* 2
chessboard tablero *m.*
chest pecho *m.*
chew masticar *v.*
childhood infancia *f.*
choir coro *m.*
choose elegir (e:i) *v.;* escoger *v.* 1
chore quehacer *m.* 3
chorus coro *m.*
chosen elegido/a *adj.*
Christian cristiano/a *adj.*
church iglesia *f.*
cinema cine *m.* 2
circus circo *m.* 2
cistern cisterna *f.* 6
citizen ciudadano/a *m., f.*
civilization civilización *f.*
civilized civilizado/a *adj.*
claim reclamar *v.*
clarify aclarar *v.*
classic clásico/a *adj.*
clean limpiar *v.* 3
clean (pure) puro/a *adj.*
cleanliness aseo *m.*
clear (the table) quitar (la mesa) *v.* 3
clearing limpieza *f.* 3
click hacer clic
cliff acantilado *m.*
climate clima *m.*
climb (mountain) escalada *f.*
climber escalador(a) *m., f.*
clock reloj *m.*
cloister claustro *m.*
clone clonar *v.*
clown payaso/a *m., f.*
club club *m.;* **sports club** club deportivo *m.* 2
coach (train) vagón *m.;* **coach (trainer)** entrenador(a) *m., f.* 2
coast costa *f.* 6
cockroach cucaracha *f.* 6
coincidence casualidad *f.* 5
cold resfriado *m.* 4; **to have a cold** estar resfriado/a *v.* 4
collect coleccionar *v.*
colonize colonizar *v.*
colony colonia *f.*
columnist columnista *m., f.*
comb one's hair peinarse *v.* 2
combatant combatiente *m., f.*

come venir *v.* 1; **to come back** volver (o:ue) *v.;* **to come from** provenir (de) *v.;* **to come to an end** acabarse *v.* 6; **to come with** acompañar *v.*
comedian comediante *m., f.* 1
comet cometa *m.*
comic strip tira cómica *f.*
commerce comercio *m.*
commercial anuncio *m.*
commitment compromiso *m.* 1
community comunidad *f.* 4
company compañía *f.,* empresa *f.*; **multinational company** empresa multinacional *f.,* multinacional *f.*
compass brújula *f.* 5
competent capaz *adj.*
complain (about) quejarse (de) *v.* 2
complaint queja *f.*
complicated rebuscado/a *adj.*
compose componer *v.* 1
composer compositor(a) *m., f.*
computer science informática *f.;* computación *f.*
concert concierto *m.* 2
condition (illness) dolencia *f.* 4
conference conferencia *f.*
confess confesar (e:ie) *v.*
confidence confianza *f.* 1
confident seguro/a *adj.* 1
confront enfrentar *v.*
confuse (with) confundir (con) *v.*
confused confundido/a *adj.*
congested congestionado/a *adj.*
Congratulations! ¡Felicidades!; **Congratulations to all!** ¡Felicidades a todos!
connection conexión *f.;* **to have good connections** estar relacionado *v.*
conquer conquistar, *v.* vencer *v.* 2
conqueror conquistador(a) *m., f.*
conquest conquista *f.*
conscience conciencia *f.*
consequently por consiguiente *adj.*
conservative conservador(a) *adj.*
conserve conservar *v.* 6
consider considerar *v.*
consulate consulado *m.*
consultant asesor(a) *m., f.*
consumption consumo *m.;* **energy consumption** consumo de energía *m.*
contaminate contaminar *v.* 6
contamination contaminación *f.* 6
contemporary contemporáneo/a *adj.*
contented: be contented with contentarse con *v.* 1
contract contrato *m.; contraer v.* 1
contribute contribuir (a) *v.* 6
contribution aportación *f.*
controversial controvertido/a *adj.*
controversy polémica *f.*
cook cocinero/a *m., f.*
cook cocinar *v.* 3
corner rincón *m.*
cornmeal cake arepa *f.*
correspondent corresponsal *m., f.*
corruption corrupción *f.*
costly costoso/a *adj.*
costume disfraz *m.;* **in costume** disfrazado/a *adj.*
cough tos *f.* 4
cough toser *v.* 4
count contar (o:ue) *v.* 2; **to count on** contar con *v.*
countryside campo *m.* 6
couple pareja *f.* 1
courage coraje *m.*
course: of course claro *interj.* 3; por supuesto; ¡cómo no!
court tribunal *m.*
cover portada *f. tapa f.*
cow vaca *f.* 6
crash choque *m.* 3
create crear *v.*
creativity creatividad *f.*
crisis crisis *f.;* **economic crisis** crisis económica *f.*
critic crítico/a *m., f.;* **movie critic** crítico/a de cine *m., f.*
critical crítico/a *adj.*
critique criticar *v.*
cross cruzar *v.*
crowd multitud *f.*
cruise (ship) crucero *m.* 5
cry llorar *v.* 3
crying llanto *m.* 3
cubism cubismo *m.*
culture cultura *f.;* **pop culture** cultura popular *f.*
cultured culto/a *adj.*
currently actualmente *adv.*
curse maldición *f.*
custom costumbre *f.* 3
customs aduana *f.;* **customs agent** agente de aduanas *m., f.* 5
cut corte *m.*

D

daily diario/a *adj.* 3
dam represa *f.*
damp húmedo/a *adj.* 6
dance bailar *v.* 1
dance club discoteca *f.* 2
dancer bailarín/bailarina *m., f.*
danger peligro *m.*
dangerous peligroso/a *adj.* 5
dare (to) atreverse (a) *v.* 2
darken oscurecer *v.* 6
darts dardos *m. pl.* 2
data datos *m.;* **piece of data** dato *m.*
date cita *f.;* **blind date** cita a ciegas *f.* 1
datebook agenda *f.* 3
dawn alba *f.*
day día *m.*
daybreak alba *f.*
deaf sordo/a *adj.;* **to go deaf** quedarse sordo/a *v.* 4
deal with (be about) tratarse de *v.*
death muerte *f.*
debt deuda *f.*
debt collector cobrador(a) *m., f.*
debtor moroso/a *m., f.*
debut (premiere) estreno *m.* 2
decade década *f.*
decrease disminuir *v.*
dedication dedicatoria *f.*
deep hondo/a *adj.* 2; profundo/a *adj.*
deer venado *m.*
defeat vencer *v.* 2
defeat derrota *f.;* derrotar *v.*
defeated derrotado/a *adj.*
deforestation deforestación *f.* 6
defrost descongelar(se) *v.*
delay demora *f.; retraso m.*; atrasar *v.;* demorar *v.;* retrasar *v.*
delayed retrasado/a *adj.* 5
delivery entrega *f.*
demand reclamar *v.; exigir v.* 1, 4
democracy democracia *f.*
demonstration manifestación *f.*
den madriguera *f.* 3
denounce delatar *v.* 3; denunciar *v.*
depict reflejar *v.*
deposit depositar *v.*
depressed deprimido/a *adj.* 1
depression depresión *f.* 4
descendent descendiente *m., f.*
desert desierto *m.* 6
deserve merecer *v.*
design diseñar *v.*
desire deseo *m.;* gana *f.*
desire desear *v.* 4
destination destino *m.* 5
destroy destruir *v.* 6
detective (story/novel) policíaco/a *adj.*
deteriorate empeorar *v.* 4
detest detestar *v.*
devastated deshecho *adj.* 2
developed desarrollado/a *adj.*
developing en vías de desarrollo *adj.;* **developing country** país en vías de desarrollo *m.*
development desarrollo *m.* 6
diamond diamante *m.* 5
dictator dictador(a) *m., f.*
dictatorship dictadura *f.*
die fallecer *v.;* **to die of** morirse (o:ue) de *v.* 2
diet (nutrition) alimentación *f.* 4; dieta *f.*; **to be on a diet** estar a dieta *v.* 4; **to go on a diet** ponerse a dieta *v.* 4
difficult duro/a *adj.*
digestion digestión *f.*
digital digital *adj.*
dinner guest comensal *m., f.*
direct dirigir *v.* 1
director director(a) *m., f.*
disappear desaparecer *v.* 1, 6
disappointment desilusión *f.*
disaster catástrofe *f.;* **natural disaster** catástrofe natural *f.*
discomfort malestar *m.* 4
discotheque discoteca *f.* 2
discouraged desanimado/a *adj.* **to get discouraged** desanimarse *v.*; **the state of being discouraged** desánimo *m.* 1
discover descubrir *v.* 4
discoverer descubridor(a) *m., f.*
discovery descubrimiento *m.;* hallazgo *m.* 4
discriminated discriminado/a *adj.*
discrimination discriminación *f.*
disease enfermedad *f.* 4

disguised disfrazado/a *adj.*
disgusting: to be disgusting dar asco *v.*
disorder desorden *m.;* **(condition)** trastorno *m.*
display lucir *v.* 3
disposable desechable *adj.* 6
distant lejano/a *adj.* 5
distinguish distinguir *v.* 1
distract distraer *v.* 1
distracted distraído/a *adj.;* **to get distracted** descuidar(se) *v.* 6
disturbing inquietante *adj.*
diversity diversidad *f.* 4
divorce divorcio *m.* 1
divorced divorciado/a *adj.* 1
dizzy mareado/a *adj.* 4
DNA ADN (ácido desoxirribonucleico) *m.*
do hacer *v.* 1, 4; **to be (doing something)** andar + *pres. participle v.*; **to do someone the favor** hacer el favor *v.;* **to do something on purpose** hacer algo a propósito *v.*
doctor's appointment consulta *f.* 4
doctor's office consultorio *m.* 4
documentary documental *m.*
dominoes dominó *m.*
doorbell timbre *m.;* **to ring the doorbell** tocar el timbre *v.*
double (*in movies*) doble *m., f.*
doubt interrogante *m.;* **to be no doubt** no caber duda *v.*
download descargar *v.*
drag arrastrar *v.;* **drag out** alargar *v.* 1
draw dibujar *v.*
dream (about) soñar (o:ue) (con) *v.* 1
dreams sueños *m.* 1
dressing room probador *m.* 3; **(*star's*)** camerino *m.*
drink beber *v.* 1
drinking glass copa *f.*
drive conducir *v.* 1; manejar *v.*
drought sequía *f.* 6
drown ahogarse *v.*
drowned ahogado/a *adj.* 5
dry seco/a *adj.* 6; secar *v.;* **to dry off** secarse *v.* 2
dub (*film*) doblar *v.*
dubbed doblado/a *adj.*
dubbing doblaje *m.*
dust polvo *m.* 3; **to dust** quitar el polvo *v.* 3
duty deber *m.*

E

earn ganar *m.;* **to earn a living** ganarse la vida *v.*
earth tierra *f.* 6; **What on earth...?** ¿Qué rayos...? 5
earthquake terremoto *m.* 6
easy-going (*permissive*) permisivo/a *adj.* 1
eat comer *v.* 1, 2; **to eat up** comerse *v.* 2
ecosystem ecosistema *m.* 6
ecotourism ecoturismo *m.* 5
edible comestible *adj.;* **edible plant** planta comestible *f.*
editor redactor(a) *m., f.*
editor-in-chief redactor(a) jefe *m., f.*
educate educar *v.*
educated (*cultured*) culto/a *adj.*
educational didáctico/a *adj.*
efficient eficiente *adj.*
effort esfuerzo *m.*
either... or... o... o... *conj.*
elbow codo *m.*
elder mayor *m.*
elderly anciano/a *adj.;* **elderly gentleman/lady** anciano/a *m., f.*
elect elegir (e:i) *v.*
elected elegido/a *adj.*
electoral electoral *adj.*
electricity luz *f.*
electronic electrónico/a *adj.*
e-mail address dirección de correo electrónico *f.*
embarrass avergonzar *v.*
embarrassed avergonzado/a *adj.*
embarrassment vergüenza *f.*
embassy embajada *f.*
emigrate emigrar *v.*
emotion sentimiento *m.* 1
emperor emperador *m.*
emphasize destacar *v.*
empire imperio *m.*
employed empleado/a *adj.*
employee empleado/a *m., f.*
employment empleo *m.*
empress emperatriz *f.*
encourage animar *v.*
end fin *m.;* **(*rope, string*)** cabo *m.*
endangered en peligro de extinción *adj.;* **endangered species** especie en peligro de extinción *f.*
ending desenlace *m.*
energetic enérgico/a *adj.*
energy energía *f.;* **nuclear energy** energía nuclear *f.*; **wind energy** energía eólica *f.*
engineer ingeniero/a *m., f.*
enjoy disfrutar (de) *v.* 2; **Enjoy your meal.** Buen provecho.
enough bastante *adv.* 3
enslave esclavizar *v.*
enter ingresar *v.;* **to enter data** ingresar datos *v.*
entertain (oneself) entretener(se) (e:ie) *v.* 2
entertaining entretenido/a *adj.* 2
entertainment farándula *f.* 1
entrance hall zaguán *m.* 3
entrepreneur empresario/a *m., f.*
envelope sobre *m.*
environment medio ambiente *m.* 6
environmental ambiental *adj.* 6
epidemic epidemia *f.* 4
episode episodio *m.;* **final episode** episodio final *m.*
equal igual *adj.*
equality igualdad *f.*
era época *f.*
erase borrar *v.*
erosion erosión *f.* 6
errands mandados *m. pl.* 3; **to run errands** hacer mandados *v.* 3
essay ensayo *m.*
essayist ensayista *m., f.*
establish (oneself) establecer(se) *v.*
eternal eterno/a *adj.*
ethical ético/a *adj.;* **unethical** poco ético/a *m., f.*
even siquiera *conj.;* **not even** ni siquiera *conj.*
event acontecimiento *m.*
everyday cotidiano/a *adj.* 3; **everyday life** vida cotidiana *f.*
example (*sample*) muestra *f.*
exchange: in exchange for a cambio de
excited emocionado/a *adj.* 1
exciting excitante *adj.*
excursion excursión *f.* 5
excuse disculpar *v.;* **Excuse me; Pardon me** Perdona (*fam.*)/Perdone (*form.*); Con permiso.
executive ejecutivo/a *m., f.;* **of an executive nature** de corte ejecutivo
exhausted agotado/a *adj.* 4; fatigado/a *adj.* 4
exhaustion cansancio *m.* 3
exhibition exposición *f.*
exile exilio *m.;* **political exile** exilio político *m.*
exit salida *f.* 6
exotic exótico/a *adj.*
expel expulsar *v.*
expensive caro/a *adj.* 3; costoso/a *adj.*
experience experiencia *f.*; *experimentar v.*
experiment experimento *m.*
expire caducar *v.*
expired vencido/a *adj.* 5
exploit explotar *v.*
exploitation explotación *f.*
exploration exploración *f.*
explore explorar *v.*
export exportar *v.*
exports exportaciones *f., pl.*
expressionism expresionismo *m.*
extinct: become extinct extinguirse *v.* 6
extinguish extinguir *v.*

F

facial features facciones *f., pl.* 3
facilities servicios *m., pl*
fact hecho *m.* 3
factor factor *m.;* **risk factors** factores de riesgo *m. pl.*
factory fábrica *f.*
fad moda pasajera *f.*
faint desmayarse *v.* 4
fair feria *f.* 2
faith fe *f.*
fall caer *v.* 1; **to fall in love (with)** enamorarse (de) *v.* 1
fame fama *f.*
famous famoso/a *adj.;* **to become famous** hacerse famoso *v.*
fan (of) aficionado/a (a) *adj.* 2; **to be a fan of** ser aficionado/a de *v.*
farewell despedida *f.* 5
fascinate fascinar *v.* 2
fashion moda *f.;* **in fashion, popular** de moda *adj.*
fasten abrocharse *v.;* **to fasten one's seatbelt** abrocharse el cinturón de seguridad *v.*; **to fasten (the seatbelt)** ponerse (el cinturón de seguridad) *v.* 5
fatigue fatiga *f.*

favor favor *m.;* **to do someone the favor** hacer el favor *v.*
favoritism favoritismo *m.*
fed up (with) harto/a *adj.;* **to be fed up (with); to be sick (of)** estar harto/a (de) *v.* 1
feed dar de comer *v.* 6
feel sentirse (e:ie) *v.* 1; **(experience)** experimentar *v.;* **to feel like** dar la gana *v.*; sentir/tener ganas de *v.*
feeling sentimiento *m.* 1
festival festival *m.* 2
fever fiebre *f.* 4; **to have a fever** tener fiebre *v.* 4
field campo *m.* 6; cancha *f.* 2
fight lucha *f.* pelear *v.;* **to fight (for)** luchar por *v.;* **to fight bulls** lidiar *v.* 2; **to fight bulls in the bullring** torear *v.* 2
figuratively en sentido figurado *m.*
file archivo *m.;* **to download a file** bajar un archivo *v.*
filled up completo/a *adj.;* **The hotel is filled.** El hotel está completo.
filling contundente *adj.*
film película *f.;* rodar (o:ue) *v.*
finance(s) finanzas *f. pl.;* financiar *v.*
financial financiero/a *adj.*
find out averiguar *v.* 1
finding hallazgo *m.* 4
fine multa *f.*
fine arts bellas artes *f., pl.*
fingernail uña *f.*
finish line meta *f.*
fire incendio *m.* 6; despedir (e:i) *v.*
fired despedido/a *adj.*
fireplace hogar *m.* 3
first aid primeros auxilios *m., pl.* 4
first and foremost antes que nada
fish pez *m.* 6
fishing pesca *f.* 5
fit caber *v.* 1; **(clothing)** quedar *v.* 2
fitting room vestidor *m.*
flag bandera *f.*
flask frasco *m.*
flavor sabor *m.;* **What flavor is it? Chocolate?** ¿Qué sabor tiene? ¿Chocolate? 4
flee huir *v.* 3
fleeting pasajero/a *adj.*
flexible flexible *adj.*
flight vuelo *m.*
flight attendant auxiliar de vuelo *m., f.*
flirt coquetear *v.* 1
float flotar *v.* 5
flood inundación *f.* 6; inundar *v.*
floor suelo *m.*
flower florecer *v.* 6
flu gripe *f.* 4
fly mosca *f.* 6; volar (o:ue) *v.*
fog niebla *f.*
fold doblar *v.*
follow seguir (e:i) *v.*
folly insensatez *f.* 4
fond of aficionado/a (a) *adj.* 2
food comida *f.* 6; alimento *m.* **canned food** comida enlatada *f.* 6; **fast food** comida rápida *f.* 4
foot (*of an animal*) pata *f.*
forbidden vedado/a *adj.* 3
force fuerza *f.;* **armed forces** fuerzas armadas *f., pl.*; **labor force** fuerza laboral *f.*
forced forzado/a *adj.*
forefront: at the forefront a la vanguardia
foresee presentir (e:ie); prever *v.*
forest bosque *m.*
forget (about) olvidarse (de) *v.* 2
forgetfulness; olvido *m.* 1
forgive perdonar *v.*
form forma *f.*
formulate formular *v.*
forty-year-old; in her/his forties cuarentón/cuarentona *adj.*
fountain fuente *f.*
frame marco *m.*
free time tiempo libre *m.* 2; ratos libres *m. pl.* 2
freedom libertad *f.;* **freedom of the press** libertad de prensa *f.*
freeze congelar(se) *v.*
freeze helar (e:ie) *v.*
frequently a menudo *adv.* 3
friar fraile *m.*
frightened asustado/a *adj.*
frog rana *f.* 6
front desk recepción *f.* 5
front page portada *f.*
frozen congelado/a *adj.*
fry freír (e:i) *v.* 3
fuel combustible *m.* 6
full lleno/a *adj.;* **full-length film** largometraje *m.*
fun divertido/a *adj.* 2
funny gracioso/a *adj.* 1; **to be funny (to someone)** hacerle gracia (a alguien)
furnished amueblado/a *adj.*
furniture mueble *m.* 3
futuristic futurístico/a *adj.*

G

gain weight engordar *v.* 4
gallery galería *f.*
game juego *m.* 2; **ball game** juego de pelota *m.* 5; **board game** juego de mesa *m.* 2; partida *f.*; ***(sports)*** partido *m.*; **to win/lose a game** ganar/perder un partido *v.* 2
garbage (*poor quality*) porquería *f.*
gate: airline gate puerta de embarque *f.* 5
gaze mirada *f.* 1
gene gen *m.*
generate generar *v.*
generous generoso/a *adj.*
genetics genética *f.* 4
genuine auténtico/a *adj.* 3
gesture gesto *m.*
get obtener *v.;* **to get a movie** alquilar una película *v.* 2; **to get a shot** poner(se) una inyección *v.* 4; **to get along** congeniar *v.;* **to get along well/poorly** llevarse bien/mal *v.* 1; **to get bored** aburrirse *v.* 2; **to get caught** enganchar *v.* 5; **to get discouraged** desanimarse *v.;* **to get distracted; neglect** descuidar(se) *v.* 6; **to get dressed** vestirse (e:i) *v.* 2; **to get hurt** lastimarse *v.* 4; **to get in shape** ponerse en forma *v.* 4; **to get information** informarse *v.*; **to get ready** arreglarse *v.* 3; **to get sick** enfermarse *v.* 4; **to get tickets** conseguir (e:i) boletos/entradas *v.* 2; **to get together (with)** reunirse (con) *v.* 2; **to get up** levantarse *v.* 2; **to get upset** afligirse *v.* 3; **to get used to** acostumbrarse (a) *v.* 3; **to get vaccinated** vacunarse *v.* 4; **to get well/ill** *v.* ponerse bien/mal 4; **to get wet** mojarse *v.;* **to get worse** empeorar *v.* 4
gift obsequio *m.*
give dar *v.;* **to give a prize** premiar *v.*; **to give a shot** poner una inyección *v.* 4; **to give up** darse por vencido *v.* 6; ceder; **to give way to** dar paso a *v.*
gladly con mucho gusto
glance vistazo *m.*
global warming calentamiento global *m.* 6
globalization globalización *f.*
go ir *v.* 1, 2; **to go across** recorrer *v.* 5; **to go around (the world)** dar la vuelta (al mundo) *v.*; **to go away (from)** irse (de) *v.* 2; **to go out** salir *v.* 1; **to go out (to eat)** salir (a comer) *v.* 2; **to go out with** salir con *v.* 1; **to go shopping** ir de compras *v.* 3; **go to bed** acostarse (o:ue) *v.* 2; **go to sleep** dormirse (o:ue) *v.* 2; **go too far** pasarse *v.*; **go too fast** embalarse *v.*
goat cabra *f.*
God Dios *m.*
god/goddess dios(a) *m., f.* 5
goldfish pececillo de colores *m.*
good bueno/a *adj.* **to be good (i.e. *fresh*)** estar bueno *v.*; **to be good (*by nature*)** ser bueno *v.*
goodness bondad *f.*
gossip chisme *m.*
govern gobernar (e:ie) *v.*
government gobierno *m.;* **government agency** organismo público *m.*;
governor gobernador(a) *m., f.*
graduate titularse *v.* 3
grass hierba *f.;* **pasto** *m.*
gratitude agradecimiento *m.*
gravity gravedad *f.*
great-great-grandfather/mother tatarabuelo/a *m., f.*
group grupo *m.;* **musical group** grupo musical *m.*
grow crecer *v.* 1; cultivar *v.* **to grow accustomed to;** acostumbrarse (a) *v.* 3; **grow up** criarse v. 1
growth crecimiento *m.*
Guarani guaraní *m.*
guarantee asegurar *v.*
guess adivinar *v.*
guilt culpa *f.*
guilty culpable *adj.*
guy tipo *m.* 2
gymnasium gimnasio *m.*

H

habit costumbre *f.* 3
habit: be in the habit of soler (o:ue) *v.* 3
half mitad *f.*

hall sala *f.* **concert hall** sala de conciertos *f.*
hang (up) colgar (o:ue) *v.*
happen suceder *v.* **1; These things happen.** Son cosas que pasan.
happiness felicidad *f.*
happy feliz *adj.* **3**
hard arduo *adj.* **3**; duro/a *adj.*
hardly apenas *adv.* **3**
hard-working trabajador(a) *adj.*
harmful dañino/a *adj.* **6**
harvest cosecha *f.*
hate odiar *v.* **1**
have tener *v.* **1; to have fun** divertirse (e:ie) *v.* **2**
headline titular *m.*
heal curarse; sanar *v.* **4**
healing curativo/a *adj.* **4**
health salud *f.* **4; To your health!** ¡A tu salud!
healthy saludable, sano/a *adj.* **4**
hear oír *v.* **1**
heart corazón *m.* **1; heart and soul** cuerpo y alma
heavy (*filling*) contundente *adj.*; **heavy rain** diluvio *m.*
heel tacón *m.*; **high heel** tacón alto *m.*
height cima *f.* 1; ***(highest level)*** apogeo m. **5**
help (aid) auxilio *m.*
heritage herencia *f.*; **cultural heritage** herencia cultural *f.*
heroic heroico/a *adj.*
hide ocultarse *v.* **3**
high definition de alta definición *adj.*
highest level apogeo *m.* **5**
hill cerro *m.*; colina *f.*
Hindu hindú *adj.*
hire contratar *v.*
historian historiador(a) *m., f.*
historic histórico/a *adj.*
historical histórico/a *adj.*; **historical period** era *f.*
history historia *f.*
hold (*hug*) abrazar *v.* **1; hold your horses** parar el carro *v.*
hole agujero *m.*; **black hole** agujero negro *m.*; **hole in the ozone layer** agujero en la capa de ozono *m.*; **small hole** agujerito *m.*
holy sagrado/a *adj.*
home hogar *m.* **3**
honey miel *f.*
honored distinguido/a *adj.*
hope esperanza *f.* **6**; ilusión *f.*
horror (*story/novel*) de terror *adj.*
horseshoe herradura *f.*
host(ess) anfitrión/anfitriona *m., f.*
hostel albergue *m.* **5**
hour hora *f.*
hug abrazar *v.* **1**
humankind humanidad *f.*
humid húmedo/a *adj.* **6**
humiliate humillar *v.*
humorous humorístico/a *adj.*
hungry hambriento/a *adj.*
hunt cazar *v.* **6**
hurricane huracán *m.* **6**
hurry prisa *f.* **6; to be in a hurry** tener apuro *v.*
hurt herir (e: ie) *v.* **1**; doler (o:ue) *v.* **2; to get hurt** lastimarse *v.* **4; to hurt oneself** hacerse daño; **to hurt someone** hacerle daño a alguien
husband marido *m.*
hut choza *f.*
hygiene aseo *m.*
hygienic higiénico/a *adj.*

I

ideology ideología *f.*
illness dolencia *f.* **4**; enfermedad *f.*
ill-tempered malhumorado/a *adj.*
illusion ilusión *f.*
image imagen *f.* **2**
imagination imaginación *f.*
immature inmaduro/a *adj.* **1**
immediately en el acto **3**
immigration inmigración *f.*
immoral inmoral *adj.*
import importar *v.*
important importante *adj.* **4; be important (to); to matter** importar *v.* **2, 4**
imported importado/a
imports importaciones *f., pl.*
impossible (to put off) impostergable *adj.*
impress impresionar *v.* **1**
impressionism impresionismo *m.*
improve mejorar *v.* **4**; perfeccionar *v.*
improvement adelanto *m.* **4**
in love (with) enamorado/a (de) *adj.* **1**
inadvisable poco recomendable *adj.* **5**
incapable incapaz *adj.*
included incluido/a *adj.* **5**
incompetent incapaz *adj.*
increase aumento *m.*
independence independencia *f.*
index índice *m.*
indigenous indígena *adj.*
indigenous person indígena *m., f.* **4**
industrious trabajador(a) *adj.*
industry industria *f.*
inexpensive barato/a *adj.* **3**
infected: become infected contagiarse *v.* **4**
inflamed inflamado/a *adv.* **4; become inflamed** inflamarse *v.*
inflexible inflexible *adj.*
influential influyente *adj.*
inform avisar *v.*; **to be informed** estar al tanto *v.*; **to become informed (about)** enterarse (de) *v.*
inhabit habitar *v.*
inhabitant habitante *m., f.*; *poblador(a) m., f.*
inherit heredar *v.*
injure lastimar *v.*
injured herido/a *adj.*
injury herida *f.* **4**
innovative innovador(a) *adj.*
insanity locura *f.*
insect bite picadura *f.*
insecure inseguro/a *adj.* **1**
insincere falso/a *adj.* **1**
insist on insistir en *v.* **4**
inspired inspirado/a *adj.*
instability inestabilidad *f.*
install instalar *v.*
insult ofensa *f.*
insurance seguro *m.* **5**
intelligent inteligente *adj.*
intensive care terapia intensiva *f.* **4**
interest interesar *v.* **2**
interesting interesante *adj.*; **to be interesting** interesar *v.* **2**
Internet Internet *m., f.*
interview entrevista *f.*; entrevistar *v.*; **job interview** entrevista de trabajo *f.*
intriguing intrigante *adj.*
invade invadir *v.*
invent inventar *v.*
invention invento *m.*
invest invertir (e:ie) *v.*
investigate investigar *v.*
investment inversión *f.*; **foreign investment** inversión extranjera *f.*
investor inversor(a) *m., f.*
iron plancha *f.*
irresponsible irresponsable *adj.*
island isla *f.* **5**
isolate aislar *v.*
isolated aislado/a *adj.* **6**
itinerary itinerario *m.* **5**

J

jealous celoso/a *adj.*; **to be jealous of** tener celos de *v.* **1**
jealousy celos *m. pl.*
Jewish judío/a *adj.*
job empleo *m.*; **(*position*)** puesto *m.*; **job interview** entrevista de trabajo *f.*
joke broma *f.* **1**; chiste *m.* **1**
joke bromear *v*
journalist periodista *m., f.*
joy regocijo *m.* **4**
judge juez(a) *m., f.*
judgment juicio *m.*
jump salto *m.*
jungle selva *f.* **5**
just justo/a *adj.*
just as tal como *conj.*
justice justicia *f.*

K

keep mantener *v.*; guardar *v.*; **to keep in mind** tener en cuenta *v.*; **to keep in touch** mantenerse en contacto *v.* **1; to keep (something) to yourself** guardarse (algo) *v.* **1; to keep up with the news** estar al día con las noticias *v.*
keyboard teclado *m.*
kick patada *f.* **3**; patear *v.* **2**
kidnapping secuestro *m.*
kind amable *adj.*
king rey *m.*
kingdom reino *m.*
kiss besar *v.* **1**
know conocer *v.*; saber *v.* **1**
knowledge conocimiento *m.*

L

label etiqueta *f.*
labor mano de obra *f.*
labor union sindicato *m.*
laboratory laboratorio *m.;* **space lab** laboratorio espacial *m.*
lack faltar *v.* **2**
land tierra *f.* **6;** terreno *m.* **6**
land (*an airplane*) aterrizar *v.* **5**
landscape paisaje *m.* **6**
language idioma *m.;* **lengua** *f.*
laptop computadora portátil *f.*
late atrasado/a *adj.* **3**
laugh reír(se) (e:i) *v.*
launch lanzar *v.*
law derecho *m.;* ley *f.*; **to abide by the law** cumplir la ley *v.*; **to approve a law; to pass a law** aprobar (o:ue) una ley *v.*
lawyer abogado/a *m., f.*
layer capa *f.;* **ozone layer** capa de ozono *f.* **6**
lazy haragán/haragana
lead encabezar *v.*
leader líder *m., f.*
leadership liderazgo *m.*
lean (on) apoyarse (en) *v.*
learned erudito/a *adj.*
learning aprendizaje *m.*
leave marcharse *v.* ; dejar *v.*; **to leave alone** dejar en paz *v.*; **to leave someone** dejar a alguien *v.*
left over: to be left over quedar *v.* **2**
leg (*of an animal*) pata *f.*
legend leyenda *f.* **5**
leisure ocio *m.*
lend prestar *v.*
lesson (*teaching*) enseñanza *f.*
level nivel *m.;* **sea level** nivel del mar *m.*
liberal liberal *adj.*
liberate liberar *v.*
library biblioteca *f.*
lid tapa *f.*
lie mentira *f.* **1**
life vida *f.;* **everyday life** vida cotidiana *f.*
light luz *f.* **1**
lighthouse faro *m.* **5**
lightning relámpago *m.* **6**
lightning rayo *m.*
like gustar *v.* **2, 4; I don't like ...at all!** ¡No me gusta nada... !; **to like very much** encantar, fascinar *v.* **2**
like this; so así *adv.* **3**
line cola *f.;* **to wait in line** hacer cola *v.* **2**
line (*of poetry*) verso *m.*
link enlace *m.*
lion león *m.* **6**
listener oyente *m., f.*
literature literatura *f.;* **children's literature** literatura infantil/juvenil *f.*
live en vivo, en directo *adj.;* **live broadcast** emisión en vivo/directo *f.*
live vivir *v.* **1**
lively animado/a *adj.* **2**
locate ubicar *v.*
located situado/a *adj.;* **to be located** ubicarse *v.*
lodge hospedarse *v.*
lodging alojamiento *m.* **5**
loneliness soledad *f.* **3**
lonely solo/a *adj.* **1**
long largo/a *adj.;* **long-term** a largo plazo
look aspecto *m.;* **to take a look** echar un vistazo *v.*
look verse *v.;* **to look healthy/sick** tener buen/mal aspecto *v.* **4; to look like** parecerse *v.* **2, 3; to look out upon** dar a *v.*; **He/She looks so happy.** Se ve tan feliz. **6; How attractive you look!** (*fam.*) ¡Qué guapo/a te ves! **6; How elegant you look!** (*form.*) ¡Qué elegante se ve usted! **6; It looks like he/she didn't like it.** Al parecer, no le gustó. **6; It looks like he/she is sad/happy.** Parece que está triste/contento/a. **6; He/She looks very sad to me.** Yo lo/la veo muy triste. **6**
loose suelto/a *adj.*
lose perder (e:ie) *v.;* **to lose an election** perder las elecciones *v.*; **to lose a game** perder un partido *v.* **2; to lose weight** adelgazar *v.* **4**
loss pérdida *f.*
lottery lotería *f.*
loudspeaker altoparlante *m.*
love amor *m.;* amar; querer (e:ie) *v.* **1; (un)requited love** amor (no) correspondido *m.*
lovely precioso/a *adj.* **1**
lower bajar *v.*
loyalty lealtad *f.*
lucky afortunado/a *adj.*
luggage equipaje *m.*
luxurious lujoso/a **5;** de lujo
luxury lujo *m.*
lying mentiroso/a *adj.* **1**

M

madness locura *f.*
magazine revista *f.;* **online magazine** revista electrónica *f.*
magic magia *f.*
mailbox buzón *m.*
majority mayoría *f.*
make hacer *v.* **1, 4; to make a (hungry) face** poner cara (de hambriento/a) *v.*; **to make a toast** brindar *v.* **2; to make a wish** pedir un deseo *v.*; **to make fun of** burlarse (de) *v.*; **to make good use of** aprovechar *v.*; **to make one's way** abrirse paso *v.*; **to make sure** asegurarse *v.*; **make-up** maquillaje *f.* **3**
male macho *m.*
mall centro comercial *m.* **3**
manage administrar *v.;* **dirigir** *v.* **1;** lograr; *v.* **3**
manager gerente *m, f.*
manipulate manipular *v.*
manufacture fabricar *v.*
manuscript manuscrito *m.*
marathon maratón *m.*
maritime marítimo/a *adj.*
market mercado *m.*
marketing mercadeo *m.* **1**
marriage matrimonio *m.*
married casado/a *adj.* **1**
mass misa *f.* **2**
masterpiece obra maestra *f.* **3**
mathematician matemático/a *m., f.*
matter asunto *m.;* importar *v.* **2, 4**
mature maduro/a *adj.* **1**
Mayan Trail ruta maya *f.* **5**
mayor alcalde/alcaldesa *m., f.*
mean antipático/a *adj.*
means medio *m.;* **media** medios de comunicación *m. pl.*
measure medida *f.;* medir (e:i) *v.;* **security measures** medidas de seguridad *f. pl.* **5**
mechanical mecánico/a *adj.*
mechanism mecanismo *m.*
meditate meditar *v.*
meeting reunión *f.*
melt derretir(se) (e:i) *v.*
member socio/a *m., f.*
memory recuerdo *m.*
merchandise mercancía *f.*
mercy piedad *f.*
mess desorden *m.*
message mensaje *m.;* **text message** mensaje de texto *m.*
middle medio *m.*
Middle Ages Edad Media *f.*
military militar *m., f.*
minister ministro/a *m., f.;* **Protestant minister** ministro/a protestante *m., f.*
minority minoría *f.*
minute minuto *m.;* **last-minute news** noticia de último momento *f.*; **up-to-the-minute** de último momento *adj.*
miracle milagro *m.*
miser avaro/a *m., f.*
miss extrañar *v.;* perder (e:ie) *v.;* **to miss (someone)** extrañar a (alguien) *v.*; **to miss a flight** perder un vuelo *v.* **5**
mistake: to be mistaken; to make a mistake equivocarse *v.*
mixed: person of mixed ethnicity (*part indigenous*) mestizo/a *m., f.*
mixture mezcla *f.*
mockery burla *f.*
model (*fashion*) modelo *m., f.*
modern moderno/a *adj.*
modify modificar, alterar *v.*
moisten mojar *v.*
moment momento *m.*
monarch monarca *m., f.*
money dinero *m.;* (*L. Am.*) plata *f.*; **cash** dinero en efectivo *m.* **3**
monkey mono *m.* **6**
monolingual monolingüe *adj.*
mood estado de ánimo *m.* **4; in a bad mood** malhumorado/a *adj.*
moon luna *f.;* **full moon** luna llena *f.*
moral moral *adj.*
mortgage hipoteca *f.*
mosque mezquita *f.*
mountain montaña *f.* **6;** monte *m.*; **mountain range** cordillera *f.* **6**
move jugada *f.; (change residence)* **mudarse** v. 2
movement corriente *f.;* movimiento *m.*
movie theater cine *m.* **2**
moving conmovedor(a) *adj.*
muralist muralista *m., f.*
murky turbio/a *adj.* **1**
museum museo *m.*

music video video musical *m.*
musician músico/a *m., f.* 2
Muslim musulmán/musulmana *adj.*
myth mito *m.* 5

N

name nombrar *v.*
nape nuca *f.*
narrate narrar *v.*
narrative work narrativa *f.*
narrator narrador(a) *m., f.*
narrow estrecho/a *adj.*
native nativo/a *adj.*
natural resource recurso natural *m.* 6
navel ombligo *m.* 4
navigator navegante *m., f.*
navy armada *f.*
necessary necesario *adj.* 4
necessity necesidad *f.* 5; **of utmost necessity** de primerísima necesidad 5
need necesidad *f.* 5; necesitar *v.* 4
needle aguja *f.* 4
neglect descuidar *v.* 6
neighborhood barrio *m.*
neither... nor... ni… ni… *conj.*
nervous nervioso/a *adj.*
nest nido *m.*
network cadena *f.*; **cadena de televisión** television network *f.*
news noticia *f.*; **local/domestic/international news** noticias locales/nacionales/internacionales *f. pl.*; **news bulletin** informativo *m.*; **news report** reportaje *m.*; **news reporter** presentador(a) de noticias *m., f.*
newspaper periódico *m.*; **diario** m.
nice simpático/a, amable *adj.*
nightmare pesadilla *f.*
No way! ¡Ni loco/a!
noise ruido *m.*
nomination nominación *f.*
nominee nominado/a *m., f.*
nook rincón *m.*
notice aviso *m.* 5; fijarse *v.* **to take notice of** fijarse en *v.* 2
novelist novelista *m., f.*
now and then de vez en cuando 3
nun monja *f.*
nurse enfermero/a *m., f.* 4
nutritious nutritivo/a *adj.* 4; **(*healthy*)** saludable *adj.* 4

O

oar remo *m.* 5
obesity obesidad *f.* 4
obey obedecer *v.* 1
oblivion olvido *m.* 1
occur (to someone) ocurrírsele (a alguien) *v.*
offer oferta *f.*; *ofrecerse (a) v.*
office despacho *m.*
officer agente *m., f.*
often a menudo *adv.* 3
oil painting óleo *m.*
Olympics Olimpiadas *f. pl.*
on purpose a propósito *adv.* 3
once in a while de vez en cuando 3
online en línea *adj.*
open abrir(se) *v.*
open-air market mercado al aire libre *m.*
operate operar *v.*
operation operación *f.* 4
opinion opinión *f.*; **In my opinion, ...** A mi parecer,...; Considero que..., Opino que...; **to be of the opinion** opinar *v.*
oppose oponerse a *v.* 4
oppress oprimir *v.*
orchard huerto *m.*
originating (in) proveniente (de) *adj.*
ornate ornamentado/a *adj.*
others; other people los/las demás *pron.*
ought to deber + *inf. v.*
outdo oneself (*P. Rico; Cuba*) botarse *v.* 5
outline esbozo *m.*
out-of-date pasado/a de moda *adj.*
outrageous thing barbaridad *f.*
overcome superar *v.*
overdose sobredosis *f.*
overthrow derribar *v.*; **derrocar** *v.*
overwhelmed agobiado/a *adj.* 1
owe deber *v.*; **to owe money** deber dinero *v.* 2
own propio/a *adj.* 1
owner dueño/a *m., f.*; **propietario/a** *m., f.*

P

pack hacer las maletas *v.* 5
page página *f.*; **web page** página web
pain (*suffering*) sufrimiento *m.*
painkiller analgésico *m.* 4
paint pintura *f.*; *pintar v.* 3
paintbrush pincel *m.*
painter pintor(a) *m., f.* 3
painting cuadro *m.* 3; pintura *f.*
palm tree palmera *f.*
pamphlet panfleto *m.*
paradox paradoja *f.*
parish parroquia *f.*
park parque *m.*; estacionar *v.*; **amusement park** parque de atracciones *m.* 2
parrot loro *m.*
part parte *f.*; **to become part (of)** integrarse (a) *v.*
partner
(*couple*) pareja *f.* 1; **(*member*)** socio/a *m., f.*
party (*politics*) partido *m.*; **political party** partido político *m.*
pass (*a class, a law*) aprobar (o:ue) *v.*; **to pass a law** aprobar una ley *v.*
passing pasajero/a *adj.*
passport pasaporte *m.* 5
password contraseña *f.*
pastime pasatiempo *m.* 2
pastry repostería *f.*
patent patente *f.*
path (*history*) trayectoria *f.* 1; prestarle atención a alguien *v.*
pay pagar *v.*; **to be well/poorly paid** ganar bien/mal *v.*; **to pay attention to someone** hacerle caso a alguien *v.* 1; prestarle atención a alguien *v.*
peace paz *f.*
peaceful pacífico/a *adj.*
peak cumbre *f.*; **pico** *m.*
peck picar *v.*
people pueblo *m.* 4
performance rendimiento *m.*; **(*theater; movie*)** función *f.* 2
perhaps acaso *adv.* 3
period punto *m.* 2
permanent fijo/a *adj.*
permission permiso *m.*
permissive permisivo/a *adj.* 1
persecute perseguir (e:i) *v.*
personal (*private*) particular *adj.*
pessimist pesimista *m., f.*
phase etapa *f.*
physicist físico/a *m. f.*
pick out seleccionar *v.* 3
pick up levantar *v.*
picnic picnic *m.*
picture imagen *f.* 2
piece (*art*) pieza *f.*
pier muelle *m.* 5
pig cerdo *m.* 6
pill pastilla *f.* 4
pilot piloto *m., f.*
pious devoto/a *adj.*
piping tubería *f.* 6
pity pena *f.*; **What a pity!** ¡Qué pena!
place lugar *m.*
place poner *v.* 1, 2
place (*an object*) colocar *v.* 2
plan planear *v.*
planet planeta *m.*
planned previsto/a *adj., p.p.* 3
plateau: high plateau altiplano *m.*
play jugar *v.*; **(*theater*)** obra de teatro *f.*; **(*literary*)** obra literaria *f.*; **to play a CD** poner un disco compacto *v.* 2; **to play a CD** poner un disco compacto *v.* 2; disputar *v.*
player (CD/DVD/MP3) reproductor (de CD/DVD/MP3) *m.*
playing cards cartas *f. pl.* 2; naipes *m. pl.* 2
playwright dramaturgo/a *m., f.*
plead rogar *v.* 4
pleasant (*funny*) gracioso/a *adj.* 1
please: Could you please...? ¿Tendría usted la bondad de + inf.... ? *(form.)*
plot trama *f.*; **argumento** *m.*
plumbing (*piping*) tubería *f.* 6
poet poeta *m., f.*
poetry poesía *f.*
point (to) señalar *v.* 2; **to point out** destacar *v.*
point of view punto de vista *m.*
poison veneno *m.* 6
poisoned envenenado/a *adj.* 6
poisonous venenoso/a *adj.* 6
politician político/a *m., f.*
politics política *f.*
pollen polen *m.*
pollute contaminar *v.* 6
pollution contaminación *f.* 6
poor quality (garbage) porquería *f.*
populate poblar *v.*
population población *f.* 4
port puerto *m.* 5
portable portátil *adj.*
portrait retrato *m.* 3
portray retratar *v.* 3

position puesto *m.;* **cargo** *m.* 1
possible posible *adj.;* **as much as possible** en todo lo posible
poverty pobreza *f.*
power fuerza *f.;* **will power** fuerza de voluntad 4
power (electricity) luz *f.*
power saw motosierra *f.*
powerful poderoso/a *adj.*
pray rezar *v.*
pre-Columbian precolombino/a *adj.*
prefer preferir *v.* 4
prehistoric prehistórico/a *adj.*
premiere estreno *m.* 2
prescribe recetar *v.* 4
prescription receta *f.* 4
preserve conservar *v.* 6
press prensa *f.;* **press conference** rueda de prensa
pressure (stress) presión *f.;* presionar *v.;* **to be under stress/pressure** estar bajo presión
prevent prevenir *v.* 4
previous anterior *adj.*
priest cura *m.;* **sacerdote**
prime minister primer(a) ministro/a *m., f.*
print imprimir *v.*
private particular *adj.*
privilege privilegio *m.*
prize premio *m.;* **to give a prize** premiar *v.*
procession procesión *f.*
produce producir *v.* 1; **(*generate*)** generar *v.*
productive productivo/a *adj.*
programmer programador(a) *m., f.*
prohibit prohibir *v.* 4
prohibited prohibido/a *adj.* 5
prominent destacado/a *adj.;* **prominente** *adj.*
promise jurar *v.*
promote promover (o:ue) *v.*
pronounce pronunciar *v.*
proof prueba *f.* 2
proposal oferta *f.*
propose proponer *v.* 1, 4; **to propose marriage** proponer matrimonio *v.* 1
prose prosa *f.*
protagonist protagonista *m., f.* 1
protect proteger *v.* 1, 6
protected protegido/a *adj.* 5
protest manifestación *f.; protestar v.*
protester manifestante *m., f.* 6
proud orgulloso/a *adj.* 1; **to be proud of** estar orgulloso/a de
prove comprobar (o:ue) *v.*
provide proporcionar *v.*
public público *m.*; **(pertaining to the state)** **estatal** *adj.*
public transportation transporte público *m.*
publish editar *v.;* **publicar** *v.*
punishment castigo *m.*
pure puro/a *adj.*
purity pureza *f.* 6
pursue perseguir (e:i) *v.*
push empujar *v.*
put poner *v.* 1, 2; **to put in a place** ubicar *v.;* **to put on (*clothing*)** ponerse *v.;* **to put on makeup** maquillarse *v.* 2
pyramid pirámide *f.* 5

Q

quality calidad *f.;* **high quality** de buena categoría *adj.* 5
queen reina *f.*
quench saciar *v.*
question interrogante *m.*
quiet callado/a *adj.;* **be quiet** callarse *v.*
quit renunciar *v.;* **quit smoking** dejar de fumar *v.* 4
quite bastante *adv.* 3
quotation cita *f.*

R

rabbi rabino/a *m., f.*
rabbit conejo *m.* 6
race raza *f.*
radiation radiación *f.*
radio radio *f.*
radio announcer locutor(a) de radio *m., f.*
radio station (radio)emisora *f.*
raise aumento *m.;* **raise in salary** aumento de sueldo *m.*; criar *v.;* educar *v.* 1; **to have raised** haber criado 1
ranch rancho *m.*
rarely casi nunca *adv.* 3
rat rata *f.*
rather bastante *adv.;* más bien *adv.*
ratings índice de audiencia *m.*
ray rayo *m.*
reach alcance *m.;* **within reach** al alcance; al alcance de la mano; alcanzar *v.*
reactor reactor *m.*
reader lector(a) *m., f.*
real auténtico/a *adj.* 3
realism realismo *m.*
realist realista *adj.*
realistic realista *adj.*
realize darse cuenta *v.* 2; **to realize/assume that one is being referred to** darse por aludido/a *v.*
rearview mirror espejo retrovisor *m.*
rebelliousness rebeldía *f.*
received acogido/a *adj.;* **well received** bien acogido/a *adj.*
recital recital *m.*
recognition reconocimiento *m.*
recognize reconocer *v.* 1
recommend recomendar *v.* 4
recommendable recomendable *adj.* 5
record grabar *v.*
recover recuperarse *v.* 4
recyclable reciclable *adj.*
recycle reciclar *v.* 6
redo rehacer *v.* 1
reduce (speed) reducir (velocidad) *v.* 5
reef arrecife *m.* 6
referee árbitro/a *m., f.* 2
refined (*cultured*) culto/a *adj.*
reflect reflejar *v.*
reform reforma *f.;* **economic reform** reforma económica *f.*
refuge refugio *m.* 6
refund reembolso *m.* 3
refusal rechazo *m.*
register inscribirse *v.*
rehearsal ensayo *m.*
rehearse ensayar *v.*
reign reino *m.*
reject rechazar *v.*
rejection rechazo *m.*
relax relajarse *v.* 4; **Relax.** Tranquilo/a.
reliability fiabilidad *f.*
religion religión *f.*
religious religioso/a *adj.*
remain permanecer *v.* 4
remake rehacer *v.* 1
remember recordar (o:ue); acordarse (o:ue) (de) *v.* 2
remorse remordimiento *m.*
remote control control remoto *m.;* **universal remote control** control remoto universal *m.*
renewable renovable *adj.* 6
rent alquilar *v.;* **to rent a movie** alquilar una película *v.* 2
repent arrepentirse (de) (e:ie) *v.* 2
repertoire repertorio *m.*
reporter reportero/a *m., f.*
representative diputado/a *m., f.*
reproduce reproducirse *v.*
reputation reputación *f.;* **to have a good/bad reputation** tener buena/mala fama *v.*
rescue rescatar *v.*
research investigar *v.*
researcher investigador(a) *m., f.* 4
resentful resentido/a *adj.* 6
reservation reservación *f.*
reserve reservar *v.* 5
reside residir *v.*
respect respeto *m.*
responsible responsable *adj.*
rest descanso *m.*; *reposo m.;* **to be at rest** estar en reposo *v.*
rest descansar *v.* 4
resulting consiguiente *adj.*
résumé currículum vitae *m.*
retire jubilarse *v.*
retirement jubilación *f.*
return regresar *v.* 5; **to return (items)** devolver (o:ue) *v.* 3; **return (trip)** vuelta *f.;* regreso *m.*
review (revision) repaso *m.*
revision (review) repaso *m.*
revolutionary revolucionario/a *adj.*
revulsion asco *m.*
rhyme rima *f.*
right derecho *m.;* **civil rights** derechos civiles *m. pl.*; **human rights** derechos humanos *m. pl.*
right away enseguida 3
ring anillo *m.;* sortija *f.* 5; sonar (o:ue) *v.*; **to ring the doorbell** tocar el timbre *v.* 3
riot disturbio *m.*
rise ascender (e:ie) *v.*
risk riesgo *m.;* arriesgar *v.;* arriesgarse; **to take a risk** arriesgarse *v.*

risky arriesgado/a *adj.* 5
river río *m.*
rocket cohete *m.*
rob asaltar *v.*
role papel *m.*; **to play a role (*in a play*)** desempeñar un papel *v.*
romance novel novela rosa *f.*
romanticism romanticismo *m.*
room habitación *f.* 5; **emergency room** sala de emergencias *f.* 4; **single/double room** habitación individual/doble f. 5; **room service** servicio de habitación *m.* 5
root raíz *f.*
round redondo/a *adj.* 2
round-trip ticket pasaje de ida y vuelta *m.* 5
routine rutina *f.* 3
ruin ruina *f.* 5
rule regla *f.*; dominio *m.*
ruler gobernante *m., f.*, **(*sovereign*)** soberano/a *m., f.*
run correr *v.*; **to run away** huir *v.* 3; **to run out** acabarse *v.* 6; **to run out of** quedarse sin *v.* 6; **to run over** atropellar *v.*
rush prisa *f.* 6; **to be in a rush** tener apuro

S

sacred sagrado/a *adj.*
sacrifice sacrificio *m.*; sacrificar *v.* 6
safety seguridad *f.* 5
sail navegar *v.* 5
sailor marinero *m.*
salary sueldo *m.*; **raise in salary** aumento de sueldo *m.*; **base salary** sueldo fijo *m.*; **minimum wage** sueldo mínimo *m.*
sale venta *f.*; **to be for sale** estar a la venta *v.*
salesperson vendedor(a) *m., f.*
same mismo/a *adj.*; **The same here.** Lo mismo digo yo.
sample muestra *f.*
sanity cordura *f.* 4
satellite satélite *m.*; **satellite connection** conexión de satélite *f.*; **satellite dish** antena parabólica *f.*
satire sátira *f.*
satirical satírico/a *adj.*; **satirical tone** tono satírico/a *m.*
satisfied: be satisfied with contentarse con *v.* 1
satisfy (*quench*) saciar *v.*
save ahorrar *v.*; **guardar** *v.*; salvar *v.* 6; **save oneself** ahorrarse *v.*
savings ahorros *m.*
say decir *v.* 1; **say goodbye** despedirse (e:i) *v.* 3
scar cicatriz *f.*
scarcely apenas *adv.* 3
scare espantar *v.*
scared asustado/a *adj.*
scene escena *f.* 1
scenery paisaje *m.* 6; escenario *m.* 2
schedule horario *m.* 3
science fiction ciencia ficción *f.*
scientific científico/a *adj.*
scientist científico/a *m., f.*
score (a goal/a point) anotar (un gol/un punto) *v.* 2; marcar (un gol/punto) *v.*
screen pantalla *f.* 2; **computer screen** pantalla de computadora *f.*; **LCD screen** pantalla líquida *f.*; **television screen** pantalla de televisión *f.* 2
screenplay guión *m.*
script guión *m.*
scuba diving buceo *m.* 5
sculpt esculpir *v.*
sculptor escultor(a) *m., f.*
sculpture escultura *f.*
sea mar *m.* 6
seal sello *m.*
search búsqueda *f.*; **search engine** buscador *m.*
season temporada *f.*; **high/low season** temporada alta/baja *f.* 5
seat asiento *m.* 2
seatbelt cinturón de seguridad *m.* 5; **to fasten (the seatbelt)** abrocharse/ponerse (el cinturón de seguridad) *v.* 5; **to unfasten (the seatbelt)** quitarse (el cinturón de seguridad) *v.* 5
section sección *f.*; **lifestyle section** sección de sociedad *f.*; **sports page/section** sección deportiva *f.*
security seguridad *f.* 5; **security measures** medidas de seguridad *f. pl.* 5
see ver *v.* 1
seed semilla *f.*
seem parecer *v.* 2
select seleccionar *v.* 3
self-esteem autoestima *f.* 4
self-portrait autorretrato *m.* 3
senator senador(a) *m., f.*
send enviar *v.*; mandar *v.*
sender remitente *m.*
sense sentido *m.*; **common sense** sentido común *m.*
sensible sensato/a *adj.* 1
sensitive sensible *adj.* 1
separated separado/a *adj.* 1
sequel continuación *f.*
servants servidumbre *f.* 3
servitude servidumbre *f.* 3
set (the table) poner (la mesa) *v.* 3
settle poblar *v.*
settler poblador(a) *m., f.*
sexton sacristán *m.*
shame vergüenza *f.*
shape forma *f.*; **bad physical shape** mala forma física *f.*; **to get in shape** *v.* ponerse en forma 4; **to stay in shape** mantenerse en forma *v.* 4
shark tiburón *m.* 5
sharp nítido/a *adj.*
shave afeitarse *v.* 2
sheep oveja *f.* 6
shoot fusilar *v.*
shore orilla *f.*; **on the shore of** a orillas de 6
short film corto, cortometraje *m.* 1
short story cuento *m.*
short/long-term a corto/largo plazo
shot (injection) inyección *f.*; **to give a shot** poner una inyección *v.* 4
shoulder hombro *m.*
shout gritar *v.*
show espectáculo *m.* 2
showing sesión *f.*
shrink encogerse *v.*
shrug encogerse de hombros *v.*
shy tímido/a *adj.* 1
shyness timidez *f.*
sick enfermo *adj.*; **to be sick (of); to be fed up (with)** estar harto/a (de) 1; **to get sick** enfermarse *v.* 4
sign señal *f.* 2; firmar *v.*
signal señalar *v.* 2
signature firma *f.*
silent callado/a *adj.*; **to be silent** callarse *v.*; **to remain silent** quedarse callado 1
silly person bobo/a *m., f.*
sin pecado *m.*
sincere sincero/a *adj.*
singer cantante *m., f.* 2
single soltero/a *adj.* 1; **single mother** madre soltera *f.*; **single father** padre soltero *m.*
sink hundir *v.*
situated situado/a *adj.*
sketch esbozo *m.*; esbozar *v*
skill habilidad *f.*
skillfully hábilmente *adv.*
skim hojear *v.*
skirt falda *f.*
slacker vago/a *m., f.*
slave esclavo/a *m., f.*
slavery esclavitud *f.*
sleep dormir *v.* 2
sleeve manga *f.* 5
slip resbalar *v.*
slippery resbaladizo/a *adj.*
smoothness suavidad *f.*
snake serpiente *f.* 6; culebra *f.*
soap opera telenovela *f.*
sociable sociable *adj.*
society sociedad *f.*
software programa (de computación) *m.*
solar solar *adj.*
soldier soldado *m.*
solitude soledad *f.* 3
solve resolver (o:ue) *v.* 6
sometimes a veces *adv.* 3
sorrow pena *f.* 4
soul alma *f.* 1
soundtrack banda sonora *f.*
source fuente *f.*; **energy source** fuente de energía *f.* 6
sovereign soberano/a *m., f.*
sovereignty soberanía *f.*
space espacial *adj.*; **space shuttle** transbordador espacial *m.*
space espacio *m.*
spaceship nave espacial *f.*
spacious espacioso/a *adj.*
speak hablar *v.* 1; **Speaking of that,...** Hablando de eso,...
speaker hablante *m., f.*
special effects efectos especiales *m., pl.*
specialist especialista *m., f.*
specialized especializado/a *adj.*
species especie *f.* 6; **endangered species** especie en peligro de extinción *f.*
spectator espectador(a) *m., f.* 2

speech discurso *m.;* **to give a speech** pronunciar un discurso *v.*
spell-checker corrector ortográfico *m.*
spend gastar *v.*
spider araña *f.* 6
spill derramar *v.*
spirit ánimo *m.* 1
spiritual espiritual *adj.*
spot: on the spot en el acto 3
spray rociar *v.* 6
spring manatial *m.*
stability estabilidad *f.*
stage (*theater*) escenario *m.* 2; **(*phase*)** etapa *f.*; **stage name** nombre artístico *m.* 1
stain mancha *f.;* manchar *v.*
staircase escalera *f.* 3
stamp sello *m.*
stand up ponerse de pie *v.*
stanza estrofa *f.*
star estrella *f.;* **shooting star** estrella fugaz *f;* **(movie) star** [m/f] estrella *f;* **pop star** [m/f] estrella pop *f.*
start (*a car*) arrancar *v.*
stay alojarse *v.* 5; hospedarse; quedarse *v.* 5; **stay up all night** trasnochar *v.* 4
step paso *m.;* **to take the first step** dar el primer paso *v.*
stereotype estereotipo *m.*
stern popa *f.* 5
stick pegar *v.*
still life naturaleza muerta *f.*
sting picar *v.*
stingy tacaño/a *adj.* 1
stir revolver (o:ue) *v.*
stock market bolsa de valores *f.*
stone piedra *f.* 5
storekeeper comerciante *m., f.*
storm tormenta *f.;* **tropical storm** tormenta tropical *f.* 6
story (account) relato *m.*
stranger desconocido/a *adj.*
stream arroyo *m.*
strength fortaleza *f.*
strict autoritario/a *adj.* 1
strike (*labor*) huelga *f.*
striking llamativo/a *adj.*
stripe raya *f.* 5
stroll paseo *m.*
struggle lucha *f.;* luchar *v.*
stubborn tozudo/a *adj.*
studio estudio *m.;* **recording studio** estudio de grabación *f.*
stupid necio/a *adj.*
stupid person bobo/a *m., f.*
style estilo *m.;* **in the style of ...** al estilo de...
subscribe (to) suscribirse (a) *v.*
subtitles subtítulos *m., pl.*
subtlety matiz *m.*
suburb suburbio *m.*
succeed in (*reach*) alcanzar *v.*
success éxito *m.*
successful exitoso/a *adj.*
suckling pig cochinillo *m.*
sudden repentino/a *adj.* 3
suddenly de repente *adv.* 3
suffer (from) sufrir (de) *v.* 4
suffering sufrimiento *m.*
suggest aconsejar; sugerir (e:ie) *v.* 4
suitcase maleta *f.* 5
summit cumbre *f.*
sunrise amanecer *m.*
supermarket supermercado *m.* 3
supply proporcionar *v.*
support soportar *v.;* **to put up with someone** soportar a alguien *v.* 1
suppose suponer *v.* 1
suppress suprimir *v.*
sure (*confident*) seguro/a *adj.* 1; **(*certain*)** cierto/a *adj.;* **Sure!** ¡Cierto!
surf the web navegar en la red *v.;* **navegar** en Internet
surface superficie *f.*
surgeon cirujano/a *m., f.* 4
surgery cirugía *f.* 4
surgical quirúrgico/a *adj.*
surprise sorprender *v.* 2
surprised sorprendido *adj.* 2; **be surprised (about)** sorprenderse (de) *v.* 2
surrealism surrealismo *m.*
surrender rendirse (e:i) *v.*
surround rodear *v.*
surrounded rodeado/a *adj.*
survival supervivencia *f.;* sobrevivencia *f.*
survive subsistir *v.;* **sobrevivir** *v.*
suspect sospechar *v.*
suspicion sospecha *f.*
swallow tragar *v.*
sweep barrer *v.* 3
sweetheart amado/a *m., f.* 1
symptom síntoma *m.*
synagogue sinagoga *f.*
syrup jarabe *m.* 4

T

tabloid(s) prensa sensacionalista *f.*
tag etiqueta *f.*
take tomar *v.;* **to take a bath** bañarse *v.* 2; **to take a look** echar un vistazo *v.*; **to take a trip** hacer un viaje *v.* 5; **to take a vacation** ir(se) de vacaciones *v.* 5; **to take away (remove)** quitar *v.* 2; **to take care of** cuidar *v.* 1; **to take care of oneself** cuidarse *v.*; **to take into consideration** tomar en cuenta *v.* 1; **to take off** despegar *v.* 5; **to take off (clothing)** quitarse *v.* 2; **to take off running** echar a correr *v.;* **to take place** desarrollarse, transcurrir *v.*; **to take refuge** refugiarse *v.;* **to take seriously** tomar en serio *v.*
talent talento *m.* 1
talented talentoso/a *adj.* 1
tank tanque *m.* 6
tape cinta *f.* 1
taste gusto *m.;* **in good/bad taste** de buen/mal gusto; sabor *m.;* **It has a sweet/sour/bitter/pleasant taste.** Tiene un sabor dulce/agrio/amargo/agradable. 4
taste like/of saber *v.* 1; **How does it taste?** ¿Cómo sabe? 4; **And does it taste good?** ¿Y sabe bien? 4; **It tastes like garlic/mint/lemon.** Sabe a ajo/menta/limón. 4
tax impuesto *m.;* **sales tax** impuesto de ventas *m.*
teaching enseñanza *f.*
team equipo *m.* 2
tears lágrimas *f. pl.*
telephone receiver auricular *m.*
telescope telescopio *m.*
television televisión *f.* 2; **television set** televisor *m.* 2; **television viewer** televidente *m., f.* 2
tell contar (o:ue) *v.* 2
temple templo *m.*
tendency propensión *f.*
territory territorio *m.*
terrorism terrorismo *m.*
test (*challenge*) poner a prueba *v.*
theater teatro *m.*
then entonces *adv.* 3
theory teoría *f.*
there allá *adv.*
thermal térmico/a *adj.*
thief ladrón/ladrona *m., f.*
think pensar (e:ie) *v.* 1; **(*to be of the opinion*)** opinar; *v.* **I think it's pretty.** Me parece hermosa/o.; **I thought...** Me pareció... 1; **What did you think of Mariela?** ¿Qué te pareció Mariela? 1
thoroughly a fondo *adv.*
threat amenaza *f.*
threaten amenazar *v.* 3
throw tirar *v.* 5; **throw away** echar *v.* 5; **throw out** botar *v.* 5
thunder trueno *m.* 6
ticket boleto *m.*
tie (game) empate *m.* 2; **tie (up)** atar *v.;* **(*games*)** empatar *v.* 2
tiger tigre *m.* 6
time tiempo *m.;* vez *f.;* **at that time** en aquel entonces; **for the first/last time** por primera/última vez 2; **on time** a tiempo 3; **once upon a time** érase una vez; **to have a good/bad/horrible time** pasarlo bien/mal 1
tired cansado/a *adj.;* **to become tired** cansarse *v.*
tone of voice timbre *m.* 3
tongue lengua *f.*
too; too much demasiado/a *adj., adv.*
tool herramienta *f.;* **toolbox** caja de herramientas *f.* 2
toolbox caja de herramientas *f.* 2
topic asunto *m.*
touch lightly rozar *v.*
tour excursión *f.* 5; **tour guide** guía turístico/a *m., f.* 5
tourism turismo *m.* 5
tourist turista *m., f.* 5; turístico/a *adj.* 5
tournament torneo *m.* 2
toxic tóxico/a *adj.* 6
trace huella *f.*; *trazar* *v.*
track-and-field events atletismo *m.*
trade comercio *m.*
trader comerciante *m., f.*
traditional tradicional *adj.* 1; **(typical)** típico/a *adj.*
traffic tránsito *m.;* **traffic jam** congestionamiento, tapón *m.* 5
tragic trágico/a *adj.*
trainer entrenador(a) *m., f.* 2
trait rasgo *m.*
traitor traidor(a) *m., f.*
tranquilizer calmante *m.* 4
translate traducir *v.* 1
transmission transmisión *f.*

transplant transplantar *v.*
trap atrapar *v.* **6**
travel log bitácora *f.*
traveler viajero/a *m., f.* **5**
treat tratar *v.* **4**
treatment tratamiento *m.* **4**
treaty tratado *m.*
tree árbol *m.* **6**
trend moda *f.;* tendencia *f.*
trial juicio *m.*
tribal chief cacique *m.*
tribe tribu *f.*
trick truco *m.* **2**
trip viaje *v.* **5; to take a trip** hacer un viaje *v.* **5**
tropical tropical *adj.;* **tropical storm** tormenta tropical *f.* **6**
trunk maletero *m.*
trust confianza *f.* **1**
try probar (o:ue) (a) *v.* **3; try on** probarse (o:ue) *v.* **3**
tune into (*radio or television*) sintonizar *v.*
tuning sintonía *f.*
turn: to be my/your/his turn *me/te/le, etc. + tocar v.;* **Whose turn is it to pay the tab?** ¿A quién le toca pagar la cuenta? **2; Is it my turn yet?** ¿Todavía no me toca? **2; It's Johnny's turn to make coffee.** A Johnny le toca hacer el café. **2; It's always your turn to wash the dishes.** Siempre te toca lavar los platos. **2**
turn (*a corner*) doblar *v.;* **to turn down** rechazar *v.* **1 to turn off** apagar *v.* **3; to turn on** encender (e:ie) *v.* **3; to turn red** enrojecer *v.*
turned off apagado/a *adj.*

U

UFO ovni *m.*
unbiased imparcial *adj.*
uncertainty incertidumbre *f.*
underdevelopment subdesarrollo *m.*
underground tank cisterna *f.* **6**
understand entender (e:ie) *v.*
underwear (*men's*) calzoncillos *m. pl.*
undo deshacer *v.* **1**
unemployed desempleado/a *adj.*
unemployment desempleo *m.*
unequal desigual *adj.*
unexpected imprevisto/a *adj.;* inesperado/a *adj.* **3**
unexpectedly de improviso *adv.*
unfinished inconcluso/a *adj.*
unique único/a *adj.*
unjust injusto/a *adj.*
unpleasant antipático/a *adj.*
unsettling inquietante *adj.*
untie desatar *v.*
until hasta *adv.;* **up until now** hasta la fecha
update actualizar *v.*
upset disgustado/a *adj.* **1;** disgustar *v.* **2; to get upset** afligirse *v.* **3**
up-to-date actualizado/a *adj.;* **to be up-to-date** estar al día *v.*
urban urbano/a *adj.*
urgent urgente *adj.* **4**
use up agotar *v.* **6**
used: to be used to estar acostumbrado/a a; **I used to... (*was in the habit of*)** solía; **to get used to** acostumbrarse (a) *v.* **3**
useful útil *adj.*
useless inútil *adj.* **2**
user usuario/a *m., f.*

V

vacation vacaciones *f. pl.;* **to take a vacation** ir(se) de vacaciones *v.* **5**
vaccinate vacunar(se) *v.* **4**
vaccine vacuna *f.* **4**
vacuum pasar la aspiradora *v.* **3**
valid vigente *adj.* **5**
valuable valioso/a *adj.* **6**
value valor *m.*
vandal vándalo/a *m., f.* **6**
vestibule zaguán *m.* **3**
victorious victorioso/a *adj.*
victory victoria *f.*
video game videojuego *m.* **2**
village aldea *f.*
virus virus *m.* **4**
visit recorrer *v.* **5**
visiting hours horas de visita *f., pl.*
vote votar *v.*

W

wage: minimum wage sueldo mínimo *m.*
wait espera *f.;* esperar *v.* **to wait in line** hacer cola *v.* **2**
waiter/waitress camarero/a *m., f.;* mesero/a *m., f.*
wake up despertarse (e:ie) *v.* **2; wake up early** madrugar *v.* **4**
walk andar *v.;* **to take a stroll/walk** dar un paseo *v.* **2; to take a stroll/walk** *v.* dar una vuelta
wall pared *f.* **5**
want querer (e:ie) *v.* **1, 4**
war guerra *f.;* **civil war** guerra civil *f.;* **world war** guerra mundial *f.*
warm up calentar (e:ie) *v.* **3**
warn avisar *v.*
warning advertencia *f.;* **aviso** *m.* **5**
warrior guerrero/a *m., f.*
wash lavar *v.* **3; wash oneself** lavarse *v.* **2**
waste malgastar *v.* **6**
watch vigilar *v.*
Watch out! ¡Aguas! (Mex.) *interj.* **1**
watercolor acuarela *f.*
waterfall cascada *f.* **5**
wave ola *f.* **5;** onda *f.*
wealth riqueza *f.*
wealthy adinerado/a *adj.*
weapon arma *m.*
wear llevar; lucir *v.* **3**
weariness fatiga *f.*
web (the) web *f.; red f.*
weblog bitácora *f.*
website sitio web *m.*
week semana *f.*
weekend fin de semana; **Have a nice weekend!** ¡Buen fin de semana!
weekly semanal *adj.*
weeping llanto *m.* **3**
weight peso *m.*
welcome bienvenida *f.* **5**
welcome (*take in; receive*) acoger *v.*
well pozo *m.;* **oil well** pozo petrolero *m.*
well-being bienestar *m.* **4**
well-received bien acogido/a *adj.*
wherever dondequiera *adv.* **4**
whistle silbar *v.*
widowed viudo/a *adj.* **1; to become widowed** quedarse viudo/a *v.*
widower/widow viudo/a *m., f.*
wild salvaje *adj.* **6;** silvestre *adj.*
wild boar jabalí *m.*
win ganar *v.,* **to win an election** ganar las elecciones *v.;* **to win a game** ganar un partido *v.* **2**
wind power energía eólica *f.*
wine vino *m.*
wing ala *m.*
wireless inalámbrico/a *adj.*
wisdom sabiduría *f.*
wise sabio/a *adj.*
wish deseo *m.;* desear *v.* **4; to make a wish** pedir un deseo *v.*
without sin *prep.;* **without you** sin ti *(fam.)*
witness testigo *m., f.*
woman mujer *f.;* **businesswoman** mujer de negocios *f.*
womanizer mujeriego *m.* **2**
wonder preguntarse *v.*
wood madera *f.*
work obra *f.;* **work of art** obra de arte *f.;* funcionar *v.;* trabajar; **to work hard** trabajar duro *v.*
work day jornada *f.*
workshop taller *m.*
World Cup Copa del Mundo *f.,* Mundial *m.* **2**
worm gusano *m.*
worried (about) preocupado/a (por) *adj.* **1**
worry preocupar *v.* **2; to worry (about)** preocuparse (por) *v.* **2**
worship culto *m.; venerar v.*
worth: be worth valer *v.* **1**
worthy digno/a *adj.* **6**
wound lesión *f.* **4**
wrinkle arruga *f.*

Y

yawn bostezar *v.*

Z

zoo zoológico *m.* **2**

Text Credits

32–33 Pablo Neruda, "Poema 20", VEINTE POEMAS DE AMOR Y UNA CANCIÓN DESESPERADA © Fundación Pablo Neruda, 2010
72–73 Mario Benedetti, *Idilio*. © Fundación Mario Benedetti, c/o Guillermo Schavelzon & Asociados, Agencia Literaria, www.schavelzon.com
112–113 Rosario Castellanos, *Autorretrato*. D.R. © (1972) FONDO DE CULTURA ECONÓMICA. Carretera Picacho-Ajusco 227, C.P. 14738, México, D.F. Esta edición consta de 20.000 ejemplares.
154–155 Ángeles Mastreta, *Mujeres de ojos grandes*. © Ángeles Mastretta
193–195 Gabriel García Márquez, "La luz es como el agua", DOCE CUENTOS PEREGRINOS © Gabriel García Márquez, 1992
234–235 Augusto Monterroso, *El Eclipse*, from *Obras Completas y Otros Cuentos*, 1959, © Herederos de Augusto Monterroso

Photography Credits

All images © Vista Higher Learning unless otherwise noted.

Cover: © Carlos Sanchez Pereyra/Getty Images

Master Art: 10–13, 50–53, 90–93, 130–133, 172–175, 216–219 (full pg) © marylooo/123RF; **27, 28, 67, 68, 107, 108, 149, 150, 193, 194, 237, 238** (full pg) © pn_photo/Fotolia.

Front Matter: xxii Ali Burafi.

Lesson One: 2 (tl) © Blend Images/Alamy; (tr) © Matthew Wiley/Masterfile; (bl) © Corbis; (br) © Corbis; **3** (b) © T. Ozonas/Masterfile; **9** (t) © Janie Airey/Getty Images; (m) © Elisa Locci/Shutterstock; (b) Antonio Contreras Martínez; **10** © Kapu/Shutterstock; **11** (t) © Caterina Bernardi; (ml) © Darrell Lecorre/Masterfile; (b) © Rick Gomez/Corbis; **12** (bl) © hartcreations/iStockphoto; **20** Janet Dracksdorf; **21** (tl) Ali Burafi; (tm) Janet Dracksdorf; (tr) José Blanco; (bl) Paola Rios-Schaaf; (bm) Oscar Artavia Solano; (br) Jimmy Durantes; **30** Pablo Picasso. *Los enamorados*. 1923. © Sucesión Picasso/ Artists Rights Society (ARS) New York.; **31** © Jean-Régis Roustan/Roger-Viollet/The Image Works; **32** (backgound full pg) © Image Source/Corbis; (foreground full pg) © Josh Westrich/zefa/Corbis; **35** (t) © Javier Larrea/Age Fotostock; (b) © Win McNamee/Getty Images; **36** (t) © AFP/Getty Images; (b) © White House/Handout/CNP/Corbis; **37** © Jared Wickerham/ Getty Images; **39** © eStock Photo/Alamy.

Lesson Two: 42 (tl) © Rasmus Rasmussen/iStockphoto; (tr) © Plush Studios/Getty Images; (bl) José Blanco; (br) © Jim Cummings/Corbis; **43** (t) © Royalty-Free/Corbis; (m) © John Lund/Drew Kelly/Age Fotostock; (b) © Royalty-Free/ Corbis; **49** (t) © Royalty-Free/Corbis; (m) © Rachel Weill/Foodpix/Jupiter Images; (b) © AFP/Getty Images; **50** (l) © Robert Galbraith/Reuters/Corbis; (r) © Carlos Alvarez/Getty Images; **51** (t) © Graham Jepson/WireImage; (ml) © Victor Lerena/epa/Corbis; (mr) © Film Tour/South Fork/Senador Film/The Kobal Collection; (b) © Arau/Cinevista/Avaicsa/The Kobal Collection/The Picture-desk; **52** © Roger Viollet/Getty Images; **59** © Corbis; **60** (t) © Lester Lefkowitz/Corbis; (mm) © PM Images/Getty Images; (mr) © Stephen Welstead/Corbis; **62** (l) Martín Bernetti; (r) Martín Bernetti; **69** Maria Eugenia Corbo; **70** Aldo Severi. *Calesita en la plaza*. 1999. © Aldo Severi. Courtesy of Giuliana F. Severi.; **71** © Eduardo Longoni/ Corbis; **72** (full pg) © Jason Horowitz/Corbis; **75** Anchille Beltrame. *Juanita Cruz*. 1934. © The Art Archive/Domenica del Corriere/Dagli Orti (A).; **76** © Mark L. Stehenson/Corbis.

Lesson Three: 82 (l) © James Quine/Alamy; **83** (b) © Dimmu/Dreamstime.com; **89** (t) © PhotoSpin, Inc/Alamy; (m) José Blanco; (b) © David Frazier/DanitaDelimont.com; **90** (t) © Dani Cardona/Reuters/Corbis; (m) © Pool/Corbis; (b) © Reuters/Corbis; **91** (t) © Tim Graham Picture Library/AP Photo; (mr) © TVE/Corbis; (b) © EFE/Chema Moya/AP Photo; **92** © Mark Shenley/Alamy; **99** © James W. Porter/Corbis; **100** © David C. Tomlinson/Getty Images; **110** Antonio Berni. *La siesta*. 1943. Óleo sobre tela 155 × 220 cm. Colección privada.; **111** © Lola Alvarez Bravo, courtesy of Galeria Juan Martin; **112** Frida Kahlo. *Self-portrait with Cropped Hair.* 1940. Digital Image © Museum of Modern art/Licenses by SCALA/ Art Resource, NY.; **115** (t) © AFP/Getty Images; (b) Bartolomé Esteban Murillo. *Children Eating Grapes and Melon.* 17th century. © SCALA/Art Resource, New York.; **116** Diego Rodríguez Velázquez. *Old Woman Cooking Eggs*. 1618. © SCALA/ Art Resource, New York.; **117** (t) Velazquez, Diego Rodriguez (1599–1660) *Triumph of Bacchus* (Los Borrachos), 1628. Oil on canvas, 165 × 225 cm. Museo del Prado, Madrid, Spain © SCALA/Art Resource, NY; (b) Velazquez, Diego Rodriguez (1599–1660) *Las Meninas* (with Velazquez' self-portrait) or the *Family of Philip IV,* 1656. Oil on canvas, 276 × 318 cm. Museo del Prado, Madrid, Spain © Erich Lessing/Art Resource, NY; **119** © Basque Country - Mark Baynes/Alamy.

Lesson Four: 122 (b) © Marco Lensi/Fotolia; **129** (t) Paula Diez; (m) © Andrew Gombert/epa/Corbis; (b) © Esteban Felix/AP Photo; **130** Martín Bernetti; **131** (t) © David Loutzenheiser; (m) © Janet Jarman/Corbis; (b) Paula Diez; **152** © Fernando Miñarro; **153** © Jose Caruci/AP Photo; **154** © Alberto Calera; **158** © Andres Gordillo Fries.

Lesson Five: 165 (t) © Bill Brooks/Masterfile; (b) © 24BY36/Alamy; **167** © Mike Cohen/Shutterstock; **171** (t) Jeanne Drake; **172** (t) © Atlantide Phototravel/Corbis; **173** (t) © Danny Warren/Shutterstock; (m) © YinYang/iStockphoto; (b) © Cindy Miller Hopkins/DanitaDelimont; **174** © Juan Carlos Ulate/Reuters/Corbis; **179** (l) © William Berry/Shutterstock; (ml)

María Eugenia Corbo; (mr) © Cmcdesigns@mac.com/Dreamstime; (r) © Vladimir Melnik/Shutterstock; **187** © SW Productions/Getty Images; **190** María Eugenia Corbo; **196** © Piero Pomponi/Liaison/Getty Images: **197** Garciela Rodo Boulanger. *Altamar.* 2000. © Courtesy Edmund Newman Inc.; **198** Garciela Rodo Boulanger. *Altamar.* 2000. © Courtesy Edmund Newman Inc.; **199** Garciela Rodo Boulanger. *Altamar.* 2000. © Courtesy Edmund Newman Inc.; **201** © Macduff Everton/Corbis; **202** © Warren Marr/Panoramic Images; **203** © Sergio Pitamitz/SuperStock; **204** (l) © Kevin Fleming/ Corbis; (m) © Philip James Corwin/Corbis; (r) © Barry King/WireImage/Getty Images.

Lesson Six: 208 (tl) © Peter Adams Photography Ltd/Alamy; (tm) © Florida Images/Alamy; (tr) © Bruce Coleman/ Alamy; (bl) Kathryn Alena Korf; (br) © Rick Fischer/Masterfile; **209** (t) © micro10x/Shutterstock; (b) © Caroline Beecham/iStockphoto; **210** © Georgette Douwma/Getty Images; **215** (t) © Hemis/Alamy; (m) © B & T Media Group Inc./ Shutterstock; (b) © Atelopus/Dreamstime; **216** © Jeff Hunter/Getty Images; **217** (t) © Stephen Frink/Corbis; (bl) © david tipling/Alamy; (br) © Steve Simonson/Lonely Planet Images; **218** © Stephen Frink Collection/Alamy; **223** © AdPhoto; **225** (l) © mediacolor's/Alamy; (r) © Thinkstock/Fotosearch; **232** © rebvt/Shutterstock; **233** (t) José Blanco; (bl) José Blanco; (br) José Blanco; **239** © AFP/Getty Images; **240** Frida Kahlo. *Autorretrato con mono.* 1938. Oil on masonite, overall 16 × 12" (40.64 × 30.48 cm). Albright-Knox Art Gallery, Buffalo, New York. Bequest of A. Conger Goodyear, 1966.; **241** © Toni Albir/AFP/Getty Images; **242** (full pg) © Derke/O'Hara/Getty Images; **245** © MAPS.com/Corbis; **246** © Steve Simonsen/Lonely Planet Images; **247** Doug Myerscough.

Manual de gramática: A10 Martín Bernetti; **A14** (l, m, r) Martín Bernetti.

About the authors

José A. Blanco founded Vista Higher Learning in 1998. A native of Barranquilla, Colombia, Mr. Blanco holds degrees in Literature and Hispanic Studies from Brown University and the University of California, Santa Cruz. He has worked as a writer, editor, and translator for Houghton Mifflin and D.C. Heath and Company and has taught Spanish at the secondary and university levels. Mr. Blanco is also co-author of several other Vista Higher Learning programs: **VISTAS, VIVA, AVENTURAS,** and **PANORAMA** at the introductory level, **VENTANAS, FACETAS, IMAGINA,** and **SUEÑA** at the intermediate level, and **REVISTA** at the advanced conversation level.

María Colbert received her PhD in Hispanic Literature from Harvard University in 2005. A native of both Spain and the U.S., Dr. Colbert has taught language, film, and literature courses at both high school and college levels. Her interests include: Basque culture, Spain's regional identities, and Spanish literature and film. Dr. Colbert's numerous publications range from travel guides to literary criticism. She is currently an Assistant Professor of Spanish at Colby College in Maine.